Gregor Wilhelm Nitzsch

Beiträge zur Geschichte der epischen Poesie der Griechen

Gregor Wilhelm Nitzsch

Beiträge zur Geschichte der epischen Poesie der Griechen

ISBN/EAN: 9783743397262

Hergestellt in Europa, USA, Kanada, Australien, Japan

Cover: Foto ©Thomas Meinert / pixelio.de

Manufactured and distributed by brebook publishing software (www.brebook.com)

Gregor Wilhelm Nitzsch

Beiträge zur Geschichte der epischen Poesie der Griechen

BEITRÄGE ZUR GESCHICHTE

DER

EPISCHEN POESIE

DER GRIECHEN.

VON

G. W. NITZSCH.

LEIPZIG,
DRUCK UND VERLAG VON B. G. TEUBNER.
1862.

VORWORT.

Das nachfolgende Werk hat den Verfasser bis in die letzten Tage seines Lebens beschäftigt. Die erste Anregung dazu ward ihm durch die Aufforderung, für eine Ausgabe des Homer eine kurze, populäre Uebersicht der homerischen Frage zu geben. Diese Aufgabe, gern und schnell von ihm angegriffen, erweiterte sich aber sehr bald unter seinen Händen zu einer eingehenden Revision dieser wissenschaftlichen Debatte, die ja schon lange der Mittelpunkt seiner Studien geworden war. Jeder neue Beitrag, den die letzten Jahre brachten, sollte hier kritisch geprüft und nach seiner Bedeutung gewürdigt werden. Wer die Mannigfaltigkeit und den Werth dieser neueren homerischen Litteratur kennt, wird leicht begreifen, wie sich eine solche Arbeit immer weiter nach den verschiedenen Seiten ausdehnte und der Abschluss derselben, der oft dicht bevorzustehen schien, sich immer von neuem verschob. Als ein unerwarteter Tod den Verfasser mitten aus seinen Studien abrief, war es für die Hinterbliebenen eine traurigfreudige Ueberraschung, das Manuscript so vollständig und zum Drucke fertig vorzufinden, wie es jetzt hier vorliegt. Aus einer Reihe verschiedener Redactionen machte sich die letzte durch die abschliessende Ordnung, durch die äussere Sauberkeit und Uebersichtlichkeit entschieden als die zum Druck bestimmte kennbar. Die Gegner wie die Meinungsgenossen des Verstorbenen werden ihre Publication mit jener Theilnahme begrüssen, deren er sich in einer langen und rastlosen litterarischen Thätigkeit bei Freund und Feind erfreute. Es war allerdings nicht leicht, für die Arbeit einen einfachen und bezeichnenden Titel zu finden. Im Ganzen wird man den gewählten gelten lassen. Das Buch

ist eben ein ganzes Stück eines lebendig bewegten, wissenschaftlichen Lebens, von Tag zu Tag, von Stunde zu Stunde weiter-
gefördert, die Aufgabe und die Lust eines Alters voll stiller,
innerlicher Heiterkeit, Frische und Arbeitslust. Gott nahm ihn
schnell und sanft mitten aus diesen lieben Mühen heraus.

Für Alle, die dem Verstorbenen nahe standen, wird diese
seine letzte Arbeit ein Gegenstand jener herzlichen Pietät sein,
ohne die man ihm nicht nahen konnte. Sein jüngerer College,
Prof. Overbeck in Leipzig, hat durch die Sorgfalt, mit der er
die schliessliche Publication und den Druck geleitet hat, dieselbe
von neuem bezeugt. Sei es mir erlaubt, ihm hier meinen tief-
gefühlten Dank dafür auszusprechen.

Der Verstorbene sprach allerdings in den letzten Jahren wiederholt die Absicht aus, nach Vollendung der hier vorliegenden
Arbeit, die Anmerkungen zur Odyssee endlich zum Abschluss zu
bringen. Leider ist jedoch in seinem Nachlass von geordneten
Materialien zu einer solchen Publication kaum Etwas aufzufinden
gewesen. Auch der Plan, für eine beabsichtigte Uebersetzung
ins Englische die erschienenen Bände, namentlich den ersten,
einer Revision zu unterwerfen, ist nur Plan geblieben. Die reichste
Ausbeute möchten namentlich seine Hefte noch für eine Geschichte
des griechischen Cultus und der griechischen Religion bieten,
wie sie in früheren Jahren ihm oft als eine Lieblingsaufgabe vorschwebte. Es braucht hier kaum hinzugefügt zu werden, dass
es den Hinterbliebenen nur erwünscht sein könnte, die dazu
geeigneten Materialien dieser Art durch eine rücksichtsvolle und
befähigte Hand auch für grössere Kreise verwerthet zu sehen.

Königsberg, im October 1862.

K. W. Nitzsch.

INHALTSVERZEICHNISS.

VIII

EINLEITUNG.

Der Geist des griechischen Volks ein Jünglingsgeist.

Völker entwickeln sich wie einzelne Menschen; ihr Kindes-
alter bleibt im Verborgenen, erst ihre Jünglingszeit thut sich mit
kundbarer Kraft hervor und giebt bleibende Lebenszeichen. So
hat die jugenderste Zeit eines jeden Volkes Jünglingsart. Wie
aber beim einzelnen Menschen Entwickelungsstufen und Charaktere sich ausser dem Verhältniss von Körper- und Seelenkraft
und der verschiedenen Begabung am wesentlichsten nach demjenigen geistigen Vermögen arten und unterscheiden, welches
unter den mannichfaltigen Kräften der Seele das obherrschende
ist, so lässt die Jünglingsart sich darin erkennen, dass auf dieser Stufe in aller Geistesthätigkeit die Phantasie oder Einbildungskraft waltet und obherrscht, Verstand und Vernunft nur in ihrem
Dienst wirken. Wiederum aber giebt es hier unter den Volksgeistern dieselbe Unterscheidung zu machen, wie bei den einzelnen
Jünglingen. Sowohl die Stärke jener diesem Alter charakteristischen Geisteskraft, als die über die Altersstufe hinaus dauernde
Fortwirkung derselben ist wie bei einzelnen Jünglingen so bei
den Volksgeistern verschieden. Die einen Jünglinge sind diess
auch geistig eben nur auf der Altersstufe des Jünglings, nachmals im Alter der durch Uebung erstarkten Denkthätigkeit, dem
Mannesalter, erscheinen sie ganz auf Erfahrung und Lebenszwecke
gerichtet; ein Ideenleben ist ihnen fremd, eine Virtuosität aber
können sie ihrerseits vielmehr als praktische Charaktere mit festem
Willen oder Lebensklugheit gewinnen. Diese Praktischen sind
prosaische Naturen, haben nicht Poesie in ihnen selbst, noch
mögen oder vermögen sie Wahrnehmungen und Erfahrung zum

Idealen zu steigern. Anders die auf der Jünglingsstufe reicher Begabten: sie behalten in der Mannesreife doch auch jene Geisteskraft thätig, ihr Denken bleibt auch ferner ein dichtendes und die reichen Gebilde der jugendersten Zeit werden ihnen Gefässe von Ideen, aber eben die Ideen werden zu Bildern ausgeprägt. Es ist die eigenste Eigenschaft solcher phantasiereichen Geister, wie das, was sie wahrnehmen und erfahren, in reger Selbstthätigkeit bei sich zu bewegen, so alles Innerliche in die Erscheinung heraustreten zu lassen. Sie denken wohl wie Göthe's Eugenie auch, „der Schein, was ist er, dem das Wesen fehlt?" Doch noch mehr „das Wesen wär' es, wenn es nicht erschiene?"

Auf diese Weise werden sie bildnerisch erfindsame Künstler und vermögen seelisch schöne Werke zu schaffen. „Weder Gestalt ohne Seele, noch Seele ohne Gestalt" ist ihr Satz. So also giebt es die Unterscheidung von einerseits Verstandsmenschen, andererseits Phantasie- und Gefühlsmenschen bei Einzelnen und bei Völkern. Dass dieser Gegensatz zwischen den beiden alten Culturvölkern Europas gilt, der römische Volksgeist in seiner Eigenthümlichkeit ein prosaisch praktischer mit jener Charaktervirtuosität und Lebensklugheit, der griechische ein poetischer und ideenreicher gewesen, ist allgemein anerkannt und hat seine Bestätigung gerade an den römischen Dichtern und Schriftstellern, die wie Cicero und Horaz durch griechische Bildung ihre Aehnlichkeit mit den griechischen erlangt haben.

Kommt uns nun bei den poetischen, bildnerisch kräftigen Griechen sogleich ihre Mustergiltigkeit in der eigentlich plastischen Kunst und dazu ihr Wahlspruch in den Sinn: Lieb ist uns, was schön, und was nicht schön, es ist unlieb, so führt die nähere Betrachtung sofort auf eine andere Eigenthümlichkeit des griechischen Volksgeistes, wie er sich in Kunst- und Schriftwerken offenbart hat. Die phantasiereichen Volksgeister wie Menschengeister überhaupt verhalten sich verschieden zu den beiden Sphären Natur und Menschenwelt. Je nachdem in ihnen das Menschenbewusstsein stark ist und dieses sich die Natur in und nach seiner Anschauung unterwirft und verähnlicht, oder der Menschengeist sich unter die Natur giebt und in ihr wie aufgeht, prägt sich das Eine oder das Andere wie im Leben, so in Schrift- und Bildwerken vorwaltend aus. Während nun die

Orientalen an die Natur hingegeben sind[1]), hat der Griechengeist
das lebhafteste und tiefste Bewusstsein seiner Menschennatur in
jeder Hinsicht bethätigt. Seine Kunst hat eine Seele und hat
also an der seelisch schönen Menschengestalt ihr Ideal, und sein
Menschenbewusstsein war es, was ihn, als er bei der Erfahrung
der Naturwirkungen zu Heil oder Unheil einen wirkenden Geist
der Erscheinung über die Wirkung stellte, in seinem Phantasie-
glauben an höhere Wesen, die ihm ein sich Selbstbestimmendes,
eine Person, nur wie ein Mensch erschien, Götter in Menschengestalt zu schaffen bewog, also einen Gott zum Fluss, eine Nymphe
zum Baum zu denken und überhaupt die Natur mit Göttern zu
bevölkern. In dieser Weise besonders beseelte er die Natur.
Aber auch all seine Litteratur hat aus seinem Leben im Verständniss und der Darstellung der Menschennatur ihren eigensten,
immerfort unentbehrlich wirksamen Vorzug. Wohl besitzt er
Wahrnehmungsgabe auch für das Eigenthümliche in den Natur-
gebilden und lebhafte Farben auch zur Naturschilderung, aber
diese dient dem Menschenleben zur Scenerie. Wie Menschen und
Götter die Natur beherrschen, erscheint sie uns als ihre Lebens-
folie[2]).

Die Litteratur selbst und vorzüglich die Poesie in ihren
Hauptarten durchdringt nicht blos das Leben und die Regung
der Menschenseele als ihr wesentlicher Inhalt, sie gewährt ein
Hauptinteresse durch Charaktere, und die Darstellungsform, welche
diese am sprechendsten hervortreten lässt, die dramatische, ist
von Homer an das belobteste und selbst von Historikern (bei den

---

1) Zimmermann über den Begriff des Epos, Darmstadt 1848. S. 54.
über das indische Epos: Die Poesie und Kunst haben sich ebensowenig,
als die Religion im Allgemeinen von dem Boden der Naturanschauung losreissen können, von der freien Idealität der homerischen Götter ist daher
durchaus gar keine Rede. S. das. weiter u. S. 57 unten u. f.

2) Al. v. Humboldt, Kosmos 2. S. 7. „In dem hellenischen Alterthum, in dem Blüthenalter der Menschheit, finden wir allerdings den zar-
testen Ausdruck dieser Naturempfindung den dichterischen Darstellungen
menschlicher Leidenschaft beigemischt; aber das eigentlich Naturbeschrei-
bende zeigt sich dann nur als ein Beiwerk, weil in der griechischen
Kunstbildung sich alles gleichsam im Kreise der Menschheit bewegt."
Uebereinstimmend Schnaase, Gesch. d. bild. Künste 2. S. 128 ff. Zimmermann, Begr. d. Epos S. 25.

Reden ihrer Personen) vielgebrauchte Kunstmittel. Wir sehen, wie das Urtheil über den Natursinn und die Geschicklichkeit der Griechen für Naturbeschreibung nicht ohne Rücksicht auf jenes starke und so viel wirksame Menschenbewusstsein richtig gefällt werden kann. Sie selbst haben in ihrem Menschensinn der Natur nur die untergeordnete Bedeutung gegeben und diese nicht für sich, sondern in Beziehung zur thatlebendigen oder empfindenden Menschenwelt gedacht und gezeichnet, ja sie haben in seelischer Auffassung theils sie vergöttert, theils vielfältig das Charakteristische in den Naturgeschöpfen in Natursagen mittels Verwandlung aus Menschen erklärt, wie die Sagen von der klagenden Nachtigall, der webenden Spinne und andere späterhin hervorzuheben sein werden. Wir nun geben diesem Menschensinn Ehre, und beachten, ohne ihnen das als Unfähigkeit zu deuten, was sie eben nicht gewollt haben, dieses charaktervolle Leben als den humansten Vorzug ihrer Litteratur und Kunst. Denn wie ihre Sagen ihrer nationalen Vorzeit Menschen- und Götterleben immer in Wechselwirkung darstellten, finden wir auch die zwei Arten der Poesie, welche ihre Stoffe der Sagenwelt entnahmen, die Heldengedichte und die Tragödien, so weit und so lange sie nationales Leben hatten, von sittlich religiösen Motiven beseelt, und eben von demjenigen Epos soll hier die Geschichte gegeben werden, welches mittels lebendigen Vortrags zur nationalen Poesie zählt.

Die hiermit gezeichneten Charakterzüge der griechischen Litteratur treten sämmtlich gleich in den ersten zwei Werken, welche den denkenden Griechen selbst für die frühesten unter allem Erhaltenen galten, der Ilias und Odyssee Homers, auf das deutlichste hervor. Dieser Dichtergenius, der älteste unter den grössten aller Zeiten, namentlich den europäischen, ist dieses ja durch die zwei Eigenschaften, welche zum grossen Dichter die wesentlichen sind, durch ein lebendiges und tiefes Verständniss der Menschennatur und ein Weltbewusstsein, welches, Natur und Menschenleben umfassend, mit seiner Phantasie allgegenwärtig ist, und dem so die Bilder aus allen Sphären, die der beflügelte Gedanke nur bewalten kann, zu Gebote stehen. Diese zwei Eigenschaften also, wirksam mittels einer bereits zugebildeten Sprache und ihres ganzen Reichthums und in der möglichsten Herrschaft über dieselbe, und bei genialer Handhabung der der Dichtungsart eignenden

Rhythmen für einen dem Ohr gefälligen Vortrag, gaben die allbewunderten Poesien. Homers specifisch eigenster Vorzug hiess schon bei seinem Volk das Charaktervolle, nichts Uncharakteristisches gebe er. In den Hauptpersonen seiner Ilias und Odyssee hatte er ebenso naturgemäss wie im lebendigen Bewusstsein des Nationalcharakters die zwei Geistesarten, einen Helden der geraden Thatkraft und einen der schlauen Klugheit, hingestellt, beide dabei gar sehr als wahre Typen der hellenischen Sinnesart. Aber welche reiche Gallerie der mannigfaltigsten Charaktere in der Ilias und Odyssee! und diese immer energisch, so dass sie sich selbst aussprechen oder die Handlung sie offenbart.

Die andere Haupteigenschaft des grossen Dichters, das alle Sphären der Natur oder des Menschenlebens zu Zügen seiner Darstellung bewaltende Weltbewusstsein, sie erweist sich hauptsächlich in den Gleichnissen. Unter diesen nun geben die Naturbilder den Beleg zu dem vorhin vom Natursinn der Griechen überhaupt Gesagten. Wie Gestalten und Charaktere der Menschen kann irgend vom Dichter als Erzähler selbst gegeben werden, sondern wie sie in der seelisch bewegten Handlung zur Erscheinung kommen, so malt er auch die Natur nicht in der Ruhe der Betrachtung, sondern es dienen die Bilder dem Leben der Darstellung und sind energisch eingewebt. Hören wir einige, und zuerst einige kürzere: Da neigt sich das Haupt eines Getroffenen mit dem Helm wie der Mohn im Garten, den der Frühlingsregen beströmt (Il. 8, 306); da hat Menelaos den Muth der unabtreiblichen Fliege (Il. 17, 570), schwingt sich Athene durch die Luft zur Erde wie vom Stern die Funken [Sternschnuppen] (Il. 4, 77), stillt der Wundarzt das Blut durch Umschläge, wie Milch durch Feigenlab zu Käse wird (Il. 5, 902). Beispiele vollerer Bilder mit Gegenbildern: Il. 6, 503—516 wird Paris, wie er nach längerem Verweilen im Gemach jetzt kampflustig dem Hektor nacheilt, mit einem Rosse verglichen:

Paris auch, nicht mehr säumt er daheim im hohen Gemache,
Nein, wie er anhat nur sein Rüstzeug, schillernd von Erze,
Stürmt er darauf durch die Gassen der Stadt ausgreifenden Schrittes,
Wie ein Staatsross wohl, das, übersatt an der Krippe,
Los vom Halfter sich riss und mit stampfendem Hufe das Feld schlägt,
Rennt, sich zu baden gewohnt in dem voll hinfliessenden Strome,
Ganz nur Zier und Lust, hoch trägt es das Haupt, es umflattern

Üppig die Mähnen den Bug, und seines Geschmeides bewusst sich
Rasch trabts fort zu den Weiden und Tummelplätzen der Pferde:
Also des Priamos Sohn, von Pergamos' heiliger Höh' her,
Glänzend im Zeug wie die goldene Sonn', er selber im Herzen
Freudig, die Füsse behend vorschritt; nur einige Zeit noch
Und schon hatt' er den Bruder erreicht, als eben sich Hektor
Wandte von da, wo mit seinem Gemal er traulich verkehrt erst.

Eine volle Gruppe vom verwundeten Hirsch, auf den die
Schakale eindringen, bis ein Löwe sie verscheucht, ist Gleichniss zum verwundeten Odysseus, den die Troer verfolgen, bis
Aias eintritt; Il. 11, 474. Aus den vielen andern immer verschiedenen Löwenbildern ist auf dasjenige in Il. 20, 165—173
zu verweisen.

In der Odyssee auf das Bild von den kleinen Vögeln, wie sie,
wenn die Raubvögel aus dem Gebirg sich gegen sie herschwingen,
ängstlich zu Boden eilen und so in die Netze fallen, da denn
die zuspringenden Männer sich reichen Fangs erfreuen: Od. 22,
302—306.

So haben wir die Geistesart gezeichnet, welche, wie sie
alles Denken und Empfinden beherrscht, so auch die genetische
für die sogenannte Mythologie ist, das heisst die, welche die
Göttergestalten und die Göttersagen erzeugt. Aber eben auch das
ganze Bewusstsein und die Ueberlieferung von der eigenen gottvollen Vorzeit und von den Vorältern des Volks, ihren Thaten
und Schicksalen, gestaltet jener bildnerische Volksgeist des jugendersten Zeitalters, er bildet die Sage.

ERSTES BUCH.

Sage und Dichtung.

Abschnitt I.

Zur Geschichte der griechischen Sage.

1. Das eigenste Erzeugniss des jugendersten von
der Phantasie beherrschten Volksgeistes ist die
Sage, welche, indem sie zuerst als Volkssage
entsteht, jedem ächten Epos den Stoff giebt.

Wie der rechte Begriff der Sage der ist, dass damit ein
Thatsächliches von der Einbildungskraft erfasst und überliefert
bezeichnet wird, so ergiebt sich aus diesem von selbst, dass eben
die Sage das eigenste Erzeugniss des jugendersten Geistes sei.
Sie gestaltet Alles und Jedes, was im Bewusstsein des Volks von
seiner Vorzeit lebendig wird, und gar vielfältig geschieht diese
bildnerische Gestaltung als Rückdichtung. Und wenn gern jeder
Stamm die Geschichte der Menschen und Götter in seinem Gebiet begann und eine ganze Reihe von Landschaften Griechenlands einen ersten Menschen nannten[1]), so wäre es doch eben
nur ein Irrthum, wenn man das Alter einer Sage und Sagenpoesie nach der Folge der erzählten Begebenheiten berechnen
wollte. Gerade von der griechischen Poesie lässt sich mit Sicherheit behaupten, dass ihre ersten Werke nicht die Uranfänge der
Götter und Menschenwelt darstellten, nicht die Poesie die früheste
war, welche von der Entstehung der Götter erzählte (die theo-

---

1) Einerseits Götter und Menschen haben Eine Mutter, die Erde:
Hes. Tage und Werke, 108; Pindar Nem. 6, 2. Die verschiedenen ersten
Menschen: s. das vermuthlich Pind. Fragm. in der Zeitschrift f. Alt. 1847,
S. 1—6 und Philol. 7, S. 1 ff.; Bergks Poetae lyrici, 2. Ausg. S. 1059 f.

gonische), sondern dass die ältesten Sagen und ältesten Lieder schon
eine Heldenwelt im persönlichen Verkehr mit den Stammgöttern
darstellten[2]). Wie nämlich der Cultus des Zeus älter ist als der
seines Vaters, des Kronos, und des Zeus und seiner Olympier
Sitz auf dem Makedonisch-Thessalischen Berge Olympos älter
als die Sage und Dichtung von einem Kampfe gegen die Titanen
und Kronos (Hes. Theog. 632 f.), so hat die Poesie von Kämpfen
der Helden mit Götterhülfe oder der Götter unter sich früher
gesungen als vom Ursprung der Götter oder gar der Dinge überhaupt, da sie kosmogonisch vom Chaos begann. Das starke Bewusstsein der Menschennatur, welches die vermenschlichende Vorstellung von dem höheren Wesen erzeugte, es brachte auch die
von dem Heldenleben und der Theilnahme der Götter an ihren
Abenteuern und Heerfahrten. Das religiöse Bedürfniss erkannte
machtvolle Götter und der Phantasieglaube bildete sich das Leben
und ganze Wesen der persönlichen Mächte als ein thätiges aus.

Also war ganz unstreitig die früheste Poesie — abgesehen
von gleichzeitigen Anrufungen der Götter in Liedern — eine erzählende und enthielt Handlung. Und die Sängergabe selbst war
ja zuerst Kraft des Gedächtnisses also der lebendigen Erinnerung
und Darstellung von Thaten und Ereignissen.

2. Das Wesen und die Geltung der Sagen.

Sagen und Sagenpoesie sind nicht dasselbe. Die beschriebene Geistesart war die gemeinsame aller Stämme, und wie jeder
Stamm ein Bewusstsein von seiner Vorzeit und seinen Vorältern
hatte, so bildete er Sagen von seinen Göttern, ihrer Besitznahme
des Gebietes, von der Stiftung seiner Heiligthümer, überhaupt
den Gründungen, aber auch von den Thaten und Unternehmungen

---

2) Schoemann, comparatio Theog. Heriod. c. Homerica p. 5, sagt:
„Die theogonische Gattung der Poesie, von der uns nur das Werk des
Hesiod übrig ist, sie selbst muss doch für jünger gelten, als die Heldengedichte, wie die homerischen sind. Denn der Glaube an das Dasein
waltender Götter galt ohne Zweifel viel früher schon, als man über ihren
Ursprung und ihre Verwandtschaft Untersuchungen anstellte". Die entgegengesetzte Meinung G. Hermann's, Op. VI. 89, fällt in sich selbst,
wenn wir theils das Wesen des Epos uns genauer betrachten, theils die
Menge der epischen Lieder erkennen, welche seinen Schöpfungen vorhergingen.

seiner Ahnen, die sie mit Hilfe ihrer Götter bestanden. Was von jenem Bewusstsein ruchbar wird, es zeigt schon von Anbeginn neben einander vorhandene, geglaubte Götter und Menschen, und diess in regem Leben. Aber die Sage von dem Allen wurde rückwärts gedichtet nach dem, was kundbar ist, und so ist ein Ineinander von Menschen- und Göttergeschichte eben aller Sage und gerade der ältesten Sagenzeit eigen. Ist es doch eben die heilige Vorzeit, von der sie erzählt. Diese gottvolle Vorzeit heisst die Heroenzeit[3]) und wird von dem menschlichen Zeitalter unterschieden (Herod. III. 122: Minos im heroischen, Polykrates im menschlichen). Der Zeit nach reicht sie bis zur dorischen Wanderung. Diess gilt aber von den Personen und Ereignissen nicht als wäre nicht auch später die Sagen-Dichtung geschäftig gewesen, wie sie denn zum Beispiel in den Erzählungen von der Gründung Kyrenes und von dem ersten und zweiten messenischen Kriege gar viel erscheint[4]). Der Nationalglaube an die wunderreiche Heroenzeit erhellt eben daraus besonders, dass er auch in späterer Zeit nur die Bedingung hat, es muss ein Wunder aus der Heroenzeit erzählt werden und müssen Götter dabei mitgewirkt haben. In diesen spricht das edle Dichtergemüth des Pindar mitten aus seinem Glauben an eine wunderreiche Heroenzeit. Seiner Schilderung der Kentauren als halb Pferd halb Mensch (Pyth. 2, 44—48) fügt er hinzu: „Die Gottheit vollführt nach ihren Gedanken Jegliches," und bei dem Abenteuer des Perseus (Pyth. 10, 49): „Wenn die Götter es vollbracht, staun' ich Nichts als unglaublich an". Und derselbe erkannte ebenso wie vor ihm Archilochos, Stesichoros und Mimnermos in einer Sonnenfinsterniss die Wirkung des erzürnten, persönlichen Sonnengottes (Plin. N. G. 2, 12. Plut. Gesicht des Mondes 19). Von

---

3) S. meine Abh. die Heldensage der Gr. nach ihrer nationalen Geltung in Kieler philol. Studien S. 378 od. bes. Abdr. S. 4.
4) Wir unterscheiden: die Geistesart, welche Thatsächliches mit vorwaltender Phantasie fasst und überliefert und somit Sagenhaftes bildet, wirkte zu allen Zeiten: sie erzählte von der Gründung Kyrenes: Pind. Pyth. 4, 4—62 und 9, 51 ff. vergl. mit Herod. 4, 150 ff. von den messen. Kriegen bei Paus. 4, 10—16; sie von den Tyrannenmördern Harmodios und Aristogeiton (Thukyd.): und wieder von den Dichtern Ibykos, Arion und Simonides: Lehrs im Rh. Mus. Neue F. 6, 58, oder in dessen populären Aufs. S. 145—219.

Späteren spricht Pausanias den allgemeinen Glaubensgrund aus
(8, 2, 4 und 5).

In Wirkung und Nachwirkung jener Heroenzeit und des
Nationalglaubens an sie haben eine Menge Orte, soweit Griechen
wohnen, ihre Namen, und werden langhin die äussersten Gränzen
der Welt eben aus den besungenen Abenteuern der Heldenzeit
benannt: Vom Phasis heisst es bei Plato, Aristophanes, Aristoteles und folgenden, bis zu den Säulen des Hercules[5]). Es hatten,
das liessen auch die Nüchternen gelten, manche Helden schon
des ältern Geschlechts, wie nachmals Odysseus und Menelaos und
Aeneas auf weiten Wegen über die lichte Heimath hinaus in wunderreichen Gebieten Abenteuer bestanden: Dionysos der Wein-
gott, die Helden Herakles, Perseus, Iason und Bellerophon[6]).
Dann lernte man fernerhin auch Phantasiegebilde von glaubhaften
Thatsachen unterscheiden und erkannte man die Irrungen der
Volkssage, so nahm man doch auch von Wundererzählungen einen
thatsächlichen Anlass an, den nur Ausdichtung oder phantasti-
sches Gerücht übertrieben, und jedenfalls blieben die Personen
stehn, auch alle jene abenteuernden Helden wurden gleichwie
alle Personen der Heroenzeit als wirkliche Individuen geglaubt,
die ihren Lebenslauf gehabt. Mögen wir also in gar vielen derselben Personificationen erkennen, mögen sogar unsre Mythologen
Grund finden, gerade einen Herakles, Perseus, Bellerophon alle-
gorisch als Naturwesen zu deuten, das von Anfang nationale Epos
geht solche Deutung nicht an, und noch verfehlter ist es, dem
Homer auch nur irgend ein Bewusstsein von solcher Deutung
seiner Haupthelden, des Achill und des Odysseus, beizumessen.
Es ist ein ganz Anderes, den Ursprung eines Gottes oder Heros
nach seinem Namen, also die Fassung der uranfänglichen Personification zu erklären, und andererseits die geglaubten Götter
und Heroen der Griechen nach der Darstellung des Nationalepos
zu betrachten und zu charakterisiren. Das richtige Verfahren
der Auslegung und richtige Verständniss der epischen Handlungen
hat nicht einmal mit dem anderen auch nationalen Verhältniss

5) Pl. Phädon 109, 13. Ar. Wespen 100; Vom Pontos bis Sardinien.
Arist. Rhet. 2, 10, 2.
6) Strabo 1, 48. Plut. Kimon 3. Plin. N. G. 5, 1.

zahlreicher Heroen zu thun, da sie vorher als Götter gegolten
hatten und an manchen Orten fortwährend als solche verehrt
wurden. Dem Verständniss der epischen Dichtungen dient also
auch solche gesündere Fassung der Personificationen nicht, wie
sie jüngst Heinr. Dietr. Müller gegeben hat[7]); denn was die
Sänger ihrem Volke sangen, zumal auf der Stufe des Homer,
war eben ein Lied von seinen Ahnen, welche entweder durch
den „Kampf mit Ungeheuern und Drachen" ihnen die Erde befriedet oder auf Heerfahrten den Ruhm ihres Stammes verherrlicht hatten. Das Volk mit seiner seelischen Naturanschauung
und seiner Pygmalionsnatur hatte längst vor der Zeit, aus der
uns Etwas von seinem Epos erkennbar wird, die eigenen Personificationen in raschem Fortschritt ethisch beseelt und in Handlung und Leben gesetzt. Von einem mit Bewusstsein allegorisi-
renden epischen Dichter wissen wir Nichts, ja, es widerstrebt
der Geist dieser Dichtung selbst. Und wer möchte lieber den
Herakles der allegorischen Urdeutungen als den, der als der
gottgefälligste Mensch den Prometheus vom fressenden Geier erlöst und dessen Mitwirkung den Göttern selbst zur Ueberwältigung der Giganten unentbehrlich ist?

3. Unterscheidung der Sagen dichtenden Geister;
   des Volksgeistes und epischen Dichtergeistes; der
   Gründungssagen oder Natursagen und epischen
   Lieder.

Auch bei dem Jünglingsvolk der Griechen und schon im
frühesten Zeitalter sind ungeachtet der gemeinsamen Geistesart
obherrschender Einbildungskraft doch im Einzelnen dieselben
Unterschiede anzuerkennen, welche überall und jederzeit zwischen
selbstkräftigeren, schöpferischen und andererseits nur auffassen-
den und empfänglichen Geistern stattfinden, und wiederum ist
auch unter den schöpferischen nicht jedwedem die Sinnigkeit und
Tiefe beizumessen, die sich in einzelnen Sagen kundgiebt, wie
in der Prometheussage.

Nun schreiben wir zwar eine Fülle von Sagen der Stämme
dem Volksgeiste zu, weil eben nirgends ein Einzelner als deren
Bildner nachweislich ist; aber nothwendig und nach bestimmten

---

7) Mythologie der griechischen Stämme. 1. Thl. Gött. 1857.

Kennzeichen unterscheiden wir von der Sagenbildung des Volksgeistes die der Sänger und Dichter mit ihrer besonderen Begabung").

4. Sagendichtung des Volksgeistes.

Alle jene Unterscheidung kann erst eintreten, wo es bereits
an Sagengestalten und Erzählungen die Fülle giebt. Doch wenn
gerade die ältesten Sagen schon das Nebeneinander von Stammhelden und Göttern zeigen und Personificationen längst in Menge
vollzogen sind, wir müssen doch urtheilen: der Volksgeist dichtet
nur einzelne Gestalten und giebt in seinen Helden und von deren
Thaten nur den embryonischen Stoff, den die Sänger und Sager
ausdichten und zum Vergnügen der Hörer durchführen. Doch
hierneben hat derselbe Volksgeist seine eigenen Sphären; er dichtet Natursagen, indem er alles Charakterisirtere aus einem bestimmten früheren Act herleitet, und dichtet Gründungs-, besonders Cultussagen, weil der Griechengeist alles Bestehende einem
benannten Stifter zuschreiben möchte. Gern mag er alle Gründungen und Weihungen aus der altheiligen Heroenzeit herleiten
und vornehmlich von Helden, welche im Nationalepos gefeiert
sind. In der heiligen Vorzeit (eben daher der Offenbarungszeit)
haben die längst geglaubten Götter ihre Macht auch durch Verwandlungen aus Menschen in Steine, Bäume, Thiere offenbart,
und daher haben diese ihre sprechenden Gestalten oder ihren
Instinkt. Die Volksgötter also sind die Feen und Zauberer der
griechischen Märchen.

Wir lassen aus jeder Sphäre einige Belege folgen. Bezeugen
sie vielfältig die seelische Naturanschauung, so auch die Anknüpfung an die Heldensage, in deren Erzählung die Volkssage
jener ungewohnte Wunder mischte.

8) S. die vortreffliche Schilderung dieser Begabung in Wackernagels: Die epische Poesie. Schweiz. Mus. 1, 360. „Indess nicht Jeder
kann singen und spielen; auf Manchem ruht vorzugsweise die Lust und
die Gabe des Gesanges; und so bildet sich aus dem ganzen dichtenden
und singenden Volke heraus ein eigener Sängerstand. — Dort singen sie,
was zwar Jeder kennt, weil es alt überliefert ist, aber von ihnen doch
lieber vernommen wird als von Andern, weil sie es schöner zu singen
wissen."

a. Natursagen.

Als Volksanschauung und Bildnerei finden wir erstlich die in den „Göttern Griechenlands" aufgeführten Sagenbilder: „Der Lorbeer, der sich einst um Hilfe wand," war die von Apollon geliebte Nymphe Daphne, die von ihm verfolgt, die Erde oder Zeus um Rettung anrief und da verschwand, worauf dem Gott zum Trost der Lorbeer emporspross, den er nun liebt[9]). „Tantals Tochter" Niobe, die einst so stolze, dann schmerzensreiche Mutter, die nach dem erfahrenen Strafgericht in Fels verwandelt wurde, wie Homer Il. 24, 602—617 ihr Geschick erzählt, und deren Gestalt man am Sipylos in Lydien (Soph. Antig. 825) bei Fernsicht noch in später Zeit erkannte[10]). Die „Syrinx", wie Daphne einst eine Nymphe in Arkadien, am Flusse Ladon vom Hirtengott Pan verfolgt, von den Schwestern auf ihre Bitte in Rohr verwandelt[11]). Charakteristischer noch sind die Fälle, da die ungewöhnliche Eigenschaft eines Naturwesens entweder aus dem Götterglauben oder aus den Heldensagen gedeutet ward. Ein bei der Burgmauer in Megara liegender Felsblock gab angeschlagen einen Klang wie eine angeschlagene Laute. Dies kam daher, weil der Stadtgott Apollon, als er die Burg persönlich bauen half, seine Leyer auf den Stein gelegt gehabt[12]). Auf der Insel Seriphos hörte man nirgends die Frösche quaken, was der naturkundige Theophrast aus der Kälte der dortigen Wasser erklärte. Die Seriphier wussten das anders. Den Helden Perseus, der von hier aus zum Abenteuer gegen die Gorgo ausgezogen und mit deren Haupt hierher zurückgekehrt war (Strabo 487), hatten, als er am See ruhen wollte, die Frösche mit ihrem Gequak gestört. Da hatte er seinen Vater Zeus angerufen, und dieser den Ruhestörern ewiges Schweigen auferlegt[13]). Ein ähnliches Gebet des

9) Phylarch bei Plut. Agis 9 Tzetzes zu Lykophr. 6. Ovid. Metam. 1, 452.

10) Paus. 1, 21, 5. Vgl. O. Müller, Handb. d. Archäol. §. 64. Anm. 2.

11) Ov. Metam. 1, 704. Voss zu Ekl. S. 55.

12) Theogn. 773. Paus. 1, 42, 1 und 2. Virgils Ciris 105—108. Ov. Metam. 8, 14—16.

13) Aelian Thiergesch. 3, 37. Beckmann zu Aristot. wunderbare Berichte Kap. 71. S. 143 f.

Herakles war nach der Sage bei Diodor 4, 22 g. E. Ursache,
dass man in der Italischen Lokris allein keine Baumgrillen (Cicaden) schwirren hörte[14]).

In den Tönen mehrer Vögel hörte der Volksgeist ein ursprünglich menschliches Gefühl, und die Instinkte mehrer
Thiere wurden ebenso wie jene als aus Menschenart stammend
angesehn, mittels einer von den Göttern, den Herren der Natur,
vollzogenen Verwandlung, sei es in Mitleid, in Güte und Wohlthun, sei es im Zorn zur Strafe. Von Vögeln sind die Nachtigall, nebst der Schwalbe und dem Eisvogel, die sprechendsten
Beispiele hiervon, wie die Alten der Schwalbe gleich der Nachtigall einen trauervollen Ton beilegen (Paus. 1, 41 a. E.) und
vom Eisvogel schon Homer (Il. 9, 562) dasselbe ausdrücklich
bezeugt. Die Nachtigall, bei den Griechen die Sängerin vor
Allen, bei den Lateinern die Sängerin in der Dämmerung geheissen, hat im Gegensatz des europäischen Nordens im Süden
vollends die tiefer ziehenden Seelentöne. Darin hörte der Grieche
bekanntlich Mutterschmerz, die Klage um den in Leidenschaft
oder durch Irrthum selbstgetödteten Sohn (Itys, Itylos)[15]). In
dreifacher Gestalt der Sage ist doch die Nachtigall immer die
verwandelte unglückliche Mutter[16]). Die Eisvögel (Alkyonen)
waren ein treues Ehepaar gewesen; dessen Charakterbild erkannte
man in den Paaren der Alkyonen. Als der Mann auf einer See-
reise war, blickte Alkyone immer sehnsuchtsvoll nach ihm aus,
und als nach Schiffbruch sein Leib ans Ufer trieb, stürzte jene
sich ins Meer. Da verwandelte Zeus oder Thetis sie in die See-
vögel. Immer noch klagt ihr Ton um den Gatten, wie Euripides
und Ovid es schildern. Und auch als Vögel üben die Weibchen

---

14) Das Alterthum kannte die stumme Art der Cicaden nicht, wie die
stumme Art der Frösche.
15) Odyss. 19, 518—523, mit Schol. Aeschyl. Schutzfl. 55—58.
Agam. 1101 oder 1113 ff. Soph. Elektra 144.
16) Die homerische spielt in Milet oder auf Kreta, die blosse Variation derselben bei Antonin. lib. 11, in Ephesos, die dritte ruchbarste,
die auch Thukyd. 2, 29, 2 anerkennt, in Phokis oder Aulis und Attika:
Sappho fr. 87. Paus. 1, 41, 8 und 9. 10, 4, 8 und 9. Tragisch ist sie
behandelt in einer Trilogie von Philokles, dem Neffen des Aeschylos
(Sch. zu Aristoph. Vögel 282), und in Sophokles Einzeltragödie Tereus.

sonst beispiellose Treue, den alternden nehmen sie auf ihren
Rücken und tragen ihn so im Fluge [17]).

Aehnliche Natursagen mischte der wundergläubige Volksgeist
auch mehrfach in die Legenden, welche aus dem Cultus im Epos
gefeierter Helden hervorgingen. Vom letzten Geschick des ätoli-
schen Helden Meleagros gab es mehrfache Sagen, doch in zwei
Gestalten hatte seiner Mutter Hass ihm den Tod gebracht. Nun
sahe man auf dem Hügel, den die Kalydonier als Meleagros
Grabhügel ehrten, häufig eben nur in Aetolien vorkommende,
eigentlich in Afrika heimische Perlhühner, welche Meleagrides
heissen. Da erzählte die Sage, das wären die durch Mitleid der
Götter verwandelten Schwestern des Helden, die bei seinem Tode
unstillbare Klage erhoben [18]). Die Bewohner der Insel Salamis
erzählten von ihrem Helden, dem Aias, dem Sohne des Telamon
(Il. 2, 557), bei seinem Tode vor Troia, da er, der grösste
Held nach Achill, um erfahrner Kränkung sich selbst getödtet,
sei in ihrem Lande zuerst die Blume hervorgesprosst, auf deren
Blättern man die ersten Buchstaben seines Namens lese (Paus.
1, 35, 3). Wiederum aus einer Verwandlung deutete man den
menschenfreundlichen Charakter bei Reihern, die von einer der
Inseln, welche von dem in vielen Städten Italiens als Gründer
verehrten Diomedes die diomedischen hiessen, zahm und freundlich zu den Schiffern heranflogen. Auf der Insel war der ver-
götterte Heros verschwunden, seine Gefährten aber in jene verwandelt worden [19]).

---

17) Eur. Iph. in Tauris 1089—1093. Ov. Metam. 11, 731. Den Lie-
besdienst im Alter feierte schon Alkman Fr. 21, S. 639 und beschrieben
Andere: Plut. de solert. anim. c. 35. V. 485. Tauchn.

18) Mel. Tod. Paus. 10, 31, 3. Die Hühner in Aetolien: Athen. 655 A.
auf dem Grabe. Plin. N. G. 10, 38. Meleagri tumulus nobilis eas fecit.

19) Strabo, VI. 284, sagt von der Insel, auf welcher die Sage den
Diomedes verschwinden und seine Gefährten in Vögel verwandelt werden
lässt: und noch jetzt blieben sie zahm und führten ein wie menschliches
Leben, gegen sittige Menschen freundlich, schlechte und schuldbeladene
aber fliehend. Nach Plin. N. G. 10, 44, 61 unterscheiden sie Griechen und
Barbaren. Aehnlich Stephan. v. Byzanz unter Diomedeia. Heyne im ersten
Excurs zum 11. Buch der Aeneide Genaueres; wo auch von den Perl-
hühnern.

b. Cultussagen.

Eben der nach Homer entstandene Heroencult erzeugte eine grosse Menge Volkssagen auch von solchen Heroen, welche schon vorher im Epos gross waren. In den von Griechenland ausgegangenen Colonien entstanden dergleichen besonders. Wie die milesischen am schwarzen Meer den Achill ehrten[20], die italischen vor Allen den Diomedes und Philoktet, aber auch verirrte Leute des Nestor, zurückgebliebene Gefährten des Odysseus, wie auf Kypros Teukros der Bruder des Aias, auf Rhodos der Sohn des Herakles Tlepolemos als Führer und Gründer Heroenehren hatten: so gab es von allen diesen und noch anderen rückgedichtete Cultussagen. Sie beriefen sich auf die Gräber[21], die aber weil die Verehrung der hehren Todten eben eines Grabes bedurfte, im neuen Wohnsitz erst gestiftet waren. Da nämlich die Colonien ihrem wirklichen Führer und Gründer nach seinem Tode ein Grab mit Heroenehren widmeten[22], so folgte wie von selbst, dass der Cultus eines altheiligen im älteren Epos schon gefeierten Heros, den man aus dem Mutterlande mitgebracht hatte, auf Grund des Grabes die Legende erzeugte, dieser sei der Führer gewesen. So hatte jeder solche Cultus seine Legende, wie der Heros selbst dahin gekommen und dort sein Grab gefunden. Solche Legende braucht nur die Interessenten des Cultus zu befriedigen; immerhin also mochte es in dieser Weise wie von dem Seher Kalchas, von Oedipus, von Agamemnon und Anderen an mehreren Orten Gräber mit Legenden geben (die Heldensagen der Griechen 28 ff.). Um Zeitrechnung kümmerte sich dabei der Phantasieglaube wenig, doch war es in den Colonien meistens einer vom jüngeren Heldengeschlecht, einer des älteren mehr in den Mutterstädten[23]. Es kam dazu, dass in mehreren Fällen die Ansiedler mit der älteren Bevölkerung Kampf

---

20) S. Herod. 4, 55, mit Bähr und bes. den von ihm angeführten Köhler, der den ganzen Cultus des Achill und vieler andern troischen Helden erörtert.

21) Strabo VI. 264, 15; vergl. 222.

22) Dem ältern Miltiades: Herod. 6, 38 „wie es Brauch ist beim Gründer". Dem Phalanthos, dem Gründer von Tarent: Str. 278 f. Justin 3, 4 a. E.

23) Pindar, Isthm. 4 (5), 30 ff.

zu bestehen gehabt hatten; so taugte ein reisiger Held von altem Klang um so besser dazu. Achill war schon reisiger Heros der Mutterstadt Milet; er hatte nach einer dortigen Volkssage den Ansiedlern, welche den Boden den Lelegern abzukämpfen hatten, eben diesen erobert, indem er den Trambelos, den König der Leleger erlegte[24]. So ward er Helfer und Hort der milesischen Colonien im Barbarenland am Pontus, heisst in Inschriften Pontarch und wird von Alkäos mit dem Wort angerufen: der Du in Scythien (Nordland) waltest (Fr. 40). Auch Diomedes hatte als streitbarer Held im nördlichen Appulien (Daunien) Platz gewonnen und seine Herrschaft bis zu den Henetern im Winkel des Adriatischen Meeres ausgedehnt, d. h. er wurde in einer ganzen Reihe von Orten als Gründer verehrt. Sein Cultus ward gleich dem des Achill am Pontos der eines Gottes, wahrscheinlich indem Beide in die Stelle eines älteren Landesgottes eintraten. Obwohl dasselbe auch von Philoktet in Makalla berichtet wird[25]. Auch von diesem wird Etwas von Kampf erzählt.

Wir haben hier kein Interesse die Cultussagen auch nur der oben genannten anderen Gründer genauer zu besprechen, oder die Formen zu berichten, in welchen die Sage ihren Weggang aus der Heimath motivirte: hervorzuheben aber ist zur Unterscheidung von den episch ausgeführten Dichtungen der Umstand, dass Alles und Jedes, was wir angeführt finden, und auch die Fahrten, Ankunften und Kämpfe, durchaus nur auf kurze Angabe des Thatsächlichen beschränkt bleiben[26].

24) Athen. 11, 431D. Eustath. z. Il. 343. Tzetz. zu Lyk. 467.

25) Schwiegersohn des daunischen Königs. Justin 12, 2. Plin. N. G. 3, 16, §. 103. Städte Benevent, Canusium, Argos Hippion - Agyrippa oder Arpi, Metapontion und Thurii: Strabo 215, 248. Steph. v. Byz. unter Argyrippa, Benebentos. Gott auf der Diomedes - Insel, in Argyrippa, Metapontion, Thurii, nach Schol. zu Pind. N. 10, 12. — Philoktet. Tz. zu Lyk. 927. Klausens Aeneas 1, 462. Daneben Gründer v. Krimissa u. Petelia.

26) Artig ist die Anknüpfung an die homerische Erzählung bei Diomedes. Die von diesem in der Ilias 5, 330 ff., 349 ff. verwundete und geschmähete Liebesgöttin hatte zur Rache dessen Gattin (Il. 5, 412) zur Buhlerei mit einem Andern verführt, so dass sie nach seiner Heimkehr sein Leben bedrohten und er sich zur Auswanderung getrieben fand. Diese Verknüpfung scheint zuerst von Mimnermos geschehen zu sein: Fr. 22 aus Tz. z. Lykophr. 610; vergl. Philol. 1, 151. Dieser Theil der Sage hat seine Varietäten und so auch seine weitern Wege, aber eben

Dies waren Beispiele von Volkssagen, welche aus dem He-
roencult der Colonien hervorgegangen, neben der epischen Feier
der Helden stehen, nur dass sie im Einzelnen an sie anknüpfen.
Ein lichtes Beispiel giebt es, da ein im Epos vielgenannter Held
in einer Cultussage ganz und gar unabhängig von seinem epischen
Charakter zum Führer einer Colonie und verehrten Stifter wird.
Es ist Iolaos, der in der epischen Heraklessage viel genannte
Knappe und Wagenlenker des Herakles. Er war in Theben auch
reisiger Heros mit Jenem, und nach seinem treuen Dienst das
Ideal der berühmten heiligen Schaar von Freundespaaren. Aber
der Cultussage nach hatte er eine Schaar Thespier und Athenäer
nach Sardinien geführt, wo Pausanias seinen Cultus blühend
fand[27].

Es wäre anmuthig hier die Weise der Cultussagen noch
ausführlicher zu schildern, namentlich wo sie so handgreiflich
den Wandel der Elemente, im Bereich der Meeresfluth und andererseits des wärmenden Sonnenstrahles als einen Streit oder
Tausch zweier Götter darstellen, oder wo der Sonnengott eine erst
aus dem Meer auftauchende Insel als sein Gebiet gewinnt. Von
solchem Tausche erzählten Viele[28]; es möge aber hier nur die

nur in der Volkssage. Dass diese von der epischen zu unterscheiden sei,
beachtete der Verfasser des Aufsatzes im Philol. 8, 54 nicht, und fasste
daher Vieles irrig. Das Epos erzählte von Diomedes nur die glückliche
Heimkunft aus Troja.

27) Epos: Hes. Schild. d. Herakl. 77, 103, 323. Heros mit Herakles:
Pind. Isthm. 4, 32. Plut. V. d. Bruderl. a. E. „An vielen Orten sein Altar-
genoss.‟ Ideal: Plut. Pelop. 18 nach Aristoteles. — Colonie: Paus. 7,
2, 2. Cultus: ders. 10, 17, 5. Vergl. Strabo 5, 225 und Diod. 4, 29, wo
die Form der Rückdichtung besonders ersichtlich.

28) Es ist hier zu beachten, dass in diesen Sagen Helios, der Sonnengott, mit Apollon als derselbe gilt. Abzusondern ist die Legende von
Trözen, Paus. 2, 30, 5. Sie ist ganz nur politisch; zwei Geschlechter
ionischen Stammes haben sich über ihre Culte vereinbart. Anders in folgenden: Nach der Korinthischen Sage stritten der Meergott Poseidon und
Helios um die Stadt auf der Landenge und der gewaltige Briareus (Il. 1,
402) schlichtete: Paus. 2, 1, 6; 4, 7. Das Vorgebirge Lakoniens Tänaron
(das oft Erderschütterungen erlitt) gewann der Meergott als Erderschütterer vom Sonnengott, der dort seine Heerden gehabt. (Hymn. a. d. Pyth.
Ap. 233—410.) Poseidon überliess dafür Delphi. Statt Tänaron nennt eine
andere Sage die Insel Kalauria bei Trözen (Paus 2, 33, 2). Das alte Orakel bei Paus. und Strabo 8, 378 besagt, Apollon habe gegen Kalauria
Delos, gegen Tänaron Delphi eingetauscht. Besonders deutlich spricht

besonders schöne der Rhodier hervorgehoben werden, wie der Sonnengott die Insel in Einem Hergange durch eigne Wahl und auch durch Vertheilung des Zeus zu seinem Eigenthum erworben. Es erzählt Pindar Ol. 7, 54 oder 100 ff. nach „den alten Reden der Menschen“: „Rhodos, heisst es, lag noch in den Meerestiefen verborgen, als die Vertheilung der Erde durch Zeus geschah. Für den (auf seiner Tagfahrt) abwesenden Helios hatte Niemand ein Loos aufgewiesen. Als der Gott daran mahnte, wollte Zeus die Loosung von Neuem geschehen lassen. Der Gott aber wehrete, er sähe, sagte er, drinnen im Meer vom Grund her ein Land emporkommen, gedeihlich für Menschen und Heerden. Und alsbald forderte er die Parce auf, ihm mit heiligstem Eid und Zeus Zustimmung das zu Tag emporgestiegene Land als Eigenthum zuzusprechen“. Der Schlüssel zu dieser von Pindar in der anmuthigsten Einfachheit erzählten Legende ist ganz unzweifelhaft in dem Zeugniss des Plinius gegeben. Denn einmal zählt dieser Rhodos unter den Inseln auf, welche nach dem Glauben der Alten erst aus den Wellen aufgetaucht sein sollten (2, 89; vgl. Paus. 8, 33. 4). Sodann aber — was mehr ist und Rhodos ganz sprechend als ein Lieblingsland des Sonnengottes erkennen lässt — bezeugt er 2, 62, dass die Atmosphäre dieser Insel nie so ganz von Wolken überzogen werde, dass nicht wenigstens stundenweis die Sonne hervorgetreten wäre. Also weil Rhodos ein sonniges Land war, und nicht erst durch die dorische Ansiedelung, ward Helios der Hauptgott der Insel, wie er denn auch als Stammvater d. h. als Vater der drei Stifter und Namengeber der drei bedeutendsten Städte galt. Und der rhodische Koloss stellte eben jenen Gott dar (Plin. 34, 18 §. 41).

c. Wandel der epischen Sage durch den Volksgeist.

Solche Cultussagen, wie ein jeder Cultus die seinen hatte, gingen für sich, und nur zwischen dem Heroencultus und dem Epos fand eine Wechselwirkung im Fortgange statt. Nachdem z. B. die älteren Lieder den Perseus und den Herakles mehr

die Sage vom Streit der Landesgöttin Hera und des Poseidon um Argos: Paus. 2, 15, 5 und 2, 22, 5. Um Athen stritten Poseidon und Athene (Herod. 8, 55) jeder mit seiner Gabe, und Atheneus Sieg feierte man alljährlich. Plut. V. d. Bruderl. 18.

2*

nach Phantasie in den Westen geführt hatten als nach Kunde, so dass noch Hesiod ganz nur mit Phantasiebildern von jener unerkundeten Ferne verfuhr, trat später erst seit der Gründung von Kyrene (631) eine geographische Fixirung der Phantasiebilder der Herakles- und Perseussagen ein. In Folge dieser rückte die dortige Volkssage die Gorgonen, welche Perseus bekämpft, und die Gärten der Hesperiden, von denen Herakles die Aepfel holte, in die Nähe benannter Orte[29]. Andererseits konnten die nachhomerischen Dichter, und namentlich der der Heimkehr der Sieger Troia's nicht umhin, die Helden, statt wie bei Homer in die alte Heimath, in die ruchbarsten Stätten ihres Cultus gelangen zu lassen, oder die Apotheose derselben an die Stelle des von Homer erzählten Todes zu setzen[30]).

5. Bestimmte Beispiele zur Unterscheidung des gestaltenden Sängergeistes und des die Natur beseelenden Volksgeistes.

Der Volksgeist hat sich uns in seiner Sinnigkeit und namentlich in seiner seelischen Naturanschauung schon vielfach offenbart, und wir könnten die Belege davon noch um viele vermehren. Auch von seiner durchherrschenden Gleichartigkeit giebt es sprechende Beispiele. Das eigene Naturgefühl, da der Wechsel des Naturlebens im Laufe der Jahreszeiten von den Menschen mit empfunden wird, es wurde in den verschiedenen Gegenden nicht bloss in elegischen Herbst- und Ernteliedern laut, sondern der bildnerische Volksgeist gestaltete das im Wechsel erst blühende dann absterbende Naturleben zu einem früh abscheidenden Jüngling Linos, oder in anderen Gegenden Hylas, in anderen Bormos oder Lityerses genannt, welcher hier von Hunden zerrissen (vom Hundsstern), dort von den Wellen ver-

---

29) O. Müller, Orchom. S. 346, zeigt die Rückdichtung.

30) Achill, den Homer im Hades zeigt (Od. 11, 467), und dessen Tod und Todesfeier er beschreibt (Od. 5, 310 und 24, 36—94), fällt in der Aethiopis des milesischen Epikers, wird aber nach Leuke im Pontos entrückt. Der Dichter der Heimkehr führt den Kalchas nach Klaros bei Kolophon (Strabo 642 und 643), wo sein Grab (Lykophr. 425 m. Sch.), den Neoptolemos statt nach Phthia (Od. 3, 188) nach Molossien in Epirus (Plut. Pyrrhus 1).

schlungen, u. s. w. umkommt und beklagt und gesucht wird[31]). Durch absonderliche Wendung ward Linos, der Gegenstand des Herbstliedes, selbst zu einem der frühesten Sänger und so zum Lehrer des Herakles.

Die gemeinsame Anschauung bewährt sich weiter in den volksthümlichen Sagen von den vulkanischen Bergen oder Inseln und Küstenstrichen. Ein Volksgeist der wie die obigen Beispiele zeigten, alle eigenthümlichen Erscheinungen an Felsen, Wässern oder thierischen Wesen so lebensvoll deutete, er wird freilich die gewaltigsten Naturregungen nicht stumpf angeschaut haben. Und vulkanischer Gegenden gab es viele im Bereich der Griechischen Bevölkerung. Ausser auf Lemnos gab es dergleichen auf den hinteren Küsten Vorderasiens, also in Cilicien und bis nach Syrien gegen Aegypten hin; dann auf der thrakischen Halbinsel Pallene; und als griechische Ansiedler Unteritalien und Sicilien besetzt hatten, kamen die Küsten von Kumä mit dem Vesuv, kam der Aetna und überhaupt die gesammten dortigen Meeresufer nebst mehren Inseln hinzu. Nun ist es ein und dasselbe Phantasiebild, welches sich bei allen diesen Erdbränden wiederholt. Der durchherrschende Volksglaube von der Urzeit und den auf einander gefolgten Zuständen der Erde und Erdbewohner wusste nämlich Nichts von einem goldenen Zeitalter und allmählicher Verschlimmerung, sondern zeigt in den Sagen die umgekehrte Weltansicht. Die Erde und die ganze Natur hat in der Urzeit enorme Ungethüme die Fülle erzeugt, bald sterblichen bald unsterblichen Wesens. Sie waren einzeln über die verschiedenen Gebiete verbreitet, und beunruhigten die daneben vorhandenen schlichten Menschen. So hatten Zeus und die übrigen Volksgötter in der ersten Zeit des erlangten Regiments diese Ungethüme mit ihren Gewaltmitteln getilgt. Eines derselben also, und offenbar eines von unsterblichem Wesen, dachte der Phantasieglaube unter jedem Vulkan oder jeder vulkanischen Landstrecke liegend. Rauch, Feuer, Lava schnob und spie eben das Ungeheuer aus, und dieses regte und bewegte seine gewaltigen Glieder so oft der Boden erschüttert ward. Die Berge sind am häufigsten von

31) O. Müller Dor. 1, 346 f. Welcker Kl. Schr. 1, 8—55. Büchsenschütz im Philol. 8, 577—589.

Zeus in Gewittern oder dem Gott der Erschütterungen Poseidon oder der Göttin Athene auf sie geworfen. Benannt aber wird der niedergeschmetterte Wütherig am häufigsten Typhon oder Typhoeus, das Bild der äussersten Empörung der Elemente (Pl. Phädr. 230 A). Dieses phantastische Ungeheuer hat seine Geburtsstätte bei Homer Il. 2, 782 in Arima, was nach Pindar und Aeschylus auf Cilicien weist[32]). Aber es erscheint dasselbe als stehender Typus der Volksansicht von vulkanischem Boden, und zwar recht als Beispiel des Hergangs, wenn einmal eine Gestalt in den Sagen ruchbar geworden ist. Wie Strabo XII. 578, 17 und 579, 18 zeigt, gab es dort weiter auf der Küste eine ganze Folge ebenfalls vulkanischer Stellen bis nach Syrien hin, und überall sollte Typhon da liegen[33]). Nachdem der zweite Ausbruch des Aetna (479/478 v. Chr.) erfolgt war, sang Pindar im ersten pythischen Siegesliede die so sinnvolle Stelle 13 — 29 oder 25 — 53 vom Typhoeus unter dem Aetna und dem vulkanischen Boden bis Kumä, und liess Aeschylus den Prometheus von demselben prophezeihen, Beide unstreitig nach der Sage, nach welcher Typhon verfolgt nach Italien geflohen war[34]). Doch nach dieser Sage ward da die vulkanische Insel Pithekusa mit Prochyte auf ihn geworfen. Diess gemahnt schon an den mehr bemerkten Umstand, dass theils ein und derselbe Wütherig und Gigant bald unter dem, bald unter jenem vulkanischen Boden liegend angegeben wird, theils von einem und demselben Vulkan von verschiedenen Dichtern Verschiedene als die Belasteten genannt werden[35]). Dass in solchen Stellen bestimmte Gigantennamen ver-

---

32) Ae. Prom. 353, Pind. Pyth. 8, 16 und ausdrücklicher Pyth. 1, 17 oder 32.

33) Strabo XIII, nach allgemeinerer Angabe des vielstimmigen Mythus 626, von Mysien, wo die Gegend Katakekaumene, das verbrannte Land, 638, 11 und bes. 579, 18 und 19 und wieder XVI. 750, 7.

34) Vom Kaukasus her: Pherekydes und Herodoros im Schol. zu Apoll. Rhod. 2, 1210 und 1211, und Apollonius selbst.

35) Unter dem Aetna liegt nach Pindar und Aeschylos Typhon, nach Kallim. H. a. Delos 141 Briareus, nach Virgil. Aen. 3, 579 Enkelados. Unter Prochyte und Pithekusa bei Pherekydes und Strabo V, 247, 9 und 248 Typhon, nach Silius Italicus 12, 147 Mimas. — In einigen Vulkanen hauste der Gott des Feuers Hephästos. Auf Lemnos, wo vordem der Mosychlos gebrannt hatte, nach Buttmanns Darlegung in Wolfs Mus. I. 205 ff. und die Insel Hiera ist des Hephästos Werkstatt, Thucyd. 3, 88, 2.

lauten, haben wir unstreitig aus Liedern herzuleiten, durch die
sie ruchbar geworden; jene verschiedenen Angaben von demselben Giganten oder demselben Vulkan aber erklären sich wohl daher: im Volksglauben und Munde hatte es eben nur „das Ungethüm" geheissen, die Dichter aber oder spätere Sagenschreiber
nannten nach Belieben einen bestimmten, nur immer einen der
Ruchbaren.

6. Fortsetzung. Ein Lied von dem Kampf und Sieg
der Götter gegen eine Gigantenschaar (Gigantomachie).

Schon jener Gebrauch der bestimmten Namen führt auf die
Annahme eines alten Liedes, wodurch sie in Ruf gekommen, fast
mit Nothwendigkeit. Denn allgemein im Nationalbewusstsein lebendig wurden Sagen und Sagengestalten nur durch die Poesie.
Und hier gilt dies von einer bestimmten Zahl der genanntesten
Giganten: Alkyoneus, Poryphyrion, Enkelados, Mimas,
Polybotes, ausser jenem Typhoeus, der als eine wildeste Un-
natur nicht zu den Giganten zählt. Die Giganten wurden anders
als er gedacht. Mit dem Namen bezeichnet man riesengrosse,
berghohe Gestalten eines Maasses, das nicht blos gewöhnliches
Menschen-, sondern auch Heldenmaass überragt (Od. 10, 113,
120), aber sich frei bewegende. Nun waren nach dem Obigen
einzelne solche Enorme in einzelnen (vulkanischen) Stätten nach
dem Glauben von Zeus niedergeschmettert — aber es lebt daneben die Sage von einem Kampfe der Götter gegen geschaarte
Giganten. Da erkennen wir das Werk zusammenfassender Poesie
und erkennen den Sängergeist in den Motiven, welche die Sage
in die Hergänge legt. Doch zum deutlichen Zeichen dichterischer
Darstellung werden von folgenden Dichtern und Künstlern und
nicht blos von Apollodor (der selbst älteren gefolgt sein muss)
zahlreiche einzelne Thaten und Scenen solchen Kampfes aufgeführt. Endlich enthält Hesiods Theogonie 50 eine zwar dunkle,
aber doch bei rechter Erklärung das Ihre besagende Andeutung.
Der Vers muss an seiner Stelle auf einen Lobpreis des Zeus
gehen, und da das Wort Giganten niemals für Heroen gebraucht
ist, so sangen die Musen, wie Zeus „Sterblicher Menschen Geschlecht und starker Giganten" seiner Macht unterworfen. Hesiod

setzt immer das Bedeutendste zuletzt, und Beides zusammen giebt
den Zeus als den Befrieder und Ordner der Erde, nachdem vorher die Götterwelt als ihm unterthan genannt ist. Einfach deutlich bezeugt Xenophanes alten Gesang vom Giganten- und vom
Titanenkampf 1, 21. Mehrfach ist er in der Batrachomyomachie
berührt[36]).

Nirgends ist uns der Name eines Dichters oder eines Gedichts Gigantomachie glaubhaft überliefert[37]) und wir haben über
die Zeit, in welcher ein solches Lied gedichtet sein möge, nur
soviel zu bestimmen, dass dieser Stoff nicht zu den frühesten zu
zählen sei. Dagegen mag der Gedanke, die Götter in ihrer
Machtwirkung und in der Bewältigung der übergewältigen Erdbewohner zu feiern, bei der volksthümlichen Bedeutung solchen
Liedes immer früher gekommen sein, als der, dieser Götter Ursprung zu besingen. Ein sinniger Dichtergeist nun verräth sich
in den auf diesen Kampf lautenden Angaben und vorzüglich und
unleugbar in dem Zuge, dass Herakles von Athene zum Mitkämpfer herbeigeholt wird, denn der Sieg ist den Göttern nur
unter der Bedingung verheissen, wenn ein Sterblicher auf ihrer
Seite kämpfte oder Halbgötter[38]). Der Sinn ist namentlich bei
Herakles: es soll die gesittigte Menschenkraft und Art über
die ungeschlachte Gewalt den Sieg erlangen, dafür kämpfen die
Mächte der Ordnung[39]) und indem zu ihrem Siege Herakles mitwirkt, ist er eben der Repräsentant der frommen und gottbe-
günstigten Menschenkraft und Tüchtigkeit, hier ebenso wie in
der Prometheussage, wo er es ist, der den gebändigten bestraften Träger, die Personification des ohne Gott selbststarken tita-
nischen Menschengeistes, von der fressenden Qual befreit[40]).
In der vollständigern Uebersicht des Gigantenkampfes bei Apollodor

36) V. 6, 170, 299.
37) Der Schol. des Apollon 1, 551 hat in dem Citat „der Dichter der
Gigantomachie" offenbar „Titanomachie" schreiben wollen.
38) Pind. J. 5 (6), 33—49. Eur. Ras. Herak. 1192—1194. Apollodor 1, 6, 1: „ein Sterblicher", Schol. zu Pind. N. 1, 67 und 100: „zwei
Halbgötter, Herakles und Dionysos".
39) Pind. Pyth. 8, 12 ff. Hor. Od. 3, 4, 53 ff.
40) Hes. Theog. 523—531. Aesch. Gefess. Prom. 773 oder 2 und
Fragm. des Gelösten p. 368. Fr. 212 und 213. Herm. oder Tragic. Fr.
rec. Nauck. p. 52. Fr. 195A. 96.

trifft recht in jenem Sinn Herakles den Porphyrion mit seinem
Pfeil, indem Zeus auf denselben seinen Blitz schleudert, und
schiesst Herakles einen andern in's rechte Auge, während Apollon
in's linke. Im verwandten Sinne ist es eben Athene, die den
Herakles herbeiführt, und that sie sich besonders hervor und
heisst die Gigantentödterin, sowie ihre Heiligthümer die Scenen
dieses Kampfes besonders aufwiesen. Sowie aber die bildende
Kunst, die fast immer Dichtergebilden folgte, auch Tempel anderer Götter mit dergleichen Gesammtdarstellungen verzierte,
geben Schilderungen von Kunstwerken oder diese selbst (Vasen)
neben der dichterischen Ueberlieferung überhaupt nicht wenige
einzelne Scenen der Gigantomachie [41]).

Das hiermit in seinen Abbildern bezeugte Lied eines ältern
Sängers hatte nicht minder als die obigen Einzelsagen örtlich
volksmässige Grundlage. Der sich überall wiederholende Name
des Schlachtfeldes heisst Phlegrä, das phlegräische Feld, von
φλέγειν, brennen, das brandige Land, also ebenfalls ein vulkanischer Boden. Vorherrschend und unzweifelhaft zuerst wird
es auf die thrakische Halbinsel um Pallene verlegt, das selbst
früher Phlegra hiess [42]). Der in älterer Zeit besungene Kampf
wurde nun von der Volkssage erfasst. Als in Italien Kumä griechische Ansiedler erhielt, sahen diese die sowohl vulkanische als
höchst fruchtbare dortige Gegend bis Puzzuoli für das Feld des
Götterkampfes an. Die Verstandesmenschen Polybius und Strabo

___

41) Das Gewand an den Panathenäen: Schol. zu Arist. Ritt. 563; Plato
Euthyphro 6 c. und die wieder aufgefundenen Metopen des der Athene geweihten Parthenon: Leake's Topogr. Attika's Anh. 16, S. 400. Andere
Kunstwerke: Preller Gr. Myth. I. 56. Scenen am delphischen Tempel:
Eur. Ion. 205—218, z. B. Athene verfolgt den Enkeladus und heisst daher Hippia (vergl. Paus 8, 47, 1). Nach derselben Tragödie 988—995
erzeugte die Erde damals die Gorgo und erwarb damals Athene den Ruhmestitel Gorgotödterin (1478) und als Panzer die Aegis mit dem Gorgo-
haupt. Dichterstellen: Pind. Pyth. 8, 16 f. oder 25: Porphyrion, ders.
Nem. 4, 27 oder 44: Alkyoneus, beide Vorkämpfer der Giganten; Apoll.
Rhod. 2, 232 f.: Helios nimmt den ermüdeten Hephästos auf seinen Wagen.

42) Herod. 7, 123. Steph. v. Byzanz unter Pallene und Phlegra.
Apollod. 1, 6, 1. Pind. N. 1, 67 oder 100. I. 5 (6), 33 oder 47 Aesch.
Eum. 285 und 292. Eur. Ion. 988. Auch Strabo zeugt für diese Gegend
7, 330, 25, mag er auch dabei die Meinung von einem wilden Volke, welches Herakles bewältigt, die der Verständigern nennen; es war die des
pragmatisirenden Ephorus. (Fr. 70 aus Theons Progymn. 6, 95 Teubn.).

waren aber der Ansicht, eben wegen ihrer Fruchtbarkeit sei die Gegend Gegenstand des Streits der Götter genannt worden. Eine That des Herakles wusste man dabei auch hier zu erzählen[43]). Eine zweite Volkssage im Anschluss an den Gigantenkampf gab es auf der Insel Kos über die von ihr wie ein Stück losgelöste Insel Nisyros. Da hatte der Meergott den Giganten Polybotes durchs Meer verfolgt, das Stück von Kos losgerissen und auf jenen geworfen[44]).

7. **Ein zweites Beispiel einzelner Gebilde des Volks-geistes, welche der Sängergeist zusammenfasst und unter ein Motiv stellt, die sogenannten Ar-beiten des Herakles vom Eurystheus auferlegt.**

Dem allgemeinen Volksglauben gemäss, der die Erde und ihre Bewohner nicht aus Unschuld und Frieden zu frevelhaftem Wesen und schweren Erfahrungen, sondern umgekehrt erst all-mälig aus Heimsuchung durch wilde Ungethüme zur Ruhe und Ordnung fortgeführt dachte, hatten also nach den geschilderten Sagen die olympischen Götter die ungeschlachten Giganten nieder-gekämpft. Aber es war die Erde ausser von jenen eigentlichen Giganten in den Zeiten des älteren Heldengeschlechts, dessen Hauptvertreter Herakles ist, von vielen anderen menschlichen oder thierischen Unholden und Miss- oder auch Mischgestalten beun-ruhigt. Und freilich haben namentlich diese vier älteren Helden, Herakles, Perseus, Iason und Bellerophon, dergleichen vorzüglich in der unerkundeten Ferne, in Phantasiegebieten des Westens oder äussersten Ostens, getroffen und bestanden. Aber auch in der Nähe der Heimath, im Peloponnes selbst hatte Herakles in der über ihn verhängten Unterwürfigkeit unter den schlechteren Mann, den Eurystheus (Odyss. 11, 621 ff.) Unthiere zu bekämpfen, im argivischen Nemea den Löwen, in Lerna daselbst die Schlange, im arkadischen Stymphalos die Vögel, die Hirschkuh, den Eber ebenfalls im Peloponnes. Bei diesen also namentlich ist die Frage, welchem Geiste wir die Erfindung oder plastische Gestaltung dieser

---

43) Polyb. bei Str. 5, 242 und wörtlich ebenso Str. selbst 213, 4. Herakl. ders. 245, 6 und 281.
44) Wie Apollod. 1, 6, 2, so Paus. 1, 2, 4 u. Str. 10, 489 „und so sei die Insel Nisyros entstanden und unter ihr liege der Gigant".

Wunderwesen beizumessen haben, ob auch von ihnen das sonst
anerkannte Verhältniss gelte, dass der phantasiestarke Volksgeist
in den einzelnen Orten die Wundergebilde geschaffen und die
Sänger von des Eurystheus Aufträgen und Herakles sieghaften
Kämpfen dieselben nur plastischer ausgeprägt. Diess im Einzelnen genauer zu unterscheiden macht das Wesen der Sage selbst
unthunlich, die immer webt und verwebt und vielfältig im Wechsel vom Volksgeist und Sängergeist fortgesponnen wird. Indessen
wenn die Sagensprache als eine Bildersprache anzuerkennen ist,
welche unbewusst in gewisser Nothwendigkeit eine Quelle, die
vieler Orts gedämmt immer wieder hervorbricht zur lernäischen
Schlange mit immer wieder wachsenden Köpfen, ein umstürmtes
und vulkanisches Vorgebirge zur Chimära gestaltet hat: dann hat
der Sänger eben das fertige Unthier erfasst und bestimmter ausgeprägt, und so seinen Helden mit diesem im Kampfe dargestellt[45]).
Mag es aber unbestimmbar sein, wieweit eine Sagengestalt schon
ausgeprägt gewesen, ehe sie in ein Heldenlied verflochten worden,
jedenfalls ist eine zusammenfassende Dichtung, welche einen Helden darstellt, wie er auf Geheiss eines böswilligen, eifersüchtigen
Machthabers schwere Kämpfe mit Ungethümen bestanden, nur
einem Sängergeiste beizumessen, und so also auch die Dichtung
von Herakles' Kämpfen unter Eurystheus und die andern von
denen des Theseus, seines ionischen Ebenbildes.

8. Die Sängergabe, eine von eigener Gottheit ver-
liehene, nicht Gemeingut irgend eines Zeitalters
oder Volksstammes und ihre Charakteristik.

Wäre unser Gegenstand nicht so vielseitig und reichhaltig,
dann würde gleich hier sich ein Verzeichniss der zahlreichen
Stoffe epischer Lieder anschliessen, welche die ältesten Zeugen
unserer Kunde, Homer und Hesiod, als Thatsachen des früheren

---

45) O. Müller, Dor. 1, 442 f. K. Fr. Hermann, Culturgesch. S. 79.
Bemerkenswerth ist Hesiods lehrhaft genealogische Behandlung einiger
Arbeiten des Herakles. Er, der im Verhältniss zur Schöpfungszeit der
Mythen ein junger Spätling war, und dem Herakles längst als der viel-
bewährte Ruhmerwerber galt, er ist nur bemüht, die Wunderwesen seiner genealogischen Folge einzureihen und ihm sind diese selbst auch
eben vorzeitliche Ungeheuer.

vorhomerischen Epos erkennen lassen. Doch bevor wir uns hierzu wenden, ist es, besonders um das griechische Epos dem anderer Völker gegenüber nach Aehnlichkeit oder Vorzug in das rechte Licht zu setzen, erforderlich, im weiteren Zusammenhange dem im Nächstvorhergehenden gezeichneten Volksgeiste und seiner Sagendichtung den Sängergeist in einem Gesammtbilde gegenüber zu stellen.

Wir sahen schon früher in charakteristischen Beispielen, der poetische Volksgeist hatte seine Vorzeit vornehmlich mittels Personification mit Göttern und Helden erfüllt, und umfasste in seiner phantasiereichen Anschauungsweise alle seine Zustände, hatte auch seine eigenen Gebiete (Natursage, Stiftungs- und Cultussage), wo er vornehmlich thätig war; allein er schuf mehr einzelne Gebilde, oft seine Wahrnehmungen durch Rückdichtung ausdeutend. Ausgeführtere Hergänge bildete er nur in Anknüpfung an die ihm durch früheres Epos im Sinn liegenden Personen und Ereignisse. Anders eben das Epos, welches nach den obigen Beispielen die einzelnen Gebilde des Volksgeistes zusammenfassend oder das nur Embryonische ausführend Handlungen schuf und seine Erzählung mit Motiven beseelte. Der sich so unterscheidende Sängergeist soll uns nun deutlicher hervortreten.

Es thun sich also in der Umgebung der gleich Eingangs geschilderten Geistesart, welche als allen Stämmen gemeinsam erkannt wird, eben auch bei allen Stämmen begabtere Sänger hervor[16]). Wir erkennen sie ohne ausdrückliche Kunde von ihren Personen aus ihren Werken. Sie haben die Bilder der überlieferten Vorväter des Stammes in Liedern ausgeführt, welche das Ohr der Hörer durch gefällige Rhythmen anregten und ergötzten. Also gehören ihnen die Sagen, welche episches Leben haben, und deren finden wir wie gesagt in Homers und Hesiods Andeutungen so aus allen Gebieten und Stämmen, dass wir in dieser ersten Periode des Epos keinen Stamm ausschliessen können. Jene ältesten Zeugen nennen uns auch ausdrücklich als das, was die Sänger vermöge ihrer besonderen Gabe vortragen „Kunden von den früheren Menschen" oder „Kunden der Männer"[47]).

---

46) S. oben Nr. 3 zu Anfang.

47) Hes. Theog. 99: κλεῖα προτέρων ἀνθρώπων. Od. 8, 73: κλέα ἀνδρῶν und Plato Phädr. 245 E. ebenso: „Die Dichter unterweisen die

Und wenn wir namentlich durch Tacitus' Nachricht von den alten Deutschen: „Ihre alten Lieder, die einzige Art ihrer Geschichte und Jahrbücher", und durch W. Grimm's Nachweisungen wissen, auch bei diesen sei die Kunde ihrer Vorzeit die Sorge und der Besitz der Sänger gewesen[48]), so wird uns auch von anderen nicht stumpfen Völkern dasselbe bezeugt, und gewinnen wir vom ächten Epos überhaupt die richtige Vorstellung, dass es die vom Volksgeist zuerst gefassten, und von den begabteren Erzählern in irgend welcher rhythmischen Form ausgeprägten Sagen von der eigenen Vorzeit enthielt. Diese Vorzeit war immer eine hehre für das Volksbewusstsein, und eine nach der jugendersten Geistesart poetische, aber die eigentlichen Träger der Kunde, die berufenen Bewahrer derselben waren Sänger einer Begabung, die nicht als die Jedes aus dem Volke oder dem einzelnen Stamme gelten darf[49]). Diess gilt nun von keines Volkes Epos mehr als von dem griechischen. Wie hier jede Fertigkeit ihren göttlichen Vorstand hat und von seiner Liebe oder Lehre wie es heisst hergeleitet wird, so kommt namentlich die Geschicklichkeit, die alten Kunden inne zu haben und annehmlich vorzutragen, von der Gunst und dem stärkenden Beistande einer besondern Gottheit. Sie heisst bekanntlich die Muse, deren Hesiod neun mit Namen aufzählt, welche Namen aber bei ihm und langhin nur irgend eine Phase oder Wirkung jedweden dichterischen Vortrags

---

Nachlebenden in Liedern und übriger Poesie, indem sie unzählige Werke der Altvordern schön darstellen".

48) Tac. Germ. 2. W. Grimm Heldens. 357. S. auch vom indischen Epos Lassen Ind. Alterthumsk. 1, 482 und 483.

49) Diese Natur des Epos ist, wie sie aus dem wahren Begriff der Sage fliesst, zur Anerkennung besonders durch unsere Grimms gefördert und hat bereits auch in der Theorie Platz und ihre begriffliche Fassung gewonnen. Nur werden wir den vielhervorgehobenen Gegensatz von Volksdichtung und Kunstdichtung mehrfach zu berichtigen haben; denn der Volksgeist bildet nur die Sage und namentlich die Bilder der Stammhelden embryonisch, die Heldenlieder aber sind immer Erzeugnisse ausgezeichneter Begabung, wenn sie auch neben den überall zünftigen Sängern manchen einzelnen Kampfeshelden beiwohnt. Das Volk verhält sich zu ihnen als das Empfangende und nicht Volksdichtung ist die richtige Bezeichnung, sondern Volkslied in dem Sinne, dass es von der gemeinsamen eigenen (nicht fremden) Vorzeit erzählend eben Ursprung und Gegenstand auf dem Boden des Volksbewusstseins hat. Der Begriff Kunstdichtung ist auch ein mehrdeutiger.

anzeigen; erst sehr spät werden sie auf einzelne Dichtungsarten
und andere geistige Strebungen vertheilt[50]). Sie, die Musen,
lieben und begaben die Zunft, das Geschlecht der Sänger, kein
anderer Gott, sondern sie sind auch zu verstehen, wo es statt
die Muse der Gott heisst, auch Zeus nicht, ob er gleich sonst
über allen mächtig ist[51]). Nur ist, weil die Sänger ihren Gesang intonirend mit Lautenspiel begleiten, Apollon ihr Gott neben
der Muse[52]). Als ein besonderer Vorzug erscheint die Sängergabe nun auch durch die Gunst und Ehre, in welcher die Lieblinge der Muse bei allem Volk stehen, was ausser dem häufigen
Schmuckwort „allwillkommen" auch ausdrücklich bezeugt wird (Od.
8, 479—481). Sie zählen zu denen, welche wegen der ihnen
eben eigenen Fertigkeit, wie Zimmerer, Aerzte, Seher, zu den
betreffenden Leistungen, so sie zu den Orten und Anlässen er-
götzlicher Musse, zu Gastmahlen und Festen der Götter in alle
Häuser geholt und geladen und da mitgastirt werden[53]).

50) Die von Paus. IX, 29, 2 als die ältern genannten drei Musen,
Melete, Mneme, Aöde, Geist des Sinnens, des Gedächtnisses, des Vortrags bezeichnen, meine ich, die drei Stufen der Sängerthätigkeit und
sind nach der Geschichte des Worts μελέτη und seinem Begriff wohl
spätere Personificationen. Anders Wackernagel, die ep. Poesie, S. 343.
51) Wenn Welcker, Episch. Cycl. 1, S. 346, Gervinus, Gesch. der
deutsch. Dicht. 1, 30 u. 34, und Carriere, Wesen der Poesie 34, sagen,
von Zeus käme der begeisternde Funke in die Seele, so ist das Nichts als
ein Missverständniss des Satzes Odyss. 1, 348: „Nicht die Sänger sind
schuld, sondern Zeuss, welcher allen Menschen zutheilt, Jedem nach
seinem mächtigen Belieben". Es ist das gesagt zur Penelope, der der
Inhalt schmerzlich war, nämlich die Thatsache unheilvoller Heimkehr der
Griechen, welche Zeus verhängt hatte. Von der Gabe zu singen ist also
hier gar nicht die Rede. Der zur Stelle angeführte Fr. Jacobs gab der
dortigen Erklärung brieflich selbst Beifall. Und gewährt doch Zeus nach
Hesiod nicht einmal zu der Würde, die jedenfalls von ihm kommt, den
Königen auch die Gabe der gewinnenden Rede, sondern diese kommt daneben von den Musen: Theog. 91—97. Es ist dasselbe Verhältniss, wie
wenn Here die Mittel des Liebreizes von Aphrodite erbitten muss, Il. 14,
198. Die Muse, die Gottheit: Odyss. 8, 44, 73, 481, 498; 22, 347. —
Die Namen der neun Musen: Hes. Theog. 76—80. Die Vertheilung erst
Plat. Phädr. 259 C. In der Zeit vor Platon ruft Alkman die Kalliope (Fr.
36) zum Liebeslied an, und dem Pindar ist (Ol. 11, 14 oder 18) dieselbe
diejenige Muse, welche die italischen Lokrer zu der sie auszeichnenden
lyrischen Poesie begeisterte.
52) Od. 8, 488 mit Anm. Hes. Theog. 91 f. Welcker Ep. Cycl. 1, 356.
53) Od. 17, 382—386; 8, 43; 22, 346: „dessen Gesang Unsterblichen

Alle genauere Angabe vom Wesen und Wirken der Gottheit
der Sänger lautet auf erzählende Poesie. Die Musen sind Töchter des Zeus und der Mnemosyne, d. h. der Geist des Gedächtnisses und der Erinnerungskraft in Person, und wie alle Götter
die Künste und Vermögen, welche sie Sterblichen verleihen, selbst
in höchster Vollkommenheit besitzen, wohnt den Musen das Wissen
von Allem bei, was irgend wann und wo geschah:

„Ihr seid Göttinnen, waret dabei und wisset ja Alles;
Wir vernehmen allein das Gerücht."

Il. 2, 483—485. Sie mit ihrer Kunde von Allem, was irgend
geschah (die auch die verlockenden Sirenen sich beilegen, Od.
12, 189 f.), haben die Geister ihrer Lieblinge viele Liedergänge
gelehrt. Diese bringen die Sänger fertig im Gedächtniss mit, und
die günstige Musse erregt und stärkt ihren Geist, wo und wann
sie aus dem Bewussten, sei es nach eigener Wahl oder nach dem
Wunsche der Hörer, ein Ganzes oder eine Partie vortragen wollen,
wie diess ausdrücklich in den Worten liegt Od. 8, 43—45:

„Auch ruf mir den göttlichen Sänger,
Ihn Demodokos, dem Gesang Gott weidlich verliehn hat,
Um zu erfreun, wie immer sein Herz zu singen ihn antreibt."

Weit entfernt also, dass die Gotteskraft dem Sänger willenlos
überkäme, oder ihn aus dem Stegreif zu singen befähigte, wirkt
die Muse, wie andere Götter bei andern Begabten, z. B. Athene
beim Künstler (Il. 5, 60—68) im Einzelnen nach Gedanken und
Willen ihrer Günstlinge. In diesem Gewähren der Stärkung, so
oft der Liebling sie wünscht, besteht eben die Liebe und Gunst
der Gottheit.

Dass aber die Sänger ihre Lieder schon lange fertig im
Sinne tragen, dafür zeugt theils der schon verbreitete Ruhm

tönet und Menschen". Den Unsterblichen gewiss doch bei ihren Festen.
Den Menschen aber ausser bei ihren Gastmahlen unstreitig schon in homerischer und vorhomerischer Zeit auch in andern Mussezeiten, und da
in den Leschen, den Sitz- und Gesprächshallen, den gewöhnlichen Orten
freier Zusammenkünfte, den Gemeingebäuden, deren Griechenland wohl
in jeder Stadt hatte: Od. 18, 329 m. Schol. Hes. W. und T. 493 oder 491
mit Göttling. So lässt die wenn auch sagenhafte Lebensbeschreibung
Homers vom s. g. Herodot c. 5 und 6 Homer seine Gedichte nach Brauch
in Leschen vortragen. Die vollständige Beschreibung dieser Leschen giebt
Zell in Ferienschr. I. S. 11—14.

einzelner, die sie also öfter gesungen haben (Od. 8, 74), theils
Phemios ausdrücklich 22, 347:

> „Aus mir hab' ich gelernt und ein Gott hat mancherlei Weisen
> Mir in die Seele gepflanzt."

Diese Stelle lässt besonders deutlich erkennen, dass die Natur-
anlage und die Gunst der Gottheit ganz in eins zusammenfallen.
Aber es bezeugt dieselbe Stelle noch etwas Anderes. Der Ausdruck: Ich bin ein Autodidakt — betont unleugbar einen Vorzug
und eine Unterscheidung vor Andern seiner Zunft. Nach der
beigesetzten Erklärung: Die Muse habe ihm viele Liedergänge
in den sinnenden Geist gepflanzt, besteht dieser Vorzug in der
eigenen höhern Begabung und grössern Gunst der Muse. Ihm
dem Selbstgelehrten stehen nach der Auslegung des Aristoteles
und anderer Alten andere Sänger entgegen, die ihre Vorträge
nicht selbst gestaltet, sondern von Andern gelernt haben[54]).

Die Odyssee charakterisirt nun die Allen gefallende Vortragsweise der Sänger auch noch feiner. Es wird uns durch die von
ihr angegebenen Eigenschaften auch klar, wie die Sängergabe
wesentlich als starke und gestärkte Gedächtnisskraft erscheinen
konnte. Der einfache Begriff dessen, was beim Erzähler das
Unerlasslichste ist, das genaue Behalten, begegnet uns in den
Stellen, wo die Musen im Verlauf der Erzählung noch besonders
angerufen werden. Es geschieht dies, wo eine umfassende Vielheit die Stärke oder fein Bestimmtes die Treue des Gedächtnisses

---

54) Arist. Rhetor. 1, 7, 33 bei Unterscheidung des mehr oder minder Preiswürdigen: „Und das Angeborne oder Selbsterzeugte mehr, als
das andersher Erworbene, wie der Dichter sagt: Selbstgelehrt bin ich",
Es ändert an diesen Unterschieden nichts, dass auch der Hochbegabte
sein Lied nicht rein erfindet, sondern dem überkommenen Sagenstoff nur
Formen giebt. Der Andere leistete eben dies nicht, sondern überkam,
lernte das bereits ausgedichtete Lied von Andern und trug es weiter vor.
Andere ähnliche Erklärungen der Alten s. in m. Prolegom. zu Plato's Jon.
S. 21 f. Nicht richtig deutet C. Fr. Hermann, Culturg. d. Gr. u. R.
S. 85: „Ph. nennt sich αὐτοδ, insofern es noch nicht Kunst, sondern
Anlage und Talent ist". Diese Anlage und die Gottesgabe ist überall die
Sache. Auch δημιουργοί sind nicht die, welche das Volk in Folge seiner
Freiheit als seine Diener betrachtet, sondern die, welche öffentlich wir-
ken, die wegen ihrer Kunst, die sie vor Andern voraushaben, von Andern
allgemein geschätzt und verlangt werden.

besonders zum Bedürfniss macht[55]). Aber dieselbe Kraft leistet mehr als das Behalten von Namen und Personen, sie erneut Bilder, wirkt als Erinnerungskraft mit der Phantasie zusammen auf lebendige Vergegenwärtigung. Und wenn die begeisternden Musen bei Allem waren, was geschah, so wirken sie auch im erzählenden Sänger das, was den Hauptreiz seiner Erzählung ausmacht, die lebendigste Vergegenwärtigung. Er erzählt Alles, als wäre er selbst dabei gewesen. So bezeichnet Odysseus den Vortrag des Demodokos Od. 8, 491. Solche Leistung nun wird die geschickte Gestalt der Geschichten genannt ($\mu o \varrho \varphi \grave{\eta} \; \grave{\epsilon} \pi \acute{\epsilon} \omega \nu$) und wenn ein nicht zünftiger Anderer in solch lebendiger Anmuth zu erzählen oder zu sprechen weiss, gleicht er einem Sänger[56]).

Ist dies das Bild der zünftigen Sänger nach Homer, so zeigen dessen Gedichte uns im Achill, dem Heldenideal, auch das einzige Beispiel eines Tapfern, der daneben auch Heldenlieder (Kunden der Männer) zur Laute zu singen versteht (Il. 9, 186 bis 189). Es ist dies bei ihm eine Nebenfertigkeit, wie die Heilkunst, welche er von Cheiron erlernt und seinem Patroklos mitgetheilt hat (Il. 11, 831 f.) und wie bei Odysseus die Geschicklichkeit des Zimmermanns, mit der er sich in Od. 5, 234—261 ein Floss baut und nach 23, 189 ff. das so künstliche Bett gefertigt hat. So ist also auch Achills Gesang zur Laute eine bei den Kriegshelden keineswegs häufige Fertigkeit; nur haben wir keinen Grund, ihm mehr beizulegen, als dass er von einem Sänger Heldenlieder und Lautenspiel dazu gelernt gehabt. Eigene Sängergabe wird zwei einzelnen, sehr streitbaren Helden im deutschen Epos nachgerühmt, in den Nibelungen dem kühnen Spielmanne Volker, in der Gudrun dem Degen Horand, und namentlich dem Spiel und Gesang des letztern eine ähnliche Macht beigemessen, wie in der griechischen Sage und Sagendichtung dem Orpheus[57]). Der

---

55) Il. 11, 218; 11, 508; 2, 488—492; 761. In jenen Stellen: wer zuerst u. s. w.

56) Od. 8, 170—173, 11, 367 f. 17, 518—521.

57) Nibel. 30. Abent. Str. 16—18. Gudrun 6. Abent. Wie Hes. Theog. 97 sagt: „Wie strömet ihm süss vom Munde der Wohllaut! Denn wenn einer mit Gram im frischverwundeten Herzen Sich abzehrt in quälendem Leid, dann aber ein Sänger Treu im Dienste der Musen die löb-

Inhalt ihrer Lieder wird dabei nicht angegeben, nur ihre eigenen Thaten oder Erfahrungen sangen sie offenbar nicht. Dies
verlautet dagegen aus älterer Zeit von dem Vandalen Gelimer,
sofern er von Belisars Unterfeldherrn Pharas in Gebirgsschluchten
gedrängt und da belagert ein Klaggedicht über seinen Nothstand
gedichtet hatte, und in der Antwort auf eine Aufforderung von
Jenem schliesslich unter Anderem eine Laute sich erbat, um als
guter Lautenschläger sein Lied zu singen (Procop. de bello Van-
dal. 11, 6 a. E.). So war dieser König und Kriegsheld allerdings
des Gesanges mit Lautenspiel mächtig, sein Lied aber kein Heldenlied, sondern Ausdruck seines Gemüths in der bedrängten
Lage. Und die Fähigkeit zu dergleichen, zu lyrischen Ergüssen
in Glimpf und Ernst, Lobpreis und Spott, mögen wir zu allen
Zeiten nicht blos zünftigen Sängern, sondern Mehren in jedem
Stamm beimessen, wie auch die Triumphlieder der römischen
Krieger dazu zählen. Heldenlieder aber sind ein Anderes. Wiederum aber ist sowohl, was Tacitus Germ. 3 von den Deutschen
berichtet, dass sie mit Gesang auf ihre Helden zur Schlacht gezogen, als was die Quedlinburger Chronik besagt, dass die Sage
von Thideric de Berne als Lied im Munde der Bauern gewesen,
es ist dergleichen nicht ohne Unterscheidung der dichtenden
Geister und des Lebens der Lieder im Volksmunde zu verstehn.
Die Lieder waren volksthümlich, lauteten auf die eigenen Stam-
meshelden und waren gelernt und wurden gesungen vom Volk,
gedichtet aber nicht von Jedwedem, sondern von den eben Begabten im Sinne des Volks[55]. In Vergleichung des deutschen

---

lichen Thaten der Vorwelt Preist im Gesang — —: Flugs entschwindet
ihm dann die Bekümmerniss" u. s. w., so Gudr. Str. 6: „Ich sing auch
alle Tage solchen guten Sang, dass Jedem, der es höret, davon sein Leid
verschwindet, Und alle Sorg ihn fliehet, der meiner Weisen Sässigkeit
befindet". Was aber alsbald dort weiter folgt, das gleicht sogar zum
Theil wörtlich den Schilderungen der Wunder, welche der Gesang des
Orpheus gewirkt haben soll. Ich weiss daher die Urtheile bei Gervinus
G. d. deutschen Dichtkunst 1, 31 nicht gut zu heissen, als wäre die Ursache des Wohlgefallens und der Wirkung bei Hellenen und bei den
nordischen Hörern eine verschiedene.

58) W. Grimm, Deutsche Heldensage S. 32: Et iste fuit Thideric de
Berne, de quo cantabant rustici olim. Durch die obige Unterscheidung
scheint Gervinus Darstellung d. Dicht. 1, 33 und vorher berichtigt werden
zu müssen. Sein Wort: „der eigentliche Träger und Bewahrer der Ge-

und griechischen Epos mögen wir wohl mit den neuesten Ge-
schichtschreibern des deutschen die Form der Griechen künst-
lerischer nennen, und bei aller Vorstellung von der häufigeren
oder selteneren Fähigkeit zu dichten die leichte Form der blossen
Alliteration (der althochd. und Eddalieder) in Anschlag bringen.
Und auch die Nibelungenstrophe war leichter zu bilden als die
Hexameter des griechischen Epos. In der Entwickelung der
epischen Formen der Griechen sind, wie von selbst einleuchtet,
bis zur Vollkommenheit des homerischen Hexameters viele Vor-
stufen vorauszusetzen. Aber eben nur diese allmälige Vervoll-
kommnung des epischen Verses bis zur mustergiltigen Form des
homerischen Gebrauchs ist beim Rückblick auf das vorhomerische
Epos zu behaupten. Dass, wie jüngst angenommen worden, die
kleineren Lieder jener Periode, bei ihrem mehr lobpreisenden
und lyrisch-epischen Inhalt, auch in einem andern Versmass,
dem Parömiakos, gesungen worden seien, lässt sich nicht beweisen.

9. Die ältesten Thatsachen der Geschichte des griechischen Nationalepos. Pierien und der Götter-
berg und die pierische Poesie.

Alles was an Vorstellungen von den Göttern und an Sagen
über die Vorzeit nationale Geltung hat, ist zu dieser durch die
Poesie gelangt. Dass nun die Götter die Olympier heissen, und
die Musen, die Gottheiten der Sänger, theils ebenso „olympische
Musen", theils Pieriden von Homer und Hesiod an gemeinhin
von den Griechen genannt werden, es ist unleugbar sprechendes
Zeugniss für zwei eng verknüpfte Thatsachen der Geschichte der
Nationalpoesie, einmal von dem Bezirke, auf dessen Nachbarberge
die ruchbar älteste Poesie die Volksgötter unter dem patriarchalischen Familienhaupte Zeus vereint wohnend dachte, sodann dass
daselbst die Heimath dieser ruchbar ältesten Nationalpoesie anzuerkennen ist. Die Pierer waren Thraker im älteren Verstande,
d. h. diejenigen Thraker, welche früher von dem Berge Olympos
im Süden Macedoniens auf der Nordgränze Thessaliens, bis in

---

sänge war das Volk" ist nur von der Geltung richtig; und auch Vilmar,
G. d. deutschen Nationallitt. 1, 33, spricht bei der Anerkennung des Sän-
gerberufs nicht ganz treffend.

Böotien, und am Parnass und Helikon, ja noch südwestlicher herein wohnten, nachmals nordwärts gezogen[59]). In dieses Pierien kommen die Götter jederzeit bei Homer, wenn sie aus der Höhe, eben vom Götterberge Olymp, herabsteigen[60]). In Pierien am Olymp nun wurden nach Hesiod Theog. 53. d h. in dem jenem Gedicht jetzt voranstehenden Hymnus auf die Musen, diese geboren, und sie haben daher ihre örtlichen Beinamen[61]). Wenn wir aus diesen Namen die Heimath der Poesie, welche am frühesten weithin wirkte, erkennen, also Pierien jedenfalls ein liederreiches Land und Volk gewesen ist: so steht uns als jener Aöden sprechendstes Lebenszeichen eben der auf jenem Olymp vereinte Götterstaat fest, der ohne eine machtvolle Poesie nicht so wie es vor Augen liegt, dauernd in das Bewusstsein des gesammten Hellenenvolkes gepflanzt werden konnte. Es war dies eine That des zusammenfassenden Dichtergeistes, wie wir ihn schon in mehren Erweisungen erkannt haben. Die von den verschiedenen Stämmen verehrten Götter wurden auf jener benachbarten Höhe in einem Vereine angesiedelt. Auf Höhen weihete man gern heilige Stätten, aber hätte es hier nur der Volkscultus und mittels einer wirklichen Weihung gethan, so würde dies eben wohl nur dem Hauptgott des Stammes oder dem höchsten Zeus geschehen sein. Darüber nur kann Niemand entscheiden, ob die Pierischen Sänger zuerst etwa wenigere Götter in dem Verein auf ihrem Olymp vergesellschaftet und erst im Fortgang durch Andere demselben noch anderer Stämme Götter eingefügt worden seien. Diess geschah dann lediglich durch die fortwebende Sage. Sehen wir aber nach irgend welchen deutlichen Spuren von einzelnen bestimmten Werken der pierischen Sänger, so findet sich allerdings ein epischer Stoff, der, sofern er eben dort seinen Boden hat,

---

59) Hes. Kat. Fr. 36. Göttl, 6. Marcksch. οἱ περὶ Πιερίην καὶ "Ολυμπον δώματ' ἔναιον. Strabo 471, vergl. mit 410. Herod. 7, 131. Thuc. 2, 99. O. Müller Orchom. 381 und Proleg. zu einer wiss. Myth. 219 f. Nicht soll hierdurch Müllers Meinung, als sei der Götterstaat damit und dort überhaupt zuerst gedacht, zugleich gebilligt sein.

60) Il. 14, 225 u. 226. Od. 5, 50 mit Anm. H. a. Pyth. Ap. 38 (216).

61) Olympiades Il. 2, 491, vergl. 11, 218 u. a. Hes. Theog. 25 und 52, Pierides Hes. W. 1. Solon 13, 2. Pindar P. 1, 14 oder 27. Ol. 10 96 oder 116 u. öfter. Soph Fr. Ach. Syll. 146, p. 129. Nauck., Helikoniades Hes. W. 658. Theog. 1. Pind. J. 2, 34 od. 50. Eur. Ras. Herakl. 791.

auch von jenen zuerst gestaltet scheint. Es bliebe dabei das Urtheil in seiner Geltung, dass die theogonische Poesie erst später eingetreten, in der frühesten und früheren Zeit es nur eigentlich epische Lieder gegeben, Lieder, welche das Leben handelnder Personen dargestellt.

Einen Kampf der bereits auf dem Olymp wohnenden Götter gegen die Titanen hat Hesiod der auf die Verherrlichung des Zeus vorzugsweise angelegten Theogonie eingewebt. Es war der Kampf, durch welchen die Olympier als Götter der Ordnung die wilden Naturmächte bewältigten, und so entschieden, welcher Art göttliche Mächte das Regiment haben sollten, da denn namentlich der höchste Zeus als Sieger über Kronos hervorging. Hesiod hat, das ist deutlich erkannt, die Theogonie aus Altem und Neuem, aus älteren Gedichten und eigenen Zuthaten mit später Reflexion componirt. Jenen Kampf nun hat er nach der Bedeutung des Erfolges für sein Thema mit gewisser epischer Ausführung gegeben, aber bei der eigenthümlichen Weise, in welcher er namentlich die ältere Erzählung von diesem Kampfe, vom Ausgang rückwärts auf den Hergang kommend, und zwar theils das Bedeutende aushebend theils epitomirend, seiner Mosaik einwebt, lässt sich besonders in hier dienlicher Kürze über Umfang und Fassung des von ihm benutzten Epos nicht klar urtheilen. Hervorzuheben aber ist, in wie fern die ganze Idee nicht bloss, wie sie allein konnte, als eine rückwärts gedichtete, sondern als eine erst später gefasste und ausgeprägte erscheinen muss. Die Angabe selbst Hes. Theog. 632 f. mit ihrer Oertlichkeit, da die Titanen von dem die obere Hälfte Thessaliens begränzenden mittleren Gebirgszuge Othrys, die olympischen Götter aber von dem an der Nordgränze gelegenen Olymp her zum Kampfe gekommen, sie zeigt uns die Letzteren bereits im Besitze ihrer nur von den Titanen ihnen streitig gemachten Götterhoheit. Zeus beruft, als der Kampf bevorsteht, als es gilt, wer die Herrschaft haben solle, Kronos oder Zeus, nach 390 — 396 die Unsterblichen alle zum Olymp und erklärt, wer mit ihm gegen die Titanen streiten werde, dem werde er Nichts von seinem bisherigen Ehrentheile entziehen, und wer von Kronos keins erhalten, dem werde er eins zutheilen. So die Anlage im alten Epos. Aber dass Zeus und die Olympier erst für die Geltung ihrer Macht kämpfen müssen als Mächte der Ordnung und Geber des Guten, ist schon eine, von der ältesten Periode des Epos gerechnet, spätere Idee. Der einfache erste Gottesbegriff ist der des machtvollen, des Obmacht übenden (κρείοντες) Wesens, welchen als den eigensten die Dichtersprache aller Zeiten im Worte Fürst (ἄναξ) braucht, und wir etymologisch in den griechischen und lateinischen Wörtern für Gott finden, Herr. Eben die Erfahrung dieser Krafterscheinungen und Obmacht hatte den Glauben von höheren Wesen erweckt, hatte weiter das Bedürfniss der Vorsehung, in Folge dessen Gebet und Opfer, und somit die Religion hervorgerufen. Dieser erste Begriff war jetzt mit feinerer ethischer Unterscheidung zu dem der Maass bringenden, ordnenden Macht veredelt, wie er in der Litteratur von Homer an den Göttern anhaftet. Und die wilden Naturgewalten traten Jenen als persönlich vorgestellt, also als mit Willen in der Kraft begabt, auch in gewissem Grade plastisch ausgeprägt entgegen. Diese Ausprägung vervollkommnete ein nachhomerischer Dichter, vielleicht Eumelos von Korinth, in einer neu gestalteten Titanomachie[62]). Dass nun vor Homer die Genealogie des Kronos und der Kronossöhne welche sich in das Weltregiment theilten, schon ausgebildet war, und auch die Dichtung von des Zeus Siege bereits Geltung hatte, lehren mehrere Stellen der Ilias[63]). Aber die homerische Darstellung hat ja auch schon die Götter zu ethischen Wesen gestaltet und alle Spur von ihrem Charakter als Naturgewalten abgethan oder der ethischen Bedeutung untergeordnet. Die Titanen in Thessalien sind nicht Gebilde des Volksgeistes; die Natur dieses Landes hätte dahin geführt, dem Erderschütterer Poseidon eine Hauptrolle zu geben[64]); sie sind vielmehr in einer dichtenden Glaubensphantasie ohne Oertlichkeit eben nur als die Feinde der Götter gedacht. Genug, der Stoff solcher Titanomachie kann uns nicht als zu dem frühesten des Epos gehörig gelten. Zumal nicht, wenn die Prometheussage damit verbunden gewesen sein sollte, die einen besonders fein reflectirenden Geist verräth[65]).

62) Sagenpoesie. S. 27 f.
63) Il. 15, 187—193 die Theilung, in mehren Stellen Kronos und die Titanen im Tartaros: 8, 479—481; 14, 202—204, 274—279; 15, 224.
64) Herod. 7, 129.
65) Sagenpoesie. S. 27—31.

10. Die sagenhaften pierischen und thrakischen Sänger, vornehmlich Orpheus und Thamyris.

Suchen wir weiter nach bestimmten Werken oder Stoffen, an denen sich der Character der pierischen Poesie erkennen liesse: so verlauten in der Ueberlieferung mehre Namen pierischer oder thrakischer Sänger. Der nüchterne Strabo nennt in der Zeichnung des älteren Thrakien 471 C. D. Orpheus und Musäos und Thamyris, und auch Eumolpos werde als dorther gekommen bezeichnet (er der sagenhafte Dichter der eleusinischen Weisen und geglaubte Stammvater der vornehmsten Priester jenes Gottesdienstes): „so auch die Stifter der Religion des Bacchus." Andere gesellen ihnen zum Theil mit Auszeichnung den Amphion, auch den Linos hinzu. Wie nun schon früher erwähnt ist, dass dieser aus einer Personification des absterbenden Jahres und einem Gegenstand vielgesungenen Herbstliedes von der Sage selbst zum Sänger gemacht wurde, so sind alle jene Vertreter der pierischen Poesie ganz besonders Gegenstände erst der phantastischen Feier und Sagenbildung, dann pragmatisirender Vielthuerei und Willkür gewesen [66]. Die gesammte weitere Ueberlieferung von ihnen ist bei ihrer Mannigfaltigkeit so schwebend, dass einen bestimmten Inhalt ihrer Gesänge anzugeben unmöglich fällt. Von Einem, dem Thamyris, finden wir zwar im homerischen Schiffskatalog II. 2, 594 — 599 erwähnt, er der Lautner habe, als er vom Fürsten Eurytos (wie die Sänger in der Odysee) gekommen, die Musen selbst herausgefordert und die Strafe für diese Verwegenheit gebüsst, aber von seines Gesanges Inhalt auch hier keine Andeutung. Eben so ist aus den diesen Sängern zugetheilten Müttern aus der Musenzahl, weil die Namen keine bestimmte Liederart vertreten, kein Schluss auf die Werke der Söhne möglich [67]. Indem nun die Forschung erkannt hat, dass die Namen der thrakischen Sänger zwar im allgemeinen Volksbewusstsein den Klang

.

66) Heraklid. bei Plut. v. d. Musik c. 3, wo unter Anderem Thamyris eine Titanomachie gedichtet haben soll.

67) Kalliope des Orpheus, Erato des Thamyris, Urania des Linos Mutter. Diese nach dem Fragm. des Hesiod im Sch. zu Il. 18, 569 oder Nro. 133 Göttl., 214 Marcksch. Diese Verse zeigen in eigener Weise den Uebergang vom Gegenstand eines Liedes in einen Sänger.

gehabt, dass sie die Musengabe zuerst bethätigt, aber alle Angabe von entweder zur Bildung gehörigen Erfindungen, wie des
Hexameters, der Zahl, der Schrift, der Magie, der Sühngebräuche,
oder von Gedichten, vollends der Götterlehre auf später Usurpation
dieser Namen beruht⁶⁸): so tritt als wahrhaft volksthümliche Ueberlieferung von der pierischen Säugerzeit, deren Hauptvertreter
Orpheus und Thamyris sind, nur Eins hervor. Es ist eine un-
endliche Süssigkeit und Wundermacht des Gesanges, welche in
jener Geburts- und ersten Blüthenzeit der Musen eben in deren
Geburtslande von ihren Söhnen, und vor Allen von Orpheus und
Thamyris geübt sein sollte. Sie erscheinen wie die personificirte
Gesangesmacht, obschon wir von einem Heroencultus derselben
nur einzelne Spuren finden (nur vom Linos mehr: Philol. 8, 579);
die von Terpandros beginnende Zeit der vollkommneren Lyrik
knüpft an Orpheus als Sänger zur Laute an (Plut. v. d. Musik,
K. 5 und 6, mit Volkmann S. 74), und zahlreiche Stellen erst
der Lyriker, dann der Tragiker feiern den Ruhm des Sohnes
des Oeagros oder Apollon und der Kalliope und schildern die
Wunderwirkungen seines Gesanges auf die ganze Natur; ihnen
schliessen sich dann Spätere in grosser Zahl an. Bei der im
Vergleich mit dem ursprünglich Vorhandenen uns so verkümmer-
ten Litteratur namentlich der Lyriker und Tragiker sind unter
den zufällig uns vorliegenden älteren Zeugnissen die des Simonides und Euripides die beredtesten. Jener sagt: „Bei dessen
schönem Sange fliegen unzählbare Vögel über seinem Haupt und
und schwangen sich Fische empor aus dem bläulichen Meer";
„Auch nicht ja erregte sich das im Laube rauschende Weben
und behinderte nicht die horchenden Sterblichen, die entzücken-
den Laute zu vernehmen". Euripides: „In den baumreichen
Thalschluchten des Olympos, wo einst Orpheus Cither spielend
heranzog die Bäume, heranzog die Thiere des Feldes". Derselbe
bezeugt auf Anlass der Alkestis, wie Orpheus durch seinen Gesang die Herrscherin im Unterreich Persephone und ihren Gemahl erweicht, als er seine Eurydike wiederzuerlangen hinabge-
gangen war, das grösste und gefeiertste Wunderwerk, das
Orpheus nach weiterer Erzählung durch unzeitiges Umsehen ver-

---

68) Vor Allen Lobecks Aglaophamos S. 213—243.

eitelte[69]). Das Bild der die ganze Natur überwaltenden Gesangs-
macht, schon von Simonides auch auf die Lüfte ausgedehnt,
umfasst in weitern Schilderungen mit der leblosen Natur in
Baum und Fels auch, wie alle Wetterwolken des Himmels, so
die reissenden Ströme (Hor. Od. 1, 12, 7—12). Diese Wundermacht hatte Orpheus nun auch als Begleiter der Argonauten bewährt, da er durch seinen Gesang nicht blos allen Hader der
Helden stillte, sondern auch die verlockenden Sirenen über-
stimmte und die zusammenschlagenden Felsen zum Stillstehen
brachte[70]). Endlich wirkte der melodische Geist nach Volkssagen
noch im Grabe. Wir hören deren zwei. Nach der einen bei
den Thrakern am Olymp nisteten auf dem Grabe Nachtigallen
und die dort erzogenen Jungen saugen süsser und durchklingen-
der als andere; nach der andern war ein Hirt an dem Grabhügel
lehnend eingeschlafen; da kamen ihm im Schlaf Verse des Orpheus in den Sinn und er sang sie träumend, aber so süss,
dass alle in der Nähe Befindlichen herbeieilten[71]).

69) Simon. Fr. 50 und 51, S. 763 f. Bergks 1. A. Fr. 40 und 41,
S. 885. 2.: Eur. Bakchen 562. Alkest. 357 vgl. mit Platons Gastm. 179 D.
Isokr. Busir. 3. Wir haben diese Wirkung auf die Götter der Unterwelt
in der Sage für gleich alt zu achten, aber dass eben bei der Klage um
die Gattin alle jene Macht auf die Natur geäussert sei, ist eine schöne,
aber nicht haltbare Combination Prellers Gr. Myth. 2, S. 339 f. Wahrscheinlich hatte die Sekte der Orphiker über den Niedergang des Orpheus
nach Eurydike auch ein Gedicht gegeben, s. Lobek Aglaoph. 376. — Andere Zeugnisse (das älteste vom Ruhme Ibykos Fr. 9): Aesch. Agam. 1612
oder 1598: „Denn der zog Alles an durch seiner Töne Lust oder Reiz".
Eur. Iph. in A. 1211 f.: „Besäss ich Orpheus Liedermund, Vater, nur, Um
Felsen mir durch seine Zauber nachzuziehn" u. s. w. Medea 543: „noch
schönern Sang als Orpheus anzustimmen jetzt". Pindar Fragm. 116, 9.
Spätere: Apollon. Argon. 1, 23 — 31. Jacobs Delect. S. 79. Virgil Land-
bau 4, 454—510. Horaz. Od. 1, 12, 7—12. Ov. Metam. 10, 8 ff., bes.
40—47. Bei diesen Neuern erscheint Orpheus schon mehrfach in der at-
tisirten Gestalt als priesterlicher Lehrdichter, wie Apollon. 1, 496 ihn
gar, um die hadernden Gemüther zu besänftigen, ein theogonisches Gedicht vom Chaos vortragen lässt.

70) Pindar Pyth. 4, 177 oder 315 mit Schol. Die Sirenen Herodoros
im Schol. zu Apoll. 1, 23 und 31. Andere Wunderhilfen erst in späteren
Darstellungen; denn bei Homer Od. 12, 70—73 ist es Here, bei Apollon.
2, 598 Athene, 4, 858 u. 930 ff. die Nereiden, welche durch die Irrfelsen
oder die zusammenschlagenden hindurch führen; der ganz späte Verf. d.
s. g. orphischen Argonautenfahrt mehrt die Wunder mit Uebertreibung.

71) Paus. 9, 30, 6 und 10.

Wenn auch nicht so wunderreich, ist doch des Thamyris
Eigenheit, wie sie den Griechen im Sinne liegt, dieselbe wie bei
Orpheus, und wird er mit diesem öfter in gleichem Sinne genannt, z. B. bei Plato, Gesetze 8, 829 E. „und wenn sein Gesang
süsser klänge, als die Hymnen des Thamyris oder Orpheus"[72].
Als wundermächtiger Lautenspieler und Sänger wird anderwärts Amphion mit Orpheus zusammengestellt. Als er mit dem
ungleichen Bruder Zethos die Stadt Theben ummauerte, zog er
die Bausteine durch sein Lautenspiel mit Gesang herbei, während
der musenfeindliche Bruder die seinen mühsam herbeischleppen
musste[73]. — Es sei erlaubt, hier eine kurze Betrachtung einzufügen:
Wohl mag man den Volksgeist, der die Empfindung der
Macht des Gesanges in solchen Sagen ausprägt — und es kommen noch gar schöne andere hinzu von den Sirenen der Odyssee
(12), den ihnen ähnlichen Keledonen (Pind. Fr. 30 od. 25), den
Cikaden, ehemals Menschen, die beim ersten Musengesang aller
Nahrung vergessend hinstarben (Plat. Phädr. 259 B. C.) — man
mag diesen Volksgeist wohl als einen feinen und edeln preisen.
Aber bei der doch weitgreifenden Vergleichung des deutschen
Sinnes mit dem griechischen, welche Gervinus 1, 31 anstellt,
war dem trefflichen Verfasser die Schilderung Horands offenbar
zu wenig gegenwärtig[74].

72) Vgl. dens. Staat 10, 620 A., wo zum zweiten Leben sich Orpheus
das Loos eines Schwans, Thamyris das einer Nachtigall wählt, und Ion.
533 C. Und wie schon das priesterliche Epos Minyas bei Paus. 4, 33, 7, so
Strabo 7, 331, 35. Vgl. überh. Plut. Musik 3 u. Volkmanns Anm. dazu S. 63.
73) Epos Europia u. A. Paus. 9, 5, 7 u. 8, vgl. mit 6, 20, 18. Horaz Br. an d Pis. 392—396. Die Minyas stellte ihn wie den Thamyris als
büssend in der Unterwelt dar, Paus. 9, 5, 9. Die Brüder Amphion und
Zethos wurden besonders durch des Euripides Tragödie Antiope zu den Typen des Gegensatzes zwischen dem Bildungs-, dem Musenleben und andererseits dem praktischen und tüchtiger Arbeit. Plat. Gorg. 485 E. Hor.
Br. 1, 18, 41 ff. Eurip. Ant. Fr. 184—205. Nauck. S. 329—331.
74) Gudrun nicht blos Abent. 6, was Gervinus später selbst rüh-
mend anführt: „Horand hub an zu singen, dass ringsum in den Hagen
Alle Vögel schwiegen vor seinem süssen Sange" u. s. w., sondern einige
Strophen weiter: „Die Siechen und Gesunden Konnten nicht vom Platze,
wo sie wie angewurzelt stunden. Die Thier' im Walde liessen ihre Weide
stehn; Die Würmer, die da sollten in dem Grase gehn, Die Fische, die
da sollten in dem Wasser fliessen, Verliessen ihre Fährte: wohl durft'
ihn seiner Künste nicht verdriessen" u. s. w.

11. Die Ergebnisse der Forschung über die pierische Poesie.

Der oben beschriebene eigenste Charakter wie all jener pierischen Sänger, so vor Allen des Orpheus, den Pindar den Vater des Liedes, den ersten Sänger zur Kithar nennt — er darf und soll uns als der allein rein volksthümliche eben deshalb gelten, weil die Musik und Lyrik der historischen Zeit an diese Bedeutung seines Namens die des Sängers und Lautners anknüpft. All die übrige Ueberlieferung von ihm als Stifter der Weihen des Bacchus oder der Sühngebräuche, als Lehrer vom Wesen der Götter überhaupt und einer priesterlichen Lebensregel, endlich als Verfasser vieler Gedichte, Alles dieses gehört weiteren Entwickelungen und wesentlichen Wandlungen des religiösen Lebens und der Bräuche an, wobei die alten Sängernamen mehr oder minder willkürlich angepasst wurden[75]). Einfacher war der Anschluss an die alte Sage, wenn attische Priester einige der alther zu den verschiedenen Akten des Gottesdienstes gebrauchten Lieder, wie andere einem Olen oder Pamphos, so dem Orpheus oder dem Musäos zuschrieben[76]). Allheilig sollten diese Hymnen sein und waren es gewiss und älter als Homer, dessen Gedichte

---

75) Aus Thrakien kam der Cultus des Bacchus nach Attika, aber die bacchischen Mysterien und Sühngebräuche, deren Stifter Orpheus heisst, sind als weit später erwiesen, und die Prophetie, welche Musäos nach vielen Zeugnissen bei Herodot und Andern repräsentirt, ist ebenfalls der vorhomerischen wie noch der homerischen Zeit unbekannt. Die jüngere attische Gestalt dieser Beiden erkennen wir bei Aristoph. Frösche 1032 bis 1036 und Plato Protag. 316 H. Und wie da diese priesterlichen Männer von Homer und Hesiod unterschieden werden, so die sie begeisternde Gotteskraft in Plat. Ion. 536 B. Gerade von den dem Orpheus, Musäos und Linos beigelegten theogonischen oder sonst religiösen Gedichten ist es am entschiedensten dargethan, dass sie von einer Secte s. g. Orphiker oder priesterlicher Männer herrührten, welche in dem mystischen Zeitalter von Epimenides bis zu Onomakritos unter den Pisistratiden, 620 bis 520 v. Chr. lebten, jene Gedichte für eine bereits damals vorhandene Lesewelt verfassten und dieselben Regeln (blutlose Opfer und Enthaltung von Fleischspeisen) befolgten, wie die Pythagoreer (diese und Orphiker dieselben, Herod. 2, 81), was Plato orphisches Leben nennt, Ges. 782 C. Alles dieses dargethan von Lobeck im Aglaophamos: über die Schriften S. 347 ff. und noch genauer Gisecke im Rhein. M. Neue Folge 8, 70—121, bes. S. 76—83. Allgemeine Encyclop. f. Alterth. 5, 999 ff.

76) Olen dichtete die ältesten Hymnen überhaupt nach Paus. 9, 27, 2, Her. 4, 35; Pamphos nach ihm die ältesten für die Athenäer Paus. 7, 21, 9;

nur als die ältesten vorhandenen zu gelten hatten, in welchen das Wesen der vermenschlichten Götter vollständig ausgeprägt war. Die Lieder, welche nach den orphischen Weisen gesungen waren, hatten nothwendig einen Wortinhalt. Und derselbe Terpandros, der epische Verse des Homer nach Orpheus Weisen setzte und sang (Plut. Musik c. 5), er hatte selbst alte Hymnen des zu den Aeltesten zählenden Philammon neu gestaltet (ders. das. a. E.). Diese Gattung der gottesdienstlichen Lieder hat ihre eigene Geschichte, nach der sie neben den so handgreiflich erkennbaren, schon frühern epischen Liedern ebenso in die vorhomerische Zeit hinaufreicht. Auf unserem Wege der Forschung nach dem ältesten Epos ist als Ergebniss genauerer Prüfung der Ueberlieferung über die vorhomerischen und namentlich pierischen Sänger so viel festgestellt, dass es in dem Zeitraume mehrer Jahrhunderte wahrscheinlich zuletzt auch schon Gedichte von dem Ursprung und den Zeugungen der Götter, sonach von mehren Geschlechtern derselben, gegeben habe, indem auch die homerischen Gedichte eine Theogonie erkennen lassen, und dass die uns unter Hesiods Namen erhaltene vollends frühere Gedichte des Inhalts voraussetzen lasse[77]), dass es aber unmöglich sei, über deren Gehalt und Weise eine bestimmte Vorstellung zu fassen. Dass jene sagenhaften pierischen Sänger, Orpheus, Musäos, Linos, theogonische und andere Lehrgedichte verfasst haben sollen, das beruht lediglich auf Citaten, welche vielmehr den Werken der in Anm. 75 bezeichneten Orphiker angehören, wie die Neuerungen gegenüber der homerischen und hesiodischen Theologie lehren. Wir können aus den zahlreichen Ueberresten einige besonders sprechende Belege hervorheben, wie die den Pythagoreern mit den Orphikern gemeinsame Lehre von der Seelenwanderung[78]) und die von der Nachtseite der Religion des Bacchus, der Idee des Zagreus, der von den Titanen zerrissen wird[79]).

die des Orpheus Paus. 9, 30 a. E. vgl. mit 27, 2; einer des Musäos ders. 1, 27, 7. Die des Orpheus erkannte Pausanias in der ersten Stelle als in roh steifer Form, aber zu altheiligem Ton mehr als die homerischen gedichtet.

77) Eine vergleichende Darlegung giebt Schoemann, Comparatio theogoniae Hesiodiae cum Homerica Gryphisw. 1847.

78) Die Fragm. bei Preller im Rh. M. N. Folge 4, 390 f.

79) Paus. 8, 37, 5. Preller Gr. Myth. 1, 436.

Aber den Alles umfassenden Beweis hat Lobecks Aglaophamos
für jeden Achtsamen gegeben.

So ist die pierische Lehrpoesie also jeder geschichtlichen
Darlegung des vorhomerischen Epos entnommen. Andererseits
haben wir die beiden episch lebendigen Stoffe, den Giganten-
und den Titanenkampf doch nur zweifelhaft als vor Homer aus gesungen, aufführen können. Die nationalen Anzeichen eines alten
Dichterwerkes zeigten sich in den vielen einzelnen Scenen der
weiteren Dichter und Künstler aus dem Gigantenkampf. Einige
finden sich auch von dem anderen gegen die Titanen. Und freilich lebt im späteren Zeitalter ein bestimmter Begriff des Titani-
schen, derselbe nach welchem Uranos seine Kinder die Titanen bei
Hesiod bezeichnet (Th. 209): „sie die Strebenden, die in frevelem
Sinne Gewaltges übten, wofür dereinst sie erreichen werde die Ahndung." Eine titanische Natur ist die gewaltthätige ohne Eidestreu
und Glauben, ja ohne alle Gottesfurcht (Plat. Gesetze 3. 701 C.),
überhaupt aber die urwilde vor aller Bildung, wie sie auch ohne
Vorwurf nur eben als noch gänzliche Rohheit gedacht, in gewissen Sagen erscheint, da die Göttin des Ackerbaues Demeter
die Titanen unterweist[80]). Gemeinhin jedoch hatte der gebilde Grieche wie wir den tadelnden Begriff des Plato, und
konnte ihn von Hesiods Theogonie her haben. Bei diesem erkennen wir ein älteres Gedicht in eigener Weise theils epitomirt
theils ausgezogen. Der Sagenstoff hatte in dem Zusammenhang,
den Hesiod befolgt, zwei Hauptakte, zuerst den Kampf mit den Titanen und die siegreiche Bewältigung derselben. Dieser Akt schloss
mit der gleich nach dem Siege berufenen Versammlung der Olympier,
in welcher die drei Kroniden Zeus, Poseidon und Hades (Jupiter
Neptun und Pluto) sich in das Weltregiment theilten (Il. 15,
187 — 192) und Zeus den übrigen die besonderen Ehren und
Aemter vertheilte, d. h. ihren persönlichen Eigenschaften das fortan
gültige Götterrecht feierlich zusprach[81]). Mit diesem Akte müsste

80) Schol. zu Ap. Rhod. 4, 982 und Ap. selbst 989 f.

81) Zeus ist immer, wie der eigentliche Sieger über Kronos und
die Titanen, so der Vornehmste und Höchste, bei Homer in einfacher
Weise als der Erstgeborne, bei Hesiod, indem die Geburten immer voll-
kommner werden, der Letztgeborne, wie unter Zeus Gemahlinnen Here,
unter den Musen Kalliope. Die Versammlung nach dem Siege (Hesiod

das Lied geschlossen haben, wenn es vorhomerisch gewesen wäre. Es folgt aber und zwar in Hesiods Weise, die Endergebnisse immer voranzustellen, ein zweiter Akt, da die Götter das Verhältniss zur Menschenwelt stiften. Die Menschenwelt, welcher die Götter ihre Segnungen unter der Bedingung frommer Anerkennung gewähren wollen, wird von Prometheus vertreten. Es ist die Prometheussage, welche dieser zweite Akt der Titanomachie darstellt. Wir finden dessen doppelten Frevel, seine Bestrafung und die Erlösung durch den gottgeliebten Helden Herakles theils kurz zusammengefasst theils in epischer Lebendigkeit dargestellt bei Hesiod[82]). Diese Sage ist eine so feine und tiefsinnige Erfindung wie kaum eine andere. Sie kann aber wegen der Entwickelungsstufe der Civilisation, die sie abbildet, einem sehr frühen Zeitalter auf keinen Fall angehören. So ist an eine vorhomerische Dichtung dieses zweiten Aktes nicht zu denken. Er ist dabei künstlerisch weit mehr ausgeprägt als der erste. In diesem ersten ist der Kampf sehr einfach erzählt; es sind beiderseits eben nur Gewaltmittel, mit denen man kämpft, und erscheint Zeus so gut wie allein thätig, der episch lebendiger dargestellte spätere Theil des ersten Aktes, wie Zeus die drei Hundertarmigen Briareus, Kottos und Gyes auf Gäas Rath aus den Fesseln in der Erdtiefe befreit, mit ihnen verhandelt, und sie ihm, dem weisen Gotte ihre zum Siege erforderliche Hilfe widmen — er beschliesst jenes Gemälde ganz in gleichem Sinne. Der Stoff, ein Kampf der Gewalt gegen Gewalt und zwar gegen plastisch unfassbare Titanen, er war für dichterische Darstellung ungünstig, und eben daher zeigt die Schilderung Hesiods sich vollends nur auf die Verherrlichung des Zeus gerichtet[83]). Ganz fremd ist hier die in Aeschylus' Prometheus gegebene Sagengestalt, da der Sieg durch eine vom Prometheus angerathene List gewonnen worden (211—223). Hieran schliesst sich die Vermuthung, dass die erste dichterische

---

881—885) wie vor dem Kampfe (390—396). Der Kampf war darum geführt, welche Eigenschaften die göttliche Machtvollkommenheit besitzen und üben sollte, die Geber des Guten und Götter der Ordnung oder die wilden Naturgewalten.

82) Strafe und Erlösung Th. 521—534. Die Frevel 535—616.

83) Eine nachhomerische Titanomachie wusste die Kämpfer beider Parteien sinniger zu unterscheiden und mehre Olympier mit Waffen versehen in Thätigkeit zu setzen. Sagenp. 27.

Gestalt des Titanenkampfes die Prometheussage nicht anfügte,
sondern nach dem Siege als eigentlichen Schlussakt nur so zu
sagen die Besitznahme der erkämpften Herrschaft und die Vertheilung der Aemter unter die Mitkämpfer folgen liess. Eben
nach Hesiod trat unmittelbar, nachdem die Titanen niedergekämpft
waren, die Versammlung ein, in welcher die anderen Götter feierlich den Zeus als ihren Oberherrn anerkennen (auf Gäas Rath),
er aber seiner vor dem Kampf gegebenen Zusage gemäss den
durch ihre persönlichen Eigenschaften zur Theilnahme an der
Weltordnung befähigten Andern das Götterrecht ertheilt (SS1—SS5
vgl. mit 73 f. und 112). Es ist diess nach dem ganzen Sinne
der Erzählung nicht Vertheilung der Erde, ihrer Stämme und
Städte an die Götter. Doch ist auch jene Vertheilung der persönlichen Ehrenämter nur Dichtergedanke, nicht Volkssage. An
sich besass jeder Gott seine persönliche Eigenheit und Würde
schon durch und bei seiner Entstehung aus dem der Vorsorge
bedürftigen Menschengemüth. Und ebenso ging alle Vervielfälti-
gung oder Wandel dieser Eigenschaften im Glauben der Stämme
vor — die Darstellung eines solchen Aktes der Verleihung oder
Bestätigung durch Zeus konnte also gar nicht Bedürfniss und Gedanke des Volkes sein, sie war nur Dichterwerk. Die Nationaldichter stehen hinsichtlich jener verschiedenen Charaktere
der Götter, so wie sie uns theils einzeln theils in Aufzählungen
vielfältig begegnen[84]), im allgemeinen Bewusstsein, und so natürlich schon Homer, der nur der ältest erhaltene und sprechendste
Zeuge für diese Charaktere geworden war. Dasselbe allgemeine
Bewusstsein gab dem Zeus, dem patriarchalisch so genannten Vater
der Menschen und Götter, die Obmacht über Alles und Alle und
bei jedem Werk die Vollendung ($\tau\acute{\epsilon}\lambda o\varsigma$). So folgte von selbst,
dass er auch jene Aemter überwachte, und wo ein Gott sich in
das Gebiet des anderen mischte, ihn zurecht wies (Il. 5, 428—430
wie auch Here die Artemis daselbst 20, 4S5).

84) Aphrodite und die ihr unbezwinglichen Göttinnen: Hymn. a.
Aphrod. 7—33. Die verschiedenen Begabungen der Menschen: Solon,
grösste El. B. oder 4, 49—58. Plat. Gastm. 197, A—B. Ges. 11, 920 D. E.
Aristot. Polit. 8, 6 a. E.: „Der Athene legen wir die Wissenschaft und
die Kunstfertigkeit bei". Plut. von d. Gemüthsruhe 12: „Und doch hat
auch von den Göttern der diese, jener jene Eigenschaft und wird darnach
benannt".

Wie das persönliche Wesen im Volksglauben seinen Ursprung
und sein Fortleben hatte, so auch das Verhältniss der Schutzgötter der verschiedenen Stämme und Bezirke. Die Volkssage,
hier Cultussage, nahm nun einerseits auch von Seiten der Schutzgötter eine besondere Vor - und Gegenliebe für ihre Schützlinge
an, der Gott hatte den Sitz sich selbst gewählt. So stellte man
gern in besonderer Erzählung dar, wie der Gott bei ihnen Platz
genommen. Aber aus dem Verlangen, den Besitz schon in möglichst uralter Zeit aufzuweisen, entstanden nun weiter auch viele
Sagen von irdischen Geburtsstätten, ja Geburtstagen der Götter.
Dies Letztere erst später[85]). Jedenfalls erkennen wir, dass es
ebenfalls nur ein ideales Dichterbild war, wenn es hin und wieder auch heisst, Zeus habe auch die Erde und ihre Gebiete unter
die Götter vertheilt. So in jener Ursage von der Besitznahme
der Insel Rhodos durch den Sonnengott bei Pindar (Ol. 7, 55
oder 100.) und so bei Plato in dem Phantasiegebilde der Insel
Atlantis, jenseits der Säulen des Herakles, welche Poseidon als
sein Gebiet erlooste, während andere Götter andere[86]).

12. Das nationale Epos entwickelt sich in zwei Perioden. In der ersten werden kleinere Lieder
gedichtet über einzelne Ereignisse und Akte der
Sage von der Heroenzeit. In der zweiten entstehen grössere Compositionen und damit erst
die Kunstform der Gattung. Dies bei den Griechen durch Homer, den grossen Dichtergenius,
dessen Ilias und Odyssee das zweite Zeitalter
beginnen, zugleich aber als älteste Denkmale
nebst Hesiods Heldengenealogien, wie vom ganzen älteren Heldenalter zeugen, so von Liedern
der ersten Periode die zahlreichsten Beispiele
erkennen lassen.

Die Erkenntniss des in vorstehenden Worten angegebenen
Entwicklungsganges des Epos, und zwar als desselben bei allen

85) Zeus auf Kreta in unächter Stelle des Hesiod Theog. 477—484.
Doch viele Orte wollten Zeus Geburtsstätten sein nach Paus. 4, 33, 1.
Ebenso Apollons sogar neben Delos.
86) Plat. Kritias 109 B, 113 B, C. vgl. mit Tim. 24 E.—25 D. Solons
Gedicht Atlantis: Nic. Bach Solon. Fragm. S. 35 ff. bes. S. 55.

Völkern, sie ist das Ergebniss der geschichtlichen Forschungen und
Sprachstudien, welche im Laufe der letzten 50—60 Jahre die
verschiedensten Sprachen und Litteraturen umfasst und in's Licht
gesetzt haben. So lautet es jetzt einstimmig bei mehren historischen wie philosophischen Forschern wie angegeben[87]: Die
Geschichte des Epos aller Völker zeigt als allgemeine Thatsache
anfänglich einzelne kleinere Lieder über einzelne Ereignisse
und Heldenthaten oder aus reicheren Liederstoffen kleinere Partien, dann grössere Compositionen von mehr oder minder einheitlicher Beschaffenheit, je nachdem die Stoffe der einheitlichen
Gestaltung günstig oder die Dichtergeister zur harmonischen Durchführung ideenreich und bildnerisch geschickt waren. Sofern jeder
solcher Nationaldichter einen in den kleineren Liedern überkom-

---

87) Fr. Zimmermann, Begr. d. Epos, Darmst. 1848, S. 13 f.,
Anm. ***: „Dass die auf volksthümlicher Grundlage ruhende Epik von
Dichtungen beschränkten Umfangs ihren Ausgangspunkt genommen hat,
und dass eine Reihe von Entwickelungsmomenten durchlaufen werden
musste, bis durch Umgestaltung, Erweiterung, Zusammenordnung und
Verschmelzung aus den Elementen kurzer Lieder der Organismus eines
epischen Körpers erwuchs — das lässt sich in der Geschichte des Epos
wohl als allgemeine Thatsache statuiren. Als wichtige Belege erscheinen
die Forschungen über die germanische Heldensage, über die bretonischen
und karolingischen Sagenkreise." Besonders hat Fauriel in der Revue
des deux mondes, 1832, Sept. u. f., deutsch in Förstemanns Neuen Mit-
theil. B 5, 2, S. 81 f., auf den Vorgang kleiner Lieder aufmerksam gemacht. In Deutschland und in Bezug auf die homerische Frage zeigte
Welcker im episch. Cycl. I. v. J. 1835, S. 123, die Folge der zwei
Zeitalter im Anschluss an Fauriel. Die Untersuchungen der Gebrüder
Grimm, bes. W. Grimms, in der deutschen Heldensage, weisen die kleinen Lieder nach, welche dem Nibelungenlied und der Gudrun vorhergingen. So kam dasselbe von dem indischen und dem iranischen Epos
zur Anerkennung. Daher sprechen zahlreiche Stimmen dasselbe Verhältniss als das allgemein giltige aus und besonders auch in Bezug auf das
griechische Epos und Homer. Vischer, Aesthetik, Th 3, Abschn. 2,
S. 1287: „Solche Lieder sind bekanntlich die Elemente, aus denen überall
das ursprüngliche, allein ächte Epos erwachsen ist". Carriere, das
Wesen und die Formen der Poesie, Leipz. 1854, S. 126 f., in Bezug auf
die griechischen und deutschen Epopöen. Philologische Forscher:
Lehrs in d. Berliner Jahrb. f. wiss. Kritik 1834, B. 2, S. 627. C. Fr. Hermann, Culturgesch. d Gr. u. Röm. Gött. 1857. S. 92 f. Theod. Bergk,
Ueber das älteste Versmass der Griechen. Freib. im Breisg. 1854. gleich
nach dem Anfang, Fr. Ritschl in den Beilagen zu Löbells Weltgesch.
1, 600 bis 602, und schon Alex. Biblioth. S. 70.

menen Stoff verwendet, nicht von Grund aus neu dichtet, sodann was bereits im Bewusstsein des Volkes lebt, zu beachten hat — bleibt leicht in der neuen Gestaltung hier und da etwas Nichtausgeglichenes. Dergleichen aber konnte den Zuhörern des lebendigen Vortrags nicht als störend zum Bewusstsein kommen.

Wenn wir die epischen Einzellieder mit den Epopöen vergleichen, so ist der nationale Charakter den Erzeugnissen beider Zeitalter gemeinsam; in dem jüngeren wie in dem älteren sind es Gesänge von Thaten der Helden und Ereignissen der eigenen Vorwelt, d. h. von der im Gedächtniss des gesammten Volks oder der Stämme fortlebenden, vom Volksgeist früher allmälig gestalteten Sagenbildern der Vorzeit, da die damaligen Menschen, soviel ihrer sich hervorthaten, die erste Tugend des freien Selbstbewusstseins, die muthvolle Tapferkeit in Bewältigung urwilder Geschöpfe, überhaupt im Bestehn persönlicher Abenteuer, in Fehden gegen Burgen der Nachbarstämme, oder in Heerfahrten zur Rache bewährt, und eben damit ihr Heldenthum vollzogen haben, und alles dieses unter dem Walten der noch näheren Götter[88].

Diesen Stoff trug der Sänger beider Zeitalter vor, allerdings als der eigens begabte sowohl an Wissen der alten Kunden als an Geschick der Darstellung: aber indem er so wenig wie seine Zuhörer das, was er giebt, unterscheidet, ob er's weiss, oder eben sich so vorstellt, geht ihm seine Persönlichkeit in dem so mitgetheilten Gegenstande auf. Dieses Verhältniss des Dichters zu seinem Stoffe und dasjenige dieses Stoffes selbst in seiner, obschon vom Dichtergeist ausgeprägten, doch gleichsam nur wiedergegebenen Beschaffenheit bezeichnet die Theorie mit dem Worte naiv, Naivetät, wie Vischer, Aesthetik III. 2, 1287 und Andere[89]).

88) S. die ausführliche Charakteristik des Heroenthums bei Zimmermann, Begr. d. Epos, S. 27—35, bes. 31: „Dies ist die Tugend des Heros. Die freie That, einzig begründet in dem begeisterten Jugenddrange nach preiswürdigen Thaten, wobei es als individuelle Gesinnung erscheint, wenn die Heroen das ausführen, was das Rechte und Sittliche ist, vollzieht sich als die früheste leuchtende Urkunde des Grossen und Göttlichen im Menschen."
89) Fr. Zimmermann, Begr. d. Epos, S. 17 u. 20, und erklärend Carriere, d. Wesen d. P., S. 147 f.: „Der echte Epiker ist Eins mit seiner Zeit, ihn trennt keine Kluft von der Bildung seines Volkes, er ist nur der liederreiche Mund desselben und ebenso ist er eins mit seinem Stoff." — „Die Objectivität des Epos ist also keine kalte Aeusserlichkeit, son-

Abschnitt II.

Zur Kritik der vorhomerischen Lieder im Homer.

13. Methodische Rechtfertigung der Anerkennung
jener zwei Zeitalter des nationalen Epos, eines
ersten kleiner Lieder von einzelnen Ereignissen und eines folgenden grosser von Einem Motiv durchdrungener und bemessener Handlungen, also der jetzt erst entstehenden Epopöen.
Die nothwendigen Stufen der Entwickelung
epischer Poesie, also: Volkssage von der eigenen Vorzeit, kleinere Lieder, grössere epische
Gebilde und damit erst die wahre Epopöe.

Jene Auffassung des nationalen Epos als beiden Zeitaltern
gemeinsam hebt die Gemeinsamkeit des Stoffes hervor, der immer
im Volksbewusstsein lebendig ist. Indem nun dabei die obige
Darlegung der Sängergabe als einer keineswegs je allem Volk bei-
wohnenden, sondern eben von begabteren Sängern geübten befolgt
wird, gestaltet sich auch die Unterscheidung der Zeitalter mehrfach anders, als sie bisher meistens bezeichnet wurde. Zuerst sind
die Namen Volksdichtung und Kunstdichtung als unbrauchbar oder
minder angemessen abzulehnen. Volksthümliche Lieder sind darum keine erfindende Volksdichtung, und das Bild, welches im
ersten Enthusiasmus für den aufgefundenen wahren Geist des ächten Epos von den Entdeckern (den Gebrüdern Grimm) selbst entworfen wurde, und mehrfach in den Geschichten der deutschen
Dichtung fortlebt, es kann nicht als das wahre gelten. Nicht
hat es eine Zeit gegeben, weder bei den Deutschen oder Skan-
dinaven mit ihren Scalden, noch bei den Indern, noch bei den
Griechen, wo nach Gelegenheit neben ihren Aöden Jeder sang,
der sich angeregt fühlte. Von Gefühlsergüssen abgesehn war
Lieder- und zumal Heldenlieder-Dichten immer Sache einzelner
besonders Begabter. Sodann kann das Urtheil noch weniger bestehn, wonach die Poesie des ersten Alters, die sogenannte Volks-

dern besteht darin, dass das subjective Gefühl des Dichters sich völlig in
den Gegenstand ergossen hat und dieser dadurch von einem Gemüths-
leben durchdrungen, bewegt und beseelt erscheint."

4*

poesie, einen der Kunstpoesie unerreichbaren Vorzug, eine unwie-
derbringliche Herrlichkeit gehabt haben soll. Es war aber diese
Ueberschatzung die Wirkung einer Reaction des poetischen Sinnes
gegen den prosaischen Zeitgeist, der in Allem, was er anerkennen sollte, regelrecht künstliche Formen heischte. Zuerst trat
Herder mit seinen Volksliedern (1778 und 1779) und seine Verherrlichung des Volksgesangs bei uns auf. Von da an wurde es
allmählich unter uns Mode, auf die grossen Werke bewusster
Meister, wenn nur irgend ein mehr als instinctives Verfahren
darin wahrnehmbar war, vornehm hinzublicken. Von dieser Ver-
stimmung ist dieses Lobpreisen der Einzellieder ein Ueberrest,
der indess immer mehr verschwinden wird. Denn, „welchen
Grund hat man wohl, zu behaupten, dass die ächte Kunst der
Poesie", — die, wie wir eben an Homer sehen, mit der Naivetät mit nichten unvereinbar ist — „und die ächt homerische
Einheit ihren Sitz nur im einzelnen Liede haben?"[90])

Gar ein wundersames Urtheil der Ueberschätzung der kleinen
Lieder verlautete jüngst in einer Monographie (die Erzählung des
Phönix Il. 9, 529 — 600 von La Roche S. 1): „Vielmehr weist
eine Menge der verschiedenartigsten Momente darauf hin, dass
neue und bestimmt ausgesprochene Tendenzen es sind, die dem
homerischen Epos seinen eigenthümlichen Charakter verliehen
haben. Als nämlich die Ilias entstand, war der Geist
der Zeit innerlich schon über das ungestörte epische
Bewusstsein hinausgegangen, man begann zu klug zu
werden für die Naivetät des Epos, und verlangte noch
mehr rationeller, historisirender Behandlung des Stoffes."

So hätte also mit nichten ein einiger Dichtergeist, nein, ein
Zeitgeist die Ilias hervorgebracht. Diese Vorstellung irgend
concretisirt, führt auf eine Mehrheit der Dichtenden, und zwar
solcher, die insgesammt erstlich bei der so zahlreichen und mannichfachen Reihe bereits einzeln besungener Sagen und Liederstoffe einen aus der troischen Sage auswählten — der hier gültige Vorzug dieser Sage, der der grössten Popularität, galt freilich auch bei dem einigen Homer. — Aber warum wählten sie

90) Hieckes Worte in: Der gegenwärtige Stand der homerischen
Frage. Gratulationsschr. zur vierten Säcularfeier der dasigen Universi-
tät. 1856. S. 9.

insgesammt auch aus den etwa sechs Partieen dieser Sage gerade die vom Zorn und seinen Folgen? Das Gewicht dieser Frage verstärkt jener Verf. selbst S. 7, Anm. *), indem er es für unmöglich erklärt, durch Ausscheidung von Einschiebseln eine Ur-Ilias herzustellen, weil eben die Ilias selbst aus der nämlichen Richtung hervorgegangen sei, wie das einzelne Auszuscheidende. Er hat nämlich dem oben Angegebenen hinzugefügt: „Man begnügte sich auch nicht mehr mit einzelnen Heldenliedern, ein grösseres Ganze sollte geschaffen werden, wie etwa eine Geschichte des ganzen troianischen Krieges (?) wäre es auch nur mit Hilfe vor- und rückwärts greifender Episoden und oft wunderlicher Anachronismen (?) (man denke an Schiffskatalog, Teichoskopie und Lagerbefestigung im neunten Jahre des Krieges?)“

Weiter wird das mitten in die epischen Traditionen Eingedrungene ein Pragmatismus und Rationalismus genannt, und gesagt, es walte in der Ilias ein unvermittelter Dualismus zwischen den Ueberkommnissen der vorausgegangenen Epoche und den Forderungen und Anschauungen einer sich ankündigenden Neuzeit.

Eine unbefangene Ansicht darf sich für berechtigt halten, zuerst in der Wahl der beiden Partieen mit ihren Hauptpersonen Achill und Odysseus einen maassgebenden einigen Geist zu erkennen, der das innewohnende Motiv zu dem grösseren Ganzen ausprägte, in welches als schon vorhanden und beim hörenden Volke beliebt hier und da die Einschiebsel geschahen, ja auch manche für den Einzelvortrag geeignete Lieder, wie der Schiffscatalog und das nächtliche Abenteuer die Dolonnia (Il. 10) nur lose sich an dieses Ganze anknüpften. Eine dazu nicht geeignete Partie ist nirgends nachzuweisen.

Der inneren Charakteristik der homerischen Epopöen als einer bereits entarteten Poesie[91]) tritt ohne alles Bedenken das Urtheil entgegen, welches sie eben als den Höhepunkt und die eigenste Blüthe dieser Dichtungsgattung zu betrachten, von allen Seiten bewogen wird. In diesem Urtheil kann am wenigsten eine

---

91) Nur scheinbar hat La Roche an dem vielbewährten Wackernagel: Die ep. Poesie, Schweiz. Mus. 2, S. 80 f. einen einstimmenden Vorgänger. Die Berichtigung auch seiner Darstellung des Verhältnisses der ersten zur zweiten Periode wird später ihren Platz finden.

so wunderliche in sich unklare Ansicht stören, da es Pragmatismus und Rationalismus heisst, wenn ein Dichtergeist in den mehren von einem und demselben Agens bewegten oder bedingten
Einzelakten eben dies ihnen allen Innenwohnende erfasst und als
das Beseelende nach dem Glauben, den er mit seinem Volke
theilt, darstellt. Das lautet ja, als wäre es nicht eben das Wesen
und die Bestimmung des Epos, immer ein Unternehmen oder Befahren der thatlebendigen Menschheit zu besingen, und würde
nicht ein jedes wie selbst durch einen menschlichen oder göttlichen Willen hervorgerufen so in seinem Verlaufe und mannigfachen Phasen eigenthümlich beseelt. Das Folgende wird diese
Mängel berichtigen, und wird jenes „man begnügte sich nicht u.
s. w." hinlänglich in das rechte Licht setzen. Geschichte und
Philosophie sprechen von einem ganzen Weltgebilde, das
die epische Poesie in ihrer Fülle darstelle. Wie sie dies thun,
hat der Erklärer zu zeigen.

Es ist in jenes Verfassers Auffassung nur das richtig und
sie dadurch treffender als die vieler anderen Trennenden, dass er die
Entstehung der Ilias als eine nach vorherigen Einzelliedern neue
Erscheinung und Folge eines umfassenderen Strebens anerkennt.
Hiermit ist einmal die unglaubliche Vorstellung abgewiesen, als
wären die beiden Epopöen erst durch die von Pisistratus Beauftragten als Ganze entstanden[92]; sodann aber ist die Neugestal-

92) Susemihl, Rec. von Bernhardys Gr. Lit. in N. Jahrb. f. Phil. B. 73,
II. 9, 599: „Als ob nicht diese Tradition (von der Il. u. Od. als Ganzen) vielmehr bereits voraussetzt, dass sie (die Einzelgesänge) alle zu zwei solchen
grossen Epen gehörten. Oder soll uns wirklich die Thorheit aufgebürdet
werden, dass Onomakritos und seine Genossen sie ganz nach eignem Gut-
dünken erst in diese beiden grossen Werke zusammenfügten und also den
Begriff einer Ilias und Odyssee erst schufen?" Grote, Gesch. Gr. übertr. von
Meissner 1, 510—512. Friedländer, von Wolf bis Grote, S. 11—16.
Bäumlein, Z. f. A. 50 Nr. 19: „sind erst unter Pisistratos Lieder, die bis dahin gesondert existirten, in unsere Il. und Od. vereinigt worden, so ist jene
Gleichmässigkeit in Sprache und Versbau das Werk der von P. beauftragten
Gelehrten etc." Schömann, Rec. der Sagenpoesie, N. Jahrb. B. 69,
II. 1, S. 30, nach der Erklärung, dass es dem Homer in der Ilias nicht gelungen sei, die überkommenen Lieder seinem Plane ganz anzueignen
und wirklich organisch einzufügen, wenn auch deutlich erkennbare Zusätze ausgeschieden würden: „Endlich dass jene Composition vor Pisistratus gar nicht vorhanden gewesen sei, wie Lachmann und Andere
fortwährend behaupten, ist nicht nur von N. sondern von Andern und na-

tung selbst in eine verhältnissmässig späte Zeit gesetzt. Und wie
unabweislich der stoffliche Inhalt, die Sprache, die metrische
Vollkommenheit der homerischen Gedichte die Anerkennung einer
langen Vorzeit gebieten, dies ist jetzt sattsam erkannt und mehrfach ausgesprochen[93]. Diese Versetzung der als die ältesten
geltenden Gedichte — was sie nämlich erst späterhin durch ihre
Vorzüge geworden waren — in eine jüngere Entstehungszeit, sie
setzt das darin gegebene Weltbild, und setzt den Dichter in ein
verhältnissmässig spätes Zeitalter; das Weltbild hat die rohe Culturstufe, der Schöpfer der Ilias eine vorherige Periode mit vielen
Stufen der Sprache und Versbildung und einem reichen Ertrage
von Liedern hinter sich. Dass der Dichter dabei die Cultur der
Heroenzeit sowohl der Griechen als der Asiaten auf einer hohen
Stufe geschildert habe, einer höheren, als der wirklichen, und
solcher Anachronismus im Wesen wahrer Poesie gegeben sei, ist
Goethe's ausdrücklicher Ausspruch[94]. Und wenn das Studium der
homerischen Gedichte durch die Schilderung der Heroenzeit nach

<hr/>

mentlich zuletzt von Grote mit so schlagenden Argumenten widerlegt,
dass unseres Erachtens diese Meinung für immer abgethan ist. Alles
stimmt vielmehr dafür, dass eine Ilias als Ganzes schon vor den ältesten Kyklikern, also vor dem Anfang der Olympiaden vorhanden gewesen, und es ist kein Grund anzunehmen, dass diese wesentlich von der
unserigen verschieden gewesen sei."

93) Ernst Curtius, Gr. Gesch. S. 112: „Im homer. Epos tritt uns die
griechische Welt zum ersten Male entgegen. Aber es ist darum keine Welt
der Anfänge; es ist keine in unsicherer Entwickelung begriffene, sondern
eine durchaus fertige, eine reife und in sich abgeschlossene mit festge-
regelten Lebensordnungen. Man fühlt es ihnen an, dass sich seit undenk-
licher Zeit die Menschen darin eingelebt haben." Ausführl. Schilderung
Schömann, Gr. Alterth. 1, 19—84. Hiecke, Greifsw. Progr. v. 1856.
Der gegenw. Stand d. hom. Frage S. 23: „Homer selbst kann
immerhin in Smyrna und lange nach der Auswanderung geboren sein,
ja er muss weit später geboren, und die beiden Epopöen müssen weit
später entstanden sein, wenn nicht alle grosse historische Analogien trü-
gen: Welcker, Ep. Cycl. 11, 54." Krüger, Gr. Sprachl. 11, §. 59
S. 279: Die Syndetik ist schon bei Homer so reich und kunstvoll, dass
sie eine Vorbildung von Jahrtausenden verräth.
94) Ausg. l. Hand Stuttg. 1830, 8. B., 26, 145, u. B. 38 S. 297: „Alle
Vergangenheit, die wir Dichter hervorrufen, muss eine höhere Bildung,
als es hatte, dem Alterthümlichen zugestehn. Die Ilias und Odyssee, die
sämmtlichen Tragiker und, was von wahrer Poesie übrig geblieben ist,
lebt und athmet nur in Anachronismen."

ihrer bereits fortgeschrittenen Cultur, wie auch Goethe bemerkt, die Ansicht berichtige, als müsse man, um die homerischen Naturen zu verstehen, sich mit den wilden Völkern und ihren Sitten bekannt machen, so wies dasselbe auch das Urtheil zurecht, als sei Homer ein sogenannter Naturdichter. Daher lesen wir bei C. Fr. Hermann[95]): „Man ist namentlich dadurch so vielfach zu falschen Urtheilen über Homer verleitet worden, dass man ihn mit den — Aöden seiner Heroenzeit verglich und als Naturdichter betrachtete. Daraus leitete man die Unmöglichkeit der Entstehung jenes grossen Ganzen von einem einzigen Menschen ab. — Jene schwanken noch zwischen Epos und Lyrik; den homerischen Gedichten ist aber die reine Objectivität aufgeprägt, und abgesehen von den Interpolationen liegt sowohl der Ver- knüpfung im Ganzen, als den Gleichnissen so ächter Dich- tergeist zu Grunde, dass auch die zahlreichen Unebenheiten im Einzelnen uns nicht an dem dichterischen Berufe, und der grossen Persönlichkeit des Mannes irre machen dürfen, der in der Ilias zugleich die hervorragendsten Erinnerungen seines Stammes zur Einheit eines lebensvollen Gemäldes verschmolz, und den Anstoss zur ähnlichen Behandlung aller übrigen Sagen des griechischen Volks mit der vollen Freiheit dichterischer Phantasie gab."

14. Die homerische Epopöe, die zweite Kunststufe und die Blüthe des wahren Epos.

In ähnlichem Sinne weiter Lehrs[96]): „Man legte zu hohen Werth auf das Argument, dass jene alten Sänger zu kurzer Er- götzung bei Schmäusen und Festen herbeigerufen, der äusseren Gelegenheit ermangelt zu so umfangreichen Gedichten. Sonst würde man anders geschlossen haben, dass der Genius im Zeit- alter des epischen Gesanges aus einzelnen Gesängen sich zum voll- kommen organisirten Ganzen durch eignen Drang emporschwingen muss *, und dass man fürwahr nach anderen Erschei- nungen nicht berechtigt sei, den Griechen die höchste Ausbildung des epischen Gesanges in stetiger Folge abzusprechen. Man würde es mehr erkannt haben, dass zwar

---

95) Culturgesch. d. Gr. u. Röm., Gött. 1857, Th. 1 S. 92.
96) Berl. Jahrb. f. wiss. Kritik, 1834, B. 2 S. 627 und dess. Populäre Aufs., Leipz. 1856, S. 14—16.

poetische Elemente, d. h. die Fülle der Einzellieder und Liederstoffe in jener Zeit überschwänglich vorhanden waren, **dass aber
diese Planmässigkeit eines grossen Gedichts, diese
religiöse und moralische Grösse — diese wohlthätige
Beruhigung, in welche alle Disharmonieen sich auflösen, nie einer Masse, nur einzelnen, den begabtesten
und edelsten unseres Geschlechts gegönnt gewesen.**"
Hiernach Homers Stellung in der epischen Poesie nach
Bergk[97]): „Ilias und Odyssee sind nicht die ersten unvollkommenen Versuche des hellenischen Dichtergeistes, sondern
die Blüthe, die vollständige Entfaltung des poetischen
Vermögens. Wie die Quellen und Bäche des Gebirges den
breiten, mächtigen Strom, der die Ebene durchzieht, erzeugen,
so gestaltet sich das Epos aus Liedern. Auch der ho-
merischen Dichtung sind Lieder kürzeren Umfangs, einfacheren
Inhalts, die stets nur ein Ereigniss aus der reichen Fülle der
Heldensage (der κλέα ἀνδρῶν) behandelten, voraus gegangen."
Dass eben dieses als der Fortschritt in der epischen Poesie nach
Nothwendigkeit anzuerkennen sei, ja das eigentliche Wesen dieser
Gattung erst in den umfänglichen Gebilden sich entwickelt habe,
ist in der Kürze von Bäumlein ausgesprochen, weiter von C. Fr.
Hermann, von dem bald zu nennenden Hiecke und von anderen Ver-
tretern der Ansicht von der Einheitlichkeit der Epopöen[98]): „Wäh-
rend es Niemand wird läugnen wollen, dass die Sagenbildung den
Liedern vorangeht, dass sie in diesen dann eine bestimmtere Gestalt
gewinnt, aber auch mit den Liedern sich weiter fortbildet, kann man
andererseits der Ansicht sein, dass die Zeit der kleineren einzelnen
Lieder eine der homerischen Poesie vorausgehende Periode der
epischen Poesie war, und dass schon in der Ilias, mehr noch in
der Odyssee eine höhere Kunststufe vorliegt, welche die früheren
Lieder aufnehmend umdichtete, und nicht durch äusserliche unorganische Zusammensetzung und Diaskeuase, sondern durch organische Neugestaltung in ein grosses Epos vereinigte."
Der immer zuerst vorsichtige Urtheiler drückt hier das, was

---

97) Progr. Freib. im Br. 1854: Ueber das älteste Versmaass der
Griechen.
98) Rec. der Betracht. üb. Homers Ilias von Karl Lachmann in
Z. f. A. 1850, Nr. 19 S. 145.

unabweisliche Voraussetzung und durch die vorliegenden Epopöen selbst gegeben ist, daher von obigen Stimmen bereits anerkannt ward, als blosse Zulässigkeit aus. Sein Urtheil über die Ansicht, nach der die kleinen Lieder als die allein originale und schöne Poesie betrachtet und ihre Herstellung versucht wird, gab er an einer andern Stelle in Bezug auf das geschichtliche Verhältniss des vor- und nachhomerischen Epos schlagend ab. Er hatte ja erkannt und bekannt, dass Homers Leistung eben in der Neubildung und ergänzenden Wiedergeburt des in kleineren Liedern vorgebildeten Stoffes bestehe[99].

„Nicht genug wundern kann man sich, dass diese von Wolf einst eingenommene, von Lachmann vertheidigte Position noch so Manche behaupten wollen; denn wir erhalten damit die höchst singuläre Erscheinung, dass wir in den kleineren Liedern die Vorstufe, in den (nächsthomerischen s. g.) kyklischen Dichtungen den Verfall des Epos (?) vor uns haben, und die in einheitlichen Handlungen grösserer Epen sich darstellende Blüthe völlig fehlt, oder — das Allerunbegreiflichste — dass die vorliegende nicht abzuläugnende künstlerische Einheit das spätere Werk Mehrerer war."

Die hier gemeinten Vertreter der trennenden Meinung geben auf die Frage, wer denn eigentlich die einheitliche Gestaltung bewirkt, keine oder eine unglaubliche Antwort, wie Bernhardy aussprach: „Die Hand, welche Wunden schlug, heilt sie nicht". — „Denn der Einfall, dass wir jenes Wunder dem Pisistratus und seiner Redaction verdanken, war kaum ernstlich gemeint."[100]

Es wird, um der Ilias und Odyssee in der Geschichte des Epos die gehörige Stellung zu geben, Beides erfordert und wei-

---

99) N. Jahrb. f. Phil. u. Pädag. B. 75 u. 76 H. 1 S. 37: Der Schiffskatalog der Ilias.

100) Grundr. d. Gr. Liter. 2. Aufl. II. 1, 122 f., wo er sich selbst dahin ausspricht: „Wohin immer die Kritik streben mag, den Begriff Ὅμηρος muss sie voraussetzen und daran unbedingt festhalten. Abgesehen von der Etymologie — dürfen wir unbedenklich mit Welcker und Nitzsch Homer, den Stammvater der ersten grossen Epen, als den ideellen (?) Typus und Genius jener Kunstfertigkeit betrachten, welcher statt vereinzelter Lieder ein zusammenhängendes Ganze mit Absicht unternahm." Wolfs Worte von den im Wort selbst irrigen Diaskeuasten und Pisistratus s. Proleg. CLI u. CLII, sie erscheinen ernstlich genug gemeint.

terhin von uns ausgeführt werden, die Charakteristik der ersten
Periode in den erkennbaren kleinen Liedern und die der nächsthomerischen in eingehender Beschreibung der s. g. Kykliker.
Jetzt vernehmen wir das richtige Ergebniss der bisherigen Forschung aus Ritschls Feder. Er giebt eine wohlerwogene
Uebersicht s. z. s. der Lebensgeschichte der beiden Epopöen Homers, wie sie ihr Leben im lebendigen Vortrag hatten. Da geht
ihrer Schöpfung eine erste Periode voraus, in der unmittelbar nach
dem troischen Kriege die Sänger der verschiedenen Stämme
Einzellieder von ihren einzelnen Heldenthaten gesungen, die dann
durch die Wanderung nach den asiatischen Küsten auf ihrem
alten Boden neues Leben bekamen. Dann lautet es von der
zweiten Epoche: „Hinlänglich vorbereitet durch die siegreiche
Kraft rastloser Anstrengungen deutscher Wissenschaft darf jetzt
die Ausgleichung der Gegensätze scheinen, wonach aus einer
reichen Fülle mündlich überlieferter epischer Einzellieder der
ionische Homeros diejenigen, die mit Eigenem verschmolzen den Umkreis der ächten Ilias und Odyssee ausfüllten, kunstgemäss verknüpfte, — zu einem Ganzen, in welchem sich Alles
auf einen Mittelpunkt, der eine sittliche Idee enthält, bezieht, — eine Entstehungsart, die schon ihrer Natur nach
die Forderung eines das Kleinste durchdringenden
Zusammenstimmens ausschloss."[101])

Ein Anstoss, den man an dem von mehren der Angeführten gebrauchten Begriff der Kunst genommen haben könnte, wird erstlich
eben in Bezug auf Homers Kunstfertigkeit von Dissen beseitigt (Kl.
Schr. 321). „Ein bewustloses Dichten — lässt sich schlechter-
dings auch im Homer nicht durchführen, sondern klärlich ist in
ihm bereits auch besonnene Kunstfertigkeit, nur freilich keine
gelehrte Kunst."

„Die Kunst hat einen verschiedenen Charakter in den verschiedenen Perioden der Literatur, aber kunstlos ist gar
kein classisches Werk."

Und wenn der Begriff der Kunst mit dem, was vorhin als

---

101) Vollständiger bei Loebell, Weltgesch. 1, 601 mit Anm. 84 zu
Abschn. 12, kürzer in Ritschls Alexandr. Bibliothek 70 f.

Naivetät bezeichnet wurde, unvereinbar erscheinen sollte, den wird Vischers Aesthetik zufrieden stellen [102]):

„Während das einzig ursprüngliche Gedicht im idealen Stile, welches der Orient hinterlassen hat, das indische — in das Formlose ausläuft, steht das griechische Epos in so einziger Vollendung da, dass es als historische Erscheinung doch ganz mit dem Begriffe der Sache zusammenfällt; denn das Vollkommenste in dieser Dichtungsart wird da geleistet, wo nicht nur die Phantasie des Volksgeistes an sich plastisch ist, sondern auch das dichtende Bewusstsein sich zur Kunstpoesie erhoben hat, ohne den Boden der Naivetät zu verlassen u. s. w." und

a. a. O.: „Keinem andern Volke ist das Glück geworden, wie den Griechen, ihr National-Epos zu vollenden in dem Momente, da eben die naive Poesie die Vortheile der Kunst in sich aufnimmt, und die Kunstpoesie den ganzen Vortheil der Naivetät geniesst."

Es ist unschwer einzusehen, wie das naive Verhältniss des Dichters zum überlieferten Sagenstoffe, und die Einmüthigkeit darin mit seinen Hörern auf jener, in der in unserer Einleitung beschriebenen Geistesperiode obherrschenden Phantasie beruht. Diese selbe Stimmung steht aber in keiner Weise einer Neugestaltung jenes beiderseits bewussten Sagenstoffes entgegen, sondern verlangte nur eine gewisse Rücksicht und Befolgung des Volksbewusstseins, wie es die früheren Lieder begründet hatten. Es ist vielmehr bei dieser Ansicht von der Entstehung auch der grösseren Ganzen aus den überkommenen Sagenstoffen und der bereits vorhergegangenen bestimmteren plastischen Gestaltung der Charaktere und Hergänge in Liedern, andererseits wiederum die Vorstellung zu meiden, als habe der individuelle Dichtergenius nur wenig zu leisten gehabt, er, dessen beide Epopöen durch ihre Erscheinung eben den Begriff der Gattung aufgestellt haben, und die wie von seinem Volke hochgefeiert, von den bekannten nachfolgenden Epikern in ihrer Wahl beachtet, in ihrer Kunstübung als Muster befolgt, von aller Theorie von Aristoteles an in dieser Geltung erhalten worden sind [103].

[102] III. 2. 1285 unten, und 1287.

[103] Schon hier mag mit einem Wort bemerkt werden, wie Viel

Hoffmann in Lüneburg, einer der verdientesten Forscher in der homerischen Frage, hat hierüber Urtheile abgegeben, welche, vom Unläugbaren ausgehend, die Eigenheit des Dichtergeistes und seine individuellen Wirkungen in Verknüpfung, Ausprägung, besonders Beseelung des zunächst in Liedern überkommenen Sagenstoffes zu wenig würdigen[104]).

Unläugbar ist ja freilich, und es behauptet Niemand mehr, Homer habe auch nur selbst die überkommenen Sagen und Liederstoffe so zu gestalten vermeint, dass die Grundzüge des durch die Ilias gehenden Plans als sein alleiniges Eigenthum anzusehen seien Hoffm. 278. Diese Grundzüge und auch manche einzelne Acte waren gewiss, von früheren „dichterischen Talenten" bereits geschickt ausgeprägt, dem Schöpfer der Ilias zugekommen. Auch grössere ältere Gedichte (S. 280) wie die der in der Odyssee aufgeführten Sänger Phemios und Demodokos von der Heimkehr der Griechen und von der Einnahme Troia's, wohl auch eine Patrokleia vor der Ilias, aus der Odyssee aber die in der dritten Person erzählten Irren und den Freiermord hat Homer, aber freilich nicht ohne Veränderungen im Einzelnen in seine neuen Bildungen aufgenommen, oder vielmehr dabei benutzt. Deutlich genug erkennen wir, wie später nachgewiesen werden wird, wie der Inhalt des Liedes von der Heimkehr und eines andern von der Rachethat des Orestes vom Schöpfer der Odyssee in seiner lebensvollen dramatischen Darstellung ausgebeutet worden ist. Und die Neubildung der Irren zur Vorgeschichte des Haupthelden und zu seiner Erzählung vor Alkinoos, ist ja eine Hauptthat des erfindsamen Dichtergeistes bei der Bildung der Odyssee[105]). Ist dem nun erweislich so, dann

fehlt, dass die Stellung, welche Wackernagel dem Homer B. 2, 81 giebt, für die richtige gelten könne. Gerade das Beseelen, das Erfassen und Durchführen des seelischen Motivs war das Neue des Homer.

104) Allgem. Monatsschr. f. Wissensch. u. Literat. Halle 1852, April, S. 278 und 279 f.

105) Wackernagel, 2, S. 83, weil er bei allem Lobpreis der Odyssee den Dichtergenius nicht genugsam erkannt hat, bezeichnet den Gewinn und das durch jene Fassung der früheren Irrfahrten Erreichte ungenügend: indem so was eigentlich der Anfang der dargestellten Sagenweise ist, in die Mitte eingefügt wird, gewinnt das Ganze den Anschein grösserer Gedrungenheit und Abrundung, sieht concentrirter, einfacher, einheitlicher aus.

ist „die Thätigkeit des Homer" doch wohl nicht blos eine aus-
bauende (S. 379), sondern eine umbauende nicht mit Unrecht zu nennen.

Ein Hauptpunkt für die besonnene Beurtheilung des Dichtergenius sind die oben von Ritschl genannten eignen Zuthaten,
durch welche er die in den älteren Liedern gegebenen Einzel-
acte zur organischen Einheit verband. Es werden sich in beiden
Epopöen mehre solche Particeen selbst kund geben, welche eben
nur für Durchführung des Plans gedichtet sind, und keineswegs
schon von der allgemeinen Sagengestalt geboten waren.

15. Fortsetzung. Die drei Stufen des National-Epos
und ihr Verhältniss zu einander. Die richtige
Ansicht von der Neugestaltung der Einzellieder.

So naturgemäss und leichtbegreiflich auch die Entwickelung
des National-Epos ist, es waltet bei den Theilnehmern an der
Forschung über dieselbe, besonders den jüngeren, noch mancherlei Unklarheit, und daher Verwechselung. Die Entwickelung der
Dichtungsart, welche jedes Volkes eigne Vorzeit feierte, und eben
dadurch zuerst national wurde und hiess, sie hat wie natürlich
ihren Ursprung aus dem Volksbewusstsein von den bedeutenden
Ereignissen und Personen dieser Vorzeit. Sonach ergeben sich
die Drei Stufen, Volkssage, kleinere Einzellieder und auf
Grund dieser dann erst grössere Gebilde, bemessen nach dem
innewohnenden Motiv der Bewegung, beseelt nach dem Phantasie-
glauben des Volksgeistes, den der ausführende Dichter theilt, und
den er erst in Charakteren der Helden und Götter, und bei den Wech-
selwirkungen zwischen Menschen- und Götterwelt die Handlung
zur recht lebensvollen Anschaulichkeit ausprägt. Die Volkssage
als die erste Stufe, und die Bildung kleiner Lieder über einzelne
Thaten oder Ereignisse aus derselben als die zweite, durften
doch mit vollem Rechte behauptet werden. Das Volk, der Stamm,
hat jedenfalls in seinem Bewusstsein von seiner Vorzeit eine Anzahl von benannten Personen, und in gewisser Bestimmtheit überlieferten Ereignissen. Unklar scheint Hiecke hierüber zu denken.
(Der gegenwärtige Stand der homer. Frage S. 4. f.)

Die nothwendige Vorstufe in den kürzeren Einzelgesängen trat
zuerst durch Wolfs geniale Anregung hervor, dem aber seiner

Zeit das Wesen der Sage, und so auch die erste bildnerische
Gestaltung ihrer Personen und Thatsachen, d. h. die kleinen Lieder, eben nur dunkel bewusst war. Sein Satz, mit dem er die
bis dahin geltende Meinung von Homer und dessen beiden Epopöen am entschiedensten als irrig, ja unmöglich angriff, war
der (Proleg. 112): dass wenn auch das Genie des Homer die
unglaubliche Kraft besessen hätte, zwei Gedichte von solchem
Umfange ohne Hilfe der Schrift auszuführen und mitzutheilen,
es doch zum Gebrauch seiner Erzeugnisse an den örtlichen und
zeitlichen Gelegenheiten gefehlt haben würde, wie wenn ein Bewohner des Binnenlandes in der Zeit der noch unfertigen Seefahrt ein Schiff hätte bauen wollen, zu dessen Gebrauch ihm das
Meer gefehlt. Wolf selbst schwankte zwischen zwei Möglichkeiten,
diese in dem Umfang liegende Unglaublichkeit auf ein zulässiges
Pensum zu ermässigen. In den Prolegomena, wo er 108 es allgemein anerkannt nennt, dass beide Werke des Homer nur theilweise und in verschiedener Reihenfolge öffentlich vorgetragen worden seien — die doppelte Rhapsodie wurde nicht beachtet — urtheilt er auch über die Odyssee, ungeachtet der lebhaftesten Anerkennung ihrer künstlerischen Einheit, doch ebenso, dass auch
ihre Rhapsodien, eben wie die inhaltlichen Namen besagten, nur
als einzelne, wie vorgetragen so gedichtet seien: 120 — 123. Dagegen in den Vorreden zu den Ausgaben der Ilias hatte er es
mehr mit der Annahme zu thun, dass Homer nur zwei Gedichte
kleineren Umfangs gegeben habe, die dann von dichtungsfähigen
Rhapsoden zum vorliegenden Umfang ausgeführt seien (bes. XXVI.
a. E.). Beide Möglichkeiten bespricht er in den Briefen an
Heyne S. 71.

Von diesen zwei Vorstellungen erfasste Lachmann, sowie
vor ihm schon G. Hermann (1806) die der kleinen Lieder, welche
jetzt auch öfters halbhistorisch mit dem Namen Rhapsodien bezeichnet werden [106]), und unternahm es zuerst 1816, das was ihm
von Wolf von der ursprünglichen Gestalt der homerischen Ge-

[106) Goethe, Briefw. zw. Schill. u. G. 4, 184: „die unzähligen Rhapsodien, aus denen nachher die beiden Gedichte so glücklich zusammengestellt wurden". Fr. Zimmermann, Begr. d. Epos, 13: „zuerst pflegen eine Reihe volksthümlicher Rhapsodien aus dem Sagenkreise voran-
zugehn." Ebenso Vischer, Aesthett. III. 2, 1287.

sänge als erwiesen galt, auf die deutsche Ilias, das Nibelungenlied, anzuwenden[107]). Nachdem er hier die Nibelungen mittels
kritischer Scheidung in 20 Einzellieder zerlegt, und dieses sein
Verfahren mehrfach Zustimmung gewonnen hatte, ging er mit
grosser Zuversicht zu dem eignen Geschmacksurtheil an die Aus-
schälung von 15 oder 16 Liedern aus dem Texte der Ilias[108]).
Es gaben diese Betrachtungen Lachmanns einer sehr grossen
Zahl nacheifernder Schüler Muth, dem gleichen Prinzip zu folgen.
Ein dem Prinzip im Ganzen günstiger, sehr umsichtiger und ge-
wiegter Recensent machte, indem er Lachmanns nach einander
aufgestellte kleine Lieder aus den Nibelungen wie der Ilias beachtete, zuerst darauf aufmerksam, dass, wenn der Beweis für
die Entwickelungsstufen des Epos seine volle Giltigkeit erlangen
sollte, dieselbe sichtende Herstellung allein ächter kleiner Lieder,
auch an der Gudrun und an der Odyssee mit Erfolg vollzogen
werden müsste[109]). Sodann sprach er die bedeudente Folgerung
aus (515, a.), dass gewiss Nichts entgegenstehe, einen Cyclus
geist- und sinnverwandter Lieder, wie eben die (die Hauptacte
enthaltenden) vom Zorn des Achill oder von Chriemhildens Rache,
wenn sie sich auch nicht vollständig zu einem künstlerischen
Ganzen zusammenfügen wollen, doch einem und demselben Dichter zuzuschreiben. Dies zumal, da bei Annahme einer Anzahl
begabter Einzeldichter es doch auffällig erscheinen müsse, dass
diese Talente sämmtlich sich auf einen so beschränkten Stoff gerichtet, und damit jeder einzelne nur ein oder zwei Lieder geschaffen hätten 513 b.).

107) S. Lachmann, über die ursprüngliche Gestalt des Gedichts von
der Nibelungen Noth. Berl. 1816, Eing. u. S. 25 u. 87 f.
108) Betrachtungen über die ersten 10 Bücher der Ilias, 1837, Brl. 38,
und fernere Betr. 1841 zus. mit Zusätzen von Moritz Haupt, Berl. 1847.
Schon 1838 Wackernagels Abhandlung.
109) (Prof. Weisse in Leipz.) in Blätter für liter. Unterhaltung, 1844,
Mai, Nr. 126—129 S. 515, 6: „Der Verf. hat sein Geschäft noch nicht vollendet; an der „Odyssee", an der „Gudrun" hat er sich noch in ähnlicher
Weise, wie an den Nib. und an der Ilias zu versuchen. - Erst, wenn
wir auch in Bezug auf diese beiden Gedichte, und noch einige verwandte, von ihm belehrt worden sind, ob sie ähnlich in kleine Lieder
— und auch gleicher Weise in eine ächte und eine unächte Masse aus
einander fallen, werden die Akten des von ihm eröffneten Prozesses über
das hellenische und das germanische Epos geschlossen sein."

Die Jünger des so anregenden Meisters haben in dem jüngst-
vergangenen Jahrzehnt in seinem Geiste, wie gesagt, fortgestrebt,
und haben gar eifrig sich bemüht, auch in der Odyssee Unebeu-
heiten, Widersprüche, oder unechte Einschiebsel nachzuweissen.
Aber das wahre Verhältniss der früheren kleinen Lieder hatten sie
dabei öfters gar nicht erkannt, sonst würden sie mit der Aeusserung, auch die Odyssee sei aus kleinen Liedern entstanden, nicht
ihren Sieg zu verkünden gemeint haben.

16. Die Lachmann'schen Versuche, kleine Lieder
herzustellen, misslungen. Seine Geschmacksurtheile nicht giltig.

Sehen wir auf das ganze Bestreben der Beweisführung und
mustern die jetzt gewonnenen Erfolge auf beiden von Lachmann
angeregten Bahnen, so will uns nirgends etwas Erwiesenes
begegnen.

Auf Grund des von Wolf überkommenen Einwandes hat
Lachmann für die Weise der einzelnen Rhapsoden kürzere Lieder
gesucht, die er selbst gleich in der ersten Schrift romanzenartig
nennt. Und es ist das die mit Recht geltende Vorstellung von
dem Wesen der Einzellieder, dass sie mit unsern Romanzen oder
Balladen vergleichbar gewesen, und ihnen, wie schon oben ein
lyrisch epischer Ton beizulegen sei[110]). Von diesem abgesehen,
mussten sie aber zum Einzelvortrag jedenfalls ein kleines Ganze
enthalten und geben, wie jede Romanze ein Thema, eine kleine
Geschichte durchführt. Diess hatte Lachmann durch seine Bezeichnung selbst anerkannt, aber was er als vermeintlich ächte
und poetisch schöne Einzellieder aufstellte, war zum Theil so kurz,
dass es zum rhapsodischen Vortrag sich nur in Zeiten verbrei-
teter Kunde des Zusammenhangs eignen konnte, wie Plato in seinem Ion den enthusiastischen Homeriden rührende Partieen
auswählen lässt. Aber mehrfach war das, was er kürzer oder
länger ein Lied nannte, eben nur ein Stück geradeausgehender
Erzählung, welche, wenn sie einen denkbaren Anfang nimmt,
doch die Handlung zu keinem Ende führt. Diess ist, auch wo
er in der Patroklie nicht ein Kleinlied, sondern ein umfängliches,

---

110) C. Fr. Hermann, Culturgesch. 93; „Jene schwanken noch
zwischen Epos und Lyrik.“

ein Grosslied annimmt, in der Recension von Bäumlein unläugbar
mehrfach dargethan[111]).

Aber Lachmann will ja durch seine Ausscheidung der kleinen Lieder das Echte, Ursprüngliche vom Unechten unterscheiden.
Was hat er denn da für einen Massstab? Keinen andern, als sein
eignes ganz subjectives Geschmacksurtheil. Die Zuversicht zu
diesem spricht er besonders zweimal so scharf aus, dass darüber
von Mehren Verwunderung geäussert ward[112]).

Und seine einzelnen verwerfenden Geschmacksurtheile über
die Ronde des Agamemnon im 4. Gesange der Ilias, über das 9. Buch,
vollends über die fünf Bücher vom 18. bis 22. haben von Männern
aller Parteien, sowohl von denen einer sehr verwandten Grundansicht, als von dem eingehensten Bestreiter seiner Betrachtungen,
endlich auch von den eine Mittelstellung Einnehmenden Widerspruch und entschiedenste Widerlegung erfahren. Wenn er bei
der umfänglichen Patroklie die so unmittelbaren und innerlichen
Beziehungen, welche nicht die natürlichen der Sage, sondern die
von dem motivirenden Dichter gegebenen sind, verabsäumt hat[113]),
so hat er, nachdem er die enge Verwebung von 18 mit 17 ver-
kennt, an jenen fünf Büchern Ausstellungen ausgesprochen, welche
bei dem unbefangenen Lesen derselben und einer präsenten
Erinnerung vom Früheren sich von selbst widerlegen[114]).

111) Zeitschr. f. Alt. 1850 S. 166, wo er hinzufügt: „wie viel anders
in den Eddaliedern, die doch jedenfalls auf einer niederen Kunststufe
stehen." Und Lachmanns Patroklie giebt ja das richtige Ende nicht, da
der Kampf um die Leiche erst im 18. Gesange durch Achills Erscheinen
endet, und damit das Sinnvolle erfolgt, da der so lange Zürnende erst zur
Rettung der Leiche des Freundes hervortritt.

112) Lachmann XXIII zu Anfang und XXX zu Anf., damit vgl.
Hiecke. Ueber Lachmanns zehntes Lied, Greifsw. 1859 S. 10. Bäumlein, in der in voriger Anm. gen. Recension Nr. 19 S. 145 und 22 S. 171.
Grote, Gesch. Griechenl., übersetzt von Meissner, 1, 518. Schömann,
Rec. der Sagenp., N. Jahrb. f. Philol. u. Pädag. B. 69 S. 24: „durch Macht-
sprüche, wie die S. 86 oder durch Abfertigungen, wie S. 56 — mögen
wohl Unmündige sich schrecken lassen."

113) Bäumlein, Z. f. A. a. a. O. Nr. 11 S. 261 f.

114) Ausser Bäuml. das. Nr. 22 S. 169. Hoffmann, Progr. von
Lüneburg, Ostern 1850: „Prüfung des von Lachmann über die letz-
ten Gesänge der Ilias gefällten Urtheils", d. i. über Lachm. Betracht.
S. 80 Hpt. oder 59, wo Lachm. sagt: „Wenn nur nicht alle folgenden
Bücher, gegen die Patroklie gehalten, geschweige gegen die noch edleren

Die vier Titel des Tadels wie sie in der untergesetzten Anmerkung zu lesen sind, das Verschwinden der andern Helden,
die Masse der Götterwirkungen, die vielen Mythen, die vermeintliche Dürftigkeit der Gleichnisse, sie sind ganz besonders der
Art, um Lachmanns prinzipielle Unlust, den Organismus des
Gedichtes vom Zorn des Achilles zu beachten, und in seinem
Fortschritt zu verfolgen, recht an ihren Früchten zu erkennen.
Denn, was unter den ersten drei Nummern getadelt wird, liegt
im Plane selbst, oder geht aus der dem Epos eignen und wesentlichen Weise der Darstellung hervor, und der vierte Punkt,
die bildnerische Erfindung von Gleichnissen, sie ist eben nur
nicht richtig wahrgenommen.

Das von Homer gewählte Thema und in dem Sagentheil liegende Grundmotiv giebt zwei Haupttheile, einen, in welchem
der Haupthelt, der in der ganzen troianischen Sage dieses ist,
durch seine zürnende Unthätigkeit den andern Helden Raum
giebt, sich hervorzuthun, und einen zweiten, wo die Folgen seiner
Unversöhnlichkeit sich gegen ihn selber wenden. Die epische
Darstellung und der mündliche Vortrag bringt mit sich, dass
auch den einzelnen Theilen eine gewisse Selbständigkeit bei-
wohnen, sie immer für sich fasslich und anziehend sein müssen.
So traten in der früheren Hälfte immer von beiden Seiten, aber besonders von der der Griechen einzelne Vorkämpfer hervor, deren
Eintritt auch vom Dichter durch Beschreibung ihrer Bewaffnung
gehoben wird. So auch noch, als der Haupthelt, statt endlich
nun doch selbst Hülfe zu bringen, den Freund gehen lässt, bei
der Rüstung dieses. Aber es wird dann der Kampf gegen die vom

---

Theile der Ilias, sich so ärmlich und kühl ausnähmen, dass ich das Urtheil von Wolf (Proleg. CXXXVII) nicht recht begreife, der nur bei den
letzten sechs Büchern, also nicht auch, scheint es, bei dem achtzehnten
sich anders gestimmt fühlte. Mir scheinen die fünf Bücher von Σ bis X
so aus einem Stück zu sein, so übereinstimmend in den Begebenheiten
nicht nur, sondern auch in allen Manieren, a) in dem gänzlichen Verschwinden aller griech. Heroen ausser Achilles, b) in der Masse von Erscheinungen und Wirkungen der Götter, c) in den vielen Mythen, d) in der
Dürftigkeit der Bilder und Gleichnisse, dass sie ebenso sehr einen einzigen Dichter verrathen, als sie für fast alle der früheren, die desswegen
nicht um Jahrhunderte älter zu sein brauchen, dass ich es nur gerade
heraussage, zu schlecht sind."

höchsten Schaffner des Krieges begünstigten Feinde mit ihrem
Hektor zugleich Kampf um die Leiche, und nachdem für diese
zuerst Achill wieder hervorgetreten, da, als nun der Verlust des
Freundes den grössten Helden zur Rache aufgestachelt hat, wie
sollte da nicht er vor Allen den Vordergrund bilden, wie nicht
er durchaus der Mittelpunkt sein? Im 18. Gesange nach der Meldung
vom Falle des Freundes und dem Verluste der Waffen, die den
Haupthelden auch damit über alle andern auszeichnende Schilderung der durch Hephästos bereiteten Rüstung, im 19. die feierliche Versöhnung des nun all seinen Zorn verwünschenden
Helden mit dem Oberfeldherrn und die theilnehmende Bemühung
der Andern, und selbst der Götter um ihn; im 20. Zeus' neue
Anordnung eben wegen Achills Eintritt und was weiter von den
folgenden Theilen nachgewiesen werden wird. Ob dann ein un-
befangener Leser, — wenn er auch die beiden Akte des Kampfes
gegen einander selbst (20, 54 — 74 und 21, 385 — 514), der so
ganz wirkungslos bleibt, und des Aeneas von ihm selbst für ungehörig erklärte Genealogie (20, 213 — 241) entschieden als unecht[115] erkennt und wenn überhaupt immerhin diese letzten Bücher nicht anders als die früheren der Entstellung durch Einschiebsel unterworfen erscheinen — ob, fragen wir, der Unbefangene
dann lebensvolle Poesie vermissen wird in Stellen, wie das Zusammentreffen des Achill mit dem Priamiden Lykaon 21, 34 — 135,
der Kampf mit dem Skamandros, dann vollends der Anfangstheil
des 22. Gesanges mit den Bitten des Priamos und der Hekabe und dem
fein psychologischen Selbstgespräch des Hektor: 99 — 130,
und endlich die Schilderung der Leichenspiele, wie diese
in ihrem dramatischen Leben bei Achills grossartiger Stimmung
in immer neuen Scenen die Eigenheiten der Charaktere und zugleich der Lebensalter darstellt? Dass die Drei vorher Verwundeten, Diomedes, Odysseus und Agamemnon, die am nächst-
folgenden Tage zum Versöhnungsakt (19, 47 — 51) noch an
Stöcken gekommen waren, (s. Fäsi dort) am dritten ihrer Verwundung an den Wettkämpfen sich betheiligen, ist von Bäumlein

---

115) Ueber B. 21 s. Nägelsbachs Nachhomerische Theol. 128
Anm.*) und meine Sagenp. 127 u. 28. Ein wenig unterscheidendes Urtheil A. Jacob, Entst. d. Il. 328. Ueber des Aeneias überfüllte Rede Friedländer, Anal. homer. Jahrb. f. class. Phil. Suppl. B. 3, H. 4 S. 474 f.

hinlänglich erklärt[116]), wodurch jedenfalls die übereilten Decrete
A. Jacob's S. 245 als ganz unzulässig erscheinen. Dass die Wett-
spiele unerlässlig zur Bestattung gehörten, spricht dabei auch
Jacob S. 345 aus. Haben wir hieran also schlechte Poesie?
Oder kann etwa Lachmanns Wort vom Jammern um seinen
lieben Homer nach Weiberart unsern Sinn abstumpfen, und
uns hindern, in der Andromache Verhalten und Klage um ihren
Hektor 22, 436 — 515 die ergreifendste Darstellung der ehelichen
Treue und des damaligen Elendes im Witwenstande zu empfinden?
Und ist die Scene Priamos vor Achill, und dessen endliche An-
erkennung des Menschenlooses in der Milde gegen den greisen
Vater des Todfeindes 24, 486 — 512 nicht nach der vollsten
Wahrheit von Welcker, und schon im Jahre 1824, für den
wahren hochherrlichen Schluss des Gedichts vom Zorn erklärt?[117])

------

116) Z. f. A. 50 S. 171 und Philol. XI. 427. Da die Wunden alle drei
leicht waren, so dass die Helden schon an demselben Tage bei der steigenden Noth, wenn nicht am Kampfe Theil nahmen, doch durch Anordnung sich nützlich machen konnten: so war der Phantasie nicht zuviel
zugemuthet, wenn die Zuhörer sich ihre Theilnahme an den Wettspielen
mittels eines Naturprozesses so weniger Tage möglich geworden denken
mussten. Die Angabe des Patroclus 16, 24 von den Verwundeten ἐν
νηυσίν κέαται sie liegen, ist in seinem Munde nicht weiter eine fac-
tische, als er von Nestor 11, 189 gehört hat, und Beide bezeichnen mit
dem Liegen durch Wurf oder Stich verwundet nur eben, dass sie kampfunfähig sind. Kayser, de interpolatore p. 9 presst das κέαται zu der Erklärung: Haec sie efferuntur, ut hucusque eos decubuisse et aegre
nunc in publicum prodiisse intelligas. Nun ähnlich presste Lachmann die
Wörter ὅρκια τέμνειν und δεξιαί und Andere andere.
117) Man lese die beredte Darlegung in Die äschylische Trilogie
Prometheus S. 429: „Diese Scene ist der Gipfel der gesammten Helden-
poesie", und O. Müllers Gesch. d. gr. Liter. 1, 84. „Am grössten erscheint Achill in den Leichenspielen, und bei der Zusammenkunft mit
Priamus — einer Scene, die mit keiner andern in der ganzen alten
Poesie verglichen werden kann" u. s. w. Auch der so viele Anstösse
findende, weil suchende A. Jacob, über die Entstehung der Il. und Odyss.
352". „Ueberhaupt gehört auch diese ganze Schilderung nicht nur zu den
schönsten der Ilias, sondern sie lässt sich überhaupt in ihrer ganzen
Anlage und Ausführung nicht schöner denken". Vortrefflich
schliesst sich an diese Stimmen die, Gepperts Annahmen abweisende Auslegung, Düntzers rhein. Mus. N. F. 5, 378 ff. „Wo ist hier ein Abschluss,
wo eine Vollendung der Rache? Diese finden wir nur in der herrlichen
Darstellung, wie Achilleus, der erkannt hat, dass auch die Rache sein Herz
nicht herstellen kann, sondern er des Schicksals Schlag gefasst ertragen

Der vierte Vermiss Lachmanns verräth, wie wenig er die verschiedenen Mittel belebender Darstellung in weiteren Ueberblick genommen. Hoffmann musste ihn erst belehren, wie zunächst der Gebrauch oder Nichtgebrauch der Gleichnisse sich nach den verschiedenen Gegenständen und Phasen der Erzählung richte[118], und dass die gemeinten Bücher darin mit nichten sich von früheren unterschieden. Der wahre Befund zeigt gerade in diesen Büchern im Verhältniss zu den dafür geeigneten Particen überhaupt eine nicht geringe Zahl von Gleichnissen, und unter ihnen mehre der schönsten: 20, 164 — 173[118a]. 21, 575 — 580. 22, 139 — 144, sie heben den Kampf des wieder erstandenen Achill hervor, sowie auch dessen leuchtende Erscheinung und schreckender Ruf die höhere Färbung erhielt, 18, 207 — 213. 217 — 220. Dies durch zwei Bilder, die uns die Eigenheiten des homerischen Gebrauchs offenbaren, wie sie immer aus allbekannten Wahrnehmungen in Natur oder Menschenwelt entnommen sind[119], wie sie bei concretem Leben eben daher auch gern ein menschliches Gefühl ansprechen, endlich, wie sie gehäuft werden bei bedeutenden Punkten oder Wendungen der Erzählung[120]. Da die Erfindung und Erfassung von Gleichnissen als Erweisung des Dichtergenius so wesentlich sind, wird ein späterer Abschnitt sie umfassend behandeln.

Das geringschätzige Urtheil Lachmanns über das 9. Buch hat schon der Recens. der Bltt. f. litt. Unt. 1844 Nr. 127 S. 506 als

muss, die Nichtigkeit alles menschlichen Glücks bejammert und friedlich unter demselben Dache mit dem Vater des Mörders ruht, dessen Leichnam er diesem zurückgiebt". Vgl. noch S. 411 gegen Ende.

118) Hoffmann, Lüneburg Progr. S. 5 und 6.

118a) Hegel, Aesthet. 1. S. 534. Hoffmann S. 9. Vielleicht das vollendetste aller homerischen Gleichnisse ist aber die Löwenjagd im 20. Ges. Vers 164 ff., welches trotz seiner reichen Detailausführung nicht einen einzigen störenden Zug bietet.

119) Aristot. Topik. VIII. 1. a. E. zur Verdeutlichung anzuwenden, aber den Dingen Eigenes und aus Bekanntem, „wie Homer und nicht wie Chörilos" (Dichter des Perserkriegs). Aristarch zu Il. 16, 364. Eustath. zu Il. 2, 87.

120) Hoffmann, 6. — „Dass, wo einmal eine auffallende Menge von Gleichnissen erscheint („wie in 2, 455—483" m. Nägelsbach und Fäsi 4, 422 ff. 11, 546—560, 725 ff.) regelmässig ein bedeutender Abschnitt in der Erzählung gemacht wird, und dabei ein glühenderes poetisches Colorit ganz gerechtfertigt ist".

lediglich durch den Eingang desselben 9 — 88 verschuldet bezeichnet; und auf diesen beschränkt er es selbst. In den sehr
zahlreichen Verhandlungen über diese Gesandtschaft an Achill,
ob sie ursprünglich oder erst später hinzugedichtet sei, wovon
weiterhin das Genauere, hat die darin liegende Poesie viel lobende
Anerkennung gefunden. Konnte doch auch den Kritikern die Gewandtheit im Vortrag und Versbau nicht entgehn, welche zumal die Reden des Odysseus und Achill bewähren[121]). Eben diese
Reden, die er selbst aus allen Praedicamenten preist und S. 3.
sollertiae ingenii et subtilitatis, quae in hoc poeta fuerunt, exi-
mium specimen nennt, nimmt Moritz zum Maassstab, um in der
Rede des Phönix 434 — 605 nur die jenen an Vortrefflichkeit
gleiche Partie als echt zu erweisen. Diese habe nur aus 60
Versen statt aus 272 bestanden, und nur die drei Theile enthalten 434 — 448. 479 — 495. 496 — 523 (S. 23.). Wenn nun in
dem als unecht ausgeschiedenen Theile über die Unebenheit der
Verse 557 — 572 kein Zweifel sein kann (Sagenp. 148)[122]), ist
damit die von Phönix zur Mahnung gebrauchte Sage vom Meleagros nicht sofort ganz beseitigt[123]), und vollends nicht durch so
hastige Urtheile, wie der schon oben erwähnte La Roche kund-
gegeben hat. So wenig also werden die zuversichtlichen Ver-

121) Bernhardy, gr. Liter. 11. 1. 133 nach Mitte. Köchly Diss.
III p. 8. lin. 2. Et sane nona illa rhapsodia tanta arte curaque elaborata
est, ut, si unus poeta totam Iliadem composuit, profecto, quam gravis
ea pars sit, in ea scribenda sensisse videatur. Hoffmann, Philol. III.
218. „Dagegen erscheint unsere Partie metrisch sehr vollkommen, und
ist deshalb mit 6, 119—236, 313 bis 7, 312 zunächst zusammen zu stellen.
Wir finden in allen diesen Stücken eine (doch wohl planmässige) Vorliebe für längere Reden, welche mit vieler Kunst ausgeführt sind." Gepperts grosse Lobsprüche über die Rede des Odysseus an Achill: Ursprung
der hom. Gesänge 191. Nach diesen Vorgängern urtheilte der Lachmannia-
ner Moritz de libro IX. suspiciones. Posen 59. S. 1. rhapsodiam nonam
elegi, quod a Lachmanno negelectum videbam librum lectu maximam par-
tem jucundissimum.

122) Im Vorhergehenden habe ich die Verse von den Litai den Bitten
als Töchtern des Gottes der höchsten Vollmacht, wie ich jetzt zugebe,
Sagenp. 129, ohne zureichenden Grund sämmtlich verdächtigt 502—514,
wenn sie auch nicht für unentbehrlich gelten können.

123) In der Zeitschr. f. Gymn. v. Mützell, Jahrg. 14. März S. 260 ff.
ist geltend gemacht, dass Phönix 9, 529 ff., wie oft anderwärts geschehe,
den Kampf vorausnennt, bei dem sich, was er nachher anwenden will,
begeben hat.

werfungen Lachmanns selbst von Gleichgesinnten ohne Weiteres
anerkannt.

Als besonders sprechender Beleg kommt seine Beurtheilung
des ersten Gesanges der Ilias hinzu, den er in ein Lied mit
zwei Fortsetzungen zertheilt (II. und III.), und in der Folge dieser
drei Particen angeblich unlösbare Unebenheiten findet. Sie sind
lösbar, wenn man das ἐκ τοῖο 493 richtig auf die Entstehung des
Zorns bezieht, den die Pest mit seinen Bogen erwirkenden Apollon
mit poetischem Sinne auffasst, und die Einwirkungen der Here
und Athene ebenso deutet, welche man besonders dann begreift,
wenn man die Ungenauigkeit, welche übrig bleibt, beim nicht
schreibenden Dichter um so mehr entschuldigt, als auch Sophokles um seines Kunstzwecks willen entschiedene Unwahrscheinlichkeiten sich erlaubt hat, und selbst unser Göthe und Schiller
entschiedene Unachtsamkeiten und Widersprüche begangen haben.

Jene Anstösse hatte nun schon Bergk[124] eingehend und um-
sichtig besprochen und so beseitigt, dass von der Sagenp. 178
f. unabhängig davon versuchten Erledigung nur die Rücksicht auf
die Beziehungen des Apoll zur Pest, und der Here und Athene
zu Agamemnon und Achill, gewisse Geltung behielt. Sodann war
das ἐκ τοῖο 493 ebenso von Nägelsbach zu diesem Verse nach
grammatischer Satzfolge gerechtfertigt, wie es sich auf V. 488
bezieht. Zur Seite hatte schon Bergk die Abhandlung von Gross;
aber recht eigentlich vom Frischen nach ebenso achtsamer als
lebendiger und poetischer Auffassung legte Hiecke in Greifswald
den Zusammenhang jener drei Particen und die Einheit des
ersten Gesanges dar[125].

Ausser dass über Lachmann bemerkt wird, wie er S. 7.
seine Meinung, die erste Fortsetzung schliesse sich gut an sein
Lied an, aus unhaltbarem Grunde wieder zweifelhaft mache, wird

124) Z. f. A. 1846. Nr. 61—64, 481—506. — Gross Vindiciarum
Homericarum Particula I. Marburg 1845. S. 18—30.
125). Gymn. Progr. Ost. Greifswald 1857. Ueber die Einheit des
ersten Gesanges der Ilias. Als Thema: Lachmann erkennt drei Theile,
1—347 erstes Lied und zwei Fortsetzungen. Die erste, die Zurückbringung
der Chryseis durch Odysseus 431—492, sie lässt sich unmittelbar an das
Lied ansetzen. Die andere umfasst eine Doppelscene der Thetis, bei Achill
und auf dem Olymp 318—429 und 493—611. In diese Doppelscene soll
die erste Fortsetzung eingeschaltet sein.

gezeigt, dass Lachmann irriger Weise durch die Einschaltung
der Fahrt des Odysseus die Uebereinstimmung ungestört finde,
weil so ein neuer Tag dazu komme, so dass nur die Berechnung
des zwölften 493 nicht mehr richtig sei. Gerade Lachmanns
eigene Forderung einer bestimmten Anschauung, wird durch jene
Folge erfüllt. Die Bezeichnung in den Versen 488—492, da
ein Verlauf von mehren Tagen angegeben ist, während welcher
Achill nach dem Geheiss der Thetis 421 f. eben fortzürnend sich
aller Theilnahme an That und Rath des Heeres enthält, sie giebt
natürliche Weisung, dass man hier eben nach der Dauer des
Zornes zu rechnen hat. Fehlten jene Verse, dann würde man
anders rechnen. Aber nachdem gesagt ist, Achill zürnte tage-
lang, so würde ganz unmöglich sein, fest zu bestimmen, welches
denn der zwölfte Tag sein solle, wenn man nicht ganz unwillkürlich — an den der Phantasie so mächtig eingeprägten Tag
des Ausbruchs dieses dauernden Zornes als an eine gegebene,
feste Zeitbestimmung die Berechnung anknüpfte. — „Die Bezeichnung ergiebt sich trotz des unbestimmten Pronomens für Jeden,
der nicht auf den Gebrauch der Phantasie verzichten will, aus
der Sachlage. Wie oft muss man bei Homer aus dem Zusammenhange ein Demonstrativ auf ein anderes Subject beziehen, als
das, an welches man nach streng grammatischer Regel zu denken
hätte"[125 b.].).

Man vergleicht am nächsten das ἐκ τοῖο Il. 24, 31., das auf
den Tod Hektors hinweist, von welchem an die Misshandlung des
Leichnams und das Aergerniss, sowie der Streit der olympischen
Parteien bis zu des Zeus Entscheidung gedauert hat. An diesem
zwölften geschieht alles Folgende bis zur Uebergabe des Leichnams an Priamus. So ist dieser Anstoss an der Zeitrechnung
gehoben.

Der andere betraf den Apollon, der nach dem Liede die
Pest schickt, indem er persönlich herniedersteigt, und vom irdischen Sitz seine Pfeile sendet 44. 48., die 9 Tage ihr Verderben

125 b.) Von dem Tage, da der Zorn entstand, zählt auch Färber p.
23 der besonders gegen G. Hermann gerichteten disputatio Homerica.
Brandenburg, 1841. Ebenso und mit besonderer Anwendung Göbel:
Ueber den innigen Zusammenhang des 1. und 2. B. der Il., Zeitschr. f.
Gymnas. v. Mützell, Jahrg. 8. S. 729 ff.

bringen. Er aber ist ja nach der 2. Fortsetzung 423, am Tage
vor der Versammlung, wo der Streit entstand, mit Zeus zu den
Aethiopen gegangen.

Also wieder ein Anstoss in der verstandesmässigen Zeitrechnung und Vorstellung vom Verkehre der Götter mit der Menschenwelt. Hierüber ist zu vergleichen Hiecke in dems. Progr. S. 2 und
3, und schon in einem früheren: „Der gegenwärtige Stand der homerischen Frage von 1856, S. 24." Er bemerkt: Auf dieses Bedenken erwiderten Andere schon einstimmig: Muss man sich denn
Apollon während der Pestzeit fortdauernd an dem einen Flecke
denken? Nach so starrer Consequenz? — Nägelsbach. „Es bedarf
überhaupt keines Beweises, dass die religiösen Vorstellungen keineswegs bei Homer consequent durchgebildet sind." — Bäumlein:
„Wenn auch die von Apollon gesandte Pest als unmittelbare Gegenwart des Gottes ausgemalt wird, so erscheint es doch sehr zweifelhaft,
ob der Dichter den Apollon die ganze Zeit über persönlich an-
wesend gedacht habe." Hiecke hierzu: „Versuche man es
nur einmal, sich den Apollon wirklich 9 Tage lang, oder noch
genauer bis zum Aufhören der Pest schiessend vorzustellen.
Schlägt dann nicht sofort das Erhabene in das Komische um?
Müssen wir nicht sofort ausrufen: Der arme geplagte Gott?"
Und in dem 2. Progr.: „Ich habe schon im 1. Progr. kurz dargelegt, dass bei diesem Einwand das Wesen der dichterischen
Phantasie verkannt wird". Darauf nach Angabe der von Apoll
und der Pest zu lesenden Data: „Fragen wir nun einmal, wann
hat denn Apollo zu schiessen aufgehört, so gerathen wir offenbar in Verlegenheit, nicht etwa, weil der Dichter unterlassen hat,
dies zu sagen, sondern weil unsere Phantasie sich vergebens bemüht, eine Antwort heraus zu bringen." Und weiter: „Wenn man
sich zu denken habe, dass die Pest während der Versammlung noch
fortgedauert habe, ja bis zum Moment der Versöhnung, so weigere
sich die Phantasie zu folgen — bei aller logischen Consequenz,
die der Phantasie zumuthe, den Gott sich so lange gegenwärtig
vorzustellen" u. s. w. Allmählich trete die Anschauung des leib-
haftigen Gottes in den Hintergrund, in der Rede des Kalchas
höre die sinnliche Bezeichnung ganz auf."

„Den Apoll also könnten wir uns immerhin am neunten
Tage schon mit auf der Fahrt zu den Aethiopen begriffen denken."

Schlimmer steht es mit der Thätigkeit der Athene und Here[126]. — Unmöglich kann Athene οὐρανόϑεν von der Here herabgesendet werden (195), so wenig, als dahin zurückzukehren (221 und 222), wenn zu dieser Zeit beide bei den Aethiopen sind. So müsse man sich wohl auf Lachmanns Seite schlagen? Aber vollkommen Recht habe Hoffmann, wenn er sich Philol. III. 197 sträube anzuerkennen, dass ein Fortsetzer von so grossem Talente, wie dieses Stück es zeigt, eine so ungeschickte Abweichung von der Erzählung des ersten Stückes sich habe erlauben können. Wiederum aber (S. 4) müsse bei Hoffmanns Annahme, dass mehrere Darstellungen des Zankes vorhanden gewesen, wenn dies auch an sich denkbar sei, es doch sehr befremden, wenn, wer die jetzige Folge gab, da ihm bei solcher Voraussetzung die sachliche Disharmonie ja gerade nicht hätte unbemerkt bleiben können, doch von der eirßen Gestalt die erste, von der andern die zweite Hälfte genommen haben sollte. Und nicht minder befremdend sei es, dass im Ton und der Behandlung, ja nicht einmal in metrischen Dingen sich ein Unterschied finde. Auch die mehren Versuche, durch Annahme einer Interpolation die Schwierigkeit zu heben, können nicht befriedigen, weder die von Gross, der mit den Versen 188—222 die beiden Göttinnen beseitige, noch die Ribbecks, der die Reise der Götter für eine schlechte Erfindung eines Diaskeuasten erklärt, — noch andere[127]).

Die demnach allein übrigbleibende Lösung, die als die umsichtigste und sinnigste unsern Beifall verdient, lautet nun, gegen Gross S. 4 und 5: „Sollten Here und Athene, die unversöhnlichen Gegnerinnen der Troer, in der mächtigen Scene des Einganges gefehlt haben? Auch fällt hiermit der innere Kampf weg, ob niederstossen den Atriden oder den Zorn bezwingen — und die Bezwingung des Zornes fällt weg sammt dem bedeutungs-

126). Lachmann S. 6 und betonter noch von Ribbeck in Philol. VIII, 474 f.

127) Gross, Vindiciae S. 27, nachdem er sich selbst für die einheitliche Grundgestalt der Il. erklärt und andere gegnerische Meinungen über den ersten Gesang kritisch behandelt hat. Ribbeck, Philol. VIII, 3, S. 475, wo er erst mit 430—492 die Heimführung der Chryseis, dann mit 423—7 und 493—6 die Reise der Götter streicht, so dass sich an 422 zunächst 428 und 29, dann 497 ἠερίη angeschlossen haben soll.

schweren, man möchte sagen, die ganze Ilias einschliessenden Motiv der Bezwingung 216 f.:

> Muss doch Euer Gebot, o Göttin, wohl man bewahren,
> Wie mir der Zorn auch tob' in der Brust, so ist es ja besser.

und es folgen auf die herausfordernde Rede des Agamemnon, die in diesem Zusammenhange (wenn 188—22 ausfallen sollten) ungeschickten und matten Verse 223 f.: *Πηλείδης δ' ἐξαῦτις — καὶ οὔπω λῆγε χόλοιο.* Wieder erhob sich indess mit beschimpfenden Worten Achilleus gegen des Atreus Sohn, und noch nicht liess er vom Grimme. Man vergleiche die Schilderung des Agamemnon nach der Erklärung des Kalchas 103—105, und frage sich dann, ob nach der Drohung des Agamemnon 184—188 etwas Andres folgen könne, als jenes Wogen innerlicher Erbitterung, wobei Achill unwillkürlich schon das Schwert halb aus der Scheide zieht, und ob dem Unheilvollsten auf andere Weise vorgebeugt werden könne, als durch die Sendung der Athene." — D. h. die Besonnenheit, welche Athene giebt und darstellt, musste nach dem Glauben in Person einschreiten, da Achill aus sich selbst sie nicht gefunden hätte. — „Aber möchte der poetische Schade noch so gross sein, — wenn das Mittel nur etwas hülfe. Here kommt ja schon früher vor in 55 und 56, die sich offenbar durchaus nicht etwa ausscheiden lassen, und zwar nicht blos bekümmert im Herzen um die Danaer, sondern bekümmert, weil sie ihre Schützlinge hinsterben sah." Eben mit ihren, der vermenschlichten Göttin, Augen und das vom Olymp, nicht von den Aethiopen her.

Eben an dieser frühern Erwähnung besonders erkennen wir, wie der Dichter die Göttinnen, welche den ganzen Krieg betrieben hatten und betrieben, ohne achtsame Theilnahme an allem Bedeutenden gar nicht denken konnte, also ohne die Theilnahme am Unglücke der Pest, welche in Folge der Abweisung des Chryses von Apoll, dem ebenfalls präsenten Gotte, erregt wurde, und an dem auf Anlass dieser entstandenen Zwist zwischen dem Oberanführer und dem ersten und verdientesten Helden. Wie keine Pest ohne Apoll, so kein wichtiger Vorfall beim Griechenheer ohne Antheil der eifrigsten Griechengötter: Sagenp. 180.

So nun und darnach giebt Hiecke sein allgemeines Urtheil in Uebereinstimmung mit Nägelsbach, der den Fehler nicht

in Abrede stellt, noch rechtfertigt, aber entschuldigt, dahin ab,
Seite 6 der Abh. von 1857: „Lassen wir also nur immerhin den
Dichter lieber einen Fehler begehen, zumal da er ein der Poesie
nothwendiger ist. Wenn die Götter erst nach der Aufhebung
der Versammlung, also nach 305, zu den Aethiopen gingen, so
würde die Aufmerksamkeit weit mehr auf diese Reise hingelenkt
und man könnte sich wundern, dass die leidenschaftlichen Freundinnen der Achäer, Here und Athene, gerade jetzt auf eine lange Zeit
sich wegbegeben, wo ihren geliebten Griechen so viel Unglück
begegnen kann. Und, wie komisch wird dann die Situation der
Thetis, die dann zu sagen hätte: Schade, dass ich das nicht ein
paar Stunden früher gewusst habe.“

„Warum sollte der Dichter, wenn er anders den kleinen chronologischen Verstoss wahrgenommen hat[128]), nicht auf seine Gewalt über Herz und Phantasie des Hörers rechnen, die diesen
nicht zur Wahrnehmung des Widerspruchs werden gelangen lassen. Hat doch erst Lachmann den Widerspruch wahrgenommen, ja — denselben nicht wahrgenommen, wo er wiederkehrt, — „da er nämlich die summarische Wiederholung ($\dot{\alpha}\nu\alpha$-
$\varkappa\varepsilon\varphi\alpha\lambda\alpha\dot{\iota}\omega\sigma\iota\varsigma$) hoch belobe p. 6 und 7. Lachmann hätte nothwendig einen Schritt weiter gehen und die 27 Verse 366—392
mit Sch. A. zu 365 für Einschiebsel erklären sollen.“ Nach
Weiterem die Erinnerung: „Wenn doch unsere Homeriker zu
Zeiten einmal auch die neuern (schreibenden) Dichter in Vergleich nähmen.“ Hoffmeister habe aufgewiesen, wie Schiller den
Don Carlos sich selbst widersprechen lässt, da er Act. 2 Scene 4
sagt, er kenne der Königin Handschrift nicht S. 203. „Noch
hab' ich nichts von ihrer Hand gelesen, aber in Act 4 Scene 5 zu
Posa S. 330 f. „Gieb mir die Briefe doch noch einmal. Einer
von ihr ist auch darunter, den sie damals — nach Alcala mir
geschrieben.“ Wir fügen hier die ähnlichen Versehen Göthe's
an, welche in jener Rec. Blätt. f. litt. Unterh. 42 Nr. 129 S. 514

---

128) So auch Düntzer in Allgem. Monatsschr. 1850, Nov. Ueber
Lachm. Kritik d. hom. Gesänge, 1. Artik. S. 280. „Ein solcher Widerspruch gehört zu den unmerklichen, die, da sie in unbedeutenden Dingen
liegen und sich dem Geiste des an der Haupthandlung hängenden Zuhörers ganz entziehen, der Wirkung des Gedichts nicht den mindesten Eintrag thun.“

zu lesen sind, wie sie Schiller dem grossen Freunde in Wilhelm
Meister nachgewiesen, und welche im Faust sich finden so gross und
wiederholt, dass die Unebenheiten der Ilias dagegen weit geringer
erschienen. Mehr dergleichen von Shakespeare hat Düntzer
in der Rec. der Lachm. Betracht. in Allg. Monatsschr. 1850 Nov. 276
beigebracht, von Dante Volkmann in Pädag. Revue B. 49. 1858 S.
105 ff. Gewiss aber gilt solche Entschuldigung von dem Dichter,
der nicht ein Geschriebenes controliren kann, noch vielmehr als
von den Schreibenden, die Schreibenden aber wiederum können
öfters, sofern sie für Hörer nicht für Leser dichteten, unbekümmert um Controle verfahren sein.

In der hiermit vollzogenen Erledigung der Einwürfe Lachmanns gegen die Einheit des ersten Buches sind auch die von
A. Jacob erhobenen beigelegt, insoweit er eben jene nur wiederholt. Einzelnes, was er neu aufführt, fällt durch die richtigere
Vorstellung weg, welche von des Zeus allgemeinem Verhältniss
zu den andern Olympiern, und von seinem Verfahren bei der
Zusage an Thetis gegen der Here Streben Homer uns zu erkennen
giebt. Die besonderen Befähigungen, die persönlichen Eigenschaften hat Zeus den andern Göttern nicht verliehen, sie wohnen ihnen, wie den Menschen ihre natürlichen Talente bei. Götterrecht aber ist diesen ihren verschiedenen Gaben schon längst
eigen, wurde ihnen schon nach dem Siege über Kronos und
die Titanen zugetheilt, wenn wir den besondern Akt der Sage
aus Hesiod hinzu denken. Verletzung desselben selbst zu strafen,
hier in seinem Priester Chryses, stand dem Apollon, als Obwalter
der Pest, selbst ohne Weiteres zu. Zeus tritt nur bei Conflicten ein.
Und wenn Jacob eine Berathung der Götter wenigstens in sofern
vermisst, weil nicht Agamemnon allein, sondern das ganze Heer
durch die Pest leidet, so ist darauf jenes Quidquid delirant reges
plectuntur Achivi die Antwort[129].

Ferner durfte es eben so wenig Anstoss geben, dass der
Dichter im Eingange den Apollon als Urheber des Zwistes zwi-

---

[129] S. die ähnliche Widerlegung Hiecke's von 1857 über das
erste B. S. 8, sowie wir seinen Berichtigungen auch weiter folgen. Diese
gilt denn auch gegen Schömann, Rec. S. 28. Der Zeus und der Poseidon
der Odyssee strafen das ganze Volk der Phäaken wegen der von Alkinoos
und den andern Fürsten geleisteten Heimführung des Odysseus.

schen Agamemnon und Achill angiebt. Dass heisst, die naiven Worte
des Dichters pressen — wie mehr dagewesen. „Der Gott ist es
unmittelbar," entgegnet Hiecke mit Recht, und weist anderes
von Jacob Vorgebrachte gleichfalls mit natürlichem Sinne ab.
Hierauf folgt desselben Kritikers Hauptausstellung. Das welt-
berühmte Neigen des Hauptes und Schütteln der ambrosischen
Locken, dass den Olymp erschüttert, war das Bild, welches
nach vielstimmigem Zeugniss dem Phidias bei Entwurf und Ausführung der allbewunderten Statue in Olympia vorschwebte [130]).
Es soll nicht aus Homers Seele sein, die an sich prachtvollen
Verse 524—530 müssen, als in die Verhältnisse nicht passend,
unecht sein. S. 170—174. „Das begeisterte Auge des Phidias
hätte sehr begreiflich die Bedenken nicht gesehen, noch beachtet." Dass dieses Bedenken gar nicht statt habe, zeigt Hiecke
durch das präsenteste Eingehen in die beseelten Sinne und Gemüther der Personen.

Seine Erwiderungen auf die von Jacob aufgestellten Gründe
lauten:

Jac. 1: „Thetis musste natürlich wünschen, mit ihrer Bitte um
Unglück für die Achäer von Here nicht bemerkt zu werden, und eben
dies wünscht auch Zeus auf das Lebhafteste, 518—23. Wie kann dann
aber Zeus seinem eignen Wunsche so entgegenhandeln, dass er Gewährung verheisst mit einer Geberde, von der die Höhen des Olymps
erbeben? Davon soll Here nichts merken? Müssen wir da nicht bei-
nahe nothwendig auf die Vermuthung kommen, auch hier sei in die
einfachere Erzählung später — diese Einschaltung gekommen?" 170.

Hiecke: „Vielleicht müssen wir es doch nicht, so lockend auch
der Verf. seine Vermuthung zu machen weiss."

Jac.: „Thetis konnte eine solche Bekräftigung der Zusage von
Zeus nicht gewünscht noch erwartet haben", 171, und „es bedurfte am
wenigsten Thetis, selbst eine der Urgöttinnen, der Erklärung des Zeus,
was ein solcher Wink von ihm zu bedeuten habe." 172. Welch Verkennen der Plastik!

Hiecke: „Mit gleichem Rechte könnte man dem Achill Vorwürfe
machen, dass er der Mutter erzählt, was, wie er 365 selbst sagt, sie
schon wisse. — Woher weiss aber J., dass Th. eine so feierliche Bekräftigung unerwünscht sein müsse? Sehen hat sie sich freilich von
Here nicht lassen wollen, weil diese sonst hätte interveniren können,
aber die Versicherung muss, je feierlicher, um so erwünschter

---

130) Die Hauptstellen Dio. Chrysost. XII 412 R. 248 Emp. und Strabo
VIII 354. S. weiter Realencykl. V 1456. Overbeck, Gesch. d. Gr. Plastik 1,
200 f.

dem Herzen der Mutter sein, die nur Rache für die Ehrenkränkuug des Sohnes wünscht. Auch fordert sie ausdrücklich 514, er solle ihr ganz entschieden sich erklären." H. fügt hier über J. sprachliche Bemerkung hinzu: wo dem κατανεύειν, dem Winken der Gewährung, ein ὑπόσχεο vorhergehe, bleibe natürlich dem zweiten Zeitwort die sinnliche Frische. Vergl. 15, 75.

Hierauf giebt H. zu, dass Zeus durch seine den Olymp erschütternde Geberde mit seinem Wunsche, dass Here nichts merke, in Widerspruch trete, aber die Bezeichnung des Falles, dass Zeus nach Jac. mit Thetis eine Verhandlung gehabt, sei nicht die richtige. „Zeus, sagt er, will nicht mit Th. etwas verhandeln, die Unterredung hat nicht den Charakter einer thatsächlichen Geschäftsmässigkeit, sondern persönlicher Erregtheit."

„Zeus ist in dringlicher Weise an den von Thetis geleisteten Dienst erinnert worden, den wir aus Achills Worten kennen, 396—406, und kann sich doch nicht entschliessen zuzusagen, was ihn in eine schlimme Scene mit Here bringen muss; aber er schämt sich doch auch abzuschlagen, daher erwidert er erst nichts, sondern in stummen Gedanken sass er langhin vor ihr, 512. Jedoch Thetis lässt nicht ab, und sie versteht es, ihm die Versagung unmöglich zu machen, die Gewährung abzunöthigen."
„Truglos, Vater, gelobe mir jetzt, und winke Gewährung,
Oder verweigere mir's, Furcht kennst Du nicht, dass ich erkenne,
Wie von den Göttinnen ich die verachteste bin unter allen."
Hierdurch verschmolz sie ihre Angelegenheit auf das Innigste mit des Zeus Herrscherehre und eigenstem Interesse.

H. ruft aus: Wahrlich Shakespeare und Göthe haben keine grössere Meisterschaft in der Schilderung des Weibes an den Tag gelegt! Zeus ist im Gedränge, kann er da Anderes, als Widersprechendes thun? Thetis hier, Here dort, aber Thetis hat ihn bei seiner Ehre, seiner Herrscherehre gefasst — braucht er sich doch nicht zu fürchten? — Also: eine Klage freilich über die Unannehmlichkeit, in welche ihn Thetis versetzt, kann er nicht zurückhalten und besser freilich, Thetis bleibt unbemerkt, aber — komme es, wie es wolle, sie erhält die Gewährung, und er ertheilt sie mit dem ganzen Hochgefühl ihrer Bedeutung (Zuversicht seiner Macht).

So also Hiecke's Erledigung der Hauptsache; was noch über Here folgt, mag man selbst nachsehn.

Ueber die alsbald folgende Begegnung des Zeus mit Here in der Götterversammlung, die dem eintretenden Oberkönig durch

ihre Ehrenbezeigung ihre Unterordnung bekennt, bedarf es, meine
ich, nur der Hinweisung auf Zeus Worte 545: „Here, hoffe
doch nicht, all' meine Gedanken zu wissen" und, wie er
weiter ihr die Stellung zu seiner Machtfülle umschreibt, sich ergänzend durch die Drohworte 562 — 567. Auf Gund dieser Weisung finden wir ihn dann in den nächsten Büchern, nachdem
er den Plan, wie er seine der Thetis gegebene Zusage verwirklichen wolle, gefasst hat, eben zunächst nur bedacht, den vollen
Krieg zu erregen, so dass er insoweit mit Here übereinstimmt.
Die aus dem Kriegsbrauch hervorgehenden Hergänge veranlassen
ihn dann zu der Schlauheit des vierten Gesanges.

Hiecke schliesst seine Abhandlung mit einem besonderen
Lobe des ersten Buches und einem allgemeinen des Dichters.
„Ja, wahrlich Homer hat den Griechen ihre Götter gemacht —
und er hat sie gemacht mit genialer Ironie" u. s. w. Die folgende Charakteristik der olympischen Scene schliesst er mit den
Worten: „Und zuletzt sucht jeder das Bett — und Zeus und Here
suchen es auch." Ihm galt also das Bedenken nicht, welches
Gross bewog, den letzten Vers als unecht zu streichen. Er
verknüpft nur die folgende Rhapsodie mit dieser durch die letzten Worte: „Aber wird wohl Zeus ruhig schlafen können? Achill
soll gerächt werden durch blutige Niederlage der Achäer, werden
diese, wird Agamemnon Lust und Muth haben, auszuziehen zum
Kampfe? Das kostet auch dem Herrscher Zeus Sorge und Ueberlegung, Sorge und Ueberlegung sind Feindinnen eines ruhigen
ungestörten Schlafes."

Wir sehen, Hiecke fand, wie viele Andere das οὐκ ἔχε
νήδυμος ὕπνος zu Anfang des zweiten Gesanges nicht anders, als
im Gegensatz des vorhergehenden παννύχιοι zu verstehn, der
Schlaf hielt ihn nicht fest [131].

---

131) Ausführlich hierüber A. Jacob, S. 176 und 77, wo er auch
auf jenes von Gross über den Schlussvers des ersten Gesanges erregte
Bedenken das Befriedigende beibringt. Ueber das ἔχε führt er schon
ausser der ganz gleichen Stelle Il. 10, 2—4 die ähnliche Od. 15, 4—8 an,
wo man das „durch die ambrosische Nacht" willkürlich denten müsste,
wenn man hier ἔχε anders verstehen wollte als hielt fest. Erst der
Aorist als die Zeitform des Faktischen würde mit der Verneinung die
Deutung auf völlige Schlaflosigkeit rechtfertigen. Das überkam oder erfasste ist selbst Il. 24, 679 bei ἔμαρπτε zweifelhaft.

Mit der Ueberlegung des Zeus wird er dann auch die Sendung des Traumes und den dadurch erregten Krieg erkannt haben, genug die Zusammengehörigkeit des ersten und zweiten Buches. So hat sich an den letzten Gesängen der Ilias, an ihrem 9., und an dem ersten, Lachmanns und der Beistimmenden Urtheil und Bemühn um Herstellung einzelner Lieder als verfehlt erwiesen. Wir finden in anderer Weise aber in dem verneinenden Ergebniss das Gleiche in den mannigfachen Behandlungen der Mittelpartie vom 11. Buche bis zum 15. aus der Lachmann sein 10. Lied bildet.

17. Die vielstimmigen Ansichten über das 11. bis 15. Buch der Ilias.

Die Partie der Ilias, die mit der s. g. Aristie, dem Vorkämpfergang des Agamemnon, oder nach der Alexandrinischen Abtheilung in die 24 Bücher mit dem 11. Buche beginnt, und bis zum Schluss des 15. reicht, erinnert vor allem Andern an die organische Anlage des Ganzen, sie bildet den Kernpunkt derselben, wie der Ueberblick lehrt. Nachdem nämlich gleich durch die Entfremdung des Achill vom Oberfeldherrn, und den Weggang des Gekränkten zu seinen Zelten in die Unthätigkeit die ganze Handlung in zwei Ausgangspunkte geschieden ist, folgt zunächst die Erregung des vollen Krieges mittels des täuschenden Traumes und ein wechselvoller Tag; da Zeus die Verwirklichung seines Plans noch verschiebt bis zum Ende des 7. Buches, poetisch ein Expositionstheil. Im 8. verkündet Zeus den beiden Parteien der Götter das Verbot der persönlichen Theilnahme, und der ungehorsamen Here den Bereich seines Beschlusses, jetzt dem Hektor Sieg zu verleihen zum Verderben der Griechen: 473. f.

Denn nicht rastet er eher vom Streit der gewaltige Hektor,
Eh' er erregt an den Schiffen den flüchtigen Renner Achilleus.

Und noch in diesem Gesange erreicht der Sieghafte das erste Stadium seines Erfolgs und des Leids der Griechen:

Nahe den Schiffen, der Mauer gerückt sind Lager und Nachtwacht

„wie Odysseus dem Achill 9, 232 ff. vorhält, „und es halte sie Nichts mehr, sagen sie, nun sich bald in die dunkeln Schiffe zu stürzen." Was er hinzufügt, die Troer stehen im grössten Uebermuth, und Hektor drohe, die Schiffe zu verbrennen, das

war nach 8, 498 f. wirklich von Anfang Hektors Absicht. So
schliesst sich im 9., bei der durch den grellen Gegensatz zum
vorherigen Verhalten der Troer entstandenen Furcht, die Gesandtschaft an Achill an. Am Ende dieses Buches spricht der immer
kampfmuthige Diomedes aus, was nun nach Achills unerbittlicher
Antwort zu thun sei, und mit allgemeiner Zustimmung. Das 10.
Buch wird von beiden heutigen kritischen Parteien meistens für
Einschiebsel erklärt, ob es gleich den Umständen eingefügt ist[132]).
Hier also tritt unsere Partie ein. Sie bildet den Kernpunkt
der von Anfang auf zwei Ausgangspunkte gestellten Handlung:
während im Verlauf des 11. Buches das Leid des Heeres in der
Verwundung der drei bedeutenden Helden, des Agamemnon,
Diomedes und Odysseus, zum zweiten Stadium gesteigert wird,
wird Achill, der die Versöhnung abgewiesen hat, zunächst doch
achtsam er sieht von einer Warte den Nestor auf seinem Wagen
einen Andern zu den Zelten fahren und sendet seinen Patroklos
an diesen, zu erkunden, wer doch der Verwundete sei. Diese
Sendung hat im Verlauf der Handlung die weitreichendsten Folgen.
Schon der Zusammenhang des Eingangs, der Aristie des
Agamemnon mit dem Vorhergehenden hat allerdings seine Schwierigkeit. Jedoch die Sendung des Patroklus und seine späte
Rückkehr sammt dem Verhältniss seiner Meldung zum Auftrage
haben mehr als irgend ein Anderes die entgegengesetztesten Auf-
fassungen erfahren. Die Erörterung über das Ursprüngliche in
der Dichtung vom Zorn des Achill, ob Einzellieder oder eine
umfängliche Epópöe, hat sich nirgends so wie hier zum lebhaften Streit, als gälte es die Feste selbst, gesteigert. Einmüthig
sind beide Parteien nur in der allgemeinen Ueberzeugung von
geschehener Interpolation, sei es durch die Vortragenden oder
auch die (schriftlich) Zusammenfügenden. Aber wenn auch Niemand die Gedichte wie aus Einer Hand unverändert überliefert
glaubt, also Niemand zum vorwolfischen Standpunkt zurückgeht,
so werden doch über die Kennzeichen der erkennbaren Ver-

---

132) Vor Allem s. Düntzer Philolog., XII, 41—59. Auch wer wie
• Gruppe Ariadne, S. 278 — 80, für diese Rhapsodie durch das dramatische
Leben darin besonders eingenommen ist, kann sie nur für eine lose ein-
gehängte Episode erkennen. So auch Bäumlein in Grunde trotz seiner
Vertheidigung, Ztschr. f. Alterth. 1848, S. 341 f.

änderungen und die Geltung der einzelnen wiederum Verschieden-
heiten obwalten.

Ein Standpunkt des Urtheils über beide Parteien kann nur
dadurch gewonnen werden, wenn beider Methode in unläugbares
Licht gestellt wird, wonach dann der Vorzug denen zugesprochen
werden darf, deren Verfahren als das von der Geschichte vor-
geschriebene nachgewiesen wird.

An dieser Stelle ist nur das nachzuweisen, dass die bisherigen Ergebnisse der Anhänger Wolfs weder sie selbst unter-
einander zur Einigung geführt, noch irgend einen vor den Ein-
würfen Anderer sicher gestellt haben. Das aber ist schon hier
hervorzuheben, dass den gleich unten zu nennenden Hauptträgern
der Auflösung in Einzellieder ausser den gewöhnlichen Gegnern
noch andern entgegentreten. Es sind das die, welche ihre lebhafte Anerkennung eines so hoch begabten Dichtergenius Homer,
der zur wahren Epopöe das Muster gegeben, zwar entschieden
aussprechen, aber diese Ueberzeugung und die Annahme einer
planvollen Ilias nicht anders für erweislich halten, als durch
Ausscheidung grosser Partieen. Also beide Parteien weisen Einschiebsel nach und öfters dieselben. So geschieht es gerade bei
der genannten Partie, wo Achill, der bis dahin grollend in seinem
Zelte seinen Sinn durch Singen früherer Sagen gelabt hatte,
jetzt zuerst auf den Gang des wohl sich nähernden Kriegslärmes
aufmerksam wird, und den Dienstmann mit jener Frage an Nestor
sendet.

Es sind hier vornehmlich zwei Bedenken und streitige Punkte,
welche die Untersuchung beschäftigen. Zuerst ist das wahre
Verhältniss mit dem Arzt Machaon, den nach dem jetzigen Texte
Nestor als verwundet durch den Pfeil des Paris (505 — 7) zu
seinem eigenen Zelt fährt, schon Manchem zum nicht lösbaren
Problem geworden. Noch mehr aber hat die Sendung des Patroklos, seine späte Rückkehr zu Achill und seine von dem Auftrage auffällig abweichende Rückmeldung Anstoss gegeben. Er
erhält durch Nestor Nachricht von der Verwundung nicht blos
des Machaon, sondern der drei so Bedeutenden und hört sie in
aufgeregtester und ihn selbst bewegendster Aeusserung. Dazu
einen Rath, wie er den Achill angehen möge. Daher ist er, Patroklos offenbar schon jetzt wie innerlich selbst zur Befolgung

des Rathes betrieben, so in Betracht des zornmüthigen Achill zur Eile gestimmt (804 f.). Aber in der vorliegenden Parallelerzählung verweilt er sich gar lange bei Eurypylos, der ihm auf seinem Rücklaufe als der fünfte Verwundete begegnet (809) und ihn bewegt, ihm zur Hülfeleistung in sein Zelt zu folgen.

Es ist hier zu unterscheiden: dass der in sich und durch den Gedanken an Achill Eilige dem Eurypylos doch willfahrt, ist doppelt motivirt. Die Wunde wird als eine schwere beschrieben 11, 811 — 13 und Eurypylos vervollständigt, wie er unmittelbar aus dem Kampfe kommt, dem schon Trauervollen, auf dessen fast verzweifelnde Frage 815 — 21, das Jammerbild durch eine Antwort völliger Muthlosigkeit, wonach die Griechen bei der Kampfunfähigkeit jener Drei es wohl nicht vermögen werden, das Unheil abzuwenden. So erfährt Patroklos, dass die Sache soeben auf einem Punkte der Entscheidung und gespanntesten Erwartung steht. Insoweit also ist die Einkehr des Eiligen bei Eurypylos genugsam gerechtfertigt. Dass Patroklos dem schwer Verwundeten beizustehen, sich in seinem milden Herzen bewegen lässt, ist vollends natürlich, da er, wie Eurypylos bei seiner Bitte geltend macht 830 — 36, die Heilung wie ein Arzt versteht, Machaon aber selbst des Arztes bedarf. Aber neben diesem Beweggrunde wirkt nach dem, was aus der ausdrücklichen Angabe des Patroklos Gemüthsstimmung natürlich ergänzt werden kann, jener das bewegte Herz spannende Stand des Kampfes. So lange, als dieser Stand noch obschwebt, d. h., der Kampf noch vor und bei der Mauer fern von dem Schiffslager geführt wurde, mochte der Heilkundige dem Verwundeten Heilmittel und Ansprache widmen. So lautet es nun bei dem Dichter selbst — aber freilich erst weiterhin, nach 12, 1 erst 15, 390 — 404, wo die Verse 390 ff. eben den noch bei der Mauer wogenden Kampf als die Dauer seines Verweilens bezeichnen, dann 395 seinen Aufbruch. Aber sobald er zur Mauer die stürmenden Troer heranziehen sah, und Angst und Geschrei sich erhob im achäischen Volke, jammerte laut er sodann — — und rief wehklagend die Worte: Jetzt Eurypylos kann ich — hier nicht länger verziehen u. s. w.

Da muss man freilich fragen, wie sich diese Angabe von des Patroklos Verweilen während alles dessen, was die Parallel-

erzählung vom Anfang des zwölften Gesanges bis zu der angeführten Stelle des fünfzehnten umfasst, in statthafter Weise deuten lasse. Von allem Andern jetzt abgesehen, die Troer —
deren Bewegungen Patroklos aus seiner Ferne allerdings nur im
Ganzen erschauen konnte — sind zweimal gegen die Mauer nicht
blos gestürmt, sondern sie haben sie zweimal durchbrochen und
überschritten. Während der ersten Zeit, da Patroklos den Eurypylos behandelte, wie in 11, 844 — 48 und 12, 1 angegeben
ist, hat Hektor, wie er nahe vor Graben und Mauer mit seinem
Heere stand, mit Zurücklassung der Wagen auf Pulydamas Rath,
zwar eine Weile tapferen Widerstand erfahren, aber nachdem Aias
und Teukros von der Stelle weg dem Menestheus zu Hilfe gegangen, durch Zeus Beistand die Mauer, deren Thor er sprengte
(12, 457 — 62) durchschritten, und sind seine Troer theils da
eingedrungen, theils als Fussgänger sonst übergesprungen. So
am Ende des zwölften Buches. Aber im dreizehnten und vier-
zehnten werden die Troer wieder zurückgetrieben und Hektor
kampfunfähig weggetragen. Das geschieht in Folge erst der zu
grossen Zuversicht des Zeus zur Wirkung seiner Bedrohung der
Griechengöttinnen, sodann der List der Here, besonders durch
Einschreiten des Poseidon. Darauf stellt im fünfzehnten Apollon
in Zeus Auftrage und Zeus selbst den vorigen Stand wieder her,
führt mit der Aegis den Hektor und die Troer wieder vorwärts,
und wirft die Mauer weithin nieder 15, 355 ff., so dass die
Achäer in Bedrängniss und Mühsal zurückfliehen (365 f.), die
Troer aber bei einem zweideutigen Wetterzeichen des Zeus, es
für sich deutend, gewaltig vordringen (379), jetzt mitsammt
ihren Wagen und bis nah zu den Schiffen gelangen, sodass die
Achäer nur von den Schiffen herab sich vertheidigen.

Was also hat Patroklos hiervon erst noch abgewartet,
und ebenso, was sah er, das ihn endlich forttrieb? Der
Vers 15, 395: Aber sobald er zur Mauer die stürmenden Troer
u. s. w., er wird grammatisch besser auf das letztere Vordringen
gedeutet, dabei bleibt aber das Vorhergehende unklar, wir
müssen denken, Patroklos hat jenes Frühere, mit Eurypylos beschäftigt nicht beobachtet noch gesehen. So ist Schömann [133]),

133) Rec. der Sagenp. N. Jahrb. B. 69. S. 18 f. Der Anstoss, als sei
es zweimal Mittag, ist freilich Nichts als ein Versehen, denn allein 16,

der dabei zumeist an den Angaben von dem Mittag dieses Tages
anstösst und die Menge des gleichzeitig oder in Kürze Geschehnen
auch seinerseits für undenkbar erklärt, bewogen worden zu dem
Urtheil: „Die ursprüngliche Erzählung hat später Erweiterungen
erfahren, die schwerlich von demselben Dichter herrühren können,
der im 11. Buch die Schlacht begann und sie im 12. bis zur
Erstürmung der Mauer führte". — „Dazu denke man, dass, wenn
Alles, was vom Schlusse des 12. bis zu 15, 390 steht, ausgelassen wird, sich nicht nur die ganze Erzählung ohne irgend
welche Lücke schicklich zusammenfügt, sondern auch noch ein
anderer nicht geringer Anstoss verschwindet, das unglaublich
lange und müssige Verweilen des Patroklos im Zelte des Eurypylos". Schömann lässt damit die Sendung an Nestor und
die Umstände des Machaon gelten, aber das im `13. und 14. Er-
zählte, die Unachtsamkeit und Einschläferung des Zeus, des Poseidon Einschreiten, die ganze Schlacht an den Schiffen und das
zweite Vorgehen des Hektor durch Apollon fallen weg.

Anders, gerade durch die umgekehrte Entscheidung über
jene Sendung und Machaon, und andererseits über die Schlacht
bei den Schiffen, bemüht sich ein Anderer der vermittelnden
Ansicht mittels Ausscheidung verschiedener Einschiebsel eine
umfänglichere Dichtung herzustellen. Es ist Färber im
Brandenb. Programm [134]. Er stimmt erst G. Hermann de inter-

777 wird der Mittag bezeichnet, von dem an die Sonne niederzugehen
beginnt, das. 779. Dagegen 11, 86 wird mit der öfters wiederkehrenden
Formel vom aufsteigenden Tage der spätere Morgen genannt, wie 8, 66
und 68 sie ja aufeinander folgen. Man vergl. nur Od. 4. 400 und 9, 56
und 58, wo der ganze Vormittag und der ganze Nachmittag durch die
beiden Formeln angedeutet werden. In Il. 11, 86 wird nach der Angabe
des aufsteigenden Tages 83 der folgende Zeitpunkt in der beseelten
Weise, wie Od. 12, 439 der Abend durch das Abendessen des Richters,
so hier durch die Hauptmahlzeit des Holzhauers angezeigt, der von früh
an gearbeitet hat, „und schon vor dem eigentlichen Mittag hungrig geworden, ein grosses Frühstück einnimmt". So entgegnete schon Düntzer
derselben Ausstellung Lachmanns in Rec. der Betrachtungen N. Jahrb.
B. 61, 341, mit Hinweisung auf die einstimmige Erklärung aller Scholien". Ihre mittlere Morgenzeit um 9 oder 10 Uhr. Derselbe bemerkt andere Unrichtigkeiten.

134) Von 1840 auf 41. Disputatio Homerica; auch Düntzer in
jener Rec. S. 340 und 43. — Färber erkennt S. 12 und 13 als unecht
in jenen Büchern folgende Stellen: 11, 502—520 und 596—848, 12, 1 — 34,

polationibus zwar in Beseitigung des Machaon, und auch der
Sendung des Patroklos bei, ja geht noch etwas weiter, hält aber
mit entschiedenstem Widerspruch den ganzen Zusammenhang
des 13. und 14. Buches mit dem Schluss des 12. aufrecht [135]).
Das Endergebniss über die fragliche Partie stellt er in Folgendem S. 13 auf: Nach Beseitigung der unechten Stellen hat man
einen so wohlgeordneten Gang, dass Alles, was vom Anfang des
14. Buches an bis zur Erlegung des Hektor (bis zu 22, 366?)
erfolgt ist, nicht nur ein einiges Ganze bildet, sondern sich auch
eine solche Vertheilung und Verbindung der Glieder ergiebt, wo
Alles dem einheitlichen Plane entspricht, wie er aus dem tief-
sten Sinne des Dichters hervorgegangen ist, und wir sehen nun
nicht einen entstellten, verdrehten, von ihm selbst zerstückten
Homer, sondern einen derartigen, wie wir ihn der höchsten
Bewunderung aller Zeitalter für vollkommen würdig erkennen
und selbst schätzen. Auch besorge ich nicht, man werde in
diesem Eindruck sich durch das Gespräch des Patroklos und
Achill im Anfang des 16. Buchs stören, und ein Bedenken gegen die
Verwerfung der Sendung des Patroklos, wo er die Niederlage mit
eigenen Augen gesehen, aufkommen lassen. Es habe, meint hier
Färber, der, welcher die Sendung eingeschoben, nicht beachtet, wie auch Dinge, die dem Hörer (hier Achill) recht wohl
bekannt, oft in gemüthlicher Aufregung hervorgehoben würden.
Patroklos wie Achill haben nach seiner Meinung aus ihren Zelten Alles wahrnehmen können [136]. Sein gut fortlaufendes Gedicht

---

13, 43 — 82, 126 — 329, 643 - - 659, 685 — 700, als wenigstens verdächtig, 721 — 14, 152, oder auch 13, 643 — 14, 152, 362 — 388, 15,
390—405. Das Echte demnach: 11, 1 — 501, die Aristie des Agamemnon und die Verwundung der drei Bedeutenden, 521 — 595. Hektor von
der Linken wieder hervorgetreten, Aias von Zeus geschreckt: 12, 35 bis
zu Ende, der Kampf und Hektors Ueberwältigung der Mauer; 13, 1—42,
83 — 125, 330 — 684, 685 — 700, vielleicht 795 bis Ende auch nicht
ganz sicher, 14, 153 alles Folgende mit Ausnahme von 362 — 388. Also
ist behalten, was nach Schömann wegfiel, der Kampf an den Schiffen,
und ebenso das 15. Buch, von dem nur die Verse vom Aufbruch des Patroklos 390 — 405 wegfallen.

135) Lachmann, einmüthig mit Hermann S. 30. Lachmanns vermeintlichen Beweisen entgegnet auch Däntzer mit guten Gründen a. a. O.
S. 347 bis 349, der seinerseits auch viel mit Ausscheidungen verfährt.

136) Färber nimmt sehr kühn an, Machaon und Nestor hätten in

hat Färber in der beschriebenen Weise freilich nur summarisch meinen können, da er in den für echt erkannten Partieen einzelne Interpolationen nicht ganz ausschloss, doch nahm er sichtlich einen grösseren Umfang an. Ohne Weiteres die Stellen zusammengezählt, geben sie über 6600 Verse, schon eine Länge des Vortrags, den ein einziger Rhapsode wohl nicht durchführte.

So hält Färber bei eigenthümlicher Scheidung des Echten vom Unechten in seinem Urtheil über jene Mittelpartie G. Hermann gegenüber am Plane des gefeierten Dichters, des Homer, also an der Annahme einer grösseren Composition fest. Von Lachmann kannte er bei Abfassung seines Programms (Mich. 41) nur die Betrachtung der ersten zehn Bücher; aber wenn er sich S. 28 enthusiastisch als dessen Jünger und Nacheiferer bekennt, hat er einerseits dessen Ausstellungen am ersten, zweiten, dritten, gelegentlich auch am fünften Buche trotz jenes Enthusiasmus mit concreten und prinzipiellen Einwendungen bestritten, andrerseits ohne sein Wissen in seiner geschickten Vereitelung der Hermann'schen Gebilde, sowie durch seine eigene Gestaltung des umfänglichen Gedichts ein gut Theil der zweiten Abhandlung Lachmanns mit Erfolg angefochten. Und ist er es doch, der für diese Untersuchung den einzig richtigen Grundsatz ausgesprochen hat S. 28. „Nun frage ich", heisst es, „ob man auch hier Verse tilgen will, die als Charakteristik so annehmlich die

---

der ursprünglichen Erzählung das Schlachtfeld gar nicht verlassen, Patroklos sei weder nach dem Text von Achill gesandt, noch, wie Hermann annimmt, aus eigenem Antriebe zu Nestor gegangen, um sich zu erkundigen, wie es stehe. Wenn er bei dieser Abweichung von Hermann nun sich doch darauf stützt, es sei von diesem bewiesen, dass die Sendung des Patroklos undenkbar sei, so hat er so wenig, wie sein Vorgänger die Rede des Nestor gehörig erwogen. Hermann urtheilt Op. V, 60 und 61 über diese Rede 11, 655 — 803 noch ebenso in Bausch und Bogen, wie ehedem Praef. ad hymn. p. IX, und nur S. 62 bemerkt er, sie erfordere eine längere Betrachtung, auf die er nicht eingehen könne. So unterscheidet er nirgends, dass freilich die Verse 664 — 762 nicht blos in einzelnen mythischen und sprachlichen Abweichungen, sondern durch die so ganz unzeitige und unnütze Ruhmredigkeit, zu der noch andere Gründe kommen, sich als Einschiebsel erweisen (Moritz de Il. libro IX, p. 20), dass aber, wenn diese ausgeschieden sind, eine sachgemässe und charaktervolle Erwiderung und Ansprache übrig bleibt. S. auch Düntzer, N. Jahrb. B. 61, S. 346 in der trefflichen Widerlegung der Lachmann'schen Sätze.

Stelle 5, 347 — 430 (der Aphrodite Verwundung und Rückkunft
in den Olymp) anmuthig schmücken, statt dass man einsieht,
man habe sich zu hüten, dass man nicht bei Beurtheilung dieses Gegenstandes nur dem eignen Geschmacksurtheil folge, mag es auch wie dieses Lach-
mannsche sich durch Scharfsinn und Eleganz noch
so sehr empfehlen. Muss doch nothwendig allen
solchen Meinungsäusserungen eine genaue, aus Homer selbst geschöpfte Einsicht zum Grunde liegen
von dem, was in der epischen Poesie das Gesetzmässige sei. Denn dass Alles und Jedes durch der
epischen Poesie Natur und Wesen, und einen diesem
eigenthümlichen Gebrauch bestimmt werde, könne ja
Niemand in Abrede stellen".

Nach diesem Allen mag Färber von Lachmann zwar die
Anregung erhalten haben, aber sein Verfahren gehört nicht
unter das Prinzip herzustellender Einzellieder, sondern unter
das, wozu Wolf am Schlusse seiner Vorreden zu den früheren
Ausgaben S. XXVI sich bekennt, dem zweier ursprünglich kleineren Epopöen.

Nur unter dasselbe kann man gewissermassen die Aufstellungen des bereits erwähnten Düntzer fassen. Ihm gestalten sich zum deutlichen Unterschiede von Lachmann mehre
Lieder grösseren Umfangs. Aus dem Expositionstheile der Ilias
scheidet er die Partie vom 3. bis 7. Buche als ein eignes Lied
aus. Die ihm so verbleibende Ilias zerfällt ihm aber wieder in
zwei grosse Gesänge mit zwei Haupthandlungen. Mit preis-
würdiger Achtsamkeit auf die Gemüthsstimmung, die sie beide
beseelen, unterscheidet er die zweite (zu viel thuend) von der
ersten. Die erste hat den Zorn Achills zum Gegenstand, der
für beide Theile der Achäer unglücklich ausfällt, indem die
Achäer viel Weh erfahren, und Achill selbst den Patroklos
verliert — „ein herrlicher Gesang, in welchem uns die hohe
Wahrheit so nachdrücklich vorgehalten wird, wie blinde Leidenschaft die Menschen verblende und ihnen unsägliches Weh mache
— antik Ate (Il. 7, 85 ff.). Achill selbst hat das Unglück der
Leidenschaft erfahren, und giebt die Hand zum Frieden, nachdem er den Freund verloren hat — —." „Die Rache an dem

Mörder des Patroklus bildet wieder eine grosse epische Einheit
für sich (?), in welcher der Gedanke, dass es noch ein schö-
neres Gefühl giebt, als die Rache, das der Entsagung, hochgefeiert wird"[137]. Diese so wenig eingehende Charakteristik
widerlegt der thatsächliche Fortschritt selbst.

Jene so begrenzten Lieder eines Mittelmasses sind nach
Düntzer von vielen kleinen Einschiebseln zu säubern, und so
auch gerade die Partie, wo Achill zuerst wieder mit dem Heere
der Griechen in Verkehr tritt. Aber über Machaon und die
Sendung des Patroklus hat er auf Hermanns u. A. Ausstellungen
die befriedigendste Erwiderung[138]. Er zeigt, wie es dem Dichter nur darum zu thun war, den Machaon verwundet aus der
Schlacht kommen zu lassen, um hierdurch einen Uebergang
zur Peripetie des Gedichts zu gewinnen; wir haben gerade hier
die besonnenste künstlerische Absicht des Dichters anzuerkennen.

„In der Sendung des Patroklos spricht sich Achills wieder-
erwachende (nicht zur Zeit noch fast nur schadenfrohe? —) Theilnahme an dem Schicksale der Griechen aus. Diese Sendung
aber hat einen Erfolg, wie ihn Achill gar nicht erwartet hatte,
da Patroklos durch das Unglück der Griechen, welches Nestor
und der ihm begegnende Eurypylos so lebhaft schildern, innigst
ergriffen wird, so dass er an Nichts denkt, als an den von Nestor
ihm ans Herz gelegten Wunsch, den Achill zum Beistande zu
bewegen und darüber den Zweck seiner Sendung vergessen
hat[139]. Und eine solche offen vorliegende künstlerische Absicht

137) Düntzer Homer und der epische Kyklos, Köln, 1839. Anhang,
Die Zusammengehörigkeit der beiden damals unterschiedenen Handlungen
hat der Verf. in der Abh. Rh. M. N. f. 1847 S. 578 offenbar einge-
sehen.

138) Rec. der L. Betrachtungen in N. Jhrb. B. 61, S. 343 f., wo vor-
hergeht: „Die Wunde ist unbedeutend und wir müssen annehmen, dass
Idomeneus gleich den Pfeil aus der Schulter gezogen hat, wie Odysseus dem Diomedes 397 f., ein Umstand, dessen Verschweigung man dem
Dichter, wie ähnliche sonst, nicht hoch anrechnen darf." S. weiter auch
über die Stärkung, welche Nestor dem Ermüdeten in seinem Zelte reichen
lässt und die ganze schöne Erörterung.

139) Die Auslegung s. Sagenp. Kap. 42. S. 235—39. Die Bedenken,
welche Schütz de Patrocliae compos., Anklam 1854, festhält, müssen ihm
bei wiederholter Erwägung selbst schwinden.

konnten Hermann u. A. völlig verkennen! Die Verwundung des Machaon und des Eurypylos sind dem Dichter nur Mittel der Motivirung, dass Patroklos auf seine eigene Bitte von Achill in den Kampf gesandt werde; diese Mittel aber hat der Dichter so leicht als möglich behandelt (Schneidewin), woher er auch jede weitere Erwähnung des Machaon und des Abschiedes des Patroklos von Eurypylos vermeidet, denn 14, 1 — 8 und 15, 390 — 405 werden wir als Einschiebsel ausscheiden müssen (?), so dass wir den Patroklos erst bei Achill wiederfinden".

18. Lachmanns gewaltsame Gestaltung seines zehnten Liedes, von dessen Jüngern modificirt, jedoch ohne die beabsichtigte Wirkung.

Die Herstellung einzelner Lieder haben ausser Hermann eben Lachmann und zwei eifrige Jünger desselben, Cauer: Ueber die Urform einiger Rhapsodieen der Ilias, Berlin 1850, und Ribbeck im Philol. VIII, 3, 480 ff. versucht.

Die beiden Letzteren tragen ebensowenig wie Lachmann Bedenken, da es eben auf alle Weise Einzellieder zu finden gilt, das, was die überlieferte Folge nicht bietet, aus jedwedem anderen Theile des vorliegenden Ganzen herbeizuziehen und über echt und unecht nach diesem ihrem Vorhaben oder nach ihrem Geschmack zu entscheiden; aber auch so stimmte ihr Ergebniss mit dem Lachmann'schen nur halb überein, und erhielt nichts Klares. Hoffmann: „Der gegenwärtige Stand etc. [140)]" zeigt, nachdem er die Stücke der Lachmann'schen Mosaik aufgewiesen, Cauers nur sehr theilweise mit Jenem übereinstimmende Gebilde, und fügt aus sich selbst hinzu: „Dass das zwölfte Buch, die Teichomachie, nicht blos eine sichtbare Abrundung und Abgeschlossenheit besitze, sondern eben so unzweifelhaft dieser Gesang gleich von Anfang auf seine jetzige Stelle berechnet sei, also nur eine formelle Selbstständigkeit habe". Was er nach seiner eigenen halb-Lachmann'schen Ansicht dort weiter als Folge seines metrischen Prinzips an Einzelliedern aufstellt, bildet eine dritte Varietät.

140) Allg. Monatsschr. f. Wissensch. und Litt. Halle 1852, April S. 287. bis 92.

Ribbecks ansehnliche Abweichungen von Lachmann, hat in sehr spezieller Prüfung Hiecke dargelegt[141]).

Er lässt zuerst an Lachmanns Bestrebungen das Irregehende erkennen, wie seine Lieder seinen eigenen Gedanken gar nicht entsprechen. Dann S. 10 geht er auf Ribbecks Abweichungen mit Anerkennung des denkbaren Falles über. „Vielleicht bedarf das zehnte Lachmann'sche Lied nur einiger Modificationen, wie sie ein unstreitig scharfsinniger Schüler (S. 12, eins der bedeutendsten Glieder der Schule) W. Ribbeck damit vornahm". Er verzeichnet darauf die neuen Annahmen mit ihren Gründen bis S. 12, und geht eben wegen der Bedeutung des begabten Jüngers auf eine die Aufstellungen Schritt für Schritt verfolgende Prüfung ein, „selbst auf die Gefahr hin, etwas pedantisch und langweilig zu erscheinen". So werden bis zum Schluss der Abhandlung S. 16 und in den reichhaltigen Anmerkungen bis S. 20 die unhaltbaren Sätze Ribbecks beleuchtet. Es kann die Meinung mit ihren Gründen nicht bestehen, da theils das sprachliche Verständniss zu steif, theils die Vergleichung der verschiedenen Stellen mangelhaft, theils in den sprechenden Helden die erregte Gemüthsstimmung unbeachtet blieb. Genug, Ribbeck gelangt, wenn er einerseits Lachmanns Urtheile über so manche Stellen durch entscheidende Nachweisung aufhebt, andrerseits doch selbst bei dem gleichen Streben und gleicher Gewaltsamkeit in seinen speziellen Annahmen, doch zu keinem stichhaltigen Beweise.

Es ist von Bedeutung, dass Hiecke nicht anders als Schömann aus der Ansicht spricht, dass nicht wenige Unebenheiten den einheitlichen Fortgang der Ilias stören, und dass er selbst auf solche aufmerksam macht, welche verblieben. Nicht aber hat er auf diesem Standpunkte verfehlt, die Gewaltthätigkeit des Verfahrens beim Zusammensetzen der Lieder aus den verschiedensten Partieen zu rügen. Der nach positivem Prinzip suchende Hoffmann hatte über Lachmanns und Cauers Verfahren, Monatsschr. a. a. O. S. 288, geurtheilt: „Es wird auf den ersten Blick klar sein, dass es dem, welcher so verfahren will, nicht schwer fallen kann, aus mehren Büchern der Ilias ein

141) Greifswald, Schulprogramm von 1859. Ueber Lachmanns zehntes Lied der Ilias.

Lied zusammenzusetzen, welches einen erträglichen oder selbst guten Zusammenhang hat: aber eben so klar ist, dass ein solches Verfahren nahe an die Grenze der Willkür streift. So weit zu gehen, hat selbst der kein Recht, welcher, wie Lachmann annimmt, dass die schriftliche Ueberlieferung der homerischen Gedichte allein auf der Arbeit des Pisistratus und seiner Gefährten beruht habe: eine Ansicht, die jetzt wohl noch von Wenigen getheilt wird".

Hiercke nun leitet seine Nachprüfung des Prozesses mit Lachmanns eigenem Bekenntniss ein (XVII, p. 27 oder 351), da er mit dem Bewusstsein, dass einer kleinlichen (d. h. nicht so kühnen) Betrachtung sich hier Nichts ergeben könne, sich selbst möchte man sagen, zum kühnen Sprunge ermuthigt, und fügt hinzu: „Man sieht, die Liedertheorie ist bereits über jeden Zweifel hinaus erhaben; widerspenstige Gesänge fordern nicht zu einer grössern Vorsicht, sondern zu einer grössern Kühnheit auf, aber ein köstlicher Gewinn wird der Lohn der Kühnheit sein, und auf den ängstlichen Zweifler mit seiner kleinlichen Betrachtung darf schon im Voraus ein geringschätziger Seitenblick fallen." Hierauf folgt dann die obige Nachweisung, wie unzulänglich die Erfolge sind.

Im Verlauf der Prüfung werden auch einzelne Missgriffe der Methode bemerklich gemacht und werden Lieder jener nur formellen Selbstständigkeit anerkannt, welche bei der Vortragsweise der epischen Dichtungen auch im einheitlichen Ganzen ihre Stelle und Verwendung finden konnten.

Dies führt auf andere Nachfolger Lachmanns, welche des Meisters Vorhaben und einzelne Belege theils durch festere Gestaltung derselben, theils durch Hinweisung auf andere kleinere Partieen mit einem kenntlichen Anfang und Schluss zu fördern und zu verstärken bemüht sind, und demnach ganz im Dienste seines Prinzips stehen, das sie, wie er, als allein gehörig und geboten betrachten.

Vorzugsweise gehört zu diesem Helm [142], der bei dem lebhaftesten Bekenntniss seiner Jüngerschaft, Lachmanns Urtheile

---

142) Progr. des Catharineums in Lübeck 1853: Ad Caroli Lachmanni exemplar de Aliquot Iliadis carminum compositione quaeritur. S. 24, 4.

und Liederbildungen vielfacher Verbesserung und Umgestaltung
bedürftig fand. In den ersten drei Abschnitten werden so die
Ergebnisse Lachmanns in der Behandlung der Rhapsodieen 3 — 7
berichtigt, im vierten die Unechtheit des auch von L. als Sonder
lied gefassten 10. Buches mit seltenen Wörtern belegt, im 5.,
S 11 — 18, die von L. aus II. 11 — 15 gebildeten Lieder um-
gestaltet, im 6., S. 18 — 20, das Verhältniss Lachmanns zu Hermann besprochen, im 7. das einheitliche Urtheil über II. 18 — 22
besonders durch Aufweisung von Mängeln der Rhapsodieen
18 und 19 theils modificirt, theils kritisirt, im 8., S. 23 und 24,
Lachmanns subjective Wahrnehmung einer in diesen letzten Büchern
sich kundgebenden Iliasgestalt, verschieden von der Pisistratischen
Sammlung berührt, desselben Angabe einer Aehnlichkeit der
Rhapsodie 21 mit der 5. weiter begründet.

In Helms Verfahren offenbaren sich die Eigenschaften der
in der Dienstbarkeit des Lachmannschen Prinzips fortstrebenden
Forschung in beiderlei Weise als gesteigerte, sowohl die Unter-
lassung und Versäumniss des für die homerische Frage Erforderlichen, als der auf Wahrnehmung von Unebenheiten er-
pichte Scharfsinn. Das Werk der Auflösung des Ganzen, die
Verneinung und Zerstörung des Glaubens an eine einheitliche
Ilias ist hier viel weiter vollzogen. Der herrenlosen, verworfenen
Stücke und Liederverse erscheint eine grössere Menge, als bei
Lachmann; was Jener, als Einem Dichter beizulegen, zusammenfasste, zerfällt ebenfalls, die vermehrten Einzellieder werden
zwar im bedeutendsten Falle aus gewaltsamer Verknüpfung gelöst, nehmen aber in ihrer grösseren Zahl das Mass von Episoden an, welche möglicher Weise dann einem nicht Lachmann'schen
Blicke zum einheitlichen Gebrauch dienlich erscheinen können.

19. Fortsetzung. Helms Versuche.

Gleich in der steigernden Weiterbildung der L.s. Sätze vom
dritten Buche, mit dem Zweikampf, der Mauerschau und dem
Bundesopfer ist der Lachmann'sche Fehler, die Ausdrücke zu
pressen, wiederholt. Helm weiss des Paris 73 und des Hektor Ausdruck 94, dass nach der Entscheidung durch den Zweikampf die beiden Völker friedlich auseinander gehen sollten, mit
dem von Menelaos geheischten Vertrag durch Priamos, 105 f.,

nicht zu einigen; er findet auch Anstoss an 271 f., wo Agamemnon die Opferthiere tödtet, als unvereinbar mit 105 f., da der
König Priamos selbst zum Vertragsschluss erfordert wird, ungeachtet der zahlreichen Erinnerungen an den Sinn des Bundes-
opferschneiden und Vergleichung des foedus icere, und an
das einfache Verhältniss, da eben, wie Agamemnon im Namen
der Griechen, so im Namen der Troer ihr König Priamos den
Vertrag schliessen musste [143]). Und wie Bäumlein gleich 335
bei dem Handschlag (δεξιαί 4, 159 wie 2, 341) dieselbe Steif-
heit und peinliche Forderung der Erwähnungen zu rügen hatte,
so findet Helm in der Iris Meldung 3, 134 irrig einen Widerspruch mit 326, wo die Reihen der beiden Heere sich erst als
Zuschauer des Zweikampfes niederlassen. Es ist ja in den dabei
citirten Versen 113 — 115 angegeben, dass die Krieger von
ihrem Wagen gestiegen und die Waffen ab und auf die Erde
gelegt haben. So spricht also die als Laodike erscheinende
Iris das bereits Faktische aus der Ferne nur eben nach seiner
jedenfalls zu erwartenden Gestaltung in dem ἕαται σιγῇ, „ruhn
jetzt schweigend gelagert", nach ihrer Phantasie von dem Vorgange aus. Aber eben die Phantasie wird in dem Verständniss
der Lachmann'schen Ausleger gar oft verabsäumt, sowie die Gemüthserregungen der Personen.

Auch die Iris ist von Helm dreifach falsch aufgefasst; erstens
flösst nicht sie, vermöge ihr beiwohnender göttlicher Eigenschaft,
der Helena süsses Verlangen ein, sondern der Dichter bezeichnet
139 f. die Wirkung ihrer Meldung im Gemüth der Helena, was
zur Zeichnung dieser gehörte, wie sie in diesen Büchern überhaupt durchgeführt ist, wovon weiterhin ein Mehres. Sodann
ist Iris bei Homer und in diesen Büchern keineswegs nur die
speziell beauftragte Botin, sondern eine dichterische Person, und
so zu sagen Maschine für allerlei einer Dienerin eignende Hül-
fen und Momente der Erzählung [144]).

143) Die Recensenten Lachmanns: Bäumlein 344, Düntzer 1, Art. 288,
Färber 28 f., Jacob 191 f., der sowohl die Ursache der Gegenwart des
Priamos, als die auch fernerhin erwähnte Thatsache des vollzogenen,
nachmals verletzten Vertrags durch Citate besonders nachweist.

144) Unbeauftragt, als freie Person hilft sie 5, 353 ff. der Aphrodite,
unbeauftragt ruft sie als göttliche Zwischenperson, nach Achills Gebet

Da nun, wie gesagt, des Priamos Berufung und Gegenwart
beim Vertrag vor dem Zweikampf ganz unläugbar vom Dichter
erzählt ist[145]), und eine Abholung aus seinem Palaste weder irgend bezeugt noch an sich wahrscheinlich ist, so folgte, dass er
über dem Thor bei den andern Geronten schon befindlich dargestellt werden musste. Die Scene der Mauerschau trat also als die
vom Dichter gewählte Form ein, wie und wobei die Botschaft den
König getroffen. Zum Zweck der Mauerschau mit der berühmten Aeusserung der Greise über die Helena führte also der
Dichter diese beim Zweikampf so unmittelbar interessirte Helena
herbei. Lachmann hatte S. 15 geäussert: Die Unschicklichkeit
der Fragen an Helena — könnte vielleicht der erste Dichter
dieses Liedes so gut verschuldet haben, wie ein Interpolator.
Vergl. Bäumleins Rec. in d. Z. f. A., S. 333. Die Frage, ob Priamos
im 9. Jahre des Kriegs noch so unkundig der griechischen Helden habe dargestellt werden können, gehört zu der allgemei-
neren, ob die Bücher 3 — 7 zum ursprünglichen Plan der Ilias
oder der Epopöe vom Zorn gehören, welche hier nicht begut-
achtet werden kann.

Schon bei den bis hierher besprochenen Büchern verfährt
Holm mit einer ganz mechanischen Vorstellung von den Verfassern der ihm oder seinem Meister als unecht geltenden Verse.
Sie sollen ihre Einschiebsel meistens mittels Wiederholung anderwärts sich findender Verse gebildet haben. Das gemahnt denn
sehr an einen Vermiss, der bei den Ausstellungen der Jünger
wie des Meisters nicht selten empfunden wird. Dass nämlich
einem jeden Urtheil über die mehrfache Verwendung derselben
Verse oder Formeln eine Forschung über die epische Darstellung
überhaupt vorhergehen müsse, um besonnen zu unterscheiden,
ist nicht beachtet, da doch sonst Jeder diese Wiederholungen

---

die Winde, Il. 23, 198 ff., herbei. Und wenn sie nach ihrem Namen zunächst Meldungen zu bestellen geeignet ist, war Il. 2, 786, wo sie in Gestalt des Spähers, der jedenfalls damals kam, erscheint, des Dichters Zusatz „vom Zeus" eine für den Hergang entbehrliche Zugabe, eine
Beauftragung vorher wird auch nicht angegeben. Aehnlich, wie dort
die Rolle des Spähers, scheint hier Iris die der Laodike zu übernehmen,
welche der Helena das durch das Gerücht Verlautende mittheilt. S.
Nägelsbach zu 3, 121 und Welker Götterlehre 1, 691.

145) Auf das Genaueste dargethan von Jacob, S. 192 — 195.

ganz natürlich als dem Epos eigene in seine Betrachtung zieht, und erst darnach sie im Einzelnen prüft. Dieses mechanische Wesen treibt Holm nun weiterhin noch mehr. Er geht S. 3 zum 5. Liede über und urtheilt S. 4, es habe nicht so viel umfasst. Das Lied sei für die einfache Zeit (?) zu lang. Lachmann beginne sein 5. Lied mit 4, 422 und lasse es bis zum Anfang von B. 6 reichen, das gebe 1032 Verse. Diese Partie mit so vielen und mannichfachen Episoden sei aber zu ermässigen, wie schon Haupt dies nöthig erachtet habe [146]).

In dieser Absicht scheidet Holm auch vom 5. Buche mehre lange Stellen aus, damit es eben nur eine stricte Aristie des Diomedes enthalte. Nach Wegfall von 1—83 beginnt diese mit 84 — 507. Dann folgen nicht die Verse 507 — 593, sondern gleich 594 — 606, und hierauf mit Beseitigung der Stelle, wo dem Hektor, der viele tödtet, der grosse Aias, 610, entgegentritt und darauf die Episode von Sarpedon und Tlepolemos, 628 — 698, einfällt. noch 699 bis zu Ende, aus denen Haupt noch 711 — 792, d. h. die olympische Parallele verwirft. Es hätte Holm die Episode von Tlepolemos Kampf und Fall betonen, und als der einheitlichen Ansicht ebensowenig genehm auszeichnen sollen, wie sie sich selbst abhebt und ihre Unechtheit sich mit der so unverkennbaren des Artikels über Rhodus 2, 653 bis 670 zusammen verräth [147]. In ähnlich zerlegender Weise will Holm das sechste Lied, welches aus Rhaps. 6, 2 oder 5 — 7, 312 nach Lachmann bestehet, [148] in drei Lieder theilen. Sie werden gestaltet aus 1.) Vers 73—118 verbunden mit 237 (nicht 257) bis zu Ende (529) Hektors Gang nach der Stadt und Unterhaltung mit seiner Gattin; 2.) 6, 119—236, Episode von Glaukos und Diomedes; 3.) aus 7, etwa von 45 — 312, Hektors und Aias'

146) S. 109, der aber das Lied wie L. beginnt, und es aus 4, 422 bis 5, 417, dann 432 — 507, 512 — 710, 793 — 906 bildet.
147) O. Müller, Aegin. 42 und eigenthümliche Unterscheidung beider Stellen. Dor. 1, 109, bei welcher er das wahre Verhältniss nicht genug erwogen hat. Es gilt doch die Verbindung des Tlepolemos mit Rhodus und der von Giesecke u. A. gerügte Anachronismus: Rosleben. Progr. Meiningen 1854 b. Eye, S. 5 und 6. S. auch Jacob 205 f.
148) Der Seher Helenos zeugt nicht für einen gleichen Dichter, ob es gleich ebenderselbe ist. Helenos verordnet als Seher den Bittgang zur Athene und vernimmt als solcher die Rede der Götter. Dies gegen Lachmanns Folgerung S. 22 f.

Zweikampf. Die Abfälle oder Ueberbleibsel dieser Bildung kleinerer Lieder werden in atomistischer Weise erklärt. In dieser
Bildung selbst nun erweist sich die versäumte Vorfrage, welches
denn die Weise, die Mittel der Composition umfänglicher Epopöen im epischen, für die Hörer annehmlichen Stil gewesen, in
verschiedener Beziehung. Jenen Gang des Hektor in die Stadt
wird, wer sich bemüht, die Weise der Composition des überlieferten Ganzen zu verstehen, vor andern Theilen als geniale
Zuthat des Schöpfers der Ilias erkennen, denn einzeln vorgetragen
konnte er nur denen gefallen, die das Ganze kannten. Des Helenos Anordnung eines Bittgangs zur Athene und also jener
Gang des Hektor ist durch des Diomedes gewaltige, von derselben Göttin getragene Tapferkeit hervorgerufen: 6, 96 — 101.
Die Furcht vor ihm brauchte der Dichter als Anstoss, um Hektor
in die Stadt zu führen, wie nachmals die Verwundung des Machaon
und Eurypylos als Anlass zur Sendung des Patroklos. Wenn nun,
da der Zusammenhang zwischen jenem ersten Liede des 6. Buches
und des Diomedes Aristie unläugbar gegeben ist, es reine Willl-
kür wäre, einen andern Anlass für Hektor zu ersinnen, so hätte
die Forschung nur darauf sich richten sollen, ob die ursprüngliche Gestalt der Aristie jene Angst erregende Wirkung nicht
unmittelbarer habe eintreten lassen, statt dazwischen den Diomedes zwar auch kurz zu nennen, aber in einem Gesammtbilde
des fortgehenden Kampfes eine ganze Menge Helden, welche
Troer erlegen, und eine Scene vom weichherzigen Menelaus sowie
den Nestor mit einem Aufruf zum Morden statt des Plünderns
einzuführen.

Das 2. der kleineren Lieder Holms, die von jeher viel verhandelte Episode, welche Lachmann für sein Lied eines milden anmuthigen Charakters als Vorspiel zu Hektors Besuch der Andromache
(22) passend fand, giebt seinem Verbesserer zunächst deshalb
viel Anstoss, weil er jene vorhergehende Frage über die Aristie
des Diomedes nicht eingehend erwogen hat. War der gefürchtete Diomedes als Ursache vom Weggang des Hektor deutlich
gezeigt, dann fand seine Begegnung mit Glaukos statt, indem er
vordrang, sie war eben eine Scene vom bisherigen Vorkämpfer,
da der Dichter gerade diesen Gewaltigen und immer Schlagfer-
tigen einem väterlichen Gastfreund begegnen, und seine Aristie

in diesen Akt der Freundlichkeit ausgehen liess, wie Herodot 2, 116 eine Stelle des Bittganges zu dieser Aristie rechnet. Dabei ist unläugbar, dass die Episode sich ohne Weiteres ausscheiden lässt, so dass die Aristie mit Athenes Rückkehr zum Olymp 5 a. E. schliesst. Aber wie man ihre Angemessenheit vertreten, und die gerügten Anstösse oder Anzeichen eines verschiedenen Dichters ausgleichen könne, hat Düntzer erörtert[149].

Bei dem dritten Liede seiner Theilung, dem Zweikampf des Hektor und Aias, 7, 44—312 hat Holm seine Geschäftigkeit in Nachweisung wiederholter Verse besonders bethätigt. Dass bei gleichartigem Ereigniss, hier zwei Zweikämpfen, bei deren erstem derselbe Hektor als Oberfeldherr anordnend auftritt (3, 76 85 f. 314—316), welcher im zweiten selbst kämpft, und bei dem geltenden Gebrauch des Loosens und des Betens zu den Göttern mehrere Verse wiederkehren, mochte er anmerken. Aber wer den epischen Stil erwogen hat, wird dies ganz natürlich finden, und wiederholten Gebrauch derselben Verse oder einzelner Formeln bei denselben Gegenständen überall wahrnehmen. Und findet man auch im Kampfe selbst dem Speerwurf dieselbe Wirkung zugeschrieben, 3, 356—359 f. 7, 250—254 f., so bleiben bei alledem die beiden Hergänge nach dem verschiedenen Stand der Dinge und Fortgange eigenthümlich verschieden. Hiermit tritt aber gerade der auffallende Unterschied in der Bedeutung der Zweikämpfe für die Handlung um so mehr hervor, dort die vereitelte Entscheidung des ganzen Krieges, hier eine milde Vereinbarung der beiderseitigen Hauptgötter, den Kampf dieses Tages wenigstens unblutig zu machen. Dies Verhältniss und vieles Einzelne giebt allerdings Probleme für die einheitliche Betrachtung, eine Absichtlichkeit der Composition ist hier unverkennbar und bedarf einer besonderen Rechtfertigung, sie ist bei beiden Ansichten über diese Expositionsbücher erforderlich. Bei dem Gespräch des Hektor und der Andromache handelt es sich für jede Grundansicht nur um Interpolation, also nicht um ein entscheidendes Moment.

Indem hier weiter über Holms von Lachmann abweichende

---

149) N. Jahrb. f. Phil. Suppl. B. 11, H. 3. Das 3. bis 7. Buch, S. 405 f.

Sätze übrigens auf die in den N. Jahrb. gegebene Uebersicht
verwiesen werden kann[150]), werde nur sein Verfahren bei Lachmanns 10. bis 14. Liede (II. 11—15, 591), als Zeugniss für das, wie
von Andern, so auch von ihm verfolgte Bestreben hervorgehoben,
Lieder mässigen Umfangs zu ermitteln. Die Aristie des Agamemnon fasst er, wie Hermann[151]), beschränkt auf 11, 1 — 596
oder 595, über die übrigen vier Lieder, welche Lachmann
gebildet hatte, stimmt er mit diesem nur hinsichtlich des zwölften überein, die andern gestaltet umgekehrt er zu Einem freilich
mit ähnlicher Gewaltsamkeit, wie sein Vorgänger.

20. Folgerung. Die Prinziplosigkeit des Verfahrens der Trennenden. Das richtige Prinzip.

Nach der vorstehenden Musterung dessen, was in dem Be-
mühen um Aufstellung kleiner Lieder erreicht worden ist, sieht
man das gleiche Prinzip im Ganzen in seiner Anwendung bei
oft ähnlicher Willkür zu sehr verschiedenen Bildungen als Er-
gebnissen auseinander gehen. Wer hieraus wählen soll, wird
bei seiner Prüfung der einzelnen Annahmen, wenn er kein sich-
reres Verfahren kennt, als das Vereinzeln, leicht doch auch in
Zweifel gerathen, ob eine Episode sich nicht mit einem andern
Liede in Eins fassen lasse. Der aber, welcher die Möglichkeit
eines einheitlichen Fortgangs nicht von vorn herein läugnet, wird
bei den Episoden, auch ohne tiefere Forschung über das eigentliche Wesen dieser Benennung im Einzelnen eben nur zu fragen
finden, ob eine solche vielleicht als hebende Ausmalung eines
Moments der Handlung gelten könne, oder ob sie als überschüssig
auszuscheiden sei.

Der häufigste, ja bleibende Eindruck aus dem Ueberblick dieser
Versuche muss aber gewiss das Verlangen nach einem sichreren
Maassstab sein, um die persönlichen Geschmacksurtheile möglichst
zu beherrschen. Beachten wir denn die Mahnungen derer, welchen die Berufung auf die Einfachheit der ursprüng-

---

150) Jahrb. 1853, B. 68, H. 4, S. 438 — 440 von Sengebusch.
151) Op. V 59. Divinum carmen est illud, quod Ἀγαμ. ἀριστεία
vocatur: quod libri XI, v. 596, sic, ut par est, finitur: ὡς οἱ μὲν μάρ-
ναντο —.

lichen alten Dichtung nichtig erscheint, bei Hermann, Op.
V, 61, 11, Bernhardy II, 1, S. 100 der ersten, 141 der zweiten Bearbeitung, Jacob, Entstehung der Ilias S. 162. Die Einen bemerken: „Was wissen wir denn von der Einfachheit der ursprünglichen alten Dichtung, woher kennen wir sie, dass sie uns als
Maassstab dienen sollte?" Oder: „Wenn die gegenwärtige Anlage
der Odyssee für den Dichter derselben zu kunstvoll sein soll,
woher haben wir denn den Maassstab für den Dichter? [152]"
Zu dieser Verneinung kommt Färbers Forderung, S. 28, statt
des persönlichen Meinens müsse Alles nach dem aus Homer
selbst geschöpften epischen Gesetz bemessen und das Einzelne
beurtheilt werden. -

Es ist dies keine im Kreise gehende Forderung, sondern,
recht verstanden, verlangt sie, es soll der Prüfung des Echten
oder Unechten eine vom Gegebenen ausgehende Beobachtung
des in den homerischen Gedichten herrschenden Verfahrens epischer Composition und epischer Darstellung vorhergehen [153].

Das Gegebene sind zwei umfängliche Epopöen, was den
überlieferten Verfasser Homer betrifft, so ist im Allgemeinen das
unläugbar, dass diesem gefeierten Namen wohl hier und da
manche dritte, ja noch mehrere epische Poesieen sagenhaft bei-

---

152) Hiecke, Progr. v. 1857, Ueber die Einh. des 1. Ges. d. Il.,
S. 8. Bäumlein, Zschrft. f. A., 1848. S. 324 Anm. *)

153) Es kommt hier freilich der ganze Zweifel an der Einheit der
homerischen beiden Epopöen in Betracht. Allein eben die Forschung
soll zuerst die Mittel und Wege der vorliegenden Compositionen wahrnehmen. Zieht man hierzu die Urtheile des Aristoteles Poet. 8, 3. vgl.
mit 17, 5., dann 23, 1, 3 und 4 und wiederum 21, 1, 26, 6, so hat über
diese Bestimmungen des Aristoteles Schömann in disput. de Aristotelis
censura carminum epicorum gewiss mit Recht Ritters Auslegung der Stelle
23, 4 S. 12 f. gerügt, aber aus meinen früheren Melet. de hist. Homeri
bestreitet er Aeusserungen, ohne meine Sagenpoesie, die er doch kennt,
beachtet zu haben (S. 506 — 7), und der Widerspruch, den er bei Aristoteles S. 20 findet, er löst sich doch ebenso, wie er dort das Richtige angiebt. Der aristotelische Ausdruck πολλὰ μέρη 26, 6 meint mit Vergleichung von 21, 1 und bes. 23, 3 eben die Episoden, wie er sie versteht.
Der Recensent Bernhardy's in N. Jahrb. B. 73, H. 9, überhaupt ein unacht-
samer Leser der Sagenpoesie trotz seiner Citate daraus, hat bei seinen
Worten S. 605: „Woher sollen also die Tragiker u. s. w.," S. 398 f. und
407 nicht recht gelesen.

gelegt worden sind zu den immer und stetig angenommenen
zweien, aber **nirgends andere als umfängliche**, nämlich
die alte Thebais, ferner die Einnahme Oechalias, die Kypria,
die kleine Ilias; diese mehr einzeln, wenigstens nirgends und
von Niemand alle zusammen [154]).

Ob nun unsere Forschung, von diesem Gegebenen ausgehend,
dem Glauben Raum zu geben habe, dass, wie überhaupt der Geist
über die Materie herrsche, so auch der Neues schaffende Dichtergeist für ein umfängliches Gedicht den Vortrag und die Gelegenheiten habe hervorrufen können, diese Frage von vorn herein zu
verneinen, ist sehr voreilig.

Wir haben da erst alle und jede Momente, welche auf eine
umfängliche Composition hinwirken und den Dichter auf eine
solche hinführen konnten, in Betracht zu ziehen.

Sie liegen zum Theil schon selbst im Stoff. Er ist aus
den Sagen vom jüngern Heldengeschlecht, handelt aber nicht vom
einzelnen Abenteurer oder von Fürstenfehden wegen ganz persönlicher Beleidigung, sondern vom Völkerkriege, bei dem nicht,
wie dort, nur einzelne Schutzgötter Beistand leisten, sondern
die gesammte olympische Götterwelt Antheil nimmt, und bei dem
also das Götterregiment durch Zeus, der über den Parteien der
Götter und der Menschen steht, darzustellen ist.

Sodann ist der Dichtergeist ins Auge zu fassen. Das gebietet ja
wiederum der historische Sinn. Es widerspricht dem Zeugnisse
von Jahrtausenden, und zuerst der ganzen Anerkennung durch
das eigne Volk, im Homer, dem so fest geglaubten Verfasser der
Ilias und Odyssee, statt des hochgefeierten Nationaldichters auch
nur einen blossen Apellationnamen anzunehmen, und noch mehr
widerstreitet es jenem Zeugniss und dem historischen Sinne,
eine Menge von nicht bloss gleichbegabten sondern auch gleich-
gestimmten Dichtern anzunehmen, die dann alle ihre Einzellieder
entweder nur über Ereignisse aus der Zeit gedichtet haben sollen,

---

154) Es muss Willkür heissen, wenn man aus den von ganz verschiedenen Bezirken und Zeiten unter Homers Namen angegebenen andern
Epopöen ausser Il. und Odyss. eine ganze Reihe bildet, als hätten sie bei
irgend welchem Griechen insgesammt nebeneinander als von demselben
Dichter verfasst gegolten, nämlich in der Zeit des freien Griechenlands
und des nationalen Lebens der Epopöe.

in welcher in Folge der Kränkung Achill unthätig war, oder
über die diesen selbst treffenden Folgen seiner Unversöhnlichkeit,
und wenn nicht über diese, dann über den lang abwesenden,
endlich heimgeführten und die Prätendenten seines Weibes und
Königthums überwältigenden Odysseus.

Ehe man solche Meinung als das Wahre darzuthun sich
zu prekären Versuchen entschloss, musste man sich doch erst
empfänglich gegen die Ueberlieferung erweisen, und nicht wegen
des historischen Problems, wie so umfängliche Gedichte hätten
zum Vortrag kommen können, alle Bemühung genauerer Betrachtung der Gedichte selbst durch die vorschnelle Annahme nur
kleinerer Lieder abzuschneiden, oder allen Fleiss nur auf die
Nachweisung solcher zu richten versuchen sollen. Hat ja doch auch
die Analogie des altdeutschen Epos sich als unstatthaft erwiesen.

Zuletzt ist hinsichtlich der Nibelungen durch Heinrich
Fischer unläugbar wenigstens die Unzulänglichkeit der angeblichen Anzeichen von ursprünglich nur kleinen Liedern dargethan[155], es erscheint als Willkür, wenn man auch dort die Lachmann'schen Aufstellungen eben doch wegen des Feinsinns, der sich
darin bethätigt, nun als historisches Ergebniss anerkannte[156]).

---

155) Nibelungenlied oder Nibelungenlieder? Hannover 1859. Er
hat den Gang des ganzen Streites genau geschildert und alle die Kri-
terien Lachmanns und seiner Anhänger kritisch beleuchtet, namentlich
auf die Willkür in den Ausscheidungen aufmerksam gemacht, sowie auf
den Wandel in dem eignen Urtheil desselben. Die Fehlgriffe sind hier
dieselben, wie in der Zerlegung der Ilias. Nach Musterung der nur miss-
lichen Beweise für die Zerlegung und Nachweisung der vielmehr wahrscheinlichen Einheit folgt S. 141--43 das Gesammturtheil über die Liedertheorie und das Resultat, dass von fünf gefundenen Widersprüchen vier
in der Handschrift C beseitigt erscheinen. Hiernach wird im letzten Abschnitt „die Handschriftenfrage" behandelt und beschlossen mit den Worten:
Wir glauben daher zu dem Schlusse berechtigt zu sein: Das Nibelungenlied ist das Werk eines Dichters, und die Handschrift C
enthält, von einzelnen Verderbnissen abgesehen, den ursprünglichen Text. Und so gilt, was der gläubigste Anhänger
Lachmanns, Haupt, nach seiner Zeitschrift f. deutsch. Alterth., B. 8 von
1851, S. 349 schon vorher in B. 5, S. 504, nachdem er bekannt, dass ein
Gleiches in der Gudrun unerreichbar sei, über die Nibelungen erklärt:
„Hätte Lachmann nicht seine bestrittene Ansicht über den Text festgehalten, so wäre auch bei diesem Gedicht es nicht gelungen."
156) Gervinus, Gesch. d. deutsch. Dichtung 1, 336 und 37.

So hatte sich also die geschichtliche Analogie für die homerische Frage vielmehr als die einheitliche Ansicht bestä-
tigend erwiesen. Der neugestaltende Dichtergeist hatte auch
bei den Nibelungen und vollends der Gudrun, sowie bei
der Ilias und Odyssee durch eine bildnerische, zur Harmonie wirkende Thätigkeit die früheren kleinen Lieder unkenntlich gemacht. Und wenn dies auch von Firdusi, dem
Gestalter des iranischen Epos, des Schaname gilt, so kann
freilich dieses Gedicht von 60,000 Doppelversen nicht mit der
Ilias verglichen werden, sondern nur allenfalls mit der ganzen
epischen Poesie der troischen Sage. Wie diese sechs gesonderte und doch in Beziehung stehende Handlungen gab, so kann
nur alles Das, was auf und aus des Paris Frevel am Gastrecht
und dem Raub der Helena bis zur Heimkehr des Odysseus erfolgte, mit dem, was aus dem feinen Motiv in dem Schaname
hervorgeht, zusammengestellt werden. Der Kampf des iranischen
Heldenthums wider die Mächte der Finsterniss dauert durch
Jahrhunderte und ruft eine zahlreiche Reihe aufeinander folgender Conflikte und Heldenthaten hervor, welche nun sämmtlich
doch eine Gesammtaction jenes Kampfes bilden[157]). Der selbst
durch mehre Zeitalter lebende und strebende eine Hauptheld
Rustem[158]) giebt in zwei Stellen eine rückblickende Uebersicht.
Bei dieser Einheit des Motivs und seiner grossartigen Herrschaft
über und in den mannichfachen Akten und Wechseln der Handlung werden wir allerdings durch ein mächtiges Beispiel erinnert,
dass das Epos gerade bei dem Mangel einer durchherrschenden
Hauptperson durch ein grossartiges Grundmotiv eine Einheit besitzen kann, welche sich durch Erhabenheit hervorthut. Es ist
die das Schaname beherrschende Idee in griechischer Poesie
nur mit der zu vergleichen, durch welche Aeschylos die Stoffe

157) Heldensagen von Firdusi. Von Ad. Fr. von Schack.
Berlin 1851, S. 66. „Weit entfernt aber ist diese doppelte Eigenschaft
— irgend einen Zwiespalt heterogener Bestandtheile auch nur durch-
schimmern zu lassen. Der Dichter hat sich so mit voller Seele in die
alte Sagenwelt hineingelebt, sich von ihr durchdringen lassen und wieder
sie mit seinem Geiste durchdrungen, dass sich kaum scheiden
lässt, was er von ihr empfangen, was er ihr gegeben".
158) Desselben von Schack Ep. Dichtungen von Firdusi. Berlin
1853. II, S. 375 ff. und S. 389 f.

und Akte seiner Persertrilogie verband. Es war die Idee des Strafgerichts der Götter Griechenlands über den hoffärtigen Frevelsinn der Barbaren, die aus alter Sage den Argonautenzug, aus der geschichtlichen Erfahrung die Niederlage des Xerxes, und die der Karthager beim Himeras (an demselben Tage) in einer Folge verband, und zugleich damit die des gottgegebenen Sieges des freien Griechenvolks über die despotisch regierten Barbaren [159].

Ein griechisches Epos konnte, da es zum mündlichen Gesammtvortrag bestimmt wurde, nie einen solchen Umfang haben, und nie konnte also eines den ganzen Troerkrieg mit seinen wechselnden Phasen umfassen, obwohl sie alle unter der Wirkung des Grundmotivs, des Frevels am Gastrecht standen. Von den einzelnen Theilen dieses überreichen Sagen- und Liederstoffes waren, wie weiterhin genauer dargelegt werden wird, nur drei der Art, dass der ganze Verlauf der Handlung an Einer Person haftete, der der Ilias, der Odyssee und der Aethiopis des Arktinos. Doch die Einheitlichkeit muss sich uns zuerst und zuletzt in der Handlung erweisen. Diese kann, wie in dem Schauame durch ein göttliches Prinzip, unter welchem die einzelnen Hergänge stehen, eine eigenthümliche Weihe haben. Auch unter den Particen der troischen Sage fand sich eine dieses Charakters, die von der Eroberung und Zerstörung Troia's, da das Strafgericht der Götter an dem Königssitz und Reich, welches den Frevler am Gastrecht im bereits langen Kampfe vertreten hatte, endlich doch seine Erfüllung fand.

Es ist nun von selbst klar, dass ein solches über einer lang sich hinziehenden Handlung schwebendes Motiv in dem Grade, als das obherrschende von dem Hörer oder Leser empfunden wird, wie der Dichter es bei seiner Ausführung entweder beflissener festhält oder theilweise verabsäumt. Es wechseln darin die in den Vordergrund tretenden Personen und sie ziehen das Interesse des Hörers an, welches immer sich besonders als menschliches Mitgefühl artet. Dadurch kann leicht ein Mangel an Einheitlichkeit entstehn. Und eben deshalb haben

159) S. Sagenpoesie S. 576 ff. bes. S. 579—583 und Gruppe's Ariadne S. 85—97.

diejenigen Epopöen den für einheitliche Gestaltung günstigeren Sagenstoff, welche in ihrem Verlauf den Bezug auf Eine Person festhalten. Indem nun diese Beschaffenheit die beiden von Homer aus der troischen Sage gewählten Stoffe auszeichnet, kommt dazu der sittliche Geist, der sie durchdringt und beseelt. Also hat der Schöpfer der wahren Epopöe seiner neuen Schöpfung auch ein eigenthümliches inneres Leben eingeflösst, wie es in den kleineren Liedern sich in solcher Art und in solchem Grade gar nicht entfalten konnte. Wir finden also: wie die Natur des gewählten Sagenstoffes auf eine weit scenenreichere und somit ausgedehntere Dichtung hinführte, als die der Einzellieder, so war diese damit unausbleiblich auch eine weit seelenvollere geworden.

21. Der gebotene Standpunkt der Forschung.

Sehen wir denn, was hieraus sich ergiebt: Es stellt sich der Forschung nicht die Handlichkeit zum einzelnen Vortrag in den Vordergrund, sondern die Beschaffenheit der uns überlieferten umfänglichen Epopöen. Nachdem wir kleinere Gebilde der ältesten Sänger freilich als die nothwendige Vorstufe zur eigentlichen Epopöe erkannt haben, aber alle Versuche auf Herstellung derselben und zur Rückführung des vorigen Standes sich als willkürlich und zweckwidrig erweisen, weil die geschehene Neubildung des Ueberkommenen die Herstellung unmöglich gemacht hat: so ist die Forschung auf die innere Betrachtung der beiden Gedichte als der Epopöen des hellenischen Volks hingeführt. Es nöthigt dazu selbst das Weltbild, welches sie geben, die vorgeschrittene Culturstufe, auf welcher sie die Menschheit zeigen, sodann das sprechende Zeugniss, welches dieselben Gedichte von einer Fülle von Heldenliedern und bereits durch manchen Wandel gegangenen Heldensagen enthalten, vornehmlich aber die poetischen Eigenschaften derselben, in welchen wir Kunstmittel und Weisen nicht kleiner romanzenartiger Lieder, sondern umfänglicher Compositionen vor uns sehen.

Indem wir nicht anders können, als in der Ilias und Odyssee die höchste Blüthe der epischen Poesie der Griechen anzuerkennen, in ihnen die Musterbeispiele der eigentlichen Epo-

pöe zu finden, sind alle organischen Eigenschaften, welche wir
wahrnehmen, eben solche, die den grösseren Planen dienen.
Dahin gehört, dass die Handlungen beide auf zwei Ausgangspunkte gestellt sind, welche späterhin in Eins zusammengehen,
sodann das Nacheinander der gleichzeitigen Akte, d. i. die Parallelen und ihre Verwebung, da denn das zuletzt gegeben wird,
von dem aus der Fortschritt der Haupthandlung am schicklichsten geschehen konnte, ferner die Episoden, die der Epopöe so wesentlich sind und all das Retardiren [160]). Diese Darstellungsweise, so
ganz frei und fern von aller Neigung, den Zuhörer in Spannung
zu versetzen, sie herrscht in allen Partieen, durchherrscht beide
Epopöen vom Anfang bis zu Ende. Dies ist also die Dichtungsweise des Dichters gewesen, er hat seinen im Geist gefassten
Plan allmählich ausgeführt, und hat jedem Theile die von Ver-
wickelung freie Fasslichkeit und Selbstständigkeit gegeben, die
ihn dem Zuhörer auch für sich annehmlich machte [161]). Mit dieser Gestaltung der meisten Theile seiner grösseren Compositionen
schloss sich der Dichter der ersten Epopöen dem bisherigen
Brauch und Bedürfniss des Einzelvortrags an. Die Epopöen,
zu denen er die Theile der troischen Sage gestaltete, welche
durch den Zorn des Achill und die Heimkehr des Odysseus beseelt und charakterisirt waren, sie boten in den mannichfaltigen
Phasen, durch welche die Handlung ging, indem sie an der
Hauptperson unmittelbar oder mittelbar festhielt, für Einzelvorträge gar viele Partieen.

Dies ist ebenso unverkennbar, als die allmähliche Durchführung der umfassenden Anlage und damit des inwohnenden
ethischen Motivs mit Voraussetzung eines möglichen Gesammt-
vortrags geschehen sein wird. Wir haben beide Vortragsarten,

160) Göthe an Schiller Th. 3, 71. Daher sind alle retardirende
Motive episch. — Das Erforderniss des Retardirens, welches durch die
beiden homerischen Gedichte überschwenglich erfüllt wird. Vergl. S. 73
und dazu Schiller, S. 78, A. W. Schlegel, Vorles. über dram. Liter. 1,
S. 155: „Die Ungeduld ist überhaupt keine gute Stimmung für die Em-
pfängniss des Schönen."
161) Schiller dort S. 73. Dass die Selbstständigkeit seiner Theile
einen Hauptcharakter des epischen Gedichts ausmacht. Vischer, Aesthet.
III, 1264, 2: Selbstständigkeit ohne Isolirung und S. 1279 die ausgeführtere Beschreibung.

Einzelrhapsodie und Gesammtrhapsodie, die einzelner Stücke und
die der ganzen Epopöe durch mehrere sich ablösende Rhapsoden,
von Anfang an und immer fort neben einander üblich
zu denken und zu erkennen.

Wir mögen dabei allerdings die Dichtungsweise und Arbeit
des schöpferischen Genius von dem Geschäft und Dienst der
Vortragenden unterscheiden. Jener hat so wenig, wie die Redner
des Alterthums seine aufeinanderfolgenden Gaben in Schrift entworfen und einzeln ausgeführt, sondern in seinem gedächtniss-
starken Geiste. Es giebt da nun in meiner Umgebung auch
einige denkende und der alten Poesie kundige Gelehrte, welche
gerade aus der allmählichen, jeden Moment reichlich ausprägenden
Darstellungsweise die Vermuthung ziehn, Homer habe die frei
ausgedichteten und vielleicht schon nicht bloss von ihm selbst
mündlich vorgetragenen, sondern auch dem Gedächtniss eines
Kunstgenossen mitgetheilten Einzelpartieen zu seinem eignen
Vortheil hinterher selbst aufgezeichnet. So wäre dem allmählichen freien Dichten im Gedächtniss auch ein allmähliches Auf-
zeichnen gefolgt. Hierüber bestimmt zu entscheiden, ist nicht
möglich, doch klar ist soviel, es ging wie allem Sprechen das
Denken, so dem Sprechen und Dichten in degagirten paratakti-
schen Sätzen und Versen ein so geartetes Denken und Versbilden
vorher. Gar viele längst mit Schrift verfahrende Dichter haben
in einem Style gedichtet, der dem Vortragenden genehm war.
Erst im Zeitalter des Sokrates gab es Dichter, welche, weil sie
nicht im Sprech- sondern im Lesestyl gedichtet, dem Vortragenden unbequem waren. (Arist. Rh. III, 12, 2.) [162]

Und die Alten selbst, namentlich auch Aristarch [163], haben
den mündlichen Vortrag keineswegs mit Schriftgebrauch unvereinbar gefunden. Vielmehr erscheinen dieselben, welche die
epischen Gedichte vortrugen, eben die Rhapsoden zugleich als
die, welche den Schriftgebrauch auch Andern gelehrt in den
Städten Ioniens [164]. Und wenn man geneigt ist, dem grossen

162) S. m. Meletem II, 122 f.
163) Lehrs de Aristarchi stud. Hom. p. 348.
164) Welcker Ep. Cycl. 1, 370 mit dem Schluss: „Bei denen also vornehmlich waren die Schreibkunst und geschriebene Gedichte, die man durch

Dichtergenius eine ausserordentliche Stärke des Gedächtnisses beizumessen, sollen deshalb auch die Dichter, welche nach Homers
Vorgange wirkliche umfängliche Epopöen für den Vortrag bei den
Festen dichteten (Welcker, S. 371, Anm. 607), auch ein Arktinos
und die Andern nur ihre Werke bloss mittels des Gedächtnisses
geschaffen und mitgetheilt haben? Hat solche Weise der Dichtung
und des Vortrags in der Zeit gegolten, als immerfort Epiker und
Lyriker ihren Ruf nicht anders, als durch mündliche Mittheilung
erlangten? Ging nicht die mündliche Vortragsweise, welche das
Prädicat πολυήχοος bezeichnet, noch lange neben dem Lesen
der Studirenden fort? (Grote, Gesch. Gr. 1, 497.)

Viel irrige Vorstellungen von diesem Gange der Ueberlieferung der Ilias und Odyssee haben ihren Grund in der Unklarheit,
in welcher man sich den Hergang bei der sogenannten Sammlung des Pisistratos vorgestellt hat. Die Sache selbst und alle
Kunde von den Rhapsoden lehrt übereinstimmend, dass die Beauftragten des Pisistratos Alles, was sie zu den beiden Epopöen
wieder zusammenstellten, von den Rhapsoden empfingen, und
dass, wie nirgends der Vorwurf einer ungeschickten und will-
kürlichen Zusammenfügung über sie verlautet, sie, die Redactoren,
mit dieser Zusammenordnung und Herstellung der Ganzen wenig
Mühe hatten. Denn erstens gaben die Rhapsodieen, welche die
Rhapsoden ihnen aus ihrer bisherigen Praxis lieferten, sich von
selbst kund, ob sie zur Ilias oder zur Odyssee gehörten, Verwechselung oder auch nur Zweifel war unmöglich. Sodann aber
trugen die Theile des einen wie des andern Gedichts auch die
Zeichen ihrer Stelle in der Reihe deutlich genug an sich[165].
Wer könnte z. B. auf den Gedanken kommen, etwa des Hektor

ihr Gedächtniss und ihre mündliche Mittheilung für ein Haupthinderniss
der Schrift angesehen hat. Wolf, Prol. pag. CX. 211". Leonh. Schmitz,
Gesch. Griechenlands Leipzig, 1859, S. 57: „Die Alten scheinen im Allgemeinen die ursprüngliche schriftliche Abfassung seiner Gedichte als aus-
gemacht gehalten zu haben".

165) Sengebusch, N. Jahrb. f. Philol. B. 67, H. 6, S. 627: „Dass
keine Spuren da sind von irgend einem Widerspruch gegen die Art der
Zusammenfügung im Einzelnen und der Aenderungen in den Fugen,
dies beweist, dass man sich für überzeugt hielt, Pisistratus habe hier in
den Fugen nicht gemacht oder machen lassen, sondern nur das Ursprüngliche wieder in sein Recht eingesetzt, beweist also weiter, wie fest die
Ueberzeugung von der ursprünglichen Einheit wurzelte".

Gang in die Stadt andershin zu bringen, als nach der Aristie des Diomedes? Wer die Verwundung der drei Helden Agamemnon, Diomedes und Odysseus etwa von der vorhergehenden Aristie des Agamemnon losreissen? u. s. w.

Dass die so mitgetheilten Particen eben die waren, welche und wie sie der liefernde Rhapsode vorzutragen pflegte, und unter ihren den Inhalt bezeichnenden Titeln (wohl geschrieben) bei sich führte, ergiebt sich aus dem Wesen der Sache selbst. Hinzuzudenken hat man nur, was die mehren Ausdrücke von der bis dahin stattgefundenen Vortragsweise erkennen lassen[166]), dass weil man der Lieferanten mehre brauchte, der Einzelvortrag in jüngster Zeit vorgeherrscht hatte. Jedenfalls aber mussten dieselben neben den Particen, welche sich zum ausserfestlichen Einzelvortrag eigneten, den Sammlern auch die andern, die Zwischenglieder mittheilen. Es gemahnt uns eben hier vorzüglich, wie nebelhaft die Vorstellung von dem attischen Unternehmen erscheint, wenn es heisst, das Eine sei allgemein eingestanden und erkannt, dass beide homerische Epopöen eben nur theilweise und in verschiedener Ordnung vorgetragen worden seien (Wolf Prolog. CX) und jeder Theil habe seinen besonderen Namen gehabt. Der Gewährsmann des Aelian (Versch. Gesch. XIII, 14) gebe davon volles Zeugniss. Niemand hat nämlich bei dieser Behauptung sich den Bereich dieser inhaltlichen Titel deutlich gedacht. Und wenn denn kein irgend Denkender den Ordnern des Pisistratus eine grosse Thätigkeit der Zudichtung und Umdichtung beimessen kann[167]), ergiebt sich aus der Musterung der verschiedenen Particen, wie der Schöpfer der grösseren Compositionen nicht bloss die überkommenen Kleinlieder selbst neubildete, sondern auch, wie eben Ritschl sagte, „mit eignen verschmolzen", so manche eben für die grössere neue Handlung

---

166) Jene Ausdrücke sind: Die Gedichte seien vor der Zusammensetzung σποράδην vereinzelt, διηρημένα zertheilt, καὶ ἄλλα ἀλλαχοῦ μνημονευόμενα der eine Theil hier, der andere Theil da vorgetragen worden. Wolf, Prol. CX. 2, III. Der Ausdruck des Cicero Homeri liberos confusos antea besagt im rhetorischen Eifer etwas ganz Unpassendes, als wäre die Rede von einem Buche dessen Lagen verschoben gewesen.

167) Man liest freilich hier und da solche unbedachte Aeusserungen noch immer.

bedeutende Partie selbst erst einwebte. Es mögen hier Hektors Gang in die Stadt, Il. 6, 102, 237 bis zum Ende, und die Gesandtschaft an Achill, Il. 9, 89 bis zum Ende aus der Ilias als solche genannt werden, andere werden wir in derselben, noch mehre überhaupt in der Odyssee zu erkennen haben [168]).

Die hiermit dargelegte, doch den gegebenen Nachrichten und dem Wesen der Sache entnommene Annahme von der ursprünglichen Erfindung und Ausführung der beiden wahren Epopöen, wird freilich durch eine achtsamere Hervorhebung der den grossen Dichtergenius bewährenden Leistungen erst ihre volle Bestätigung finden. Aber wenn es sich für den geschichtlichen Beweis besonders um die Ueberlieferung bis zur Zusammenstellung und Redaction durch Pisistratos handelt, dienen jene Particeen, welche als zur Ausführung der Grundidee wesentlich vom Schöpfer der Epopöe eigens hinzugethan erscheinen, zum speziellen Zeugniss der älterher überlieferten und längst als Nationalepopöen geltenden Werke. Der längst blühende Ruhm des Homer, den eine Reihe Einzellieder nicht gründen konnte, leuchtet hervor nach Grote's Bemerkung [169]) in Hinsicht auf Homer als Auctorität für den Götterglauben durch des Xenophanes Polemik und andrerseits in seinem Ansehen als anerkannter Gewährsmann für die alten Gebietsverhältnisse in mehren Streitigkeiten zwischen Nachbarstaaten und eben in jenen Zeiten.

168) Grote, Gesch. Griechenl. 513 v. Meister. „Ausserdem finden wir besondere Stücke, welche sich ausdrücklich durch innern Beweis als zu einem grösseren Ganzen gehörend, und nicht als separate Ganze erklären". S. weiter. Wir fügen hinzu, dass die liefernden Rhapsoden diese Theile, die nur in Orten und Zeiten, wo die Ganzen bewusst waren, für sich befriedigen konnten, eben für die Gelegenheiten der Gesammtvorträge bei sich geführt haben werden.

169) Grote, I, S. 513 f.: „Es hätte keine so fest gegründete Ehrfurcht für dieses Document gefühlt werden können, wenn nicht lange vor Pisistratus es Gebrauch gewesen wäre, die Ilias als ein fortlaufendes Gedicht zu betrachten und anzuhören. Und wenn der Philosoph Xenophanes, den Homer als den allgemeinen Lehrer bezeichnete, $\mathit{\dot{\epsilon}\xi}$ $\mathit{\dot{a}\varrho\chi\tilde{\eta}\varsigma}$ $\mathit{\varkappa a\vartheta'}$ $\mathit{"O\mu\eta\varrho o\nu}$ $\mathit{\dot{\epsilon}\pi\epsilon\dot{\iota}}$ $\mathit{\mu\epsilon\mu a\vartheta\dot{\eta}\varkappa a\sigma\iota}$ $\mathit{\pi\acute{a}\nu\tau\epsilon\varsigma}$, (s. Sagenp. 303), und ihn als einen unwürdigen Beschreiber der Götter anklagte, so muss er dieses grosse geistige Uebergewicht nicht in einer Zahl verbindungsloser Rhapsodieen, sondern mit einer geschlossenen Ilias und Odyssee in Verbindung gedacht haben."

22. Die Odyssee, eine Epopöe, so planvoll bei ihrem
Umfange in ihrer Anlage und Gliederung, dass
sie den Gesammtvortrag durch sich ablösende
Rhapsoden noch unabweislicher voraussetzt,
als die Ilias.

Alle die Wahrnehmungen, welche man bei der eingehenden
Betrachtung der Ilias macht, wiederholen sich bei der Odyssee,
nur bei den einzelnen Punkten in verschiedenem Maasse. Der
ursprüngliche Sagenstoff, ohne den es eine Odyssee gar nicht
hätte geben können, scheint, wenn man die für sich denkbaren
und zum Einzelvortrag passlichen Partieen mit denen vergleicht,
welche als dem Plane angehörig, des Dichters Zuthaten sein
dürften, ein mehr summarischer, nur die Hauptpunkte enthalten-
der gewesen zu sein mit nur einzelner Ausführung. Es gab
wahrscheinlich zuerst ein oder mehre Einzellieder von den
früheren Irren, und davon vor andern ausgeprägt das Abenteuer bei dem Kyklopen Polyphem, welches den lang umtreibenden
Zorn des Poseidon verursachte. Sodann von dem Untergang der
Gefährten und dem Anschwimmen an die Insel der Kalypso. Die
Phäaken dagegen und die Heimfahrt durch diese sind des Dichters
eignes Gebilde, vielleicht Um- und Neudichtung einer nordischen
Sage, doch jedenfalls, wie er darin ein ionisches Leben malt, mittels
Zuziehung eigner Lebensanschauungen. Aber die vorhomerischen
Einzellieder sind in der vorliegenden Odyssee noch weit weniger
wiederzuerkennen, als in der Ilias. Sie sind eben weit mehr
noch umgebildet; die Erzählung von den früheren Irrfahrten ist
jetzt sogar zum selbsteignen Bericht des Helden als Gast des
Alkinoos und der andern Fürsten der Phäaken geworden, sodass
eben dieses heitere Lebensbild in die ersehnte Heimkunft ausgeht: 13, 18 ff. Sodann ist ein anderer wesentlicher Theil, die
ganze Expositionspartie, die ersten vier Bücher (nach der alexandrinischen Abtheilung). Ein Interesse für sich hat er durchaus nicht, ist
aber in den ganzen Organismus auf das innigste verwebt. Er
erscheint sichtlich eben vom Dichter der Odyssee neu erfunden
und hinzugethan. Genug es gilt das Urtheil: der Dichter der
Odyssee ist derjenige, welcher das Gedicht von Odysseus' Heimkunft und Kampf mit den Prätendenten seines Weibes und König-

thums von Anbeginn auf diese Heimkunft stellte. In diesem
Sinne, mit Hinweisung auf den bei Kalypso zurückgehaltenen
Helden, also auf den andern Ausgangspunkt der Handlung, stellte
er Eingangs die Verhältnisse in Ithaka dar, in demselben Sinne
liess er den Königssohn von der Schutzgöttin zur künftigen Zusammenkunft mit dem Vater auf die Reise senden, besonders
aber gestaltete er in diesem Sinne die früheren Irrfahrten zur
Episode.

Da diese beiden für die bewunderte Kunstanlage der Odyssee
wichtigsten und wesentlichsten Theile, die Reise des Telemach
und die Selbsterzählung der früheren Irrfahrten neuerlich mannigfache Anfechtungen erfahren haben, so erscheint es unumgäng-
lich, von beiden, jedoch in umgekehrter Folge, eine geeignete
Darstellung zu geben. [170]

Die Erzählung der Irrfahrten, die unstreitig von den alten
Sängern in der dritten Person gegeben war, wurde bei der Neubildung in die erste umgesetzt, oder vielmehr Alles in diese gefasst, nur eben in der Weise, wie es die Situation des Erzählers früherer Erlebnisse, der seinen Zuhörern fasslich und
angenehm vortragen sollte, mit sich brachte. Diese Rücksicht
erzeugte in dem Verlauf der lebendigsten Selbsterzählung einzelne Partieen, da er in der dritten Person berichtete, und es
darauf ankam, diese Form vor den Zuhörern natürlich erscheinen zu lassen.

Der eine Fall dieser Art erforderte eine besondere Wendung
und Angabe. Der Verlust auch der Gefährten in seinem eignen
Schiff war ein besonders wichtiger Umstand nicht blos für die
Geschichte der Irrfahrten, sondern für das ganze Gedicht. Wird
er in diesem Bezuge gleich im Eingang hervorgehoben, 1, 6 f.,
so berichtet der Erzählende die Warnungen des Teiresias 11,
104 — 110 ff. und der Kirke 12, 127 — 141. Diese auch der
göttlichen Verhältnisse kundig, beschreibt die heiligen Heerden
auf Thrinakia mitsammt den göttlichen Hirtinen auf das Genaueste.

Aber als nun weiterhin zu erzählen kam, wie sein Schiff
nach Thrinakia gelangt, und vom widerspenstigen Eurylochos ge-

---

170) Das Folgende schon mitgetheilt in Fleckeisen, Jahrbücher für
class. Philologie VI, pag. 365 ff. Der Apolog des Alkinoos in Odyss.
ι — μ als Selbsterzählung   D. II.

nöthigt sei, trotz aller jener Warnungen 12, 266—69 zu landen:
Da galt es entweder die nach geschehenem Frevel erfolgte
Strafe durch den Untergang des Schiffs und der Gefährten nur
eben als menschliche Erfahrung zu erzählen, oder auch die durch
Kirke's Angabe wie in Erwartung gestellte olympische Geschichte
in zulässiger Weise eintreten zu lassen. Im jetzigen Fortschritt
geht der Erzähler von einem Gebet, das er an Zeus und alle
Götter gerichtet; 371—374, zu der olympischen Parallele über,
da Zeus auf die Klage des von der bekannten Nymphe benach-
richtigten Helios die Bestrafung zusagt. Das war denn eine
himmlische Kunde, welche der Mensch Odysseus so wenig an sich
besitzen konnte, als Achill, Il. 1, 396, eine solche anders als durch
seine göttliche Mutter hat, während Glaukos, Il, 17, 163, von
des Zeus' Sorge für Sarpedon (16, 666—683) Nichts weiss. Es
bedurfte also hier einer mittelbaren Mittheilung aus der Götterwelt. Diese ist an den Erzähler Odysseus, nach 12, 389 f., zunächst durch Kalypso geschehen, welche sie von Hermes hatte.
Die Wahrscheinlichkeit dieser Angabe lässt sich nun insoweit
vertreten, als Hermes es ist, welcher die auf der Erde angesie-
delten Nymphen, d. i. Göttinen, mit den Olympiern in Verbindung setzt, wie auch Kirke von ihm eine Mittheilung über
Odysseus empfangen hat, 10, 331, und Kalypso, 5, 88, durch
ihre Aeusserung: πάρος γε μὲν οὔτι θαμίζεις, sonst pflegst
Du ja nicht häufig zu kommen, einzelne wiederholte Besuche
nicht ausschliesst[171]. Die Erklärung des Hermes aber besagt, nur aus
eignem Antriebe mache er solche Wege durch das ungastliche
Meer nicht, sie müssten ihm immer von Zeus aufgetragen sein
So ist in Hermes der passende Mittelsmann allerdings gegeben,
und in Kalypso diejenige, welche den Odysseus, als sein Schiff
von Zeus zertrümmert war, bei sich aufnahm (5, 130 ff., 7, 248
ff.); nur die genaueren Umstände, da Hermes der Kalypso Mittheilung gemacht, durften und mochten vielleicht auch die Zuhörer
des Gedichts nicht untersuchen, nachdem ihnen Zeus in seiner
Vertretung der Götterrechte bei der Klage des Helios ihrem
Glauben gemäss erschienen war.

171) Dies ist freilich erst in die Worte hineinzulegen, da in Il. 18.
88 und 425 dieselben Worte den Besuch einfach als einen ungewöhnlichen bezeichnen.

8 *

Jedoch giebt es hier noch anderes Auffällige. Die olympische Parallele tritt an sich freilich und der Sache nach im Anschluss an das von Kirke her Bewusste ein, und an ähnlichen
Beispielen, da eine solche in einem sehr prägnanten Moment
der menschlichen Handlung einfällt, fehlt es auch nicht ganz;
man sehe Il. 5, 353—430 und wieder daselbst 711—780. Allein
in unserer Stelle stört das Eintretende doch noch mehr, und der
Fortgang ist, wenn die Parallele 375—390 ausfällt, so unmittelbar anschliessend, dass man wohl geneigt sein kann, der Athe-
tese des Aristarch beizustimmen[172]. Denn, sind seine uns bekannten Gründe nicht hinreichend, so verräth sich in der
Vermittelung durch die Kalypso immer ein Gemachtes, und der
Zusammenhang ist für die Ausscheidung. Es ist also hier die
Frage, hat der Dichter das Ueberkommene mit der etwas gesuch-
ten Erklärung gegeben, oder hat er im einfachen Fortschritt erzählt, sodass beim Hergang selbst Odysseus, so wie er es erzählt,
nur zuerst aus dem Wunderzeichen, das sich an den Stücken
und Häuten der geschlachteten Thiere begab 12, 394 f.), ferner
aber an den drohenden Wolken über dem Schiff 405) und den
folgenden Wettern des Zeus 415, wie sie das Fahrzeug zer-
splitterten und die Gefährten versenkten, des gekränkten Gottes
Gerichte erkannt hat.

Von diesem olympischen Akt abgesehn, hat die Selbsterzählung zwar eine Reihe Partieen in der dritten Person, aber wo er
da das nicht unmittelbar von ihm selbst Gesehene oder Erfah-
rene in seinem Vortrage einwebt, geschieht es im Interesse der
Hörer, und so, dass die Verständigung, woher es ihm bewusst
geworden, alsbald eintritt.

Und zuerst ist mit sichtlichen Augen zu lesen, wie in dem
ganzen Bericht von Anfang bis zum Schluss die erste Person
des Singular oder Plural übrigens so durchherrscht, dass jene
Zwischenstellen die lebensvolle Kunst der Neubildung keineswegs
verdunkeln.

---

172) Dass Aristarch die Stelle mit dem Obelos bezeichnete, zeigt die
Vened. Hdschr. und ein Bezug darauf findet sich in Sch. zu Il. 3, 277 und
zu Od. 5, 79. Die Vergleichung dieser Schol. mit dem zu Od. 12, 374 lässt
die Gründe des Kritikers erkennen, der Alles sehende Helios bedurfte des
Boten nicht, und Hermes hat die Kalypso, Od. 5, noch niemals vorher besucht.

Als selbsterfahren lag Alles in der Vergangenheit, sollte er
nun aber seinen Zuhörern deutlich und angenehm erzählen, so
musste er erstens die Stadien seiner Irren, Orte und Bewohner
angeben, wie er sie jetzt wusste, damals im Verlauf der einzelnen Abenteuer kennen gelernt hatte. So führt er am Anfang
der Irrfahrt das Land der Kyklopen auf mit dem berühmten Bilde
des noch uncivilisirten Volkes, 9, 106—141, so die Insel des
Aeolos und den Windwart mit seiner Familie, wo er einen Monat
(14 verweilte, 10, 1—16, so die Lästrygonen mit dem Charakterzug von den hellen Nächten des Nordens 10, 81—86, so die
Insel der Kirke, 10, 135—139. Doch es war an mehren Stellen erforderlich, Kundschafter zu senden. Da folgt die Form der
Erzählung immer der Anregung durch die Absendung, sie begleitet zunächst die Abgesendeten und berichtet in dritter Person,
was sie gefunden und erfahren. Hätte die griechische Sprache
nur die Unterscheidung, wodurch die deutsche das, was ein Erzähler von Andern her mitzutheilen hat, von dem unterscheidet,
wovon er als gegenwärtig unmittelbare Kunde besitzt — das Per-
fectum nämlich vom andersher Bewussten, die historische Zeitform
vom Unmittelbaren, dann hätte Homer den Odysseus diese Unterscheidung anwenden lassen[173]. Aber der griechische Brauch
hat sie nicht. Also macht Odysseus in jenen Fällen nur bemerklich, wie er das, was er den Phäaken von seinen Abgesandten
zum lebendigen Bericht vorweg in dritter Person vorträgt, im
Fortgang erfahren hat, im Moment der Erzählung also lebendig geben konnte. So zuerst bei den Lotophagen 9, 91—97. Nach
Angabe, wie er zwei Genossen und einen Herold dazu zur Erkundigung beordert, wird gleich gesagt, dass die dort ihnen den
süssen Lotos gaben, und als sie den genossen, nun immer mehr
geniessen und bleiben wollten, alle Rückkehr und Meldung vergessend. Hier lässt der Erzähler hinzudenken, „als ich eine Weile
vergebens auf ihre Rückkehr gewartet, ging ich ihnen nach." Er
hatte sie also selbst beim Lotos so selig und zur Rückkehr widerwillig gefunden, und daher konnte er jetzt das vorher Geschehene
angeben. Nicht so einfach, aber doch auch verständlich und er-

173 Es haben, soviel ich weiss, die Norddeutschen die obige, die
Süddeutschen die umgekehrte Unterscheidung.

klärt genug, erscheint das von den an die Lästrygonen Abgesandten in dritter Person Gegebene, 10, 102—116. Denn 117 kommen Zwei flüchtig zurück, die also das Geschehene erzählt haben. Das Weitere, den Ruf durch die Stadt, und das Zusammenlaufen der Riesen zu den Höhen am Hafen und ihre Würfe auf die Schiffe und das Aufspiessen und Forttragen der im Wasser Schwimmenden, musste Odysseus gehört und in einzelnen Beispielen gesehen haben, sodass er nun demnächst von sich in erster Person erzählen konnte, was er gethan, und wie er mit seinem Schiff allein entkommen sei: 126—132.

Es folgt die lebendige Selbsterzählung von der Station der Kirke 135 — bis er 203 seine ganze Schaar in zwei Rotten theilt und loost, ob er oder Eurylochos mit der ihm untergebenen der Spur des aufsteigenden Rauches auf Erkundigung nachgehen soll. Es trifft den Letzteren. Wieder nun begleitet die Erzählung in dritter Person die Abgehenden 210—244, bis Eurylochos allein zurückkommt, und zwar ihren Gang und was sie gefunden, kurz angiebt, aber es ist vorher als geschehen erzählt worden, was Eurylochos nicht Alles gesehen hat, nämlich auch die Verwandlung im Hause der Kirke. Doch wiederum erklärt der Fortgang, wie jetzt Odysseus aus alsbald erhaltener Kunde, so wie er vorweg gethan, den Hergang verfolgen konnte. Dass die Verwandlung in Schweine geschehen, hat ihm alsbald Hermes mitgetheilt, 282—283, und die Weise der Kirke, durch den Zaubertrank, ersah er 316—320, als Kirke ihm selbst einen solchen mischte. So war ihm Alles bewusst, was er jetzt vorweg gegeben, und hat Eurylochos in seinem ersten Bericht der im Vorhof wedelnden Wölfe und Löwen (212 f.) nicht gedacht, so spricht er doch, 432—434, seine Warnung in Erinnerung an sie aus. So erkennen wir des Selbsterzählers Weise. Und von da an, wo nun Odysseus seinen Verkehr mit Kirke erzählt, die ihn erkannt hat, von 336 an, wer könnte da der Selbsterzählung das poetische und gemüthreiche Leben absprechen? Man lese besonders das Gleichniss 410—417. Man beachte, wie im ganzen Verlauf der Charakter des widerspenstigen Eurylochos gehalten wird und in der Folge der Abenteuer öfters eine Erinnerung an die früheren wirkt: 199 f. 435—437.

In zwei andern Stellen weiss der sonst in erster Person

Erzählende das in dritter zu melden, was seine Gefährten gesprochen und gethan, während er sich doch selbst als schlafend
bezeichnet. Da sieht es aus, als sei vom Gestalter des Apologs
das, was der Dichter eines ältern Liedes in die dritte Person
gefasst gehabt, unbedachter Weise in derselben Gestalt in seine
Neubildung herübergenommen. Indess auch diesen Stellen gilt,
dass das den Zuhörern nach 'bestandenen Abenteuern Vorgetragene nur aus dem im Fortgang genommenen Bewussten in fac-
tische Folge gebracht ist. So besonders nachweislich im zweiten
Falle 12, 339—365. In der diesen Versen zunächst voranstehenden Partie, 261—338, hat Odysseus ganz seiner Situation als
Selbsterzähler gemäss und in aller homerischen Frische vorgetragen, wie er nach Kirke's Warnung die Insel Thrinakia zu
meiden gestrebt habe, aber von dem widersetzlichen Eurylochos
gezwungen worden sei, anzulanden, und dort dann widrige Winde
sie festgebannt hätten, sodass Hungersnoth nur ganz kümmerlich
abgewehrt worden wäre. Gerade nun in dieser höchsten Noth,
als da Odysseus abwärts von den Gefährten in die Stille gegangen
ist, und er die Götter brünstigst um Rettung anruft, da senden
sie ihm den verderblichen Schlaf 338. Hier also folgt, den Umständen nach im engsten Anschluss an das eben Vorhergegangene,
wie derselbe Eurylochos, der zum Anlanden genöthigt hat, die
Gefährten zum Schlachten heiliger Rinder verführte. Ist er vorher durch Odysseus' Vorstellungen überstimmt worden, jetzt in
dessen längerer Abwesenheit gewinnt er die Gefährten bei der
drohenden Hungersnoth. Die Beschreibung seiner Rede und des
ganzen Hergangs beim Schlachtopfer wird nach der bedrängten
Lage auf das Genaueste gegeben[174]. Aber diese vorweggegebene
Schilderung hat der Dichter nicht etwa in unbedachter Neigung
zum dramatischen Leben und zur Anschaulichkeit gemacht, nein,
sie erhält sofort ihre Erklärung und Rechtfertigung. Odysseus
erzählt: Aufgewacht sei er in dem Augenblicke, da schon das Opfer
gebrannt und der Fettgeruch sich verbreitet habe 369. Als er

---

174) Bei A. Jacob S. 444 lesen wir das unbegreifliche Prädicat „des
ganz unbedeutenden Eurylochos" und darauf die Verwunderung, dass
Eurylochos dem Gott einen Tempel verheisst und nicht blos eine Heka-
tombe wie Pandaros Il. 4, 119. Die Unterscheidung, was für jede Lage und
Stelle gehört, ist hier ganz versäumt.

sich dem Schiff genähert (die Rinder waren von der unfern liegenden Weide geholt 353 — 355): „Trat ich an Jeden heran und
schalt, doch ein Mittel zur Rettung konnten wir nicht
ausfinden, da todt schon lagen die Rinder."

Diese Worte erklären es genugsam, wie dem Odysseus die
ganze Geschichte des begangenen Frevels bekannt geworden. Er
kam zu den Opfernden und schalt sie Einen nach dem Andern,
und wie es heisst: Ein Mittel konnten wir nicht finden,
so versteht man: Die Gescholtenen haben sich verantwortet, und
wie Odysseus wohl selbst den Eurylochos als den Urheber vermuthet
hat, so haben auch die Andern ihn angeklagt; es hat also überhaupt viele Besprechung des Vorgangs gegeben, und wer will da
abgränzen, was von demselben und von der Opferhandlung dabei
zur Erwähnung gekommen sein möge und was nicht.

Der frühere Fall bedarf etwas mehr des ergänzenden Gedankens. Der Selbsterzähler sagt 10, 31, wie ihn gerade, als
man schon die Hirtenfeuer auf den Bergen der Heimath gesehn,
da bei der grossen Anstrengung Schlaf überfallen habe. Aber
sofort, 34—49, fügt er in dritter Person hinzu, was seine Gefährten während dessen verhandelt und verschuldet. Wieder erfolgte,
was die Gefährten sprachen und anstifteten, im engsten Zusammenhange mit dem Bisherigen, und war, was in dritter Person
eben von ihnen berichtet wird, die allein richtige Geschichte
der Fahrt. Als sie den Schlauch, indem sie Schätze vermuthen,
losbinden und so die Winde heraus und zurückstürmen, da erwacht der Schläfer, und sieht an dem Vorgange, es muss eine
wohl begehrliche Vorstellung sie verlockt haben, und vielleicht
auch wegen des silbernen Bandes (23 f.), denn er hat versäumt,
sie über den Schlauch zu unterrichten. Es käme nun erwartet,
wenn der Erzähler hier angäbe, dass er sie gescholten und dadurch veranlasst habe, zu erklären, wie sie zu der unheilvollen
That gekommen. Doch er spricht nur von seiner eignen Verzweif-
lung im Augenblick seines Erwachens, und der darauf gewonnenen Fassung, in welcher er ausdauernd sich in seinen Mantel
gewickelt still hinlegt. Wir sehen, es hat der Dichter das poetische Motiv, den Charakter des ausharrenden Dulders bei diesem
grossen Unfall glänzend zu zeigen, allein wirken lassen. Er hat
dem Zuhörer die Entstehung des Unglücks gezeigt, und ihn befrie-

digt durch die psychologische Wahrheit und das dramatische Leben der Scene. Da liess er ihn denn selbst hinzudenken, woher der Erzähler sich die voraus gegebene Beschreibung gebildet habe, sei es nur nach eignem Gedankenbilde, oder in Folge einer Erkundigung, die er nur nicht angebe. Leicht aber möchten die Hörer gar nicht weiter darüber gegrübelt haben.

Als die herausgefahrenen Stürme den Odysseus in der Erzählung zu ihrem Bändiger zurückgetrieben haben und überhaupt sogleich nach den 16 Versen mit der Angabe vom Hergang während des Schlafes, geht der unmittelbare Vortrag mit seinem Ich oder Wir, wieder in derselben glatten Weise fort, wie vorher.

Es bleibt nach diesen Erledigungen nur eine Stelle übrig, welche in wahrhaft anstössiger Weise die dritte Person hat, 9, 54 und 55. Diese Verse sind aus Il. 18, 534 und 535 unpassend wiederholt, und sind zumal bei der Kürze der ganzen Angabe von den Kikonen völlig entbehrlich, wie diess schon mehrfach anerkannt wurde [175].

Im ganzen übrigen Verlauf der Selbsterzählung hat die Rücksicht auf das Verhältniss des Erzählers, wie er immer zuerst die Stadien der Fahrt nach der überhaupt gewonnenen Kunde bezeichnen musste, sodann wenn sein Bericht den Gang der Begebenheiten in der wirklichen Folge geben wollte, mehrere Male vorweg das gab, was ihm aus dem nachmaligen Verlauf bewusst war, diese Rücksicht hat über die Stellen der dritten Person das Erforderliche nachgewiesen. Dass im Uebrigen nicht blos im 9.

---

175) S. Friedländer Analecta Homerica in N. Jahrb. 1859. dritt. Suppl. II. 4. S. 482 f. Kirchhoff. Rh. Mus. N. f. XVI. S. 81 f. Dieser selbe Verf., der die Odyssee nach Wolfs zweiter Vermuthung allmählich zur jetzigen Gestalt erwachsen glaubt, und dies in Figura zu zeigen versucht (die Entsteh. d. Odyssee, Berl. 1859), bemüht sich im Rh. Mus. a. O. die Erzählung vor Alkinoos in ihrer jetzigen Gestalt als aus späterer Bearbeitung hervorgegangen zu erweisen. Bei diesem ganzen Versuch hat er die allein richtige Vorstellung gar noch nicht, dass der Schöpfer der Odyssee freilich frühere Lieder überkommen haben muss, die er neu bildete, dass also namentlich auch die Erzählung von den Irrfahrten ihre wesentliche Umgestaltung für die umfassendere Anlage erfuhr, in welcher die Irren mit der Heimkunft und Rache ein Ganzes bildeten. Sein spezielles Verfahren verfolgt Kirchhoff mit einer wenig eingehenden Prüfung der Stellen dritter Person und einer offenbar willkührlichen Trennung des 10—12. Buchs vom 9. Man halte die obige Darlegung mit der seinigen zusammen.

Buche beim über alle andern wichtigen Abenteuer der Blendung des Polyphem, sondern in gleicher Weise im 10., 11. und 12. jeder Versuch einer Umbildung der Selbsterzählung in die eines erzählenden Dichters nur Verwüstung des Schöneren, ja unmöglich sein würde, davon muss jeden Leser die Lectüre überzeugen und vom Versuche abschrecken. Dass dabei diese ganze Partie, und namentlich die Erzählung vom Todtenreich gar wohl ebenfalls wie andere durch kurze oder umfängliche Einschiebsel entstellt ist, bleibt anderer Betrachtung vorbehalten; über die olympische Parallele wird nach dem Obigen das Urtheil immer schwanken.

Eine besondere Aufgabe ist es übrigens, zu prüfen, ob die Zeit des Tages und Abends zu dem zureiche, was Alles von der Versammlung an Od. 5, 46 bis zu 13, 17 geschieht, oder ob wir vielleicht die Spiele als später eingeschoben zu betrachten haben.

Wir kommen zu dem dem Dichter ganz eigenen Expositionstheile B. 1—4. Dieser erfüllt seine Bestimmung in dreierlei Hinsicht, und dies sehr vollständig und schön. Er legt in allen Beziehungen die Grundsituationen dar, von denen die Handlung ausgeht. Ausser dass er das göttliche Motiv und in der Schutzgöttin des Helden die Bewegerin der Handlung hinstellt, zeichnet er erstens in allen Bezügen die Momente, von denen die Erzählung und die sich erhebende Bewegung ausgeht. Unverkennbar sind diese ausdrücklich gewählt, zumal wie sie zusammenstimmen. Die andern Achäer, mit denen Odysseus Troia zerstört hat, sind jetzt alle schon zu Haus Vers 11, auch Menelaos der späteste 1, 287, 3, 318, 4, 82. — Aber Odysseus ist nicht blos nach den vorher bestandenen Irrfahrten schon zur Kalypso auf Ogygia im fernen Meere gelangt, sondern von deren Liebe dort schon lange zurückgehalten. Dies also der eine Ausgangspunkt der Bewegung, die Insel der Kalypso, woher Athene seine Erlösung bei Zeus zur Sprache bringt 1, 13 f. 49 ff. Wir erfahren weiterhin, 7, 259—261, er hatte sieben Jahre dort in Sehnsucht nach der Heimath geschmachtet. So war es bereits das zwanzigste Jahr, dass er nach Troia gezogen, wie das zehnte (5, 107) seit dessen Zerstörung 2, 174. f. 16, 206. 17, 327. 19, 484. 21, 208. 23, 102. Während dieser langen Abwesenheit, in welcher seine Mutter vor Sehnsucht nach ihm gestorben (11, 202. f. 15, 358) und der alte Laertes, den er an der Schwelle des Alters verliess, 15, 348, sich im Schmerz um den Sohn und die

Gattin zu sterben sehnt, das, 353, war ihm andrerseits der Sohn,
den er noch an der Brust der Mutter verlassen hatte (11, 448.
4, 155. 18, 269.) zum kräftigen dem Vater ähnlichen Jüngling
herangereift (1, 208, 301 f. 3, 122—125. 4, 141. f). Er, nach
der Schilderung genauer betrachtet, tritt als zwanzigjähriger Jüngling bei einer schüchternen Natur (3, 22—24. 4, 157—159.)
so eben in das Alter der bewussten Kraft. Dieses sein erst jetzt
allmählich erstarkendes Bewusstsein ist in seiner Entwickelung
fein gezeichnet und zur Charakteristik der Freier fein benutzt.
Es ist die volksgläubige Dichtervorstellung, dass dieser Wandel
im Jüngling durch Athene geschieht, aber ihre Einwirkung hat
durchaus nichts Gewaltsames, sondern erfolgt in einer Weise,
wie ein wohlbegabter Jüngling durch die Umstände angeregt werden konnte, nur dass dies wirklich erfolgte und gedieh, galt als
Werk der Athene. So ist dieser dargestellt, fein im Verhältniss
zu den Freiern, fein in dem zur Mutter. Wie die Freier eben
jetzt erst auf den hervortretenden Sohn und Erben des von ihnen
begehrten Königthums aufmerksamer werden, dessen Gewohn-
heitsrecht ihnen bewusst ist, 1, 382—387 „Das durch Geburt
Dein väterlich Erb ist" — so ist überhaupt ihr Stand sehr wohl
berechnet, sie haben etwa sieben Jahre die Rückkehr des Oberkönigs abgewartet, jetzt aber schalten sie bereits bald das vierte
Jahr [176]) im Königshause. Und was die Hauptsache ist, es ist die
List, wodurch die treue Penelope Aufschub suchte, bereits ent-
deckt; dass sie das dem alten Laertes zu webende Sterbekleid
immer in jeder Nacht wieder auftrennte, und das drei Jahre hindurch so trieb, ist in diesem 4. durch Verrath von den Freiern
mit Augen wahrgenommen, sie hat es vollenden müssen [177]). So
steht sie jetzt so, dass sie gedrängt von den Freiern, die nicht
eher aus dem Hause zu weichen erklären, sie habe denn einen
von ihnen gewählt, gedrängt auch von ihren Eltern ein Ende
machen soll. Dass dabei immer die Freier das Hausgut ver-
zehren, ist ihr besonders um des Sohnes willen widerwärtig, sowie dieser verlangt sie, dass Jeder wenigstens von seinem Hause
aus die Werbung betreibe.[178])

176) 2, 89 nach Ameis und Lehrs de Arist. 102, dazu 13, 377.
177) 2, 104—110. 19, 149—157 f. auch die Eltern.
178) Die Freier 2, 123—128, 203—207. Telemach 1, 374—380.

Bei den so gestalteten Verhältnissen des Königshauses mit den begehrlichen und gewaltthätigen Gästen, der bedrängten Penelope und dem eben hervorgetretenen Königssohn ist der Glaube an die Möglichkeit doch immer noch zu erwartender Rückkunft des Odysseus ein ganz schwankender, nur nicht ganz aufgegebener. So weckt ihn Athene als Gastfreund Mentes, indem sie über seine dermalige Lage nach ihrer Rolle nur menschliche Vermuthungen äussert, 1, 196 ff., die sich nur auf die geistige Beholfenheit des Odysseus gründen, und die sie, wie jeder Mensch leicht that (Od. 15, 172), einen ihr von den Göttern eingegebenen Gedanken nennt: „Doch hindern ihn Götter am Rückweg, er ist in der Gewalt feindlicher Männer wilden Sinnes u. s. w., die ihn wohl wider seinen Willen zurückhalten", — die so gegebenen Voraussetzungen lassen sich deutlich als nur menschliche Vermuthung, nicht als göttliches Wissen erkennen. Mehr wollte die Göttin jetzt nicht [179]).

Aber eben auch als kluger Freund giebt sie dem Telemach mehrere Rathschläge. Die hauptsächlichsten sind, er soll eine Volksversammlung berufen und ihr seines Hauses Lage vortragen, sodann zu den Freunden und Kampfgenossen seines Vaters, Nestor in Pylos und Menelaos in Sparta, der zuletzt heimkam, reisen auf Kunde nach dem Vater. Telemach, der durch das wunderbare Entschwinden und den in seiner Seele wachsenden Muth, sowie den Gedanken an seinen Vater die Gottheit ahnet, nimmt Beides zu Herzen. Dass es die Göttin seines Hauses gewesen sei, ist ihm gewiss (2, 262).

Es erfolgt nun die Ausführung beider Rathschläge, und sowohl die Volksversammlung als die Erkundigungsweise bewähren

---

2, 139—143. Penelope 18, 272 f. 19, 534. 4, 684—686., welche Verse durchaus so zu verstehen sind: Nicht als Freiwerber, auch nicht ein andermal sich versammelnd, mögen sie zum äussersten und letzten Mal jetzt hier speisen. Die ihr beständig in Haufen die Fülle der Habe verwüstet, meines Telemachs Gut.

179) Eine solche Mittheilung gewähren die Götter auch da nicht, wo sie sich ihren Günstlingen offen dargestellt haben, oder vielmehr geben sie bei aller Gunst und Geneigtheit nicht, weil ihre Hilfe nur mit eigener Thätigkeit ihrer Schützlinge zusammenwirkt. Sonst ermuthigen sie nur mit Zusage ihres Beistandes, oder unterrichten von Gefahren und geben Rath, 13, 376—378. 390. 4, 20, 49, f.

eine wesentliche Mitwirkung zur Darstellung der Grundverhältnisse. In der Volksversammlung offenbart sich, was der Einfall der vielen Fürsten in das Haus des Oberkönigs in Wahrheit ist und anstrebt. Es sind dies die sämmtlichen jungen Fürstensöhne von allen vier Inseln, welche den Odysseus zum Oberkönig haben (2, 51. 1, 285—248). Wie sie mit der Hand der Oberkönigin in das Oberkönigthum zu gewinnen streben, so ist dies eine Angelegenheit des ganzen Volkes, und wenn sie in dieser Werbung das Hausgut aufzehren, mag das Volk in der Versammlung sich aussprechen, ob es diese Gewaltsamkeit gut heisst. Da thut sich nun in der Versammlung die Parteiung kund. Es treten wohl einzelne Getreue für das Königshaus auf, am bedeutendsten der Prophet Halitherses, 2, 157 ff., und Mentor, an den Odysseus sein Haus gewiesen hat 2, 225 ff. Aber man sieht die zwei Führer der Freier, Antinoos und Eurymachos (4, 628 f.). sie fühlen sich so sicher, dass sie Telemachs Forderung rund abschlagen und jene Beiden schmählich bedrohen, ja das erscheinende Vorzeichen sammt dessen Ausleger im kecken Unglauben für eitel erklären. Das übrige Volk hat wohl ein gutmüthiges Mitgefühl (2, 81 f.). aber obgleich Telemach selbst sich an dasselbe wendet 2, 74 f. und Mentor ihm seine Gleichgiltigkeit scharf verwirft, 2, 239—241, es rührt sich doch nicht weiter, sondern lässt sich von einem Dritten, Leiokritos, der auf die Aufforderung des Mentor mit Schmähungen ohne Widerspruch entgegnet, geduldig nach Hause weisen, 2, 252.

So ergiebt sich, wie die Freier und vornehmlich die Ithakesier Antinoos (16, 419) und Eurymachos (15, 520) zur Zeit der Versammlung ihr Unwesen, gestützt auf einen starken Anhang im Volke, trieben. Dies wurde anders, als Antinoos dem Königssohn nach dem Leben getrachtet hatte und diess bekannt geworden war. Da, überhaupt nach einer Zwischenzeit, spricht Jener, 16, 375, es selbst aus, das Volk sei ihnen nicht mehr günstig gestimmt, und fürchtet, falls Telemach ihren Mordplan in einer Versammlung anzeigte, würde man sie aus dem Lande treiben, 381 f.

Es wird eben jener Mordplan gegen den Königssohn durch die von Athene aufgegebene Reise Telemachs hervorgerufen. Und sie wird ausser ihrem schon zwiefachen Zweck, einmal den Ruhm des Odysseus, wie er bei den Kampfgenossen vor Troia lebt, zu

offenbaren, sodann den Telemach bei seiner Heimkehr mit dem
Vater zusammenzuführen auch ganz unmittelbar mit den heimischen
Verhältnissen verflochten. Die Freier in der Versammlung von
Telemach schliesslich angegangen, ihm zu einer Erkundigungsreise
nach Sparta und Pylos Schiff und Ruderer zu geben (2, 212 ff.),
weisen ihn mit diesem Verlangen an die Hausfreunde Mentor und
Halitherses, doch nicht ohne Andeutung der Erwartung, es werde
diesen nicht gelingen, 255 ff. Als nachmals bei einer Begegnung
im Hause Antinoos, wie Herrische wohl thun, nach der heftigen Abweisung dem Telemach begütigend hinsichtlich der Reise eine
ganz rückhaltlose Zusage ausspricht, da erwidert Telemach in er-
bitterter Stimmung und weist nicht blos die Gemeinschaft des
Mahles mit ihnen von sich, sondern drohet auch, indem er ohne
auf Jenes Zusage etwas zu geben, seine Reise als Passagier ankündigt, mit Maassregeln zu ihrem Verderben, und vielleicht Hülfe
aus Pylos (316 f.). Als er weggegangen, folgt ein Gespräch der
Freier über seine wohl feindlichen Absichten und sein mögliches
Schicksal auf dem Wege. Dass er nun doch wirklich im Geleit
des vermeintlichen Mentor am Abend abschifft, weiss ausser der
Alten, die ihn mit Reisekost versehen, Niemand, und es bleibt
unbemerkt und unbewusst, bis Noëmon, von dem Athene in Gestalt des Königssohnes das Schiff geliehen hat, dessen bedarf und
nach Telemachs Rückkehr zu fragen kommt (2, 386. 4. 630 f.).
Da hören sie, welche ihn in seiner damaligen Stimmung irgendwo
auf einem Gehöft auf dem Lande vermuthet hatten (4, 639 f.),
dass er doch wirklich es gewagt hat, und dass es ihm gelungen ist, die
Reise zu unternehmen. Es erfolgt dann auf des über alle andern
heftigen Antinoos Anschlag und unter seiner Anführung die Absendung eines bemannten Schiffes, das sich auf die Lauer legt,
um den Telemach bei seiner Rückfahrt zu morden (4, 669—672.
842—847). So wollen sie mit freveler Gewalt erzielen, was sie
in ihrem Gespräch, im Falle, dass Telemach auf der Reise um-
käme, alsdann auszuführen sich bestimmt äusserten (2, 332—336).

Dieser in Folge der Reise gefasste Mordplan, wie er den
ganzen Sinn der Freier bei ihrem Anfall auf das Königshaus
charakterisirt, zieht sich nun fort durch das Gedicht. Athene,
welche durch die Reise nach der Deutung der Schol. den Telemach
auch der bedrohlichen Lage unter den Freiern entrücken wollte,

nimmt den Plan alsbald wahr (5, 18 — 20. 25 — 27). Sie unterrichtet dann den heimgekommenen Odysseus von der Lauer,
13, 425 — 428, und vereitelt sie durch die Anweisung, welche
sie dem Telemach über den zu nehmenden Rückweg giebt, 15,
28 — 35, nämlich abwärts von den Inseln zu lenken, wo jene
lauern, und von der andern Seite an Ithaka zu landen. Dabei
ist zu beachten, dass durch diese Weisung mit der hinzugefüg-
ten Zusage des göttlichen Schutzes eigentlich die Gefahr ohne
Weiteres beseitigt war, also an dieser Stelle die Verse 31 und
32 überflüssig sind, wie sie J. Bekker als aus 13, 427 und 28
wiederholt ausschied. Wenn dem Jüngling Telemach bei der
Befolgung dieser Weisung, gerade bei dem geheissenen Wende-
punkt, es noch als unentschiedene Gefahr die Seele bewegt, ob
er auch wirklich entrinnen werde, 15, 300, „sinnend, ob er dem Tode
entrönne oder erläge", so haben wir bei ihm selbst darin eine
ganz naturgemässe Gemüthsbewegung zu erkennen, er ist wie
der Umstände auf Seiten der Nachstellenden, so des obschwe-
benden Ausgangs nicht ganz gewiss. Ganz anders bei den Zuhörern des vorgetragenen Gedichts: sie wussten, wie Zuschauer
einer Tragödie so oft mehr wussten als der Chor, sicherer als
Telemach, dass die Göttin den Reisenden hütete, und erwarteten,
das alsbald zu hören, was der Anstifter Antinoos, 16, 365, ausspricht: „Ach, wie retteten doch den Mann vom Verderben die
Götter". In diesem Sinne ging der erzählende Dichter, um
die Parallelerzählung zu wahren, 15, 301, zu Odysseus und
Eumäus über [180]).

So giebt es hier nirgends einen begründeten Anstoss. Viel-

---

180) Dieses Sachverhältniss, da Athene als Göttin die Lauer der
Freier und deren Verfahren dabei kennt, und ihre Weisung in dem Bewusstsein, ihn zu retten, gegeben hat, alles Dieses, wie es die Zuhörer
aus der ganzen Geschichte (13, 421 f.) nicht blos von früheren Particen
her wissen, bedachte einer derer nicht, welche in ihrem Decret entschieden sind, auch die Odyssee müsse sich noch wieder in kleine Stücke zer-
legen lassen. Unachtsam für jene Unterscheidung der Zuhörer sagt er
über 300 und 301: „Subito autem in tanto rerum discrimine, quod ipsi
lectores cum Telemacho extimescunt, in novam fabulam a poeta
inducimur." Volkmann Comentatt. epicae Lps. 54. p. 81. Wir lassen es
bei dieser Probe der in der Schrift herrschenden unbedachten Auffassung
bewenden, und berichtigen ihre falschen Verständnisse, wie sie bei Andern wiederkehren, übrigens nur stillschweigend.

mehr ist uns die Genauigkeit der Parallelen in diesen Büchern
vom Ende des 13. bis zum Anfang des 16. in ihrer Planmässigkeit wichtig. S. Fäsi, Einleit. z. Od. 1, XXXIII. Nach 13, 411
f., 439—440, 14, 1, 15, 1—3 gehen Odysseus und Athene, nach
dem Empfangsgespräch auf Ithaka, gleichzeitig noch in der
Frühe Odysseus zum Eumäus, Athene nach Sparta zu Telemach,
und dieser, welcher in derselben Nacht, wo sein Vater von
Scheria nach Ithaka fuhr, vor Gedanken an ihn nicht schlief,
reist an demselben Morgen von Sparta ab, wo Eumäus seinen
todtgeglaubten Herrn unerkannt als Bettler aufnimmt. Es folgen
jetzt in wechselnden Parallelerzählungen zwei Tage und zwei
Nächte des Aufenthalts bei Eumäus und der Rückfahrt des Telemach. Am ersten Tage, da Odysseus sich durch seine kretische
Erzählung in seiner Bettlerrolle festsetzt, 14, 199 ff., und von
Odysseus bei den Thesproten dem ungläubigen Eumäus erzählt,
363 ff., gelangt Telemach bis Pherä zum Diokles, 15, 185 f.
Am zweiten Tage, während Telemach alsbald bis Pylos und zu
seinem Schiffe kommt, und noch bis Phea, 15, 296 f., geschifft
ist, wendet sich der Erzähler erst bei dieser Abendzeit zu Odysseus und Eumäus zurück. Sie sind da natürlich schon beim
Abendessen, aber die Frage des Gastes nach des Eumäus Lebensgeschichte ruft eine so lange Unterhaltung hervor, da Eumäus
mit sichtlicherem Drange sich mitzutheilen selbst die zeitige
Dunkelheit der Jahreszeit bevorwortet, 392, dass nur ganz kurze
Frist, etwas zu schlafen übrig bleibt, 493 f. Bei anbrechendem
Tage, dem dritten, den Odysseus bei Eumäus ist, landet Telemach an Ithaka und verabschiedet seinen Gefährten, um, wie ihm
aufgegeben ist, zu Eumäus zu gehen, 504, 555 f. Er findet zu
wiederum genau zutreffender Tageszeit den Hirten und seinen
Gast bei Bereitung des Frühstücks, 16, 2. So erfolgt am dritten
Tage von dem Morgen an, wo die Parallelen begannen, die Be-
gegnung des Vaters mit dem Sohne[181]).

Es liegt hiermit deutlich vor, dass diese Form der Erzäh-

181) Es ergiebt sich aus der vorstehenden Nachweisung unläugbar,
dass die Auffassung, als komme Athene einen Tag später nach Sparta als
Odysseus zum Eumäus, ganz irrig ist. So Bäumlein Z. f. A. 50. S. 83 und
dagegen Fäsi Einleit. z. Od. 1. S. XXXVIII. 2. Ausg.

lung vom Dichter gewählt und gegeben ist, um die Absicht der
Reise des Telemach, ihn bei Eumäos mit dem Vater zusammenzuführen, in klarer Weise zu verwirklichen. Daher könnte es
uns nur sehr befremden, wenn derselbe Erzähler, welcher jene
Parallelen so genau bemessen hat, die Momente der Frühe, in
welcher Athene den Vater nach Empfang in Bettlergestalt zum
Hirten weist, und darauf selbst zum Telemach, der noch
im Bette liegt, geht, ungleich berechnet hätte. Findet sich
da ein Anstoss, so muss es eine Lösung geben. Es hat, die
Worte ohne Weiteres verstanden, wohl den Anschein einer Unebenheit. Odysseus landet auf Ithaka, als der Morgenstern am
Himmel steht, 13, 93 — 95. Die parallele olympische Scene,
125—160, und die Angabe von den Phäaken, 187, sind eben in
ihrem eigenen Gange daneben zu denken. Auf Ithaka verhandelt Odysseus mit Athene in der Morgendämmerung, aber wenn
auch der Aufgang der Sonne hier nirgends erwähnt wird, sondern erst bei Telemach in Sparta, 15, 56, so scheint was Athene
bei Odysseus hinsichtlich der Helle wirkt, doch schon eine lich-
tere Frühe zu verrathen. Erst schafft sie, 13, 189 f., einen
Wundernebel, damit er seine Heimath nicht sogleich erkennen
soll, dann zerstreut sie diesen, 352.

Wohl muss nun der Dichter hier mit dem Nebel gewisser-
maassen eine ähnliche Wirkung gemeint haben, wie die, welche
so häufig eintritt, wenn Götter sich und das Ihrige oder Anderes
durch einen Nebel unsichtbar machen und dann wieder sichtbar [182].
Allein keines Falls hat er damit eine Abänderung der natürlichen
Verhältnisse gemeint, wie Athene, Od. 23, 242—245, die Nacht
verlängert, die Eos vom Aufgang zurückhält und Here, Il. 18,
239, den Helios, damit der Kampf aufhöre, zeitiger zum Okeanos
sendet [183].

182) Il. 5, 186, 345, 506 f. 8, 50, 15, 308. — Od. 7, 15, 40, 143.
183) Wie Fäsi bemerkt, erscheint es Il. 8, 485 ebenfalls so, als habe
Here den sofort eintretenden Untergang der Sonne bewirkt, da es so
sehr ihrem Interesse entspricht, dass dieser erste Tag des Unglücks ihrer
Griechen, das sie so widerwillig hat geschehen lassen müssen, wenigstens baldigst zu Ende gehe.

ZWEITES BUCH.
Homers Verhältniss zu seinen Vorgängern und Nachfolgern.

Abschnitt I.
Die vorhomerischen Lieder.

1. Zwei Geschlechter der Heroen, ein älteres und ein jüngeres. Jenes bewährt seine Heldenkraft in Abenteuern zur Bekämpfung von Ungethümen oder in Fehden mit Nachbarn unter einzelner Schutzgötter Beistand, dieses in Heerfahrten und Völkerkriegen unter der zwiespältigen Theilnahme aller Götter und dem Regiment des höchsten Zeus.

Nach der nationalen Sage gab es, wie schon oben bemerkt, keine friedselige Urzeit, kein goldenes Zeitalter[1]), sondern wer ihr folgte, fand nur ein jüngeres und ein älteres Heldengeschlecht,

---

1) Wie die Giganten und ähnliche Sagen des Volksglaubens vielmehr die umgekehrte Entwickelung vom Roheren und Wilderen zum Milderen und Geordneteren erkennen lassen, erscheint das goldene Alter erst bei Hesiod und stammt, wie von Bamberger Rh. Mus. N. Folge 1, 524 ff. schon dargethan ist, aus Reflexion und ausländischer Idee. Genauere Uebersicht lehrt, dass Hesiod zweimal Verschlimmerung durch drei Grade angenommen, indem er den zwei ersten aus guten und bösen Dämonen umgesetzten, dem goldenen und silbernen, nun zuerst aus dem Volksglauben das eherne anfügte, dann mit dem Heroengeschlecht eine neue Trias begann. Das allein und zuerst von Hesiod angeführte goldene war niemals wirklich populär. Der naturgemässe Volkssinn dachte die Erdbewohner überhaupt nie weder ganz löblich noch ganz glücklich und Homers Götter kennen aus ihrer Vorzeit auch im Olymp Hader und Strafgerichte. Reflexion, im bewussteren Zeitalter, Sehnsucht beim Gefühl der schlechten

und mit dem älteren gleichzeitig die Erde noch ganz unwirthlich. Die Helden bildeten nicht das ganze Geschlecht der Erdbewohner, sondern sie wohnten unter schlichten Menschen, vor welchen sie, die Adligen, sich wie durch höhere Natur so durch eine mit Geschick gepaarte Stärke und Mächtigkeit auszeichneten. Ihrer Hülfe nun bedurften die gemeinen Erdbewohner gar sehr, damit die hier und da schaltenden Ungethüme, ungestalten riesigen Quäler oder thierischen Missgestalten bewältigt und der Wohnplatz der Erde befriedet würde. Denn überhaupt je älter die Zustände um so wilder erscheinen sie und die Menschen um so heimgesuchter. ,

So verlautet denn als die Folge der Wirksamkeit des älteren Heldengeschlechts, dass es durch Ueberwältigung jenes Unwesens Wohlthäter des Menschengeschlechts geworden sei. Die Gestalten der Wesen, welche auf der Erde sich hervorthun, zeigen selbst den Wandel und Fortgang von dem ganz ungeheuerlichen Uebergewaltigen, dann Gigantischen oder Berghohen bis zum natürlichen Menschenmaass, und von Mischnaturen zu Menschen und Thieren der Erfahrung. Die Heroen auch des älteren Geschlechts selbst sind zwar gross und stark, aber keineswegs gigantisch — wir hören den Kyklopen über Odysseus, Od. 9, 513—516, und nicht blos der Thebaner Melissos, den Pindar Isthm. 3 oder 4, 67 oder 84 ff. besingt, ist kein Orion, sondern auch Herakles ist kein Antäos gewesen, aber sie siegten durch Klugheit oder geschicktere Kraft über die rohen Unholde. Hier-

Gegenwart, endlich auch ascetische Lehrer brachten die eigentlich ausländische Idee in einige Geltung. Empedokles Katharm. 305 ff. oder 368 ff. schildert die friedfertigen Menschen unter Kypris' Herrschaft bei nur unblutigen Opfern. Plato, der Ges. 6, 782 C, diesen Brauch orphisches Leben nennt, braucht im Idealstaate die Menschen des goldenen Zeitalters zum Gleichniss seiner ersten Classe, und benutzt eben die hesiodischen Züge für verschiedene Zwecke. Politik. 271 D., Kratyl. 397 E., Ges. 4, 7 B. C. ff. Ausser ihm die Philosophen Dikäarch, bei Fuhr S. 102 und Posidonius bei Seneca Br. 90, § 40 ff. vermischt mit Eigenem. Spätere Dichter des gelehrten Zeitalters wie Aratus, Virgil und Ovid können nicht in Betracht kommen; aber auch die Behandlung des hesiodischen Bildes in der alten Komödie zum rügenden Gegensatze der Sitten in der Gegenwart ist gewiss ganz anders anzusehn als von Bergk geschehen (de reliqu. comoed. att. antiquae 188 ff.). Richtigeres giebt Preller im Philol. 7, 36 f.

bei, weil Schön und Gross zusammen gehören, waren, wie ein Herakles, so ein Achill und Hektor, ja der greise Nestor noch in seinem dritten Menschenalter grösser und mächtiger als die „Männer des Volks"[2]), sowie die Götter auf dem Bilde (Il. 18, 519) über die Reihen der Krieger hervorragen.

Auf das ältere Heldengeschlecht sah nun das jüngere als zu den früheren Männern (Il. 1, 260 ff.) mit Bewunderung hinauf, wie selbst Achill und Odysseus auf Herakles und dessen Gegner Eurytos (Il. 18, 117 f., Od. 8, 221—25). Aber auch diese hatten neben ihren Grossthaten Frevel begangen (Od. 21, 25—30) und wie die grössten Helden nach der echten National-sage immer die leidenschaftliche Menschennatur an sich tragen, so haben dieselben ältesten, welche mit den Göttern noch in so nahem Verkehr lebten, dass die Olympier zu ihren Gastmahlen kamen und zu ihren Hochzeitfesten persönlich Geschenke brach-ten (Il. 18, 84 f., Pind. J. 7, 38 ff.), sich sehr ungleich erwiesen. Von ihnen, den Urvätern der Helden vor Troia oder den früheren Männern, welcher die homerischen oder hesiodischen Gedichte sonst gedenken[3]), haben die Einen, wie Aeakos und Peleus, Mi-

---

2) Achill, Il. 24, 453—456, Hektor, Il. 12, 445—448, wo nicht blos 450 sondern auch 449 unechtes Einschiebsel ist; Nestor, Il. 11, 636 f. — In der spätern Zeit meinten die Griechen die Länge der heroischen Sta-turen unmittelbar an Gebeinen zu erkennen, welche sie ausgruben und mehrfach andershin schafften, s. m. Heldens. Kieler Stud. 401, bes. Abdr. 27. — Eben die meisten von Göttern stammenden Fürsten und Anführer, die vom Herrenstande (Geburt aus Zeus), waren heroischer Natur, die Leute im Heer gewöhnliche Menschen nach Aristot. Probl. 19, 48, und jene erkannte man gleich an ihrer Gestalt, Od. 4, 27. 20, 194, 202.

3) Achill, Sohn des Peleus, der des Aeakos, der des Zeus, Il. 21, 189 f. — Diomedes, Sohn des Tydeus, der des Oeneus, der des Porthaon, Il. 14, 115—118. — Glaukos, Sohn des Hippolochos, der des Bellerophon, dieser des Glaukos, dieser des Sisyphos, Il. 6, 196—206 und 153—156. — Idomeneus, Sohn des Deukalion, der des Minos, der des Zeus, Il. 13., 449—452, Od. 19, 178—181. Des Minos Bruder, Rhadamanthys, Il. 14, 322, Od. 4, 564. Agamemnon und Menelaus des Atreus, des Pelops des Tantalos, Il. 2, 105—108, Od. 11, 582. Euryalos Sohn des Mekistheus, der des Talaos, Il. 23, 678, 2, 566. — Die Lapithen Polypötes und Leonteus, jener Sohn des Peirithoos, welcher Sohn des Zeus, dieser Sohn des Koronos, welcher Sohn des Kaineus, Il. 2, 740—746, 14, 317 f. 1, 263 f. Zeus hat nach Homer den Peirithoos mit der Gattin des Ixion erzeugt, der bei pragmatisirenden Sagenschreibern selbst Vater des Peirithoos genannt

nos und Rhadamanthys, Peirithoos, Neleus u. A. als Betraute und Gesegnete der Götter gelebt, die Andern, wie Tantalos und Sisyphos, Salmoneus und Ixion mitten im Verkehr mit denselben arge Frevel verübt und gebüsst. Es war die Zeit der typischen Beispiele, und die Nachwelt trug eben aus dieser frevelhafte wie preiswürdige Beispiele im Gedächtniss und Munde. Dies die naturgetreue Darstellung der echten Sage von dem früheren Alter, dass die Menschennatur von jeher zu Beidem die Fähigkeit und Richtung in sich trug, zum Guten und zum Schlimmen, und dass ihr natürlicher Entwickelungsgang nach der Erfahrung der aus Roheit zur Bildung war.

Und dieselbe Annahme zeigt uns das dritte Bild von der Urzeit, das der Prometheussage. Die in diesem Titanen personificirte erfindsame, das Leben civilisirende Kraft des Menschengeistes hat ja dieselbe anfängliche Roheit der Menschen zur Voraussetzung. Aber die Prometheussage gehört noch mehr als die Weltalter des Hesiod einer späten Reflexion an, sie, die den ganzen Schaden der Civilisation und in der Menschenwelt oder dem menschlichen Gemüth das Weibliche als das Genusssüchtige, der Lust dienende, darstellt.

2. Fortsetzung. Allgemeine Charakteristik des älteren Heldenthums nach Poesie und Volkssage.

Die Helden der Ilias und Odyssee selbst vielfältig, oder Homer gelegentlich, führen, wie bemerkt, die älteren Helden als die früheren Männer und viele ihrer Thaten auf. Natürlich nur nicht alle Helden und Thaten, welche vom früheren Geschlecht in kennbaren Liedern und der Volkssage ruchtbar wurden. Homer berührt soviel als seinen Organismen passte. Namentlich Perseus und Theseus und die Dioskuren erscheinen bei ihm so gut wie gar nicht. Hierneben entdecken wir hier und da, wie ältere Lieder, welche neben den bereits vorgetragenen homerischen

---

wird. — Viele Geschlechter liessen sich aus Homer selbst noch anfügen, vor vielen das reiche mit dem Stammvater Poseidon und daneben dem Aeoliden Kreteus, wie Od. 11, 254—259 verzeichnet und angedeutet wird, und wie wir die Abkömmlinge z. B. Iason, Sohn des Aeson, Admetos, Sohn des Pheres, Melampus und Bias, Söhne des Amythaon, Nestor, Sohn des Neleus ebenso finden.

134

fortlebten, zu Einschiebseln in diese Anlass gaben, z. B. Lieder von Herakles und von den Jugendthaten des Nestor. Andrerseits macht die erst nach Homer kundbare Verehrung der Heroen als Halbgötter und Helfer neben den Göttern keinen Unterschied. Ausser dass Hesiods Gedichte nach älteren Liedern Vieles hinzubringen, erkennen wir schon bei Homer den Thatenruhm und die Liedesfeier der weiterhin auch durch Cultus Verherrlichten auf das deutlichste.

Der Geist des Heldenthums, wie er zuerst und am lichtesten in dem älteren Geschlecht, in Herakles vor Allen hervortritt, ist der, welcher die schweren Kämpfe besteht, eben um ausnehmenden Muth und Kraft zu bewähren und dadurch Ruhm zu erwerben. Solchen Heldengeist zieht wie als Waffe das Erz, so die trutzige Kraft, überhaupt die drohende Gefahr zur Gegenthat an. Der Held sucht den Kampf und, wo auf dem Wege zu dem einen Abenteuer sich irgend ein anderer Kampf bietet, erfasst er ihn. So ist dies Heldenthum und damit erscheinen persönliche Einzelkämpfe, oder doch eben in jener Zeit der Wunderwesen und der Wildheit sich hervorthuende schwere Aufgaben, also zu bestehende Abenteuer von Einzelnen oder zusammengeschaarten Mehren. Da hebt die Sage oder, sagen wir, die besonders laute Volkssage und das auch spätere Volksbewusstsein drei oder vier Helden des vortroischen Geschlechts hervor, Iason, Herakles, Perseus und Bellerophon, welche nach schon vor Homer oder doch vor Hesiod besungenen Abenteuern auf weiten Zügen über das heimathliche Griechenland hinaus in ferne Wundergebiete gedrungen. Sie sind die Entdecker der unbekannten Gegenden und der äussersten Gränzen der Erde. Böswillige Machthaber legten ihnen allen die Abenteuer auf, aber, mit günstiger Schutzgötter Beistand sieghaft bestanden, brachten sie ihnen Verdienst und Ruhm. Die Gebiete, auf denen sie wirkten, erscheinen zuerst als Phantasiegebiete, die anfangs höchstens in ihrer allgemeinen Richtung durch die Wege der schifffahrenden Völker bestimmt sind. So gehn sie, wie noch die Irrfahrten des Odysseus, zuerst in den dunkeln Nordwesten, sodann in der Richtung auf Libyen gegen die Westgränzen des Mittelmeeres hin, und andrerseits nach dem später gewagten Eindringen in das langhin gefürchtete schwarze Meer, in diesen äussersten Osten. Der eine Held, Iason, fährt mit

den versammelten Genossen auf dem Schiff Argo, sei es nur
das von Aeetes geraubte goldene Vliess zu holen (das erste Gegenbild zum Nibelungenhort, zum heiligen Gral oder Sampo der
finnischen Kalewala), oder um auch die Seele des von Aeetes
gemordeten Phrixos zu sühnen. Die Fahrt geht in der vorhomerischen Gestalt, Od. 12, 69—72, noch nicht nach Osten, sondern
bewiesenermaassen nach Nordwesten, wie das Ziel der Fahrt nicht
Kolchis, sondern nur ganz unbestimmt Aeaea-Land, Fernland,
heisst. Erst als die milesischen Schiffe das vorher wegen seiner
Räuber, ja Menschenfresser, verrufene schwarze Meer befuhren,
wandte die Sage sich nach dessen Küsten und verlautete in den
Katalogen Hesiods und in den nachhesiodischen Eöen[1]) der Weg-
weiser Phineus, der Fluss Phasis und Anderes von der östlichen
Fahrt. Aber immer noch war das Aeaea genannte Gebiet unstet,
bis die fahrenden Korinthier und ihr Dichter Eumelos das Land
Kolchis im Winkel des sogenannten Pontos fixirten: O. Müller,
Orchom. 274.

In das noch nur mit Augen der Phantasie gesehene West-
gebiet Libyens, wo der Berg Atlas vor dem Strom Okeanos liegt,
der die Erde umfliesst, gehen mehre andere Abenteuer, die
des Herakles, nach den Rindern des Geryoneus und den Gärten
der Hesperiden, und das des Perseus, zu den Graeen und Gorgonen. Die Zielpunkte von allen dreien Wegen sind phantasirte
Inseln im Okeanos über den Atlas hinaus: die Rinder auf dem
Eiland Erytheia, Rotheiland (Hes. Theog. 290—294), die Hesperiden (215), die Gorgonen (das. 274), — denn anders, als auf
Inseln des Okeanos kann man doch diese Angaben nicht deuten.
— Der vierte Held, Bellerophon, wird nach dem nicht ganz so
nebelhaften aber doch auch wunderreichen Lykien in Vorderasien gesandt, wo er die drei Kämpfe mit dem Ungeheuer Chi-
maera, mit dem Volk der Solymer und mit den Amazonen zu bestehen hat (Il. 6, 179 — 186). So führt die Sage diese älteren
Helden, wenngleich Herakles auch in der Heimath aussernatür-
liche Ungethüme bekämpfen musste, doch besonders in dunkle
Fernen, wo sich dergleichen vorzugsweise finden. Und von

---

1) Die Richtung nach Nordwesten: O. Müller, Orchom. 273—277.
Grotef. Altit. 1,5, mit besondern Beweisen. Hesiod im Schol. z. Ap. Rhod.
2, 181.

Wunderwesen, Wunderkräften und Wirkungen sind diese Abenteuer jener Helden voll, während die Sagen und Lieder vom
thebischen oder troischen Kriege Nichts der Art kundgeben.
Die Odyssee hat freilich in der Erzählung des Helden von seinen
bestandenen Irrfahrten (9 — 12) mit ihrem Windschlauch des
Aeolos, mit der Zauberin Kirke, den Seirenen, der Skylla, des
Wunderwesens die Fülle; dies aber erstlich durchaus nur in
dunkler Ferne und eben im Bericht des Helden, der die Hörer
wie durch ein erzähltes Märchen, an das man glauben mag,
spannt. Der Dichter giebt damit in demselben Gedicht von der
Heimkunft und Rache des Odysseus, neben der Erzählung vom
politischen Kampf und somit aus der gewohnten Welt und im
Geiste des jüngern Heldengeschlechts, eine Partie dem älteren
Epos ähnlich mit vieler Nachbildung der Argonautenfahrt.

Der sprechendste Unterschied, der die Helden des älteren
Heldengeschlechts von denen des jüngeren unterscheidet, liegt
in der persönlichen Begabung und in den Mitteln, durch welche
die Götter mehren ihrer Schützlinge Beistand leisten. Von
den Argonauten sind viele mit Wunderkräften begabt: Orpheus,
der Steine wie Menschengemüther bannende Lautner, Lynkeus,
dessen Auge durch Fels und Holz dringt, Periklymenos, der alle
Gestalten annehmen kann, Zetes und Kalais mit beflügelten Füssen.
Periklymenos widerstand mittels seiner Gabe auch dem Herakles
lange Zeit in der Fehde gegen Neleus; Melampus, der Seher,
der die Sprache der Thiere verstand, wirkte Wunder, als er
nach der Heerde des Phylakos ausgezogen. An Perseus dann
zeigen sich die reichen Wunderhilfen der Götter, ein unsichtbar
machender Helm (den in der Ilias nur Athene trägt) und Flügelsohlen, zum Werke selbst eine Sichel und ein Spiegel. Wiederum
aber ist Herakles in dieser Hinsicht von den Andern unterschieden. Ihm geben Sagen und Poesie durchaus nichts von Wunderkräften oder Werkzeugen; nur das Einzige, das wunderschnelle
Pferd Arion dient ihm bei Einem Zuge (Paus. 8, 25, 10). Der
Held der Helden also bedurfte keiner Wunderhilfen; er, der
echteste Halbgott wirkte und bestand Alles durch die ihm ange-
stammte eigene Tugend: ihm, dem grössten des älteren Geschlechts stand nur Athene zur Seite, wie dem grössten des jüngeren. dem Achill, Od. 11, 626, Il. 8, 362 f., vgl. mit Il. 22,

214, 270. Herakles, der allgemeinste und eigenste Nationalheld und wenn einer, der Cid der Griechen, ist dies freilich hauptsächlich durch die verbreitetste Verehrung, theils als Heros, theils als Gott geworden[5]). Hatte das Epos Grossthaten und Erlebnisse des Herakles von unvordenklichen Zeiten her gefeiert, so haben an keines Helden besungene Abenteuer die Volks- und Cultussagen so viel angeknüpft, als an die seinigen und bei keinem ist die Unterscheidung des allmählichen Wachsthums der ihn feiernden Poesie, von dem, was der Volkssage angehört, in dem Grade unthunlich, wie bei ihm[6]), die ihm beigelegten Züge, Kämpfe und Erduldungen sind zahlreicher, mannigfaltiger und im Fortgang der Wechselwirkung von Poesie und anknüpfender Volkssage wandelvoller, als die irgend eines zweiten. Wohl sind seine sogenannten Arbeiten, die ihm in Dienstbarkeit unter dem schlechteren Mann Eurystheus auferlegten Abenteuer, sein zuerst ruchtbarer Ruhmstitel; aber erstens steht neben diesen eine andere Reihe von Bewältigungen, die er auf den weiten Hin- oder Rück- oder Seitenwegen der Züge nach den Rindern, den Aepfeln der Hesperiden, nach dem Hunde der Unterwelt vollbracht und damit eine andere Zahl von Ungethümen vertilgt hatte, sodann kommen gar viele Fehden hinzu, da er mit einer Schaar Genossen an einzelnen Fürsten Rache genommen, ihre Burgen verwüstet und zerstört haben soll, wie vor allen die Fehde gegen Eurytos in Oechalia, dann die gegen Neleus, die gegen Laomedon, Herrscher in Troia, nach der er mehre Inseln strafte.

Mit alledem ist die Sagenfülle nicht umfasst, und wir erkennen in der verklitternden Zusammenreihung dieser Fülle[7]), wie sie die Sagenschreiber, besonders Apollodor, versucht haben, nur das Gemachte, d. h. die ursprünglich theils einzeln unabhängige Dichtung, theils die ganz jungen Wandelungen und Anknüpfungen. Eine besonders wirksame Ursache der Fülle und

---

5) Herod. 2, 44 a. E. Nach Isokr. an Philipp. 12, Paus. 1, 15, 4 und Diod. 4, 39, wollten die Attiker die ersten gewesen sein, welche den Herakles göttlich verehrt. Vgl. Eur. Herakl. d. Ras. 1323—1335, Plut. Thes. 35.

6) Am meisten Sagen knüpfen an das Abenteuer, den Rückweg mit den Rindern des Geryoneus; bei den Skythen sogar am Pontos nach Her. 4, 8.

7) Sie ist dargelegt in Jacobi's Handwörterb. d. Myth. S. 395—423.

Mannigfaltigkeit ist offenbar die Mischung des hellenischen Helden mit Heroen oder Göttern der Lydier (O. Müller), Aegypter und besonders dem phönikischen Gott Melkart.

Für uns nun gilt es, da wir das kundbare Epos suchen, einerseits die jungen Wandlungen der hellenischen Sage bemerklich zu machen, andererseits besonders das hervorzuheben, was deutlich erkennbar von der Vermischung des hellenischen und des phönikischen Herakles herzuleiten ist. Beides tritt uns ins Licht, wenn wir Pindars Darstellungen des Herakles an der Geschichte der griechischen Colonieen prüfen und die Ergebnisse der Forschungen über die Phöniker vergleichen.

Da in der frühesten Dichtung von Erytheia und den Hesperiden nur der Atlas an die unbestimmte Gränze Libyens gesetzt, sonst das Phantasiebild der vom Ocean umflossenen Erde behalten war, wie Hesiod jene in den Ocean verlegt, so geht die rein poetische Ueberlieferung bei den Tragikern zwar fort[8]; Stesichoros dagegen und Pindar haben die im Fortgang erfolgten Fassungen der Volkssage nachgedichtet. In Folge der Gründung von Kyrene erscheinen erst die Hesperiden und die Gorgonen fest angesetzt, und zwar an der grossen Syrte, und der von Herakles niedergekämpfte Antäos heisst König der Libyer zu Irasa[9], zwischen Kyrene und Aziris, wo später Barke. Die Kyrenäer sind durch die Fruchtbarkeit ihres Gebiets bewogen worden, sich die Hesperiden anzueignen. Der Kampf mit Antäos, den der dorische Stammheld besteht, war Personification und Bild der Bewältigung der Eingebornen, die, einmal besiegt, in immer neuen Schaaren erschienen; das ist der niedergeworfene und immer kräftiger wiedererstehende Antäos, wie O. Müller sehr wahrscheinlich deutet Dor. 1, 452). Und offenbar ist auch der ägyptische Busiris, der die Fremden opferte, selbst ein Bild der durch schlimme Gerüchte vom finsteren Sinn der Aegypter angeregten Volkssage (Personification des Stadtnamens Her. 2, 59), und diese war es, die den Herakles, da ihn die Gefahr bedroht, den Wütherich bändigen liess (Apollod. 2, 5, 11)[10].

---

8) Aesch. Prom. 795. Soph. Trach. 1100, Eur. Hippolyt. 742—748.
9) O. Müller, Orchom. 346. Völker, Myth. Geogr. S. 120, vgl. mit S. 73, Pind. Pyth. 9.
10) Das Bild des Busiris stammte schon aus älterer Zeit mehr blosser

Gleichfalls allein der Volkssage angehörig finden wir die so
berühmten Säulen des Herakles, und zwar indem hier besonders der hellenische sieghafte Abenteurer mit dem phönikischen Melkart in Eins gemischt ward. Wohl ist nämlich dieser
Ausdruck Säulen des Herakles oder blos die Säulen bei den
späteren Griechen der stehende für die Gegend um Kadix (Gadeira) oder die bei dem Gebirge Abile und Kalpe zu beiden
Seiten der Meerenge von Gibraltar. Aber die ursprüngliche
hellenische Sage und Sagenpoesie kennt keine andere Weltgränze,
als den umströmenden Weltstrom Okeanos (Her. 4, 8). Wie wir
sahen, lagen die Zielpunkte der beiden westlichen Abenteuer des
Herakles, die Insel Erytheia, wo die Rinder, und die andre, wo
der Garten der Hesperiden[10], „jenseit des Okeanos", d. h. auf
einer Insel desselben. Nun hat jedes Abenteuer seine eignen
Wege sowie seine eignen Wunderwesen, die auf denselben von
dem Helden getroffen und bestanden werden. Jene beiden Wege
des Herakles gingen aber von Tiryns oder von Mykene, der Stadt
des Eurystheus, aus und führten zu Lande durch Europa; denn Herakles ist kein Seefahrer. Hatte er doch eben den Helios um seinen Kahn zu bitten, um zu seinen Zielen zu gelangen. Es ergiebt
sich hieraus zuerst dies: die Säulen des Herakles sind ein
Erzeugniss der über das sagenhafte Phantasiegebiet erweiterten
Kunde des Westens, und wer nach der Sage das Mittelmeer zuerst bis zum Ausfluss in den Ocean befahren hat, dem gehören
jene Säulen an. Das ist nun nach Pindar (dem Ersten in unserer Litteratur, der die Säulen nennt) Herakles. Pindar lässt diesen nicht, wie die sonstige Sage, nur die Erde von Ungethümen
säubern und befrieden, sondern ebenso die Meerungeheuer tilgen
und damit der Schifffahrt Bahn machen[12]. Aber indem er

Gerüchte über Aegypten. Hesiod nannte ihn nach Theon Progymn. 6,
11 Alter älter als Herakles, wie auch Isokr. Busir. 15, aber die Sage von
Herakles kam später hinzu. Es verwarf sie Herodot 2, 45.

11) Hes. Theog. 287—294, 309, das. 215 und 216, 275 f. und der be-
wachende Drache 394 f. —

12) Nem. 1, 63 — 95 prophezeit Teiresias vom Kinde, das die Schlan-
gen erdrückt hat, wie vieles wilde Gethierig er auf dem Festlande, wie
vieles auf dem Meere er tilgen werde. Isthm. 3 und 4, 73: „Der zum
Olymp stieg, nachdem er der Erde und des klippenvollen Meeres Fläche
besucht und den Schifffahrten die Fuhrt geruhig gemacht.

in der Meeresfluth die Ungeheuer bezwang, zeigte er wie weit die Bahn der Schifffahrt gehe, indem er die Strömung und die Seichten erforschte und stellte zum Zeugniss des Aeussersten die Säulen auf [13]). Diese noch in andern Stellen desselben Dichters festgehaltene Charakteristik des Herakles hebt gerade ein Verdienst hervor, auf das die frühere echt nationale Sage und Poesie vom Helden, der auf Geheiss des Eurystheus erst nach den Rindern, dann nach den Aepfeln der Hesperiden in den äussersten Westen zieht, nicht ausläuft. Nur späte Verklitterer der mannigfachen Sagen haben die Aufstellung der Säulen dem Zuge nach den Rindern angereihet, was gar keine innere Begründung giebt [14]). Sonst erscheint Herakles erstlich als „Reiniger" auch des Meeres nur in summarischer Lobeserhebung wie bei Pindar, so bei Sophokles Trach. 1012, und 1061 sind die Säulen ebenso nur in rhetorischem Gesammtbilde als Siegesmale und Zeugniss, wie weit griechische Kraft gedrungen (Isokr. Philipp. 47). Irgend Etwas vom speziellen Hergang kommt nirgends hinzu, noch erscheint Herakles irgend wo als ein Heros und Hort der Schiffenden, was nicht fehlen würde, wenn irgend die Sage Beispiele davon überliefert hätte. Hätte er im Volksglauben auch das Meer befriedet und der Schifffahrt Bahn gemacht, dann würde die Sage von Kämpfen mit Seeungeheuern erzählen, wovon nirgends, als in der ganz anders motivirten Befreiung der Hesione die Rede ist, sonst nirgends eine Spur [*]).

Es leuchtet auch bald ein, dass die von Herakles angeblich gesetzten Säulen sich als solche in keiner Beziehung zum deutlichen Bilde gestalten; was und wo sie seien und wie sie der Held aufgestellt, wird entweder gar nicht oder von den mannigfachsten Orten angegeben, nur immer im äussersten Westen. Und so hat die zwiefache Forschung über Herakles und über die Schifffahrt der Phöniker überzeugend dargethan, dass nicht der Herakles der hellenischen Sage, sondern der phönikische, d. h. die Verehrer des tyrischen Herakles, des Melkart, die Säulen

---

13) Nem. 3, 21—26. Er zeigte das „Bis hierher und nicht weiter". Nem. 4, 69: „Aus Gadeira unter die Nacht dringt nimmer der Segelnde: nach dem Land Europa zurück wende das Schiffszeug." Vgl. Isthm. 3, 30. Ol. 5, a. E.

14) Apollod. 2, 5, 10, 4. Diod. 4, 18. Schol. zu Pind. 3, 79.

[*]) Hierbei ein Fragezeichen von des Verfassers Hand. A. d. H.

gesetzt, oder dass sie von den Phönikern und ihrer Schifffahrt her-
stammen und durch sie in die herrschende Ueberlieferung gekommen
sind. Die Phöniker sind es auch nach Strabo, durch welche den Griechen die erste Kunde jenes Westens gekommen, die zu den Sagen von
Herakles gestaltet worden [15]). Sie sind früher, als die verschlagenen
Phokäer und kühnen Aegineten (Herod. 1, 163) nach Tartessos
gelangt, und haben wie dieses in grauer Vorzeit selbst so späterhin in Spanien und an den Küsten Libyens andere Plätze gegründet. Gadeira (Kadix) gilt nur angeblich für ihre kundbar
älteste Anlage in Spanien, und lag ausserhalb der Meerenge und
in dessen Nähe, oder nach Tartessos, was man in dunkler Vorstellung für dasselbe hielt, wurden die Säulen meistens verlegt.
Mögen die Phöniker nun selbst hier oder zuerst am Anfang der
Westhälfte des Mittelmeeres die warnenden Armsäulen aufgerichtet haben: es waren unstreitig ursprünglich Warnungszeichen für
die Seefahrer vor gefahrvollen Stellen. Ob ehrlich, ob lügen-
haft die Phöniker warnten, ist nicht recht zu bestimmen. Strabo
nennt die phönikische Lüge (170) sprichwörtlich, und weiss (175
a. E.) dass sie zuerst in den Ocean hinausgeschifft, aber ihre Fahrten verheimlicht hätten. Die genauere Forschung hat jüngst das
obige Ergebniss gebracht [16]). Dass nun die Durchfahrt in den
Ocean Hemmnisse gehabt, wird allerdings mehrfach angegeben,
sodass die Vorstellung eines weiterhin unfahrbaren Meeres gewissen thatsächlichen Grund erhält [17]). Doch fest steht ja, die

15) Die verschiedenen Deutungen der Säulen verzeichnet derselbe
170—172, unter denen die auf die beiden Gebirge, Abile auf der afri-
kanischen, Kalpe auf der spanischen Seite, nun auch ihre Vertreter hat.
Dieselbe Vieldeutung bei Hesych. unter dem Wort.

16) Redslob Thule, die phönikischen Handelswege nach dem Norden,
Leipz. 1855, S. 3, dessen obige Erklärung vor der aus Cultussäulen bei
Movers, Phönizier 1, 295, den Vorzug verdient. — Ueber Tartessos und
sein Verhältniss zu Gadeira s. Redslob, Tartessus. Ein Beitrag zur Geschichte des phönicisch-spanischen Handels. Hamb. 1849, S. 18.

17) Pind. N. 3, 24, spricht von Seichten und Aristot. Meteor. 2, 1,
ebenfalls von seichten Untiefen. Nach dem Schol. z. Pind., Ol. 3, 79, ist's
Chaos, d. h. Nebelluft, Finsterniss, nach Aristot. Wundergesch. 148 dich-
tes Schilf und Seegras, und nach dems. das. 35 sieht man bei Nacht Flammen dort, wie sie von solchem Boden aufleuchten. Man vergl. die merk-
würdige Aeusserung des Tacitus, German. 34 a. f. et superesse adhuc
Herculis columnas u. f.

Phöniker sind frühzeitig und viel hindurch gefahren und eben von dieser Durchfahrt mögen wir eine besonders sprechende, mythische Form in der Angabe entdecken: Die Berge Abile und Kalpe hätten ursprünglich einen ununterbrochenen Höhenzug gebildet, Herakles aber habe sie getrennt und so das Aussenmeer eingelassen[18]).

3. Abschluss der Charakteristik des älteren Heldengeschlechts.

Wenden wir von diesen Um- und Zudichtungen der Volkssage uns zu dem echt epischen Bilde des Herakles und überhaupt zu den Helden des älteren Geschlechts zurück, so betonen wir gerade hier, dass gegenüber den phönikisirenden Sagen, welche den Herakles so viel auf Heereszügen in Afrika aufführen, der griechische von Zeus erzeugt ist, um Göttern und bedürftigen Menschen einen Abwehrer des Unheils zu schaffen (Hesiods Sch. 29). Dies ward er gleich zuerst und zumeist, nachdem Zeus, von seiner Here politisch überlistet, es hatte geschehen lassen müssen, dass der Sohn des Persiden Sthenelos, Eurystheus mit der Erstgeburt die Herrschaft über seinen Sohn gewonnen, und nun dieser in Dienstbarkeit die von Jenem aufgegebenen Kämpfe vollziehn musste. Beachtet man die gegebenen Andeutungen und die sinnigen Beziehungen, so hat Herakles im Gehorsam unter das missgünstige Geschick sich schon als Wohlthäter der Menschen vollbewährt, als Zeus, nachdem Prometheus Fesseln und Strafe verwirkt, dessen Erlösung durch Herakles gut heisst. Denn dass Herakles bereits im Ruhme stehe, besagen die von jener Bewilligung gebrauchten Worte ausdrücklich: Gar nicht zum Missfallen des obwaltenden Zeus, auf dass der Ruhm des Thebäer Herakles noch herrlicher als vorher über die weite Erde ginge (Hes. Theog. 526—531). Die ganze Idee, welche in diesem Akt der Erlösung durch Herakles ausgesprochen ist, verlangt es, dass der Erlösende bereits als das Gegentheil vom frevelen Prometheus offenbar und anerkannt sei. Der titanische

---

18) Mela 1, 5, 3 und Diodor 4, 18 mit beigemischten Verdrehungen. Da ist Herakles wie eine Naturgewalt gleich dem Briareus und Säulen des Briareus nannte sie eine ähnliche Vorstellung nach Aristot. bei Aelian V. G. 5, 3. Vgl. O. Müller Dor. 1, 452 f.

Geist und Sinn, der in achtlos unfrommer Maasslosigkeit den Menschen wohlzuthun gestrebt, wird aus der verhängten Strafe und Qual erlöst durch den Helden, der im Gehorsam unter ein Missgeschick derselben Menschheit Wohlthäter geworden ist.

So ist hiermit denn für die Folge und Geschichte der Sagendichtung und der Poesieen — da hier ein überaus sinniger Dichtergeist anzuerkennen ist — deutlich gegeben, dass die sieghaften Kämpfe nach Eurystheus' Geheiss früher gedichtet waren, als die Erlösung des Prometheus. Wie aber in der oben, Buch 1, § 6, genauer besprochenen Dichtung vom Herakles als Mitkämpfer der Götter gegen die Giganten dieser Held in demselben ausgeprägten Charakter der gesittigten gottgefälligen Menschheit erfasst ist, so gilt derselbe Schluss auch für die Dichtung der Gigantomachie, auch sie erweist sich als nach dem Dienst unter Eurystheus erfunden.

In dieser Dienstbarkeit nun erhält Herakles eine Reihe schwerer Abenteuer von dem Eurystheus auferlegt, welcher, wenn nicht Here ihm, dem Persiden, in Argos die Herrschaft erlistet hätte, vielmehr Jenem unterworfen gewesen wäre und der daher in eifersüchtig launenhafter Böswilligkeit seine Aufgaben stellt. Es erscheint also auch hier die noch unbefriedete Erde voll von Ungethümen und wilden Mischgestalten, andrerseits die Stimme der Völker in ihren Führern in Streit und Eifersucht um Vorrang und Herrschaft, also im politischen Kampfe. Dieses Verhältniss, das sich zwischen Herakles und Eurystheus so besonders deutlich zu kennen giebt, es wiederholt sich bei mehren Andern des älteren Heldengeschlechts, welche ebenfalls von böswilligen Herrschern schwere Abenteuer auferlegt erhalten: bei Iason, Bellerophon Perseus, auch bei Theseus, wie weiterhin das Verzeichniss der vorhomerischen Lieder genauer zeigen wird.

Als besonderer Charakterzug der Sagen gerade vom älteren Heldengeschlecht ist zu bemerken, dass dem Theseus bei seinem Unternehmen die Liebe der Minostochter Ariadne mit ihrem Faden, dem Iason die der Medea mittels Zauberkünsten beistand. Und die Liebe wirkt mehrfach auch sonst in dieser abenteuernden Welt, namentlich ist sie noch öfter das Motiv für Theseus. Als in der Liebe veränderlich zeigen ihn die Angaben Plutarchs 29. Vornehmlich im Bunde mit Peirithoos hat er mehre Liebesabenteuer ausgeführt. Sie verbinden sich gegenseitig zur Erwerbung einer Braut. Theseus raubte mit Peirithoos Hülfe die Helena — und eine Sage nannte sogar die Iphigenia ihre Tochter — darauf gingen sie, die Persephone oder Kore für Peirithoos zu entführen, in die Unterwelt [19]. Mit Peirithoos hatte Theseus nach Pindar auch den Zug nach dem Wohnsitz der Amazonen, Themiskyra, unternommen, auf dem er die Antiope heim führte, mit der er den Hippolytos zeugte (Paus. 1, 2, 1 oder fr. 151). Hierzu kommt, dass die attischen Sagen dem Theseus von den gemeinsamen Grossthaten des älteren Heldenthums nichts nach so abgewogenem Zeugniss beilegen als die Theilnahme am Kampfe der Lapithen gegen die Kentauren unter Peirithoos Führung (Pl. Thes. 29 und 30). Alles Dies zusammen führt zur Unterscheidung einer Zeit und Thatenreihe, während welcher Theseus in Freundschaft mit Peirithoos lebte und strebte; wogegen er in einer andern Gruppe von Sagen des Herakles Nacheiferer und Betrauter ist. Ist diese letztere Gestalt die jüngere? oder sagen wir besser, im Verhältniss des Theseus zu Herakles ist am meisten geneuert worden? Theseus ward in Attika's Cultus und Sage erst gross von den Perserkriegen an, und erst dann zum gepriesenen Bürgerkönig.

Alles bisher vom älteren Heldengeschlecht Gesagte zählt zum Wesen von Abenteuern durch die der Einzelne unter Beistand einzelner Götter seine Tugend bewährte. Dieselbe Art haben aber auch die neben jenen Abenteuern kundbaren Fehden jener Heldenzeit, sofern die Sache auch da immer auf Auszeichnung und Ruhm Einzelner ausgeht. Es sind dies theils kleine Kriege zwischen Nachbarstämmen, theils Züge einzelner Helden mit gesammelten Genossen gegen eine Burg. Das Unterscheidende dieser Fehden von den Kriegen des jüngeren Heldengeschlechts ist, dass durch sie rein persönliche Beleidigungen gerächt werden, nicht solche, welche die göttliche Gerechtigkeit angehn. Und glänzende Siege über die Beleidiger sind Ausgang derselben. Zu solchen Fehden und zur Hülfe der Hauptkämpfer werden befreundete Helden aus der Ferne gerufen, wie der junge Nestor

19) Die Stätte des Bundes: Soph. Oed. a. K. 1593 f. Helena i. Stesichoros 6, Paus. 2, 22, 7, Kore: Pindar b. Pausanias 1, 41, 5. Das Epos Minyas: Paus. 10, 28, 2. Der spätere Epiker Panyasis das. 29, 9.

von den Lapithen (Il. 1, 269 f.), oder sie finden sich selbst ein.
Der allgemeine Thatendrang bedarf nur der Gelegenheit, um zu
Abenteuer oder Fehde Viele herbeizuziehn. Von zwei Abenteuern meldet die Sage dies besonders, der Argonautenfahrt des
Iason und der von Meleagros angestellten Jagd des kalydonischen
Ebers, den der Zorn der Artemis gesendet. Bei beiden sehn
wir das Verzeichniss der Theilnehmer im Fortgang der Sagendichtung gewachsen und gewandelt, sei es durch den Ehrgeiz
der Stämme für ihre Helden oder durch Willkür der Dichter.
Die Theilnahme an dem einen wie an dem andern Unternehmen
wurde unstreitig schon früh Gegenstand der national-ruhmsüch-
tigen Poesie, wie nachmals die am troischen Kriege, aber ein
ältestes Namensverzeichniss vermögen wir weder von den Argonauten noch von den Jägern zu unterscheiden, nur dass eine gewisse kleinere Zahl in allen den Aufzählungen wiederkehrt, unter
den Argonauten namentlich Iason und Orpheus, Herakles und die
Dioskuren, Periklymenos Neleus', Peleus Achills, Telamon Aias',
Menoitios Patroklos' Vater, Zetes und Kalais Söhne des Boreas, Idas
und Lynkeus, Söhne des Aphareus, Meleagros, der Held des andern
Abenteuers, der berühmte Bogenschütz Eurytos und der Steuermann Tiphys[20]).

Die Weise des älteren Heldengeschlechts, da Iason und Meleagros eine Zahl anderer einzelner Tapfern zur Theilnahme an
ihrem Vorhaben aufriefen, wiederholt sich bei den Heerzügen des
jüngeren Geschlechts gegen Theben und Troia. Aber in den
Sagen von diesen Heerfahrten gegen Königssitze zu ihrer Zerstörung und unter dem Walten des ganzen Götterraths mit dem
höchsten Zeus erscheinen auch als von der älteren Heldenzeit überlieferter Brauch Wettkämpfe oder Spiele auf zwiefachen Anlass.
Einmal wurden bei Bestattung eines gefallenen Helden ihm zu
Ehren Wettkämpfe gehalten im Wagenrennen, Faustkampf, Ringen, Wettlauf, Diskoswurf, Speerwurf, Lanzenstich, Bogenschuss.
Die Sieger gewannen Preise, erste und zweite; bei Liberalität
des Anstellers noch mehre. Es bestehen diese Preise in geschickten Sclavinen, Pferden, Rindern, Maulthieren, Gewichten

20) Das Verzeichniss der Argonauten bei dem für uns ältesten Zeugen, dem Pindar, P. 4, 171—187 nennt nur die Göttersöhne, aber alle anderen
Tapfern habe Here angeregt.

Goldes oder Silbers, Mischkrügen, Siedekesseln, Becken, Trink-
bechern, früher erbeuteten Waffenstücken u. A. Aus der älteren
Heldenzeit sind die Leichenspiele, welche Akastos seinem Vater
Pelias veranstaltete, nach älteren Liedern in Poesie und Kunstbildern vorzüglich ruchtbar (Lade des Kypselos Paus. 5, 17—19.
Stesich. fr. 1—3). Homer, wo er den Achill seinem Patroklos
Leichenspiele feiern lässt, Il. 23, erwähnt dabei mehrer Belege
des alten Brauchs 630—640, 679 f. [21]). Zum andern liess er in
der Odyssee die Penelope den Bogenkampf, der über ihre Hand
entscheiden sollte, ebenfalls nach alter Sitte anstellen (21, 2,
74—79). Die Väter vielumworbener Jungfrauen, die jedenfalls
von den Freiern durch bedeutende Leistungen zu erwerben
waren, verlangten bisweilen bestimmte, schwer zu beschaffende
Geschenke, wie Neleus für seine schöne Pero, wovon alsbald.
Oefter aber gaben sie einen schwierigen Wettkampf auf. So
Oenomaos in Elis um Hippodameia, Danaos um seine Töchter,
Ikarios um die Penelope, ja noch Kleisthenes in Sikyon um seine
Agariste [22]). Penelope war in der Lage, selbst aus den Freiern
einen wählen zu sollen.

Nach dem Angeführten kommen alle von dem älteren Heldengeschlecht überlieferten Charakterzüge in Folgendem überein:
Der Held, als dem Menschenloose unterworfen, hat Schweres
auszudulden; aber er besteht als duldherzig und starkmüthig
($\tau\alpha\lambda\alpha\varkappa\acute{\alpha}\varrho\delta\iota\sigma\varsigma$, $\varkappa\alpha\varrho\tau\varepsilon\varrho\acute{\sigma}\vartheta\upsilon\mu\sigma\varsigma$) dasselbe, sei es ein einzelnes Abenteuer oder eine Fehde, oder ein Waffenspiel sieghaft und zwar
unter seiner Stamm- und Schutzgötter Gunst und Beistand,
welche ihre Schützlinge mehrfach auch mit eigenen Wunderkräften oder Wunderwerkzeugen begabten, so wie viele der
Abenteuer ihre Scene selbst in fernen Wundergebieten hatten.

21) In Hesiods Werken und Tagen 652—657 oder 654—659. Göttl.
wird der Wettkämpfe bei des Amphidamas Bestattung in Chalkis auf Euböa gedacht. Ob ein späterer Interpolator die Verse von Hesiods Siege
dabei eingeschoben, oder nur einer einen Wettkampf Hesiods mit Homer
hier angebracht habe, das ist streitig. S. Göttl. und Marcksch. S. 34.

22) Oenom: Eöen bei Paus. 9, 21, 7 und 10. Pind. Ol. 1, 70 oder
113 ff. Danaos: Pind. Pyth. 9, 111 oder 193 ff. und Paus. 3, 12, 1 und 2.
Ikarios: Paus. ebendas. Kleisthenes: Herod. 6, 126—130. Dass Eurytos,
der gewaltige Bogenschütz, dem Sieger seine Iole doch verweigerte, zog
ihm die Fehde mit Herakles zu.

Die Dichtungen vom jüngeren Heldengeschlecht legen dagegen
eigene Wunderkräfte, wenn sie derselben nicht aus der Vorzeit
gedenken, nur den Göttern bei und lassen sonstige Wunderwesen
nur in jetzt ergötzlichen Berichten von bestandenen Irrfahrten
aus ganz unerkundeter Ferne vorkommen.

4) **Verzeichniss erkennbarer Lieder von den Thaten
des älteren Heldengeschlechts, wie sie theils aus
der echten Ilias und Odyssee, theils, weil sie neben ihnen fortbestanden, aus Interpolationen derselben, theils aus Hesiod und späteren Zeugen
erkannt werden.**

Er wird zur Anerkennung der hier zu verzeichnenden Lieder
nicht weiter erforderlich sein, den Leser daran zu erinnern, dass
eben die Sänger die Träger der Sagen von den Thaten der früheren
Männer, des „Ruhmes der Männer ($\varkappa\lambda\dot{\varepsilon}\alpha\ \dot{\alpha}\nu\delta\varrho\tilde{\omega}\nu$)", waren. Die
epischen Liederstoffe, Abenteuer oder Fehden, deutet Homer in
seiner lebendigen Weise hier und dort an, oder er bezeichnet sie
deutlicher, Hesiod erwähnt sie vornehmlich in seinen Katalogen der
Heldenmütter aber auch sonst, und die spätere Griechenwelt giebt
davon das lebendige Bewusstsein kund. Diese Menge von Stoffen
gebietet eben, eine zahlreiche Zunft von Sängern in schon älterer Zeit anzunehmen, deren Gesänge die alten Kunden verbrei-
teten und lebendig erhielten. Wir beginnen die Reihe mit dem
Stoffe, den Homer ausdrücklich durch das Beiwort „Allen im
Sinn liegend" als den vielgesungenen und gern gehörten bezeichnet:

1. Lied von Iasons Argonautenfahrt: Od. 12, 69—73.

Eins nur lenkte vorüber der meerdurchwandelnden Schiffe
Argo die Allen bewusste [23]), als heim von Aeetes sie kehrte.
Und auch dies stiess risch damals an die mächtigen Felsen
So's nicht Here gelenkt, die huldvoll war dem Iason.

Eine reichere Skizze giebt der Anhang der hesiodischen Theogonie 992—999:

Sie des Aeetes Tochter, des gottgesegneten Königs,
Führte der Aesonid' in der Obhut ewiger Götter,
Von Aeetes daher, nach bedrohender Kämpfe Vollendung.

---

23) S. Od. 9, 19 f. m. Anm. nebst Anakr. Frag. 93. Plat. Ges. 8. 835
E. — Die vier Verse werden gerade dadurch als echt bezeugt, dass sie
eine an sich zu erwähnen nicht nöthige Ausnahme beibringen; die durch
ihren Ruhm Allen bewusste liess sich nicht übergehn.

10*

Wie sie ihm viel auflegte der übermüthige König
Pelias, frevelen Muths und Gewalt'ges zu üben bedacht nur.
Diese bestanden, erreicht er nach vielen Gefahren Iolkos.
Führend im hurtigen Schiff die anmuthblickende Jungfrau,
Aesons Sohn, und sie ward ihm blühende Lagergenossin.

Hesiods Katalog gab mehr: fr. 60 und 61 handeln vom blinden
Phineus, fr. 65. 67—69. von den Harpyien, von denen ihn die
beflügelten Söhne des Boreas befreiten.

2. Lied von Herakles Arbeiten: Il. 8, 362—369. Es

spricht Athene, den Vater Zeus anklagend:

Nimmer gedenkt er mir dessen, wie oft ich seinen Herakles
Rettete, als er so schwer von Eurystheus Kämpfen bedrängt ward.
Ja oft weinte der Held zum Himmel empor, und Kronion
Sendete mich vom Himmel herab, ihm schirmend zu helfen.
Hätt' ich zuvor nur dieses gewusst im ahnenden Sinne,
Als er hinab zu des Hades verschlossenen Thoren gesandt ward,
Dass er vom Erebos hole den Hund des entsetzlichen Hades:
Niemals wär' er der Styx graunvollen Gewässern entronnen.

Schon diese Stelle zeigt ohne Weiteres, dass dem Homer
ein Lied von mehren Abenteuern, welche Eurystheus dem Herakles auferlegt, bewusst war. Athene nennt sich eben bei den
mehren die helfende Schutzgöttin. Sie bezeichnet ihren mehr-
fachen Beistand schon durch die Form der Zeitwörter (-εσκον),
welche anerkannter Maassen eine mehrmalige einzelne Handlung
bedeutet, und dazu kommt Il. 15, 639 der Held Kopreus, der nach
derselben Wortform dem Herakles die Aufträge einen nach den
andern zu melden hatte. So hebt die Göttin nur den letzten und
schwierigsten Auftrag hervor, wie es die ganze Situation, in der
sie spricht, mit sich brachte, den Gang in die Unterwelt, um
den Kerberos herauf zu bringen. Dieser selbe wird in der Odyssee 11, 624 eben als der schwerste von allen erwähnt.[24] Das
Leben des alten Liedes bezeugt dann zunächst Hesiod, indem er
seiner Theogonie, ohne Zweifel, weil sie durch die Lieder auf
Herakles bekannt war, die Entstehung mehrer vom Helden
überwältigter Ungethüme einwebte.[25] Man erkennt dabei die der

24) Auch in nachmaligen Aufzählungen, bei Eurip. Ras. Herakl. 427.
1102. 1277. Soph. Trachin. 1008. wird das Holen des Kerberos theils als
die letzte theils als besonders schwere That hervorgehoben. Den Anfang
macht immer der nemeische Löwe: Soph. 1092. Eur. 359.

25) Den Geryon mit seiner Heerde, dem Hirten und seinem Hunde
287—294. Die lernäische Schlange 313—318 den nemeischen Löwen 327.

Poesie entnommenen Bilder aus den beseelenden Zügen, da Here
aus Hass gegen Herakles die Hydra und den Löwen gepflegt, Athene
ihm Beistand geleistet, Iolaos sein Gehilfe bei der Hydra gewesen.

3. Lied von Bellerophons Abenteuern: II. 6, 155—205.

Der Enkel des Sisyphos, des korinthischen Heros, war — was
die gedrängte Rede bei Homer nicht angiebt — wegen eines Mordes zu Prötos in Argos geflohen; seine Schönheit und Männlich-
keit erwarben ihm viel Gunst diese aber erregte bei Prötos eine
eifersüchtige feindseelige Stimmung, er ersann ihm Böses im Herzen,

Trieb ihn hinweg aus Argos Gebiet, denn seine Gewalt war
Grösser im Land, Zeus beugte das Volk ihm unter das Scepter.

So ist nach der ersten deutlichen Angabe das Motiv des Prötos der eigene Drang den Nebenbuhler in der Volksgunst zu entfernen. Hierbei und bei allem Hass konnte er doch Scheu tragen,
ihn selbst zu morden, daher lieber eine tödtliche List ersinnen.
Wie aber der homerische Text jetzt lautet, war es ein anderes
Motiv, was tödtlichen Zorn in Prötos erzeugte; es hatte seine
Gemahlin Anteia (wie Potiphars Weib den Joseph, in der griechischen Sage die Phädra den Hippolytos, und die Gattin des
Akastos den Peleus Pind. Nem. 5. 26 oder 46 ff.) den Bellerophon
lüstern versucht; als er sie keusch abwies, ihn bei Prötos des Gegen-
theils angeklagt. So oder so,[26]) in jeder Sagengestalt sandte Prötos
den Bellerophon mit einem verschlossenen Briefe, der tödtliche Runen
enthielt, zum König Iobates nach Lykien. Dieser bewirthete ihn anfangs freundlich, als er aber die verderblichen Runen gelesen, gab er
demselben drei auf seinen Untergang zielende Abenteuer auf.
Zuerst Tödtung der Chimära, dann Kampf mit den Solymern,
drittens mit den Amazonen. Als Bellerophon, nachdem er sie
alle bestanden, heimzog, legte Iobates ihm noch einen Hinterhalt
tapferster Streiter. Keiner derselben kam zurück. Da erkannte
Iobates in ihm den Helden göttlichen Geschlechts, gab ihm seine

---

26) Die beiden Motive erkannte Friedländer, Philol. 4. 579, als unvereinbar; es ist eine doppelte Sagengestalt zweier verschiedener Lieder, doch
lassen sich die Verse 160—167 als Doppelform ohne Weiteres ausscheiden:
Sagenp. 159. — Die Chimära: Plin. N. G. 5, 28. §. 100. In Lycia mons Chimära noctibus flagrans. 2, 110 §. 236. Flagrat in Phaselitis mons Chimära,
et quidem immortali diebus et noctibus flamma. Strab. 14. 665. „Ueber
dieses Gebirge wird die Erzählung von der Chimära gefabelt: es ist ein
geklüftetes." Als feuersprühend bezeichnet auch Homer die Chimära.

Tochter zum Weibe, und theilte mit ihm all sein Königthum.
Die Lykier verliehen ihm eine fruchtbare Feldmark. So blühte
sein Glück und seine Gattin gab ihm drei Kinder, von denen
Laodameia vor Zeus Augen Gnade fand, der mit ihr den Sarpe-
don erzeugte. Doch weiterhin traf ihn nichts als Unglück: seinen
Sohn Isandros tödtete Ares bei einem Zuge gegen die Solymer,
seine Tochter tödtete die Artemis (welche Frauen plötzlichen
Tod sandte), ihn selbst aber befiel Schwermuth, dass er allen
Menschenverkehr mied und in der Einsamkeit umherirrte. Solches
Unglück, wo nichts Erfreuliches tröstet, heisst Hass aller Götter
(wie hier so Od. 14, 366. 1, 756).

Der ganze summarische Bericht des homerischen Erzählers
von den Abenteuern und Siegen des Bellerophon, da nur die Chimära beschrieben, von der Weise und den Mitteln des Kampfes
und Sieges dagegen Nichts angegeben ist, wird von Hesiod in der
Theogonie in etwas ergänzt. Die Chimära wird 319—325 ausführlicher gezeichnet und als Mittel der Bewältigung das Flügelpferd
Pegasos genannt. Nach Pind. Ol. 13, 84—90 oder 121 ff. diente
ihm dieses beflügelte Ross zu allen drei Siegen, und war Athene
seine Helferin, die ihm den Zaum zur Bändigung des Rosses
verlieh. So viel erscheint als die epische Gestalt der Sage von
Bellerophon, die Wendung zur tragischen finden wir zuerst bei
Pindar an einer andern Stelle und diese führten dann Sophokles
und Euripides weiter aus. S. Welcker Gr. Tr. 2. S. 785 ff.

4. Lied von der kalydonischen Jagd mit dem Haupthelden Meleagros. Wie dieser den von Artemis im Zorn über
das versäumte Opfer gesandten verwüstenden Eber, nachdem er
viele Jäger zusammengeschaart hatte, erlegt habe, erzählte ein
Lied nach Il. 9, 533—546. An dieses schliesst sich ein zweites
an. Dieselbe Artemis erregt zwischen den Nachbarvölkern den
Aetolern und Kureten Streit um die Spolien, Haupt und Haut
des getödteten Ebers. Die Kureten belagern Kalydon, die Stadt
der Aetoler, richteten aber nichts aus, so lange Meleagros der
Belagerten Vorkämpfer war. Es heisst nämlich nach der herzu-
stellenden Lesart[27]:

27) Es ist 552 statt τείχεος ἔκτοσθεν μίμνειν offenbar zu lesen
ἔκτοσθεν ἐμένειν oder besser noch ἐκτὸς ἐόντα μένειν, wie Sagenp.
148 dargethan ist. Vgl. Il 5, 91. Unser trefflicher Uebersetzer (Donner)

„Jetzo so lang Meleagros der tapfere Held in den Kampf kam,
So lang ging den Kureten es schlecht, denn diese vermochten,
War er im Feld ihn nicht zu bestehn, so Viele sie waren.
Als er indess in ein Zürnen versank . . . . . .
Sass er grollend im Herzen der lieblichen Mutter Althää
Bei der erkorenen Gattin daheim, Kleopatra der schönen."

Wie es dort weiterhin heisst 565 ff., zürnte er der Mutter
wegen eines um Tödtung ihres Bruders ausgesprochenen Fluchs[28])
und blieb auch, als bei immer wachsender Noth Priester mit glänzenden Versprechungen und alle Angehörigen ihn anflehten immer noch ungerührt, bis endlich seiner Gattin Zureden ihn vermochten, einzutreten, und er das Unheil abwandte. Eben diese
doch endliche Nachgiebigkeit ist das bewegliche Beispiel der Vorzeit,
welches der sprechende Phönix dem Achill vorhalten wollte. So
begann er gleich 529 mit Hinweisung auf die Fehde der Kureten
und Kalydonier und gedachte nur zur Erklärung der vorhergegangene Eberjagd. Wir erkennen aber, wie er auch in dieser seiner Absicht zwei Hergänge und damit den Inhalt zweier Lieder
andeutet und gerade den des ruchtbarsten, die Eberjagd nur mit
Erwähnung der Hauptzüge berührt. Obgleich Artemis auch die
Fehde erregte (547), und der Sänger der Fehde, an den Zorn,
der die Jagd zur Folge gehabt, erinnert haben wird, immer
werden wir zwei kleine Lieder vermuthen.

5. Lied vom Abenteuer des Sehers Melampus: Od. 11, 287 bis
297 und 15, 230 — 138. Pherekyd. im Schol. zur ersten Stelle.

hat auch nicht gesehn, dass die Kureten die Belagerer sind, die Aetoler
und ihr Held Meleagros die Belagerten und Vertheidiger.

28) Damit dass 584 auch die Mutter unter den Flehenden genannt
wird, mochte Friedländer wohl die Angabe vom Fluche kaum vereinbar
nennen: Philol. 4. 583. Vgl. Sagenp. 148. Es giebt ausserdem die unzeitig ausführliche Zwischenrede von 559 — 572 Verdacht eines Einschiebsels.
Der Vordersatz, 553, „Als er indess" u. s, w. hat doch den zweitheiligen
Nachsatz 555 „er nun" — und 573: „Aber von Innen erscholl viel Lär-
men am Thor". — Freilich hat Phönix, wenn wir die Verse als eingeschoben betrachten, einen Grund, weshalb Meleagros seiner Mutter zürnte,
hier nicht beigefügt, indem der Dichter seinen Hörern aus dem alten Liede
irgend einen bewusst dachte, der Interpolator hat ihn aus anderer Sagengestalt eingeschoben. Ganz auffallend ist dabei, dass es 571 f. heisst, die
Erinys habe den Fluch gehört. Dann wäre ja Meleagros schon gestorben
gewesen. Bei Paus. 10, 31, 3 sind die verschiedenen Sagen vom Tode
des Meleagros bei Homer und in andern alten Epen erwähnt.

Der König Neleus will seine viel umfreiete Tochter nur dem geben, der ihm die Heerde des Phylakos oder seines Sohnes Iphiklos aus Phylake bringt (11, 288 f.). Der Seher Melampus unternimmt dies für seinen Bruder Bias (15, 235 — 238). Zuerst versuchte er sie mit List wegzutreiben, er wurde aber von den Hirten festgenommen und dem Iphiklos überliefert, der ihn gefesselt ins Gefängniss setzen liess. Da sass er ein volles Jahr; doch einst vernahm er, wie die Würmer, welche die Balken zernagten, sprachen, bald werde die Decke zusammenstürzen. Da rief er die Diener und liess sich heraustragen, und in dem noch geschah der Einsturz. Phylakos und Iphiklos von dem Hergang unterrichtet, und vernehmend, Malampus sei ein Seher, versprachen ihm nun die Heerde, wenn er Ursache und Abhülfe der Kinderlosigkeit des Iphiklos anzugeben wisse. Melampus leistete dies, nachdem er prophetische Vögel (nicht beobachtet, sondern, in Worten abgehört, und ein Geier ihm den Aufschluss gegeben. So erhält er die Rinder und bringt sie nach Pylos, wo er den ihm feindseligen Neleus nun nöthigt, dem Bruder die schöne Pero zu gewähren (15, 235—238).

Diese im alten Liede erzählte Sage giebt Pherekydes ausgeführter; die beiden homerischen Stellen geben alle Hauptzüge, nur mit der Dunkelheit, welche leicht in Stellen sich findet, die andersher bekannte Dinge erzählen. Den Akt, da Iphiklos dem Malampus die Heerde feierlich übergiebt, lassen die Verse des priesterlichen Gedichts Melampodia erkennen, welche wir bei Athen. 11, 498 lesen, oder Hesiods Fragmente S. 291 Göttl. S. 363 Mrcksch.

6. Lied vom Kampf der Lapithen gegen die Kentauren mit dem Hauptbelden Peirithoos: Od. 21, 295—302. Il. 1, 262—270. Es erzählte dies Lied, wie der Kentaur Eurytion als Hochzeitsgast des Lapithen Peirithoos im argen Weinrausch die Braut frevelhaft angefallen habe und die lapithischen Mitgäste den Frevler sofort gefasst, vor die Thür gezogen und ihm Ohren und Nase abgehauen hätten. Hierauf habe der Verstümmelte sein wildes Volk zum Kriegszug gegen die Nachbarn aufgeregt, die Lapithen aber, voran Peirithoos, dazu besonders Dryas, Kaineus, Exadios und Polyphemos, nachdem sie auch Freunde aus der Ferne, z. B. den jugendlichen Nestor herbei-

, gerufen, die Gewaltigen selbst gewaltig sämmtlich übermannt.
Dies der deutliche Inhalt das vorhomerischen Liedes, dessen
erster Theil dem Antinoos der Odyssee das Beispiel des ruchbaren Trunkenbolds zum Scheltwort bot, der zweite vom Mit-
streiter Nestor zur Mahnung und Rüge gebraucht wird.²⁹ In
einer andern, dieser nachgebildeten Sage fällt derselbe Eurytion
eine andere Braut an: Bakchylides beim Schol. zu Od. 21, 295.

Zu den genannten 6 oder 7 Liedern, welche man aus den
angeführten Stellen als vorhomerisch deutlicher erkennt, kommen
aus dem echten Homer noch manche dunklere Anzeichen epischer
Sagen, wie vom gottgeliebten Peleus³⁰) und von des Herakles
Feindschaft gegen Eurytos, dessen Burg Oechalia er verwüstete,
und dessen Sohn er mordete³¹). Auch von einem Zuge desselben
Herakles gegen Laomedon in Troia entlehnen wir aus einer
Anzahl zerstreuter Stellen eine zusammenhangende Erzählung:
Zeus hatte den beiden Göttern, dem Poseidon und dem Apollon,
ein Dienstjahr auferlegt, bei Laomedon, Vater des Priamos, jenem die Mauern von Troia zu bauen, diesem Laomedons Heerden ·
zu weiden (Il. 21, 442—449. 7, 452 f.) — und zwar um einen
festgesetzten Lohn. Als aber die Zeit des Lohns eintrat, ver-

---

29) Der Name Kentauren im echten Homer Il. 11, 8. 32. Od. 21, 295
neben dem andern Pheres, Wilde des Waldgebirgs Il. 1, 268. Die sich
empfehlendste Etymologie giebt Preller Gr. Myth. 2, 14 f.***)

30) Homer sagt freilich nur, wie er von den Göttern bei seiner
Hochzeit beschenkt worden Il. 24, 62. 23, 277. 18, 84. 17, 443. 16, 143.
aber die reichen Sagen von seinen Thaten und Schicksalen, wie sie besonders Pindar erwähnt, enthalten so manchen muthmaasslichen Liederstoff besonders.   •

31) Oechalia liegt nach Il. 2, 730 in Thessalien, vgl. das. 596. Aber
es gab ein anderes in Arkadien oder Messenien, und ein drittes auf Euböa. Das Sagenhafte nun der Erzählung von des Herakles Kampf gegen
Oechalia zeigt sich in der Verschiedenheit der Meinungen, in welchem
Oechalia Eurytos gehaust. Paus. 4, 2. 3. Strabo 9, 448. 438. Der Erstere
bezeugt ausdrücklich, dass der Epiker Kreophylos in seinem Gedicht das
euböische angenommen, und ebenso Hekatäos. Bei Pherekydes, der das
arkadische annahm, dürfte im Schol. zu Soph. Trach. 354. in der Stelle:
„Da Eurytos ihm die Tochter für seinen Sohn nicht gab, eroberte er Oechalia und tödtete seine Söhne" nun weiter statt „Iphitos aber floh
nach Euböa" zu lesen sein „Eurytos". Es sollte die Gründung der gleichnamigen Stadt auf Euböa erklärt werden. Und den Eurytos nennt richtig
Herodoros im Schol. zu Eur. Hipp. 545.

weigerte Laomedon ihn unter argen Drohungen das. 150 – 457 .
Hierauf sandte Poseidon aus dem Meer ein Ungeheuer, das vom
Ufer in das Land einfiel und Menschen und Fruchtfelder verwüstete (Il. 20, 145 – 148). Nach den Homers Kürze ergänzenden Sagenschreibern (Hellanikos im Schol. zu V. 146) erhielt Laomedon auf Befragung des Orakels nach einem Rettungsmittel
den Bescheid, er müsse dem Unthiere seine Tochter Hesione
zum Frass preisgeben. Er that es, und versprach zugleich Dem,
welcher das Ungethüm tödten würde, Pferde der unsterblichen
Rasse, welche das Königshaus von Zeus für den Ganymedes erhalten hatte (Il. 5, 266. 23, 348). Herakles kam nach Troia,
sah die Gefahr und hörte das Versprechen. Er übernahm die
Aufgabe mit Hilfe der Athene, auf deren Rath ihm die Troer
eine vor dem Ansturz des Ungeheuers schützende Mauer auf-
führten (Il. 20, 145—148 wo μέν statt μίν zu lesen ist). Aber
wiederum ward Laomedon wortbrüchig, und gab statt der ver-
sprochenen Pferde Drohworte (Il. 5, 649—651). Dafür zur Rache
schiffte Herakles mit sechs bemannten Schiffen nach Troia und
verwüstete und entvölkerte die Stadt (das. 640—642 . Auf der
Rückfahrt verfolgte Here, jetzt wie bei den Arbeiten, den Herakles. Sie bewog den Gott des Schlafs, den Zeus in tiefen Schlum-
mer zu versenken, und erregte während dessen mit Boreas Hülfe
Stürme, welche des Herakles Schiffe umtrieben gegen Kos hin,
bis Zeus erwachend, den Sohn der viel dabei ausgestanden, zurück nach der Peloponnes (Argos) rettete (Il. 14, 250—258 und
15, 18—30 .

Diesen Zusammenhang haben wir allein durch Zusammenreihen einer ganzen Folge von Stellen zu erkennen vermocht.
Im Einzelnen gab jede nur eine Hindeutung auf Momente, welche
den Hörern mittels ihres Bewusstseins vom Zusammenhange verständlich waren. Um so weniger werden wir hier nur von Mund zu
Munde gehende Volkssage annehmen, vielmehr das Verfahren Homers d. h. seine Voraussetzung jenes ergänzenden Bewusstseins als
Zeugniss von einem allbekannten Liede erkennen, deren es gerade von Herakles' Thaten eine Mehrzahl gegeben hat.

Die in dem alten Liede gegebene Sagengestalt hat sehr bemerkenswerthe Fortbildungen fahren. Der eine Zusatz, dass die
Götter Poseidon und Apollon beim Bau der Mauer den Aeakos,

d. h. den sterblichen Helden, zum Gehilfen genommen (Pind. Ol. 8, 31 oder 41), erscheint als besonders sinnig. Schon damals sagte nämlich ein Vorzeichen, an dem vom Sterblichen gebauten Theile werde einst Troias Zerstörung beginnen. Wie aber Apollon dort selbst daneben verkündigt, waren nachmals die Aeakiden Telamon (Pind. Isthm. 5, 27 f. Nem. 4, 25) und Peleus (Pind. Fr. 149) im Schol. zu Eur. Androm. 781) Kampfgenossen des Herakles gegen Troia. Die Sage mag zuerst in Aegina diese Zusätze erhalten haben, wo das Aeakidengeschlecht so besonders verehrt wurde.

Wir mögen in der Kürze hiernach noch auf einige andere Liederstoffe hinweisen, welche wir in Homers lebendiger Charakteristik des dreialtrigen Nestor erkennen, wo er ihm die Thaten seiner Jugend vor dem jüngern Geschlecht mit seinem: „Wär' ich noch so jung wie da" — aufführen lässt. Die bestimmte und lichte Weise und der zuversichtliche Ton, in welchem dies geschieht, somit der Ruhmesglanz eines gefeierten Helden, welchen Nestor in jenen Stellen in Anspruch nimmt, lässt nicht zweifeln, dass die Zuhörer an vorhandene Nestorlieder erinnert wurden, von denen wir weiterhin noch mehre Anzeichen finden werden.

7. Nestorlieder. a) Im siebenten Gesange der Iliaser zählt Nestor, als Hektors Herausforderung zum Zweikampf zuerst so zweifelmüthig und matt aufgenommen wird, wie einst in einer Fehde der Pylier und Arkader Ereuthalion, wie jetzt Hektor die Tapfersten gefordert, und während alle Andern gezagt, er der Jüngste von Allen sich entgegengestellt und mit Athene den Sieg gewonnen habe. Das Lied liess dabei den Nestor die Geschichte einer langhin vererbten Waffe des Gegners erzählen (132—156), poetisch zur Hebung seiner Tapferkeit, für uns zum chaiakteristischen Zug der zumal älteren Heldensitte solcher Vererbung.

b) In einer andern Jugenderinnerung desselben Il. 23, 630 bis 645, an die Leichenspiele des Epeierkönigs Amarynkeus, tritt uns das lebendige Bild solchen Turniers der Heldenzeit entgegen. Nestor zählt fünf Arten des Wettkampfs auf, von denen er Faustkampf, Ringen, Lauf und Speerwurf berühmten Helden gegenüber sieghaft bestanden, nur im Wagenrennen hat ihm das unzertrennliche Zwillingspaar, die Molioniden, (nach absichtlich

dunklem Ausdruck, durch die Ueberzahl überholt[32]. — Die Wett-
kämpfer waren Väter von vor Troia kämpfenden Helden (Il. 2,
609 f., 628, 705. Der von Nestor überwundene Iphiklos ist in
der Sage als wunderschneller Läufer viel genannt[33]. Nach diesem Allen mögen wir aus Nestors Schilderung ein Einzellied
über die Leichenspiele des Amarynkeus von einem pylischen
Aöden zum Preise des Nestor gedichtet erkennen.

5. Fortsetzung. Aus älteren Liedern in die Ilias oder
    Odyssee eingeschobenen Stellen. Herakles- und
    Nestorlieder.

Die beiden bei genauerer Betrachtung der homerischen Gedichte sich aufdrängenden Wahrnehmungen, einmal, dass Homer
ältere Lieder zu seinen Compositionen theils benutzen musste,
theils nach Wahl seines Genies anwandte, sodann dass seine
Compositionen im Laufe der Zeiten durch die sie vortragenden
Rhapsoden manchen Wandel, besonders aber manche Entstellung
durch Einschiebsel erfuhren, sie treffen in mehren Fällen zusammen
zu dem Ergebniss, dass die Rhapsoden mehrfach eben aus älteren
Liedern, entweder denselben, welche dem Homer gedient, oder
andern ihnen bekannt gewordenen gewisse Partieen in die Ilias
oder Odyssee eingeschoben haben. An dieser Stelle unserer
Geschichte des griechischen Epos sind Beispiele dieser Art eigentlich nur als Belege vom Vorhandensein solcher Lieder nachzuweisen, doch werden wir nicht umhin können, die Beweise der
Interpolation dabei schon darzulegen; es ergiebt sich gerade aus
der Operation des Interpolators jenes Vorhandensein deutlich.

Es sind Lieder von Herakles und von Nestor, welche uns in
dieser Art kund werden.

A. Ein vorhomerisches Lied von des Herakles Arbeiten gab
Athene's Zornrede uns schon oben §. 4. Nr. 2. zu erkennen. Die

---

32) Die Zwillingsbrüder Kteatos und Eurytos hatten zum menschlichen Vater den Aktor, zum göttlichen den Poseidon mit der Mutter Mo-
lione, daher der zwiefache Name Aktorionen oder Molioniden. Ueber sie
vgl. m. Heldens. in Kieler philol. Stud. 433 oder bes. Abdr. 59.

33) Bei den Leichenspielen des Pelias ist er der Sieger auf der Lade
des Kypselos, Paus. 5, 17, 10. Nach Hesiods Katal. fr. 137. Mreksch. lief er
über Aehrenfelder ohne die Aehren zu beschädigen, wie die Pferde in
Il. 20, 227.

Anfangspartie desselben Liedes, die breite Erzählung, wie es durch
die List der Here geschehen, dass der Sohn des Zeus unter
den Gehorsam des schlechteren Mannes gekommen, finden wir
der Rede des Agamemnon, Il. 19, 95 — 133, eingeschoben. Es
wird selbst aus dem Zusammenhange und dem Fortschritt der
Rede klar, dass diese Ausführlichkeit nicht für jenen Ort ursprünglich bestimmt war, und dass nicht Homer es war, der seinen
Sprecher, um, was er begangen, als unfreiwillig in Unsal begangen
zu entschuldigen, die olympische Geschichte von der Bethörung
des höchsten Zeus, und zwar so ausführlich erzählen liess. Agamemnon sprach in den vorhergehenden Versen: „Ja, man schalt
mich viel, doch ich bin nicht schuldig, sondern Zeus, das Geschick und Erinys —, die mir an jenem Tage in der Versammlung die heftige Unsal in den Sinn warfen, als ich Achills Preis-
geschenk wegnahm. Doch wie konnt' ich es anders? Ein Gott
setzt ja Alles durch. Des Zeus ehrwürdige Tochter ist Ate die
Alle verunsalt, die verderbliche. Leise schwebt sie dahin ohne
den Boden zu berühren, aber über dem Haupt der Männer schreitet sie hin reizend die Menschen zum Fehl, und verstrickt wenn
den nicht den Andern". Diese Worte haben den unverkennbar klaren
Sinn: „Nicht ich bin Schuld, sondern göttliche Mächte, Zeus, von
dem alles Geschick ausgeht, die das Gemüth erregende Erinys,
die Ate, die unversehns den Sinn der Menschen bethörende Ir-
rung, unselige Macht der Leidenschaft die selbst von Zeus stammt".
So zu Anfang von 85 — 94, und ganz in demselben Sinne, d. h.
dem Zeus die Schuld beimessend 137. „Aber nachdem ich gefehlt und Zeus die Besinnung mir wegnahm". Wenn man nun
anerkennen muss, dass es ein verschiedener Gedanke ist, eine
leidenschaftliche That auf Einwirkung des Zeus und seiner Tochter
Ate zu schieben, und dann diesen Zeus selbst als Beispiel der
Bethörung aufzuführen, so kann man eine Incongruenz der Darstellung nicht in Abrede stellen. Nach den Anfangsgedanken
waltet die (unübersetzbare) Ate[34]) eben nach dem Willen des Zeus
unter der Menschenwelt, sie ist seine Tochter. Der feinsinnige
Dichter zeichnet in wundervollen Zügen ihre Weise. Zu diesen
Gedanken stimmt es nicht nun den Zeus selbst einst als bethört

---

34) Schön ausgelegt von Lehrs in Rh. Mus. N. Folge I. 593—600.
Vgl. Sagenp. 512.

aufzuführen. Nach der vorhergehenden Schilderung erwartet man schon nichts Anderes als die Anwendung auf den eigenen Fall des Sprechers, nicht aber ein fremdes Beispiel. Ueberdies würde Homer wenigstens mit einem Wort, etwa: „wie die Sänger melden", es erklärt haben, woher doch der sterbliche Fürst die olympische Geschichte wisse. Denn Achill weiss Il. 1, 396 dergleichen von seiner göttlichen Mutter, Odysseus Od. 12, 388 von Kalypso und mittelbar von Hermes; wogegen Glaukos, Il. 17, 162 f. nicht weiss, was Zeus und Apollon für Sarpedon gethan haben, 16, 666 ff. Endlich aber muss die lange Erzählung dem Achill gegenüber uns unzeitig erscheinen; für ihn reichten die entschuldigenden Anfangsworte völlig aus; alles Weitere war ihm lästig, da er zum Kampf drängte (68 f.).

Dem Interpolator kann bei der Ate das Lied von Herakles und Zeus Ueberlistung in den Sinn gekommen sein, und als dessen Anfangspartie betrachtet hat die Erzählung die befriedigendste Gestalt.

Noch mehre andere Stellen Homers sind aus Heraklesliedern eingeschoben. Die eine, Od. 11, 601—626, welche ein Theil der umfänglichen Interpolation ist (565—627) erscheint als eine seltsame Mosaik aus Versen verschiedener Lieder. Abgesehn von 604 und 612, welche aus Hesiod, und 602 und 603, welche bei der attischen Redaction von Onomakritos eingefügt worden, sind die übrigen auch weder mit der homerischen Darstellung von Odysseus' Besuch der Unterwelt vereinbar, noch unter einander aus gleicher Vor- und Darstellung hervorgegangen. Die so betonte Lobpreisung des Wehrgehenks, 613 f., kann nicht einem blossen Schattenbilde gegolten haben, vielmehr muss Herakles in der Poesie, aus welcher die Verse genommen sind, das Wehrgehenk lebend getragen haben. Sind doch auch Modus und Zeitform des Zeitworts die des Wirklichen und Thatsächlichen. So war wohl das Auftreten des Helden beschrieben, als er den Kerberos zu holen kam? Aber damit stimmt nicht 607: Hielt entblösst das Geschoss, und den Pfeil an der Sehne gerichtet, drohenden Blicks umschauend, dem stets Abschnellenden ähnlich. Das sind Züge wie eines stehenden Bildes — ganz übereinstimmend mit den Darstellungen des Herakles in der äginetischen Giebelgruppe (Thiersch. Epoch. 249).

So lässt sich nicht anders urtheilen, als: der Rhapsode hat das Schattenbild des Herakles ebenso wie die Thaten dargestellt, wie er es bei denen des Minos und des Orion gethan, wonach eben diese drei, wie sie dabei in dem Hades selbst von andern Schatten umgeben erscheinen, von der sonstigen Erzählung, da die Schatten zur Grube hervorkommen, abweichen: Anm. zur Odyssee, Th. 3, S. 353 f. Wir sehn, der Interpolator hat einen Theil seines Heraklesbildes aus einem Lied vom Gange nach dem Kerberos entnommen, den andern aus einer nachhomerischen Nekyia, das Ganze aber eingewebt: um zuletzt auf die frühere Form der Darstellung zurückzulenken, doch ein Gleichartiges zu gestalten nicht vermocht.

B. Wir kommen nun zu den Nestorliedern. Eine längst als Interpolation anerkannte Stelle der Ilias 11, 664—762, die sich selbst durch das wiederkehrende „Aber Achilleus" ab-gränzt, ist durch immer genauere Untersuchungen jetzt dafür angesehn, dass die aller Anwendbarkeit auf die obwaltenden Verhältnisse, den steigenden Nothstand des Griechenheers ent-behrenden Mittheilungen des Nestor aus seiner thatenreichen Jugendzeit zwiefache Einschiebsel aus den Nestorliedern enthal-ten. Was Nestor dem von Achill an ihn gesandten Patroklos jetzt schicklich erwiderte, das folgt nach dem zweiten „Aber Achilleus". Wie unbedacht aber die Rhapsoden, durch die son-stige Weise des homerischen Nestor verleitet, ihn auch hier wieder eine ehemalige Grossthat erzählen lassen, muss jedem nicht stumpfen Leser der Ein- und Uebergang zum Eingeschobenen fühlbar machen: 604. Aber Achilleus kümmert und härmt sich nimmer um uns — Wartet er bis — Erst die geflügelten Schiffe von feindlicher Flamme versengt sind, Und wir selbst nach-einander verbluteten? Lebt doch in mir jetzt Nimmer die Kraft, die früher belebt die gelenkigen Glieder. Dass ich so jung noch wäre u. s. w. Das ist ja gesprochen, als ob Nestor, wenn er noch die ehemalige Jugendkraft besässe, all das über das Griechenheer gekommene und dasselbe bedrohende Unheil allein würde abgewendet haben, so dass es des Achill gar nicht bedürfte. Die Erzählungen aber, die nun folgen, lei-sten durchaus Nichts, als dass Nestors ehemalige Heldenkraft durch Bericht von zwei Fehden bewiesen wird, ohne dass irgend

eine solche Aehnlichkeit der Umstände stattfindet, wie bei den
oben genannten Nestorliedern, 7, 151 und 23, 632 und auch
1, 273 f.

Die beiden Fehden sind in der jetzigen Gestalt so dargestellt, als wäre die zweite, die Belagerung der Gränzstadt Thryoessa durch die Epeier in Folge der ersten, drei Tage nach
derselben eingetreten: 707 f., 711 f. Dies ist aber undenkbar.
In der ersten hat der allerdings auch da noch jugendliche Nestor
(684) seinem Vater Neleus durch die dem Itomenes, den er erschlug, abgenommenen und nach Pylos beigetriebenen Heerden
schon grosse Freude gemacht. Neleus hatte nun den reichlich-
sten Ersatz für das Viergespann, welches der Epeierkönig Augeias zurückbehalten, in den zahlreichen Heerden, welche der
sieghafte Sohn ihm zugebracht: 696—705. Die Fülle der ganzen Beute wird sehr beflissen hervorgehoben: 677—682. So
leuchtet denn ohne Erinnerung ein, dass der Vater Neleus nach
solchem Erfolg des jugendlichen Sohnes unmöglich denselben
noch für „unkundig der Werke des Krieges" geachtet und ihm,
um ihn selbst zurückzuhalten, sein Gespann versteckt haben
würde. Mithin kann der interpolirende Einfüger der jetzt zweiten Fehde ursprünglich die Erzählung der ersten nicht vor sich
gehabt haben. Jeder der beiden Feldzüge Nestors ist für sich
gedichtet und für sich von einzelnen Rhapsoden hier eingefügt.
Zuerst wohl entnahm ein Rhapsode den Nestorliedern den zweiten. Die Geschichte der frühesten Jugendthat war das Nächste
und Geeignetste, um Nestors Einleitungsformel „Wär' ich noch
so jung wie da" zu bewahrheiten, wenn auch beide Lieder den
Nestor wie einen Herakles priesen. In dem von der frühesten
Fehde, wo er funfzig Wagen nahm und die zwei auf jedem, also
hundert Streiter mit seinem Speer erlegte, auch beinah die Molioniden, nur dass ihr Vater Poseidon sie entraffte (740—752),
in diesem sind die Grossthaten des jungen Helden sprechender,
als in dem andern, wo die Fülle der Beute es thun soll. Dieses
andere mochte aber ein anderer Rhapsode lieber. Das Eine wie
das Andere gehörte gleich schlecht und gleich gut hierher.
Wahrscheinlich kamen sie, die epitomirten Lieder, erst durch
spätere Redaction nebeneinander in den Text. Unwahrscheinlich
genug verband man sie so, dass die Belagerung Thryoessas als

Rache für die weggeführten Heerden unternommen erschien, da man
bei diesem Grunde doch wohl vielmehr auf Pylos losgegangen wäre.
Und in der unklaren Erzählung, da die übermüthigen Epeier
Vielen Ersatz (für geraubte Heerden?) schuldig heissen, wird
eben so halb angedeutet, die Epeier hätten den Raub gewagt,
weil eben vorher die Pylier von Herakles decimirt und also
wenig stark gewesen wären. So wird in der Kürze aus einem
anderen Liede der Rachezug gegen Neleus erwähnt; aber ausser
dass diese Erwähnung an diesem Orte die Erzählung stört, ist
das Motiv nicht richtig; denn soll nun erst der Zug der Pylier
zum Entsatz von Thryoessa gefolgt sein, so schildert das folgende
Lied die Pylier bei diesem keineswegs geschwächt, nein, voll
strebenden Muths zur Schlacht 717) und tapfer im ganzen Verlauf des Kampfes.

Die genauere Untersuchung hat nun auch Anzeichen ent-
deckt, wonach der Beutezug um die Unbill des Königs Augeias
erst in nachhomerischer und ziemlich junger Zeit gedichtet erscheint. Wie so Vieles in die Vorzeit durch Rückdichtung verlegt wurde, so mochte hier ein dichtender Rhapsode neuere Verhältnisse in die Zeit Nestors zurückverlegen. Und zuerst ist Pylos
in dieser Erzählung durch den Fluss Alpheios, zu dem man in
einem halben Tage kommt, sicher als in Triphylien gelegen zu
erkennen, abweichend von der homerischen Angabe, nach der es
in Messenien lag.[35] Sodann ist der Name der Feinde der Pylier
im Liede vom Beutezuge Eleier, nach demjenigen der Landschaft
Elis, 670 und 672, 685, 697, also der später übliche, wogegen
dieselben im andern Liede immer nur Epeier heissen, 731, 736.
743; nur das Einschiebsel der Redaction, 690 — 694, hat im
vorletzten Verse Epeier von den Feinden. Also verräth sich auch
hierdurch; da bei Homer selbst die Bewohner von Elis immer
sonst Epeier heissen (Il. 2, 615 und 619, Od. 13, 275), das
Beutelied als jünger. Endlich hat der Verfasser des Aufsatzes
im Philol. 8, 722 weiter es sehr wahrscheinlich gemacht, dass
das Lied, wo Eleier genannt sind, eine rückgedichtete Nestor-

---

35) S. m. Anm. zu Od. Th. 1, S. 134 und die zu Od. 11, 257 Angeführten. Eben durch die Anerkennung der Stelle der Il. als interpolirt
wird der viel verhandelte Streit beigelegt.

sage ist, erfunden im Sinne der langgeführten Streitigkeiten, da
nach Paus. 6, 22, 2, die Eleier von der achten Olympiade schon
und fortwährend mit ihren Gränznachbarn Hader hatten, um den
Ruhm der Gründung der olympischen Spiele und den Vorstand
bei denselben. Es hatte im Liede ja der Sagenkönig der Eleier
Augeias bei angestellten Wettspielen dem Neleus ein Viergespann
zurückgehalten (699—702). Das ist unhomerisch; nach Il. 23,
287 ff. und überhaupt fahren die Wettkämpfenden mit Zwiege-
spannen, wie sie im Kriege dienen. Nur in einem Gleichnisse
finden sich bei Homer die Wettreuner zu Vieren. Od. 13, 81,
wie der Dichter in seinen Gleichnissen mehrfach Dinge und
Wörter anwendet, welche erst in seiner Lebenszeit kund geworden. [36]

Nach diesen Erweisen haben wir die zwei oder drei Nestorlieder, aus denen die unpassende Ruhmrede Nestors floss, der
Zeit nach zu unterscheiden. Das von den ersten Jugendthaten
zählt zu den vorhomerischen Nestorliedern, wie die zwei aus Il.
7 und 23, das Beutelied ist junger Fabrik in seiner eingelö-
theten Form.

Das nur in seinen Hauptzügen berührte dritte von des Herakles Rachezug gegen Neleus, wird uns durch Stellen aus Hesiods s. g. Katalog deutlicher. Nestors Bruder, Periklymenos, der
vom Stammgott Poseidon die Gabe der Verwandlung besass, war
dem Herakles lange unerfassbar, bis Athene ihn diesem nach-
wies. Der Jüngste, Nestor, entging dem Tode, indem er in Ger-
mos aufgezogen wurde (fr. 16 und 17 M., 44 und 45 G.). Als
Ursache des Zuges wird die verweigerte Sühnung nach dem Mord
des Iphitos genannt. Das wäre eine der homerischen Welt mit
dem Sühnbrauche fremde Ursache. Also war wohl auch dieses
Lied oder die Sage später? Sofern ursprünglich eine andere Ur-

---

36) Sagenp. 160. Il. 8, 185, ist als unecht schon durch den Dual der
folgenden Zeitwörter kenntlich, wie die einzelne Anrede der vier Rosse
nur kleinlich erscheint. Der Verwerfung Aristarchs werden in den Schol.
nur Spitzfindigkeiten entgegengesetzt. Bei den olympischen Spielen kamen Viergespanne erst Ol. 25 in Gebrauch. Stesichor. fr. 1 liess die Dioskuren bei den Leichenspielen mit solchen siegen, Soph. bei Strabo
399 den Amphiaraos ganz gegen die heroische Sitte solches im Kriege
brauchen. Ebendabei noch Andere nach Herm., Op. 11, 64, Aesch. fr.
343 oder 318 N.

sache stattgefunden haben kann, lässt sich darüber nicht entscheiden. Es weicht aber diese Sage in der Zahl der Söhne des Neleus, 12, Il. 11, 692 und Hes. fr. 17 und 45 ab von Od. 11, 285, wo ausdrücklich nur drei, Nestor, Chromios und Periklymenos, gezählt werden, und die Erklärungen des Widerspruchs in den Scholien befriedigen nicht.

Es ist noch eine grössere Interpolation, als aus einem andern Liede entnommen anzuführen, Od. 11, 565—627, sie besprechen wir aber schicklicher erst später. Die ganze Beschaffenheit der Nestorlieder liesse die Vorstellung zu, dass der Dichter der Ilias erst die Sagen von Nestor und den Neleïden mit dem troischen Kreise in Verbindung gebracht habe, aber die Sage vom troischen Kriege selbst lässt sich ohne Nestor nicht denken. (Philol. XII, 579, Nr. 25.

5. Uebersicht der älteren Lieder vom älteren Heldengeschlecht, welche bisher nachgewiesen sind. Dann Erinnerung an Sagen und Lieder von den Dioskuren, von Theseus, von Perseus und aus andern Gebieten.

Wir haben folgende Lieder oder Liederstoffe gefunden: von der Argonautenfahrt, von Herakles' Arbeiten, von den Abenteuern des Bellerophon in Lykien, von der kalydonischen Eberjagd und der Fehde der Aetoler und Kureten, vom Abenteuer des Sehers Melampus, vom Kampf der Lapithen unter Peirithoos gegen die Kentauren, von Herakles' Rachezug gegen Laomedon, von desselben Rache an Neleus, dann die Nestorlieder, von der Fehde der Pylier mit den Arkadern, von den Leichenspielen des Amarynkeus, dazu von den Fehden der Pylier mit den Epeiern ein älteres und von dem Beutezug gegen die hier Eleier Genannten ein jüngeres. — Diese Fülle von epischen Liederstoffen, die wir uns bald in kürzeren einzelnen Liedern, bald in aufeinander folgenden (Oemen) gesungen denken, haben wir aus dem echten Text der homerischen Gedichte oder aus eingeschobenen Stellen erkannt. Aber diese, dadurch, dass andere untergingen, ältesten Gedichte und somit ältesten Denkmale enthalten in dem, was Homer oder Rhapsoden einwebten, nicht die Hinweisung auf die epischen Lieder aller Gebiete Griechenlands. Die ohnehin ganz

dürftigen Erwähnungen der in Cultus und Volkssage, Poesie und
bildender Kunst viel erwähnten vortroischen Helden, die Dioskuren, Perseus und Theseus verschwinden vor der Kritik beinah vollends ganz aus Homer.[37] Nehmen wir die Stellen, wie
sie sind, so besagen sie von den Thaten des Perseus gar nichts,
von den Dioskuren, welche nach Il. 3, 243 bereits die Erde
des vaterländischen Lakoniens birgt, wird daneben Od. 11, 298
bis 304 ihr besonderes Todesgeschick gezeichnet, da sie im
wechselnden Loose Tag um Tag in der Unterwelt und wieder
im Olymp oder als waltende Götter auf der Erde leben. Es geschah in der Fehde mit den Messeniern Idas und Lynkeus, dass
als Kastor von Idas tödtlich getroffen war, der unsterbliche Bruder
das Wechsellos von Zeus erbat und erlangte, wodurch sie, indem
sie nun immer ungetrennt oben oder unten leben, das griechische Ideal der Bruderliebe wurden.[38]

Eine andere frühere Fehde gegen Attika, um ihre vom jungen Theseus im Bunde mit Peirithoos geraubte Schwester Helena zurückzuholen, ist in der epischen Poesie und der Kunst
bekannt, durch die Aethra, Theseus Mutter, welche damals von
den Dioskuren gefangen nach Sparta abgeführt sein sollte, dann
als Sklavin der Helena mit nach Troia gekommen und (nach der
Kl. Ilias des Lesches) von den Söhnen des Theseus zurückge-
bracht sei (Paus. 10, 25, 8). Den Zug mit jenem Umstand hatte
der spartanische Lyriker Alkman in einem Liede auf die Dioskuren erzählt und, dass Theseus abwesend gewesen, nach ihm
Pindar (nach Paus. 1, 41, 4). Es war dieser Zug sehr lebendig
in der Volkssage (Herod. 9, 73). Die Dekeleer genossen bei den
Spartanern noch in später Zeit Vorrechte und wurden bei Kriegs-
zügen verschont, weil sie Aphidna als Aufenthalt der Helena
nachgewiesen; Sage der Aphidnäer heisst es bei Strabo 396, 17.
Dass die Dioskuren gleich Herakles unter den Argonauten ge-

---

37) Die Dioskuren sind in unbestrittenen Versen nur Il. 3, 236—244
genannt. Die Stellen Il. 3, 144, Od. 11, 298 ff. erscheinen mehrer sprachlichen und sachlichen Gründe wegen als unhomerisch.

38) Dies Letztere nach Plut. v. d. Bruderl. 12. Die ganze Sage ausgeführt von Stasinos in der Parallelepisode seines Epos vom Anfange des
troischen Krieges (Bei Welcker Ep. Cycl. 2, S 506 und fr. 9, S. 515) und
Pind. Nem. 10, 55 ff. oder 101 ff.

wesen, sagen Pindar und alle uns bekannten Nachfolger, und es galt auch in der Volkssage (Herod. 4, 144). Auf der Hinfahrt bestand Polydeukes im Faustkampf den Wütherich Amykos, den Fürsten der Bebryker, der älteren Bewohner von Kleinasien (Strab. 541 g. E.), wie (natürlich nach älteren Dichtern) Apoll. Rh. 2. z. A. und Theokrit ausführlich schildern. Kastor war der erste unter mehren, welche sich in dem nun von den Bebrykern erhobenen allgemeinen Gefecht hervorthat.

Von Theseus gilt, dass die seiner erwähnenden Verse Homers noch mehr wie die von den Dioskuren als spätere Einschiebsel erscheinen. Er kam nach dem Zeugniss der älteren Sagenschreiber bei Plut. Thes. 29 und 26 spät in die nationale Heldensage und es hat in der Blüthezeit der Epopöe kein Dichter ihn gefeiert. Der einzige Kampf, an dem er ausserhalb der attischen Sagen nach Jenen Theil genommen, war der des Peirithoos gegen die Kentauren. Der Vers Il. 1, 265 fehlte aber in den besten Handschriften ganz, und ist er in andern doch überliefert, so macht seine Stellung am Ende der Namen und das gerade ihn allein hervorhebende Prädicat es wahrscheinlich, dass er ebenso wie es von Od. 11, 631 ausdrücklich bezeugt ist, in Athen eingeschoben worden. Die Stelle von der Ariadne Od. 11, 322—325 wo es heisst:

Sie von Minos erzeugt, dem verderblichen, welche sich Theseus
Einst aus Kreta daher in die heilige Flur von Athenä
Führte: jedoch fruchtlos, denn zuvor traf Artemis Pfeil sie —

diese Stelle — den folgenden Vers lassen wir hier unbesprochen — sie verräth die speziell attische Gesinnung handgreiflich. Minos galt nicht dem Homer (Od. 19, 178 f.) noch überhaupt dem Nationalsinne, aber den Attikern als ein verderblicher, und während die ältere der ausserattischen Sagen den Theseus überhaupt der Veränderlichkeit in der Liebe beschuldigt, der dann auch die Ariadne verlassen habe, erscheint er hier seinerseits treu; die Artemis, welche plötzlichen Tod sendet, hat sie ihn nur nicht geniessen lassen. [39])

---

39) Die Laurent. Schol. zu Ap. Rhod. 3, 997. geben die homer. St. noch ausdrücklicher in diesem Sinn: „Ehlichte, doch fruchtlos". Ein Vers des Hesiod, der den Theseus anklagte, wurde von den Redactoren in Athen auf Peisistratos Geheiss getilgt: Plut. Thes. 20. vgl. das. 29.

6. Fortsetzung. Theseus-Sagen und Lieder.

Unter der sehr reichen Fülle der Theseussagen, welche durch
ihre epische Natur einen Sänger zur Behandlung reizen konnten,
stellt sich gerade die bei den Lobrednern Athens und in Kunstbildern[40]) besonders gefeierte, die von dem Kampf des Helden
und seiner Schaar gegen die in Attika eingefallnen Amazonen
am unklarsten. Es erscheint hier am unthunlichsten, zu entscheiden, ob sie und was davon nur dem Leben der Volkssage
angehört und nach dieser auch von bildender Kunst gestaltet ist,
oder was in einem alten Epos ausgeführt war. In der Sage geht
ein Zug des Theseus nach dem Wohnsitz der Amazonen vorher,
als welcher Themiskyra am Fluss Thermodon am schwarzen Meer
gemeiniglich angegeben wird.[41]) Von da hat Theseus nach der einen
Gestalt der Sage mit Peirithoos (nach Pindar bei Paus. 1, 2, 1.
der es wohl so in Athen hörte), nach der andern ohne Genossen
(Plut. 1, 26), nach einer dritten als Begleiter des Herakles die
Amazone Antiope oder Hippolyte entführt. Um diesen Raub zu
rächen drangen die Amazonen vor und fielen in Attika ein. Gar
viele Denkmale, Festtage, Ortsnamen und die Gräber der gefallenen
Amazonen erhielten beim Volk die Erinnerung an jenen Sieg des
Theseus.[42]) Aber wie über alle diese Punkte es keine feste
Ueberlieferung giebt, sondern der Deutungen immer mehre sind,
so gewähren auch die noch so vielen Amazonenbilder nur solche
Gestalten, dass man sie gern der Phantasie der Künstler heimes-

40) Der Athenäer bei Herod. 9, 27. Isokr. Panathen. 78. Paneg. 19
u. A. bei Stallbaum zu Plat. Menex. 239 B. Von bes. attischen Künstlern
war dieser Kampf in Athen an mehren Stellen, dann in Olympia dargestellt: Paus. 1, 15, 2. 17, 2. 5, 11, 7.

41) Herod. 4, 86 und 110 mit Bährs Anm. Steph. v. Byz. u. Ἀμαζό-
νιον, Aesch. Prom. 724 ff. Die Amazonen erscheinen schon unter den
Abenteuern des Bellerophon, Il. 6, 186, und Priamos gedenkt aus seiner
Vorzeit ihrer, 3, 189, wozu 2, 814 gehört. Am vollständigsten ist die
Sage von ihnen behandelt von Steiner, über den Amazonen-Mythus in
der antiken Plastik. Lpz. 1857 s. bes. S. 28 f.

42) Der Areopag (Areshügel) hatte nach der einen Deutung seinen
Namen vom Opfer der Amazonen (Aesch. Eum. 680 oder 655), nach einer
andern vom ersten Gericht über eine Mordschuld des Ares (Demosth.
Aristokr. 641, 25.); das Fest Boedromia seinen Ursprung nach der einen
vom Sieg über die Amazonen (Plut. Thes. 27.), nach dem beliebteren
Glauben vom Kriege mit den Eleusiniern unter Eumolpos (Et. M. 202.).
Grabeshügel an mehren Orten: Plut. 1, 27. Paus. 1, 41, 7.

sen kann, welche an der Gestalt der mannhaften Frauen im Kampf
mit Männern und an ihrer scythischen und dorischen Bekleidung
Gefallen hatten. Eine Reihe von Momenten des Kampfes bilden
sie nicht. Wir können uns, abgesehen von späteren Sagenschreibern, deren gemachte Darstellung Plutarch giebt, aus dem Allen
keinen Hergang des Kampfes, keine Handlung vermitteln, wie dies
oben bei Herakles' Fehde gegen Laomedon thunlich war. Eine
solche giebt nur der Kampf der Amazone Penthesileia mit Achill,
der in der Epopöe Aethiopis des Arktinos die erste Scene bildete,
und darnach der bildenden Kunst ganz besonders häufig Stoff
gegeben hat.[43] Es sind in der Litteraturgeschichte auch über
eine nachhomerische Epopöe vom attischen Amazonenkampf nur
unhaltbare Combinationen aufgestellt worden[44], und nach dem Gesagten müssen wir es unentschieden lassen, ob es ein älteres
Lied davon gegeben.

Andere Sagen von Theseus' Heldenleben treten uns in ihrem
Verlauf lichter entgegen. In der wunderreichen Vorzeit, auf der
von Unholden und Mischnaturen noch heimgesuchten Erde, bewährt der attische Heros seine Heldentugend in mehren Abenteuern, und erwirbt sich besonders in einem derselben den Ruhm
des andern Herakles. Es giebt dies vier Liederstoffe, die wir,
wie sie von bestimmten Anfang bis zu einem deutlichen Ausgang geführt, auch von gemüthlichen Regungen beseelt sind, wohl einst
von heimischen Sängern ausgesungen erachten mögen. So kamen
die Lieder in die nachmaligen Theseiden, von denen wir allein
ausdrückliche Kunde haben. Da waren die mannigfachen Abenteuer dieses Helden eben zusammengereiht, und bildeten bei dieser blossen Einheit der Person keine wahre Epopöe.[45])

43) Overbeck in Zeitschr. f. Alt. 1850 Nr. 37 S. 289—307. und in
seiner Gallerie heroischer Bildwerke 1. S. 497 ff. Steiner in seiner angef.
Schrift S. 38.
44) Die Atthis eines Hegesinus, welche Paus 9, 29, 1. mit einigen
Versen über die Gründung von Askra in der Schrift eines Sagenschreibers
genannt ist, kann uns nur als ein Gedicht erscheinen, in welchem wie
in den vielen prosaischen Schriften des Namens überhaupt alte Sagen
Attika's zusammengereiht waren, unter denen die vom Amazoneneinfall
freilich auch sein konnte. Der Titel Amazonia von Suidas unter Homer aufgeführt in dieser Folge: Amazonia, Kl. Ilias, Nosten, verräth uns wahrscheinlich die Ansicht, nach welcher Homer die sämmtlichen Gedichte der
troischen Sage gedichtet haben sollte.
45) Aristot. Poet. 8, 2.

a. Als der vor andern viel und frühzeitig ausgedichtete Liederstoff hebt sich die Fahrt nach Kreta hervor. Erzürnt über den
Tod seines Sohnes Androgeos, welcher von Aegeus gegen den
marathonischen Stier gesandt und dort umgekommen war, hatte
Minos, der Seekönig auf Kreta, dem Aegeus einen jährlichen
Tribut von 7 Knaben und 7 Mädchen auferlegt. Sie wurden
dem menschenfressenden Minotaur zum Frass, der innerhalb des
von Daedalos erbauten Labyrinths hauste. Als zum dritten Mal
die Loosung der Opfer geschah, stellte sich in die angstvolle Bewegung der jugendliche Theseus freiwillig und verhiess dem Vater,
den Minotaur zu überwältigen. Aegeus gab nun dem Steuermann
des Trauerschiffs mit schwarzem Segel ein weisses mit, das er
bei sieghafter Heimfahrt aufziehen sollte. Als der liebliche Jüngling angekommen, sah ihn alsbald Ariadne, Minos' Tochter, und
von Liebe für ihn ergriffen, übergab sie ihm den Knäuel, dessen
Faden ihn durch die Gewinde des Labyrinths hin und zurück-
führte. Der Held erlegt das Unthier und kommt mit den Geretteten glücklich zu seiner Retterin zurück. Es folgte die Feier
des Siegs, zu der Dädalos der Ariadne den Tanzplatz bereitete
und einen Tanz lehrte, der die Windungen des Labyrinths nach-
ahmte. So erschienen auf Bildern Theseus und seine bekränzte
Freundin im jubelnden Tanz, mit ihnen die befreiten Knaben
und Mädchen. [46]) Nebst den Befreiten entführte Theseus seiner
Zusage gemäss auch die Ariadne. Als er auf dem Wege an der
Insel Dia (Naxos) angelegt, und sie auf dem Gestade der Ruhe
pflagen, erscheint nach der einen Sage dem Theseus Athene,
im göttlichen Traumgesicht und heisst ihn die Ariadne zurück-
lassen, worauf er absegelt, Ariadne aber von Aphrodite mit der
Verheissung getröstet wird, sie werde des Dionysos Gemahlin
sein. Nach der andern Sagengestalt stirbt Ariadne vom Pfeil
der Artemis, und Theseus kann sie also nicht vollends nach Athen

---

46) Il. 18, 590 mit Schol. und das Bild an dem Kasten des Kypselos,
Paus. 5. 19. 1, vgl. 9. 40. 2, sowie die ausführlichere Darstellung an der Vase
des Klitias und Ergotimos in Florenz, abgeb. in den Mon. d. Just. di corrisp.
arch. Vol. 4. tav. 56. Der kretische Tanz Geranos geheissen war nachmals
auf Delos gebräuchlich und während die Sage seine Entstehung immer von
Theseus' Sieg herleitete, mochten die Delier nach Art der Volks- und Stif-
tungs-Sagen diese Stiftung einer Anwesenheit des Helden beimessen. So lautet es bei Plut. Thes. 21. Pollux Onom. IV. §. 101. S. Prellers gr. Myth. 2. 197 f.

bringen. Die Beunruhigung wegen dieser Ereignisse macht den Theseus vergessen, das weisse Segel aufzuziehen. Aegeus, der nun das Schiff mit dem Trauersegel von der Höhe der Akropolis sieht, stürzt sich im Schmerz über den Tod seines Sohnes in die Tiefe. Theseus landet im Hafen Phaleron und sendet noch, indem er den Göttern die gelobten Opfer bringt, einen Herold mit der Nachricht von seiner Rettung zum Vater, erfährt dessen Tod, bestattet ihn feierlich und bezahlt dem Apollon sein Gelübde.

Das Leben dieser Sage schon in früher Zeit bezeugen ausser jener interpolirten Stelle in Od. 11, 321 ff., deren Alter sich nicht bestimmen lässt, die Kypria, wo Nestor an die Entführung der Ariadne erinnert, das Bild auf dem Kasten des Kypselos, Theseus mit einer Leyer und Ariadne bekränzt, bei der Siegesfeier, und zahlreiche Vasenbilder des älteren Stils.[47]

Diese Kunstbilder aus dem Abenteuer des Theseus geben wie andere aus der troischen, thebeischen, herakleischen Sage gemeinhin allerdings Zeugniss von noch älteren epischen Gedichten, sofern die Künstler natürlich gern und daher meistens das bildeten, was durch epische Vorträge allgemein ruchbar war. Der Kasten des Kypselos weist auf die ersten zehn Olympiaden, also bis 736 v. Chr. zurück. Denselben epischen Liedern entnahmen die Lyriker ihren Stoff, wenn sie alte Sagen lyrisch behandelten. Das Abenteuer nach Kreta hatte Simonides, wie es nach den Bruchstücken scheint, vollständig besungen. Dichter und Künstler aber lassen erkennen, dass sie ihre Darstellungen im vollen Glauben nicht blos an die Persönlichkeiten der Helden, sondern auch an die Ungethüme der älteren Heroenzeit gegeben.

b. Zu einem zweiten Liede bot des Theseus' Auszug gegen den marathonischen Stier einen annehmlichen Gegenstand. Der Stier, von Poseidon erzeugt und wild gemacht, war aus Kreta herübergekommen und verwüstete die Fluren um Marathon und die ganzen Vierlande (Tetrapolis) Attikas. Als der junge Held in die Umgegend Marathons kam, trat ihm die greise Hekale entgegen, deren ländliche Hütte bei immer unverschlosse-

---

47) Kypria: Welck. Ep. Cycl. II, 506. Kasten: Paus. 5, 19, 1. Vasen: O. Jahns Arch. Beitr. 258 f. Amykl. Thron: Paus. 3, 18, 16. und schon §. 11. wozu Jahn S. 257. Simonides bei Plut. Thes. 17. Fr. 54 bis 56. p. 889.

ner Thür alle Wandrer gern gastlich aufnahm. Mochte der alte
Sänger schon eben so wie später Kallimachos zuerst den Stier
und seine Verwüstungen beschrieben haben, er schilderte nun,
wie der kräftige Jüngling von der Alten in ihre Hütte geführt,
und hier auf schlichtem Sessel mit untergestreutem Schilf zum
einfachen Mahl eingeladen sei. Dann wie sie mit ihm mütterlich
sorgliche Gespräche gepflogen, und sie dem Jüngling ihre Geschichte, dieser ihr von gefährlichen Ungethümen und deren Bekämpfung erzählt habe. Als sie den muthvollen Jüngling zum
Kampfe entliess, gelobte sie dem Zeus ein Dankopfer, wenn er
glücklichen Ausgang gewähre. Die Greisin starb, ehe ihr Gebet
erhört war, aber es ward voll und ganz erfüllt. Theseus bän-
digte und fing das Thier lebendig, führte es durch Athen und
opferte es dem Apollo Delphinios, einem Geleitsgott. In dank-
barem Andenken an die gastliche Hekale rief Theseus, als er
ihren Tod vernommen, die Umwohnenden zusammen und stiftete
einen Altar und ein Opfer dem Zeus der Hekale und sie selbst
wurde fortan von jenen Gauen als Heroine verehrt.[48]

Es war das hier Erzählte Volkssage der Marathonier, und
kann die Legende zum Cultus der Heroine Hekale heissen. Von
einem einheimischen Sänger zuerst lebendig ausgeprägt, wurde
sie wohl bis zu Kallimachos zunächst von den zahlreichen Sagenschreibern auch älterer Zeit den andern von Theseus' Thaten angereiht, dann ebenso von den Dichtern der Theseïden (s. Anm.
45.); Kallimachos behandelte sie wieder für sich.

c. Viel und nach Verhältniss frühzeitig findet sich in Poesie
und Kunstbildern die Sage von des Theseus Bund mit Peirithoos zu gegenseitiger Hilfe zum Raub einer Braut, namentlich aber zu dem gemeinsamen Gang in die Unterwelt, um für Peirithoos die Persephone oder Kora zu entführen. Zuvor raubten
sie die Helena aus Sparta bei einem Reigentanz zu Ehren der
Artemis, und loosten darauf um sie unter der Bedingung, dass

48) Plut. Thes. 14. und die Fragm. des Epos Hekale von Kallimachos,
bearbeitet von Näke in Opusc. II. Bonn 1845. Der Stier S. 60. Theseus'
Auszug und Hekale 97. 117. 151. Der Kampf S. 253 ff. Einzug in die
Stadt S. 260 ff. Das Opfer nicht wie Paus. 1, 27 a. E. der Stadtgöttin, son-
dern dem Delphinios, den Theseus viel ehrt S. 266. Des Theseus und der
Demoten Stiftung S. 268.

der, welchem sie zugefallen, dem Andern seinerseits zu einer Braut behilflich sein solle (Plut. Thes. 31.). Es erhielt sie Theseus, und er zeugte schon auf dem Wege nach Argos die Iphigenia mit ihr. So die Volkssage der Argeier, welche Stesichoros und spätere alexandrinische Epiker befolgten.[49]) Peirithoos ersehnte die Königin der Unterwelt Persephone; so stiegen sie hinab. Dieses Abenteuer fand sich wie man erkennt, als selbständigere Partie in den sogenannten Eöen, welche Hesiods Katalogen der Heldenmütter als 4. oder 4. und 5. Buch angehängt wurden.[50]) Wie sie des Charons Kahn gesucht, erzählte das Epos Minyas, und ausführlicher (nach der Perserzeit) der Epiker Panyasis in seiner Heraklee. Nach beiden hatte der Maler Polygnot die Bilder der beiden Helden in seiner Unterwelt, in der Halle des Tempels zu Delphi gemalt[51]. Der Verlauf war dieser: Als sie durch die Kluft am Vorgebirge Taenaron im Schattenreich angelangt waren, wurden sie auf einem Felsensitz festgebannt, nicht im Stande wieder aufzustehen. Es erlöste sie erst Herakles, als er den Kerberos heraufzuholen in den Hades kam, wie der Theseus der Tragödie diese Wohlthat des Herakles so dankbar anerkennt.[52]) Den Peirithoos wollte oder konnte Herakles nach anderer Sage nicht befreien. Während Theseus in der Unterwelt war, zogen die Brüder der Helena, die Dioskuren gegen Aphidna in Attika, wo die geraubte Helena bei Theseus alter Mutter Aethra wohnte. Mit der befreiten Schwester führten sie die Aethra gefangen nach Sparta.[53])

d. Der vierte Liederstoff aus der Theseussage zeigt vor andern diesen Helden als einen andern Herakles, wie man

---

49) Paus. 2, 22, 7. Beide Helden, wie sie soeben die Helena geraubt haben, waren an dem amykläischen Thron zu sehn: Paus. 3, 18, 5.

50) S. das Verzeichniss hesiodischer Gedichte bei Paus. 9, 31, 5 f., in welchem noch andere Titel ebenso als Theile zu denken sind, so wie manche anderwärts genannte. S. Marckscheffel Hesiodi Fragm. S. 154 bis 158.

51) Die Minyas Paus. 10, 28, 2 vgl. mit §. 7. Panyasis das. 10, 29, 9. Auch Pindar hat der Sage gedacht nach Paus. 1, 11, 5.

52) Diesen Hergang giebt im Zusammenhang das Schol. zu Apoll. Rh. 1. 101. des Thesens Dankbarkeit bei Eurip. Ras. Herakl. 1169. 1336 f. Herakleid. 218 f. 344.

53) Diese Wegführung sah man schon an der Lade des Kypselos dargestellt nach Paus. 5, 19, 3. und mit poetischer Beischrift. — Viel begeg-

ihn nannte. Jedoch gehört dies wesentlich dem alten Gebiet des
ionischen Stammes, welches er auf seiner ersten Heldenbahn durch-
zog, dem Wege von Trözen über die korinthische Landzunge bis
nach Athen an. Aehnlich wie die Arbeiten des Herakles bilden
hier sechs auf einander folgende Kämpfe eine in Poesie und Kunst
gefeierte Reihe von Gross- und Wohlthaten des Theseus, durch die,
wie sein Vor- oder Ebenbild Herakles die weitere Erde, so er
jenes alte Ionien befriedete. Erst nachdem Theseus die hier die
Wanderer anfallenden Wütheriche überwältigt, war diese Gegend
gastlich und wohnlich. Nur Sagenschreiber und Kunstbilder[54]
bezeugen uns aus älterer Zeit diesen ersten Heldengang des ionischen Herakles, aber in so lebendiger Darstellung und so ab-
gerundetem Verlauf, dass die Voraussetzung, in einem alten Liede
seien die einzelnen Gebilde der Volkssage verknüpft und beseelt
gewesen, hier besonders wohl begründet erscheint. Die Erzählung beginnt mit der ersten Probe der Heldenkraft bei Pittheus
in Trözen und schliesst mit der Erkennung durch den über-
raschten Vater im Beisein der Medea in Athen. Die Vorgeschichte
des Liedes war diese: König Aegeus war wegen der feindlichen
Pallantiden um so verlänglicher nach einem Erben zum weisen
Pittheus nach Trözene um Hülfe gekommen. Dieser gesellte ihm
seine Tochter Aethra. In Hoffnung auf einen Sohn legte nun
Aegeus beim Abschied sein Schwert und seine Sohlen unter
einen schweren Felsblock. Sobald der zu hoffende Sohn stark

---

net die pragmatische Deutung dieser Sage. Da sind die Helden vielmehr
nach Epirus gezogen (dem alten Local der Unterwelt), um dem König der
Molosser, Namens Aidoneus, und seiner Gattin Persephone die Tochter
Kora zu entführen. Der König stellte jedem Freier die Aufgabe, seinen
Hund Kerberos zu bewältigen. Da jene die Jungfrau statt dessen rauben
wollten, liess er sie festnehmen, bis Herakles sie davonführte: Plut.
Thes. 31. Paus. 1, 27, 4. 2, 22, 6. Ueber Thesprotien, das Land der Mo-
losser, als das Gebiet, wo das Phantasiebild der Unterwelt entstand s.
Anm. zu Od. 10, 513 Th. 3. S. 156 f.

54) Plut. Thes. 6—12. Paus. 1, 27, 7—9. Diod. 4. 59. Ovid Metam. 7, 437—447. Die Kunstbilder zum Theil schon von Böttiger Vasen-
gem. 1, 2. S. 134—163. besprochen. In Athen in dem noch erhaltenen
s. g. Theseion, das nach Ross vielmehr ein Tempel des Ares war (dess.
Theseion 10. 19. 32. 50.), auf der Burg ein Erzbild von dem Aufheben des
Felsen Paus. 1, 27, 8. in der s. g. Poikile der Bilderhalle der Skeiron
Paus. 1, 3, 1. Ueber sonstige Kunstbilder s. Preller Gr. Myth. 2, 192.

173

genug geworden den Felsblock zu heben, solle die Mutter ihn
mit den Kennzeichen nach Athen gehen heissen. Die Erzählung selbst aber lautet so:

Im Hause ihres Vaters hatte Aethra den Sohn Theseus gross
und schön aufwachsen sehen, ohne ihm zu offenbaren, wer eigentlich sein Vater sei (man sprach von Poseidon). Als er im
frischen Gedeihen sechszehn Jahr geworden, führte sie ihn zum
Felsen, nannte ihm Aegeus als seinen Vater und hiess ihn nach dessen Willen thun. Leicht hob der Jüngling den Stein und trat mit
dem Schwert und den Sohlen den Weg nach Athen an, nicht, wie
Grossvater und Mutter meinten, auf der kurzen Seefahrt, sondern
zu Lande. Auf dem Grenzgebirge nach Epidauros traf er den
Keulenträger Periphetes, Sohn des Hephästos, der jeden Wanderer mit seiner Keule anfiel. Theseus erlegte ihn und nahm
die Waffe fortan als die seinige. Auf der korinthischen Landenge griff ihn Sinis an, genannt Pityokamptes, der Fichten-
beuger, indem er jeden Ankömmling zwang, mit ihm eine der
dort häufigen Fichten niederzubeugen und dann plötzlich losliess,
so dass der Aufgeschnellte nur um so schmerzlichern Tod von
ihm erlitt. Theseus tödtete ihn auf die gleiche Weise. (Ob die
alte Sage die Episode bei Plut. 8 von Sinis' schöner Tochter
schon gehabt, ist nicht zu sagen.) Weiter beim korinthischen
Dorfe Krommyon tilgte er die dort wüthende Sau, die Graue,
wie ihr gefürchteter Name war. Wo hinter Krommyon der
Weg nach Megaris und Attika nah am Meer hingeht über den
klippigen Abhang des links ragenden Felsengebirges, da empfing
den Wanderer der Unhold Skeiron. Er — der für alle Zeiten dem Pass und dem Gebirg' und dem Wind, der von da wehte,
den verrufenen Namen gab — zwang sie, ihm die Füsse zu waschen
und stiess sie, wenn sie kauerten, in das Meer hinab, wo dann
eine Seeschildkröte herzuschwamm und die zerschellten Glieder
verschlang. [55] Als der Held darauf gegen Eleusis gekommen,
bestand er den Kerkyon, der Niemand vorüberliess, er musste
mit ihm ringen. Die Gewandtheit, durch welche Theseus den
sonst immer sieghaften Ringer überwand, brachte ihm den Ruhm
als Erfinder und Meister der Ringkunst. [56] Daneben erlöste The-

---

55) Str. 391, 4. Diod. 4, 59. Paus. 1, 44, 8 oder 12.
56) Paus. 1, 39, 3.

seus die von Kerkyon eingekerkerte schöne Tochter Alope aus
der Haft und gab ihrem Sohne die Herrschaft.[57]) Unfern von
Eleusis strafte er in sechster Grossthat den Damastes, den man
Prokrustes, den Strecker, nannte, weil er bei ihm Einkehrende
in das sprichwörtlich gewordene Bett legte.

Jetzt war vollbracht, was die Folgezeit dem Theseus als dem
andern Herakles nachrühmte. Es zog nun jeder Wanderer in
diesem Gebiet ohne Unbill seine Strasse.[58]) Als der sieghafte
Jüngling am Kephisos angekommen, wird er vom frommen
Hause des Phytalos gastlich aufgenommen und wegen des beim
guten Werk vergossenen Blutes durch die üblichen Gebräuche
und ein dem Sühne-Zeus dargebrachtes Opfer gereinigt.[59]) Als
er in die Stadt kommt, um zum Königshaus zu gehen, er unge-
kannt im ionischen langen Gewande und schmuck aufgebundenem
Haar, lachen Bauleute am Tempel des Apollon Delphinios über
das bräutliche Mädchen, das so allein herumstreiche. Ohne ein
Wort zu entgegnen, spannt er von einem dastehenden Lastwagen
die Stiere ab und wirft ein schweres Stück des Wagens (die
Lesart ist dunkel) hoch in die Luft, höher als das Dach, das die
Spötter dem Tempel aufsetzen.[60]) Beim Eintritt in das Vater-
haus ist Medea bei diesem: sie hatte, aus Korinth flüchtig, bei
Aegeus Aufnahme gefunden. Sie nun ahnet ($\pi\varrho o\alpha\iota\sigma\vartheta o\mu\acute{e}\nu\eta$) im
Ankömmling den Sohn (wohl nach Frauenart, wie Helena, Od.
4, 143), aber weil er in ihre Plane nicht passt, bestimmt sie den
immer vor der Gegenpartei bangen Vater, den Fremden bei der
Bewirthung zu vergiften. Neben dem aufgetragenen Fleisch steht
der vergiftete Becher. Theseus will lieber ohne Wort erkannt
sein, er zieht des Vaters Schlachtmesser, wie um das Fleisch zu
schneiden. Da erkennt Aegeus ihn, stösst den Becher um, um-
armt den Sohn und stellt ihn dem zusammenberufenen Volke
dar[61]).

57) Dies der Inhalt der Tragödien Alope von Chörilos und Kerkyon von Euripides: Nauck, Frag. S. 557 u. S. 310–312. Welcker Gr.
Tr. 1, 18,2, 711—717.
58) Xen. Memor. 2, 1, 14, Kyneg. 1, 10,
59) Paus. 1, 37, 2 und 4. K. Fr. Herm. Philol. 2, S. 7.
60) Paus. 1, 19, 1.
61) In des Eurip. Tragödie Aegeus war Medea diesem schon vermählt,
und wurde ihre Hinterlist weiter ausgesponnen, welche dann ihre Ver-

Hiermit kann das Lied beschlossen worden sein, doch der
in der Sage sich eng anschliessende Kampf und Sieg des Theseus
über die Pallantiden gab als Bewährung des Königssohnes noch
einen volleren Schluss. Es folgt nämlich bei Plut. 13. ins Kurze
gefasst dieses: Die feindseligen Pallantiden, welche nach Aegeus
Tode die Herrschaft gehofft, rückten in zwei Zügen heran; der
eine unter dem Pallas gegen die Stadt, die Andern legten in
der Nähe einen Hinterhalt. Durch ihren eignen Herold Leos
hiervon unterrichtet, überfiel Theseus die Lauerer und machte sie
alle nieder, die Andern unter Pallas zerstreuten sich.

So also bildet dieser Heldengang, des Theseus einen harmonisch abgeschlossenen Liederstoff. Das Verhältniss der Sänger-
dichtung zur Sage erscheint uns als dasselbe wie bei der Ausdichtung der Arbeiten des Herakles. Bemerkenswerth ist dabei,
wie jeder der beiden die Erde befriedenden Helden seine besonderen Ungethüme bewältigt, obwohl sie ihre Abenteuer in einander nahen Gebieten bestehen. Nach der Angabe bei Plut. Thes. 6.
war Herakles damals abwesend, zur Dienstbarkeit an die Omphale
verkauft.

7. Fortsetzung. Lied von Perseus und dem Gorgohaupt.

Einen Liederstoff von gleicher ja wohl noch knapperer Be-
messenheit giebt die Perseussage von Seriphos, deren Leben im
Volk wir schon aus der Natursage von dem See mit stummen
Fröschen erkannt haben.

Die Sage geht von Seriphos aus, hat aber eine Vorgeschichte
in Argos. Akrisios, Fürst von Argos, schliesst, geschreckt von
einem Orakel, welches ihm von einem Enkel den Tod verkündigt,
seine Tochter Danae in ein unterirdisches Gemach ein. Jedoch
durch Zeus' Goldregen befruchtet gebiert sie den Perseus.[62] Als
Akrisios dies erfährt, steckt er Mutter und Kind in eine Arche
und übergiebt sie den Meereswellen. Die Arche wird zur Insel
Seriphos hingetrieben. Diktys, der Halbbruder des Königs Po-

---

weisung zur Folge hatte. Die Erkennungsscene erscheint in mehren
Kunstbildern.

62) Pind. Pyth 12, 17 oder 30. vgl. m. II. 14, 319 f. Soph. Ant. 944
bis 950. Das Gemach noch spät gezeigt nach Paus. 2, 23, 7.

lydektes zieht sie ans Land und nimmt Mutter und Kind in sein Haus. [63]) Der Inhalt des Liedes ist nach den Sagenschreibern dieser:

Danae und ihr Sohn Perseus lebten in ihres Retters Hause und Pflege wohlgehalten wie Verwandte, Als Perseus bereits zum Jüngling herangewachsen war, sahe der König Polydektes die Danae und entbrannte für sie, aber sie verschmähte seine Anmuthungen; so musste er in seiner Leidenschaft auf besondere Wege sinnen, seine Lust zu büssen. Der Sohn war ihm hinderlich. Polydektes suchte irgendwie ihn zu nöthigen, ihn gewähren zu lassen. Die Gelegenheit sollte eine Einladung bringen, und sie brachte sie in eigener Weise. Polydektes stellte angeblich um Brautfahrt und Werbung um Oenomaes Tochter [64]) zu halten ein Picknick der Art an, da der Wirth von jedem Geladenen ein bei der Einladung genanntes Geschenk verlangte. Wie andere Mannen ward auch Perseus geladen. Als er auf die Frage, auf welche Beisteuer geladen werde, hörte, auf ein Pferd, erwiderte er, sei es in ärgerlicher Stimmung oder im Jugendmuth: O, auf das Haupt der Gorgo! Als am Tage nach dem Gastgebot die Theilnehmer die Pferde brachten, nahm Polydektes das des Perseus nicht an, sondern verlangte ihn beim Wort fassend das Haupt der Gorgo (Pind. P. 12, 13 oder 25) mit dem Bedeuten: wofern er ihm nicht dies liefere, werde er sich seiner Mutter bemächtigen. Voll Kummer und rathlos ging der treue Sohn in die Einsamkeit, wo öfters Götter den Menschen begegneten. Hier erschien Hermes (wie Od. 10, 281) und fragte nach der Ursache des Kummers. Er versprach ihm darauf sein Geleit, wenn er das Abenteuer unternehmen wollte. Seine Schutzgöttin Athene versagte ihm auch ihren Beistand nicht. So führten sie ihn zuerst zu den Gräen im äussersten Westen (Hes. Th. 271, 275), den Vorwächtern der Gorgonen (Ae. Fr. 255. Nk. 274 Hrm.). Ihnen nimmt er nach Rath der Athene das Eine Auge und den Einen Zahn, deren sie sich wechselsweise bedienten (Ae. Prom. 795 — 797). Auf ihr Flehen verspricht er ihnen die Rückgabe, wenn sie ihm

---

63) Des Simonides wunderliebliches Gedicht Fragm. 37. übers. von Geibel in Klass. Studien 1. Heft Bonn 1840. S. 41. Pherekydes im Sch. zu Apoll. 4, 109.

64) Sie geschah durch Wettfahrt mit Pferden, also als wolle Polyd. sich ein recht gutes Gespann auswählen.

den Weg zu den Nymphen zeigen, welche im Besitz der ihm
nöthigen Flügelsohlen, des Helms der Unsichtbarkeit und des
Ranzens sind. Perseus erhält das Gewünschte (Amykl. Thron
Paus. 3, 17. 3). Bedeckt mit dem Helme und mit den Flügelsohlen beschuht schwingt er sich empor und fort zum Weltstrom
Okeanos, wo die Gorgonen auf einer Insel wohnen (Hes. Th. 274),
und seine Schutzgötter begleiten ihn; Hermes versieht ihn mit
einer Sichel, Athene mit einem Spiegel. Er findet die drei Grässlichen (geschildert von Aesch. Prom. 799—801) schlafend. Nur eine,
die Medusa, war sterblich (Hes. Th. 276 f.); ihr schnitt Perseus
mit der Sichel bei abgewendetem Blick mit Hilfe des Spiegels
das grause Haupt ab, und barg es im Ranzen (Hes. Schild
212—232); die beiden andern Gorgonen stürzen, wie sie ge-
flügelt sind, nach geschehener That dem Thäter nach,[65] er aber,
unsichtbar durch den Helm, entkommt. Im Besitz des Hauptes,
dessen Anblick versteinert, kehrt der Held nach Seriphos zum
Polydektes zurück, lässt ihn recht zahlreiche Zeugen zusammen-
berufen und übt mit Aufweisung des Verlangten am König und
dessen Genossen die Rache für den feindseligen Auftrag zur Erlösung der Mutter „aus des erzwungenen Ehebetts Schmach".[66]

Dies die fast unter allen wunderreichste, aber zugleich durch
das Motiv der Sohnestreue schön beseelte Dichtung. Dass bei
ihrer so ausgeprägten Form und ihrer nationalen Geltung in
Poesie und Kunst sie die Voraussetzung eines alten Liedes reichlich begründet, dürfte ebenso anzuerkennen sein, als es bemer-

---

65) Wie in der Stelle der dem Hesiod zugeschriebenen Dichtung,
so erscheinen am Kasten des Kypselos, Paus. 5, 18, 5., die verfolgenden
Schwestern; ähnlich nicht selten in alten Vasenbildern.

66) Die vollständige Erzählung geben die Stellen aus Pherekydes Fr.
26., in gedrängter Fassung hat sie Str. 10. 487 C., der wohl Pindar P.
10, 44 oder 69 ff. und 12, 9 oder 15 ff. im Sinn hatte. Aeschylos dichtete
die ganze Sage zu einer Trilogie aus. Die Fragm. Nauck S. 65. Die Trilogie m. Sagenpoesie 494 und 584—586. Wenn die Mythologen den
Perseus und seine Hadeskappe und die Gräen und Gorgonen zu einem
Naturmythus auszudeuten geschäftig sind, so halten wir es mit Steiner,
Ueber den Amazonenmythus. Lpz. 57. S. 4. „Um die Beziehung der Mythen zur Kunst richtig zu fassen, muss jede symbolische Deutung derselben unterbleiben u. s. w. bis S. 5." Eben so wenig als bei poetischen
darf bei den Werken der plastischen Kunst an Allegorie gedacht werden, da auch hier Alles auf die unmittelbare Wirklichkeit berechnet war.

kenswerth ist, dass von einer Erneuerung im Zeitalter der Kunstepopöe, abgesehn von ganz späten Epikern,[67]) gar Nichts überliefert ist.

8. Uebergang zu den vorhomerischen Liedern vom
jüngeren Heldengeschlecht, und damit zu den
Vorläufern der Epopöe homerischen Geistes.
Vergl. Buch 1 §. 15 letzte Hälfte.

Als Hauptzüge, welche die Sagen und Lieder des jüngeren
Geschlechts von dem des älteren unterscheiden, erkennen wir erstens die Grösse der Interessen und der Bewegungen, da, weil
es sich um Reiche handelt, nicht einzelne Schutzgötter, sondern
das Götterregiment unter dem höchsten Zeus betheiligt ist, und
so der höchste der Obherrschenden, der über den Kriegsparteien
der Götter wie der Menschen steht, aller Erfolge waltet. Sodann
gehören alle die Ursachen, welche die Kämpfe hervorrufen, den
allgemeinen Sittengesetzen an, und ist es die Strafaufsicht der Götter, welche alle Ereignisse beseelt und bedingt. Da geschieht
es denn, dass ganze Heerfahrten oder besonders charakterisirte
Akte derselben unter Götterzorn vor sich gehn. Ferner die einzelnen Helden des älteren Heldengeschlechts sind eben nur
mächtige Kämpen, sie bestehen einzele Uebergewaltige auf noch
friedloser Erde zugleich durch eigene Heldenkraft wie durch
Beistand, wohl auch Wunderhilfen der begleitenden Schutzgötter, und vollbringen sieghaft überhaupt das Schwerste. Die
Helden des späteren Epos dagegen beschliessen in bekannten, wohn-
lichen Landen als Fürsten und Führer der Gemeinen ihrer Stämme
zusammengeschaart die Rachekriege, und erscheinen so auch persönlich bei aller auch nicht ohne Gott sich hervorthuenden Tapferkeit als Träger der Menschennatur, wie ein Kenner sie in Jedwedem finden musste. Wird diese treffend dargestellt, so erweist
sie sich auch in den Edelsten des sterblichen Geschlechts nicht
vollkommen tugendhaft, vielmehr immer zur Maasslosigkeit geneigt und versucht, so dass auch die edelsten Triebe und berech-
tigsten Ansprüche über das Maass verfolgt werden. So die Helden

67) Die Perseis eines Musäos von Ephesos (bei Suidas) unter den
pergamenischen Königen wird in ihren 10 Büchern den Theseiden ähnlich
gewesen sein.

Agamemnon und Achill und Hektor und Odysseus in der Darstellung des Menschenkenners Homer. Aber wie in den Gemüthern auch der herrlichsten Helden Leidenschaften sich regen, so in den Göttern, welche Liebe und Hass mit ihren Schützlingen theilen. Wenn hiernach auch den Olymp Parteiung theilt, hat der Lenker der Geschicke, Zeus, der in seinen Gemüthsregungen auch selbst heftig ist, es schwer, seinen Rath durchzusetzen. So herrscht in der olympischen Geschichte, welche neben der irdischen und im Wechsel mit ihr fortgeht, das regeste Gespräch, in welchem die Götter ihre verschiedenen Begabungen und Gemüthsarten ebenso offenbaren, wie die verschiedenen Helden und Heldinnen in den wechselnden Scenen und in den Begegnungen unter sich oder mit den Göttern auf der Erde. So wird erst in den Liedern vom jüngeren Heldengeschlecht die Poesie charaktervoll. Urtheilen wir so zunächst nach der Darstellung der uns allein als vollständige Ganze vorliegenden beiden Epopöen Homers, deren eigenste Eigenheit wir einstimmig mit den Alten dem Inhalt nach in dem Charaktervollen, der Form nach im dramatischen Leben erkennen: so geht diese doch zuerst als aus ihrer Bedingung aus den Sagenstoffen hervor, in welchen eben Völkerkämpfe unter dem Walten der gesammten Götterwelt gegeben sind. Wonach auch keine epische Poesie, welche einen solchen Stoff behandelte, jener Mannigfaltigkeit des Inhalts entbehrte, mochte sie auch nur im kleinen Lied und vielleicht eine Episode daraus erzählen.

Es waren eigentlich nur die zwei Heerfahrten gegen Theben, der Krieg der Sieben und der der sog. Epigonen, ihrer Söhne, und der troische Krieg mit seinen mehren eigenthümlich charakterisirten Phasen, welche vom jüngeren Heldengeschlecht in Betracht kamen und in dem bezeichneten Charakter geschildert werden konnten. Mit diesen beiden Kriegen zeichnet auch Hesiod in den Weltaltern das ihm näher gelegene jüngere Heroengeschlecht. Jene beiden Kämpfe gegen Theben mochten in vorhomerischer Gestalt vielleicht jeder in einem nur um etwas längeren Liede nach ihrem ganzen Verlauf besungen sein, anders als in den zwei nachhomerischen Epopöen, Thebais und Epigonoi, deren jede ungefähr 7000 Verse umfasste. Dagegen die Sage vom dem durch des Paris Frevel am Gastrecht verursachten Kriegszuge von ganz Griechenland gegen Troia, sie musste jedenfalls gleich zuerst

in einer ansehnlichen Zahl kleinerer Lieder besungen sein. Die
Sänger jedoch, welche Homer in seiner Odyssee wie seine nächsten
Vorgänger vorführt, sie geben schon eine Vorstufe zu den
grossen Compositionen der zweiten Periode und ihrer Muster der
Ilias und Odyssee.

9. Die einzelnen vorhomerischen Lieder von den
Heerfahrten des jüngeren Geschlechts. Zuerst
die aus der Thebischen Sage.

Da zwei Epigonen, Diomedes, der Sohn des Tydeus, und
Sthenelos, derjenige des Kapaneus, nachdem sie am Siege über
Theben ihren Antheil gehabt, vor Troia kämpften, so giebt die Ilias
aus dem Munde dieser Beiden oder im Verkehr Anderer mit ihnen
schon reichlich Züge von jenen beiden Kriegen. Dazu kommen
andere Stellen aus der Ilias oder Odyssee oder den hesiodischen
Gedichten.

Die Vorgeschichte des ersten Zugs, die Oedipussage, hatte
im epischen Zeitalter eine minder tragische Gestalt als in den
Tragödien ungeachtet gleicher Grundlage.[68]

Oedipus hat unbewusst die Gräuel wirklich begangen, seinen
Vater gemordet und das Königthum in Theben durch die Ehe
mit der eigenen Mutter überkommen. Aber da das Wahre alsbald
ruchbar geworden, hat die Mutter, hier Epikaste statt Iokaste
genannt, sich erhenkt und sterbend über den Sohn den
Fluch ausgesprochen. Oedipus blieb König und starb als solcher
in Theben. Um in ein reines Verhältniss zu kommen, vermählte
er sich nach der Mutter Tod und Fluch mit Euryganeia, der Tochter
des Fürsten Hyperphas, und mit ihr zeugte er die zwei Söhne
Eteokles und Polyneikes und zwei Töchter, Antigone und Ismene,
nicht mit seiner Mutter. Aber dass in Erfüllung des mütterlichen
Fluches seine Söhne ihn unehrerbietig behandelt, scheint schon
in den Worten der Odyssee zu liegen, und war in der nachhomerischen
Thebais nach den erhaltenen Versen klar dargestellt,
und dazu der in Folge dessen von ihm ausgesprochene Fluch
über sie. Um die Wirkungen dieses Fluchs zu meiden, war der
jüngere Sohn Polyneikes noch beim Leben des Vaters nach Ar-

68) Od. 11, 271—280. m. Anm. Th. 3. S. 237—240 Welck. Cycl.
2, 333—339.

gos ausgewandert zum Fürsten Adrastos. Adrastos in der Parteiung mit Amphiaraos früher vertrieben (Il. 2, 572), war jetzt, indem Jener die Eriphyle, Adrasts Schwester, zur Gattin nahm, versöhnt zurückgekehrt. Dem Polyneikes gab Adrast seine Tochter Argeia zum Weibe. Bald darauf kam von Eteokles die Nachricht vom Tode des Oedipus und Polyneikes mit Argeia und Adrasts Bruder Megistheus gehen zur Feier der Leichenspiele nach Theben (Il. 23, 679 m. Sch.). Jetzt erfüllt sich der Vaterfluch, die Brüder entzweien sich, Eteokles versagt dem Polyneikes den bedungenen Wechsel im Königthum. So erfolgt der 'erste Krieg. Die homerischen Stellen geben uns folgende Data desselben.

Wie Polyneikes von Theben, so kam Tydeus von Kalydon als Flüchtling zu Adrastos und erhielt eine Tochter zum Weibe, Il. 14, 119—125. Mit ihm, dem Tydeus, zog Polyneikes umher, um zum Zuge gegen Theben und Eteokles Genossen zu sammeln, Il. 4, 376—378. Manche waren geneigt, aber schon hier schreckten die bösen Vorzeichen des Zeus, das. 381. Amphiaraos, den Zeus und Apollon mit grosser Sehergabe gesegnet, mahnt ausdrücklich ab, aber da er selbst sich verpflichtet hat, in Streitfällen mit Adrast der Eriphyle zu folgen, wird er durch diese, die durch das goldne Halsband (der Harmonia) von Polyneikes bestochen ist, endlich doch genöthigt, selbst mitzuziehen, Od. 15, 244—347. 11, 326 f. Sein drängenster Gegner ist der über Alle kampflustige Tydeus (wie vor Troia sein Sohn Diomedes), der sich in diesem Muth des präsentesten Beistandes der Athene erfreut, Il. 4, 372 f. 5, 116. 125 f. 801—803. 10, 289 f. Er wird, als die Heerfahrt zum Asopos in Thebens Nähe gekommen, mit Vertragsantrag an den Eteokles hineingesandt, 5, 803 f. 10, 285 bis 289. Als er, zwar gastlich empfangen, kein Gehör fand, forderte er die versammelten Gäste zu Zweikämpfen auf und überwand sie sämmtlich, 4, 387—390. 5, 806 f. Dadurch erbittert legten sie ihm auf der Rückkehr einen Hinterhalt von 50 Mann mit zwei Führern, aber er machte diese alle nieder und liess nur den Mäon als Boten des Geschehenen übrig, 4, 391—398. 10, 289 f. In den Kämpfen dann vor Theben kam auch er um, 6, 222 f. 14, 114. Und die Helden alle erreichte dort um ihres Frevelsinnes willen das ihnen von Anfang vorher verkündete Geschick, 4, 409. Der einzige Adrastos entkam auf dem wunderschnel-

len, sagenberühmten Ross Areion, wie es Il. 23. 346 f. zum
Vergleich dient.[69]) Noch erwähnt die Odyssee mit einigen Worten den Untergang des Amphiaraos vor Theben:

        . . . . Doch nicht zur Schwelle des Alters
    Kam er, er starb vor Thebä in Folge der Weibergeschenke,

womit Homer, wenn die Stelle echt sein soll, die Apotheose
desselben zum prophetischen Heros doch kaum angedeutet haben
kann, da, wie wir bei den Dioskuren gesehen haben, die Apotheose bei ihm nur in unechten Stellen erscheint.

    Auf den unglücklichen Zug der sog. Sieben, — unglücklich,
weil er auf Anregung des fluchtragenden Polyneikes und unter
bösen Zeichen geschehen war — folgte der der Epigonen, der
Söhne der gefallenen Helden, welcher, unter glücklichen Vorzeichen unternommen und geführt, einen erwünschten Sieg und die
Zerstörung des schuldvollen Thebens zum Ausgang hatte. Diesen
geschichtlichen Erfolg findet man im Schiffskatalog 2, 505, angedeutet. Den verschiedenen Ausgang der beiden Kriege hebt Sthenelos, Il. 4, 405 ff., hervor. Da die Söhne der Sieben beim Auszug der Väter noch kleine Knaben gewesen waren (Il. 6, 222),
nimmt man den zweiten zehn Jahr später an. Aber so bestimmt
dieser zweite Krieg in der Ueberlieferung steht und die homerischen Epigonen ihn anerkennen, wir müssen doch urtheilen,
dieser sei dem Dichter nur durch die Volkssage bewusst gewesen.
Nirgends erscheint eine einzelne Thatsache daraus, und doch würde
gerade Diomedes selbst sonst seine Schutzgöttin nicht blos an
den Beistand erinnern, den sie vor Theben seinem Vater geleistet, er würde dort selbst erfahrenen zu rühmen haben. Wie
die Sagen wachsen, gab dieser zweite Krieg, besonders die Schlacht
bei Glisas, später reicheren Stoff, und die bunte Mannigfaltigkeit des

---

    69) Genaueres von diesem Wunderross, das früher Herakles gehabt
(Hes. Schild 120), giebt Paus. 8, 25, 8 — 10. mit Citaten aus der nächsthomerischen Thebais und der späteren des Antimachos. Dass das Ross
gleich dem des Achill Il. 19, 417. in Menschensprache bei jener Flucht
einen künftigen Sieg prophezeit habe, hat man nur nach falscher Deutung
des Worts a r e i o n bei Pind. Pyth. 8, 49 f. oder 70 f. gemeint. Auf:„ Und
der gelitten im früheren Leid“ folgt der Gegensatz im Comparativ: „vertraut jetzt der Verkündigung besseren Vorzeichens“. Auch die Deutung
des Substantivs war irrig.

nachhomerischen Gedichts Epigonoi brachte ihm, wie es scheint, einen gewissen Ruf.[70])

10. **Fortsetzung.** Die vorhomerischen Lieder aus der troischen Sage; Charakteristik dieser Sage nach ihrem Umfang und vieltheiligen Inhalt. Die sechs Liederstoffe der troischen Sage. Die Heimath der epischen Kunstpoesie. Homer und seine Wahl.

a. Die Sage vom troischen Kriege als dem ersten Nationalkrieg.

Wir kommen zu dem Sagenkreise aus dem der Bildner der Epopöe seine beiden Stoffe gewählt hat, und aus welchem in Nachfolge dieser Muster fünf andere Epopöen gedichtet worden sind, von denen keine die Sagentheile der Ilias oder Odyssee wiederholt, und nur zwei dieselbe Partie, die von der endlichen Eroberung, behandelt haben. Es gab also sieben Epopöen aus derselben troischen Sage, und sechs aus gesonderten Theilen. Den Reichthum der Sage, der sich hieraus ergiebt, erklärt sie selbst schon durch zehnjährige Dauer des Kriegs von dem Auszug des Griechenheeres bis zur Einnahme der Königsstadt und Zerstörung des vorher blühenden, weitherrschenden, von vielen Bundesgenossen unterstützten Königthums. Es sind beim Eintritt des Grundmotivs der Ilias schon 8 Jahre der Heerfahrt vergangen, es ist schon das 9., im 10. wird nach dem Vorzeichen die Einnahme Troias gehofft (Il. 2, 295. 327—329). Diese Zehnzahl erscheint als eine mythisch summarische, und wenn nach Il. 24, 765. vom Raube der Helena es jetzt das 20. Jahr gewesen sein sollte, wären vorher auch 10 Jahre der Vorbereitung vergangen gewesen, doch jene Stelle ist unecht. Von der Einnahme Ilions und der Abfahrt der Griechen bis zur Heimkunft des letzten, des Odysseus, vergehn wieder 10 Jahre, er kommt im 20. nach seinem Auszuge zurück (Od. 2, 175. 17, 327. 23, 102.). Hierzu stimmt das Alter des Telemach, den er als Säugling verlassen hat, wie das des Orestes und anderer Jünglinge; aber mit dem Sohne des bei

70) Es wird wie die Thebais summarisch zu 7000 Versen angegeben und kam, freilich vielleicht nur durch Combination, hier und da zu dem Ruf, dem Homer anzugehören: Herod. 4, 32. Ueber seinen geringern Werth als die Thebais s. Preller Gr. Myth. 2. 254 f.

seinem Auszuge und in der Ilias noch selbst jugendlichen (Il. 9,
440) Achill, mit dem Neoptolemos, der in der 4. Epoche des Krieges
von Skyros geholt den letzten Helfer der Troer erlegt und Troia
mit erobert, hat die Sage ein freieres Spiel getrieben, das wir
als ihr Wesen anzuerkennen haben.[71]) In der Od. 3, 189. führt
er die Myrmidonen heim.

Die zehnjährige Dauer des Kriegs zu erklären, enthält die
alte Ueberlieferung mancherlei Gründe, die stärksten besagt Hora-
zens: „Durch Aufruhr und Betrug, durch Frevel, Begier und
Zorn wird Inner der ilischen Mauer gefehlt und ausser derselben"
mit Bezug auf die Parteiung in Troia und auf die Verzürnung
des Achill. Doch der ganze Hergang, wie es geschehn, dass
aus dem Frevel des Paris am Gastrecht (Il. 3, 351 ff.), welcher
das Motiv der ganzen troischen Sage bildet, ein so langwieriger
Völkerkampf hervorgegangen, und all der wechselreiche Verlauf
desselben war in Sagen und Liedern vollständig ausgebildet, als
die Ilias und Odyssee gedichtet wurden.[72]) Wie die Forscher
aus der Natur des Epos und selbst aus Freiheitskämpfen neuerer
Zeit erkannt haben, waren unmittelbar nach dem Kriege von
den Sängern der Stämme einzelne Lieder von diesem und jenem
Helden gesungen zuerst im Mutterlande, dann in den kleinasiati-
schen Colonieen.[73]) Aber eben hier, wie wir sogleich sehen werden, in der Nähe des Kriegsschauplatzes, gewannen die Lieder
den Charakter der Darstellung von Handlungen und es bildeten
sich Schilderungen von Epochen des Kriegs. Dieser entdecken
wir vier, abgesehn von den Ueberlieferungen der Volkssage über die
Berufung der Helden zu der Heerfahrt, die Versammlung in Aulis und die Ueberfahrt, kurz von dem, was die allbewusste Voraussetzung umfasste. Ohne Zweifel ist, was von der Zeit der Rüstung in Ilias und Odyssee vorkommt, viel einfacher und nur
als Vorgeschichte im Sinne gewesen; die vorhomerische und homerische Sage wusste Nichts von einer zweimaligen Versammlung
in Aulis und Nichts von einer nach der ersten geschehenen Fehl-
fahrt statt nach Troias Ufern nach der europäischen Küste

71) Neoptolemos in der Ilias 19, 326. 331 ff. S. Anm. zu Od. 11, 509
bes. S. 289.
72) Welcker Ep. Cycl. II. S. 17.
73) Ritschl, bei Löbell Weltgesch. 1. 600.

am Hellespont, nach Klein-Mysien, Teuthranien. Es ist dies der bedeutenste Punkt in dem Zuwachs und Wandel, welchen die troische Sage in nachhomerischer Zeit in Volksglauben und Sage erfahren hat, die Landung in Teuthrania und der Kampf, wo Telephos von Achill verwundet wird. Aber in der Volkssage hatte dieser Wandel sich begeben, als Stasinos in der Epopöe Kypria die zweimalige Versammlung und den teuthranischen Krieg ausdichtete; nicht konnte ein älterer Epiker solche Thatsachen aus sich erfinden und einflechten.[71])

Der Volksgeist hatte wahrscheinlich, wie er gern mischt, die Hergänge des troischen Kriegs mit denen der äolischen Wanderung vermengt. Und fast möchte man die Meinung fassen, es seien die Streif- und Eroberungszüge des Achill, welche nach aller Ueberlieferung die ganze erste Epoche des Kriegs bis zur Entstehung des Zornes ausfüllen, das Dichterbild der vornehmlich aus Thessalien in mehren Zügen gekommenen s. g. äolischen Ansiedelungen. Die Sagengeschichte lehrt uns, dass diese Wanderung, die frühere war, dass sie von der Küste Nordgriechenlands gleich der troischen Heerfahrt zum Theil von Aulis ausging und den Landstrich im höheren Vorderasien einnahm, welchen Priamos beherrscht hatte. So kamen diese Aeoler, und so brachten sie und ihre Sänger die älteren Sagen und Heldenlieder in die Scene selbst des troischen Kriegs. Indem wir nun in dieser Richtung der Auswanderung an sich schon geneigt sein werden, eine Nachwirkung jenes Krieges zu erkennen, kommen die besonderen Umstände hinzu. Ausgegangen heisst der Wanderzug gerade von dem alten Gebiet des Agamemnon und Diomedes, von Argolis; dann geht er nordwärts und wächst durch Zuzug aus dem Aeolischen, Böo-

---

71) Eben als Volkssage ist dieser Krieg später in der Ueberlieferung geblieben. In der Ilias fand nur falsches Verständniss des Ausdrucks zurückgetrieben Il. 1, 59. bei Homer eine Hindeutung auf eine frühere Heerfahrt. Strab. 615 a. E. erkennt auch, dass in beiden Gedichten von Teuthranien und Telephos nur dessen Sohn Eurypylos erwähnt wird, jener, den in der 4. Epoche Neoptolemos erlegte. Es ist dem Wesen der Volkssage ganz gemäss, was vermuthet worden, es sei wohl im Volksgeiste eine Vermischung der Ueberlieferung vom troischen Kriege mit den Hergängen der äolischen Wanderung geschehn, und daher die Sage von zwei Fahrten und von Teuthrania entstanden. S. Plass Urgesch..Griech.1. 628 f. Preller, Gr. Myth. 2. 294. meine Sagenp. S. 9.

tien und Thessalien, also dem Gebiet des Achill und des Philoktet
zu der Mehrzahl äolischer Theilnehmer an, die ihm den Namen des
äolischen gab. Die Führer der nach einander in derselben Richtung
gefolgten Züge heissen Sohn und Enkel oder Kindeskinder des
Agamemnon.[75]) Dies also der ganz natürliche Grund zunächst
dafür, dass eben dort die Wiege vieler kleiner Lieder vom troischen Kriege zu finden ist. Die Sagen mehrer Städte Aeoliens,
welche Homers Geburtsort genannt werden, freilich nur Winkelsa-
gen, können von vorhomerischen Sängern verstanden werden.

Indess auch die ionischen Auswanderer, die sich von sehr
verschiedenen Stämmen in Athen sammelten, und von dort aus die
den äolischen Ansiedelungen benachbarten Küsten und Inseln be-
setzen, auch sie hatten mehrentheils Führer, welche als Träger
der troischen Heldensagen zu gelten haben, Abkömmlinge des
Königsgeschlechts der Neleiden, welche vorher in Athen ge-
herrscht hatten.[76])

b. Homer; sein Vaterland, sein Zeitalter und seine Persönlichkeit überhaupt.

Die Ionier nun gewannen von den Aeolern Smyrna und
damit die Stadt, die nach den auf sie hinweisenden Sagen den
meisten Anspruch hat, für die Heimath Homers und zugleich
des homerischen Dialekts zu gelten.[77]) Das Zeitalter Homers, das
wir nach allen Gründen als ein bereits vorgeschrittenes und so
spät als möglich anzunehmendes betrachten, glauben wir am besten nach den uns bekannten Daten der Bekanntwerdung zu bestimmen, also ein oder zwei Menschenalter vor dem Gesetzgeber
Lykurgos zu setzen. Dieser erhielt auf Samos oder Ios von dem
Geschlecht des Epikers und Rhapsoden Kreophylos die homerischen Gedichte mitgetheilt.[78])

75) Str. 401. 3 u. a. bes. 582. Paus. 7, 2, 1. 3, 3.
76) Str. 633. Die Colonisten aus fast allen Stämmen der Griechen:
Herod. 1. 146. Paus. 7, 2, 3 und 4.
77) Bernhardy, Gesch. d. Gr. Lit. II, 1. S.54. O. Müller, G. d. Gr. Lit.
1. 68—72. Dialekt: Müller 72—79. Homer, Ionier und das Zeitalter wie
die Zeitangaben Herodots und Apollodors es bestimmen, endlich: „Die
Niederlassung der Homeriden auf Chios war höchst wahrscheinlich eine Folge
der Vertreibung der Ionier aus Smyrna". Von diesen das Genauere später.
78). Plut. Lyk. 4. Herakleides Polit. 2, 2. die nach Schneidewins Erweisen Excerpte aus Aristoteles geben.

Die vorstehenden Sätze sichern uns nach den äusserlichen Verhältnissen die Persönlichkeit des einigen Homer, von seinem Namen aber urtheilen wir so; Da er aus keinem Grunde sonst Appellativum wird,[79]) so würde, wenn ein appellativer Sinn anzunehmen wäre, immer zu urtheilen sein, wie der Verfasser der Culturgesch. d. Gr. und R. 92. sich ausspricht: ob er wohl einen appellativen Sinn und die Geltung eines Kunstnamens hat, es schliesst ein solcher bedeutender Name die grosse Persönlichkeit und ihre individuelle Leistung so wenig bei ihm aus, als bei Terpandros, Stesichoros, Eunomos, Lesches, Theophrastos, von denen wir zum Theil die früheren Namen ebenso kennen, wie Homers früherer Melesigenes gewesen sein soll.[80]) Indessen bleibt jene Deutung an sich zweifelhaft, wie besonders Jacob Entsteh. der Il. S. 29. zeigt.

Der allgefeierte, und wie der Gesetzgeber Lykurgos, wie Hesiod, wie Pythagoras, Hippokrates, auch Sophokles[81]) nach seinem Tode als Heros verehrte Dichtergenius wählte, wie aus dem Gesagten erhellt, seine beiden Stoffe und die ihm bei seinen Schöpfungen dienenden Lieder auch aus dem äusserlichen Grunde, weil in seiner Umgebung offenbar Nichts so populär war, als eben die Sagen vom troischen Kriege. Er wählte damit aber auch die Sage von dem ersten gemeinsamen Nationalunternehmen. Der Bruder des vom Frevel des Paris verletzten Menelaos, Agamemnon, gab anerkanntermaassen das erste Beispiel eines Nationalaufgebots. Er, als der ältere des Atreidengeschlechts, mit w e i t e r H e r r s c h a f t (εὐρυκρείων) nach dem ihm unter den Menschen allein und zwar ausschliesslich beigelegten Beiwort, wird durch ausdrückliche Angabe als Oberherr über den Argos genannter Peloponnes und viele Inseln bezeichnet. Ihm daher ist man, wie der Fürst dem Oberkönig in den einzelnen Bezirken, wenn nicht eigentlich pflichtig, doch geneigt, Heeresfolge zu leisten. Diese seine Machtstellung war es nach den alten Historikern und heu-

---

79) Sagenp. 2. Buch S. 297 ff.

80) Die Griechen hatten vielfältig diese Gewohnheit, z. B. auch Aspasia und Phryne, die Liebliche und die Blasse, hatten vorher andere Namen: Athen. 13. 576 D. 579 E. Jene Namengebung mit der germanischen verglichen von Müllenhoff Allg. Monatsschrift f. W. u. L. 52. April 338.

81) Sagenp. S. 299 f.

tigen Forschern, welche ihn zu solchem Aufgebot, zum ersten
Beispiel einer Hegemonie befähigte.[82]) Wir sehen da, die Sage
beruht auf wirklichen Verhältnissen, aber zum Zeichen der noch
mehr freiwilligen Unterordnung der Andern, gehn Agamemnon und
Menelaos zuerst selbst aus (Od. 24, 115 f.), zu Odysseus, dann übernehmen Odysseus und Nestor es, die Andern aufzufordern (Il.
11, 766 — 768).

c. Der troische Krieg, ein besonders populärer Liederstoff und seine Epochen. Sechs Liederstoffe.

Dass nun Homer die auf diese Weise gemeinsame Heerfahrt
vor andern Stoffen besänge, empfahl sich also auch von Seiten
des allgemeinen Interesses. Die nächsten Zuhörer gleich hörten
ihn lieber, da sie aus so verschiedenen Stämmen gemischt waren.
Nun aber überkam der Dichter die Sage von den Dichtern in
Aeolis schon gestaltet, und da trat Achill so hervor, dass für
die Feier der Helden der anderen Stämme wenig Raum blieb. Es
schied sich der Sagenstoff schon in ursprünglicher Gestalt selbst
(nicht erst durch den Sängergeist), abgesehn von den heimischen
Ereignissen bis zur Landung, in vier Epochen.

Nach der ersten Landung hatten alsbald Schrecken und
Furcht vor Achill die Troer in die Mauern gebannt (Il. 6, 99.
ποτέ vordem) und er, nicht etwa Agamemnon, hatte in Kampf-
und Beutelust langhin Streifzüge allerdings zum Vortheil des
Ganzen ausgeführt. Dann war mit der Erscheinung des Prie-
sters Chryses, um seine Tochter auszulösen, die zweite Epoche
eingetreten, welche durch die Kränkung Achills mit allen ihren
Folgen charakterisirt war, bis die Auslösung des Hektor sie ab-
schloss. Die dritte Epoche dann hatte wieder den Achill zum
Vordermann neben dem nur Anfangs und wieder im letzten Theile
von andern Helden die Rede war. Sein Tod durch Paris Pfeil hatte

82) Wachsmuth Hell. Alt. 1. 142. Herm. Staatsalterth. §. 11, 4 und
5. S. 45, A. 4., E. Curtius, Peloponnes 1. 63. Wie im Schiffskatolog Il. 2,
569 — 580. und von Athene 1, 276 ff. bei Homer, so von Herod. 1, 1. und
Thuk. 1, 9, 3. als der mächtigste Herrscher und Oberfeldherr anerkannt.
Die beiden Stellen Il. 9, 149. wo Agamemnon dem Achill sieben messenische
Städte zinsbar machen will und Od. 4, 174., wo Menelaos dem Odysseus
eine Stadt ganz hat einräumen wollen, sie sprechen von Periökenstädten:
Herm. Staatsalt. §. 8, 9.

einen heissen Kampf um seine Leiche zur Folge; das Verdienst
um deren Rettung theilten Aias und Odysseus; so war nach den
hier folgenden Leichenspielen der Prozess jener Beiden um Achills
Waffen eingetreten, und da er für Odysseus entschieden worden,
hatte Aias im Schmerz über diese Kränkung sich den Tod gegeben.

Von hier an neigte Alles zur Entscheidung des ganzen
Kampfes. Die vierte Epoche gab gleich in der Abholung des
Neoptolemos von Skyros, und der des Philoktet von Lemnos den
Anfang des Endes. Neoptolemos erlegte den letzten Bundesge-
nossen der Troer, des Philoktet Bogen war nach dem Seher-
spruch zur Einnahme der Stadt unentbehrlich. Dies erklärt der
Erfolg dahin, dass sein Pfeil den Frevler Paris erreicht. Beides
hat den Zweck und die Wirkung, dass die Troer sich nun ganz
hinter ihre Mauern zurückziehn und es beginnt das Werk der
List. Die Göttin der Klugheit Athene, und ihr Liebling Odysseus
thun es nun. Athene giebt dem Epeios den Bau des hölzernen
Pferdes an, Odysseus thut während dessen in Verkleidung einen
Spähergang, holt auch das schicksalsvolle Pallasbild und überwacht
nochmals im hölzernen Pferde, dem Versteck der Tapfersten, das
Gelingen der List, bis Troia bei nächtlicher Weile eingenommen wird.

Nach diesen vier Epochen des Kriegs enthielt die troische
Sage noch zwei gesonderte Liederstoffe, wie oben bemerkt, über
die Heimkehr des Griechenheers. Der eine erzählte die allgemeine Heimkehr, die durch den von Agamemnon verwirkten Zorn
der Athene eine getheilte und unheilvolle wurde, der andere die
Irren des bei der Vereinzelung abgesonderten Odysseus, wie er
durch den nicht unverschuldeten Zorn des Meergottes langhin
von der Heimath abgetrieben, dann noch von der widerwärtigen
Liebe einer irdischen Göttin auf ferner Insel festgehalten, endlich
durch die Fürsprache seiner Schutzgöttin bei Zeus erlöst und
heimgeführt wird. Aber dort nun bei seiner Ankunft erfährt er,
wie Schweres ihm erst zu überwinden bevorsteht, ehe er sein
treues Weib, sein Königthum und seine ganze Habe wieder sein
nennen kann. Seit drei Jahren belagern zahlreiche Freier seine
Penelope und all seinen Besitz. Diese Eindringlinge hat er zu
bewältigen. In fremder Gestalt sieht und erfährt er selbst das

ganze Unwesen. Nachdem er es in Schlauheit bestanden, ergreift er eine von der bedrängten Gattin selbst herbeigeführte Gelegenheit die Prätendenten sämmtlich zu übermannen. Wenige in das Geheimniss gezogene helfen ihm, aber zuletzt tritt die Wunderhilfe der Schutzgöttin ein. Ein kurzer Kampf mit den Vätern der Getödteten folgte vielleicht schon in der ältesten Sagengestalt.

Dies die sechs Partien, aus denen Homer die zweite und sechste zur Neubildung auswählte. Dass sie sämmtlich schon vor ihm besungen gewesen, würden wir als in dem Wesen des Epos gegeben annehmen, wenn wir die Anzeichen davon auch nicht oder nicht so vollständig, wie es der Fall ist, den beiden Epopöen selbst eingewebt fänden. Es ist uns ja klar, einmal, dass was ein Lied sein und heissen soll, ein kleines Ganze sein musste, was bei den Versuchen, die Einzellieder herzustellen, so viel verabsäumt ist, sodann dass Manches aus einem Sagenkreise Erwähnte eben nur der Sage, weil nur einem Anfang angehört. Aber Alles, was zu einem eigenthümlich charakterisirten und so bemessenen Sagentheile gehörig, episches Leben hat, wird uns als Sängerwerk erscheinen. Wir werden gegenwärtig, nachdem das Wesen der Sage und das nationale Leben der Sagenpoesie erkannt sind, überhaupt Sage, Einzellied, Epopöe als die Stufen zu betrachten haben, auf welchen die eigentlich epische Poesie zur Reife gelangt ist, und zumal die griechische. Vom Einzellied zur Epopöe giebt es dabei natürlich annähernde Zwischengebilde. Aber keine nationale Epopöe ohne das Material, welches die früheren Sänger in Einzelliedern überliefert, und kein Einzellied ohne bewusste Volkssage von der eigenen Vorzeit.

Nach dieser Ansicht und Ueberzeugung gelten uns die oben verzeichneten Liederstoffe aus der älteren Heldenwelt nicht als blosse Volkssage, sondern als Lieder vorhomerischer Sänger, über deren ungleichen Umfang und schicklichen Vortrag weiterhin besonders zu sprechen ist. Die Frage aber über die anzunehmenden Einzellieder aus der troischen Sage, sie wird nicht ohne Beachtung des Einflusses zu behandeln sein, den die oben §. 8 besprochene Verschiedenheit des Sagenstoffes schon auf die Fassung der vorhomerischen Lieder üben musste. Die Völkerkriege des jüngeren Heldengeschlechts liessen sich gar nicht in dem Maasse, wie die Abenteuer oder Fehden des älteren in klei-

nere Einzellieder getheilt darstellen. Allerdings ist es allem epischen
Vortrag eigen und also der Epopöe mit dem Einzellied gemeinsam, klare unverstrickte (degagirte) Bilder zu geben, Gemälde
mit sichtlichem Vordergrund und vortretenden Hauptfiguren; jede
Scene musste beim mündlichen Vortrag für die Hörer fasslich
und durch sich selbst verständlich sein. Dies gewährte im
sprachlichen Sinne die unverschlungene (paraktaktische) Satzfolge;
dies leistete inhaltlich aber die Epopöe durch die ihr natürliche
Weise, den einzelnen Theilen des grösseren Organismus immer
eine gewisse Selbständigkeit zu geben, woher die grosse Rolle,
welche die Episode in der Epopöe spielt. Trotz alledem konnte
jedoch erstens der Sänger, auch wo er eines Vorkämpfers Bahn,
oder einen einzelnen Akt des Völkerkampfes schilderte, dies kaum
ohne Andeutung des umfassenderen Ganzen thun, wie z. B. bei
dem Spähergang des Odysseus in die Stadt dies unausbleiblich
war. Sodann aber sprachen einzelne Partien jedenfalls von dem
Vorhaben des ganzen Heeres. Das Lied z. B. von der Einnahme
Troias mittels des hölzernen Pferdes und das von der Heimkehr nach der Eroberung musste einen grösseren Umfang haben.
Der Umfang für den Hörer beruht freilich zum Theil auf der
sprachlichen Darstellung, ob sie der homerischen ähnlich, also
auch die Mittelglieder darlegend mählig fortschritt oder so geartet war, wie ein jüngst ausgesprochenes Urtheil sie zur Unterscheidung von der homerischen zeichnet.[53]) „Ein solches Lied",
heisst es, „konnte nur mässigen Umfangs sein: jene behaglich
sich ergehende Erzählung, jene breite anschauliche Schilderung
des ganzen Verlaufes, wie sie das ausgebildete Epos verlangt,
war nicht am Orte: in raschem Verlaufe schreitet die Erzählung
vorwärts, nur die wichtigsten Momente der Handlung werden
festgehalten, und kurz, aber energisch geschildert. Solche
Lieder stehen aber zwischen epischer und lyrischer Weise in der
Mitte, und dem entsprechend war auch die Art des Vortrags.
Es wurden diese älteren Lieder gesungen und mit dem Spiele der
Phorminx oder Kithara begleitet, und auch aus diesem Grunde
dürfen wir uns unter diesen Liedern keine längeren, ausgeführ-

---

83) Bergk, Ueber das älteste Versmaass der Griechen Freib. im
Breisg. 54. S. 2.

ten Gedichte vorstellen: — Die Kräfte des Sängers würden dazu nicht ausgereicht haben".[84]) Der Ton und die Weise der kleinen Lieder wird mehrfach romanzenartig oder der Ballade ähnlich genannt, aber wie das homerische Versmaass auch erst mancherlei Formen durchgehn musste, ehe es zu seiner Vollkommenheit gelangte, so wird immer die Unterscheidung der homerischen Darstellung von der vorherigen mehr auf die stilistische Form gehn müssen. Die Begleitung des Vortrags mit der Laute wird gewiss mit Recht als blosse Intonation gedeutet. Homer nun hat uns selbst in zwei Sängern seine nächsten Vorgänger geschildert, und was sie vortragen, es sind eben die beiden betonten Partien der troischen Sage mit reicherem Inhalt. Da mag denn die Voraussetzung gelten, dass der Stil ein minder ausführender gewesen sei. Der Sänger konnte zwar von Zeit zu Zeit Pausen machen, aber die bemessene Zeit verlangte doch eine gedrängtere Fassung.

11. Die einzelnen vorhomerischen Lieder des troischen Sagenkreises. Zuerst zwei, das von der Heimkehr des gesammten Heeres und daneben das vom Rächer Orestes.

Es kommt hier zuvörderst Folgendes in Betracht. Die Volkssage hatte in aller Zeit, wo sie im Bewusstsein des Volkes ebenso wohl als in dem der Sänger lebte, neben der Thätigkeit der Sänger ihre eigene Bewegung. Wir entdecken ihren Wandel bei Vergleichung der Sagengestalt, welche die nächsthomerischen Epiker geben, mit der homerischen. Aber nach dem, was Homer jene seine nächsten Vorgänger vortragen lässt, haben wir auch wenigstens in Einem Beispiel eine vorhomerische zu unterscheiden. Was nämlich Demodokos den Phäaken Od. 8, 73 vorträgt, enthält eine ältere Form der Sage von der nahen Eroberung Troias.

Beim Opfer im Zelt des Agamemnon entsteht ein Meinungsstreit der Helden des drastischen Muthes und des drastischen

---

84) Was dort sich anschliesst, auch das Versmaass der kleineren Lieder sei ein anderes gewesen, nicht das hexametrische, erweist sich als unstatthaft. S. von Leutsch in Philol. XII. 1. S. 12 ff. bes. S. 15 und 25. Rossbach de metroprosod. comm. 1. p. 17. Vischer Aesth. 3, 2. 1249 und 50.

Geistes, Achill und Odysseus, ob Troia durch Heldengewalt oder
durch List zu gewinnen sei. Diese Scene findet sich in keiner uns
sonst bekannten Erzählung vom „Beginn des Leids für Troer
und Achäer, d. h. vom ersten Beginn des näheren Angriffs. Der
Umstand aber, dass dieser Streit zu dem Liedergang gehörig
genannt wird, der zuletzt die Eroberung durch den Versteck der
Helden darstellte, er lässt uns das Verfahren jener Sänger erkennen. Eben weil die Sage den Hörern im Allgemeinen schon
bewusst war, nahmen jene Sänger, in Rechnung auf dieses Bewusstsein, den Anhub zum einzelnen Vortrag, die Wahl der Partie sowie das Maass nach Belieben oder nach den Umständen
oder nach dem Wunsche der Gäste. Aber möglicher Weise konnte
jene Scene die Erfindung des motivirenden Sängers sein.

Endlich aber haben wir uns hier das Verhältniss des Homer
zu den ihm dienenden Liedern im Ganzen zu vergegenwärtigen.
Zwei Sänger lässt er mit Vorträgen selbst auftreten. Der eine, Phemios, muss die Freier der Penelope bei ihren Gastmahlen im
Königshause ergötzten, der andere, Demodokos, ist der Sänger
vor dem König der Phäaken und dessen Mitfürsten (Ges. 8.). Sie
lässt er nicht beliebige Heldenlieder, und auch aus dem troischen
Kreise nicht etwa von Achill und Hektor oder Diomedes singen,
sondern solche aus diesem Bereich, welche seinem Plane dienen.
Der Gesang des Phemios soll den Schmerz der Penelope erregen,
die zwei des Demodokos sollen den Odysseus treffen. Aber er verwandte ja überhaupt frühere Lieder zu seiner lebensvollen Darstellung. Neben dem des Phemios sehn wir ein besondres vom
Rächer Orestes für die Odyssee benutzt.

Lassen wir nun die einzelnen folgen. a) Phemios singt Od.
1, 326.

„Der Achäer traurige Heimfahrt,
Welche von Troia verhängt die zürnende Pallas Athene."

Er wusste gar viele Liedergänge (wie Buch 1, 9 schon besprochen) aber er sang, was für die Freier das Angenehmste
und dabei das Neueste war. Dem Stoffe nach sang er (das 5.
Stück) das, was in nachhomerischer Zeit Agias von Trözen neu
bildete. Die inzwischen entstandenen Cultussagen von Kalchas und
Neoptolemos, wurden diesem nachmals Anlass zu Aenderungen,
im Ganzen gab er aber die aus der Odyssee erkennbare Gestalt

des vorhomerischen Liedes wieder. Ganz übereinstimmend mit
Nestors Bericht Od. 3, 130—198 giebt auch Agias nachmals den
Zorn der Athene als Motiv dieses Sagentheils. Nestor erzählt dort wie
Athene im Zorn Streit gesäet zwischen den Atreiden, und wie dadurch
die Zerstreuung der Griechen auf verschiedene Wege und Zeitpunkte der Heimkehr erfolgt sei '135). Er endet den Bericht
zunächst mit blosser Andeutung der unheilvollen Heimkunft des
Agamemnon, 193—245. Alsbald aber giebt er vom Morde dieses
genaueren Bescheid, 3, 254-312. Dabei erzählt er die Irrsal
des Menelaos bis nach Aegypten. Hieran schliesst sich dann
ergänzend des Menelaos eigene Mittheilung, 4, 351—547. In
diesen einander ergänzenden Angaben stellt sich der Schluss des
von Phemios gesungenen Liedes heraus, und zwar um so deutlicher,
als der letzte Satz des Inhalts von der Epopöe des Agias denselben angiebt. Menelaos langte an dem Tage in der Heimath an,
wo Orestes den Mörder seines Vaters, an dem er die Blutrache
vollzogen, und die zugleich umgekommene Mutter (Homer sagt
nicht wie) bestattete (3, 310 ff.). Es ist dies das Ende des Liedes von der Heimkehr, welche auch der Rückweg der Atreiden hiess, eben die Heimkunft des andern.

Das vorhomerische Lied wird unstreitig bei einem einfacheren
(centraleren) Inhalte bedeutend kürzer gewesen sein, als die nachhomerische Epopöe mit ihren eingewebten Cultussagen. Diese
kürzere Fassung mag namentlich auch bei der Erzählung der
Rache des Orestes befolgt gewesen sein, wenn das Lied sie nach
jenem Umstande, der den Schluss bildete, doch enthalten musste.

b. Aber hierneben machen die Bezüge, welche in der ganzen Odyssee auf jene Rache des Orestes vorkommen, und die
Details der Erzählung von Aegisthos und der Klytämnestra es
allerdings sehr wahrscheinlich, dass Homer beim Dichten der
Odyssee von des Aegisthos Frevel und der Rache des Orestes,
auch ein kleines besonderes Lied gekannt und benutzt hat. Von
der Zeit der kleineren Lieder sprechen wir ja. Dass nun die
Heimkunft des Odysseus, das Thema der Odyssee, vom ersten
Anfang (1, 31.) und oftmals wiederum mit der des Agamemnon
in Vergleichung tritt, lag in den auch jenen gefährdenden Umständen (3, 234 f. 13, 383f.). Aber die so hervortönende Lobpreisung des Rächers Orestes (1, 298. 3, 196—204.) und noch

mehr die ohne alle Lücke vollständige lebensvolle Erzählung, zu welcher die Angaben sich wie Ringe einer Kette zusammenreihen, sie lassen eine ältere besondere Dichtung erkennen.

„Während Agamemnon", heisst es (3, 262—275), „mit dem versammelten Heer vor Troia seine Mühe hatte, sass Aegisthos gemächlich im goldenen Mykene und buhlte um dessen Gattin. Ihr rechtschaffner Sinn widerstand eine lange Zeit, genährt zumal durch einen Haussänger (durch treue Mahnung und wahrscheinlich auch Beispiele der Sage), welchem Agamemnon sie zu Schutz und Rath anempfohlen hatte. Aber als Aegisthos diesen auf einer einsamen Insel den Hunden und Vögeln überliefert hatte, da kam es dahin, dass Klytämnestra sich heimführen liess. Durch reiche Freudenopfer und Weihgeschenke feierte Aegisthos dieses Gelingen. Aegisthos, der Sohn des Thyestes, auf den (vielleicht als seinen Vormund) Agamemnon im Königthum gefolgt (Il. 2, 106 f.), er sann auf Mord des Heimkehrenden und achtete die Abmahnung und die Bedrohung der Götter durch ausdrückliche Botschaft (Od. 1, 37 ff.) für Nichts. Um den Lohn zweier Talente Goldes setzte er einen Späher in der Nähe eines am Meer gelegenen Landhauses (4, 517 f.). Es sind hier einige Verse umzustellen.[85]) — Der Späher musste von hoher Warte auf die Ankunft des Agamemnon lauern. Als er nach jahrelangem Harren seine Meldung gemacht hatte, legte Aegisthos zwanzig erlesene Männer in einen Hinterhalt und stellte in seinem Landhause ein Gastmahl an. Zu diesem holte er den Angekommenen mit Ross und Wagen feierlich ein, und mordete ihn dann beim Mahle „wie den Stier an der Krippe" (4, 535. 11, 411) mitsammt seinen Gefährten, sowie auch von Aegisthos' Leuten keiner davon kam. Zwischen dieser Mordscene vernahm Agamemnon den durchdringenden Schmerzensruf der Kassandra, wie sie, die er als ihm zugetheilte Beute mit ins Haus gebracht, jetzt von Klytämnestra gemordet wurde. Und wenn diese grause Gattin nach Homers und des älteren Liedes Darstellung auch nicht selbst die Mörderin des Gemahls war, als er in seinem Blute liegend die Arme gegen sie hinstreckte, wandte sie sich ab und seine Bitte, ihm doch den

---

[85] Die richtigere Folge ist 19. 20. 17. 18., wie schon Bothe hergestellt hat. Vgl. Sagenp. 114.

Anblick des gemeinsamen Sohnes noch einmal zu gewähren, rührte
sie nicht, noch weniger that sie wie die Angehörigen pflegen
und blieb bei ihm, um ihm Augen und Mund zuzudrücken (11,
418—426).

So hatte Aegisthos als Gatte der Königin und Sohn des
Verwesers durch eine von der buhlerischen Gattin begünstigte
List das Königthum gewonnen. Menelaos, der seinen Plan vereitelt haben würde, war nach Aegypten verschlagen, und blieb noch
längere Zeit fern, das Volk aber wusste der Frevler unter dem
Druck zu halten. Besorgnisse musste ihm der Sohn des gemordeten Königs erregen (1, 40f.). Man entzog diesen daher der
Gefahr; in der Fremde, und wahrscheinlich in Phokis,[86]) wuchs
der Rächer auf. So herrschte Aegisthos sieben Jahre im goldreichen Mykene, während dessen Menelaos immer auch noch
nicht heimgekehrt war. Im achten Jahr nach der unheilvollen
Abfahrt von Troia und dem Mord des Agamemnon kam der Rächer
und kam Menelaos (1, 41. 3, 306.). Eben bestattete Orestes
die Mutter mit Aegisthos zugleich und gab den Argeiern das übliche Leichenmahl, als Menelaos eintraf (3, 309—311. 4, 82.).

So hatte dieses besondere Lied vom Rächer Orestes wahrscheinlich denselben Schluss wie jenes des Phemios. Das nachhomerische des Agias nahm die Erzählung der Rachethat in sich
auf. Denn jener letzte Theil lautet in den Excerpten aus Proklos' Chrestomathie: „Darauf für Agamemnons von Aegisthos und
Klytämnestra verübten Mord die Rache durch Orestes und Pylades, und des Menelaos Zurückkunft nach Hause". Wie nun auch
in dieser Epopöe überhaupt weiter Nichts folgte, erkennen wir, dass
die Ansicht vom Muttermörder im Sinne auch des Agias noch dieselbe war, wie in der homerischen Darstellung. Orestes hatte die
Pflicht der Blutrache erfüllt, wie das Nestor Od. 3, 196f. als das
Glück eines Gemordeten rühmt, dass er einen Rächer hinterlasse, und

---

86) Dies giebt die ältere Lesart des Verses 3, 307. Der Schatten
des Agamemnon weiss 11, 458ff. davon natürlich Nichts, und nennt bei
seiner Frage, wo Orestes lebe, erst unbestimmt zwei berühmte Orte, dann
das ihm Erwünschteste, das Haus des Menelaos in Sparta. Den Pylades,
den Sohn des Strophios, der bei den Tragikern als Gehilfe bei der
Rache erscheint, nennt allerdings erst Agias, aber die wahrscheinlich
attisirende Lesart „von Athenä" hat keinen klaren Boden in der Sage und
wird gezwungen vertheidigt.

dies auch II. 14, 483 ff. anerkannt wird. Orestes hat davon nur
Ruhm und ist Muster für Andere. Erst im gemüthlich erregten
Zeitalter, das die Lyriker darstellen, finden wir die den Mutter-
mörder verfolgenden Erinyen, bei Stesichoros, dem Vorgänger des
Aeschylos: Fagm. bei dem Schol. z. Eur. Or. 258. Sagenp. 463 f. 522 ff.

**12. Fortsetzung. Die Lieder des Demodokos, kurz ge-
nannt, und die zwischenliegenden Liederstoffe.**

Der andere Sänger, in welchem Homer ein lebendiges Bild seiner
nächsten Vorgänger darstellt, ist Demodokos bei den Phäaken im
achten Gesange der Odyssee. Dieser singt zweimal Partieen der
troischen Sage, durch die Odysseus sollte gerührt werden. Das
erste Lied wählt Demodokos selbst (8, 73 ff.): zum zweiten geht
er, wie es heisst, über, fährt mittels Zwischenauslassung fort, auf
den Wunsch des Odysseus (8, 492). Wir sehn, die Kunden
der Männer, die Sagen der Vorzeit gehn in langen Reihen fort, aus
denen die Sänger eingreifend Partieen wählen, und durch der Musen
Gunst, Liedergänge bilden, welche ein grösseres oder kleineres
Ganze umfassen. Diese Sagen und Liederstoffe sind selbst vielerlei, wie Penelope sagt, wo sie vom Phemios einen andern Gesang wünscht (1, 337 — 339), und wie diesem die Musen viele
Liedergänge in die Seele legen (22, 347 f.). Aber wie Demodokos
aus der Mannigfaltigkeit wählend, statt aus der herakleischen Sage
etwa den Gang nach dem Kerberos oder aus der vom thebischen
Kriege einen Kampf des Tydeus zu berichten, vielmehr überhaupt die
troische Sage erzählt, so musste seine eigene oder durch den Wunsch
des Hörers bestimmte Wahl aus dieser so umfänglichen und nimmer
in einem Zuge durchzusingenden Sage vollends einzelne Partieen
wählen. Die Partie, welche sein erster Vortrag beginnt, ist schon
für Einen und einer Mahlzeit Vortrag viel zu reich. [7] Jene erste
singt er beim Frühmahl, die zweite beim Spätmahl, und doch
konnten beide nach der Zeit nur ausgehobene sein. Ja es liegt
zwischen der ersten Partie und der nachmaligen selbst nach der
aus Homer ersichtlichen Sagengestalt eine solche Fülle von Begebenheiten, dass Homers Nachfolger aus denselben zwei um-

---

87) Bäumlein N. Jahrb. f. Philol. B. 75 und 76 1. S. 37. „Wir haben
im 8. Gesange den Entwurf eines grössern, einheitlichen Epos".

fängliche Epopöen gestalteten. Es ist Alles darin begriffen, was nach dem Falle und der Bestattung Hektors bis zur wirklichen Eroberung und Zerstörung Troia's erfolgte. Vergegenwärtigen wir uns denn hierzwischen die schon bei der Dichtung der Ilias und Odyssee vorhandenen Lieder aus dieser letzten Hälfte des Kampfes.

Es folgten zunächst erst noch die letzten Kämpfe des Achill, dann sein Fall durch Paris' Pfeil, der Kampf um seine Leiche, die Rettung derselben durch Aias und Odysseus, die feierlichste Bestattung, wobei Thetis mit den andern Nereïden und den Musen die Todtenklage erklingen lässt, und darauf Leichenspiele, wozu Thetis Preise gewährt. Sie bestimmt dabei aber auch Achills eigene Waffen demjenigen, der an der Rettung derselben wie der Leiche das grösste Verdienst gehabt. Der daraus entstehende Prozess zwischen Aias und Odysseus wird durch Athenens Gunst für Odysseus entschieden, und diese Entscheidung bringt dem Aias den Tod.[88])

Jetzt die Situation, da Alles auf die Eroberung Troia's steht.

Die Troer haben, nachdem Memnon und sein Aethiopenheer auch überwältigt ist, zuletzt zu dem Nachbarvolke der Myser oder Keteier gesandt, und es zieht Eurypylos, der Sohn des Telephos, mit einer Schaar heran. Aber auch die Achäer, des Achill und Aias jetzt verlustig, werden (von ihrem Kalchas wohl) angewiesen, einen andern Achill, des ersten Sohn herbeizuholen. Odysseus führt ihnen den Neoptolemos von Skyros herbei, und dieser erlegt den Eurypylos, den letzten Helfer der Troer, Od. 11, 508 f. 519—522. Aber jetzt bedürfen die Achäer auch des auf Lemnos einst zurückgelassenen Philoktet und holen ihn, Il. 2, 718—725. Da er nämlich nach der Eroberung glücklich heimkehrt (Od. 3, 190) und da, als das hölzerne Pferd bereitet

---

88) Vom ersten Kampf, dem mit der Amazone Penthesileia, hat Homer keine Andeutung, er erscheint als später in die Sage gekommen, aber vom zweiten mit Memnon, dem Aethiopenfürsten, der dem Achill seinen zweiten Patroklos, den Antilochos, getödtet hatte, findet sich eine solche Od. 4, 187 f. und 199—202. Achills sehr baldiger Tod, nachdem er den Hektor erlegt, ist berührt Il. 18, 96. 22, 359; der Kampf um seine Leiche, Od. 5, 308—310. und 24, 37—42: die Bestattung und Leichenspiele mit den Preisen, das. 43—92; der Prozess über Achills Waffen, des Odysseus Sieg darin und Aias' Tod, Od. 11, 543—548.

und der Kampf der daraus hervorgebrochenen im Gange ist, die
Helena den Deiphobos statt des Paris zum Manne hat (4, 276
8, 517 f.): so ergiebt sich daraus über Philoktet dasselbe, was
die nachhomerischen Dichter von ihm erzählten. Die Seher verkünden, zur Einnahme Troias sei der Bogen des Herakles, jetzt
im Besitz des Philoktet, erforderlich. Das heisst: Paris der Frevler und der Bogenschütz soll von einem Bogenschützen, dem
Philoktet, erlegt werden. Philoktet, von Podaleirios wahrscheinlich geheilt (Quint. 9, 463), tödtet den Paris und Helena geht zu
Deiphobos. Jetzt ziehn sich die Troer in ihre Mauern zurück, und
es beginnt nun erst durch Athene und Odysseus das Werk der List.

Der erste Schritt in diesem Sinne geschah von Odysseus
durch den Spähergang nach Troia hinein in Verkleidung als Bettler, den Helena in Od. 4, 242 — 264 zum Ruhme desselben erzählt. Während dieser Gang geschah, arbeitete Epeios das hölzerne Pferd; Odysseus aber von Helena in seiner Verhüllung
erkannt, besprach mit ihr bei heiligen Eiden der Verschwiegen-
heit die geheimen Pläne, und entkam, nachdem er Viele getödtet, zum Lager. Wie in der nachhomerischen Kleinen Ilias dieser
Spähergang gerade ebenso beschrieben wird wie Helena ihn dort
beschreibt, so wissen wir aus jener, dass hierauf alsbald die
Anwendung des hölzernen Pferdes eintrat. Dass auch das Heilspfand Troia's, das Palladion, erst noch von Odysseus und Diomedes entwendet worden sei, kann der homerischen Sagenform
unbewusst gewesen sein; es kommt darauf für uns Nichts an.

So viele Thatsachen also enthielt schon die vorhomerische Sage
zwischen Hektors Tod und dem Moment, da die Troer nach dem
verstellten Abzug der Griechen vor ihren Thoren das Pferd fanden.

13. Welches waren nun die zwei oben erwähnten
Lieder des Demodokos?

Das erste 8, 73 f. wird als Kunden der (früheren) Männer
aus einem Liedergang bezeichnet, dessen Ruhm damals den Himmel erreicht habe. Also der Liedergang, das Ganze, dem das
Vorgetragene angehört, hatte den grossen Ruhm d. h. war schon
viel und immer gern gehört worden, oder aus ihm hatte man
schon viel und gern gehört.[89] Der jetzt gesungene Inhalt war

---

89) S. Welcker Ep. Cycl. I. 349.

der Wortstreit des Odysseus und Achill beim Opfermahle der
Götter mit ausnehmender Heftigkeit geführt, woran König Agamemnon sich in seinem Sinne gar erfreute, dass die besten der
Achäer in Hader geriethen; denn ebenso hatte der delphische Gott
geweissagt; „dann nämlich entspann des Leides Beginn sich Troern
sowohl wie Achäern durch Zeus, des gebietenden, Rathschluss".
Obgleich nun weder Homer selbst noch ein späterer Dichter
über den Streitpunkt und die Zeit des Streits ausdrückliche Aus-
kunft giebt, die Sage wusste oder der Scharfsinn der Ausleger
hat Folgendes gefunden.[90]) Wie die Schlussworte „entspann des
Leides Beginn sich" auf eine zur Entscheidung neigende Zeit
hindeuten, war es nach Hektors Tode, dass beim Opfermahl des
Heeres die beiden Besten desselben, der immer stracks handelnde
Achill und der kluge Odysseus über die zur Eroberung erfolg-
reichste Weise und Eigenschaft stritten. Achill stimmte für mächtige Kraft, Odysseus für erfindsame Klugheit, und Jeder pries die
empfohlne Eigenschaft. Agamemnon erkannte erfreut in diesem
Streit das Vorzeichen des beginnenden glücklichen Ausgangs.
Aber hat Demodokos, wie es lautet, eben nur jenen Streit gesungen, zunächst nichts weiter, dann konnte er in Anschluss
daran für seine Hörer bei dem Gastmahl des Königs und seiner Pairs
jedenfalls nur einzelnes Ausgewählte folgen lassen. Die Entscheidung durch den Erfolg zog sich länger hin. Zuerst machte
Achill, immer der Vorkämpfer des ganzen Griechenheers, wenn
er zu ihm hielt, seinen Satz durch sieghaften Kampf (Memnon)
geltend, aber alsbald erlag er selbst. Nun folgte des Neoptolemos Abholung und Sieg über Eurypylos, dann Philoktets Eintritt
und der Fall des Paris, dann des Odysseus Spähergang — lauter
Partieen, welche schon für sich genug Stoff zu einem kürzeren
Gesange gaben. Jedoch Odysseus bat um das „Gebild des hölzernen Pferdes", dazu heisst er den Sänger übergehn. Da hören
wir denn den Ausdruck, mit dem das Erfassen eines Punktes im
Sagenverlauf, von dem ein Sänger sein besonderes Lied anhob,
bezeichnet wurde: „Ihn (den Gesang) erfassend von da —".
Demodokos hob von der Situation an (500), da das Heer der

---

[90]) Schol. und Eust. zu Od. 8, 75. Athen 1. 17 E. und Schol. zu Il.
9, 347. Meine Combination zur Stelle der Odyssee war irrig.

Achäer seine Zelte verbrannt und scheinbar heimwärts schiffend
bei Tenedos lag, die Troer aber das von jenen hinterlassene
hölzerne Pferd, in welchem sich Odysseus mit einer Zahl anderer
Helden geborgen, nach Odysseus' schlauer Voraussicht durch die
eröffneten Stadtmauern auf die Burg hinauf gezogen hatten. Er
singt nun, 500 — 520, den ganzer Verlauf der Eroberung und Zerstörung zwar nur nach seinen Hauptmomenten in wenige Verse
zusammengedrängt und in solcher Kürze gefasst wie Od. 23, 310
bis 341 die ganzen Irrfahrten des Odysseus, und Il. 18, 448 bis
456 der ganze Hergang des Zorns Achills bis zum Verlust der
Waffen angedeutet werden. Jedoch war dies offenbar an sich
ein viel reicherer Stoff, als die vorhin genannten ihm zunächst
vorhergehenden, und ein untheilbarer. Wir haben also an diesem Gesang des Demodokos ein Beispiel unfänglicheren Gesanges
noch gewisser zu erkennen, als an dem des Phemios. Zur ge-
drängten Inhaltsangabe stellt sich des Menelaos Erzählung, 4, 270,
als ein ausgeführtes Moment aus der ersten Zeit des gefundenen
hölzernen Pferdes. Helena, die durch Odysseus von dem Plane
weiss, wird, wie der Dichter sagt (274), von einem den Troern
günstigen Gotte erregt und verleitet, die im Bau versteckten
Helden durch ein Schauspielerkunststück zum Verlautbaren zu reizen, da denn Menelaos ihr Gatte, der natürlich vor Allen sie
erkannte, und neben ihm der immer leicht erregbare und heftige Diomedes bei einem Haar sich und die Sache verrathen hätten.
(Die fünf folgenden Verse vom Antiklos sind eine Variation, eine
Doppelform zu den vorhergehenden.[91])

---

91) Die Verse 285—289 sind Doppelform: Friedländer Philol. 4.
577. Meine Vertheidigung in der Anmerkung war ein Irrthum. Einmal,
nicht zweimal hat Odysseus die Vereitelung der List verhütet, und zwar
nur bei Jenen, welchen es nach dem Verhältniss zu Helena oder nach
ihrem Temperament am nächsten lag zu antworten. Ausser dass der Antiklos der homerischen Sage unbewusst ist, enthält das Zuhalten des Mun-
des eine Unglaublichkeit. Neben der Doppelform hier ist in Od. 11, 522 bis
532 eine unbedachte Interpolation zu erkennen. Dass in demselben hölzernen Pferde Neoptolemos allein seinen Muth bewährt habe, alle andern
Heerführer, also auch Diomedes, auch Philoktet, auch Idomeneus nebst
Meriones u. A. gezittert hätten, ist eine so plumpe Uebertreibung, dass sie
nicht Homer, sondern nur eine Rhapsode dem Odysseus in den Mund
gelegt haben kann. Von Interpolatoren rühren gerade Uebertreibungen
mehrfach her.

14. Die erste Epoche des troischen Kriegs nach den Andeutungen Homers.

Wir haben gesehn, die troische Sage war, als Homer aus ihr die Particeen vom Zorn des Achill und von der Heimkunft des Odysseus zu neuer Gestaltung wählte, in den letzteren Theilen, von Hektors Tod an, vollständig in einzelnen Liedern ausgesungen vorhanden. Von selbst erwartet man nun und noch gewisser dasselbe von dem Anfangstheile bis zur Entzweiung des Achill und Agamemnon. Und es ist so. Obgleich die dazugehörigen Data nirgends wie die von der Heimkehr in Nestor's und Menelaos' Berichten im Zusammenhang erscheinen, sondern ganz einzeln aus verschiedenen organisch eingewebten Stellen auszuheben sind, so bilden sie doch ein so lichtes Ganze, dass wir die vorhomerische Gestalt ganz deutlich von der nachhomerischen unterscheiden können, die aus der inzwischen fortwebenden Volkssage mehrfaches Neue enthält.

Der Streit der drei Göttinnen um den Preis der Schönheit war wohl kaum auch nur als Urgeschichte in der Sage; und somit vollends der berühmte Streitapfel und das Urtheil des Paris erst spätere Erfindung. Die drei Göttinnen vertreten nach ihrem Wesen drei begehrte Lebensgüter: Here Königthum und Macht, Athene drastischen Geist, Klugheit, Aphrodite Schönheit und Liebreiz — das ist Reflexion, nicht Urpoesie. Die Verse Il. 24, 28 und 29 mit dem falschen, auch im Satze unrichtigen Gedanken erkennen wir, wie die Alten, als unecht.

Paris ist von Haus aus und seinem ganzen Wesen nach der Liebling der Aphrodite und ihr Werk ist sein Raub der schönsten Frau. Jedenfalls begann die vorhomerische Dichtung von des Paris' Fahrt nach Sparta, Il. 5, 62f. Helena ward durch Aphrodite verführt, damals Od. 4, 261 — 263 wie Il. 3, 389. 414 f. Paris raubte auch viele Schätze, Il. 3, 282. 7, 362. Das erste Beilager mit der Entführten, Il. 3, 443. 6, 292. Der än Menelaos verübte Frevel, Il. 3, 351. 13, 622. Die Rache gemeinsame Sache der Atreiden und Agamemnons Hegemonie, Il. 1, 158 bis 160. 9, 97. Od. 5, 308. Aufruf zur Heerfahrt zuerst durch die Atreiden, die zu Odysseus kamen, Od. 24, 115 f., dann durch Odysseus und Nestor, Il. 11, 766 — 768. Abholung des Achill und

Patroklos, das. 782 — 789. Zur Zeit dieser Werbung Geschenke an Agamemnon, des Fürsten von Kypros, Il. 11, 19 — 23, eines Edlen in Sikyon, Il. 23, 296 — 299. Die Sammlung des Heeres in Aulis, Il. 2, 303 — 329, auf der Fahrt Aufenthalt auf Lemnos, wo Agamemnon und Menelaos sich einen Gastfreund erwerben (Il. 7, 470 f.); dort ein Gastmahl voll lebhafter Vorsätze, Il. 8, 229—235, auf Lemnos der kranke Philoktet zurückgelassen, Il. 2, 721 f. — Hier ist zu bemerken, dass die Vorgeschichte der Ilias von einem erst verfehlten Zuge nach Klein-Mysien oder Teuthrania Nichts weiss. — Bei der Landung an der troischen Küste fiel Protesilaos durch den Wurf eines Dardaners im Moment, da er vom Schiffe sprang, Il. 2, 701 f. 15, 706. Menelaos und Odysseus als Gesandte in Troia, die Zurückgabe der Helena und der Schätze verlangend, Il. 3, 205 — 224. Antenor, der sie beherbergt, stimmt auch, 7, 347 — 352, zum Frieden. Ein Antimachos dagegen, von Paris mit Gold bestochen, verhindert es, 11, 123 — 125, ja er wollte, man solle den Menelaos morden, das. 137 — 141. In dieser Zeit geschah von griechischen Helden ein Anlauf gegen die Mauern, Il. 6, 434 — 436 und fielen zwei Söhne des Priamos, Mestor und Troilos, Il. 24, 257 bis 260. Manche den Hörern-Homers wohlbewusste, uns dunkle Beziehungen schliessen sich nach Welckers sehr wahrscheinlicher Combination hier an. Den Troilos tödtete Achill vor dem skäischen Thor, da trat ihm Hektor entgegen, die Leiche des Bruders ihm abzukämpfen, Il. 9, 345 und Achill mochte beim ersten Begegnen mit Hektor in der Landungsschlacht wohl einiges Erschrecken geäussert haben, 7, 113 f.[92]) Es trat aber alsbald bei den Troern eine allgemeine Furcht vor dem gewaltigen Achill ein. Wenn Hektor weiter als bis zum Feigenbaum ganz in der Nähe des skäischen Thores (11, 170) vordringen wollte, wehrten ihm dies die Stadtältesten (15, 722 f. 9, 353 f.). Und wer von den Troern sich in der Dämmerung zu Gärten oder Hürden hinauswagte, auch den fing häufig Achill ab, 11, 101 - 106. 21, 135 — 138. Auch Aeneas, der zweite Held der Troer nach Hektor, traf einst, als er zu seinen Heerden im Idagebirge gegangen, auf ihn und entging kaum seinem Speer durch die Flucht, 20,

92) Welker Ep. Cycl. II., 125 und 126.

90—94. Achill hatte dessen Rinder erbeuten mögen, und als Aeneas nach Lyrnessos floh, zog er ihm nach und zerstörte diese Stadt, 20, 187—192. Unter den Frauen, welche er gefangen wegführte (93), war Briseïs, deren Mann er getödtet, 2, 690 f. 19, 60. 295 f. Er erhielt sie damals als Ehrentheil zugetheilt, 16, 56 f.

Der ganze Krieg hatte nach der Landungsschlacht bis gegen die Entzweiung der ersten Helden folgende Gestalt und Art. Da die Troer, wie auch Strabo, 584. 7, sie bezeichnet, sich in ihren Mauern hielten, wandte Achill, der Hauptkämpfer, die Schaaren zuerst gegen die in der Nähe liegenden anderen Städte der Herrschaft des Priamos, oder weiter gegen Inselstädte, wie er, 9, 328, selbst 11 zu Lande und 12 als zur See eingenommen angibt. Man war der Beute bedürftig (der Heerden und Geräthe), jedenfalls verlänglich darnach, und die wenig befestigten Städte machten die Plünderung leicht. Die mannigfache Beute wurde an das Heer, besonders die verschiedenen Helden vertheilt (Il. 1, 125), Agamemnon aber erhielt davon sein besonderes reichliches Theil, 2, 226—228. Nach damaligem Brauch (Od. 14, 264 f.) fielen die Männer im Kampf, Frauen und Kinder wurden gefangen weggeführt. So wurden vornehmlich Frauen erbeutet, 18, 339 bis 342. Es treten aus diesen Hergängen viele Einzelheiten ins Licht. Von der Einnahme der Insel Lesbos hat Agamemnon dem Achill sieben geschickte Frauen zu bieten, 9, 128 f., sowie Achill selbst nach dem Verluste der Briseïs eine Lesbierin zur Beischläferin hat, 9, 664 f. Seinem Patroklos schenkte Achill von Skyros her die Iphis, 9, 607 f., dem Nestor von Tenedos die Hekamede 11„ 624. Die ruchtbare Chryseïs war Agamemnons Ehrengabe von Thebe her, 1, 366—369.[93] Thebe heisst die Stadt ihres Fürsten Eëtion, des Vaters der Andromache, 6, 395—398. Achill tödtete dessen sieben Söhne bei den Heerden, tödtete auch den Vater, aber er erwies ihm die Ehre und Milde, ihn mitsammt seinen Waffen zu bestatten und ihm ein Grabmahl zu bereiten. Die Mutter gab er gegen ein Lösegeld frei; sie starb im Hause ihres Vaters, 6, 414—428. Aus Eëtions Stadt war die Laute, zu der

---

93) Dass ihre Zurückgabe an den Vater nach Chryse, nicht nach Theben erfolgt, beruht auf besondern Umständen. Welcker ep. Cycl. II. 126.

Achill sang, und eben daher dessen Handpferd, 9, 188. 16, 152 — 154 und 476.

Zum deutlichen Zeugniss von dem Gange des Kriegs ist nirgends ein anderes Beutestück zu entdecken, als entweder aus dem vor Kurzem stattgehabten Kampfe seit dem Zorne,[94]) oder aus der Epoche jener Streifzüge und Eroberungen in der Umgegend. Gerade Achill würde sich unstreitig seiner Thaten dabei zu rühmen haben, wenn es · seit der Landungsschlacht bis zur Zeit der Pest irgend Kampf von Heer gegen Heer unter Troia's Mauern gegeben hätte. Aber nur ganz übereinstimmend mit jenen Zeugnissen von den Streifzügen sagt er, 1, 165 f.: „Doch das Mehrste des vielerregeten Krieges, das vollbringet mein Arm", und Nestor unterscheidet Od. 3, 105 — 108 im Rückblick auf den ganzen Verlauf des Krieges zwei Zeiten desselben, ebenso erst weitere Züge unter Achills Führung, dann Kampf bei der Stadt.

Was aus dieser letzten Darlegung erhellt, dass die troische Sage von einem Kampfe der ganzen Heere in der Nähe der Stadt vor der Epoche der Verzürnung des Achill Nichts weiss, davon wird bei der Betrachtung des Planes der Ilias bedeutende Folge und Anwendung sich ergeben. Es wird weiterhin nachzusehen sein, ob und welche Spuren der kleinen Lieder, aus denen nach der geltenden Annahme wie alle grössere Compositionen, so die Ilias und Odyssee gebildet sind, sich noch jetzt entdecken lassen. Zunächst ist der Dichter selbst hier aufzuführen, der durch die Neugestaltung der Particeen von Achills Zorn und von Odysseus' Heimkehr der Meister der Epopöe geworden ist.

---

94) Diomedes fährt bei den Leichenspielen, 23, 291 f., mit den Pferden des Aeneias nach 5, 319 — 324 offenbar als den besten von mehren, die er erbeutet hat (5, 25 f. 165). Achill schenkt bei denselben, 23, 560 und 808 den Panzer und das Schwert des Asteropäos nach 21, 35 — 44, setzt 23, 800 die Waffen des Sarpedon, die Patroklos, 16, 662, erbeutet hat, und 23, 827. den Diskos des Eetion als Preise. Idomeneus hatte in seinem Zelte eine Menge von Troern erbeuteter Speere und andere Waffen, 13, 260 — 265 und ebenso sein Dienstmann Meriones, 267 f. Und Pferde wurden auch von Antilochos erbeutet, das. 396 — 400 f., von Andern die Waffen Erlegter, das. 641.

Abschnitt II.
Die nachhomerischen Epiker.

15. Die Partieen von des Achilleus Zorn und der
Heimkehr des Odysseus und der einige Homer
als Höhe- und Mittelpunkt zweier Perioden der
epischen Dichtung nach der zur Geltung gelangten Ansicht.

Wir haben eine gute Reihe vorhomerischer Lieder, wie ja
Phemios deren eine Menge weiss (Od. 1 und 22,, aufzählen
können. Wir haben dabei gesehen, wie Homer auch sehr lieder-
kundig war und diese Kenntniss vom Inhalt jener Lieder benutzte, um seinen zwei Werken auch den Reiz der Mannigfaltigkeit zu geben, indem er in seiner lebendigen Weise den alt-
kundigen Greisen oder den Epigonen oder sonst seinen Personen,
Menschen und Göttern, solche Erinnerungen in den Mund legte.
Jetzt kommen wir zu den zwei Particen der troischen Sage,
welche er auf Grund der aus ihnen von den früheren Sängern
gedichteten kleinen Lieder zu den ersten Epopöen, den Mustern
der Gattung, gestaltete. Dieses Verhältniss Homers, oder richtiger die Beschaffenheit der epischen Dichtung, zumal bei den
Griechen, ist jetzt als das Gegebene anerkannt. Wir blicken
hier auf Buch I. §. 12 zurück.

Es lautet von Homer gegenwärtig, wie es von Ritschl in
der Kürze deutlich bezeichnet wird: „Aus einer reichen Fülle
epischer Einzellieder wählt der hervorragende Geist Homers eine Anzahl, verschmelzt sie mit eigenen, und verknüpft
sie kunstgemäss zu einem Ganzen, in welchem sich Alles auf
einen Mittelpunkt, der eine sittliche Idee enthält, bezieht. Es ist ein Verdienst, welches weit über eine blosse Zusammenstellung hinausliegt; es ist die erste Schöpfung eines
grossen organischen Ganzen."[95] Der reichen Fülle

95) Die Alexandr. Biblioth. Bresl. 1838. S. 70. und bei Löbell Weltgesch. 1. 601. Anm. 84 zu Abschn. 12. Der bei Ritschl, folgende Satz: „So
entsteht der Umkreis der echten Ilias und Odyssee, welche in den
geschlossenen Schulen fortgepflanzt wurden, während
daneben auch die einzelnen Lieder, aus denen sie entstanden waren, fortgesungen werden" — er kann erst weiterhin
seine genauere Bestimmung erhalten.

von Liedern, die er Rhapsodieen nennt, gedenkt Goethe in den
Briefen an Schiller (B. 4. 184) bei des Demodokos erstem Gesange
mit seiner eigenthümlichen Fassung. Was aber Homer zuerst gethan
als der Schöpfer orgánischer Ganzen, es bestand eben „in der Zusammenfügung, aus der die homerischen Gedichte entsprangen,
sie macht das eigentliche Wesen aus. Sie (die Neubildung
zu kunstgemässen Ganzen) trat also gleich in der ersten Zeit ein,
wo von eigentlicher epischer Poesie (Epopöe) die Rede sein
konnte, nicht wie Wolf und die Nachfolger wollen, erst spät
durch Solon oder Peisistratos. Man ist namentlich dadurch so vielfach zu falschen Urtheilen über Homer verleitet worden, dass
man ihn — als einen Naturdichter betrachtete.“[96]) — „Ilias und
Odyssee sind ja nicht die ersten unvollkommenen Versuche
des hellenischen Dichtergeistes, sondern die Blüthe, die vollständige Entfaltung des poetischen Vermögens. Wie die Quellen und
Bäche des Gebirges den breiten und mächtigen Strom, der die
Ebene durchzieht, erzeugen, so gestaltet sich das eigentliche
Epos aus Liedern“. So auch die homerischen Dichtungen.[97]) —
Diese Dichtungen, welche getragen von dem Wohlgefallen jedes
empfindungsfähigen Alters durch nun fast drei Jahrtausende allen
Wechsel des Geschmacks überwunden, bei allen nachfolgenden
Epikern Europa's als die Muster der Gattung gegolten haben, sie
sind es, sagen wir noch immer oder wiederum, aus deren Be-
trachtung als der Muster der heutigen Theorie, die Hegel, Vi-
scher, Zimmermann, Carriere u. A., das Wesen und die
Eigenschaften der Epopöe am liebsten bestimmt und erläutert.[98])

96) Alles Sätze K. Fr. Hermanns, Culturgesch. d. Gr. und R. S. 92.
97) Worte Bergks in: Ueber das älteste Versmaass der Griechen
Freib. im Br. 1854 z. A.
98) Hegel Aesthetik 3. 340. Vischer Aesthetik 3, 2. 1285. „Während das indische Epos Ansätze von echt epischer Schönheit in das Formlose auflöst, steht das griechische so in einziger Vollendung da,
dass es als historische Erscheinung doch ganz mit dem Begriffe der
Sache zusammenfällt, denn in einer Dichtungsart, welche ihrem
Wesen nach ein plastisches und naives Weltbild fordert, wird das Vollkommenste geleistet, wo nicht nur die Phantasie des Volksgeistes an sich
plastisch ist, sondern auch das dichtende Bewusstsein sich zur Kunstpoesie erhoben hat, ohne den Boden der Naivität zu verlassen“. Fr.
Zimmermann, Begr. des Epos S. 19. „Eine ähnliche Bewandtniss muss
es mit den Volksepen gehabt haben, aus denen der Ordner der Nibelungen

Der als der genialste überhaupt oder in seiner Gattung genialste
von den Griechen anerkannte Dichter, er erscheint in Vergleichung mit Shakespeare, und an ihn als den früheren reihen
sich nach dem ersten Kennzeichen und dem eigensten, dem der
Naturwahrheit, Shakespeare, Lope de Vega und unser Goethe.[99]
Lang hinter uns liegt die Zeit, da sich der umschauende H e e r e n
mit seinem „das Grosse ist, dass wir sie, die Gedichte, haben"[100]
bei den noch unabwehrlichen wolfischen Einwänden doch ihrer
als eines Werks des einigen Griechengeistes und dieses Spiegels
getröstete, aus welchem uns ein Gesammtbild einer edelschönen Natio-
nalität entgegentrete. Es ist auch nicht etwa blos eine Phase des
wechselnden Zeitgeistes, wie es in Goethe's „Homer noch einmal"
erscheint,[101] wenn die jetzige Generation, nachdem der kritische
Scharfsinn thätig gewesen, den Homer als ein Zusammengefügtes zu
erweisen, „i h n a l s e i n e h e r r l i c h e E i n h e i t, und die unter
seinem Namen überlieferten Gedichte a l s e i n e m e i n z i g e n
h ö h e r e n D i c h t e r s i n n e e n t q u o l l e n e G o t t e s g e s c h ö p f e"
anzuerkennen gelernt hat. Es ist dies die im Laufe der
sechzig Jahre gereifte Frucht der Arbeit und günstiger Ereignisse,
der Studien und erfolgreichen Entdeckungen des Zeitalters, dass
gegenwärtig das Urtheil über die homerische Frage in allen ihren
Momenten für die Mehrzahl sich ganz anders gestaltet. So das
Moment des lebendigen Vortrags und seiner Gelegenheiten, das
des Schriftgebrauchs nach Alter und Anwendung einschliesslich
der s. g. Sammlung des Peisistratos, das der im Lauf der Jahrhunderte geschehenen Einschiebsel, und des sie bezeichnenden
Worts, das der Dichterkraft und ihrer genialen Eigenthümlich-

---

ein Ganzes zusammensetzte. Aber auch er, obgleich an Genialität tief
unter Homer, hat nicht zusammengestoppelt und willkürlich interpolirt,
vielmehr eine achtenswerthe Selbstthätigkeit geübt. W i e v i e l m e h r,
i n w e l c h h ö h e r e m S i n n e Homer, der zwei Ganze von so v o l l -
k o m m e n e r E i n h e i t componirte, als sie irgend ein Gedicht der Welt
aufweisen kann".

99) Gervinus Shakespeare 4. 255. „Wir sprachen den Satz aus,
dass Shak. im Kreise der neueren dramatischen Poesie als der offenbarende
Genius der Gattung und ihrer Gesetze an der Stelle stehe, die Homer in
der Geschichte der epischen Dichtung einnehme. Vgl. 324. ders. G. d.
deutsch. Dicht. 1, 344, 346 f.

100) Ideen. Gött. 1821. Th. 3. 1. 174.

101) Werk. 1833. 8. B. 46. S. 61 f.

keit, endlich das der ganzen Geschichte und Entwickelung des
nationalen Epos, und darin vorzüglich der Vorstellung von den
s. g. Cyclikern. Das jetzt zu gewinnende Gesammtergebniss darf
lauten: Die Persönlichkeit des Homer, die Einheit des Urhe-
bers jener weltberühmten Gedichte, „welche" nach Goethes Worten in der Schilderung des Eindrucks der Prolegomenen, „die
Freunde der Dichtung einst mit so schmerzlichem Gefühl bestritten sahen", sie ist wieder von vielen Stimmen anerkannt. Auch
die Einheit des Verfassers der Ilias und Odyssee wird, ungeachtet
mancher Unterschiede, durch vorwiegende Titel der Gleichheit,
durch das, was dem Menschen die Individualität giebt, das Gemüth
des Genius zur grossen Wahrscheinlichkeit erhoben. Der Charakter
des Organischen, der aus beiden Gedichten jedem Leser entgegentritt, und die unverkennbaren besonders sittlichen Ideen, welche sie
durchziehn und bestimmen, geben von ihrer Einheitlichkeit Zeugniss. Dass gar mancherlei Einschiebsel, darunter auch umfänglichere
von den vortragenden Rhapsoden geschehen seien, mag und kann
Niemand läugnen. Aber man sieht ein, der Begriff selbst, wie
das Wort, womit Griechen und Römer ein Einschiebsel bezeichnen (διασκευάζειν, διασκευαστής, interpolare, interpolator), sie
setzen ein Früheres voraus, welches dadurch verändert, umgebildet,
entstellt wird und zwar so, dass wenn auch ein kleines Lied dergleichen erfahren konnte, doch die Voraussetzung eines früheren
Ganzen durch die Einfügung an einer bestimmten Stelle mehr angezeigt ist. Dem historischen Begriff des Worts nach dienen diaskeua-
sirte, interpolirte Stellen nicht der Einheitlichkeit, sie stören sie. Von
den Grammatikern Zenodot, Aristophanes von Byzanz, namentlich
von dem Meister der antiken Kritik und Grammatik, dem Aristarch, wurden solche Stellen an der Abweichung von Homers
Sprachgebrauch oder dessen Vorstellungen oder an irriger Auffassung des Fortgangs erkannt. [102]) Und eben als Einschiebsel
in ein überliefertes Ganze erweisen sich alle Verdacht erregen-
den Theile dadurch, dass sie *für die Stelle gerade gedichtet sind.

---

102) Die Belege bei Lehrs de Aristarchi studiis Homericis p. 349 bis 352.
zur Berichtigung des falschen Verständnisses von Wolf Proleg. CLI f. und
CVII. Vgl. Sagenp. 124—126. Nonius 5. V. interpolare est immittere et inter-
ponere et novam formam e vetere fingere. Das Interpoliren aber ist immer
spätere und individuelle Thätigkeit: Sagenp. 125. Anm. zu Od. Th. 3. S. 337 f.

Gerade das, was Wolf in falscher Deutung selbst des Worts und
Namens: Diaskeuasiren oder Diakeuast zur Vermuthung ursprünglicher Vereinzelung missbrauchte, kommt so zu den Belegen für
die antike Vorstellung und für die ursprünglich einheitliche Beschaffenheit selbst hinzu. Für unsere eigene Prüfung der Echtheit bleiben uns die von Villoison (1788) zuerst herausgege-
benen Scholien gar wohl auch nach genauerer Untersuchung von
grossem Werthe. Aristarch, jetzt weit genauer erkannt, hat, wie
wir sehn, drei Klassen unechter Verse unterschieden und mit
besondern kritischen Zeichen notirt, a) unhomerische, b) aus der
einen vom Dichter ihnen gegebenen Stelle anderwärts falsch wiederholte, und c) Stellen doppelter Form, d. h. eines einzelnen
kleinen Gliedes im Text zwiefache Gestaltung. Es geschah mit
Stellen der letzten Art bei der Redaction der geschriebenen Texte,
dass beide neben einander zu stehen kamen; nur in den Exemplaren waren sie aneinander gereiht durch eingefügte Bindeverse.
Von den Rhapsoden hatte der eine die überlieferte Form vorgetragen, der andre statt dieser eine andere beliebt, jedoch kommt
auch der Fall vor, dass beide Formen unecht sind.[103]

Diese Weisungen antiker Kritiker mit ihren drei Klassen
gelten uns immer als beachtenswerth. Erstens belehrt uns die
durch alle dergleichen Bemerkungen herrschende Ausdrucksweise
— „einer der meinte, der nicht wusste, der so verstand" —
dass jede Interpolation als eine individuelle verschiedener That
erschien, nicht als wären die Stücke von Einem, der Homers
kleinere Ganze erweitert, hinzugefügt, oder als wäre dies gar bei
der Sammlung des Peisistratos als der ersten Aufzeichnung, da die
vorher einzelnen Lieder zusammen geordnet worden, geschehen.
Wie oben gesagt ist, die Studien und Entdeckungen der neueren
Zeit haben uns über dies Alles eines Anderen belehrt, sowohl
über die Einheit der beiden Epopöen, wie über ihren Schöpfer,
sowohl über die Art des Vortrags der Rhapsoden, welchen selbst
frühzeitig schriftliche Exemplare dienten, wie über die Interpolationen. Wir erkennen, dass in der geschichtlichen Frage zuerst

---

103) Fr. Osann. Anecdotum Romanum de notis veterum criticis in-
primis Aristarchi Homericis. Gissae 54. p. 102 —149. Beispiele sind besprochen in m. Sageup. S. 124—131 die Interpolation, 140—149 die
Doppelformen

die Alten über ihren ersten Kunstdichter zu hören sind. Sie legten ihm keine andere als umfängliche Epopöen mit einer Haupthandlung bei. Im Verlangen, von ihm noch mehr zu besitzen, schreibt man ihm hier diese, dort jene dritte oder auch vierte zu —, die allgemeine Stimme aber hielt immer zuerst oder zumeist an Ilias und Odyssee. Für die frühe Anerkennung und Auszeichnung jener beiden weist die Geschichte auf zwei Thatsachen hin.

Die eine ist, dass Ilias und Odyssee als die ältesten Gedichte galten. Aber bei der Fülle kleinerer Lieder, welche frühere Sänger gesungen und aus denen, wie oben gesagt, Homer seine Stoffe empfing, sind sie die ältesten erst im Fortgang geworden durch ihre Vorzüge, sowohl dem Inhalte als jener Form nach, welche sie zum Erlernen und zum annehmlichen Vortrag vor Allen empfahl. Mochten daher die früheren Lieder natürlich noch eine Zeit lang neben den homerischen fortbestehn, mochten sie auch den Nachfolgern Homers, wohl selbst manche noch den episch lyrischen Dichtern (Stesichoros oder doch Xanthos) Stoff liefern, jene Vorzüge der homerischen Dichtungen haben doch die Wirkung gehabt, dass jene früheren aus dem Rhapsodengebrauch schwanden und so untergingen. Einzelliedern, welche unter Homers Namen gegangen wären, lässt sich diese Beschaffenheit und Wirkung nicht zuschreiben. Auch von den Zeugen Herodot, Aristoteles, Josephus und den Grammatikern, welche Ilias und Odyssee die ältesten nennen, hat keiner statt des einen Homer ein ganzes Zeitalter bezeichnet.[101]

- Die andere Thatsache der Geschichte ist gegeben in den der Ilias und Odyssee zunächst folgenden Epopöen, welche sämmtlich eben mit jenen eine Reihe bildeten. Die Mehrzahl behandelten die andern Partieen der troischen Sage, aber nirgends ist eine Spur, dass sie das Gebiet jener beiden berührt hätten. Hieraus entnehmen wir, dass in der Zeit jener Epopöendichter von den ersten 10 Olympiaden bis zu den 30ern (740—640 v. Chr.), die Partieen vom Zorn des Achill, und von der Heimkunft des Odysseus als

---

101) Herod. 2, 53. berechnet chronologische Data und vergleicht den Verf. der Il. mit dem der Kypria, Aristot. Poet. 4, 8. unterscheidet die vorhandenen Gedichte von Homer an von den muthmaasslich zahlreichen vor ihm. Joseph. Apion 1, 2. der Gram. Pindarion bei Sext. Emp. 1, 10. Lobeck Aglaoph. 351.

schon ausgesungen galten, wenn auch damit der jetzige Umfang
der Gedichte nicht bezeugt ist. Dass man sich der Wiederholung aus Anerkennung des unerreichbaren Vorgängers enthalten
habe, ist nicht sicher zu behaupten, doch ist es wahrscheinlich.[105])

16. Vorläufige Beschreibung der Epopöendichter
nach Homer und der ihnen mit Homer gemeinsamen Rhapsodie.

Jene Dichter, Arktinos in Milet, Stasinos auf Kypros, Agias
in Argolis, Lesches auf Lesbos, hatten zur Wahl ihrer Stoffe
allerdings heimathliche Beweggründe im Heroen- oder Göttercul-
tus und haben auch keineswegs das Ihre in der Absicht gedichtet, die Ilias oder Odyssee zu ergänzen — dies nebenbei nur
Stasinos. — Es zählen zu ihren Gedichten der Art nach noch
Thebais und Epigonen von unbekannten Dichtern, und aus der
Heraklessage die Einnahme Oechalias jenes Samiers Kreophylos.
Zwei andere Dichtungen aus demselben Kreise, des Peisandros
auf Rhodos Herakleia, und der Aegimios, des Dorerfürsten dieses
Namens Kampf gegen die Lapithen mit dem Herakles als Haupt-
helden,[106]) lassen sich nicht deutlich charakterisiren und ihre
Einheitlichkeit bleibt zweifelhaft. Wie sie daher in dieser Dar-
stellung, welche nur die einheitliche Epopöe berücksichtigen mag,
keinen Platz finden, so auch andre, eine Titanomachie, Danais,
Oedipodee, von denen wir noch weniger sichere Kunde haben.
Unter diesen als zu unbekannt ausgeschlossenen Epopöen hat die
Heraklee des Rhodiers das Bemerkenswerthe, dass Peisandros zu
seiner Neudichtung eine ältere Heraklee eines Pisinos auf derselben Insel benutzte (Clem. Al. Strom. 628 b.). Wir haben
guten Grund anzunehmen, dass die vorhin als an Ilias und Odyssee
sich anreihend verzeichneten Epopöen, deren jüngste die Kleine
Ilias des Lesches ist, von den Verfassern selbst vorgetragen wurden, da sie von ihnen gewiss für den lebendigen Vortrag bestimmt waren und dies in derselben Weise, wie mit den homerischen Ganzen geschah, worüber das Genauere später.

105) S. O. Müller Kl. Schr. 1. 401.
106) Die Heraklee: O. M. Dor. 2. 476 f. und Bernh. 2, 1. 281. Aegimios: Welcker Ep. Cycl. 1. 263—266. Bernh. a. a. O. 269. die übrigen:
Sagenp. 21—35. Bernh. 272 und 274.

Dass die Kunstepiker zunächst ihr Werk mit Studium und Rhapsodie der homerischen Gedichte begonnen, ist dabei unsere Meinung (Sagenp. 379.) und eine wohl natürliche Voraussetzung. Die Dichter sind eben zuerst Rhapsoden. Sie wurden aber darum doch nicht Homere genannt (Sagenp. 369—374). Alles Leben der Epopöe ward nur durch ihren lebendigen Vortrag kundbar; die Geschichte derselben entwickelt sich in der Zeit, wo an eine Lesewelt nicht zu denken ist, im Rhapsodenalter. Dass nun namentlich die Kleine Ilias und die Kypria in der ersten Folgezeit theils von andern auch selbst dichtenden Epikern, theils von blossen Rhapsoden an mehren Orten rhapsodirt worden, schliesst man gewiss mit Recht aus dem Umstande, dass von ihnen mehre, ja zahlreiche Verfasser auch ausdrücklich angegeben werden, und dass darunter sonst ganz unbekannte Namen erscheinen. Die angemessenste Erklärung dieses Umstands ist, dass man öfters denjenigen in den verschiedenen Orten mit Umgegend als den Verfasser genannt, welcher ein Gedicht daselbst zuerst zum Vortrag und in Ruf gebracht. Hierneben sind nur die dorischen Epiker Kinäthon in Sparta und Eumelos in Korinth als solche zu erkennen, auf welche eine unglaubliche Menge von Gedichten zurückgeführt werden, so dass man glauben muss, jene Städte hätten eben ihrem alten Dichter all das Epische zugeschrieben, was ihnen bekannt geworden. Die Kleine Ilias, welche Lesbier ihrem Lesches zueigneten, und zwar mit Zustimmung geschichtskundiger Schriftsteller wie Pausanias und Proklos, galt in Sparta für ein Werk des Kinäthon. Aber weiter noch wurden ein Thestorides in Phokäa, der selbst eine Phokais gedichtet, und ein sonst nirgends genannter offenbar blosser Rhapsode Diodorus auf Erythrä in ihren Gegenden als Verfasser genannt. Dem Dorer Stasinos war im Vortrag der Kyprien auf Kypros selbst ein ionischer Hegesias gefolgt, so dass dort die beiden Stämme um die Dichterehre stritten; doch ein halikarnassischer Schriftsteller behauptete, ein Halikarnassier sei der Dichter, wenn auch der Name Kypria auf Kypros weise. Auch bei den Nosten gab es eine ähnliche Mehrheit der Verfasser. Nur natürlich ist es, nun vorauszusetzen, es habe dasselbe auch bei den Gedichten stattgefunden, von denen nicht ein einzelner bestimmter Verfasser uns genannt wird, sondern von denen es in unbestimmter Mehrzahl heisst, die Dichter, die Schreiber wie der Kypria so

der Thebais, nämlich, die verschiedenen, im Gerücht verlauten-
den. Ebenso darf man annehmen, dass auch der Singular, wenn
er gebraucht wird, ein skeptischer ist, nicht dass es wirklich Epopöen ganz namenloser Dichter gegeben hätte, wie nur die Epen der
ersten Periode umgingen. [107]) Zu dem dargelegten Verhältniss
kommt nun noch der begehrliche Enthusiasmus des Rhapsoden-
geschlechts auf Chios, der Homeriden. In der Art andrer Geschlechter im antiken Sinne, eigentlicher einer Zunft, nannten
sie sich wie Abkömmlinge nach dem Dichter des Achillszorns
und der Heimkunft des Odysseus. Eben nur wenn man die
Homeriden von Homeros, als dem geglaubten Dichter der Ilias
und Odyssee benannt sein lässt, ist ihre auf ihn gerichtete Thätigkeit erklärt, und ist es folgerecht, in ihnen Kunstgenossen zu
sehn, welche jene Gedichte bewahrten und durch Vortrag berühmt machten.[108]) Die durch ihren nationalen und gemüthreichen,
charaktervollen Inhalt und ihre lebendige sprechsame Form offenbar von Anfang allen Rhapsoden empfohlenen Gedichte beschäf-
tigten auch die Homeriden immer vorzugsweise. Doch wir erwähnten schon, wie es in Samos mit Oechalias Einnahme, in
Kypros mit den Kyprien sich begab. Obschon dort Kreophylos,
hier Staninos als die Verfasser bewusst waren, entstanden doch
späterhin Sagen, wonach nun die Sämier das Gedicht des Kreophylos, die Kyprier das des Stasinos dem Homer als dritte Epopöe
zuschrieben. Aehnlich und noch weiter trieben es die Homeriden: sie fügten den beiden gefeiertsten noch andre hinzu,
zuerst wohl die Thebais, weiterhin auch die Epigonen und zuletzt, unbekümmert um Zeitrechnung, die Kleine Ilias.[109]) Sie, wie
kein zweites Geschlecht in Griechenland, auch die Kreophylier
auf Samos nicht, in den Rhapsodendienst mit Enthusiasmus für

---

107) Die obige Erklärung gab O. Müller. Zeitschr. f. Alt. 1835. 1175.
vgl. Allgem. Litteraturzeit. 1838. Ergänz. Nr. 18.

108) Eman. Hoffmann, Homeros und die Homeriden „Sage auf Chios."
Wien 56. S. 9. Sagenp. 377.

109) Das Leben Homers in dem Herodot nachgebildeten Dialekt (der
Pseudo-Herodot) giebt die Sagen der Homeriden namentlich über die
Kleine Ilias. Thestorides hatte sie ihnen wohl zugebracht, da erfanden
sie eine Sage, wie dieser sie von Homer erhalten und sich angeeignet; und
wohl galt er, der sie in Phokäa zuerst vorgetragen, dort als ihr Verfasser.

ihren Nationaldichter hingegeben, wollten immer nur Homerisches
vortragen, oder doch nur, was homerische Art hatte. Gewiss
leiten wir mit guter Wahrscheinlichkeit die Stimmen über die
Thebais und über die Epigonen, wo diese Homer beigelegt werden, von ihnen her. Es waren immer nur particuläre Meinungen.
Dem alten Elegiker Kallinos, dem Lyriker Simonides galt so die
Thebais für homerisch,[110] Herodot bestreitet die Meinung von
den Kyprien geflissentlich (2, 116 f.), erwähnt die von den Epigonen (4, 32) im Bedürfniss, die Hyperboreer zu bezeugen, bezeichnet sie aber als problematisch durch den Zusatz, „wenn
denn in Wahrheit Homer dies Gedicht gedichtet hat" — in
beiden Fällen mag er wohl einen einzelnen Sagenschreiber (vielleicht den Hekatäos) im Sinne haben. Genug wir sehn, die
Meinungen von dritten oder mehren Epopöen des Homer stammen von den Stätten der Rhapsodie her.

Die von einzelnen Hymnen oder mit echterm Namen Proömien, vorzüglich von dem auf den delischen Apollon, ergiebt sich
von selbst als in Chios entstanden. Die Proömien waren ja die
Eingänge zum Vortrag der Rhapsoden. Endlich die Sage von
Margites, dem drolligen Charakterbilde eines Menschen, der
„viel zwar Werke verstand, doch schlecht sie alle verstand nur"
und das komische Epos, welches ihn darstellte, waren ebenfalls
an einem solchen Orte, in Kolophon entstanden. Wir erkennen
aus Aristoteles wie der Enthusiasmus für den Dichtergenius es
gewesen, welcher dem Margites den Homer zum Verfasser gab.
Der Dichter, der durch die dramatische Darstellungsweise überhaupt den Arten des Drama voranging, er hatte durch seine Ilias
und Odyssee mit ihrem sittlich ernsten und tragischen Geiste
zur Tragödie geführt, im Margites den Gestalten der Komödie
ein Vorbild gegeben.[111]

---

110) Paus. 9, 9, 5. bezeugt, nach der unstreitig richtig hergestellten
Lesart, das Urtheil des Kallinos; sagt, viele Beachtenswerthe stimmten
ebenso, und fügt das eigne Urtheil hinzu, dass er die Thebais nach der
Ilias und Odyssee am meisten preiswürdig finde. So tritt diese Epopöe
vor allen andern ins Licht. Simonides feiert Fr. 85. den Spruch aus Il. 6,
146. aber Fr. 53., wo er den Homer neben Stesichoros nennt, hat er wohl
die Thebais gemeint: Welcker Cycl. 1. 199.
111) Sagenp. 307 f. und 373. Bernhardy 2, 1. S. 177. 181.

17. Das Wahre vom epischen Cyclus und den s. g. Cyclikern. Die hin und wieder vermehrte Zahl dem Homer beigelegter Epopöen.

Aus dem Vorstehenden ergiebt sich: allerdings hat der nationale Enthusiasmus für ihren Homer die Griechen verführt, ihm unkritischer Weise auch den Margites und den Hymnus auf den delischen Apollon zuzurechnen, dagegen verstehen sie sonst nach einstimmigem Urtheil unter seinem Namen allgemein nur die Ilias und Odyssee. Andere nach diesen Mustern gedichtete Epopöen kamen durch die Rhapsoden und in Hauptsitzen der Rhapsodie zu der Ehre, als dritte und so weiter allmählich hinzugenommen zu werden. Am meisten und längsten hat solche Meinung von der Thebais gegolten; von den andern dagegen, den Epigonen als Fortsetzung der Thebais, den Kyprien als Zubehör der Ilias, endlich besonders von der Kleinen Ilias immer nur nach sehr einzelnen Urtheilen. Nach dem ganzen Befunde muss man erwarten, dass besonders im attischen Zeitalter zwar Homer als der hochgefeierte Dichtergenius überall hervortrete, und die zahlreichen Schriftsteller seine Sprüche und seine zu Typen gewordenen Charaktere und Lebensbilder gar vielfach anführen werden, dass aber diese Beziehungen immer nur auf Ilias und Odyssee lauten; die genauere Prüfung hat diese Annahme nur bestätigt.[112]) So ist die Ausdehnung des homerischen Namens auf andere Epopöen nach der Geschichte für die ganze erste geniale Periode der griechischen Litteratur gehörig bestimmt. In dem Zeitraum nach Aristoteles erfolgte allerdings in prekärer Weise die Ausdehnung auf den sogenannten epischen Cyclus. Mit ihm hat nun eine Geschichte des griechischen Epos und seines nationalen Lebens an sich Nichts zu schaffen. Eine Sagengeschichte in epischen Versen, aus verschiedenen Epikern zusammengefügt und so, dass jeder Gegenstand nur einmal gegeben wurde, das Ganze eine möglichst geschlossene Folge der Thatsachen bildete, so war er für Leser und für annehmliche Befriedigung des In-

112) Die Typen Sagenp. 333 f., darauf die Sprüche 333—336. Diese öfters in dem mündlichen Gebrauch aus dem Gedächtniss variirt 336 f. Wie diese Variation manchen Citaten den eben nur täuschenden Schein gegeben als lauteten sie nicht auf die Ilias und Odyssee, sondern auf andere dem Homer auch beigelegte Epopöen, ist Sagenp. 336—355. dargethan.

teresses an der Sagenkunde bestimmt. Demnach konnte eigentlich die Gestalt, in welcher die nächsthomerischen Epopöen in
diesem rein stofflichen Gefüge erschienen, keine Rückwirkung auf
unser Bild von ihrer Kunstgestalt haben, wenn es auch, indem
Ilias und Odyssee darin aufgenommen waren, a potiori homerisch
hiess. Aber dieser Cyclus hat eine solche Rückwirkung leider
in Folge irriger Auffassung für die neuere Litteraturgeschichte
in gar fühlbarem Grade gehabt. Er brachte jenen der Ilias und
Odyssee nacheifernden Epikern den Namen der Cycliker. Dieser
hemmte und verdarb in der Geschichte der epischen Poesie eine
Zeit lang allen gesunden Blick. Da uns nämlich von jenen Epopöen selbst nur einzelne Citate oder Stellen erhalten sind und
vom Cyclus, dem Gefüge vielfach verkürzter Gedichte, auch nur
die prosaischen Inhaltsangaben der Kypria des Stasinos, Aethiopis und Persis des Arktinos, der Kleine Ilias des Lesches und
der Nosten des Agias — die späte unorganische Telegonie
des Eugammon nicht zu erwähnen — aus der Charakteristik,
welche Proklus in seiner grammatischen Chrestomathie von dem
Cyclus gegeben: so entstand die freilich wundersame Vorstellung, die Verfasser jener Epopöen, die doch in ganz verschiedenen
Zeiten und entlegenen Orten dichteten, hätten keine poetische
Ganze mit bemessenem Anfang und Abschluss gedichtet, sondern
einer den andern nach der Zeitfolge des Troerkriegs fortgesetzt.
Das hiess cyclische Dichtungsweise und so hiessen sie Cycliker. Bei
dieser Vorstellung von den dem Homer zunächst stehenden Epikern war der Begriff und das Wesen der Sage noch unbewusst.

So stand es um die Geschichte der Poesie und Litteratur,
als Wolf das griechische Epos auf seinen heimathlichen Boden
versetzte. Aber wenn er auf die Oede hinwies, in welcher die
homerischen Epopöen erschienen, so war das eben nur das
Brachland der noch nicht erforschten Geschichte des Epos.
Nachdem er eben dieses auf seinen natürlichen Boden geführt,
wurde dort alsbald gleichzeitig wie in andern Gegenden der
Geist der Sage erkannt und zeigte in Deutschland Welckers
feiner Geist jene missbenannten Cycliker in ihrer wahren Gestalt.
Zwar behauptete er nach unhaltbarer Voraussetzung, ihre Poesieen
wären in den Cyclus selbst unverkürzt aufgenommen gewesen;
aber die Oede um die Ilias und Odyssee war nun doch nach beiden

Seiten von epischen Dichtungen ausgefüllt, in deren Mitte Homer mit seinen ersten Epopöen stand.[113])

Ein weiterer Fortschritt zur geschichtlich begründeten Anerkennung des einzigen Homer geschieht sicher, aber mühsam und allmählich durch Eingehn in den sittlichen Geist beider Gedichte und durch Erwägungen über die Odyssee. Dieser Epopöe hatte Wolf selbst im ausdrücklichen Gegensatz zu den Cyclikern seines Wissens und in Vergleich mit der Ilias eine schöne Einheit zugestanden (Prol. 127 und 120 f.). Aber eben die Kunst der Anlage und Durchführung erschien ihm als zu gross, als dass in der Zeit und bei dem in dem Gedicht selbst beschriebenen Sängerbrauch ein Dichter sie hätte zu leisten sich fähig gefunden, ein Einwand, den Lachmann seltsamer Weise wiederholte (Friedländer, von Wolf bis Grote VIII.). Es ward gegen diese seine und der Zustimmenden Folgerung und diesen ganzen Standpunkt nach willigerem und beflissenerem Studium des Dichtergeistes erinnert: „Man legte zu hohen Werth auf das Argument, dass jene alten Sänger, zu kurzer Ergötzung bei Schmäusen und Festlichkeiten herbeigerufen, der äussern Gelegenheit ermangelt hätten zu so umfangreichen Gedichten. Sonst würde man anders geschlossen haben, dass der Genius im Zeitalter des epischen Gesanges aus einzelnen Gesängen sich zum vollkommen organisirten Ganzen durch innern Drang emporschwingen musste, und dass man fürwahr nach andern Erscheinungen nicht berechtigt sei, den Griechen die höchste Ausbildung des epischen Gesanges in stetiger Folge abzusprechen. Man würde es mehr erkannt haben, dass zwar poetische Elemente (die Fülle der Einzellieder) in jener Zeit überschwänglich vorhanden waren, dass aber diese Planmässigkeit eines grossen Gedichts, diese religiöse und moralische Grösse, die selbst unter den Griechen nur Sophokles noch erreicht, diese wohlthätige Beruhigung, in welche durchweg alle Disharmonieen sich auflösen, nie einer Masse nur einzelnen,

---

113) Welckers Verdienst: dess. Ep. Cycl. 1, 123. Bernh. 2, 1. 197. doch beschränkend 203. — Das Richtige vom Cyclus: Sagenp. 36 —39. und 42 f. Die vorherigen Meinungen von ihm bei Grote, Gesch. Griechenl. übersetzt von Meissner 1. 486 — 488.

den begabtesten und edelsten unsers Geschlechts, gegönnt gewesen".[114]) Wie man nun einsehn musste, dass — wie oben besprochen ist — Homers Leistung eben in der Neubildung und Wiedergeburt des in kleinern Liedern überkommenen Stoff's bestand, und Ilias und Odyssee unabweislich den Höhepunkt der epischen Poesie bilden: so wurden denn die Bemühungen, diese Epopöen wieder in kleine Lieder aufzulösen, gar seltsam befunden. „Nicht genug wundern kann man sich, dass diese von Wolf einst eingenommene, von Lachmann vertheidigte Position noch so Manche behaupten wollen: denn wir erhalten damit die höchst singuläre Erscheinung, dass wir in den kleinen Liedern die Vorstufe, in den cyclischen Dichtungen den Verfall des Epos vor uns haben, und die in einheitlichen Handlungen grösserer Epen sich darstellende Blüthe völlig fehlt, oder — das Allerunbegreiflichste — dass die vorliegende, nicht abzuläugnende, künstlerische Einheit das spätere Werk mehrer war".[115]) Wohl fragt man zweifelnd und fast vergeblich, wem doch die zersetzende Meinung die Composition zuschrieb. Noch jetzt etwa den falsch gedeuteten Diaskeuasten, den Beauftragten des Peisistratos? Es giebt hierauf keine klare Antwort.[116]) Die erkannte Entstehung des wahren Nationalepos aus kleineren Einzelliedern, wie sie in dem Wesen der Sage begründet ist, wird mit der mündlichen Vortragsweise zusammen wohl erwogen allein über die umfänglichen Epopöen das Richtige lehren. Lächeln kann man aber nur, wenn die Trennenden ihre Meinung durch die Aeusserung zu bekräftigen glauben, auch die Odyssee sei aus kleinen Liedern entstanden, als läugnete man dies, als könnte die Odyssee anders als mit Verwendung früherer Lieder von des Odysseus Irrfahrten, von der allgemeinen Heimfahrt, von dem Rächer Orestes, vom Freiermord auch nur vorhanden sein.

---

114) Lehrs in Berl. Jahrb. f. wiss. Krit. 1834. B. 2. S. 627, und dazu dess. Populäre Aufs. Lpz. 1856. S. 11—16.

115) Bäumlein: der Schiffskatalog der Ilias. N. Jahrb. f. Philol. B. 75 und 76. H. 1. S. 37.

116) Bernhardy S. 122. „Die Hand, welche Wunden schlug, heilt sie nicht". — „Denn der Einfall, dass wir jenes Wunder dem Peisistratos und seiner Redaction verdanken, war kaum ernstlich gemeint". Doch Wolf Proleg. CLII.

18. Die Epopöen der Nachfolger Homers, der fälschlich benannten Cyclikern in Vergleichung mit
Ilias und Odyssee.

A. Allgemeine Uebersicht nnd das Urtheil des Aristoteles.

Ehe nun der Dichter der Ilias und Odyssee nach seiner Art
und Kunst genauer charakterisirt wird, wird es dienlich sein,
seine Stellung als Stifter und Meister der wahren Epopöe in
das gehörige Licht zu stellen, und zwar zunächst durch die genauere Charakteristik derjenigen Epopöen, welche im Laufe der
Zeiten (von Ol. 2 — 30) als jene beiden schon verbreitet waren,
von Epikern verschiedener Gegenden in ähnlicher Weise wie
Ilias und Odyssee aus kleinen Liedern gebildet und unter ein
Grundmotiv gestellt wurden. Bilden sie ja, als der Gattung nach
in Stoffart, Composition und Stil gleichartig, mit jenen Mustern
die Reihe der uns erkennbaren griechischen Kunstepopöen nationalen Lebens. Da ihr Verhältniss zu diesen Mustern auch genauer erkannt sein will, müssen wir mit Ausschluss der zu dürftig bekannten uns auf die beschränken, deren Inhalt, Gang und
Fassung uns kundbarer vorliegt, und von deren Darstellungsweise
wir uns eine Vorstellung zu bilden im Stande sind, wenn auch
mehr nur durch bedachte Folgerungen aus dem Bezeugten. Wir
können darnach nur folgende zählen; des Kreophylos auf
Samos und Ios Einnahme Oechalias (durch Herakles); des
Arktinos in Milet zwei Epopöen Aethiopis und Einnahme
Troias; von unbekannten Verfassern, wahrscheinlich in Aeolis,
zwei aus der thebischen Sage, die Thebais und die Epigo-
nen; des Stasinos auf Kypros Kypria, die Epopöe von der
Entstehung und den ersten Zeiten des troischen Kriegs; des Hagias
von Trözen Nosten, das ist, die Epopöe von der Heimkehr der
Griechen von Troia, auch Rückkehr der Atreiden genannt; des
Lesches auf Lesbos Kleine Ilias, eine andere Fassung der
Einnahme Troias.[117]

_____ ...

117) Alle Forschung über diese Gedichte fusst auf den Leistungen
Welckers, doch wenn er weit mehre aufführt, müssen wir von einigen: der
Danais, Titanomachie, Oedipodee theils schon wegen zu dürftiger Kunde,
theils deshalb absehen, weil wir bei diesem Dunkel gar nicht zu urtheilen
im Stande sind, ob denn diese Gedichte nicht eine der homerischen Art
fremde Gestaltung gehabt. Sagenp. 20—35. Es wurde der Muthmaassung

Diese acht sind, obgleich uns von keiner mehr als, zum
Theil noch verkürzte oder epitomirte, Inhalte und einzelne Verse
oder Citate erhalten sind, doch als Epopöen homerischer Dich-
tungsart sicher genug bezeugt. Die Geschichte unterscheidet sie
von den epischen Heldengenealogieen, wie den Katalogen des
Hesiod, von den landschaftlichen Epen, welche die Sagen einer
Landschaft zusammenreihten, wie die Gedichte des Eumelos von
Korinth, vornehmlich aber auch von den Epopöen blos persönlicher
Einheit, in denen die mannigfachen Abenteuer, Fehden, überhaupt
Thaten eines Herakles oder Theseus nach einander erzählt wurden. Diese letzten, die Herakleiden oder Theseiden, befriedigten
das mehr stoffliche Interesse in ähnlicher Weise, wie mehre
Epiker gerade des dorischen Stamms, der Spartaner Kinäthon
und der Korinthier Eumelos durch ihre gereihten Sagen oder
Genealogieen, denen sie auch einzelne Grossthaten der verschiedenen Stammhelden einzuweben pflegten. Das höhere Interesse,
welches beseelende Ideen und in Handlung und dramatischen
Leben ausgeprägte Charaktere ansprechen konnten, gewährten
nur die organischen Epopöen.

Eben jenen umfänglichen Epen nur persönlicher Einheit
setzt nun Aristoteles (Poet. S) die wahre Epopöe entgegen, welche
nach dem Beispiel der Odyssee eine einige Handlung umfasst.
Homer, der sich auch im Uebrigen auszeichne, habe auch das
recht wohl erkannt, ob durch Kunstsinn oder Genie, dass von
einem und demselben Helden mehre Handlungen erzählt nimmermehr durch diese Einheit der Person zu e i n e r Handlung
werden könnten. Indem er die Odyssee gedichtet, habe er nicht

und Combination zu viel eingeräumt. Auch die Deutung zweier Titel auf
eine und dieselbe Epopöe ist in mehren Fällen willkürlich. Hinlänglich
begründet ist sie bei den Nosten und der Atreiden Rückkehr, der Thebais
und des Amphiaraos Ausfahrt, Oechalias Einnahme und der Heraklee;
nicht aber bei den Epigonen und der Alkmäonis, der Minyas und Phokais,
und vollends nicht bei der Atthis und Amazonia. Sagenp. 22 f. Bernhardy, Gr. Litter. II, 1. 2. Ausg. S. 205, 206, 209, 213. Die Telegonie, die
Fortsetzung der Odyssee, liegt uns zwar in dem Inhalte vor, aber eben
als so reizlos, dass wir keinem Rhapsoden die Beschäftigung mit ihr zu-
muthen. Bernh. 214. — Ist die Reihe der in Betracht kommenden zu
beschränken, so dient doch die so umfassende Darlegung, welche Welcker
im 2. Theile seines epischen Cyclus von den Epopöen homerischer
Art gegeben hat, aller Betrachtung derselben in der vielfältigsten Weise.

Alles aufgenommen, was dem Odysseus begegnet, sondern die
eine Handlung gestaltet, welche eben Odyssee heisse, und ebenso
die Ilias. [118]) Wie eine solche eine Handlung begrifflich nach
ihren Grundzügen entworfen werde, wird im 17. Kapitel an derselben Odyssee gezeigt. Dann folgt im 23. wieder die Lehre
über die Composition und Gliederung eines epischen Mythus als
einheitlich ganze und zum Ziel geführte Handlung mit besonde-
rem Bezug auf die Ilias. Im Fortschritt nach den Bestimmungen
des 17. Kap. heisst es hier, weder das Gleichzeitige noch das
eng Nacheinanderfolgende gebe an sich ein auf ein Ziel Führen-
des. Auch hierin fehlten viele Dichter. Sonach müsse, wie
schon in anderm Bezug gesagt sei, auch darin Homer vor den
Andern gottbegabt erscheinen, dass er nicht den Krieg, obwohl
er Anfang und Ende hat, in seiner Dichtung ganz darzustellen
unternahm, denn er würde zu gross und nicht übersichtlich,
oder in kleineres Maass gefasst in seiner Mannigfaltigkeit verwickelt gewesen sein. So aber hat er einen Theil
ausgehoben und wendet viele Episoden an, durch welche er seiner
Dichtung Ausdehnung giebt. Die Andern dagegen dichten (wie
jene im 8. Kap.) von einem und einer (ganzen) Zeit, aber zwar
einer, aber einer vieltheiligen Handlung, wie der Dichter
der Kypria und der der Kleinen Ilias. Daher denn, wenn aus
der Ilias und Odyssee je Eine oder zwei einzige Tragödien gedichtet werden, aus den Kypria und der Kleinen Ilias eine ganze
Menge entstanden sind.

Dieses die Kypria und die Kleine Ilias ausdrücklich betref-
fende Urtheil ist nun freilich richtig nur so zu verstehn, dass er
diese beiden hier ebenso wie dort die Herakleiden und Thesei-

---

118) Hier und anderwärts belobt, wie vorliegt, Aristoteles nicht
blos den Dichter, etwa wegen seines Geschicks in der Darstellung, sondern ausdrücklich die Kunstanlage und Fassung der Ilias und Odyssee.
Nimmermehr hat Aristoteles über sie in Anbequemung an das Urtheil der
Zeitgenossen sich geäussert. Er war überhaupt nicht der Mann solcher
Scheu vor fremder Meinung. Seine Aeusserung (Polit. III. 13. S. 80 f.
Bekk. kl. A.): „Wenn freilich ein einzelner Mann vor allen Trefflichen, die
es im Staate gäbe, sich auszeichnete, dann ist es der Sache gemäss und
recht, dass ein solcher Mann die Vollmacht inne habe", — diese Aeusse-
rung, das ganze Räsonnement und die Ausnahme, sie ist aus Platon
Ges. IV. 711. D.—E. Nicht also wie Jacob Entst. der Il. u. d. Od. S. 148 f.

den als sprechendste Beispiele des Tadelhaften hervorhebt und
auswählt. Durch diese Beispiele sollte das Ungehörige im Gegensatz des Mustergiltigen der homerischen Epopöen am stärksten
hervortreten, ein spezielleres Urtheil über die übrigen Gedichte
dort neben den Herakleiden und Theseiden und hier wiederum
neben den Kypria und der Kleinen Ilias ist an sich damit nicht
gefällt. Seine Theorie, welche es wesentlich mit der Norm der
Vollkommenheit zu thun hat, gab keinen Anlass, die mehren übrigen einzeln zu mustern, also sie neben der Ilias und Odyssee
in ihrer Stoffwahl und einheitlichen Composition zu charakterisiren, dies war Sache einer kritischen Geschichte der Epopöe.
Diese hat aber Aristoteles in der uns erhaltenen Poetik nicht
gegeben, wahrscheinlich anderwärts in uns verlorenen Schriften.[119]) Hier aber sollte alle Vergleichung der anderen nur die
homerischen als die Muster hervorheben. Jene Belobung des
Homer, dass er nicht den ganzen Krieg darzustellen unternommen, sondern einen Theil, können wir, da dies ja von der
Wahl des Arktinos, Lesches und Agias ebenfalls gilt, uns nur erklären, wenn der Theil des Ilias als ein vor allen andern glücklich
ausgehobener und speziell charakterisirter verstanden wird, der
Tadel der Kypria und der Kleinen Ilias ist wohl schon in den
Worten angekündigt: „oder in kleineres Maass gefasst durch seine
Mannigfaltigkeit verwickelt", dann näher motivirt durch: „eine
Handlung aber eine vieltheilige". Diese beiden waren, das ist
auch uns einleuchtend, leicht so geartet, dass die einzelnen Theile
mit ihren mehren Hauptpersonen das Interesse zu sehr indivi-
dualisirten und spalteten. Dass das Urtheil über des Arktinos
Persis in dieser Hinsicht ein günstigeres sein konnte, wird sich
später zeigen. Ob Aristoteles bei seinen Erwähnungen auf solche
Epopöen Rücksicht genommen, welche er noch in den Händen
seiner Leser wusste, muss dahin gestellt bleiben; es ist aber
wahrscheinlich.

Die Begingung eines für Einheitlichkeit günstigen Stoffes war
bei den beiden der thebischen Sage von selbst gegeben, und eben-

---

119) Oder in andern Theilen der umfänglicheren Poetik. S. Sprengel
Ueber Aristoteles Poetik in Abhandl. d. Bayrischen Akad. d. W. 11, 1.
S. 211 ff. und in Z. f. A. 41. 1252 ff. bes. 1269 f. Die Einrede Däntzers in
ders. Zeitschr. 42. 278 ff.

so bei der Einnahme Oechalias. Dagegen haben wir den Verlauf des troischen Kriegs von seinem Ursprung durch den Frevel
des Paris bis zur Heimkunft und dem Sieg des Odysseus in sechs
Partieen zerfallen sehn, welche sich als durch eigenthümliche
Strebungen beseelt zu Handlungen mit Anfang und Ausgang gestalteten oder gestalten liessen. Diese Partieen schieden sich deutlich von einander; die auf einander folgenden Umstände bildeten
eigenthümlich charakterisirte Epochen. Auf dem Grunde dieser
allgemeinen Umstände waren vor Homer theils kleinere Lieder
von Einzelkämpfen oder Abenteuern, theils auch schon umfassendere von der Eroberung und von der Heimkehr der Sieger gesungen,
wohl auch von Odysseus Irren, und von seinem Sieg über die
Freier. Jene Partieen, aber jede ganz umfasst, waren in den
durchherrschenden Motiven sehr verschieden. Nur in einigen
gab es eine die Handlung beherrschende Hauptperson, als deren
Geschichte der Hergang gelten konnte. Hätte Aristoteles bei
seiner Würdigung der Epopöen nach ihrer Einheitlichkeit die
Beschaffenheit der überlieferten Sagen- und Liederstoffe in Betracht gezogen, so musste er bei Homer eben die Wahl der beiden Stoffe rühmen, aber dabei anerkennen, dass die andern
Epiker einerseits nicht blos dem Kunstzweck, sondern auch dem
Interesse ihrer nächsten Hörer folgten. Bei Arktinos, bei Stasinos, bei Agias, auch wohl bei Lesches ist dies der Fall gewesen.
Andrerseits musste Aristoteles, da der zu gestaltende Liederstoff
immer ein gegebner war, die tieferen Motive, welche die Handlungen der andern beseelen, auch gelten lassen, und ihr Erfassen vom Vorgange des Homer herleiten. Aber wie er selbst die
Tragödie nur nach der Wirkung auf das Mitgefühl der Zuschauer
beurtheilte, ihre nationalen Elemente und Ursprünge nicht er-
gründete, so hat er auch von der Epopöe eine gehörig genetische
Darstellung nicht gegeben. — Freilich urtheilen wir so eben nur
nach der uns vorliegenden Gestalt der Poetik. [120] — Wäre er
hierauf eingegangen und hätte er sich über die Poesieen des Arktinos und die Thebais ausgesprochen, daneben mit jenen Herakleiden die Heraklee des Peisandros von Rhodos und die Einnahme

---

120) Es ist vielfach erwiesen, dass sie nur als ein Theil oder auch
in lückenhaftem Zustande auf uns gekommen ist. S. d. vorige Anm. u.
Schöll Philol. XII. 593 ff.

Oechalias verglichen, dann erst könnten uns seine spezielleren
Urtheile weiter maassgebend sein.

Jetzt, da ein wolfisches Urtheil über die leidig benannten
Cykliker weit hinter uns liegt,[121]) verstehn wir, jene beiden speziellen Urtheile des Aristoteles mit dem Bilde, welches wir von
den Kyprien und der Kleinen Ilias aufstellen können, zusammenzu-
halten, da denn — freilich ohne Berücksichtigung der Schwierigkeiten des Stoffs — die einigende Wirksamkeit des Dichters vermisst
worden sein muss. Bei dem Dichter der Kyprien haben wir die
Wahl des Stoffs selbst besonders ungünstig gefunden. Endlich
wird auch ein drittes Urtheil des Aristoteles über nur seltenen
Gebrauch der dramatischen Form bei den Andern sich durch Betrachtung der Stoffe ebenfalls ermässigen. So kann und darf uns
Aristoteles nicht abhalten, von der Stoffwahl und dem ganzen
Verfahren der griechischen Epopöendichter uns eine Vorstellung
zu bilden, soweit es unsere Mittel gestatten.

19. Das Verfahren der alten Kunstepiker. Das besondere des Stasinos in den Kyprien.

Das Allgemeine und Gemeinsame der epischen Kunstpoesie
mit Bezug auf die genannten einzelnen wie auf Homer selbst ist
Folgendes:[122])

Kein wahres Kunstwerk der Sagenpoesie — die Kypria waren
eben kein solches — fängt vom Eie an, sondern rechnet bei seinen
Hörern auf Sagenkunde, und jedes nimmt seinen Anhub im Anschluss an Vorhergegangenes von bestimmtem Charakter. Die
Ilias beginnt nach dem durch Paris Frevel erfolgten Zuge der
Griechen nach Troia und vielfachen einzelnen Streifzügen und Ver-
diensten besonders des Achill; die Odyssee nach der Freier Einfall
in das Königshaus und mehr als dreijährigem Schalten darin,
während Odysseus bei Kalypso zurückgehalten wird; die Aethiopis, als nach Hektors Tode und der Auslieferung seiner Leiche zur

---

121) Mit viel zu weniger Unterscheidung der einzelnen Eigenschaften
schöner Darstellung sprach über Aristoteles Schoemann in der Disputatio
de Aristotelis censura carminum epicorum.
122) Wiederholt aus Sagenp. S. 443 f. Vgl. Wackernagel die ep.
Poesie. N. Schweiz. Mus. I. 361 unten: Diese früheren Motive darf
der Sänger ja als bekannt voraussetzen u. s. w.

Bestattung Achill sich die fern hergekommene Amazone entgegentreten sieht; die Persis des Arktinos und die Kleine Ilias des Lesches, als nach Achills Tode und Bestattung entweder Aias in Folge der Kränkung im Streit über Achills Waffen sich den Tod gegeben hat, oder dieser Streit eben vorliegt; die Nosten unmittelbar nach des lokrischen Aias Frevel an Athene, ohne dass die Atreiden auf seine Bestrafung gedrungen; die Thebais nach Oedipus Geschichte und ausgesprochenen Fluche über die Söhne und des Polyneikes Aufnahme bei Adrast; die Epigonen nach dem unheilvollen Ausgange des Zugs der Sieben; endlich Oechalias Einnahme, nachdem Fürst Eurytos den Herakles treulos beleidigt hat.

Nach diesen bedingenden und hervorrufenden Vorgeschichten ist das eintretende Motiv der Ilias der durch Agamemnons Leidenschaftlichkeit hervorgerufene Zorn Achills und sein Abtreten vom Rachekriege der Griechen; das Motiv der Odyssee der durch Athene angeregte Götterbeschluss, den Langabwesenden heimzuführen und — nach Expositionsgesängen — des Zeus Erklärung, dass Odysseus seine Rache an den Freiern vollziehen möge; das der Aethiopis von Achills Kampf mit Penthesileia und seinem Verhalten dabei an ein: per aspera ad astra d. h. Achills letzte Kämpfe bis zu seinem Tode; das der Nosten der Zorn der Athene und die durch diesen verwirkte Entzweiung der Atreiden, welche die vereinzelte Heimkehr und Zerstreuung zur Folge hat; das der Thebais die (sicher zu vermuthende) erste Abmahnung und Unglücksprophezeihung des Amphiaraos wegen des Vaterfluchs und der Zeichen des Zeus (Il. 4, 377. 381.); das der Epigonen der durch Vorzeichen ermuthigte Racheplan der Söhne gegen Theben, das sie zerstörten; das der Einnahme Oechalias nur ebenfalls der Plan gegen Eurytos. Von der Persis des Arktinos und der Kleinen Ilias lässt sich sagen, beide Epopöen, in welchen der Glaube der Atreiden und die böse Ahnung des Hektor: Einst wird kommen der Tag u. s. w. (4, 164. 6, 448.) in Erfüllung gingen, begannen von dem Stande der Dinge, da sichs auf der Erde wie im Olymp zur Entscheidung neigte. Die Strafgeschicke Troias waren ihr Motiv; diese wurden jetzt alsbald durch die Seher laut, bei Arktinos, wie es scheint, durch Kalchas, bei Lesches durch Helenos, den Odysseus zum Gefangenen machte. Nachdem Troia durch Achill seinen Hort, den Hektor, darauf auch die beiden

fernhergekommenen Bundesgenossen hatte fallen sehn, das Griechenheer aber seinen ersten Helden auch verloren hatte, kommt
den Troern der letzte Helfer im Eurypylos, des Priamos Schwester-
sohn, und holen die Griechen den zweiten Achill, den Neoptolemos und den Philoktet mit seinem Bogen des Herakles, herbei.
Jener erlegt den letzten Bundesgenossen, dieser den Frevler Paris,
worauf die Troer sich wieder hinter ihre Mauern ziehn und nun
die Einschliessung und das Werk der List beginnt, dessen Haupt-
träger Odysseus ist.

Ganz abweichend von allen übrigen ist das Motiv der Kyprien. Es hat dies Gedicht allerdings auch eines; aber ein
absonderliches, nicht wie die der übrigen der Sage entnommenes,
sondern in ganz eigener Weise überirdisches. Es giebt hier
keine irdische Vorgeschichte, es entspringt die Ursache aus dem
Weltgedanken des Zeus, dem der Dichter aus Reflexion über
den so mörderisch gewesenen Krieg die Erregung eines solchen
als Absicht und selbsteigenen Rathschluss beilegt. Statt der Vorgeschichte gilt hier das zur Ueberzahl und damit zum Frevelmuth angewachsene Menschengeschlecht. Diese Gefahr abzuwenden, hält Zeus mit Themis, der Göttin der Ordnung, Rath und,
wie der Fortgang des Inhalts und der erhaltene Anfang lehren,
beschliessen sie einen verderbenden Krieg gegen Troia. Zu diesem Zweck wird die Geburt des grössten Helden der Griechen,
des Achill, und die der schönsten Frau, der Helena, herbeigeführt, deren Raub die Ursache zu dem Kriege werden soll. So
sehr geht der Dichter auf die Urgründe zurück, so wie er allein
auch sein Gedicht mit: „Einstmals war es, da" — begann, d. h. gar
nicht an in der Sage gegebene Verhältnisse anknüpfte. Der Sage
entnahm er nur die auch in der Ilias 18, 82—85 u. a. erwähnte
Hochzeit des Peleus mit der Thetis, und liess bei dieser, zu der
sich alle Götter mit Geschenken eingefunden, durch die Göttin
des Streits, die Eris, den Streit der drei Göttinnen um den Preis
der Schönheit entstehen, zu dessen Entscheidung Zeus sie zum
Paris führen liess. Es hat, was erst später erklärt wird, Zeus
die Helena erzeugt und zwar nicht mit Leda, sondern mit der
Nemesis, der Göttin des Aergernisses an aller Ueberfülle und
Ueberkraft. — Sie, die Helena, ist bereits des Menelaos Gattin,
als das Urtheil des Paris geschieht. Er giebt den Vorzug der

Aphrodite, angeregt durch ihre Zusage, ihm die Liebe der Helena
zuzuwenden. So erfolgt unter Aphrodites Mitwirkung die Fahrt
des Paris nach Lakedämon und der Raub der Helena mit vielen
Schätzen, und damit die unmittelbare Ursache des Kriegszugs.
Dieser als ein besonders verderbenreicher gefasst, und hier als
von Zeus zur Decimirung der Menschenzahl- und Kraft beschlossen dargestellt, ist der Hauptgedanke des Gedichts. Es wird aber
dieser Rathschluss des Zeus mit dem in der Ilias angekündigten
und wirkenden willkürlich verknüpft, als habe Zeus die Entzweiung des Achill mit Agamemnon und seine Unthätigkeit in
der Absicht selbst herbeigeführt, damit, nachdem die Troer vorher durch die Furcht vor Achill in ihre Mauern gebannt und
gelähmt gewesen, und die Griechen unter Achill in Beutelust
umhergeschweift, nun erst der Auszug der ermuthigten Troer
den vollen Krieg brächte. Nur eben bis dahin, bis zu der Stellung der Heere gegen einander, da ein verderblicher und blutiger
Fortgang des Kampfes nicht ausbleiben konnte, vermochte und
wollte der Dichter das gewählte Motiv führen. Anders, als in
solcher Weise zum Weltgedanken erhoben, konnte die Grundursache
des Kriegs nicht zu einem erreichten Ziele gebracht werden. [123]
Wir erkennen leicht, der überlieferte Umstand, dass eben
die kyprische Göttin an der Entstehung dieses so langwierigen
und verderblichen Kriegs einen solchen Theil gehabt, er hatte
den kyprischen Dichter auf diesen seinen Stoff geführt und damit auf den Anfangstheil dieser umfassenden Sage. Indem er
aber damit das Ganze des Kriegs ins Auge fasste, da der Ursprung eben Ursprung des Ganzen ist, sah er das aus diesem
Ursprung Erfolgte in Sage und Dichtungen zu einer so grossen
und motivenreichen Fülle angewachsen, dass an eine Durchführung der Ursache im populären Sinne nicht zu denken war. Das
populäre Motiv, die Kränkung des Gastrechts und damit der Atreiden in seiner eigenen Folge, dem Untergange Troias, darzustellen, war unmöglich. Und wohl mag Aristoteles bei seiner Belobung der Auswahl des Homer, dass er nicht den ganzen Krieg
gedichtet, sondern nur einen ausgehobenen Theil, an den Missgriff des Stasinos gedacht haben.

123) Sagenp. 46—48.

Stasinos durch seine Landesgöttin angeregt, den Krieg in seinen Anfängen zu besingen, erfasste ihn also mit einem zur Reflexion geneigten Geiste als Thatsache des Weltregiments. Zeus, der diesen verderblichen Völkerkampf ausdrücklich gewollt, musste da diejenige Wirkung erzielen, welche er in der älteren Periode des Glaubens und der Poesie selbst unmittelbar übt, welche aber später als besondere Macht gedacht und personificirt als Nemesis oder Adrasteia in Cultus und Poesie erscheint. Sie nun, der Geist des Aergernisses an Ueberkraft, des sittlichen Maasses, würde wiederum nach einer einfacheren Darstellung als Beisitzerin des Zeus erschienen sein, wie Dike öfters, wie Themis oder auch die Aedos, Scheu und Mitleid. Aber nicht so der reflectirende Dichter. Er hat auch die Wachsamkeit dieses Dämons nicht in populärer Form gedacht. Populär musste Zeus mit ihr bereits begangene Ueberhebungen einzelner Frevelsinniger oder ganzer übermüthiger Völker bestrafen. Hier aber war es nicht die Strafaufsicht des Nationalglaubens,. sondern ein vorsorgender Weltgedanke, in welchem Zeus mit der Nemesis die schönste Frau erzeugte, damit ihr Raub den verderblichen Krieg hervorrufe. Diese Darstellungen sind sonst nicht weiter bekannt, weder die Nemesis als Mutter der Helena, noch das Widerstreben dieser Göttin des Maasses gegen die Gesellung in unzähligen Verwandlungen, noch die Genealogie der Helena, nur Agorakritos, der gewiss die Kypria kannte, gab am Fussgestell seiner Statue der Nemesis von Rhamnus eine Darstellung, welche diese vom Epiker gedichtete Mutter mit der der Nationalsage in einer Scene vermittelte.[124]) So ist aus der ganzen Idee von Zeus' Absicht und Verfahren und von dieser Mutter der Helena die gemachte Reflexion ersichtlich. Einem Dichter aber, der aus eigener Reflexion von der Nationalsage und dazu von der durch Homer ausgeprägten so wesentlich abweicht, ihn können wir die nirgends genauer bestimmte Lebenszeit nicht in der Nähe Homers zutheilen. Die Verknüpfung des Stasinos mit Homer als dessen Eidam, der von ihm die Kypria als

---

124) Paus. 1, 33, 7 u. 8. Nicht wie Preller Gr. M. 1, 74., eher wie Welcker Cycl. II. 132, welcher nur annimmt, Stasinos habe bei seiner Neuerung zur Erzählung vom Widerstreben der Nemesis die Sage von den Verwandlungen benutzt, durch welche Thetis sich dem Peleus zu entziehen suchte.

Mitgift überkommen, hat in keiner andern Weise eine geschichtliche
Bedeutung, als dass sie Bekanntschaft mit der Ilias und Rhapsodie
auf Kypros bezeugt. Ebensowenig lässt die Angabe des Aelian
erkennen, wie viel und wie Pindar von dieser kyprischen
Sage gesprochen habe.[125]) Die gesammte Inhaltsangabe aber enthält Nichts, was nicht recht wohl von einem Zeitgenossen des
Agias oder auch des Lesches kommen könnte.

Bei diesem ganz unpopulären Grundgedanken that Stasinos
das Mögliche, ihn populär auszuführen. Der Rathschluss des Zeus,
dem er zuletzt den am Anfang der Ilias, freilich auch willkürlich,
anpasste, wurde als vielfach gehemmt, aber doch in soweit erreicht geschildert, als er aus der verwandelten Volkssage jene
zwiefache Fahrt nach der asiatischen Küste und anderes Neue
des Volksglaubens aufnahm. Den Beifall, welchen die Poesie vom
Zorn sich erworben, verwerthete er für die seinige in der Weise,
dass er seine Epopöe zur reicheren Auslegerin aller in der Ilias
berührten Umstände und Personen machte, welche die Anfangs-
zeit des Kriegs bilden. Beides, jene Erweiterung der Volkssage
und diese Ausführung des in der Ilias Angedeuteten, hatte die
fast unausbleibliche Wirkung, dass der Dichter, als gälte es nur
Einzelvorträge, eine bunte Reihe einzelner Akte an einander reihete, nicht ohne Uebergänge von einem zum andern, aber in ge-
mächlicher Breite der einzelnen. Daher denn der Tadel des
Aristoteles hier besonders wohl begründet war. Aber auf den gewöhnlichen Zuhörer übte nicht blos die auch uns noch in den Ueberresten erkennbare, lebensvolle Darstellung, sondern gerade auch
der Sagenreichthum so viel Reiz aus, dass das Wohlgefallen uns
begreiflich wird, das die Kypria scheinen genossen zu haben.

20. Genauere Charakteristik der zwei Epopöen des
      Arktinos und der Kleinen Ilias des Lesches.

Es wird überhaupt ein richtiges Urtheil über diese andern
Epopöendichter sich nicht anders gewinnen lassen, als wenn man
einen Jeden derselben für sich in seiner Eigenthümlichkeit betrachtet. Wenn auch nicht gleichmässig bei ihnen allen, und

---

125) Aelian Verm. Gesch. IX, 15. Bernhardy Gr. Litt. II, 1. 207 f. Auf
Pindar bei Aelian ist kein Verlass u. s. w.

nicht bei Jedem in allen Punkten, so vermögen wir sie doch
nach dem Gehalte, dem Reichthum, der Bildsamkeit des gewählten Stoffs, nach sprechenden Beispielen ihrer Darstellungsweise,
nach Zeichen ihrer subjectiven Stimmung mehrfach zu unterscheiden. Wir überzeugen uns, dass ihnen Nichts als die epische Gattung nach dem Vorbilde Homers und andrerseits Wandel
der Sage in einzelnen Punkten gemeinsam war. Es wird dies
bei der Charakteristik der Einzelnen deutlich hervortreten.[126])

A. Aethiopis. Der dem Homer der Zeit nach Nächste,[127])
Arktinos von Milet, ist mit seiner Aethiopis nach seinem Stoff,
an dessen glücklicher Wahl und den darin liegenden Motiven,
dem Homer unter allen Epopöendichtern der troischen Sage am
nächsten verwandt. Diese Epopöe hätte Achilleis benannt werden
können, denn den Achill hat sie zur Hauptperson im vollsten
Sinne; der Dichter wählte aber den Namen, welcher vom Kampf
mit dem Aethiopenfürsten Memnon und damit der besonders
kennzeichnenden Partie entnommen war. Die Handlung giebt aus
der troischen Sage zu Ilias und Odyssee das einzige übrige Beispiel der vollkommensten Einheitlichkeit wie sie erwirkt wird,
wenn der Gang derselben in der Entwickelung des obherrschenden Gedankens zugleich als Geschichte einer und derselben Person verläuft. Zum Beweise dient auch, dass Aeschylos alle drei
Akte einer Trilogie wie aus Ilias und Odyssee allein noch aus
der Aethiopis bilden konnte und gebildet hat.[128])

Den Gang der Aethiopis giebt uns der von ihr als Theil des
epischen Cyclus aus Proklos überlieferte Inhalt in so weit vollständig an, als nur am Ende der Selbstmord des Aias fehlt, den
der Scholiast des Pindar bezeugt (zu Isthm. 4, 58 Bckh.[129]), und

---

126) Wie irrig diese Dichter noch jetzt aufgefasst werden können, er-
sieht man aus Philol. V. 3. 436—438. und aus den gewaltsamen Er-
gänzungen der Nosten in Phil. VIII. 54 ff. Und selbst in der verdienst-
lichen historia critica vor der 4. Teubn. Ausg. des Homer heisst es Diss.
II. p. 26., diese Cycliker genannten Dichter hätten supplementa der Ilias
und Odyssee gegeben, was ihr Verhältniss augenscheinlich entstellt.

127) Seine Blüthe setzt Hieronymus Ol. 4. Bernhardy Gr. Litt. II, 1.
210. Genauer Sengebusch N. Jahrb. f. Philol. B. LXVII. 4. S. 40. Arktinos'
Blüthenzeit Ol. 1, 2 = 775 v. Chr. G. Lesches' Ol. 30, 3 = 658.

128) Sagenp. 405 und 610 ff. bes. 618—620 ff.

dem die Bestattung nachfolgen musste. Ist dieser Inhalt in seinen Einzelheiten aufs Aeusserste karg und wahrscheinlich von
Photius epitomirt, so gestatten theils der spätere Epiker Quintus,
theils Aeschylos und Pindar, theils aus Arktinos herzuleitende
Kunstwerke [130]) so viel Ergänzung, dass wir, zumal da die vorho-
merische Sagengestalt auch erkennbar ist, ein deutliches Bild von
dieser Poesie und ihrem an Motiven des Gemüths überaus reichen
Verlauf gewinnen. So hat der Hersteller der Geschichte der
Epopöe diese Poesie schon gezeichnet, dessen Angaben nur einige
Berichtigung oder Beschränkung verlangen. [131]) Die beseelenden
Motive, die in engster Verkettung der Epopöe die ausgezeichnete
Einheit geben, wird der Leser des Folgenden ohne vorherige
Zusammenstellung schon selbst wahrnehmen. Die Gleichheit der
Charaktere des Achill, des Odysseus, des Thersites, des Aias mit
der Schilderung Homers ist sehr deutlich, in gewissem Sinne
auch die der wirkenden Motive, da der Tod des so zu sagen
zweiten Patroklos, des Antilochos, hier dem des Patroklos ähnlich erfolgt und wirkt. Daneben aber sehn wir dem Achill
neue und sehr eigenthümliche Gegner gegenüber in der Amazone
und dem Aethiopenfürsten, und zwar in ganz eigenthümlichen
Situationen.

Es ist die Zeit nach Hektors Tod und Bestattung, die Troer
sind vor dem schrecklichen Achill wieder in ihre Mauern geflohen
und in Bangigkeit, als stehe die Stadt schon in Brand (Quint. 1,
3 f. 16 f.), da „kommt die Amazone Penthesileia, Tochter des
Ares, Thrakerin von Geschlecht, den Troern zu Hilfe. [132]) Die
Beschreibung ihrer Erscheinung und ihres Empfanges bei Pria-

129) Ὁ γὰρ τὴν Αἰθιοπίδα γράφων περὶ τὸν ὄρθρον φησὶ τὸν
Αἴαντα ἑαυτὸν ἀνελεῖν.
130) Overbeck Gallerie heroischer Bildwerke. Braunschw. 1853.
S. 492, 497 ff. Derselbe in Zeitschr. f. Alterth. 1850. Nr. 37 — 39.
Achilleus und Penthesileia.
131) Welcker Cycl. II. 170—172 f. und darüber Sagenp. 618 f.
132) Die im Schol. zum Schluss der Ilias angeführten zwei Verse,
durch welche die Ankunft der Amazone unmittelbar an die Bestattung des
Hektor angefügt wird, können nur dem Gefüge des epischen Cyclus beigemessen werden. Sagenp. 40 f. Bernhardy Gr. Litt. II, 1. 210. Müller
1. 113. Overbeck Gallerie heroisch. Bildwerke 493: „nur damit verträgt
sich die ganze unepische Dürre, mit der nur die Amazone, nicht Penthesileia namentlich genannt wird".

mos musste hier gegeben sein. Bei Quintus begleiten sie zwölf
andere streitbare Amazonen, ihre Dienerinnen (33 ff.), zwischen
denen sie glänzend hervorragt. Ihrer vermessenen Zusage, dass
sie dem Achill das Garaus machen werde, entgegnet Andromache
mit Mahnung an dessen Sieg über Hektor, was Quintus wohl aus
Aeschylos nahm. Am Morgen führt sie an Hektors Stelle das
Heer der Troer und hat, wie der Inhalt sie als sieghaft kämpfend
(ἀριστεύουσαν) bezeichnet, eine Reihe Griechen niedergestreckt
— nach mehren Andern den Podarkes (auf der ilischen Tafel)
— als ihr Achill entgegentritt und sie im Speerkampf tödtet.
Dieser Kampf, da Penthesileia zuerst tödtlich verwundet und,
wie es scheint, in die Knie gesunken, durch ein flehendes Wort
ihn rührt, dass er sie emporhebt und, als sie aushaucht, sie mit
Theilnahme betrachtet, er ist durch eine Folge von Kunstbildern dargestellt, welche die einzelnen Momente geben.[133] Was
der trockne Inhalt hier folgen lässt: „Die Troer bestatten die
Penthesileia", zeigt als seine Bedingung, dass der Sieger die
Leiche den Troern überlassen hat. Ob dies geschehn in dem
Augenblicke, als Achill von der schönen Leiche eben nur nach
den Troern hinsah oder nachdem troische Helden zu ihrer Rettung
heranstürmten, müssen wir unentschieden lassen. Als Achill
diese Schonung bewiesen hatte, da erfolgte von Seiten des Thersites, des aus Il. 2, 212—220. bekannten Schmähers gerade
auch des Achill, und von Seiten des wie ehedem zornmüthigen
Achill, was der Inhalt sagt: Und Achill erschlägt den Thersites,
gelästert von ihm und mit Vorwürfen belegt wegen der Liebe
zur Penthesileia, von der man sprach. Eine Angabe besagt hierbei: „Thersites habe der Leiche der Penthesileia mit seiner Lanze
in das Auge gestochen, Achill ihn darauf mit der Faust nieder-
geschlagen (Schol. zu S. Philoktet. 445.). Der Faustschlag ward
nur durch die Heftigkeit zum Todtschlag. Ueber den Todtschlag
des Thersites (immer eines Stammgenossen) entsteht Parteiung
bei den Achäern". Die Meisten mochten ihn gut heissen wie
ehedem die Züchtigung, Il. 2, 272—277; nicht so Diomedes. Als
Vetter des Thersites und als der, der schon in der Ilias zu
Achill eher nebenbuhlerisch als befreundet steht,[134] wallt er hef-

133) Overbeck Z. f. A. 50. S. 291 ff.
134) Il. 9, 691—702.

tig auf (nach Quintus 1, 767 ff.). Der Mord eines Stammgenossen
heischte nach dem Glauben jedenfalls religiöse Sühne. Wie immer
trat Odysseus vermittelnd ein und bewog den Achill zu dem, was
der karge Inhalt als Folge des Todtschlags und der über denselben entstandenen Parteiung anreihet: darauf schifft Achill nach
Lesbos und wird, nachdem er dem Apollon, der Artemis und der
Leto geopfert hat, wegen des Mordes von Odysseus gereinigt.
Achill mag die Sühne wegen des so verächtlichen Menschen anfangs unnöthig gefunden und sich gesträubt haben, ihretwegen
vom Kampfplatze zu gehen.

Dies war der erste Akt der epischen Handlung. Der Uebergang und das Verhältniss zum zweiten, dem Auftreten des Aethiopenfürsten Memnon und Kampf Achills mit diesem, bedarf der
Auslegung. Im Inhalt fehlt die Angabe von dem Zeitpunkt, da
Achill zurückgekehrt sei, er besagt nur: „Memnon aber, der Eos
Sohn, angethan mit voller Waffenrüstung von Hephästos Arbeit,
kommt nun herbei den Troern zu helfen, und Thetis verkündet
ihrem Sohne die Zukunft in Bezug auf Memnon; und, als es zum
Treffen kommt wird Antilochos von Memnon erlegt. Darauf tödtet Achill den Memnon". Zur Ergänzung des hier Fehlenden oder
zu dunkel Gesagten nehmen wir hier an: da Achill in Folge seiner Heftigkeit nach Lesbos gegangen war, mag er beim Eintreffen des Memnon noch abwesend gewesen sein, und Thetis ihm
dort von dessen Ankunft unterrichtet haben, doch nicht nur wie
eine Botin Iris (II, 3, 121), sondern als Göttin Mutter mit Mahnung an sein frühes Todesloos. Wäre Achill schon im Lager
gewesen, als Memnon mit den Seinen die Troer zum Kampf
führte, dann wäre Jener ihm wohl alsbald unmittelbar entgegen
getreten. Es kommt dazu, dass bei seinem Zusammentreffen mit
Memnon nach einem Bilde auf dem Kasten des Kypselos (Paus.
5, 19, 1) und andern Kunstwerken [135]) die Mütter den Söhnen bei-
standen. Wir deuten nun weiter: Memnon, während Achill noch
fern war, zugleich mit Paris vordringend, stiess zuerst auf die Pylier; da geschah, was Pindar (Pyth. 6, 30 ff.) nach Arktinos feiert: Indem Nestor zu seinem Wagen geeilt ist, wird ein Pferd
von Paris Pfeil verwundet scheu; so bedroht von dem gewaltigen

<hr>

135) Overbeck Gallerie 514 f. bis 530 f.

Memnon, ruft Nestor nach seinem Sohn Antilochos, der steht für
den Vater ein, und wird im Kampf für dessen Leben fallend das
Musterbild der Kindestreue (Pind. und Xenophon von der Jagd
1, 14). Antilochos war dem Achill der Liebste nach Patroklos
(Od. 24, 78. Il. 17, 653. 691. Od. 11. 467 f. und m. Anm.); dieser
Tod ist daher hier für Achill ein ähnlicher Antrieb zur Rache
wie der des Patroklos in der Ilias. Nach mehren Kunstbildern
kämpfte Achill mit Memnon um die Leiche des Antilochos, in
andern fehlt dieser Gegenstand.[136]) Der Kampf war heiss und
schwankte lange, die göttlichen Mütter standen nach vielen jener
Bilder den Söhnen eifrig zur Seite. In der Trilogie, welche
Aeschylos nach der Aethiopis dichtete, fleheten die Mütter vor
Zeus um das Leben ihrer Söhne und wog Zeus (vielleicht nach
Arktinos) deren Lebensloose. (Sagenp. 621 f.) Aber Achill siegte,
des Antilochos Leichnam verblieb den Griechen (auf einem Kunst-
bilde nimmt Nestor ihn auf seinen Wagen). In einer hier eintretenden olympischen Scene erbat Eos ihrem Memnon von Zeus die
Unsterblichkeit, und dieser gab sie ihm, d. h. die sonst tödtliche
Wunde wurde durch des Zeus Wunderwirkung unschädlich gemacht, und Eos entraffte den Leib ihres Sohnes und brachte ihn
an einen Ort, wo er nun als Heros waltete.[137]) Nach dem Siege
über Memnon und der damit erwirkten Flucht der Troer stürmt
Achill gegen die Stadt hin und dringt bis in das skäische Thor;
da fällt er, wie ihm der sterbende Hektor, Il. 22, 359 f., prophezeit hatte, durch des Paris von Apollon gelenkten Pfeil. Um den
Leib des Gefallenen erhebt sich — nach der Aethiopis wie nach
den vorhomerischen Liedern — ein heftiger Kampf und dauert

136) O. Jahn Archäol. Aufs. S. 11. Overbeck Gallerie 517 ff. Quintus
hat diese ganze Partie der Sage wahrhaft verhunzt. Bei ihm ist der Todtschlag des Thersites Allen eben recht, die Sühnung und der Weggang
des Achill vom Schlachtfelde findet gar nicht statt. Ob er gleich nicht un-
geschickt den Seher Pulydamas jetzt Aehnliches rathen lässt, wie Il. 7. 347 f.
Antenor spricht, und ebenso den Paris gegen ihn sprechen lässt, die
Schilderung des darauf folgenden Kampfes ist voll Unwahrscheinlichkeiten,
da Achill erst, nachdem Memnon schon eine Menge getödtet und auch den
Antilochos erlegt hat, von Nestor, 2, 388 ff., aufgerufen wird, Jenem entgegen zu treten.

137) Ueber diesen Glauben s. Anm. zu Odyss. Th. 3. S. 313 f. Die
Kunstbilder bei Overbeck 526—530.

den ganzen Tag (Od. 5, 309—311, 24, 37—41), bis, während Odysseus die Troer abwehrte und ihren Geschossen standhielt, Aias, der Telamonier, die Leiche auf die Schulter nimmt und sie zum Schiffslager trägt. [138] Die Ankunft der Leiche des ersten Helden im Lager scheint auch Arktinos in einer besonders bewegten Scene geschildert zu haben, — bei Quintus 3, 435 ff. 435 des Aias, des Phönix, des Agamemnon Klagreden und vollends die Trauer der Briseïs wie sie bei Properz 2, 8, 9ff. im offenbar allgemein bekannten Bilde den Todten umfängt und mit den heftigsten Geberden beweint. Auch Kunstbilder lassen sie erkennen.

Es gab nun zwei Todte zu bestatten, Antilochos und Achill, und nach dieses Bestimmung in Il. 23, 91. 243 f. bargen nachmals die Griechen die drei Freunde unter Einem Hügel in zwei Urnen, deren eine Achills und Patroklos Gebeine enthielt, die andere die des Antilochos: Od. 24, 76—80. Von den beiden Bestattungen musste aber Arktinos eine nach der andern erzählen, und die des Achill gab einen viel reicheren Akt. Der Inhalt sagt mit trocknen Worten: „Darauf begraben sie den Antilochos". Allerdings konnte die Scene der Trauer um diesen, welche den noch lebenden Achill umfasst (Overb. 531.), nicht nach der Aethiopis gebildet sein. Die Aufeinanderfolge der drei Ereignisse, Erlegung des Memnon, Vertreibung der Troer, beim Vordringen, Fall des Achill giebt keinen Raum dazu. Es konnte hier Todtenklage und Verbrennung des Antilochos eben erst vor der grossartigen Bestattung Achills erzählt sein. Es lautet gleich weiter: und sie stellen den Leichnam des Achill aus [139] und

---

138) Die Kunstbilder hiervon bei Overb. 547f. Aristarch urtheilte zu Il. 17, 719: „Hätte Homer den Tod des Achill beschrieben, würde er dem Aias nicht die Leiche fortzutragen gegeben haben" — sondern ihn eben gegen die Troer haben Stand halten lassen. Wie wir finden werden, erzählte Lesches den Hergang ebenso wie Arktinos, aber mit Spott. Quintus vermeidet solche Unterscheidung des Verdienstes um die Rettung der Leiche. 3, 217—295 ist Aias der Vorkämpfer im Kampfe für dieselbe. Darauf folgt, 296—321, eine kürzere Reihe von Erfolgen des Odysseus. 330 kehrt die Erzählung zu den Thaten des Aias zurück bis 357. Die Troer, in die Flucht geschlagen, verlassen die Leiche. Sie ist nachher im Zelte.

139) Der Leichnam erst gewaschen — bei Properz von Briseïs — seine Wunden mit Salben bestrichen, so auf Betten gelegt; so die Leiche des Patroklos, Il. 18, 350—353. Die Sitte dieser Ausstellung Welcker Cycl. II, 176 und Wachsmuth Hell. Alt. 11. 428f. 2. A.

Thetis, mit den Musen und ihren Schwestern herbeigekommen,
stimmt den Klaggesang um ihren Sohn an — wie Od. 24, 55.
58—61 und wie mit Hektor Il. 24, 720 ff. ähnlich geschieht. —
Was sich anschliesst: „und hiernach entrafft Thetis ihren Sohn
vom Scheiterhaufen und bringt ihn nach der Insel Leuke",[140]) es
war der Akt der Apotheose und diese musste Zeus, wie die des
Memnon, bewilligt haben; dies wahrscheinlich schon bei jener Verhandlung der beiden Göttinnen vor Zeus um ihrer Söhne Leben.[141])
„Die Achäer aber schütten einen Grabhügel auf, und stellen einen
Wettkampf an". Hier trat also die Schilderung der Leichenspiele
zu Ehren des Achill ein, zu der Arktinos an der homerischen
(Il. 23) ein lebensvolles Muster hatte. Wie der Inhalt sich mit
der Angabe: „sie stellten einen Wettkampf an" — begnügt, so
hat er das Bedeutende von Thetis unerwähnt gelassen, was erst
den darauf folgenden Streit des Aias und Odysseus um die eigenen Waffen Achills im Zusammenhang verständlich macht. Das
Fehlende zeigen uns die Stellen Od. 24, 85—91. und 11, 543
bis 547. und dazu Quintus 4, 103—117. u. a., besonders aber
5, 121—127, wo Thetis spricht:

Jetzt denn sind auf der Bahn ja alle die Kämpfe vollbracht schon,
Die ich zu Ehren des Sohns aus trauerndem Herzen geordnet.
Auf nun, wer da gerettet den Leib und der beste Achäer,
Dass ich die prächtigen Waffen, die gottheitvollen, zur Rüstung
Ihm darreich'! Unsterblichen auch ein gefallender Anblick.

Also, als die Wettkämpfe um Preise vorüber waren, bestimmte
Thetis die Waffen ihres Sohnes dem um die Rettung seines
Leibes sammt der Rüstung Verdientesten, den sie damit als den
besten der Achäer bezeichnete. Es konnten nur Odysseus und
Aias mit dem Anspruch auf Verdienst und Lohn hervortreten,
so wie der wortkarge Inhalt sagt: und über Achills Waffen tritt
zwischen Odysseus und Aias Streit ein. Von ihnen wurde derselbe als Rechtsstreit mittels Reden über ihr Verdienst geführt,

---

140) S. oben Buch 1 Anm. 20 und Anm. 24 über Achill als Heros
Milets und seiner Colonieen.

141) Einstimmend in so weit auch Pindar Ol. 11, 79: „Auch brachte
den Peleiden, als Zeus' Gemüth sie durch Bitt' erweicht, die Mutter (nach
dem Gefilde der Seligen)". Es pflegt überhaupt die Erhebung zum Heros
von der Schutzgöttin bei Zeus erwirkt zu werden.

wie Odysseus, Od. 11, 546., sagt, er habe den Sieg rechtend mit ihm (δικαζόμενος) gewonnen. Eben in diesen ihren Reden gewann Odysseus mit seiner gewandten Beredtsamkeit dem zu vielen Worten weder willigen noch geschickten Aias den Vorzug ab. In jeder Sagengestalt ward Aias durch die Entscheidung für Odysseus gekränkt[142]) und in jeder wurde auf Nestors Rath die Stimme der Feinde abgehört, nach der einen gefangener Troer, nach der andern troischer Mädchen, welche von abgesandten Lauschern unter der Stadtmauer behorcht wurden. Die letztere Form war die Erfindung des Lesches, die erstere giebt Quintus als Nestors Rath, 5, 161 f., nur dürfte es ungeschickte Ausführung sein, wenn er die Gefangenen förmlich ein Gericht bilden lässt, vor denen nun Aias und Odysseus ihre Thaten gegen einander abmessen und Aias kaum unberedter als Jener eifert. Die einfachere und dem Verhältniss angemessenere Form berichtet der Schol. zu Od. 11, 547. Agamemnon habe, um dem Schein der Parteilichkeit zu entgehn, herbeigeführte Gefangene befragt, von welchem jener beiden Helden sie mehr Leid erlitten, und da sie den Odysseus genannt, diesem die Waffen zugetheilt.[143]) Dies war unstreitig des Arktinos Darstellung: Vor Agamemnon und andern Fürsten sprachen erst die beiden Helden, Jeder in seiner Weise, dann geschah die Befragung und erfolgte der Entscheid. Bei diesem erkannte der Arzt Podaleirios schon „des zürnenden Telamoniden blitzende Augen zugleich und den tiefempörten Gedanken" (Welcker 2, 178.), welcher hinzufügt: „Von Wahnsinn des Aias über den Verlust der Waffen ist nicht

---

142) Aias in alter Sage ein Beispiel eines durch ungerechtes Gericht Verurtheilten, Pindar mit unmittelbarem Bezug Nem. 7, 20—26. Dann in Platons Apologie 41 B. wird Aias mit Palamedes als Beispiel solcher genannt.

143) Das Verständniss des homerischen Verses von der Entscheidung: „Troias Kinder entschieden den Streit und Pallas Athene", lässt es zweifelhaft, ob Töchter oder Söhne (die Gefangenen) gemeint sind, und sofern der Ausdruck παῖδες immer leichter auf Mädchen gedeutet wird als auf Söhne, auch bei jener Befragung der Gefangenen der Antheil der Athene minder natürlich als seelische Einwirkung gedacht werden kann als in der Scene des Lesches, so mag Aristarch wohl den Vers mit Grund als unecht verworfen haben, eben weil er des Lesches Darstellung darin fand, und diese dazu in unepisch dunkler Zusammenreihung der Göttin mit den zu errathenden Menschen.

die Rede". Es war wiederum Lesches erst, der in seinem mehrbethätigten Streben, den Aias gegen den Odysseus herabzusetzen, das Gefühl der Kränkung zum Wahnsinn gesteigert darstellte. Der tiefernste Arktinos nicht so: das zornige Gefühl der Kränkung und Aergerniss an den Genossen war es, was den immer „Nächsten nach Achill" trieb, sich das Schwert in die Brust zu stossen.[144]) „In der Morgendämmerung, sagt der Dichter der Aethiopis, habe Aias sich getödtet" Schol. zu Pind. Isth. 4, 35—58.[145]) Dass die Bestattung des so Gefallenen, welche den Schluss der Epopöe gebildet haben wird, eine ehrenvolle war, nehmen wir mit allem Grund an. Odysseus wird nicht erst bei der Begegnung in Od. 11, 548 ff. diese Folge seines Sieges bedauert haben, und des Grabes gedenkt Nestor Od. 3, 109. Lesches nur entstellte auch die Bestattung des Aias.

So das inhaltreiche Gedicht mit seinen eng aneinander geketteten vier Particeen, welche sämmtlich an Achill als der Hauptperson haften. Die erste, der Kampf mit Penthesileia, die nach Welckers feiner Deutung selbst eine Liebesregung gegen ihren Sieger äussert, wird durch den Todtschlag des Spötters Thersites und den Sühngang nach Lesbos mit der zweiten verknüpft, der vom Kampfe mit Memnon. Bei der Rückkehr von Lesbos findet Achill den Memnon bereits siegreich vorgedrungen und seinen Antilochos so eben von ihm entseelt daliegen. Um des Freundes Leiche hat er mit Memnon einen schweren Kampf und der Mutter Mahnung an sein kurzes Lebensloos hält ihn jetzt so wenig vom Rachekampfe zurück, als vordem nach des Patroklos Fall (Il. 18, 114 ff.), und Zeus gewährt ihm den Sieg. An diesen Erfolg des zweiten Hauptakts schloss sich der dritte, vom Tode Achills, in Einem Zuge an. Denn wenn nach dem Inhalt auch zunächst nach Memnons Fall die Bitte der Eos bei Zeus und ihre Entrückung des Sohns erzählt war, das Weitere von Achill auf dem

144) Aeschylos in dem Mittelstück seiner Aiastrilogie liess melden, Aias habe sich an der einzigen verwundbaren Stelle, unter der Achsel, das Schwert in die Brust gestossen: Fr. 78 Nck. 83 Hrm. Doch ebenso die ilische Tafel Nr. 90. Overb. Gallerie 567.
145) Pindar, der dort und noch an zwei Stellen, Nem. 7, 25 f. und 8, 23, der Sache gedenkt, ist beredt über das dem Aias geschehene Unrecht, über des Odysseus schlaue Ueberredungskunst und über den Vorwurf, den das ganze Heer verwirkt.

Schlachtfelde war gewiss, dass er zugleich mit dem gewonnenen
Siege die Troer nach der Stadt getrieben und so am skäischen
Thor gefallen sei. Derselbe dritte Akt umfasste den langen Kampf
für die Rettung der Leiche, nach diesem erst die Bestattung des
Antilochos, die Todtenklage um Achill, seine Entführung als Heros nach Leuke durch Thetis, und die Leichenspiele von derselben angestellt. Wiederum in engem Anschluss folgte nun noch
als vierter Haupttheil das Waffengericht und des Aias Selbstmord
nebst seiner Bestattung. Dieselbe Göttin Mutter, welche den
Kämpfern der Leichenspiele die Preise ertheilt hatte, sie fügte
zur grössten Verherrlichung des Achill die Bestimmung über
seine Waffen hinzu, und es erfolgte daher der Streit um diese
„als Gipfel der Ehrenkämpfe nach seinem Tode". (Dass Thetis
die Preise ertheilt habe, sagt schon die ältere Erzählung und die
Zusage der Waffen des Sohns schliesst sich natürlich an die
Preisvertheilung an.) Wie zu diesem Streit nur Aias und Odysseus in die Schranken treten konnten, der Gedanke aber einer
Theilung der Waffenstücke als kleinlich ganz fern lag, so musste
eine Entscheidung folgen. Wenn diese zwischen dem Helden
des drastischen Geistes und dem nach Achill nächst grössten des
tapfern Muthes für jenen stimmte, der zurückgesetzte aber im
Gefühl der Kränkung sich den Tod gab; so wies auch diese
eng verknüpfte Folge auf Achill zurück als tragische Nachwirkung
vom Fall des Gewaltigen.[146]) Die ehrende Bestattung, welche wir
hier als sich von selbst verstehend annehmen, da das Gegentheil
bei Lesches durch ganz entgegengesetzte Darstellung des Selbst-
mords bedingt ist, die Bestattung gab einen Schluss, in welchem
das gerade durch den Selbstmord bei den Fürsten wachgerufene
Andenken an Aias Grösse und Verdienst sich zur gerührten Mahnung an Natur und Loos der sterblichen Menschen artete.

Eben dies war der nach der echten Sage natürliche Ausgang
der Epopöe. Aber er ist auch dem individuellen Geist und Sinn
des Arktinos ganz entsprechend. Blicken wir nur auf die andere

---

146) Overb. Gallerie 562: „In diesem Sinne auf Achilleus noch einmal zurückweisend, seine Herrlichkeit noch einmal hervorhebend, fasste
Arktinos den Waffenstreit, und schloss mit ihm sein Aethiopis — Achilleis,
kurz die untrennbar verbundene Folge des Waffengerichts, Aias' Tod an-
fügend". Anders Welcker Cycl. II. 234.

Epopöe desselben Dichters mit den ihr eigenthümlichen Zeichen
des Laokoon und Auszug des Aeneas und besonders auf ihren
Schlusstheil, da die Persis in die unglückliche Heimkehr der Sieger ausging. Ueberall ist derselbe tiefernste Dichtergeist zu
erkennen, der die waltenden Geschicke zumeist beachtet und die
Menschennatur in ihrer Mischung von Kraft und Leidenschaft
unter der Führung der Götter darstellt. Dieser Sinn offenbart
sich noch deutlicher in dem Unterschied, welcher sich in der
Gestaltung der Sage von der Eroberung Troias zwischen Arktinos
und Lesches ergiebt. Lesches gab in seiner Kleinen Ilias eine
„Aristeia des Odysseus"; er strebte, den Odysseus vollends als
Eroberer Troias darzustellen.[147]) So war es bei ihm das Verdienst
des Menschen Odysseus, dem die Eroberung gelang, der ältere
Dichter dagegen hatte die Erfüllung der von den Göttern bestimmten Geschicke Troias zum obherrschenden Gedanken gehabt.
Denn obgleich nach und mit dem Waffengericht die Wendung
eintritt, da der Krieg nach dem Falle der mächtigsten Helden auf
beiden Seiten aus einem Kampfe der Kraft zum Werke der List
ward, und so nach Achills und Aias Tode mit einem Uebergange,
der die Troer nöthigt, sich ganz hinter ihre Mauern zu bergen,
der Held und Meister der Listen und seine Göttin zur Wirksamkeit
kamen; so war die Einnahme der Stadt und Bewältigung des
Reichs doch wesentlich ein göttliches Strafgericht. Diesen Charakter wahrte Arktinos der Sage mehr als Lesches, der seinem Helden
sogar die göttlichen Geschicke nahezu selbst in die Hand gab,
wie wir sehn werden.

21. **Die Einheitlichkeit der beiden Epopöen von
Troias Zerstörung. Ihr Verhältniss zu einander.**

Indem nun an die Charakteristik der Aethiopis die der zwei-

---

147) Overbeck fährt a. a. O. so fort mit Anerkennung des Lesches:
„Andrerseits aber beginnt nach dem Waffengericht eine Zeit im Kriege
gegen Ilion, in der nach Achilleus und Aias Tode, Odysseus, Lesches'
Held, mit klugem Rath und energischen Wagnissen eine erfolgreichere
Thätigkeit entfaltet, als die der grösseren Todten gewesen war. Die
Kleine Ilias ist eine Aristeia des Odysseus, und an der Spitze seines Ge-
dichts, seiner andern Odysseia, stellt der Epiker seines Helden Sieg über
den gewaltigen Gegner, stellt er das Waffengericht als eben so natür-
lichen Anfang, wie dasselbe unter anderer Betonung ein natürlicher
Schluss der Aethiopis war".

ten Epopöe des Arktinos anzufügen ist, ergiebt sich deren Stoff
als für einheitliche Dichtung minder günstig oder als anders geartet. Es giebt neben derjenigen Einheitlichkeit epischer Stoffe,
wo die Handlung als Geschichte einer Person das concentrirtere
Interesse[148] gewährt, also neben der zugleich persönlichen, und
damit allerdings vollkommneren eine andere. Sie empfiehlt sich
wiederum durch Grossartigkeit und Tiefe vor jener. Es ist die
Einheit einer obherrschenden Idee, die eines Weltgedankens, welcher den Stoff beseelt, und, vom Dichter alsbald hervorgehoben,
durch eine Reihe von Ereignissen sein Ziel erreicht. Wenn die
Grundmotive der griechischen Epopöen theils menschliche, theils
göttliche sind, so gestalten sich die göttlichen theils als unmittelbare Wirkungen, wie in den Nosten Athene's Zorn waltet, theils
als Vorbestimmungen, deren Verkünder oder auch fortwährende
Träger die Seher waren. Fortwährender Träger war in eigener
Weise Amphiaraos, der Krieger und Seher zugleich in der Thebais.
Verkünder traten in den beiden Gedichten von Troias Einnahme
auf, bei Arktinos Kalchas, bei Lesches Helenos. Das war also
die im Glauben an Vorbestimmungen und Prophetenthum gegebene Weise, in der das Motiv des Frevels am Gastrecht, welches
die ganze troische Sage beherrscht, auf diese vierte, die Schluss-
partie des Kriegs, wie von selbst fortrückt.

Dieses ganz und gar verschiedene Grundmotiv der Persis
trennt sie auf das Sichtlichste von der Aethiopis. Und wie nirgends ein beide Gedichte umfassender Titel verlautet, so kann am
wenigsten Troias Untergang als Sühne für den Tod des Achill angesehn worden sein, noch als Fortwirkung derselben am Hause des
Priamos.[149] Achill war dem Arktinos ein grosser, aber in eben dem
Maasse ein tragischer Mensch. Er hat nach der Epopöe, welche
den grössten Helden nach seiner menschlichen Natur schilderte
und ihn als milesischen Heros feierte, diese andere von dem sich
erfüllenden Geschick Troias in gleich ernst tragischem Sinne
hinzugethan.

Die Verkündigung der Schicksalsbestimmungen gab, wenn

148) Welcker Cycl. II. 68. Anm. verweist auf Aristot. Probl. XVIII. 9.
149) Durch diesen unklaren Gedanken beeinträchtigte Welcker seine
grosse Leistung. Cycl. II. 229, und freilich gerade über Arktinos können
wir ihm öfters nicht beistimmen.

wir die in der Ilias gegebenen Anzeichen befolgen, wahrscheinlich kein anderer Seher als der Achäer Kalchas (bei Lesches Helenos). Kalchas ist's bei Quintus 6, 57, der an seine dereinstige
Prophezeihung mahnt (Il. 2, 329.) und zunächst Achills Sohn
von Skyros (Il. 19, 326.) herbeizurufen anräth. Neoptolemos, der
bei der Einnahme so gewaltig mitwirkt, musste jedenfalls im
Gedicht des Arktinos ebenso aus Skyros herbeigerufen werden,
wie er es nach Proklos in der Kleinen Ilias ward. Es gehörte
diese Berufung des andern Achill und sein Sieg über den letzten
auswärtigen Kämpfer für Priamos' Reich, ebenso wie die des
Philoktet, der nach dem Schicksal den Paris erlegen musste, wie
sie die vollständige Einschliessung zur Folge hatten, als folge-
rechte Einleitung in jede Epopöe von der Einnahme und Zerstörung Troias. Sollte sie irgend beseelt sein, so musste die
Dichtung dieses Sagentheils nach dem Tode der grössten Helden
von einer das Heer entmuthigenden Stimmung, als von der ersten
Wirkung dieser Verluste, ausgehn. Hiervon erlösten es jene
Berufungen. Fügte die stetige Ueberlieferung hierzu die Offen-
barungen der Vorbestimmungen über den Fall Troias, so bildete die der Einschliessung folgende Einnahme durch List mit
ihren drei weltberühmten Akten, dem Bau des hölzernen Rosses,
der verstellten Abfahrt des übrigen Heeres und dem nächtlichen
Ueberfall, den gebotenen Hauptstoff solchen Gedichts.[150])

Diese Bestandtheile des Sagenstoffs waren als das Thema
bildend beiden Dichtern gemeinsam. Auch manches Bedeutende in der Motivirung des Fortschritts ist, da die früheren
Lieder es brachten, wahrscheinlich von Beiden beibehalten.
Spät und mühsam hatte schon nach dem vorhomerischen Liede
Priamos den Eurypylos mit seinen Leuten zum Hilfszug bewogen.
Die Angabe, Od. 11, 519 ff., Eurypylos und viele Genossen seien
getödtet worden „in Folge der Weibergeschenke", ist nicht vom
Weibe des Eurypylos zu verstehn, wie von Eriphyle (Od. 15, 246.
11, 327). Er war noch ein Jüngling wie Neoptolemos. Viel-
mehr, wie im Scholiast zu diesen Worten Akusilaus auslegt und des
Lesches erhaltene Verse zeigen: Priamos hatte die Mutter des

150) Welcker Cycl. II. 198. über die in Proklos' Inhalten gegebenen Theile.

Eurypylos, seine Schwester, durch das Geschenk eines goldenen
Weinstocks von Hephästos' Arbeit erst bewogen, den Sohn nicht
ferner zurückzuhalten. Dass Arktinos dieses Motiv auch erzählt
habe, ist zu vermuthen. Ebenso und sicherer noch wird Helena
nach des Paris Fall auch bei Arktinos die Gattin des Deiphobos
geworden sein, wie sie in Demodokos' Liede und bei Lesches
als solche erscheint. Dieser Uebergang der Helena zum Heerd
und Bett eines andern Fürsten Troias ward durch die Parteien
in Troia ein Moment des Kriegs. Es wird der Streit von Il. 7,
350 f. 357 ff. sich erneuert, Antenor, das Haupt der bisher unter-
drückten (Il. 11, 123—125) Friedenspartei, von neuem auf die
Rückgabe des Raubes gedrungen haben. Die Götter selbst ver-
hinderten diese, und Helena, obgleich in ihrem Sinne schon heim-
gewandt, bedurfte eines männlichen Schutzes.

Auch manche nachhomerischen Sagengebilde sind beiden
Epikern gemein. Demophoon und Akamas, die Söhne des
Theseus, dem Homer unbekannt, befreien nach Beiden ihre
Grossmutter Aethra und waren unstreitig, wie bei Quintus, im
hölzernen Ross. Ebenso kam der Antiklos dazu, den Homer
nicht erwähnt, nur die unechte Doppelform Od. 4, 285.[151]) Die
ganze Scene scheint aber nur dem Plan und dem Geist des
Lesches angemessen. Dagegen ist es in beiden Sinon, welcher den Griechen das Zeichen giebt.[152]) Zweifelhaft ist die
Folge der Abholungen des Neoptolemos und des Philoktet; so-
dann die Weise, wie den Griechen die Bestimmungen des Schicksals bewusst wurden, an denen Troias Fall hing. Eine feine
Ausdeutung des trocknen Inhalts von der ersten Hälfte der Kleinen
Ilias, welche in das Versgefüge des epischen Cyclus aufgenom-
men war, giebt zwar eine Darstellung, welche jene Fragen in
Einem zu erledigen scheint; allein sie kann, insofern sie nur
auf den späteren Epikern fusst, nicht sofort über den Gang des
Arktinos entscheiden. Sie geht von der allerdings gewiss beiden
Epikern gemeinsamen Lage und Stimmung des Griechenheeres
aus und ergänzt in ansprechendem Verständniss den dürftigen
Auszug: „Wie immer in solchen Nöthen wird Kalchas befragt;

151) S. Philol. 4. 170 f.
152) Arktinos nach dem Inhalt, Lesches Fr. 11. bei Tzetz. zu Lykophr. 344., wie Virg. Aen. 2., 57 ff. 258. Quint. 12, 243. 360. 419.

er enthüllt,[153]) Helenos kenne die Schicksalssprüche, an denen Troias Fall hänge. Odysseus — erbietet sich, ihn einzufangen. Es gelingt. Sein Spruch lautet, ohne den in Philoktets Händen befindlichen herakleischen Bogen, dem Troia einst schon erlegen (II. 5, 638 ff.), könne die Veste nicht genommen werden". — „Allein auch Neoptolemos' Abholung muss Helenos als erforderlich bezeichnet haben. Schon im Epos muss er gesagt haben, was in Tragödien des Sophokles und bei Philostratos sich anerkannt findet: nur durch einen Aeakiden könne Troia fallen".[154]) Diese Weisungen haben die griechischen Fürsten durch gleichzeitige Absendungen nach Lemnos und nach Skyros befolgt, indem sie den Philoktet durch Diomedes, den Neoptolemos durch Odysseus beschickten, nicht beide durch diese beiden. Den Odysseus, der ihn ausgesetzt hatte, hasste Philoktet, dem Neoptolemos aber hatte derselbe des Vaters Waffen zu übergeben; die epische Erzählung konnte nur eine Sendung nach der andern berichten. Lesches schilderte, wie der Inhalt sagt, zuerst Philoktets Berufung. Dem Inhaber des herakleischen Bogens genügte im Epos die Mittheilung des Orakelspruchs, nebst der Aussicht auf Heilung und auf Ruhm — ihm die Wiedervereinigung mit den Seinigen annehmlich und unabweislich zu machen. So schloss sich hier erst noch die Erfüllung an: die Heilung der Wunde durch Machaon, der Kampf mit Paris und dessen Erlegung, da gerade er den Achill getödtet: Auslieferung des Leichnams an die Troer und Verheirathung Helena's an Deiphobos, die für die Katastrophe am Ende bedeutsam werden sollte. Darnach erst holte Lesches (nach dem Inhalt) das andere Aben-

---

153) Lag Das nicht schon im Wesen des Sehers?
154) Schneidewin, Philol. 4. 646 ff. Sein Gesammtergebniss S. 648 schon ausgesprochen: „Odysseus fängt den Helenos, Diomedes holt den Philoktet, und Odysseus, wie in der Odyssee, geht nach Skyros, übergiebt die achilleischen Waffen und holt den jungen Krieger. Ein merkwürdiger Parallelismus in beiden Fahrten. Philoktets Bogen, den die Götter bis ins zehnte Jahr fern gehalten haben, muss herbei und Odysseus muss des Vaters Rüstung dem natürlichen Erben übergeben, und so ist Troia zu nehmen". — „Welcker hat (S. 238) diesen ganzen einfachen Zusammenhang verkannt". Ausführlich wird dies Alles begründet und besonders die Verschiedenheit der mit Unrecht auch für das Epos angenommenen Gestaltung der Tragiker aus den Motiven der Tragödie dargethan.

teuer nach: Odysseus, der gleichzeitig nach Skyros gegangen,
erscheint, nachdem Philoktet bereits vor Troia seine Hauptauf-
gabe erfüllt hatte, mit dem Achilleussohne; dieser erlegt den
Eurypylos und nun beginnt die Einschliessung der aller hervor-
stechenden Kämpfer beraubten Troer in die Stadt.

Diese so abgerundete Darlegung mag allerdings im Sinne
des Lesches, dessen Held Odysseus war, ganz richtig sowohl
beide Abholungen als vom Geschick geheischt, als auch in dieser
Folge geschehn geben. Aber der milesische Epiker hatte ja in
der Aethiopis den Achill zugleich als Heros gefeiert und in Leidenschaften der Menschennatur geschildert, endlich mit der tragischen Nachwirkung seines Todes das Gedicht geschlossen. Er hat
demnach erstlich gewiss seine zweite Epopöe nicht mit dem Siege
des Odysseus im Waffengericht begonnen, sondern sein Held
war, wenn Einer, der Sohn des Achill; Odysseus, der Meister
der Listen, galt ihm als das andere Werkzeug der Götter neben
dem andern Achill. Aber auch die Uebergabe der Waffen ist vielleicht nicht als Befolgung der auch über den Aeakiden vernommenen Offenbarung, sondern als gewinnender Beweggrund, ja als
natürliche Rücksicht für den Erben vom Odysseus des Arktinos
behandelt worden, der ebenso wie das ganze Heer den Neoptolemos als den jetzt allein möglichen Ersatz für den Verlust des
Vaters herbeiwünschte.

Wenn doch überhaupt die Neudichtung desselben Sagentheils,
welchen der begabte Arktinos schon zur Epopöe gestaltet hatte,
eine vielfach andere Gestaltung erzielen musste, so kommt die
lange Zwischenzeit in Rechnung: Lesches dichtete über hundert
Jahre später als Arktinos.[155]) Dieses Jahrhundert ist unstreitig
an Wachsthum und Wandel wie der Sagen überhaupt, so an
dem des Ruhmes der Aeakiden ergiebig gewesen. In dieser Zeit
wohl erst wurde Aeakos, der sterbliche Gehilfe des Apollon und
des Poseidon beim Bau der Mauer Troias (Il. 7, 452), und

<hr>

155) Sengebusch in N. Jahrb. f. Philol. Bnd. LXVII. H. 4. S. 410. Arktinos' Blüthe Ol. 1, 2 == 775 v. Chr. Lesches Ol. 30, 3 == 658 v. Chr.
Aber auf des Lesches Wahl des Stoffes konnten die Kypria nur Einfluss
haben, wenn er die einheitliche Beschaffenheit, welche bei dem seinigen
jedenfalls grösser war, nicht in Anschlag brachte. Sie und der äolische
Held Odysseus empfahlen ihm, dem Lesbier, den gewählten Stoff mehr.

wurden seine Söhne Telamon und Peleus, die Kampfgenossen
des Herakles, so dass nachmals Pindar diese neueren Sagen zu
der Angabe zusammenfassen konnte, Apoll habe schon beim
Bau verkündet: es würden die Aeakiden vier Geschlechter hindurch für Troia entscheidend sein.[156]

Aber überhaupt kann die Reihe der Bedingungen, an welche
die Einnahme Troias vom Schicksal gebunden heisst, nicht auf
Einmal und nicht auf Einem Stamme erwachsen sein. Vom Triebe
der Heraklessage, den Cid der Griechen zu verherrlichen, kam die
eine, von wachsendem Ruhm der Aeakiden- oder der Achillssage die
andere Anregung, dazu die dritte vom Heilspfande Troias, dem
Pallasbilde. Dies Letztere ist ein Glaubensartikel der Griechen,
welcher erst nachhomerischer Zeit angehört,[157] aber doch auch
als ein für sich entstandenes Moment der Eroberung zu betrachten
ist. Die ersteren beiden nun in ihrer Verbindung scheinen einem
so zu sagen symbolischen Gedanken anzugehören, Herakles und
Achill stellen als die Spitzen der griechischen Heroen, die Sieges-
macht des Griechenvolks dar. Dies scheinen beider Waffen als
die Troia erobernden zu bedeuten. Doch wie die eine Sage
(vom Heraklesbogen) immer früher für sich vorhanden sein
konnte, so dürfte das Wissen von diesen Schicksalsbestimmungen
wohl auch dem griechischen Seher beigemessen worden sein.

Ein Anderes war es mit der Sage vom Palladion, dem Heilspfande Troias. Um dieses als solches zu kennen, bedurfte es ohne
Frage einer einheimischen höherstehenden Person, und um es in
der Feinde Gewalt zu bringen, des Verraths. Dies also eigentlich
erst war ein Geheimniss, welches von Helenos zu erfahren stand.
Wir finden nun sowohl über die Art, wie die Belagerer sich des
Helenos bemächtigten, unterschiedene Sagen als über den Verrath,
der dem Odysseus und Diomedes das Palladion verschaffte.[158]

---

156) Ol. 8, 45 Aeakos, Telamon und Peleus, Achill, Neoptolemos.
157) Lobeck Aglaoph. 301. 1203. 1205. über den mystischen Glauben
an Heilspfänder.
158) Entwendet wird es theils durch Helena's bald nähere bald ent-
ferntere Mitwirkung, theils durch den Griechenfreund Antenor und seine
Gattin Theano, die Priesterin der Pallas Athene (Il. 6, 298—300). Welcker
Cycl. II, 241. Gr. Trag. 146 ff. Die Kunstbilder in Overbecks Gallerie 578
bis 607, besonders 581—583. Aber die Anweisung gab auch Helenos:
Konon 34.

Eben so verschiedene giebt es noch über das Palladion selbst, je nachdem Aeneas während der Eroberung nach Dardania entweicht und mit dem geretteten echten Palladion dort eine Herrschaft der Aeneaden stiftet, oder zuletzt mit Neoptolemos abschifft. Wie in der letzteren Fassung aller Anlass fehlt, ein echtes und unechtes Palladion zu unterscheiden, so heissen Odysseus und Diomedes gemeinhin ohne Weiteres die Entführer desselben.[159]

Nach den dargelegten Anzeichen oder sich ergebenden Folgerungen in Betreff der Uebereinstimmung oder Verschiedenheit der beiden Epopöen von der Zerstörung Troias stellen wir uns den Gang derselben muthmaasslich folgendermaassen vor:

22. Die Persis des Arktinos.[160]

Der kurz nach einander erfolgte Tod der beiden grössten Helden und besonders der so unerwartete des Aias hat das Griechenheer tief bewegt. Wie grosse Unfälle über den Verlust hinaus als böse Vorzeichen wirkten, hat die Gemüther die Verzagtheit befallen, als wäre die Einnahme Troias und ein sieghafter Ausgang nicht mehr möglich. Vielleicht äusserte der sanguinische Agamemnon sogar wieder, wie früher einige Male (II. 9, 27. 14, 80.), Neigung, das Unternehmen aufzugeben, dem dann der immer kampfmuthige Diomedes heftig entgegnete. Jedenfalls war des Aias Verdienst jetzt bei Agamemnon, dem andere Fürsten beigestimmt hatten, zum bittern Vorwurf wegen ihrer Entscheidung des Waffenstreits geworden. Odysseus empfand seinen Sieg jetzt selbst nahezu wie ein Unrecht, das er um des Ganzen willen gut zu machen habe. Da tritt der Seher Kalchas auf, ruft der Versammlung das ehemalige Vorzeichen des Siegs im zehnten Jahre ins Gedächtniss und bedeutet sie: solle das jetzige böse Zeichen zum Heil gewendet werden, so müsse der natürliche Erbe der Waffen des Achill, müsse Neoptolemos herbeigerufen, ihm die

---

159) Das echte und unechte nach Arktinos Dionys von Halik. 1, 69. und Sophokles das. 48. Ueberhaupt Welcker Cycl. II, 181—184 und 438 f. Quint. 13, 303 ff. sagt Nichts vom Palladion beim Auszuge des Aeneas. Die einfache Entführung desselben gilt in den Tempelsagen der vielen Städte, deren jede sich rühmte, das troische zu besitzen. Heffter, Götterdienste auf Rhodos S. 122 f. Preller, Röm. Myth. 265 und 622 f.

160) Vergl. Welcker Cycl. II. 181ff. „Der Anfang dieser Inhaltsangabe ist sehr abgebrochen" u. s. w.

gottbereitete Wehr eingehändigt werden, in diesen rechten Händen werde sie zum Siege wirken. Derselbe griechische Seher
mag gleich jetzt auch an Philoktet erinnert haben, den die ver-
zögernden Geschicke Troias bis ins zehnte Jahr ferngehalten, der
jetzt aber auch herzuholen sei. Doch zunächst kommt Odysseus
dem Rathe des Kalchas willig entgegen, und erbietet sich die
Waffen Achills dem Sohne abzutreten und so ihn von Skyros her-
zurufen. — So ward, um die unheilvolle Entscheidung des Waffengerichts zum Segen zu wenden, zuerst der Sohn des Achill gerufen. — Ob den Odysseus Diomedes, wie bei Quintus oder etwa
Phönix (wie Soph. Phil. 344.), begleitet habe, ist nicht zu entscheiden, doch wahrscheinlich Diomedes. Neoptolemos, eben jetzt
erst im geeigneten Alter, ist sofort bereit und vollends, da er
den Tod des Vaters erfährt, von Rache erfüllt. Ein Versuch der
Mutter, der Deïdameia, ihn zurückzuhalten, mochte in seiner Ver-
geblichkeit von Arktinos kurz, von Lesches ausgeführter erwähnt
werden wie bei Quintus 7. Eine Parallelerzählung beschrieb
hier oder nach des Neoptolemos Ankunft das Eintreffen des schönen Eurypylos (Od. 11. 552) und sein Vordringen an der Spitze
seiner Keteier (Beiname der Myser[161]). Neben ihm lebten von
den Il. 12, 93—103 verzeichneten troischen Anführern noch
jetzt Paris, Deiphobos, Aeneas, die Söhne des alten Antenor,
Agenor und Archelochos, auch Helenos und auch diese mochten
troische Schaaren führen.[162]) Eurypylos, der Enkel des Herakles,
erlegt auf seinem Siegesgange Viele, darunter den schönen Ni-
reus (Il. 2, 671—673) und den Arzt Machaon. Doch der andere
Achill war ja angelangt und hatte, freudigst bewillkommt, zunächst
das Grab seines Vaters besucht, wo ihm vielleicht das Schattenbild desselben erschien. Er strebte jetzt ebenfalls vor und that wie
Od. 11, 514 steht „und viel Männer erschlug er im grässlichen
Schlachtengetümmel", bis er den Eurypylos fand und ihn mit
der auch ihm handlichen Lanze Pelias niederstiess. — In allen
Sagen ist dies seine Hauptthat vor dem Eintritt der Maassregeln
der List.

Es folgte jetzt nach Geheiss des Kalchas, das entweder schon
vorher oder erst hier Ausgesprochene (Quintus 9, 325), die Sen-

---

161) Welcker Cycl. II. 137.
162) Die übrigen waren schon in der Zeit des Zorns gefallen.

dung des Odysseus und Diomedes nach Lemnos, den Philoktet
mit seinem Bogen herbeizuführen. Die Vorbestimmung für diesen Bogen war für Troia eine drohende, für die Belagerer eine
verheissende, und dass Arktinos die Kenntniss und Verkündigung
derselben dem griechischen Propheten beigelegt habe, scheint
wohl anzunehmen. Der Spruch zielte auf den Urfrevler Paris,
den Bogenschützen, ihn sollte der Gegner gleicher Waffe mit
dem unfehlbaren Pfeile treffen; denn weiter geschieht durch
Philoktet durchaus gar nichts Entscheidendes. Nun konnten
zwar die Umstände die griechischen Fürsten von selbst an Philoktet erinnern, vornehmlich den Odysseus, wenn auf seinen
Rath der vom Schlangenbiss Verwundete zurückgelassen war (Il.
2, 723). Doch dagegen spricht der späte Zeitpunkt, im selben
zehnten Jahr, und die Betonung des altberühmten Bogens, da doch
das Heer Bogenschützen genug hatte. Diese Umstände weisen
vielmehr auf einen symbolischen Sinn, da Herakles' Waffe, wie
bemerkt, die Siegeskraft der Griechen bedeutet, und endlich geben
des Quintus Angaben Grund, den Schicksalsspruch bei Arktinos
anzuerkennen. Es wurde hier wieder Odysseus mit Diomedes
gesandt, wie dieses Paar gewöhnlich die Aufträge ausführt. Den
Philoktet zu bewegen, reichte im Epos die Mittheilung des Orakels und die Aussicht auf Heilung fast schon hin;[163]) zwei so edle
Gesandte, und unter ihnen der gewandte Redner Odysseus, bewogen ihn, zu folgen. Philoktet ward bei Arktinos, wie bei
Quintus, nicht durch Machaon, sondern durch den andern Asklepiaden Podaleirios geheilt, welcher ausser Wunden in andern
Fällen auch innere Uebel zu heilen verstand.[164])

163) Die Tragiker schufen erst die Schwierigkeiten, Schneidewin
Philol. IV. 659.
164) Der schroffe Unterschied von Wundärzten und innern ist mo-
dern. Die Kunst hat seit Homer nun auch Krankheiten behandeln gelernt.
Das Lob, welches die Verse des Arktinos dem Podaleirios beilegen, spricht
überhaupt diesem die Behandlung von Wunden darum nicht ab. Sodann
war Philoktet durch einen Schlangenbiss, nicht durch eine Waffe verwundet und war sein Uebel durch die lange Zeit vollends ein aussergewöhn-
liches geworden (Quint. 9, 376 f.). Am Ende der Aethiopis erkannte Podaleirios vor Andern die bedrohliche Gemüthsbewegung bei Aias, hier, wo es
auch nicht der leichten Hand nur bedurfte, heilte er den Philoktet, und
immer bedurfte es einer vom Asklepios selbst den Söhnen hier erhöheten

Paris hatte nach des Eurypylos Falle mit andern troischen Führern für die Rettung der Leiche gekämpft: Er, der vor Allen Interessirte, der den Helfer mit besondern Ehren aufgenommen, ist jetzt auch vor Andern ergrimmt. Wenn vielleicht Andere geneigt sind, vor Neoptolemos sich zurückzuziehn, so schweift Paris mit seinem Ferngeschoss ferner umher und eine verlockende Göttermacht treibt ihn seinem Geschick zu. Doch auch Deiphobos und Aeneas und Andere überhören noch die warnende Stimme des Polydamas.

Es ist hier Folgendes anzuerkennen: Liessen Arktinos und Lesches den Helenos die beiden Weisungen auf Neoptolemos und auf Philoktet zugleich aussprechen, und ebenso die beiden Gesandten nicht zusammen, sondern wie dort den Odysseus nach Skyros, den Diomedes nach Lemnos gehn; so erfolgten dann die möglichen Tagesgeschichten leichter. Auf die kürzere Erzählung von der Ankunft des Neoptolemos und von seinem Siege über Eurypylos folgte die von dem fast gleichzeitigen Eintreffen und der Heilung des Philoktet und der Erlegung des Paris. Wie der Dichter die für Philoktet namentlich erforderliche Zeit natürlich motivirt habe, lässt sich bei allerlei Möglichkeiten (ein Tag zur Beerdigung der Todten) bestimmter nicht sagen. Dass nach den beiden Siegen über den letzten Bundesgenossen und über den Frevler Paris die Troer sich ganz zurückgezogen, stand in jeder Erzählung, und zwar hauptsächlich als Wirkung des Neoptolemos, und geschah jetzt.

Bei Arktinos, wie bei Lesches, war dies der Zeitpunkt, da vom Olymp — wohl auf des Zeus und der Here jetzt einstimmiges Geheiss — Athene herabging und den Epeios zum Bau des hölzernen Rosses erweckte. Ihr betrauter Odysseus bewaltet die Ausführung in jeder Sagengestalt, möge er auch den allgemeinen Gedanken solchen Verstecks der Helden angegeben, oder nur den ganzen Plan der Ueberlistung vorgezeichnet haben. Schon in Od. 22, 280 bezeichnet Athene selbst ihn als

Wirkung. Weil der eine Dichter den Machaon, der andere den Podaleirios genannt hatte, überhaupt jedenfalls ein Asklepiade erforderlich war, nennen Sophokl. Phil. 1333 und Philostr. Heroika 126 in der Mehrzahl die Asklepiaden. Also ist Quintus nicht zu tadeln. Vgl. Overb. Gallerie S. 577 Anmerk. 22.

den Eroberer durch List, und schon das Lied des Demodokos
(s. Buch 2. §. 12.) feierte ihn als solchen.

Bei den Troern ward nach des Paris Tode Helena — ein
Wittwenstand war vollends ihr unter den Troern unmöglich —
das Weib des Deiphobos.[165]) Aber auch Helenos begehrte sie,
und so gilt es, hier die mehren Sagen zu beachten, welche von
dessen Verbindung mit den Belagerern neben der frühzeitigen
Gefangennehmung durch Odysseus vorliegen.[166]) Eben weil es sich
jetzt erst um ein Geheimniss Troias handelt, ziehn wir jener Wendung bei Lesches eine von diesen vor. Bei kleinen Verschieden-
heiten herrscht in ihnen im Gegensatz zu jener des Lesches die
Angabe des Anlasses und Zeitpunktes, dass, nachdem Helena dem
Deiphobos zu Theil geworden, Helenos im Zorn Troia verlassen
habe.[167]) Der Grund dazu war für den Seher die Erkenntniss
und Voraussicht des Götterzorns. Die eine Sage lässt ihn freiwillig geradezu zu den Griechen übergehn, wie er nachmals mit Neoptolemos nach Griechenland geht (Euripides). Unter
zwei Schattirungen der andern von seiner Gefangennehmung
empfiehlt sich die zweite als die klarere. Er geht nach der
einen zum Ida, und wird da auf des Kalchas Anregung gefangen,
nach der andern begiebt er sich in den Tempel seines Gottes
Apollon, und dessen Priester Chryses (Il. 1.) unterrichtet die Belagerer hiervon. Sie senden den Diomedes und Odysseus; diese
bemächtigen sich seiner und so hier erst gefangen, offenbart er,
was der griechische Seher nicht wissen konnte, vom Heilspfand
dem Palladion Troias.

Dieses Geheimniss verrieth bei Lesches die Helena dem in
Verkleidung als Kundschafter in die Stadt geschlichenen Odysseus. Mittels dieses Spähergangs, der allerdings in Odyssee 4,

---

165) Möglich, dass einer der beiden Epiker jetzt die Helena erst die
Flucht versuchen liess, wie sie bei Eur. Troer. 955 selbst angiebt.

166) Realencycl. d. Alt. 3. 1097. Jacobi's Handwörterb. d. Mythol. 376.

167) Quint. X. 341 —360. Die Stelle kündigt Künftiges an, was der
Dichter nachmals an seinem Orte nicht ausgedichtet hat. Köchly Proleg. XXXII. Die Worte geben die Ursache des Zorns dunkel an: wegen
des Weibes. Wenn damit gemeint ist, weil man sie ihm versagte, dann
hat Quint. schlechter als Tryphiod. 45 verstanden. S. dazu Konon 34.
Diktys 4, 18.

253

242 ff. schon erzählt ward, eignete Lesches das Verdienst auch dieser Entdeckung seinem Helden zu. Arktinos nicht so; da er höchst wahrscheinlich nach der andern Sage den erst später gefangenen Helenos es dem Heere mittheilen liess. Doch Diomedes und Odysseus unternahmen in beiden Berichten das Abenteuer und der Verrath der Antenoriden[168] verhalf hier wie dort zu dem Raube. Der Hergang, durch den die beiden Räuber bei Lesches das verborgene echte, bei Arktinos das unechte, das im Tempel aufgestellte, gewannen, musste ein verschiedener sein.

Nach ihrer Rückkunft werden nach des Odysseus Weisung die Maassregeln auf den nächtlichen Ueberfall genommen; es steigen die Tüchtigsten in bedeutender Zahl in das hölzerne Ross, sowohl die von Homer genannten, als auch noch andere.[169] Man verbrennt die Zelte und das übrige Heer, wohl unter Agamemnons und des alten Nestor Führung, schifft, als sei das ganze Unternehmen aufgegeben, ab, landet aber an der nahen Insel Tenedos. Der Grieche Sinon wird zurückgelassen, ebenfalls nach Odysseus Plan, auf Verstellung und täuschende Angaben gehörig instruirt.[170] Als die Troer beim freudigen Herausströmen auf das verlassene Schlachtfeld das Ross anstaunen, weiss Sinon ihnen die Meinung einzureden, es sei als Sühnegeschenk der erzürnten Athene gebaut, und so hoch, damit es nicht durch das Thor in die Stadt gebracht werden könne. Sie also, wähnend von dem Uebel befreit zu sein, nehmen das hölzerne Ross in die

---

168) Wie Dionys v. Halik. 1. 46. „Nachdem Ilion von den Achäern erobert war, sei es durch den Trug des hölzernen Rosses, wie von Homer erzählt wird, oder durch den Verrath der Antenoriden, oder sonst wie".

169) Bei Homer finden wir nur Neoptolemos, Diomedes, Menelaos und Odysseus genannt, Od. 4, 271—280; 11, 523. Kein älterer Epiker, auch Stesichoros nicht in seiner lyrisch-epischen Zerstörung Troias, hatte sie vollständig noch auch nur in grösserer Anzahl verzeichnet. Athen. 13, 610 C. Die späteren Dichter waren erst beflissen, des Homer „lauter Beste" wenigstens in reicherer Zahl einzeln aufzuführen. Quintus zählt, 12, 314 ff., mit einem „und Andere mehr" 29 auf, meistens die aus der Ilias bekannten Anführer, von Neuem die erst bei Arktinos und Lesches erscheinenden Söhne des Theseus (328 f.) und den Antiklos, den Homer nicht anders nennt als in der interpolirten Doppelform Od. 4, 285 f. S. Philol. 4, 170 f. Andere Verzeichnisse vergleicht Struve de argumento carm. epic. rer. iliac. 11. 25 f.

170) Virgil. Aen. 2, 78, bes. 182 ff. Quint. 12, 243 ff.

Stadt auf, indem sie einen Theil der Mauer wegreissen. (Schon
nach dem Liede des Demodokos, Od. 8, 504., zogen sie das Weihgeschenk, was das Ross nach Sinons schlauer Angabe sein sollte,
zur Burg empor.[171]) Das haben sie in erster Aufregung und wohl
von Athene dazu bethört gethan.

Hier schliesst sich an das muthmasslich Ermittelte, der Theil
an, dessen Inhalt als in den Cyclus aufgenommen aus Proklos
gegeben ist; dies freilich ohne alle Rücksicht auf Beseelung und
poetische Motivirung überhaupt.

Dort auf der Höhe erst erheben sich Zweifel über das Ross.
Der Sache nicht trauend, umstehen es die Troer und berathen,
was zu thun sei. Die Einen stimmen dafür, es den Abhang hin-
abzustürzen, die Andern es zu verbrennen, die aber sagten, als
Heiligthum müsse man es der Athene zum Weihgeschenk aufstellen, und am Ende siegt diese dritte Meinung (wie auch Od.
8, 509 f.). Darauf zur Fröhlichkeit sich wendend, halten sie fest-
liche Schmäuse als befreit vom Kriege. Hier kann man die
Kassandra erwarten, wie sie bei Virgil 2, 245 und Quintus 12,
525. ihre von Niemand anerkannte Mahnung hören lässt. Wenn
nach der ilischen Tafel Nr. 90 sie bei Lesches erschien, hat
doch Arktinos sie wahrscheinlich ebenso wie Homer noch nicht als
begeisterte Seherin gekannt, wenn sie auch in den Kyprien als
solche auftrat; sonst würde der Inhalt sie hier nicht unerwähnt
lassen.[172] Es folgt, als jene dritte Meinung schon vorwaltet, das
Wunderzeichen am Priester Laokoon. Niemand sonst hat nach
Arktinos zum sichersten Mittel, das Innere des Rosses zu erfor-
schen, zur Durchbohrung mit einer Lanze gerathen — Od. 8,

---

171) Weil Odysseus dies angestiftet hat, heisst es Od. 8, 494 vom
Ross, „das vordem zu der Burg durch Betrug hinführte Odysseus".
Las man statt des Ablativ den Accusativ δόλον, im Verse zum Betrug,
wörtlich als Mittel des Betrugs; immer scheint ein Sinon anzunehmen zu
sein, der den schlauen Gedanken bei den Troern geltend machte. Bei
Virgil ereignete sich das Geschick des Laokoon schon früher, noch ausserhalb der Mauern, und das Wunderzeichen wirkt bei den Troern gerade
dazu, dass sie nun das unheilschwangre Ross durch die Mauerlücke in
die Stadt ziehn. Aber wie in Od. 8 dort die Burg zweimal ausdrücklich
genannt ist, besagt der Ausdruck κατακρημνίσαι, den Abhang, von der
Höhe hinabstürzen, für Arktinos dasselbe.

172) Il. 13, 366. 24, 699.

506 — Laokoon ruft dazu auf und thut so; da kommen durchs
Meer von Tenedos oder von dem danebenliegenden Inselchen
Kalydnä (Bacchylides fr. 32) zwei Drachen (von Athene oder
Apollon erregt), und tödten umschlingend ihn und den einen seiner
Söhne. [173] — So wehrten die strafenden Mächte die Entdeckung
der List. — Bei diesem drohenden Zeichen entweicht Aeneas
(wie oben besprochen) nach dem Ida mit dem echten Palladion,
auch seinen Vater rettend. [174] In diesem Zeitpunkt nur hätte
die Scene eintreten können, da Helena, wie Menelaos, Od. 4, 274
bis 279 erzählt, zum Rosse kam und die verborgenen Helden zu
verlocken suchte, sich zu verlautbaren. Aber nur Lesches nahm die
Scene auf (Welcker Cycl. 2, 244 f.), dessen Sinn sie sehr zusagte.

Der verschmitzte Sinon ist schon alsbald in die Stadt eingelassen. Die Troer sind nach ihrem Schmausen und Zechen, wobei wohl ein besonders Kecker über das eitle Unternehmen der
Griechen höhnende Worte gesprochen, erhitzt zur Ruhe gegangen.
In der Nacht, da sie alle im Schlafe liegen, giebt Sinon nach
der Verabredung den Achäern das Zeichen, denen in Tenedos
durch Fackeln, denen im Rosse durch Zuruf; worauf die Herbei-
geschifften und die aus dem Rosse Herausgestiegenen über die
Feinde herfallen und so in der Stadt umher Viele tödtend durch
Gewalt Troia einnehmen. Von einzelnen Scenen sind nur die
bedeutendsten aus Proklos gegeben: Menelaos allein (oder mit
Odysseus?) eilt zum Hause des Deiphobos, überwältigt ihn und
führt die Helena nach freundlichem Wiedersehn zu seinem Schiffe,
Neoptolemos stürmt zum Pallast des Priamos und mordet diesen,

173) Die Geschichte des berühmten Kunstwerks der uns erhaltenen
Gruppe des Laokoon — Plin. 366, 37 — geschichtlich und künstlerisch
besprochen, bes. von Overbeck, Gesch. der Plastik 2, 162—183, zeigt wie
mehre Dichter, auch den andern Sohn in die Verschlingung verflochten,
aber weniger tödtlich. Von griechischen Dichtern hatte nach dem Anzeichen bei Aristot. Poet. 23 a. E., wo sonst Laokoon genannt sein würde,
Lesches diesen nicht, Bacchylides ihn in für uns dunkler Weise erwähnt,
aber Sophokles in seiner Tragödie Laokoon den Gegenstand nach Arktinos vollständiger dargestellt. Mit vielen eigenthümlichen Wendungen
berichtet Quintus 12, 391. 444 u. a. den Hergang.

174) Der fromme Aeneas der virgilischen Aeneide hat diesen Ruhm
schon altersher nach dem Verzeichniss der stehenden Heroencharaktere
bei Xenophon von der Jagd 1, 15 und eben durch jene Rettung des Heilig-
thums und des Vaters hat er dieses Beiwort zuerst gewonnen.

der sich zum Altar des Haus und Hof schützenden Zeus (ἔρχειος) geflüchtet hat. In Betreff des Hauses Hektors bewirkt Odysseus durch die Mahnung: Kindisch ist, wer den Vater erschlug, und die Söhne zurücklässt, den Tod des Astyanax — ob er Hektors Sohn selbst vom Thurme warf, ist nicht zu entscheiden;[175]) die Mutter Andromache führt wohl Neoptolemos ab und erhält sie nachmals als Ehrentheil. Die Söhne des Theseus Demophoon und Akamas finden ihre Grossmutter Aethra (Il. 3, 144) und Agamemnon überlässt sie ihnen.[176]) Auf die Heimkehr hin wirkt ein arger Frevel des lokrischen Aias und dass die Anführer ihn nicht strafen. Die Kassandra hat sich zum Bilde der Athene geflüchtet und umfasst dieses, er reisst sie mit Gewalt sammt dem Bilde von ihrem Schutzort weg. Darüber entrüstet wollen die Griechen den Aias steinigen, das gewöhnliche Volksgericht. Er flüchtet sich zum Altar der Göttin selbst und rettet sich so aus der ihn bedrängenden Gefahr in soweit als die Zürnenden ihn da nicht wegreissen. Dass er aber von den Fürsten nicht bestraft wird, giebt eben der Göttin Ursache dem ganzen Heere zu zürnen. Die Griechen rüsten[177]) sich nun zur Abfahrt, aber Athene bereitet ihnen Verderben auf ihrer Seefahrt. (Dies musste im Gedicht durch Klage bei Zeus und mit seiner Bewilligung geschehn, wie es denn Quintus gar ausführlich angiebt.) In des Arktinos Versen folgte hierauf noch nach der ganz summarischen Inhaltsangabe dieses:[178]) Da (vorher) Odysseus dem Astyanax den Tod bewirkt hat, erhält Neoptolemos die Andromache als Ehrengeschenk, die übrige Beute wird vertheilt.[179]) Demophoon und

175) Welcker Kl. Schrift. 1, 358.

176) S. oben die Lieder von Theseus und die Fehde der Dioskuren gegen Attika.

177) Nicht kann Proklos gesagt haben: schiffen ab, wenn die Folge seiner Sätze die richtige sein soll, sondern etwa, den Abschiffenden bereitet u. s. w. Vgl. Welcker Cycl. II. 185 f.

178) Quintus mit vieler Beimischung 14, 419 ff. Was die Göttin mit Genehmigung des Zeus nun erwirkte, als die wirkliche Abfahrt erfolgen sollte und erfolgte, das gab der Cyclus statt nach Arktinos durch den Anfangstheil der Epopöe des Agias und damit ausführlicher.

179) Ganz irrig Stiehle Philol. 8. 69, „nach Arktinos (s. Exc. aus Prokl.) theilten Neoptolemos und Odysseus nach der Rückkehr von Troia die daselbst gemachte Beute in Griechenland. Weder diese vertheilen, noch irgend sonst Jemand erst in Griechenland.

Akamas nehmen die Aethra mit sich. Darauf zünden sie die Stadt an und schlachten (Neoptolemos nach dem Verlangen des ihm erschienenen Vaters) die Polyxena auf Achills Grabe. Bricht der Inhalt hier ab, so war der Schluss des Gedichts, welches die Wirkung jenes verschuldeten Zorns jedenfalls noch gegeben hat, wahrscheinlich der Sturm bei den kaphareischen Felsen.[180])

So hatte die zweite Epopöe des ernsten Arktinos gleich der Aethiopis einen tragischen Ausgang, die eine den tragischen Tod des Aias, die andere die tragische Heimkehr der Sieger Troias.

23. Die Kleine Ilias des Lesches.

In wesentlich anderem Geist und besonders entgegengesetzter Gemüthsart gestaltete der so viel jüngere Lesches den Stoff der Einnahme Troias. Er mass nach seiner Weltansicht auch solche Ereignisse doch zunächst der Thätigkeit und den Erfolgen ausgezeichneter Menschen bei und hatte am schlauen Odysseus sein eigenstes Wohlgefallen. Er erscheint dabei wie Euripides gegenüber dem Aeschylos ganz vorzüglich gestimmt und geschickt, Leidenschaften zu schildern und überlieferte Motiven in diesem Sinne zu benutzen und umzuformen. Was den hiermit bezeichneten Geist und Sinn an sich trägt, mag hier aus seiner Kleinen Ilias hervorgehoben werden.

Nach jener seiner Weltansicht und seinem Wohlgefallen am listenreichen Odysseus zog er erstens, um diesen zur vollen wirklichen Hauptperson zu gestalten, das Waffengericht zur Darstellung des Untergangs Troias. Um damit seinen Helden um so mehr gleich Eingangs zu verherrlichen, wurde die Entscheidung für den Listenreichen erstlich statt durch Befragung Gefangener mittels einer lebensvollen Scene herbeigeführt. Sie ist uns zum Theil in ihren Versen erhalten, da auf Nestors Rath Horcher unter die Mauern der Stadt geschickt werden. Von Athene angeregt lassen da zwei Jungfraun ihre verschiedene Meinung über Odysseus und Aias hören. Die Eine macht für Aias geltend:

180) Die Nosten erzählten dies ebenfalls, und der epische Cyclus gab es allein aus diesen. Aber er theilte, wie er Jedes nur einmal enthielt, hier die Erzählung von dem Verfahren der erzürnten Athene in der Art, dass die vorbereitende Maasregel in den Versen des Arktinos, die Ausführung in denen des Agias erfolgte.

Aias ja hob auf und entriss aus des Kampfes Gedränge
Ihn den Peleiden und nicht vermocht' es der edle Odysseus.

Die Andere widersprach durch Athene's Vorsorge:
Wie doch soll ich erwidern, wie sprachst du so wider die Ordnung
Unwahr!

und:

Auch wohl ein Weib mag tragen die Last, wenn ein Mann sie ihr auflegt,
Doch nicht kämpfen im Streit.

Hierzu neuerte Lesches das Andere; er mochte seinen Odysseus nicht heben ohne den Aias als verächtlich und verachtet darzustellen: statt im edlen Groll erschien er im Wahnsinn, mordete wüthend die Heerden der Achäer und tödtete dann sich selbst. Darauf wurde seine Leiche auf Geheiss des Agamemnon aus Zorn nicht nach der Gewohnheit verbrannt, sondern so blos in einer Todtenkiste, einem Sarge begraben. — Das aus Zorn bezeichnet deutlich dies als minder ehrenvolle Bestattung.[181])

Nach diesem Eingange machte Lesches den zur Hauptperson geschmückten Sieger sofort durch den schlau vollzogenen Fang des Helenos (Soph. Phil. 606. bei Nacht ausgehend, er allein) zum Entdecker der Schicksalsbestimmungen, welche die Erfordernisse zur Eroberung von Seiten der Griechen angaben. Vor dem Fürstenrath vereinbarte er mit Diomedes die Ausführung der beiden Weisungen des Sehers. Nachdem zunächst Philoktet mit seinem Bogen durch Diomedes herbeigeholt und Paris gefallen ist, misshandelt in dieser Erzählung Menelaos die Leiche. Da die Sitte, die Leichen auszuliefern in dieses Dichters Zeit bereits zur Geltung gekommen, dürfte dies als eine leidenschaftliche Wildheit zu deuten sein, die dem Charakter des Menelaos eigentlich fremd, dem Räuber Paris gegenüber noch am ersten denkbar war.

Lesches hat den Odysseus zu dem Orakel von Herakles Waffe auch das jüngere von den Waffen des Achill vernehmen lassen — wie für sich entstandene Sagen nachmals mehrfach von Dich-

181) Der neben der Verbrennung übliche Brauch kann also hier nicht in Betracht kommen, noch dass das Wort σορός auch die Aschenurne bedeutete, gerade wie im Epos Il. 23, 91. Bei Soph. Ai. 1165 ist κάπετος nur die Grube, die der Chor schnell zu bereiten räth, und auch das. 1403 das Graben derselben nur Vorbereitung der wirklichen Bestattung, welche in diesem Drama nicht selbst erfolgt, sondern nur in sicherer Erwartung vorhanden ist.

ter zusammengereiht wurden — und mit willigster Beflissen-
heit hat Odysseus selbst dieses andere zur Geltung gebracht.
Von der geheimsten Bedingung der ·Eroberung, dem Palladion,
hat der Gefangene aber Nichts verrathen. Jenes Geheimniss
musste eben verrathen oder unwillkürlich offenbar werden, und
Lesches mochte seinen Erfindsamen lieber durch eine neue List
sich dessen bemeistern lassen. Die bisherige Sage war, dass
die Kunde vom Palladion den Griechen allerdings von Helenos
her bekannt geworden war, aber indem dieser in ganz anderer
Weise und erst nach dem Tode des Paris mit den Belagerern in
Verkehr gekommen. Sie war durch die Umdichtung in den schon
früheren Fang des troischen Sehers für Lesches ganz unbrauchbar geworden. Nachdem des Herakles Bogen und die Lanze
des Achill das Ihre geleistet haben, erfolgte in natürlichster
Weise die völlige Einschliessung der Stadt. Sie brachte schon
nach allgemeiner Ueberlieferung dem Odysseus den mächtigsten
Reiz zur Erfindsamkeit. Durch seine Listen und seiner olympischen Freundin eigenste Mitwirkung hiess Troia erobert, er
vorzugsweise der Eroberer (Od. 22, 230. 1, 2). Die unpoetische
Inhaltsangabe der Kleinen Ilias besagt nach: „Die Troer werden belagert" nur: „und Epeios bereitet nach Athene's Aufgabe das hölzerne Ross, Odysseus aber kommt als Kundschafter nach Ilion". —
Dem Epeios musste freilich eben die Göttin seine Geschicklichkeit verleihn, aber dem Odysseus selbst wird dieser Dichter vermuthlich die Erfindung des ganzen Plans zugetheilt haben. Das
Verhältniss zwischen dem Vermögen des Menschengeistes und
dem göttlichen Einfluss artet sich überhaupt wohl als eine eben
nur potenzirte Menschenkraft, dies nach dem Grade des Genies
mehr oder weniger z. B. beim Dichter; [182]) doch in Fällen wie
dem Verhältniss des Odysseus zur Athene steigert es sich mehr
zum Wohlgefallen des Gottes an dem Menschen als zum Beistande, ja zur lebhaftesten Anerkennung des gleichen Wesens. [183])

182) Pind. Ol. 7, 7. nennt sein Lied in Einem Zuge Gabe der Musen
und des Geistes süsse Frucht, indem der einmal begabte Geist diese bringt.
— Der sechsjährige Achill wird Nem. 3, 43 == 75 ff. von Athene und Artemis bewundert.
183) Athene Od. 13, 291 ff. 330 ff. Daher die Vertraulichkeit der Athene
mit Odysseus, der nur die zwischen Aphrodite und Helena gleicht, Il. 3, 405 ff.
— Odysseus giebt den ganzen Plan an bei Quint. 25 — 45. 224—252.

Lesches also benutzte eifrig, was nur immer von Odysseus damaligen Listen und Schlichen erzählt war. So jenen Gang in die Stadt nach Od. 4, 244 ff., da er verkleidet nur von Helena erkannt wird, ihr den Plan der Achäer mittheilt und mit ihr — nach dem Proklos — über die Einnahme der Stadt Verabredung trifft. Dadurch wurde dieser Spähergang zum integrirenden Theil der Handlung, blieb nicht Episode.[184]

Diesem Gange folgte bei Lesches der andere mit Diomedes nach dem Palladion, von dem die Zeit vor Arktinos noch nicht gewusst hatte. Von der poetisch lebendigen Erzählung dieses Abenteuers, welches Proklos in dürren Worten bezeugt, ist durch bedachtsame Ausdeutung combinirter Zeugnisse jedenfalls Einiges ermittelt. Es steht fest, dass wie die Verhandlung mit Helena just vorher stattgefunden bei Lesches, das verborgene Palladion nach Weisung dieser selben und durch Verrath der Priesterin Theano, auch wohl ihres Gatten Antenor, erlangt ward. So hatte dieser Epiker dem Odysseus das Verdienst auch dieser Entdeckung und Lösung zugewandt. Aus den Zeugnissen vom Sprichwort **diomedischer Zwang** (Hesych. u. A.) lässt sich dazu erkennen, dass hier Diomedes sich das Hauptverdienst anzueignen suchte, Odysseus aber diese Absicht nicht ohne Gott vereitelte.[185]

Jetzt folgte das Einsteigen in das Ross, die verstellte Abfahrt, des Sinon verschmitzte Rolle. Nach Fr. 11 und den Bildern 96—98 der ilischen Tafel zusammen mit Proklos wurde Sinon gemisshandelt, aber das Ross liess Priamos feierlich voranschreitend durch die auf sein Geheiss niedergerissene Mauer zur Stadt und Burg ziehn.[186] Darnach entnahm Lesches, was das

---

184) Daher von Aristoteles als Stoff einer Tragödie aufgezählt. Poet. 23, 4. πτωχεία, worüber Schoemann de Aristot. censura carm. epic. p. 16.

185) Welcker Cycl. II, 241—243. Bergk Rhein. Mus. von 1836 4. 224 f. Nach der Stelle in der Reihe der Kleinen Ilias gebildeten Tragödien bei Aristot. Poet. 23 a. E. waren die Lakänen des Sophokles, deren Name auf Helena's Dienerinnen und sie selbst hinweist, eine Darstellung vom Raube des Palladion. Der Vers: „Durch enges Gewölbe drangen wir nicht ohne Schmutz" malt den Weg der beiden Räuber.

186) Welcker a. a. O. in Beziehung auf die Darstellung der ilischen Tafel: „Priamos, als der Anführer des Zuges, schreitet mit Würde und

Schol. zu Od. 4, 285. bestätigt, von den älteren Erzählern eine Scene, und dies um so eifriger, als ihm an der ihr einwohnenden Absicht lag, den Odysseus als den Retter aus der grossen Gefahr zu zeichnen. Wahrscheinlich gab er die Aphrodite als die an, welche die Helena verlockte; aber für die ganze Schilderung mit Helena's gefährlichem Leichtsinn und echt weiblicher Schauspielerkunst war seine Muse in hohem Grade geschickt.[187]) In mondheller Mitternacht (Fr. 11.) gab Sinon das Feuerzeichen, und es begann zunächst der Nachtkampf.[188]) Nur eben einzelne Scenen dieses Kampfes, nicht mehr fortgehende Inhaltsangaben sind uns überliefert,[189]) aber deren mehre als aus Arktinos.

Die für die Parteien des Kriegs und dessen Entscheidung namhaftesten Personen, treten genügend ins Licht; es sind auf griechischer Seite Menelaos, Odysseus, Neoptolemos, auf troischer Deiphobos mit seiner jetzigen Gattin Helena, die Antenoriden, Priamos, Astyanax und seine Mutter.[190]) Menelaos, ganz besonders im Sinne des affectvollen Dichters dargestellt, dringt mit Odysseus zum Hause des Deiphobos, erstürmt es, und erlegt diesen. Das Schwert in der Hand sucht er darauf und findet Helena;

triumphirender Haltung der Arme voran. Fröhlichkeit drückt der tanzende Schritt des Mannes aus, der unmittelbar an dem Ross den Strick fasst, und die Gruppe zwischen der ziehenden Menge und Priamos u. s. w." Ueber andere Kunstbilder vgl. Overbeck, Gall. S. 610 ff.

187) Die in die Odyssee eingeschobene Doppelform ist nicht blos wegen des Antiklos unecht, sondern auch weil der Diaskeuast in Uebertreibung dem Odysseus eine doppelte Hemmung beilegte. Die Einfügung geschah mit Umbildung S. Stoll Phil. 4, 170 f. Die Vertheidigung Welckers 2, 254 f. thut zu viel.

188) Paus. 10, 26, 8.

189) Die Citate grösstentheils bei Pausanias in der Erklärung der von Polygnot gemalten Zerstörung Troias und Abfahrt der Griechen, 10, 25, 26 und 27, indem dieser Maler vorzugsweise die Kleine Ilias befolgt hatte. S. Welcker Cycl. II, 245—250 und desselben: Die Composition der polygnotischen Gemälde in der Lesche zu Delphi. Berl. 48. S. 32 f. „Pausanias hat richtig wahrgenommen, dass Polygnot zur besondern Quelle die Kleine Ilias des Lesches gehabt habe". Die Fragm. Welcker Cycl. II. 532 bis 540.

190) Wie der Scholiast zu Aristoph. Lysistr. 155 bezeugt, war Lesches der Erfinder dieses von alter Poesie und Plastik mehrfach nachgebildeten Moments. Welcker S. 245. Die Kunstbilder theilen sich nach des Arktinos und des Lesches Darstellung. Vgl. Overbecks Gallerie S. 626 f.

doch beim Anblick ihres entblössten Busens lässt er das Schwert
fallen (Fr. 16.). In Vorsorge für die Familie des Gast- und
Griechenfreundes Antenor ward über seiner Thür ein Sicherungs-
zeichen aufgehängt (ein Pardelfell, auch nach Sophokles). Im
nächtlichen Kampfe ward Antenor's Sohn Helikaon verwundet,
doch Odysseus erkannte ihn und führte ihn aus dem Getümmel;
auch dessen Gattin Laodike, Tochter des Priamos (Il. 3, 123 f.),
blieb frei (Paus. 26. 7 und 8). Odysseus erlitt eine Verwundung
durch Thoas (Fr. 8.) und erlegte den Leokritos. Neoptolemos, nicht
blos gewaltig wie bei Arktinos, sondern einzig im Rachegefühl
dahinfahrend, tödtete erstens den Priamos nicht auf den Stufen des
Altars, sondern von da weggerissen, that er ihn im Thor des eigenen
Hauses kurz ab (Fr. 15. P. 27, 2), und den Astyanax riss er aus
den Armen der Amme (Il. 6, 399f. 467), ihn am Fusse packend,
und schleuderte ihn vom Thurme hinab (Fr. 19 und 18 die eigenen Verse), also ganz nach eigenem Triebe. Von andern Troern erlagen ihm Astynoos, ob dieser ihn gleich fussfällig um sein
Leben anflehete (P. 26, 4), dann Eioneus (27, 1) und Agenor
(27, 2. Il. 11, 59 und A.). Wohl mag die Epopöe ihm dergleichen noch mehr beigelegt haben, doch er erweist sich schon
nach jenen uns kundbaren Beispielen als der furchtbarste Held.
Aber Lesches theilte ihm doch nur das zu, was er unmittelbar
und in seinem Rachegefühl thut. In diesem Sinne hat ihn gleich
nach seiner Ankunft der erscheinende Geist seines Vaters geweiht,
und demgemäss hat unstreitig derselbe Geist des Achill dem Sohn
vor der Abfahrt aufgetragen, das Opfer der Polyxena zu erwirken,
und hat es dieser selbst ausgeführt.[191] Lesches versäumte dabei
nicht auch andere Helden in der Nachtschlacht sich bewähren
zu lassen. Von der Hand des Diomedes, nicht des Neoptolemos,
wie es sonst lautete, fiel Koröbos, der spätere Bräutigam der
Kassandra,[192] von der des Philoktetes Admet, von Eurypylos, Sohn
des Eumäon, Axion, Sohn des Priamos (P. 27, 2). Auch dies sind
nur einzelne Beispiele, so wie auch Verwundungen griechischer
Helden nicht fehlen, wie die des Meges durch einen Admet, des
Lykomedes (Il. 9, 84. 12, 366 u. a.) durch Agenor (P. 25, 5

191) Welcker II. 247, 269f. und Overbeck, Gall. S. 662f.
192) Der frühere, Othryoneus, war dem Idomeneus erlegen. Il. 13,
362—373. Koröbos bei Paus. 10, 27, 1 a. E.

und 6.), des Euryalos, Sohn des Mekisteus (Il. 23, 677 f.), durch
einen Ungenannten. Die Composition des polygnotischen Gemäldes brachte eben nur diese Bilder. Wie viel Mannigfaltigkeit die
nicht unlebendige Darstellung dieses Dichters überhaupt in seine
Schilderung gebracht, können wir nicht weiter nachweisen. Einige
Beispiele aus den Verwundungen gab das Gemälde ausdrücklich
nach Lesches, die des Meges am Arme, mehre des Lykomedes, am
Handgelenk, am Fussknöchel, am Kopfe, des Euryalos am Kopfe
und Handgelenk (25, 5 und 6). Und über diese Eigenschaft
lebendiger Darstellung enthält jenes Urtheil des Aristoteles hinsichtlich mangeluder Einheitlichkeit eben Nichts.

Bei diesem Allen ist vielmehr des Lesches Eigenthümlichkeit
darin wahrzunehmen, dass alle diese Thaten und namentlich auch
die des Neoptolemos immer in Ausführung des von Odysseus
vorgezeichneten Planes geschehen. Daneben gestaltet aber der
Dichter die überlieferten Züge sowohl umständlicher als auch
verdienstlich für Odysseus.

Dies ist bei Darstellung des vom lokrischen Aias verübten
Frevels an Athene besonders sichtlich. Hier ward zwar wie bei
Arktinos die Kassandra von Aias, wie sie das Bild der Göttin umfasste, mit diesem also aus der Bittstelle hinweggerissen. Jedoch
dort wollten die Griechen ihn steinigen, er aber ward durch die
Scheu vor der heiligen Stätte vor der Strafe geschützt, da er zum
Altar der verletzten Göttin selbst flüchtete. Hier dagegen, wo
auch die Kassandra wohl als begeisterte Seherin zu um so mehr
zu scheuender Würde erhoben erschien, ward er auf Betrieb des
Odysseus vor ein Gericht gestellt, entging aber diesem durch
einen Meineid. [193]

Von der Vertheilung der Gefangenen und schonenden Behandlung Einzelner vor der Abfahrt ergiebt sich einfach oder
muthmaasslich Folgendes: Die Andromache wurde auch hier dem
Neoptolemos; derselbe nahm in Güte den Aeneas [194] und wohl
auch den Helenos mit; von der Aethra lautete die Erzählung mo-
tivirter: Sie, die Sklavin der Helena, kam aus der überfallenen

---

193) So im Gemälde des Polygnot Paus. 10, 26, 3 und bei Sophokles
im Lokr. Aias S. 105. Nauck, gewiss nach Lesches. Welcker II. 268.

194) Fr. 18. Die Gattin statt Kreusa von Lesches und Stasinos Eurydike genannt, wohl ebenso. Fr. 20.

Stadt in das Lager und wurde von Demophoon und Akamas erkannt; aber wenn es doch nur natürlich war, dass man sie diesen Enkeln ohne Weiteres schenkte, bedurfte es bei Lesches
einer Bitte bei Agamemnon, und dieser gewährte sie erst, nachdem ein an Helena gesandter Herold deren Einwilligung gemel-
det hatte (P. 10, 25, 8). Die Kassandra folgte nach alter und
bleibender Sagengestalt dem Agamemnon (Od. 11, 421. Pind P.
11, 19f. Aesch. Agam. 994—1280. Eur. Tr. 44. 249. und
El. 1032. Horaz Od. 2, 4.). Die schmerzenreiche Mutter Hekabe,
welche nach keiner Sage irgend in Griechenland erscheint, mag
Lesches, nachdem sie dem Odysseus (Eur. Tro. 277. 1271. 1283.)
zugetheilt war, durch das überfüllte Maass des Schmerzes und
Zornes aus dem Leben haben scheiden lassen; Polygnot hatte sie
unter den Gefangenen nicht erscheinen lassen, indem sie nach des
Pausanias Angabe von Apollon nach Lykien entrückt war.[195] Von
den andern Sagen über ihr Ende mag Lesches mit seiner Stimmung
zu erregter Darstellung wohl die gegeben haben, welche in einer,
dem Alkman nach aller Wahrscheinlichkeit zugeschriebenen Stelle
voll Leben erscheint.[196]

Dass die Kleine Ilias die Abfahrt erzählte, ist von selbst anzunehmen, aber auch durch Aristoteles Poet. 23 a. E. in dem Titel
Abfahrt bezeugt.[197] Es war nach dem Obigen das Opfer der

---

195) So Stesichoros bei Paus. 10, 27, 2. in seiner Poesie, Troias
Zerstörung, bei Bergk Fr. 19. p. 745.

196) Welcker Rh. Mus. v. 1833. 1. 430 f. Cycl. II. 249. „Es ist aber
auch möglich, dass Lesches schon die Localsage vom Kynossema aufgenommen hatte. Denn aus Alkman, der viel aus dem nachhomerischen Epos
geschöpft hat — vor Andern hierzu bezüglich Fr. 31. Δύςπαρις u. s. w.
— scheint ein Bruchstück zu sein, wonach die Erinyen Hekabe nach allem
unerträglichen Leid in eine bellende Hündin verwandelten, was auch Euripides in die Hekabe zog (1265)". Die Localsage bei Strabo 13. 595. 28.
und 7. 431. 56.*) Doch die Poesie hatte die Verwandlung, ehe die Localsage aus ihr die Benennung nahm. Lesches zog nicht wie Agias Local-
sagen herbei. — Euripides zeigt die Hekabe in der Tragödie als Sclavin
des Odysseus, dann wird ihr die Verwandlung prophezeit. Von Odysseus,
den sie durch ihre Verwünschungen erzürnt hatte, ward sie getödtet und
begraben, nach dem vor den Buttm. Scholien stehenden Inhalt; nach Diktys stürzte sie sich ins Meer.

197) Welcker Gr. Tr. 178 und über die ganze Stelle des Aristot. das.
1148 Anm.

*) Hierbei ein Fragezeichen des Verfassers. D. H.

Polyxena durch Neoptolemos zunächst vorhergegangen, welches
jener Titel umschloss; und da dieses hier wie bei Arktinos erfolgt war, mag auch die Erscheinung des Achill in ähnlicher
Weise, wie aus des Agias Nosten angegeben ist, dem Agamemnon
warnend das ihm Bevorstehende angedeutet haben. Es erfolgte
die wiederholte Erscheinung zur dankbaren Anerkennung des
Opfers, und, was als Gesetz der Epopöe gelten durfte, es weisen
eben nur Prophezeihungen über den Verlauf der erzählten Handlung hinaus. So in des Arktinos Gedicht von der Zerstörung und
so in dem des Lesches, in der homerischen Ilias des sterbenden
Hektor Prophezeihung, so 22, 359 f. vom Tode des Achill, in der
Odyssee die des Proteus und Teiresias.[195]) Es erzählten andere
Epopöen die Erfüllung dieser Voraussagungen. Die Aethiopis
den Tod Achills, die Nosten den des Agamemnon u. s. w.;
allein diese wurden immer nach eigener Wahl des Stoffes aus
eigener Absicht und ihrer Zeit gedichtet. Die Dichter der Prophezeihungen bezogen sich durchaus nicht auf sie. Der epische
Mensch hat auch eine Zukunft und einen Glauben an Vorhersagung, und sein Erzähler konnte dabei den Hörer vielleicht an die
Sage oder an Lieder, welche die Erfüllung angaben, erinnern; ihm
aber diente jenes Künftige nur zur Beseelung seiner Personen.

Mehr des Einzelnen kann auch muthmaassliche Combination
vom Ausgang der Kleinen Ilias nicht ermitteln. Wir fragen namentlich, wie Lesches den Odysseus gestellt habe, der vor Troia am
längsten bei Agamemnon blieb (Od. 3, 262—264), dann aber nach
Agias von dem zu Lande heimziehenden Neoptolemos in Maroneia d. h. bei den Kikonen (Od. 9, 39 f. m. Anm.) gesehn wurde,
der also nach dem Abschied von Agamemnon seinen eigenen
Weg fuhr, alsbald aber verschlagen auf seine Irren gerieth.

Die Poesie des Lesches hat nun den Anschein, als müsse
sie durch die Neuerungen, durch welche sie den Odysseus als

---

198) In dem jetzigen Text der Odyssee, die des Proteus 4, 561 bis
569 und des Teiresias 11, 119—137, von denen die letztere freilich an sich
unter der Voraussetzung der Unechtheit leicht ausgeschieden werden
könnte, wie Fäsi und Ameis wollen; aber die Aeusserungen des Odysseus
23, 251—286 f. gestatten dies nicht, sowie die Kritiker dieser Meinung
nicht waren, wenn sie die Odyssee als mit 23, V. 296 geschlossen betrach-
teten und in 11 die grosse Interpolation 565—627 erkannten.

Hauptperson voranstellte und schon zunächst vollständiger dazu
gestaltete, eine recht vorzügliche Einheitlichkeit erzielt haben.
Dem ist aber nicht so. Es hat erstlich die Einheit der Person
in diesem Falle ihre Kehrseite. Ihr Prinzip des menschlichen
Verdienstes beeinträchtigte die erhabenere Idee des göttlichen
Waltens und der Vollziehung eines langher drohenden, vorbe-
stimmten Strafgerichts. Aber auch die künstlerische Gestaltung
der folgenden zum Ziel strebenden Momente geht einfacher und
für den nationalgläubigen Hörer befriedigender vor sich, wenn
der durch den griechischen Seher sich offenbarende Schicksalswille
die verschiedenen ihm dienenden Kräfte, eine neben oder nach der
andern, jetzt unmittelbar herbeizieht. So werden bei Arktinos
Odysseus und Diomedes von Kalchas bestellt, nach Weisung der
Schicksalsmacht dem Griechenheer an Neoptolemos und Philoktet
mit ihren Waffen die Werkzeuge zum Siege herbeizurufen. Ebenso
ist Arktinos in einem andern Falle natürlicher. Die Gottheit hatte
nach unserer Annahme die nach Paris Tode wieder angeregte
Auslieferung der Helena in Strafabsicht vereitelt; darnach lässt
er gehöriger und wahrscheinlicher das Geheimniss des troischen
Heilspfandes vom natürlichen Inhaber desselben her entdecken,
dem troischen Helenos, der zu seinem Gott entwichen, nicht
aber wie dort durch den Bund des schlauen Helden mit Helena.
Und im Sinne der alten Sage beginnt jetzt erst des Odysseus
Hauptrolle. Die Göttin der Klugheit, unzweifelhaft in Uebereinn-
stimmung mit Zeus, erwirkt nach der völligen Einschliessung
die Einnahme durch Listen mittels ihres Betrauten und menschlichen Ebenbildes oder fördert ebenso das Gelingen. Neben
dem Odysseus als dem Hauptbeweger verbleibt den Tapfersten
ihr Antheil.[199]

199) Dieselbe Charakteristik der beiden Dichter ist Sagenpoesie 366
bis 369 so gegeben: „Arktinos und Lesches verhalten sich wie Aeschylos
und Euripides, jener tiefernsten Geistes, dieser Maler der Leidenschaft
und Andichter derselben, wo die frühere Darstellung sie nicht hatte,
jener mit dem Blick auf die Geschicke der Götter, Verehrer der alten
achilleisch tüchtigen Heldenkraft in Neoptolemos, dieser ganz für den
schlauen Odysseus, und wie den Aias schändend, so den Neoptolemos
wilder darstellend, als er bei Arktinos erschienen war. Leidenschaftliche Erregung und Freude an Schlauheiten sind die Musen dieses bildnerischen Geistes. Diese Leidenschaft erniedrigt den Aias, dieselbe überträgt

Die erhabenere Idee ward demnach von Arktinos besser gewahrt, so wie er zur inhumanen Darstellung des von der Sage
überlieferten tragischen Aias gar keinen Grund hatte. Dagegen
zeigt die obige Charakteristik des jüngeren Dichters bei ihm
ebenso deutlich Leidenschaftlichkeit und Talent für bewegte
Handlung vollkommen deutlich. Wir begreifen wiederum Beides,
die Anerkennung sowohl als den Tadel seines Gedichts, jene
beim hörenden Volk, diesen beim Aristoteles, neben einander
recht wohl, und sind im Stande, uns dieselben aus einer und
derselben Darstellungsweise zu erklären. Eine solche Erregtheit gerade ist erfinderisch zur bewegten Schilderung und erscheint angethan und gleich von vornherein thätig dramatisches
Leben da hinein zu bringen, wo es vorher nicht war. Sie ist
aber auch viel weniger versucht, eine vieltheilige Handlung
(Aristoteles) d. h. eine Reihe nach einander hervortretender Personen je mit eigenen Gemüthsverfassungen und Umständen zum
merkbaren Fortschritt der Haupthandlung dem Grundmotiv unter-
zuordnen. Im Gegentheil sucht sie eine solche Reihe von Handelnden zu einem Wechsel lebensvoller Einzelbilder auszuprägen,
welche durch den Reiz lebendiger Anschaulichkeit und durch
Mannigfaltigkeit vergnügen. Dieser Reiz und jener des dramatischen Lebens empfahl die Kleine Ilias zuerst den darstellenden
Rhapsoden zum Vortrag und zwar dem gewöhnlicheren einzelner
Particeen.

Dass diese Epopöe viel umher rhapsodirt worden, bezeugen
uns ja die vielerlei Angaben über ihre Verfasser, wie die nicht seltenen Kunstbilder,[200] welche verbreitete Bekanntschaft voraussetzen;
wenn die Nachbildungen der Tragiker auch in Folge der Lesung
geschehn sein mögen. Aristoteles mochte mit vollem Recht aus den
zahlreichen Tragödien, zu denen die Kleine Ilias in obiger Weise
die mannigfachen Situationen gab, sich das tadelnde Urtheil bil-

---

den Mord des Astyanax von Odysseus (seinem Rath) auf den Neoptolemos
(in rascher That), — sie erfand jene Scene, da der schöne Busen der
Helena den zornentbrannten Menelaos entwaffnet". — S. weiter, wo das
Obige folgt.

200) S. Buch 2 Anm. 107 mit dem dortigen Text. Die Kunstbilder
in Overbecks Gallerie heroischer Bildwerke, bes. von S. 626—655 Helenas
Wiedergewinnung, Demophoon und Akamas mit Aethra, Aias und Kassandra.

den, dass ihr die Einheitlichkeit mangele (Poet. 23. a. E.), nur
wird diese, wie in unserer Zeit Goethe rügte, von der Menge
nicht geschätzt, die das Ganze doch zerpflückt. Damals aber
wurden die Hörer gerade durch jene Mannigfaltigkeit und das
dramatische Leben angezogen.

24. Charakter des Vortrags. Das Dramatische.

Den Reiz des dramatischen Lebens kann ein solches Gedicht
gar wohl an sich tragen, diesen hat Aristoteles der Kleinen Ilias
auch weder dort noch in der andern Stelle abgesprochen —
Poet. 24., 7. — wenn man sein Urtheil als wirklich von ihm
gefällt, als ein besonnenes versteht und ausdeutet. Er sagt hier
„Homer wie in Vielen preiswürdig, habe auch unter den Epikern
allein recht verstanden, dass der Dichter nur ganz wenig in
eigener Person sagen dürfe, sondern darstellen d. h. in dramatische Handlung setzen müsse; daher führe er alsbald einen
Charakter auf, und gebe nichts Uncharakterisirtes. Die Andern
debütirten gemeinhin selbst, und stellten nur Weniges und in
seltenen Stellen dar". Dieser so summarische Ausspruch über-
geht ebenso wie jener über die Einheitlichkeit alle speziellere
Vergleichung, mithin alle Ausnahmen und annähernden Ab-
stufungen. Aber Aristoteles und jeder irgend Kundige musste
alle die mehren in jeder Epopöe vorkommenden Handlungen
und Lagen ganz ausser der Rechnung lassen, welche sich von
einem Dichter gar nicht anders gegeben denken lassen, als durch
sprechende Personen, man müsste denn ihm alles Talent selbst
absprechen.

Jede Musterung der Sagenstoffe oder der Inhalte des Proklos gemahnt an eine Reihe solcher Akte, welche blos als geschehn zu berichten, ohne sie durch Worte zu beseelen, auch
dem mässigsten Dichter kaum in den Sinn kommen konnte. Es
begegnen uns da die nach den Stoffen und dem Gange der Begebenheiten verschiedenen und selteneren oder häufigeren, aber
doch in keiner Epopöe fehlenden Anlässe zu Botschaften vor und
während der Kriege nach Theben oder Troia, um Genugthuung oder um der einen oder der andern Kriegspartei neue Gehilfen herbeizurufen, wie in beiden Gedichten von Troias Zerstörung die nach Skyros um Neoptolemos, nach Lemnos um

Philoktet, nach Mysien um Eurypylos. Ferner gab es natürlich Gebete oder besondere Bitten an Zeus in der Aethiopis, den Kyprien, der Thebais um Unsterblichkeit gefallener Helden, Verkündigungen und Mahnungen der Seher Kalchas, Helenos, Kassandra, Amphiaraos, dieses durch die ganze Thebais. Die besonderen Ereignisse brachten aber auch Fälle von Parteiung und Streitigkeiten, wie der Prozess um Achills Waffen bei Arktinos und Lesches, die Bewegung nach des Thersites Todtschlag in der Aethiopis, des Amphiaraos Abmahnung vom Kriegszuge und die bestochene Eriphyle in der Thebais, der Streit der Atreiden zu Anfang der Nosten, der zwischen dem verletzten Achill und Agamemnon in den Kyprien. Hierzu kommen endlich auch mehrfach Verhandlungen, Verabredungen, kurz Zwiegespräche zwischen Einzelnen. Und nimmer doch werden die Gemüther in ihrer Freude über die Ankunft der ersehnten Gehilfen oder vollends über den geglaubten Abzug der Feinde von diesen Epikern nur durch starke Prädicate oder etwa Gleichnisse charakterisirt worden sein.

Solche Anlässe lagen also mehr oder weniger schon in den überlieferten Sagengestalten, doch sehn wir in den Darstellungen desselben Stoffs zwischen Arktinos und Lesches diese Anlässe gemehrt, dramatische Scenen von dem Letztern gebildet, wo sie bei Arktinos nicht vorgingen. Ueberhaupt fand sich in der Kleinen Ilias des Lesches des Dramatischen nicht wenig, wie folgende Uebersicht zeigt:

Nicht blos dass von einem Epiker, der gleich die erste Scene, den Waffenstreit, ausser den nothwendigen Reden der Streitenden, durch das Gespräch der Jungfrauen so lebendig dramatisirte, die Voraussetzung eines häufigern Gebrauchs derselben Form gilt, es begegnen uns folgende Fälle: die Befragung des Helenos, die beiden Sendungen zur Berufung des Philoktet und Neoptolemos, des Odysseus Spähergang und Verhandlung mit Helena, der auch kaum ohne Gespräch zu denkende Raub des Palladion mit Hilfe der Antenoriden, die Scene da Helena das Ross umgeht, des Sinon Rolle vor den Troern, der Troer Jubel über die vermeintliche Abfahrt, ihre Berathung über das Ross und des Priamos Anordnung. Im Nachtkampfe Aehnliches: Odysseus erkennt den Antenoriden Helikaon und rettet ihn aus dem

Getümmel, Astynoos fleht um sein Leben, die Theseussöhne, von der Aethra aufgesucht, bitten um sie bei Agamemnon, Menelaos tritt, nachdem er den Deiphobos bewältigt hat der Helena mit dem Schwerte entgegen, doch es entfällt ihm — doch wohl keine stumme Scene —, es wird über des Aias Frevel Gericht gehalten und er muss schwören, Neoptolemos — auch sonst wohl ein nicht wortloser Haudegen — wird vom erscheinenden Geist des Achill beauftragt und verlangt das Opfer der Polyxena, und Achill bei zweiter Erscheinung warnt den Agamemnon. Kaum irgend eines dieser Ereignisse möchte anders als dramatisch erzählt gewesen sein. Noch weniger des Odysseus Anordnung der Listen, Berichte aus Troia, Vereinbarung mit Diomedes u. s. w. Auch Nestor wird nicht blos in der ersten Scene einen Rath gegeben, noch Lesches dessen Mahnungen ganz in eigener Person berichtet haben.

Diese theils bezeugten, theils so wahrscheinlichen Beispiele bestätigten die obige Angabe, dass Lesches dem Homer an dramatischem Leben am ähnlichsten gewesen sei. Aristoteles hat diese stärkste Ausnahme von seinem allgemeinen Tadel nicht beachtet, und ebenso wenig dem Dichter der Kypria die auch dramatische Belebung zu Gute gerechnet, die uns in mehren Citaten augenscheinlich vorliegt und über diese hinaus seiner ganzen Poesie zuzutrauen ist.[201]) Die Ausnahmen von seinen Rügen und die Annäherungen an Homer in einzelnen Eigenschaften gingen den Aristoteles Nichts an, wie gesagt. Seiner Theorie war es auch bei dem Lobe der dramatischen Darstellung nur um die Betonung des Vorzugs zu thun, durch welchen Homer vor allen andern Epikern hervorleuchtete. Daher das nur allgemeine Urtheil über diese andern, und gerade in diesem nach Aristoteles Begriff von poetischer Darstellung wesentlichsten Punkte.[202])

---

201) Fr. 10. des Nestor Gespräch mit Menelaos, Fr. 14 Agamemnons Verwunderung über Achills Verletztheit, Fr. 22 ein Wort des Paris nach Welcker II. 211, dessen Darlegung des ganzen Inhalts der Kyprien, die mehren Anlässe zu Reden bemerklich macht, von S. 85 an.

202) Wie er die Lehre von Platon überkommen hatte; Mimesis, Nachahmung, ist das Werk des Dichters. Ar. Poet. 3, 2. Platon Staat III. 392 D. und 393 AB.: „er legte Alles so an, dass wir glauben sollen, nicht Homer sei der Sprechende, sondern der Priester; und ohngefähr auf dieselbe Weise hat er nun auch die ganze übrige Erzählung von den Begebenheiten

Wie schon Poet. 4, 9 oder 12 Homer belobt wird, weil er nicht überhaupt nur gut, sondern gerade dramatische Nachahmungen gedichtet, so wird in der vorhin angeführten Stelle 24, 7 oder 25, 1. in dieser Nachahmung, dieser dramatischen Darstellung das Hauptwerk und Wesen der Poesie gefunden. Hierbei sah Aristoteles wohl, wie in Homers Poesieen die dramatische Darstellung durchgehends mit Erzählung des Dichters wechselte und wechseln musste (Poet. 3, 1.) Es kam aber auf das Bemühn und Geschick an, bei Handlungen und Zuständen, welche nicht schon an sich mit Reden stattfanden, das Interesse auf einzelne Personen zu concentriren und aus den betheiligten Vielen, Einzelne mit ihrem besondern Charakter und ihrer Empfindung des Moments auftreten und laut werden zu lassen — die Schlachtgemälde zu Einzelkämpfen zu gestalten. Auf diese Weise ward die Epopöe in ihren einzelnen Partieen beseelt, so dass kein Theil uncharakterisirt blieb. Die sprechenden Charaktere machten die homerische Poesie zur charaktervollen, indem die Ausprägung der Charaktere und die dramatische Darstellungsweise fast Eins sind, Eins das Andere bedingt, und beide in einander wirken.[203]) Obwohl das Charakterisiren keineswegs nur durch beigelegte Rede geschah, der rechte Dichter und eben Homer that es bei dem seltenen Gebrauch der Beschreibung in eigener Person mittels der Handlung selbst, und durch aus ihr hervorgehende Worte.

So ist die Charakter- und Seelenmalerei ; und individuelle Zeichnung überhaupt ein Titel poetischer Kraft und Wesenheit, an dem die Griechen selbst ihrer Dichter Trefflichkeit und zugleich Aehnlichkeit mit Homer messen. In diesem Sinne heisst es von dem Stesichoros, in ihm habe Homers Seele gewohnt. So auch erklärte ein Anderer, einzig Sophokles sei ein Schüler Homers, und nannte Polemon Homer den epischen Sophokles, Sophokles den tragischen Homer.[204]) So sollten wir also ge-

---

in Troia sowohl, als in Ithaka und in der ganzen Odyssee eingerichtet. S. Forchhammer de Aristotelis arte poetica ex Platone illustranda Comment. Kiel 1848.

203) Um lebensvoller Charakteristik willen liessen die antiken Geschichtschreiber, Staatsmänner und Feldherren Reden halten.

204) Stesichoros in der Anthol. Palat. 1. 328. Sophokles im Gr. Leben dess. S. Philol. VIII. 733. Mehr Sagenp. 68 f. 504 f.

rade auch in diesem Punkte zu erkennen im Stande sein, wie
sich Arktinos und Lesches und die übrigen Nachfolger zu Homer
verhalten.

Gerade aber hierzu dienen uns die Inhaltsverzeichnisse aus
Proklos, wie sie vollends von Photios noch oft epitomirt erscheinen, kaum irgend einmal. Ist es doch ihr Prinzip, Personen
und Sachen von aller Poesie entkleidet zu geben, so dass nach
ihnen die Poesie der andern zu beurtheilen ein Missgriff und un-
bedachtes Vorurtheil heissen muss. Homers Nachfolger führten
zwar von ihm bekannte Charaktere, vornehmlich Achill, Aias,
Diomedes, Odysseus, Nestor, die Atreiden, Paris und Helena u.
A. vor, theils aber auch neue, Penthesileia, Memnon, Neoptolemos,
Orestes, namentlich auch Palamedes. Wir müssen daher ein
Urtheil über Beides zu gewinnen suchen, ob die einzelnen Dichter bei jenen die homerischen Bilder behalten, bei diesen und
überhaupt die homerische Bilderweise oder eine verschiedene
befolgt haben. Eine Unterscheidung des Arktinos und Lesches
hat sich hinsichtlich der altbekannten schon in dem Obigen ergeben. Schon die Wahl der Stoffe und Hauptpersonen verrieth
die verschiedene Individualität. Arktinos wählte Achill und Neoptolemos, Lesches seinen Odysseus. Aber auch Arktinos hat seinen
Achill nach seiner Weltansicht eigen gestaltet. Achill erscheint
menschlicher in Gefühlen der Penthesileia gegenüber und wenn
im Todtschlag zornmüthig zur Rache für den Freund aufgestachelt
gleich dem der Ilias, doch hier tragischer noch. Neoptolemos
aber nur eben tapfer wie sein Vater, nicht unbarmherzig rasch
wie bei Lesches (Tod des Astyanax). Dem von Lesches so über-
eifrig ausgeschmückten Odysseus beliess Arktinos seinen Charakter und sein Verdienst zur Eroberung ganz der Sage gemäss,
wiederum aber stellten Stasinos und Agias ihm den Palamedes
als Rivalen auf, der ihn bei der Aufforderung zum Heerzug ent-
larvte, und dem er mit Hilfe des Diomedes kurz vor der Zeit
des Zorns den Tod bereitete (Paus. 10, 31, 2.). Daher denn
des Getödteten Vater Nauplios aus Rache bei der Heimkehr die
Schiffe der Achäer durch Fackelschein an die Klippen Euböas
lockt. Von den Erfindungen, welche dem Palamedes mehr und
mehr nachgerühmt wurden, nannte schon Stasinos die Buch-
stabenschrift, die Zahl und deren Gebrauch und das Würfel-

spiel.[205]) Nehmen wir den Aias und den Menelaos in Lesches' Darstellung hinzu, so haben wir die sprechendsten Belege der von diesen
Dichtern beliebten Wandlungen der überlieferten Charaktere. Die
neuen aber, Penthesileia und Memnon, auch Neoptolemos, wie er
des Vaters Waffen empfing, wurden, wie aus den dürftigen Ueber-
bleibseln doch deutlich genug hervorgeht, mit glänzenden Beschreibungen eingeführt. Solche Beispiele halten wir mit dem
Urtheil des Aristoteles zusammen, da er den „Andern" von dra-
matischer Darstellung nur wenig beilegt. Zunächst mögen sie
wenig von der Erfindsamkeit geübt haben, mit der Homer in der
Ilias die umfassenden Zustände zu Einzelscenen zu concentriren,
also für lebendige Rede Gelegenheiten zu schaffen wusste. Dann
aber standen sie hinter der Weise ihres Meisters wohl ebenso
weit zurück in der Zeichnung von Charakterbildern, in der
Schilderung von Gestalten mit ihrem Schmuck, von den innern
Eigenschaften der Personen, von Schönheit der umgebenden Natur oder der Wohnungen und dergleichen. Homer selbst hebt
durch Beschreibung die Eigenschaften der Personen oder Sachen
oder Orte da hervor, wo sie für die Handlung alsbald bedeutend
werden sollen; aber mehr noch thut er es in energischer Weise
durch die Handlung selbst, feiner noch mittels Reflex, als von Personen empfunden und lebendig offenbart. Es wird dies in der später
auszuführenden Nachweisung seiner Darstellungsweise voll und
reich hervortreten. Dürftig stehn uns die Beispiele aus den andern Epopöen zu Gebote, aber jene Beschreibungen der ganz neu
auftretenden Helden waren auch in Homers Weise an ihrer Stelle,
wie er Waffen und Bewaffnung des Aias (Il. 7), des Agamemnon
(11) und gar des Achill (18) beschreibt. Wenn er ferner die
Schönheit der Helena durch die Wirkung auf die Greise und ihr
Gespräch (Il. 3, 154—160), die der Penelope durch die auf die
Freier zeichnet, können wir Achills Bewegung beim Anblick der
schönen Leiche in der Aethiopis, und den Menelaos, dem vor
Helenas Busen die Waffe entsinkt, in der Kleinen Ilias verglichen. Auch die Vorbereitung und der vor den Augen des Hö-

---

205) Die Erfindung der Schrift legte Stesichoros in seiner Oresteia
Fr. 31., den Gebrauch der Zahl zur Heeresordnung Aeschylos im Palamedes bei Athen 1. 11. E. Fr. 176. Nck. S. 46 vgl. mit Plato Staat 7, 522. D.,
den der Würfel Polygnot in seinem Gemälde Paus. 10, 31, 1 dem Palamedes bei.

rers werdende Schmuck der Aphrodite in den erhaltenen Versen
der Kypria (Fr. 3. Welck., S. 88 f.) kann mit der Schilderung der
Here Il. 14, 169 ff. einigermaassen zusammengestellt werden. Es
ist wahrscheinlich, dass ausser an jenen Stellen noch an andern,
gerade in den Kyprien und der Kleinen Ilias, die lebendige Beschreibung und auch die Wirkung gebraucht war z. B. als Paris
die Helena zuerst erblickte. Trotz alledem aber muss doch die
dem Homer gleichkommende Anwendung der dramatischen Form,
wie das Maass in den Beschreibungen, wohl von Aristoteles
vermisst worden sein. Eine Vergleichung der Nachfolger mit
Homer kann nur so versucht werden, dass wir durch muthmaassliche Folgerung aus dem Gegebenen dahin streben, die allgemeinen Sätze des Aristoteles ungeachtet der ganz unpoetischen Inhaltsanzeigen auf die einzelnen Darstellungsformen zu beziehen
und so einigermaassen auszulegen. Ueber die drei, Arktinos,
Lesches und Stasinos konnten wir ein unterscheidendes Urtheil
gewinnen; die gewählten Stoffe zeigten sich für die Einheitlichkeit in ganz ungleichem Grade geeignet. Die Aethiopis des Arktinos stellte sich durch ihre vortreffliche Einheit neben Ilias und
Odyssee, dagegen verriethen die Kypria des Stasinos in dieser Beziehung ein schwaches Kunstgefühl. In der doppelten Behandlung
der Einnahme Troias offenbarte sich die verschiedene Weltansicht,
aber Lesches bei seiner Hervorhebung der Menschenkraft erreichte
doch die persönliche Einheitlichkeit nur durch willkürliche Um-
bildungen der überlieferten Sage, während der ernste Arktinos,
dieser getreu, seine erhabenere Idee von den Geschicken nach
Möglichkeit durchführte. Indem bei diesem letztern das langher
drohende Strafgericht an Troia sich erfüllte, geschah es wegen
Frevels der Sieger nicht zu ihrem reinen Gewinn, und aus dem
Fall der Königsstadt ging das Aeneadenreich hervor. Ausser diesem
Ergebniss hinsichtlich der Norm für Gestaltung des Ganzen und
dessen Einheitlichkeit, finden wir das ganz summarische Urtheil
über die Darstellungsweise der Andern in seiner Allgemeinheit
ungiltig, die dort getadelten Beiden waren hierin auszuzeichnen.

25. Fortsetzung. Gleichnisse und Gemeinsprüche.

Es fehlt uns zur Vergleichung der Andern mit Homer in
empfindlichstem Grade an Beispielen von ihrem Gebrauch der

so mannigfachen Mittel der Darstellung. Auf sie liess die begriffliche Theorie freilich sich wenig ein; und doch müssen sie
sämmtlich bei ihnen Allen mehr oder weniger vorgekommen
sein. Jedenfalls würde ein gehöriges Urtheil sich dann erst bilden können, wenn auch diese spezielle Vergleichung möglich wäre.

Gleichnisse und Gemeinsprüche sind nach der dramatischen
und immer charakterisirten Darstellungsweise die namhaftesten
Erweisungen des homerischen Genius. Die Theorie des Aristoteles gedenkt in der Topik der Vergleichungen als Mittel der
Verdeutlichung und stellt den homerischen, welche von allgemein
vorliegenden und bewussten Anschauungen entnommen seien, die
des Chörilos im Epos über die Perserkriege entgegen.[206]) Dem
Gegensatz nach waren die des Chörilos gesucht und gezwungen.
Dieses Ungehörige ins Licht zu setzen, gaben die ältesten Epiker
gewiss keine Gelegenheit, so unzweifelhaft ihrer Phantasie auch
Gleichnisse zu Gebote standen, um Momente der Erzählung zu
versinnlichen und zu heben. Freilich findet sich unter den spar-
sam erhaltenen Versen kein eigentliches Gleichniss, nur eine
einfache Vergleichung in dem Wort jener Jungfrau bei Lesches:
„Auch wohl ein Weib mag tragen die Last, wenn ein Mann ihr
sie auflegt".

Gemeinsprüche konnten ebenso wenig bei den Nachfolgern
Homers, der daran so reich ist, fehlen. Bei aller Zufälligkeit
liegen uns doch einige vor, aus Arktinos' Eroberung: „Thöricht
ist, wer den Vater erschlug und die Söhne zurücklässt"; aus
Stasinos „denn wo Furcht, da ist auch Scheu stets", „Wein,
Menelaos, erschufen den sterblichen Menschen die Götter Als gar
treffliches Mittel hinwegzuscheuchen die Sorgen".

Von diesen beiden Formen wendet Homer die Gleichnisse
gemeiniglich in eigener Person an, die Gemeinsprüche dagegen
nirgends für sich präceptirend, sondern immer dramatisch im Munde
seiner Personen und an Stellen, welche für die Sprecher charakteristisch, für die Handlung bedeutungsvoll sind.[207]) Wenn wir nun

206) Topica VIII. a. E. Nake Chöril. 94.

207) Sagenp. 78 f. Odysseus Il. 2, 204: „Vielherrschaft taugt nimmer
im Volk; Ein König gebiete". Nestor Il. 9, 63: „Rechtlos nenn' ich den
Mann" u. s. w. Hektor Il. 12, 243: „Ein Wahrzeichen nur gilt, das Vaterland zu erretten". Pulydamas Il. 13, 729 ff. Zeus Il. 17, 446. Odysseus

bei den Epikern, welche, vom Vortrag der homerischen Gedichte
zu eigener Dichtung angeregt, ihrem Meister wohl auch in diesen
Stücken nachdichteten, von beiden nicht wenigen Gebrauch voraussetzen, so fehlt es uns allerdings an Belegen, um ihr Verfahren mit dem Vorbilde genau zu vergleichen. Dessenungeachtet ist es denn doch nur eine natürliche Annahme, dass
auch diese Nachfolger, vollends der so gern ausführende kyprische Epiker und der erregte Lesches, diese Darstellungsmittel
nicht ungebraucht gelassen. Die spezifische Kraft des Dichters,
die Phantasie und gerade auch die epische Dichtung brachte
unausbleiblich die Darstellung belebende und hebende Bilder hervor. Und waren jene durch Homer in die Phantasie- und Glaubens-
welt der Sagen eingeführt, und hatte er seine Darstellung durch
Bilder so reichlich belebt, durch Sprüche so häufig gewürzt, so
konnte Beides bei ihnen nicht ausbleiben. Ist uns die spezielle Vergleichung nicht möglich, so können wir wenigstens ein muthmaass-
liches Urtheil aus dem Verhältniss gewinnen, welches zwischen den
Spätern, Quintus und Apollonios von Rhodos, und Homer stattfindet. Sie sind in ihren Gleichnissen und Sprüchen theils den homerischen Mustern gefolgt, theils haben sie selbsterfindsam Eigenes gegeben.[208]) So wird das Verhältniss der älteren Nachfolger des Homer unstreitig ebenso theils das abhängige des Nachahmens, theils
ein freithätiges gewesen sein. Dass Gleichnisse und dass Gemeinsprüche gerade in lebendig vorgetragenen Gedichten als annehm-

---

Od. 8, 167 ff. 927 f. und 18, 136 f. und 19, 13. Telemach Od. 2, 64—66.
Der fromme Eumäos Od. 14, 83 f. und 404—406. Solche Sprüche aus
Homer lebten den Griechen im Gedächtniss und gingen von Munde zu
Munde, und wurden von ihren Schriftstellern nach diesem populären Ge-
brauch citirt. So that auch Aristoteles und verwechselte dabei mehrfach
die eine Stelle mit der andern. Sagenp. 338 f.

208) Ueber Quintus s. Koechly Proleg. XCIV. und V. Die Sphären
und unmittelbaren Anschauungen, aus denen Homer seine Bilder entnahm,
konnten bei den Epikern so viel civilisirterer Zeit nicht immer noch dieselben sein. Wohl waren Bilder von der gewöhnlichen Viehzucht und
von Hausthieren ihnen aus eigener Erfahrung gegenwärtig, aber Löwen
und Panther hatte gewiss weder Apollonios, noch vollends Quintus aus
eigener Anschauung. Und wohl schon Lesches nicht mehr, während die
Gleichnisse von Löwen und der Löwenjagd der bewaffneten Hirten bei
Homer aus eigener Kunde und lebendiger Auffassung der Thierwelt ganz
besonders hervortreten.

liche Zuthat galten, ersehn wir aus den mehren Stellen der Ilias
und Odyssee, wo wir sie als von Rhapsoden selbst eingefügt erkennen.[209]) Also von allen Seiten her wird uns der Gebrauch
Beider bei den nächsthomerischen Epikern glaublich. Sie unterschieden sich aber von den Spätern wahrscheinlich nach der
Bestimmung für Hörer, nicht für Leser; ihre Gedichte werden
nach der Unterscheidung des Aristoteles den Sprechstil, nicht
den für Leser oder Vorleser bestimmten gehabt haben. Dieser
letztere trat in epischen Gedichten mit Chörilos, Panyasis, Antimachos ein, und waltete bei den Alexandrinern bei aller Nachahmung des Homer doch vor.[210])

Das Musterhafte der homerischen Gleichnisse besteht freilich nicht in diesem Stilistischen zunächst, sondern in all ihrer
Erfindung, ihrer bemessenen Anwendung und Ausführung. In
der Erfindung offenbart der geniale Dichter seine, die ganze Er-
scheinungswelt beherrschende allgegenwärtige Phantasie, da er
bei dem häufigen Gebrauch doch nur in ganz einzelnen Fällen
dasselbe Bild wiederholt. Die Gestaltung der Vergleichungspunkte,
da vorherrschend nicht die Subjecte, sondern deren Situation ihn
bilden, offenbart in einer Anzahl in ganz eigenthümlichem Grade
den mit der Phantasie wirkenden Verstand, der in dem verschiedensten das Analoge erfasste, wie Iris gleich dem Senkblei in
das Meer taucht (Il. 24, 80.), Odysseus (Od. 5, a. E.) unter einer
Schütte Laubes liegt wie der glimmende Brand unter der Asche.[211])

---

209) Die Rhapsoden schoben dergleichen neu ein oder erweiterten
überkommene durch Einschiebsel.

210) Aristoteles Rhet. 3, 12, 2. vgl. mit 13, 1, 6. unterscheidet die
Schreibart und Stilform für Rhapsoden und dramatischen Vortrag von
dem Lesestil. Sagenp. 364. „Hätten die Kleine Ilias und die Kypria nicht
viel der homerischen Darstellungsart gehabt, so wären sie wohl weder
auf den homerischen Namen gekommen, noch hätten die Rhapsoden sich
mit ihrem Vortrag so viel eingelassen, wie von der Kleinen Ilias und den
Kypria ausser den Homeriden die mehren andern Angaben des Verfassers
uns erkennen lassen".

211) Dieses feine Erfassen des Analogen überrascht bisweilen auch
bei andern alten Dichtern. Bei Aeschyl. Choeph. 499 oder 505 erhalten
überlebende Kinder den Ruf des Vaters dem Korke gleich, der das Fischer-
netz vor dem Untersinken schützt. Die schnellen Wechsel des Geschicks
sind dem Simonides im 39. oder 32. Fr. der Threnen so unbeständig, wie
die Fliege die Stelle wechselt. Vgl. Sokrates bei Xenophon Memor. 3, 11, 5.

Es werden in einem späteren Abschnitt (Buch 3 §. 6) diese und
andere charakteristische Eigenschaften der homerischen Gleichnisse in reichlichen Beispielen aufgewiesen werden. Dahin
gehört zuerst, dass der Dichter ihnen so oft einen das Men-
schengefühl ansprechenden Zug beigiebt z. B. dem von der Wollspinnerin (Il. 12, 435), dann, dass die grosse Mehrzahl sich
knapp in wenigen Versen hält, endlich, dass die häufigere oder
seltnere Anwendung dieser Darstellungsform theils sich nach dem
Inhalte der Erzählung richtet, theils nach dem genialen Belieben,
mit andern Mitteln den Hörer festzuhalten, wechselt. Hier ist
diejenige Eigenschaft hervorzuheben, welche die späteren Epiker
so oft verlassen haben. Homers Gleichnisse sind immer der Anschaulichkeit wegen angewendet, und daher von allbekannten Anschauungen entnommen, sie stellen deswegen ihre Bilder reinlich
und hell in ihren Zügen hin, und auch, wo sie in grösserer Zahl
gleich nach einander erscheinen, hebt jedes seinen Moment unver-
wickelt hervor. Anders die uns vorliegenden späteren Epiker.
Sowohl häufen sie bei der einfachen Vergleichung zu gern und
oft die Subjecte, als sie auch öfter ihre Bilder überhäufen und ver-
schlingen, so dass sie weder zu rechter Sichtlichkeit hervortreten,
noch dem Geiste die Ruhe der Wahrnehmung gewähren. [212]) Und
wenn die Nachbildung der homerischen ihre Selbstthätigkeit hat,
so behält das Vorbild doch vor dem Nachbilde seinen Vorzug. Indessen nicht die nächsthomerischen Epiker, sondern Chörilos in
seinem Epos vom Perserkriege diente dem Aristoteles zum Gegensatz bei der Unterscheidung der schönen oder tadelhaften Wahl
der Bilder. Aus allbewussten Anschauungen sollen sie entnommen
sein wie die homerischen, nicht wie die des Chörilos, nicht gesucht
und erkünstelt. Da ist nun an sich kein Zweifel, dass die Gleichnisse
der älteren Epiker ebenso wie die homerischen gemeinverständ-
liche Anschauungen gebracht haben. Aber auch die unverwickelte,
das einzelne Bild schlichthinmalende Ausführung haben wir ihnen
zuzutrauen. In der Ilias und Odyssee treten Gleichnisse nicht
ein, wo die Erzählung durch sich drängende Thatsachen rascher
fortschreitet oder die Handlung durch Gespräche gefördert wird.
Gewiss auch so bei den Nachfolgern Homers. Ebenfalls werden

212) Homer häuft die Subjecte nur, wo durch gehäufte Verneinungen
ein Gegensatz gehoben wird. Il. 14, 391. 96. 98. — 22, 262 f.

die Einzelkämpfe in der Aethiopis und der Thebais, der ersten
Partie der Epopöen von der Zerstörung, ihren Dichtern, wie die
Erzählung vom Kampfe auf dem Schlachtfelde dem Homer, oftmals Anregung zu Bildern gegeben haben; auch sie werden nicht
ermangelt haben, besondere Erfolge durch Bilder zu heben. Es
kommt uns nirgends her ein Grund, Fähigkeit und Absicht solcher Belebung den rhapsodirenden Epikern weniger zuzuschreiben, als einem Apollonios oder Quintus. Vielmehr wirkte, wie
gesagt, die Bestimmung für den lebendigen Vortrag auf Gebrauch
der dem Hörer gefälligen Darstellung und zugleich auf jene epische Durchsichtigkeit.

26. Allgemeine Stellung der späteren Epiker zu Homer.

So haben wir die nächsthomerischen Epiker uns als Dichter
vergegenwärtigt, welche ihre Sagenpartieen jeder aus eigenem Antriebe wählten, und doch ihre Darstellung der des Homer nachbilde-
ten. Aber Homer hatte durch seine Neubildung früherer Lieder
nicht blos diese vergessen gemacht. Die mannigfachen Erweisungen seiner Genialität bildeten eine harmonische Gesammtheit
von Vorzügen, denen auch nur im Einzelnen es annähernd gleich-
zuthun, schon Beifall und Ruhm brachte. Homer hatte, durch
die glücklich und sinnvoll gewählten Stoffe begünstigt, es mit seiner
in allen Zeitaltern seltenen Begabung vermocht, Hörern des verschiedensten Geistes und Geschmacks zu gefallen, den flacheren
und auch den tieferen, denen, welche der Scenenwechsel und er-
regtes dramatisches Leben anzog, und auch den Sinnigeren, welche
die Pläne und Charaktere im Fortgang der Handlung verfolgten.
Die Nachfolger waren alle minder als er begabt, und nur in
Einem Falle durch ihren Stoff gleich begünstigt, den jeder Epiker nach dem Interesse seiner Umgebung wählte. Was die Einheitlichkeit anbetrifft, hatten sie es meistentheils schwerer, behandelten aber das Gewählte natürlich auch als Individuen nach dem
Grade und Eigenthümlichkeit ihrer Begabung, wie nach ihrer
Weltansicht verschieden. So ist jedes allgemeine Urtheil unhi-
storisch, wenn es mehr besagt, als dass keiner von ihnen die
Vortrefflichkeit der Ilias und Odyssee erreicht. Die griechische
Epopöe, deren Blüthe und Höhepunkt jene beiden darstellten,

erschien mithin selbst in der Aethiopis und der Zerstörung Troias
von Arktinos und der häufig für homerisch anerkannten Thebais
schon als Nachblüthe und Abnahme. Dessenungeachtet giebt die
Einwirkung dieser Gedichte auf die Lyriker und Tragiker, namentlich Stesichoros, Pindar und Aeschylos, von ihrer sinn- und lebensvollen Darstellung Zeugniss. Sodann lassen die Nachbildungen
der Kunst, welche nur Bekanntes darstellen mochte, schliessen
auf eine durch Rhapsodie verbreitete Kunde wie von Ilias und
Odyssee, so von der Aethiopis und andern. Ja wenigstens für die
Anerkennung der Thebais giebt es auch ausdrückliche Urtheile.[213]
Dass Aristoteles dieser Epopöe in der uns vorliegenden Poetik
nirgends erwähnt, darüber lässt sich nur das constatiren, dass er
also sie weder zum tadelnden Gegensatze noch als Beispiel des
Richtigen und Schönen angewandt hat. Ihre Einheit war vollkommen, da sie im Amphiaraos auch eine Hauptperson besass,
aber da der Zug gegen Theben diese Einheit an sich schon gab,
so konnte sie nicht so gut, wie die der Ilias, dienen, um die
Weisheit ins Licht zu setzen, mit welcher die Epopöendichter
einen reicheren Sagenstoff zur übersichtlichen Handlung zu beschränken habe. Des Aristoteles Bemerkung über den troischen
Krieg als zu umfänglich wies tadelnd vielmehr auf die Kypria hin.

Dieser Tadel hatte Recht, aber was die Theorie über die
gute Wahl der epischen Stoffe vorschrieb, war für den Dichter
nicht das Entscheidende. Er wählte aus der Fülle der überlieferten Sagenstoffe, nicht nach einem Kunsturtheil, sondern zunächst nach den volksthümlichen Beziehungen. So Stasinos, so
schon Homer selbst. Wäre es anders geschehen, dann würden
manche Sagentheile nie zur Behandlung gekommen sein.

27. Die Nosten des Agias.

Ausser dem Anfangstheil des troischen Kriegs war der von
der Heimkehr der Griechen der ungünstigste, vieltheiligste. Dies
war bei beiden Partieen um so mehr der Fall, als in der nachhomerischen Zeit in der Vorstellung von den Ereignissen und

---

213) Pausanias sagt gewiss nicht nach einzeln stehender Auffassung
9, 9, 5, er lobe diese Poesie nach Ilias und Odyssee am meisten. S. nach
dem Obigen (und dazu das vorhomerische Lied. Buch 2, §. 10.) Welcker
Cycl. II, 377 und 378.

Personen, wie sie von Homer dargestellt worden, mehrfacher Wandel geschehn war. Das Volksbewusstsein und der Glaube war ein andrer geworden, so dass Arktinos seinen Milesiern ihren verehrten Heros Achill nicht anders als bei seinem Tode vergöttert darstellen konnte, und dass ebenso vollends Kreophylos den Herakles am Ende seiner Einnahme Oechalias, welche nach aller Sage in seine Vergötterung auslief, diese seine Entrückung geschildert haben wird.[214]) Die Vermählung mit der Göttin der ewigen Jugend bezeichnet den Herakles ja als den ersten vergötterten Heros.[215]) Durch den Wandel im Glauben an jetzt zur göttlichen Natur erhobene Heroen[216]) waren auch manche der vor Troia kämpfenden Helden aus ihrer homerischen Heimath durch die Colonieen und die Völkerzüge an einen andern Ort versetzt. Dies bewog den Agias von Trözen in Argolis, in seiner Epopöe, welche die Heimkehr der Atreiden oder der Achäer hiess, den Kalchas nicht nach dem Mutterlande, sondern nach Kolophon ziehn zu lassen, den Neoptolemos ebenfalls zu Lande durch Thrakien zu den Molossern, statt nach Phthia (Od. 3, 188). Kalchas nämlich war nach der jetzigen Sage bei der Heimkehr des Griechenheeres von Troia zu Lande nach Kolophon gewandert; von mehren Cultusstätten dieses prophetischen Heros ist gerade diese von den ältesten und meisten Schriftstellern bezeugt. Aber bei Agias muss in dem Inhalte bei Proklos, da eben Kalchas, nicht Teiresias bei Kolophon bestattet war, statt „sie bestatteten den Teiresias" gelesen werden „den Kalchas". Eben die Cultussage von Kalchas' Grabe war die Ursache, welche des Agias Erzählung hervorrief. — Dass Neoptolemos zu den Molossern geht, giebt sich sofort als die Geschlechtssage der Könige von Epirus zu erkennen, wie sie Pindar (Nem. 7, 38 = 57) und die Geschlechtstafeln bei Pausanias, 1, 11, und Plutarch (Pyrrh. 1.) bezeugen. — Nur diese Cultussagen erscheinen von Agias zu seiner Epopöe verwendet, nicht auch die von Diomedes und von Nestor. Von diesen besagt der Inhalt aus Proklos aus-

---

214) Welcker Cycl. I, 233.

215) Preller Gr. Myth. 2, 178 und meine Anm. zur Odyssee Th. 3, 346 und 344.

216) Der uns eben erst in den nächsthomerischen Epopöen als erfolgt kund wird.

drücklich nichts Anderes als: Diomedes und Nestor zu Schiffe
gegangen, kommen glücklich nach ihrer Heimath (Argos und
Messenien). Es verbietet zuerst die Bestimmtheit dieser Angabe,
dann der augenscheinliche Ursprung der andern Sagen aus dem
Heroencultus, dem Agias diese andern auch beizulegen. Endlich
aber war der Verlauf der Epopöe, wie die Vergleichung der Inhaltsangabe in ihrem Fortschritt mit Od. 3, 165—167—180 bis
183 lehrt, eben der, dass der Dichter zuerst von der Heimkunft
der Lieblinge der Athene erzählte, welche über die See unge-
fährdet und ohne Abenteuer in ihre Heimath gelangten. Dann
erst beginnt er, die eigentlichen Folgen des Zorns der Athene
zu berichten. Sonach haben wir allen Grund, diesem Epiker
auch viele Bemessenheit und Sorge für einheitlichen Fortschritt
zuzutrauen; andrerseits aber kann einer besonnenen Forschung
nicht entgehn, dass eine gar zahlreiche Menge von angeblichen
Gründern und Stiftern, wie deren Buch 1, §. 4b. besprochen
sind, aus dem Heroencultus herzuleiten sind, der eines Grabes
bedurfte und in Folge dessen eine Sage mittels Rückdichtung
hervorrief. Allerdings sind nun diese Sagen, wie wir sehn,
theilweise von den nächsthomerischen Epikern beachtet worden.
Indessen, wenn Arktinos' im Sinne der milesischen Colonieen
den Achill bei seiner Vergötterung eben dorthin entrückt schilderte, wenn Agias in seiner Epopöe von der Heimkehr den
Neoptolemos und den Kalchas, den Polypötes und Leonteus, die
heroischen Gründer von Aspendos in Pamphylien, durch Wanderung nach den Orten ihrer Verehrung[217]) gerettet sein lässt:
so haben sie damit augenscheinlich nur die Cultussagen aufgenommen, welche sie ihrem Plan anpassen konnten. Der des Agias
war der, die Heimkehr unter dem Zorn der Athene zu besingen.[218])

---

217) Eust. zu Il. 334, 26—28.

218) Es ist schon in Buch 1, §. 4b, Anm. 21 auf die über die Gräber
der Gründer so sprechende Stelle des Strabo VI. 261, 15 vgl. mit 222 hingewiesen: „Metapontion heisst eine Gründung der Pylier, die mit Nestor,
von Ilion zurückkehrend, verschlagen wurden. Zur Bestätigung verweisen
sie auf den bei ihnen bräuchlichen Grabescultus der Neleiden". Von Nestors
verschlagenen Schiffen, überhaupt von ihm oder von Diomedes Etwas zu
erzählen, gab es in des Agias Plan gar keine Stelle. Ganz unstatthaft
muss also die Ausdehnung erscheinen, welche der gelehrte Stiehle den
Nosten beilegt. Philol. 8, 54—57, sowie er selbst keinen Maassstab hat.

Das Gedicht des Agias war durch den zweiten Titel „Rückkehr der Atreiden" nach seinem Hauptinhalt bezeichnet und bemessen. Der Inhalt des Proklos macht es bei seiner mehr als
skelettartigen Dürftigkeit schwer, Etwas von der poetischen Ausführung herauszudeuten; nur den Eingang und Ausgang ermittelt
oder erkennt man leicht aus der Uebereinstimmung mit den
Angaben der Odyssee aus dem Gesang des Phemios (Buch 2, §.
11). Der sichtbar enge Anschluss des Agias an diese Angaben
der Odyssee ergänzt überhaupt nicht Weniges. Die Citate dann
anderer jüngerer Schriftsteller fügen Anderes hinzu. Hauptsächlich bezeugen sie eine Schilderung der Unterwelt, da denn ein
wahrscheinlicher Anlass dazu zu finden ist. Gleich wie in der
Todtenerzählung (Nekyia) der Odyssee erschienen die Jungfrauen
Maira, Klymene und Eriphyle (wie Od. 11, 326), auch Antiope
und Medea und war neben andern Büssenden Tantalos unter
einem immer drohenden Felsen zu sehen.[219])

Der erste Satz des proklischen Inhalts: „Athene setzt den
Agamemnon und Menelaos in Streit wegen der Abfahrt", bezeichnet den die ganze Handlung beherrschenden Zorn der Athene
in und nach seiner Maassregel deutlich. Auch der Anfang des
Gedichts selbst wird, sei es nach Od. 3, 135 und 136. den Zorn
der Athene, oder nach Od. 1, 326f. die traurige Heimkehr,
welche jener Zorn verhängte, angekündigt haben. Dagegen
musste die auf die Anrufung der Muse folgende Exposition
alsbald eine olympische Scene oder die Erzählung geben, da
Athene, durch den lokrischen Aias und mehr noch durch seine
Straflosigkeit von Seiten der Atreiden erzürnt, bei Zeus klagte,
und von ihm die Bewilligung und wohl auch die Waffe (Aegis)
zur Bestrafung der Frevler erhielt. Schon in der Epopöe von
der Zerstörung musste, da das Gedicht in diese unglückliche

219) Welcker Cycl. II, 542f. und 283. Tantalos im Citat bei Athen.
7, 281 B., wo unter dem Titel, Heimweg der Atreiden, des Tantalos Strafe
aus der Oberwelt in die Unterwelt versetzt zu denken ist, welche nicht,
wie bei Homer, im Darben bei immer nahgebotenem Genusse, sondern,
wie beim Damoklesschwert, in steter Angst durch den überschwebenden
Fels besteht, wie bei Archilochos, Alkman, Alkäos, Pindar (Ol. 1, 57.
2, 7, 10) und Eur. Or. 5 mit der Anm. Im Citat des Pausanias 1, 2, 1 ist
der ältere Agias durch den Beisatz von Trözen gesichert, der jüngere
heisst immer Argeier. Vgl. Ztschr. f. A. 41. S. 165.

Heimkehr ausging, jenes „und Athene erwirkt ihnen Verderben auf dem Meer" diese poetische Gestaltung gehabt haben, da der Volksglaube verlangte, dass Athene in Einstimmigkeit mit Zeus handele. Aber der Dichter der Heimkehr musste sie ebenfalls geben. Nur hat der redigirte Cyclus und also der proklische Inhalt, indem er Jedes nur einmal gab, aus Arktinos' Poesie die Angabe von der Athene Plan und dessen Genehmigung durch Zeus, aus Agias erst dessen Ausführung aufgenommen.

Die Ausführung begann mit dem Hader der Atreiden, dessen Veranlassung und nächste Folgen die Odyssee nach dem Lied des Phemios. 3, 135 ff., so erzählt:

Die Atreiden gerathen, bethört durch die zürnende Athene, in Streit über die Abfahrt. Menelaos drängt zum baldigsten Aufbruch, Agamemnon will das ganze Heer noch zurückhalten, um die gewiss zürnende Athene durch Hekatomben zu versöhnen. Sie können sich nicht einigen und berufen übereilt alle Achäer zur Versammlung. Ganz zur Unzeit dies; es war schon gegen Sonnenuntergang, die Leute kamen lärmend und vom Weine beschwert. Nachdem die beiden Führer der Versammlung ihre zwiespältigen Meinungen vorgetragen, theilt sich das Heer in Parteien, während die Beiden sich in heftigen Wortwechsel gegenüber stehen. Man grollt die Nacht hindurch, am Morgen zieht man die Schiffe ins Meer, aber nur zur Hälfte bleiben die Leute bei Agamemnon zurück, zur andern Hälfte schiffen sie ab und hatten ruhiges Meer. So kamen diese nach Tenedos; da brachten sie den Göttern Opfer für glückliche Fahrt zur Heimath. Doch die Gottheit gewährte auch jetzt noch nicht Heimkehr, zum zweiten Mal erregt sie Streit, die Einen, die Partei des Odysseus, kehren dem Agamemnon zu Gefallen zurück, Nestor und Diomedes aber mit ihren Genossen erkennen, der Dämon sinne Unheil und eilen ihm zu entkommen. Menelaos hatte auf Tenedos länger gesäumt, aber er kam nach und traf jene auf Lesbos, als sie eben erwogen, ob sie den kürzeren Weg oberhalb Chios oder den sicherern unterhalb dieser Insel wählen sollten. Ein erbetenes Vorzeichen entschied für den kürzeren gerade auf Euböa zu; diesen fuhren nun Nestor und Diomedes und Menelaos zusammen (3, 173—179. 276—285), und brachten, nach Gerästos auf Euböa gelangt, dem Poseidon ein Dankopfer für

die glückliche Fahrt. Als sie weiter am attischen Vorgebirge
Sunion vorbeifuhren, traf den Steuermann des Menelaos ein
plötzlicher Tod durch die Pfeile des Apollon. So musste Menelaos hier landen, um seinen Steuermann zu bestatten. Diomedes
und Nestor aber fuhren weiter; da denn jener am vierten Tage,
von dem enthaltenen Vorzeichen und Lesbos aus gerechnet, in
Argos landete, Nestor mit günstigem Fahrwind alsbald nach Pylos gelangte. Während dess war Menelaos von Sunion den Freunden auf glücklicher Fahrt gefolgt, bis zum berüchtigten Vorgebirge Lakoniens Maleia (Od. 3, 287. 9, 80. m. Anm.). Hier
verstürmte Zeus des Menelaos Schiffe nach Kreta zu, wo der
eine Theil derselben an Klippen zerschellte, so dass die Mann-
schaft nur mühsam sich rettete; die andern, fünf an Zahl, auf
denen Menelaos mit Helena war, trugen die Wogen dem Strom
und Land Aegyptos zu. So erfährt der andere Atreide den Zorn
der Göttin.

Dies der Gang des alten Liedes bis Menelaos fern ab in die
Irre getrieben wird. Die kurze Inhaltsanzeige lässt keinen Zweifel, dass Agias denselben befolgt hat. Wir nehmen aber an,
dass er die weiteren Irren des Menelaos von Kreta aus nicht
gleich im Anschluss, sondern erst später erzählte. Da nämlich
Menelaos aus dem Munde des ägyptischen Proteus (Od. 4, 495 bis
537.) die ganze Geschichte der Heimfahrt und der Ermordung des
Agamemnon als geschehn, nicht etwa als Vorhersagung vernimmt,
so muss Agias eine solche Theilung befolgt haben, dass des
Agamemnon Geschick den ägyptischen Abenteuern vorherging.

Die zu Agamemnon zurückgewandte Erzählung berichtete
nun zunächst, wie Kalchas, der gewiss beim Oberfeldherrn geblieben und an dessen Sühnopfer theilgenommen hatte — vielleicht, nachdem er dabei ungünstige Zeichen wahrgenommen —
mit den beiden Lapithen sich landwärts auf Kolophon zu gewendet.
Dass mit Kalchas bei Agias noch Andere gezogen seien, ist anzunehmen unstatthaft, mögen auch mancherlei Cultussagen ihm namentlich den Seher Amphilochos, den Sohn des Amphiaraos, gesellen.[220]
Noch weniger ist dies von dem Arzt Podaleirios glaublich, von

---

[220] Herod. 7, 91 a. E. vgl. mit 3, 91. Amphilochos, wogegen Str.
688 an das ältere Zeugniss vom Tode des Kalchas erinnert, Amphilochos
und Mopsos hiessen die Gründer von Mallos, wie Str. mit Rückblick auf

dem eine unglückliche Seefahrt verlautet, in Folge welcher er Gründer von Syrna in Karien ward. Ueberhaupt erzeugte das wahre Verhältniss dieser Sagen von den an Gräbern als Cultusstätten verehrten Heroen, von vielen derselben, aber besonders von den prophetischen Heroen an mehren Stellen Gräber und Grabeslegenden.

Wie es nun undenkbar ist, dass Agias die Sagen alle umfasst, welche durch die Rückkehr aus Troia ihre Annahme vermittelten, so musste des Dichters Plan über die Auswahl entcheiden. Er hat denn auch, wie vorher bei Diomedes und Nestor, so hier bei Kalchas, darnach gewählt.[221]

Nach Beendigung der Episode von Kalchas, welche nach dessen Wettstreit mit Mopsos seinen Tod und die feierliche Bestattung enthalten haben wird, ging Agias zu Agamemnon zurück. Der Epiker vermied ein öfteres Umspringen. Während nun Agamemnon die Abfahrt rüsten lässt, erscheint (nach dem Inhalt) der Geist des Achill, bemüht, ihn durch Verkündigung dessen, was ihm bevorsteht, zurückzuhalten. „Ein schöner Zug —; der Zweck, grosse Ereignisse im Voraus prophetisch anzukündigen, verbindet sich hier mit dem Motiv, den Achillens theilnehmend gegen den früher so Gehassten zu zeigen“. (Welcker.) Dieser Geist musste auch den Sohn Neoptolemos bestimmen. Wie die Folge in Scheidung der Partieen berichtet, bleibt Neoptolemos mit dem alten Phönix und ihren Leuten zurück. Nicht so Agamemnon und nicht der schuldvolle lokrische Aias.

Es folgt die Hauptpartie des Rückwegs der Atreiden und der

die Sagen von Kalchas bezeugt, 675. 16—676. Und von Amphilochos gab es auch noch mannigfache Sagen, wie Str. daselbst mehre verzeichnet, und wie sie sich namentlich hinsichtlich einer Rückkehr nach Argos (Paus. 2, 18, 5) widersprechen, zeigt die Vergleichung mit Thuk. 2, 68, von dessen Erzählung über das Argos Amphilochikon wieder Ephoros bei Str. 326 und 462, 26. abweicht. — Dass dem Quintus, 14, 366, es beliebte, der Sage von Mallos zu folgen, kann nicht über Agias entscheiden.

221) Podaleirios wird allein von Tzetzes und zwar in den Schol. zu Lykophr. 426 und 980 als vierter oder dritter erwähnt. Die Sagen von diesem erzählten aber von einem Schiffbruch, von dem gerettet er Syrna gegründet, Steph. v. Byz. unter Syrna und Paus. 3, 26, 10. Eine andere von einem Heroon im italischen Daunien in der Nähe eines solchen des Kalchas bei Str. 6. 284. Das für Agias Richtige unterschied auch Stiehle Philol. 8, 61 und 62, nur nicht folgerecht.

Zornwirkung der Athene. Jene segeln (wie der Inhalt den Sturm
bei den kephareischen Felsen und des Aias Untergang hier zunächst angiebt) gerade auf Euböa, und dort befällt, wie es einstimmig lautet,[222]) die mit Agamemnon zusammenfahrenden Schiffe,
die für die Flotte des Griechenheers gelten, ein heftiger Sturm
mit allem Unwetter. Athene, von Zeus mit dem Blitz oder der
Aegis bewaffnet (vgl. Il. 15, 229), schmettert ihn auf des Aias
Schiff. Dieser Untergang erscheint ebenfalls in allen beredteren
Schilderungen, nur dass ihn diese mehr oder weniger vor dem
allgemeinern Verderben hervorheben. Agias hat nach der An-
zeige ihn besonders betont, und das ganze Griechenheer ward,
wie ein Citat vermuthen lässt, durch Nauplios, des Palamedes
Vater, zu den verderblichen Klippen gelockt.[223]) Nachdem hier
Viele umgekommen, die Wogen den Agamemnon ins weite Meer
getrieben, so wandten die Götter den Wind und führten ihn zur
Heimathsküste, in die Gegend, wo jetzt Aegisthos wohnte.[224])
Dort erlitt er denn den Mord, wie ihn bereits das vorhomerische
Lied vom Rächer Orestes (Buch 2 §. 11) besungen hatte und
Phemios in seiner Heimkehr der Achäer. Keine Wahrscheinlich-
keit hat bei genauer Prüfung die Vermuthung, Mord und Nieder-
gang des Agamemnon habe den Anlass, hier die Nekyia einzufü-
gen, gegeben, indem seine Ankunft im Hades erzählt worden sei.

Dieser Mord des Oberfeldherrn ist ein Ereigniss der Rückkehr der Atreiden, die zur bewegenden Grundursache den Zorn
der Athene gegen denselben hat; aber er selbst dieser Untergang

---

222) Aesch. Agam. 624—635. Herm. 648 ff. Dind. Eurip. Tro. und
78—86. Quint. 14, 420 ff. 450—465, wo Athene zum Ueberfluss auch den
Windgott herbeiruft, dann aber 530 ff. auf des Aias Schiff einen Blitz wirft.
Ob Agias hier den Zug aus Od. 4, 500—510 von Aias Frevelwort aufgenommen habe, bleibt ungewiss, ist aber wahrscheinlich.

223) Apollodor 2. 1. a. E. giebt freilich nur den Namen Philyra als
den der Gattin des Nauplios aus den Nosten an. Aber wenn er danach
dem Dichter bekannt war, lässt sich nicht wohl ein anderer Anlass vermuthen, als die in der Tragödie so ruchtbare Thatsache, welche Hygin in
den Worten angiebt: tanquam auxilium iis afferret, facem ardentem eo
loco extulit, quo saxa acuta et locus periculosissimus erat. Sophokles
Trag. Nauplios der Feueranzünder Welck. Gr. Tr. 1, 184—191.

224) Es sind im gewöhnlichen Text der Odyss. IV. die Verse 519 und
520 vor 517 und 518 zu setzen, wie bereits Bothe und J. Bekker in der
kritischen Ausgabe gethan. S. Sagenp. 113 und 114. Anm. *)

des Agamemnon ist nicht in jenem Zorn inbegriffen. Das Götter-regiment hatte den Aegisthos gewarnt und schon auf die folgende Strafe hingewiesen (Od. 1, 38). Diese Strafe erfolgt selbst in dem Gedicht und bildet einen Haupttheil seines Ausgangs. Die homerische Athene spricht, Od. 1, 46 f., es zum Ueberfluss selbst aus, was aller Glaube anerkannte, Gatten- und Königsmord war allen Griechen ein Gräuel. Es ist eine That wider Geschick begangen und ebenso wenig nach dem Sinn des Dichters, irgend anders zu betrachten für Götter und Menschen als wie ein Fall des drangsalvollen Menschenlebens, das freilich dies, besonders durch Schuld der Leidenschaften werde.

Nach Vollendung des Berichts über die Schicksale derer, welche der Warnung Achills nicht gefolgt waren, kam der Erzähler auf den dadurch zurückgehaltenen Neoptolemos zurück. Er hatte mit der Abfahrt gezaudert und überlegte den Weg, da wird er durch eine Erscheinung der göttlichen Mutter seines Vaters, der Thetis, bestimmt, den Landweg durch Thrakien zu wählen. Er trifft in der s. g. Maroneia (Ismaros Od. 9, 40. mit Anm.) den Odysseus, der auch nicht mit Agamemnon abgefahren war und in dieser Epopöe vom Zorn der Athene nur hier erwähnt wurde. Auf dem weiteren Zuge durch Thrakien starb der alte Erzieher des Achill — Phönix [225]), und Neoptolemos bestattete ihn. Es erfolgte dieser Tod wahrscheinlich bei Eion am Ausfluss des Strymon unfern Amphipolis.[226]) Es fehlt uns alle Charakteristik des Neoptolemos auch hier, aber Leichenspiele sind wohl, obgleich die Leute dazu nicht fehlten, nicht beschrieben worden. Mehrfach dunkel ist die Ankunft des weiter ziehenden Neoptole-

---

225) Hier ist eine doppelte Ungenauigkeit Stiehle's Phil. 8, 68 zu rügen: „Neoptolemos — trifft in der Stadt Maroneia — mit dem Odysseus zusammen, mit dem er, nachdem er zuvor seinen daselbst verstorbenen Begleiter, Phönix, beerdigt, die Reise gemeinschaftlich fortsetzt". Wie darf die summarisch karge Angabe: „und vollendet dann den übrigen Weg" durch ein „mit diesem" ergänzt, und wie die darauf folgende Bestattung des Phönix schon bei Maroneia geschehen gedacht werden?

226) Tzetzes zu Lyk. 417 ff. Herod. 7, 25 und 113 mit Bähr bes. Poppo Proleg. zu Thuk. I, 2. S. 350 f. Ein anderes Grab desselben Phönix als Heros nennt Strabo noch bei dem gleichnamigen Flusse 7, 428. 14. Der Fluss auch von Herodot 7, 200 und 276 erwähnt also bei Thermopylä. Dies also eine Cultussage.

mos angegeben mit „er selbst aber zu den Molossern gelangt, wird erkannt von dem Peleus". Wir erklären sie so: Da des Achills Vater, jedenfalls alt und schwach, von den Grossen in seinem Königthum bedroht ward,[227]) musste Neoptolemos ihn in solcher Lage treffen; aber Peleus war bei den Molossern? Dann war der greise König vertrieben wie in mehren Tragödien. Da nun Pindar, wenn auch mit abweichender Angabe über den Weg, den Neoptolemos Nem. 7. 39 oder 54 ff. ebenso nach Molossien kommen und da die Herrschaft auf seine Nachkommen vererben lässt, so haben wir vollends eben diese Sage als von Agias befolgt anzunehmen.[228])

Unbestimmt muss bleiben, wo nun der starke Held Neoptolemos seinen Ahn traf und wie er durch die ihm widerfahrene Gewalt hindurch nachmals der Stammvater der Könige in Molossien geworden sei, ob er den Peleus zuerst in Phthia gesucht und dann den vertriebenen in Molossien gefunden habe. Für unsern Zweck, die Particeen und den Fortschritt der Epopöe zu verzeichnen, ist dies auch ohne Bedeutung.

Näher zu prüfen ist dagegen die Ansicht, dass Neoptolemos nun in das Todtenreich gestiegen und den Geist des Teiresias über seine Zukunft befragt habe, so dass demnach jene Nekyia in dieser Anwendung zu denken sei. Günstig für eine solche Annahme ist der Umstand, dass gerade das wohl älteste bekannte Todtenorakel in Thesprotien unfern von den Molossern war.[229]) Wesentlicher aber empfiehlt sich Neoptolemos und sein Verhältniss, wenn man die aus der Nekyia genommenen Bilder von Heroinen

227) So in Il. 24, 487—489 in Od. 11, 495—497, 503, wonach ihn Tragödien von Akastos oder seinen Söhnen vertrieben darstellten. Soph. Peleus Welcker Gr. Tr. 205. Nauck 189. Vgl. Welcker Cycl. 2, 289 f.

228) Wenn auf Tzetzes zu Lykophr. 1265 Verlass ist, behielt Lesches die homerische Sagengestalt bei, doch beruht Alles auf dem Wort Pharsalia ohne jede weitere Andeutung.

229) Herod. 5, 92, 7 und die ϑεοὶ Μολοσσικοί in den Paroemiac. Gött. 1. 419. Einer der in Ruf stehenden Eingänge zur Unterwelt und zu einem Todtenorakel schien anzunehmen zu sein. Jene Annahme befolgt Welcker Cycl. 2, 300, der S. 297 seine frühere Vermuthung (Cycl. 1. 281) zurücknimmt. Ebendieselbe Stiehle Philol. a. a. O. S. 50 f., der aber einen Beweggrund, weshalb Neoptolemos in die Unterwelt gegangen, weder dort noch S. 69 unten angiebt. Was Welcker betrifft, müssen wir zuerst einen Grund vermissen, der Neoptolemos bewog.

und von Tantalos und darin eine Nachbildung der homerischen
so deutlich erkennt. Diese Bilder müssen unstreitig wie die homerischen in der Unterwelt selbst gesehn worden sein. Der
erschienene Geist eines Abgeschiedenen, kam er nun aus dem
Elysium oder aus dem Hades, war eben nicht dort, und kann sie
nicht aufgewiesen haben. Also nicht der Geist des Achill vor des
Sohnes Aufbruch, aber wohl Neoptolemos an dieser Stelle eignete
sich zu der Annahme. Nur müsste der Wunsch, seine Zukunft zu
erfragen, doch bei Neoptolemos bestimmt motivirt worden sein,
was er nicht ist. So schwebt auch diese Vermuthung in Unsicherheit, und der Niedergang des Aegisthos und der Klytämnestra wird eine kaum weniger annehmliche Wahrscheinlichkeit bieten.

Was, nachdem die Rückkehr des Neoptolemos episch un-
unterbrochen durchgeführt war, in der Poesie des Agias folgte,
ist aus Proklos oder vielmehr dem Excerpt seiner Inhaltsangabe
nicht ohne Weiteres zu entnehmen. Dieses trockne Excerpt hat
vorher nur die Abfahrt des Agamemnon und darauf den Untergang des Aias und Anderer bei Euböa angegeben, nicht aber
die Ankunft und den Mord der Hauptperson, wie früher ebensowenig des Menelaos weitere Irren. So schiebt es denn hier den
noch nicht erwähnten Mord eng mit der Rachethat des Orestes
zusammen. Diese letztere muss aber erst nach der weiteren Erzählung von Menelaos' und der Helena Irrfahrten gefolgt sein.
Denn während dieser Irrfahrten geschah der Mord und schon
in Aegypten erfährt ihn Menelaos, aber nicht mehr, nicht auch
die erfolgte Rache. Diese war soeben erst vollzogen, als Menelaos im achten Jahr nach Troias Fall heim kam.

Die sieben Jahre, welche Aegisthos im goldreichen Mykene
herrschte und der erbuhlten Gattin des gemordeten Königs genoss (Od. 3, 304 f.), Orestes aber zum Jüngling reifte (Od. 1,
41), diese Zwischenzeit füllte Agias mit den Abenteuern des von
Kreta südwärts getriebenen Menelaos aus. Dass nun dieser spätere Epiker_ die Schilderung der Landungen, Gastbesuche und
eingesammelten Schätze des Menelaos und seiner Helena (Od. 3,
300—302. 4, 81—85) dem Homer im Ganzen nachgedichtet
habe, folgert man schon aus der bisher mit Homer übereinstimmenden Erzählung. Strabo, der freilich das Gedicht des Agias
wohl so wenig als sonst eines der nächsthomerischen kannte,

erläutert nur die von Homer erwähnten Besuche — bis nach
Theben — und besonders die durch Geschenke oder Küsten-
räuberei gewonnenen Reichthümer (Str. 39 und 40). Die vielen
Namen, welche die Volkssage von dieser Anwesenheit des Menelaos oder der Helena herleitete, wird sämmtlich Niemand bei Agias
begründet annehmen.²³⁰) Ob er der Antenoriden Ankunft in Kyrene erzählt habe, welche Pindar Pyth. 5, 89 mit Helena aus
Troia gekommen nennt, bleibt ungewiss, da derselbe sie als
verehrte Heroen bezeichnet, es also eine Cultussage war.²³¹) Näher lag dem Plane des Agias die Sage von Kanopos oder Kano-
bos, einem Steuermann des Menelaos, der bei der Landung an
einer Nilmündung von einem Schlangenbiss getödtet, von Menelaos dort ein Grab und Denkmal erhalten haben sollte, so dass
eine dabei erbaute Stadt von ihm benannt worden sei.²³²) Kein
Zweifel kann nun sein, dass bei Agias die Helena mit Menelaos
von Troia kam, und dass er statt der späteren Dichtung des Stesichoros von ihrem Scheinbilde, welche die Priester sich angeeignet
hatten (Herod. 2, 113), vielmehr ausführlicher als Od. 4, 125 bis
132, 220 f. und 228 erzählt habe, wie die leibhaftige mit ihrem
Gemahl in Aegypten zum König Polybos und zum Fürsten Thon
gekommen und beide von Jenen die reichen Geschenke erhalten.
Ebenso denken wir, der Epiker hat die Od. 4, 617—619 der
Handlung kurz eingewebte Beschenkung des Menelaos durch den
König in Sidon mit dem kostbaren Becher zum lichten Hergang
gestaltet. Was Homer dem Nestor oder dem Menelaos als lebendige
Erzählung in den Mund legte, davon musste Agias berichten, wie
es geschehen sei. Die Begegnung mit dem Meergreis Proteus
kann aber auch nicht gefehlt haben (Od. 4, 363—569.), der Me-

---

230) Auch Stiehle nicht S. 58 f.

231) Die mehren sagenhaften Angaben von Troern oder von Menelaos'
Hafen in Kyrene, über die Söhne des Antenor und andere Troer bei Herodot 4, 169, 191, sie dürften nicht vor Kyrenes Gründung entstanden sein; in
eine so späte Zeit den Agias zu setzen, wird aber Jeder Bedenken tragen.
Thrige Res Cyren. 79 und 292, die Gründung Ol. 37 2. zw. 631 v. Chr. G.
— Ueberhaupt über dergleichen Benamungen, wie sie an die Argonauten
oder die troische Sage geknüpft, ganz unbedacht als chronologisch gedeutet wurden s. Lehrs de Aristarcho 251. Völcker Myth. Geogr. S. 11
und 37.

232) Str. XVII. 801. Konon 8. Andere bei Stiehle a. a. O. S. 58.

nelaos des Agias muss auch Agamemnons Tod dort erfahren
haben, und wird Proteus am Schluss ihn auf Elysion vertröstet
haben. Freilich konnte es in dieser Zeit des bereits allherr-
schenden Heroencultus nicht lauten, als würde dieses Loos nur
den Verwandten des Zeus zu Theil. Jedenfalls jedoch musste die
Tröstung hier als Prophezeihung nicht am Ende des Gedichts
verlauten.[233]) Soviel also hat man dem Dichtergeist des Agias zuzutrauen, seine einzelnen Particen in ihrer Gestalt und Folge
genauer anzugeben, ist uns versagt. Noch auf der Fahrt aber
verliess Agias vermuthlich den Menelaos mit der Helena und
ging nun zu Orestes über.

Orestes kam nach Mykene, um den Mord zu rächen, in
Begleitung des Pylades, des Sohnes des Strophios, wie bei Pindar und den Tragikern.[234]) Es ist jedenfalls anzunehmen, dass
sie, wie in den Tragödien, welche die Rachethat darstellen, in
Verstellung (als Boten aus Phokis) zu Aegisthos und Klytämnestra
eintraten, um die Gelegenheiten zur Ausführung ihrer Absicht
wahrzunehmen und sich entweder der Schwester Elektra offen-
barten oder wer sonst den Orestes einst als Kind in Sicherheit
gebracht hatte. So ward durch Ueberlistung Aegisthos und die
Mutter von Orestes getödtet. Die Letztere starb unstreitig ebenfalls von des Sohnes Hand; schon Homer hat dies (Od. 3, 310)
nur im Dunkel gelassen. Die Pflicht der Blutrache rechtfertigte
auch den Mord der grausen Mutter, und die Vorstellung, dass
die Erinyen einen Thäter schon im Leben verfolgten, war in des
Agias Tagen noch ebensowenig vorhanden als in denen Homers.
Erst bei Stesichoros — er lebte ungefähr von 630—550 v. Chr. —
zeigt sie sich.[235]) Das Zeugniss lässt dabei auch erkennen, dass
jetzt Apollon den Orestes zur Erfüllung der Blutrache antreibt,
im Epos that es das dem Sohn nach alter Sitte heilige Gefühl
der Blutrache schon ohne Weiteres.

---

233) Nicht wie Welcker Cycl. 2. 282 unten.

234) Aesch. Cho. 555 f. und 887 f. Soph. El. 16 und 1373. Eurip.
El. 82. 281. Pindar Pyth. 11, 15 == 23 bis 56.

235) Der bei Aeschylos in den Choephoren und Eumeniden erscheinende Glaube zeigt sich zuerst in einem Citat aus Stesichoros, der
in lyrischer Chorpoesie Nosten und auch eine Orestie gedichtet hatte,
Schol. zu Eur. Orest. 258 Fr. 40, und der überhaupt der eigenste Vorgänger des Aeschylos war. Sagenp. 463—465.

Dies war zunächst über die von Orestes an Aegisthos und
Klytämnestra vollzogene Strafe zu sagen. Aber, wie schon bemerkt ist, es scheint hier eine passende Stelle zu sein für den
Einblick in das Todtenreich, die Nekyia dieser Epopöe. Am
schicklichsten bezieht sie sich auf die Hauptperson, also hier
auf den vorhergemordeten Agamemnon. Dieser Bezug erstreckt
sich aber auch auf seine Mörder und die Schilderung ihrer Strafe.
Die Seelen der Beiden mögen, wie im letzten Gesange der Odyssee die der Freier, (durch Hermes oder ohne ihn eben vom
Dichter) in den Hades geführt worden sein. Im Verfolg dieses Aktes ward dann wohl geschildert, wie sie den Tantalos und andere Büssende dort gesehn und wie Klytämnestra sich jenen
Frauen gesellt habe. Von der Nekyia im 11. Buche der Odyssee unterschied die des Agias sich vermuthlich mehrfach. Es
war jetzt das Bluttrinken der Seelen ebenso wenig im Glauben
als da die zweite Nekyia der Odyssee gedichtet wurde. Eine
lebendige Scene, da der erkannte Aegisthos erzählte, wie Orestes in angenommener Rolle mit Pylades gekommen und ihn
nebst der Klytämnestra überlistet habe, konnte Agias denen in
Od. 24 ähnlich dichten, wo Agamemnon 35 ff. dem Achill, und
der Freier Amphimedon 106 ff. dem Agamemnon den Hergang
ihres Todes erzählten. Wem er erzählte, ob seinem Vater
Thyestes oder wem sonst, ist nicht zu entscheiden. Die Zeugnisse aus der Nekyia der Nosten von dem Büsser Tantalos und
den verschiedenen Frauen tragen keine dramatische Form an
sich. So mag denn der Dichter in eigener Person angegeben
haben, was und wen die Ankömmlinge gefunden. Mit einfach
wiederholter Formel wie die homerische „ich sah" 235. 260.
266. u. f. also mit „sie sahen, fanden" konnte Agias seine
Reihen bilden. Von Büssern hat er wohl auch den Ixion aufgeführt, da dieser bei Pindar und Aeschylos so vollständig als der
erste Mörder eines Verwandten und zugleich der erste Gesühnte
schon alther ruchbar erscheint mitsammt der Strafe des nimmer-
ruhenden Rades.[236])
Ueber die Frauen, die uns freilich sehr einzeln und zufäl-

236) Pind. Pyth. II., 21—31 == 40 ff. Aeschylos Trilogie Sagenpoesie 627 f. Nauck Fragm. 22 f. und 46 f. Die Strafe: Pindar V. 22. Eur.
Phön. 1185.

lig genannt sind, ist Folgendes zu bemerken. Mära, Klymene
und Eriphyle sind in der homerischen Nekyia 326. nur ganz kurz
genannt, sie also wurden gerade von Agias mehr charakterisirt.
Jene drei sowohl als Medea und des Theseus Geliebte, die Amazone Antiope, erschienen nicht wie die Frauen der echten Artikel
bei Homer als Heldenmütter ausgewählt, um ihrer Söhne, Männer und Sippschaft willen, sondern mehr nach ihrem eigenen
Wesen oder Geschick. Doch sind es nicht lauter böse Frauen,
wie Eriphyle, Medea und Antiope, die Verrätherin ihrer Stadt;
ein auf Alle passender Zweck und Gesichtspunkt bei der Auswahl lässt sich eben nicht erweisen.

Neben diesem Bilde der in den Hades geführten Mörder
erzählte Agias nun die Bestattung derselben durch Orestes mit
einem üblichen Leichenmahle (Od. 3, 309 f.). Bei dieser Bestattung ist in des Agias Epos ganz gewiss nicht erfolgt, was Eur.
Orest. 402 an diesem Tage beginnen lässt, die Erhebung der
Erinyen gegen den Muttermörder.[237] Gerade in der Orestes-
und Agamemnonssage trat vor andern der Wandel im Glauben
hervor, welcher die Lyrik und Tragödie vom nationalen Epos
unterscheidet. Der Plan des Agias lief ganz unzweifelhaft noch
in die endliche Heimkunft des Menelaos aus, der eben am Tage
jener Bestattung anlangte. So die vorhomerischen Lieder (oben
Buch 2., §. 11.) und so die Epopöe des Agias nach dem Inhalt.
Dieses in Sage und Poesie feststehende Zusammentreffen der
beiden Thatsachen gab den Schlussstein der Epopöe von der
Atreiden Rückweg. Die poetisch als Hergang ausgeführte Ankunft des Menelaos und der Helena muss hier eine bewegte
Scene gegeben haben. Sie haben Agamemnons Mord schon von
Proteus erfahren und auf das Schmerzlichste beklagt, auch dem
Todten am fernen Strande ein Denkmal errichtet, dazu von Ae-

237) Irrig Welcker Cycl. 2, 287 und vollends über Homer. Siehe
Sagenp. 463 f. 521—524. Overb. Gallerie heroischer Bildw. 1. 677. „Homer
kennt nur den ruhmvollen Orestes, der seines Vaters Mord gerächt hat,
und die Excerpte aus Proklos lassen die Nosten ebenfalls nach der voll-
brachten That des Orestes mit Menelaos Heimkehr schliessen. In der
Tragödie also haben wir die Quellen der Bildwerke (zur Orestee) zu suchen,
und es ist hierfür eine wohl zu merkende Thatsache, dass wir in dem reichen
Bilderkreis der Oresteia nicht ein einziges Vasenbild mit schwarzen
Figuren besitzen".

gisthos Strafe eine Vermuthung gehört.[238]) Eine Begegnung mit
Orestes musste Agias, sei es später nach der Landung am lake-
dämonischen Ufer oder bei anderer Landung, gleich eintreten
lassen. Ganz in natürlicher Lage war hier eine Scene mit
schmerzlicher Begrüssung gegeben, aber neben dem Ausdruck
der zornigen Klage um Agamemnon und des Abscheus gegen seinen Mörder musste auch die Anerkennung der Rachethat des
Orestes hier ihre Stätte finden. Auch Helena musste einstimmen
und die Schwester Klytämnestra verabscheuen.[239])

Dem Menelaos lag es nun gar nahe, seine Trennung vom
Bruder in Troia jetzt schmerzlich zu bereuen. Der Zwist war
dort durch sein Verhalten geschehn, seinen sonst milden Sinn
hatte Athene's Zorn hauptsächlich verkehrt. Er musste sich sagen, wäre ich mit dem Bruder zusammengeblieben und heimgekommen, dann wäre der Mordplan entweder vereitelt oder nach
erfolgter Rache Aegisthos nicht so bestattet worden (Od. 3, 248 ff.).
Durch diese Mahnung an die Entstehung des Haders, der die
Heimkehrenden durch Parteiung zerstreute, ward die Erzählung
vollends abgerundet. Die Gestaltung dieses Schlussaktes würden
wir uns bestimmter vorstellen können, wenn uns nicht alle Anzeichen des individuell gemüthlichen Dichtergeistes fehlten.

Eine Vermuthung ergiebt sich aus einem Citat, dass Agias
die Vermählung der Tochter des Menelaos und der Helena, Hermione, an den Neoptolemos in die unfrohe Schlussscene einge-
flochten habe. Das schwersinnige Gedicht, welches den Umschlag des endlichen Sieges über die reiche Königsstadt in die
unglückliche Heimkehr besang, es hatte als Schlussakt die späte
Heimkehr des Menelaos in die Heimath, und der Helena zu den
zuerst geliebten Ihrigen; aber die Freude hierüber war sehr ge-
dämpft durch die eben jetzt in allen Umständen gegebene Erinnerung an das Geschick des verwandten Hauses. Da nun hat

238) Od. 4, 538 ff. 584. 546 E.
239) Klytämnestra war hier noch nicht, wie durch Aeschylos, die Haupt-
thäterin, sondern nur die homerische, und auch Helena die homerische
(s. Buch 3 §. 3 die homer. Frauen). Nur die rectificirende Poesie des
Hesiod im Cobetschen Schol. zu Eur. Or. 239 und Euripides 249 reihete
Helena mit Klytämnestra, als Töchter des Tyndareos, an schmählicher Un-
treue zusammen.

Agias den Neoptolemos dazwischen ankommen lassen, um die
Tochter der jetzt Heimgekommenen, die Hermione, wie Menelaos ihm vor Troia zugesagt, als Gattin heimzuführen. Diese
Hochzeit feiert nun das Haus zugleich mit der zweiten des Sohnes
Megapenthes (Schmerzenssohn), erzeugt nach Helena's Raube mit
einer Dule; so geht die Erzählung in eine Erheiterung aus und ver-
knüpft den früheren Theil von Neoptolemos Heimkehr mit diesem
letzten.[210] So verfuhr der Dichtergeist hier in Beimischung eines
Froheren zuletzt noch ebenso, wie er die freilich durch Wechsel
anziehenden aber schweren Abenteuer des um- und abgetriebenen
Menelaos durch die Gastbesuche in Sidon und im ägyptischen
Theben erheiterte.

Nur in solcher Weise und insoweit hatte Agias die vieltheilige Handlung, wie sie allerdings das die Betroffenen von Anfang zerstreuende göttliche Motiv erzeugte, noch einheitlich durchzuführen vermocht. Es waren fast nur leidentliche, nicht thätliche
Folgen, wo der menschliche Wille dem theilnehmenden Hörer
sich meistens nur im Bestehen des Ungünstigen erwies, das Interesse aber durch die Mannigfaltigkeit der wechselnden Abenteuer angesprochen wurde. Ein einheitliches Ganze bildete die
Epopöe immer noch. Hatte Agias die Wege des Kalchas mit den
beiden Lapithen und des Neoptolemos nach den Städte- und Ge-
schlechtssagen geneuert, so waren dies doch Nebenpersonen
und episodische Nebenpartieen. Wie der Titel „Rückweg der
Atreiden" hervorhob, waren die Fahrten dieser doch die wesentlichen centralen Bestandtheile. Der trözenische Dichter hatte
diese gewählt. Sein ernster Sinn mochte damit, was den Agamemnon betrifft, nicht sowohl dessen Trauergeschick als die
Rachethat des Orestes im Auge haben. Agamemnon galt dem
Agias unstreitig als verehrter Heros, und hatte sein Grab in

---

210) Das Citat im Schol. zu Od. 4, 12 oder eigentlich schon 4—14.
Dass der Dichter der Heimkehr das Wort δούλη, Dienstmagd, selbst als
Eigennamen gebraucht oder statt dieses einen Eigennamen gesetzt habe,
wird von Welcker S. 282 fein, wie oben, ausgedeutet. Menelaos feiert
zugleich die Hochzeiten seiner beiden Kinder, die des Megapenthes mit
einer Spartanerin und die der Hermione, die mit Neoptolemos wegzieht.
Natürlich liess Agias sie nicht nach der Burg der Myrmidonen, sondern
nach den Molossern ziehn.

Mykene nicht erst in späterer Zeit (Paus. 2, 16, 6.). Auch die That des Orestes war ruhmreich in der älteren Poesie. So führte die Rückkehr der Atreiden ihre Erzählung als zum schliesslichen Hauptpunkt, zu Orestes Rache, und hob diese durch die Parallel-partie von des Aegisthos und der Klytämestra Ankunft und Schrecken im Hades. Dann liess er aber auch den Menelaos gerade zu dieser Genugthuung eintreffen, worauf nun noch der erheiternde Akt der Doppelhochzeit folgte.

Durch die vorstehende Musterung der nächsthomerischen Epopöen ist Nichts so deutlich ins Licht getreten, als wie viel, wenn es die Einheitlichkeit gilt, auf die Beschaffenheit des Stoffs ankommt, wie vor allen andern dazu bildsam und günstig die homerischen sind, wie unstatthaft es also war und ist, die ge-sammten folgenden Epopöen in Einem für unkünstlerisch zu ver-werfen, weil keine eine ähnliche Harmonie an sich trage, wie die Odyssee. Unter ihnen stand, wie wir sehen, die Aethiopis den homerischen ganz nahe. Der Stoff der Eroberung Troias gewann eine zwar nicht persönliche, aber dennoch grossartige Harmonie, wenn er unter die Idee des göttlichen Waltens gestellt und unter ihr erhalten wurde, wie der ältere Epiker sie durchführte. Was der jüngere Lesches hier bei seiner Neudichtung angestrebt, war nicht ohne Umkehr der Nationalsage, noch ohne unhomerische Weltan-sicht ausführbar. Von allen reicheren und vom Götterregiment beseelten Sagentheilen waren der Ursprung des troischen Kriegs und die Heimkehr der troischen Helden die ungünstigten Stoffe. Gewählt aber haben die Dichter erst in zweiter Reihe nach der künstlerischen Bildsamkeit; das erste war das Interesse der Mitbürger und Nachbarn, die da ihre Helden und Götter am liebsten gefeiert hörten.

Der Vorzug der von Homer gewählten Stoffe vor allen üb-rigen beruht aber nicht auf der vollkommenen, auch persönlichen Einheitlichkeit allein. Sie sind der Art, dass die an den Haupt-helden geknüpfte Handlung zugleich einmal das weiteste National-interesse befriedigt, sodann ganz auf natürliche Weise eine brei-tere inhaltsreichere Folie gewinnt. Hierzu kommen dann die individuellen Gaben des Dichtergenius, das dramatische Leben mit dem Redestoff aus der Fülle anderer Sagen, besonders vom älteren Heldengeschlecht, und alle die andern Vorzüge mehr, die im Folgenden aufgewiesen werden. Es ist ja der Zorn des Gekränkten mit seinen Folgen der das Thema der Ilias bildet.

Gehn wir denn nun zur speziellen Charakteristik Homers über, und beginnen diese mit dem, was vom individuellen Dichtergeiste das sprechendste Zeugniss giebt, und wovon die Anerkennung des Dichtergenius Homers auszugehn hat. Dringt diese Anerkennung sich doch bei allem Widerstreben auch den Zweiflern auf, die ihre Kritik einseitig auf die Ungleichheiten richten.

DRITTES BUCH.

Der Dichter Homer.

————

1. Vorwort zur speziellen Charakteristik des individuellen Dichtergeistes Homer.

In dem vorhergehenden Buch ist der Versuch gemacht, sowohl die Vorgänger als die Nachfolger Homers nach ihrer Art, die letzteren auch nach ihrer Individualität zu bestimmen. Der entschiedene Gegensatz dieser verschiedenen Perioden einer reichen Kunstentwickelung weist schon von selbst auf die grosse Individualität hin, die zwischen ihnen für die Nation unbestritten das Grösste und Schönste leistete.

Ehe die Betrachtung sich diesem Dichtergeist selbst eingehend zuwendet, ist daran zu erinnern, wie die seelische Einheit der homerischen Gedichte so viele bedeutende Forscher fast widerwillig zu ihrer Anerkennung getrieben hat.

Der Verfasser der bedeutendsten Litteraturgesch. d. Gr. verfährt noch mit einer mystischen Deutung des Namens Homer.[1]

————

[1] Bernhardy 2. S. 71. „Homer nun (wenn wir so den Geist nennen, der in den homerischen Gesängen lebt) hat darin als Meister sich bewährt, dass er mit vollkommenem Kunstvermögen alle diese Grundlagen beherrscht und die Elemente des Epos in ungestörter Harmonie vereint. S. 76. „Ueberall bewährt Homer die eigenthümliche Kunst **organisch** zu dichten; sein Blick musste genial sein, wenn er in den Massen glänzender Sagenkreise denjenigen Stoff erkannte, welcher den allgemein menschlichen Gefühlen die reichste Nahrung darbot und alle Regungen des Herzens beschäftigt" u. s. w. mit dem folgenden Bedenken. Dann aber nach Anerkennung des früheren Gebrauchs der Schrift zum Einlernen,

Er befand sich zwischen der Anerkennung der seelenvollen und kunstreichen Organismen, welche er nicht anders als Einem Geist zuzuschreiben wusste, und den erregten Zweifeln in einem seltsamen Hin und Her, fast noch wie der edle Fr. Jacobs einst, der in der Hellas (von 1809) erst (S. 248) sagt: „Dass Homeros nicht der Name Einer Person, sondern die Benennung einer ganzen Klasse von Dichtern gewesen", aber weiterhin die Gedichte zeichnet, wie sie (252 und 254) „mit tiefer Besonnenheit im Innersten der Seele empfangen und künstlerisch ausgebildet sind" — dann erklärt: „Die gestaltvolle Lebendigkeit mit gehaltreicher Tiefe, hoher Ruhe und reicher Besonnenheit vereinigt, ist das Abzeichen der homerischen Poesie in einem ganz vorzüglichen Grade". Hier ist wie im Vorhergehenden das grosse Individuum gezeichnet. Da nämlich der Genius sein Wesen als ganzer Mensch hat, und nicht durch die Stärke der bildnerischen Kraft allein, sondern im Zusammenwirken aller Seelenvermögen[2]) sich bethätigt, besonders aber durch den Seelenton, seine Eigenheit erkennen lässt, welcher in seinen Werken — hier in beiden gleichmässig als derselbe — sich offenbart; so ist in jenen Worten die Individualität bestimmt anerkannt. Eben das Gemüth giebt die Persönlichkeit und deren Besonderheit, und diese kann unmöglich, mit gleicher Stärke und Einheit der bildnerischen Kraft verschwistert, Gemein- und Erbgut einer Vielheit oder Reihe von Dichtern gewesen sein.

Diese Seele, welche die beiden Organismen durchzieht und eben als solche erweist, sie ist auch das Entscheidende für alle Anerkennung des einigen Dichtergenius und damit für alle richtige Erkenntniss der ganzen Geschichte des Dichters und seiner Werke. Alles, was den Homer zum Nationaldichter gemacht hat, wie es unter keinem Volk einen so mächtigen giebt, es sind

---

S. 104 f. und weiterem Einspruch gegen Wolf, die Darlegung des Entwickelungsganges und S. 11 das Verdienst Homers.

2) Vgl. Gervinus Shakespeare 4. 306. „Nicht in dem Vorwalten einer einzelnen Kraft bewährt sich die Genialität, auch ist das Genie nicht selbst ein bestimmtes Vermögen, sondern es ist eben die harmonische Verbindung und zusammenwirkende Totalität aller menschlichen Vermögen". — „Vielmehr ist auch der Begriff der Gesetzmässigkeit in dem Genius wesentlich gelegen, und die ganze Vorstellung des gesetzloswirkenden Genius ist die Erfindung von Pedanten" u. s. w.

persönliche Eigenschaften, aber vor Allem ist er durch seine bei
tiefem Lebensernst mildschöne Weltansicht und Humanität wie
Liebling so Lehrer seines Volks geworden. Die Beachtung und
Verfolgung dieser Seele ist es, welche die Buch 2 §. 17 a. E.
Angeführten zu ihrem Urtheil gegen die Zersplitterung bewogen
hat. Sie und Andere, die alsbald genannt werden, heben sämmtlich die sittlichen Ideen hervor, welche beide Gedichte als ihr
inneres Motiv durchziehn, und sie sind eben auch durch die
Gleichheit des sittlichen Geistes in Beiden gehalten, die Odyssee
nicht einem andern Verfasser zuzuschreiben. Mehr nur äusserlich die Geschichte der epischen Dichtung als dieses innere Leben beachtend hat der Forscher, welcher als der erste Reforma-
tor nach Wolf Epoche machte, durch richtigere Würdigung der
Cycliker zwar die Einheitlichkeit der Gedichte vertreten, aber die
des Verfassers nicht anerkannt, während er die verdächtigen
Stellen gern vertheidigt.[3] Die erkannte Reihe der Cycliker als
Epopöendichter verführte ihn, den Begriff Homer zum Gemein-
namen zu verflachen. Die Homeriden wiederum mit ihrem begehrlichen Enthusiasmus sind dagegen Seite 106 ganz richtig im
Allgemeinen charakterisirt. Es übten die Homeriden ihre Kunst
des Rhapsodirens, wie sie sie üben wollten und zu üben verstanden, ohne sie, so viel bekannt ist, zu irgend einer Zeit einem andern ausser dem Geschlecht zunftartig verwehren zu können. So
wies er ihnen den geschichtlich richtigen Platz an. Da sie eine
Mehrzahl haben, so giebt es alle Wahrscheinlichkeit, dass sie
zuerst die umfänglichen Gedichte Einer den Andern ablösend d. i.
in agonistischer Rhapsodie vorgetragen und Proömien zu diesem
Vortrag gedichtet haben.

Durch unstatthafte so zu sagen Vertheilung der genialen Kraft
und Leistung an diese Homeriden verkümmerte ein anderer bedeuten-

---

3) Welcker Ep. Cycl. 1. 127. „Der Dichter der Ilias ist eine Person,
unter allen Geschlechtern der Menschen eine der hervorragendsten, eine
andre unbekannte Person, eine höchst sinnvolle und kunstgeübte ist der
Dichter der Odyssee; nicht aber ist der Homer eine Person, welcher so
viele Poesieen einige Jahrhunderte hindurch zu dichten fortfährt". Dies
Letztere ist in dem Obigen auf das Geschichtliche zurückgeführt. Ausführlicher im 2 Buch der Sagenpoesie S. 297 ff., besonders die missbrauchte
Stelle Xen. Mem. 4, 2, 10. S. 349—352.

der Förderer der Untersuchung seine Verdienst. Grote machte
erstens ebenfalls die Stellung der Ilias und Odyssee in der Reihe
der Epopöen geltend, da man doch nicht etwa die des Arktinos
als die voranstehenden Muster behaupten könne, und wies auf
den Philosophen Xenophanes hin, der um dieselbe Zeit mit dem
Unternehmen des Peisistratos „den Homer schon als den allgemeinen Lehrer bezeichnete und ihn als einen unwürdigen Beschreiber der Götter anklagte". „Dieses grosse geistige Uebergewicht muss der Philosoph", sagt Grote, „nicht mit einer Zahl
verbindungsloser Rhapsodieen, sondern mit einer zusammenhängen-
den Ilias und Odyssee in Beziehung gebracht haben. Und auch
das politische Ansehen, welches der Schiffskatalog hatte im Streit
Athens mit Megara um Salamis und in dem noch früheren um
das Vorgebirge Sigeum,[4]) hätte in seiner kanonischen Bedeutung
nicht stattfinden können, wäre es nicht lang vor Peisistratos Gebrauch gewesen, die Ilias als fortlaufendes Gedicht zu hören".[5])
Es schliesst sich hier das mittelbare Zeugniss an, welches in der
damals entstandenen Periode homerischer Formeln liegt von ver-
breiteter Bekanntschaft mit dieser Poesie (Sagenp. 319.). Ausser
den obigen Beweisen, dass die Ilias und Odyssee vor Arktinos,
der über zwei Jahrhunderte vor Peisistratos zwei umfängliche
Epopöen von mehren Tausend Versen dichtete, als zusammen-
hängende Ganze vorhanden gewesen sein müssen (512 f.) und
der sehr eingehenden Darlegung der Einheit der Odyssee (520 f.),
spricht derselbe Geschichtschreiber (519) das sehr folgenreiche
Urtheil aus, welches übrigens schon im Jahre 1838. von W.
Wackernagel ganz gleichlautend ausgesprochen war:[6]) „Wäre uns
die Odyssee allein erhalten worden, ohne die Iliade, so glaube
ich, der Streit in Bezug auf die homerische Einheit würde nie

4) Herod. 5, 94. Arist. Rhet. 5, 15, 13.
5) Grote G. Gr. 1, 512 der Uebers. Der Verf. dieses ist von Grote
missverstanden. Ueber Xenophanes und Theagenes von Rhegium das
Genauere Sagenp. 303. Es gilt aber alles Dieses und fast zuerst gegen
die Welckersche Verallgemeinerung des Namens und Begriffs Homer.
6) Schweiz. Mus. 11. S. 81. „Wäre die Ilias nicht — bei der Odyssee
allein wäre die Kritik schwerlich darauf verfallen, die Existenz eines
einigen Dichters zu läugnen; mit so gereifter Kunst sind hier die Spalten
zwischen den einzelnen Theilen überkleidet, mit solchem Geschick sind
die kleineren Einheiten unter eine neue grosse zusammengebracht".

erhoben sein. Denn die erstere ist, meiner Meinung nach, fast
von Anfang bis zu Ende von Zeichen absichtlicher in Eins Bildung durchdrungen, und der speziellen Fehler, welche Wolf u. A.
aufsuchten, um das Gegentheil zu beweisen, sind so wenige und
von so geringer Wichtigkeit, dass sie allgemein als blosse Versehen
des Dichters betrachtet worden sein würden, wenn sie nicht
durch die weit mächtigere Batterie, die man gegen die Ilias er-
öffnete, secundirt worden wären". Auch in der letzteren erkennt
er grosse Partieen, welche unläugbare Beweise von Zusammenhang in Bezug auf Vorhergehendes und Folgendes darbieten, und
macht es dem Kritiker zur Pflicht, nicht die einzelnen Widersprüche nur, sondern den durch den grössten Theil des Gedichts
gehenden Zusammenhang (die Hauptsache) zu betrachten (525).
Ihn selbst hat seine Betrachtung dahin geführt und verführt, die
Gesänge der Ilias als ursprünglich zwei kleineren Epopöen angehörig zu glauben, einer Achilleis, welche aus Ges. 1—8 und 11
bis 22 bestanden habe, und einer Ilias, welche aus Ges. 2—7
und 10 gebildet wird. Der 9. heisst unecht, der 23. und 24. wird
als vielleicht der Achilleis angefügt geduldet.[7]) Diese sehr subjective
Annahme hat bereits durch den um die Wahrung der antiken Ueberzeugung hochverdienten schon oben genannten Bäumlein ihre
Würdigung gefunden,[8]) und wird bei Darlegung des Planes der Ilias
im Zusammenhang berichtigt werden. Hier ist Grote's mangelhafter
Begriff vom Dichtergenius und sein Unterschieben der Homeriden aufzuführen. Wie es S. 494 heisst: „Homer ist kein in-
dividueller Mensch, sondern der göttliche und heroische Vater
(die Ideen von Verehrung und Ahnenschaft verschmelzen, wie
sie es in der Seele der Griechen stets thaten) der Homeriden-
gens —" so wird S. 543, nachdem die Möglichkeit eingeräumt
worden, dass ein anfangs kleineres Gedicht von seinem ursprünglichen Verfasser später erweitert sei (wie Goethe mit seinem Faust
gethan), eine andere Entstehungsweise so bezeichnet: „Andererseits kann ein planmässiges Gedicht recht gut nach vorher
bestimmter Uebereinkunft zwischen verschiedenen Dichtern
entworfen und ausgeführt worden sein, unter denen einer wahr-

---

7) Uebers. S. 527—534. Die Achilleis 534—542. Die Ilias im Ori-
ginal History of Greece Vol. II. Part 1. chapter XXI. p. 191.

8) Philol. XI. 3. Grote's Ansicht über die Ilias. S. 405—430.

scheinlich der regierende Geist sein wird, obgleich die
andern auch wirksam, vielleicht gleich wirksam sind in der Ausführung der Theile. Eine solche Verbrüderung sei in den Homeriden zu erkennen, welche man, wenn auch ohne Zweifel sehr
verschieden unter einander an Geisteskraft, doch in höherem Grade
gleichen Wesens zu denken habe als Individuen in modernen
Zeiten". Schon in diesen Meinungsäusserungen verräth Grote,
wie sich ihm bei der gebotenen Annahme eines Planmässigen
das Erforderniss eines Individuums höherer Begabung aufdrängte.
Im Fortgange (543 f.) lesen wir dann doch nichts Anderes als
der Odyssee sei die Abfassung durch Eine Person zur Zeit durch
keine haltbaren Gründe streitig gemacht, und vom Bau der Ilias
sei nach seinem Urtheile keine Theorie zulässig, die nicht eine
ursprüngliche und vorher aufgefasste Achilleis annehme. So
haben wir doch einheitliche Ganze, und müssen nur urtheilen,
das Wesen der genialen Kraft sei dem hochachtbaren Mann
nicht klar gewesen, und in die Verfolgung der die homerischen
Dichtungen beseelenden sittlichen Ideen sei er nicht eingegangen.

Ehe wir selbst aber die beiden Pläne darlegen, ist zur sorg-
samen Vorbereitung dieser Entwickelung noch Mancherlei erforderlich, was wir in zwei Abschnitte oder zwei Schlussreihen fassen. Der eine, den wir weiterhin folgen lassen, hat die epische
Darstellungsweise zu charakterisiren, aus der einerseits die Beurtheilung und das Verzeichniss der umfänglichen Interpolationen
hervorgeht, andrerseits das Verfehlte der Versuche sich ergiebt,
die kleinen Lieder herzustellen. Der zunächst folgende Abschnitt
soll den Dichtergenius theils in seiner gemüthlichen Eigenheit
und seiner bildnerischen Geisteskraft, theils in seinem Composi-
tionsverfahren beschreiben. Ist er in diesen Rücksichten als ge-
meinsamer Verfasser der Odyssee wie der Ilias erschienen, dann
werden schliesslich die vermeintlichen, aber nicht entscheidenden
Unterschiede zusammengestellt.*)

*) Wir haben diese Andeutung des Verf. stehen lassen. In der hier
folgenden Darstellung findet sich die Kritik der kleinen Lieder nicht, sondern Buch 1, Abschn. 2, die Zusammenstellung „der vermeintlichen, aber
nicht entscheidenden Unterschiede", fehlt ganz.　　　　　　　D. H.

Abschnitt I.

Homers Darstellung und Compositionsverfahren.

2. Der gemüthreiche Dichtergenius Homer nach Odyssee wie Ilias.

Dem Wesen genialer Schöpferkraft, wie sie sich zumal in der Odyssee, aber auch in der Anlage und Durchführung der Poesie vom Zorn des Achill erwiesen hat, geschieht nicht Genüge durch die dem Heroencultus entnommenen Bezeichnungen göttlicher, heroischer Vater oder „in einer Dichterreihe herrschender Geist". Dass dies wirklich nicht genüge, erklären philologische Forscher zum Theil wie im Aergerniss an der Sünde wider den Genius, indem sie nicht blos die lachmannische Meinung, sondern auch die allmähliche Schöpfung der Homeriden von sich weisen, während sie Ausdehnung durch Einschiebsel ebenso entschieden anerkennen.[9]) Allmählich hat freilich der Dichter die im Stoff gefundene sittliche Idee in sich zu dem Plane und allmählich diesen selbst ausgebaut, allmählich in Partieen gegeben aber schöpferisch mit eigenen Theilen durchwebt (z. B. in der Odyssee Telemachs Reise, in der Ilias Hektors Gang in die Stadt). Sein aber ist besonders das, was jener von Lehrs hervorgehobenen religiösen und moralischen Grösse verdankt wird. — „Die künstlerische Grösse verlangt nämlich zu ihrer Basis die rein mensch-

---

9) Lehrs an der schon oben S. 56 P. angeführten Stelle seiner Popul. Aufss. Fr. Zimmermann Begr. d. Epos S. 18 f.: „Als liesse sich eine Zeit denken, in welcher die höchste Genialität Schulton war? Und wir sollen noch das wunderhaftere Wunder glauben, dass diese Gedichte, durch welche ein Geist unverkennbar, durchaus eigenthümlich und unerreichbar weht — von einer Innung ausgegangen seien, welche durch unerhörtes Naturspiel genau dieselbe dichterische Individualität, denselben Grad des schöpferischen Vermögens besessen haben müssten, wenn wir die Iliade und Odyssee bei solcher Gleichartigkeit ihres Charakters auf sie zurückführen dürften". Ders. über Einschiebsel das. und über Homers Compos. S. 140. Hegel Aesth. 3. 339: „Die homerischen Gedichte — manchen Einschaltungen und sonstigen Veränderungen ausgesetzt — bilden durchaus eine wahrhafte, innerlich organische Totalität, und solch ein Ganzes kann nur Einer machen". Vorher: „Viele Stücke in demselben Tone fortgesungen, machen jedoch noch kein einheitvolles Werk, das nur aus einem Geiste entspringen kann".

Nitzsch, Gesch. d. griech. Epos. 20

liche," wie Carriere sagt. Dadurch hat er seinen Gedichten überhaupt das Charaktervolle gegeben, was ihre eigenste innerste Eigenschaft ist, aus der auch die dramatische Form hervorgeht. Besonders sprechend offenbarte sich dieser Sinn in seinem Zeus wie
unter den Helden im Achill und Hektor; der Zeus Homers gestattet
ungern den Rachekrieg gegen das in allen andern Gliedern wegen
seiner Frömmigkeit geliebte Königshaus (Il. 4, 43.), erst da die
Kränkung des Achill bei ihm angebracht wird, nach langem Sinnen
(1, 512). entgegen den Schutzgöttern der Griechen und besonders
der Here (der der Atreiden), beschliesst er, zur Genugthuung des
verdientesten Helden einen selbstbemessenen Rath. Der Sohn des
frommen Königshauses soll darnach, in drei Stadien sieghaft, den
Griechen Noth schaffen, bis Achill aufgeregt werde (Il. 8, 473 f.), wonach dann, wann dieser in seiner Nähe ein Schiff aufleuchten sieht,
allmählich erst durch Patroklos, dann durch Achill selbst, Umkehr
geschehen soll. Dieser menschlich auch erregbare, aber maassvoll
über den Parteien stehende höchste Gott gewährt dem Agamemnon mitten in der Büssungszeit doch Rettung (S. 246.), ja einen
Siegesgang, als Achill, der nicht vergessen kann, die Versöhnung
verweigert hat (11, 186 ff.). Er erwirkt endlich nochmals,
als Achill wieder maasslos in der Rache sich erweist, die Auslösung der Leiche des Hektor an Priamos. So nicht von der
Sage, sondern vom edeln Dichter ausgeprägt, gab dieser göttliche Charakter ganz besonders die Ueberzeugung, dass nur Ein
Schöpfer diese Ilias entworfen und ausgeführt habe. So heisst es
nach einer Charakteristik eben des Zeus: „Wie hoch aber Homer
im Ethischen und Religiösen stehe, muss man im Ganzen erkennen. Diese im Ganzen lebende Seele, das höchste dichterische
Vermögen nicht gerechnet, bürgt für die Einheit der Gedichte,
und da alle dagegen sprechenden Wahrnehmungen auf andere
Weise befriedigend erklärt sind, so weiss ich nicht, was uns bewegen soll, gegen alle Erfahrung das Wunder einer Reihe von Dichtern zu glauben, die sich an sich so gleich gewesen, und deren
Namen noch dazu in dem eines einzigen untergegangen seien.
Was Homeriden vermögen, ersehe man an den Hymnen: alles
Schöne bei ihnen — ist Nachklang des homerischen Götterliedes."[10])

10) Thudichum die Trag. d. Soph. übers. 1. A. S. 242 (noch heute
nicht anders), und Bäumleins Nachweisungen Philol. XI. 3. 409. Sagenp. 189 f.

Der sittlich religiöse Sinn hatte den Dichter schon zu der Wahl seiner beiden Stoffe bestimmt. Die Ilias stellt in ihrem ersten Gange (1—16) die Büssung der von Agamemnon verwirkten Kränkung und das Leid der Griechen dar, in dem zweiten den tragischen Achill. [11]) Die Odyssee lässt in der Erzählung der Irrfahrten des Helden, welche der Dichter durch ein Meisterstück als bereits bestanden zum Ruhmestitel gestaltet hat, doch diese eigentlich als Folge eines in der Siegesfreude entfallenen Wortes und dadurch verwirkten Götterzorns erkennen, dann im Haupt- theil aber giebt sie ein Beispiel eines durch denselben gottge- liebten Helden bestraften frevelhaften Attentats. [12]) Hiermit ist denn ein tieferer Grundton beider Epopöen gegeben, der in sei- ner Durchführung nicht anders als aus der persönlichen Seelen- stimmung des Dichters hergeleitet werden kann. Aber bei dem Ernst und der Grossartigkeit der Weltansicht, welche sich dadurch kund geben, können wir ganz unzweifelhaft einen Unterschied zwischen ihm und Hesiod an heiterer Lebensansicht und Weltan- schauung und die glückliche Mischung des Ernstes mit Frohsinn und überhaupt die Humanität dieses Sprechers und Bildners des Griechengeistes wahrnehmen. Nicht erst in den Zeiten schon ent- wickelter mannigfacher Dichtungsarten treten verschiedene Dichter- geister hervor, nicht blos Lyriker etwa wie Solon und Mimner- mos, und Tragiker, wie Euripides und Sophokles, unterscheiden sich in ihrer gemüthlichen Eigenthümlichkeit, auch das Epos, welches in Darstellung der Götter- und Menschenwelt ein Welt-

---

11) Bäumlein das. S. 417. „Es muss sich ja wohl, je inniger man sich mit dem Gedichte vertraut macht, um so klarer die Ueberzeugung aufdrängen, dass das Gedicht von dem verderblichen Zorn recht eigentlich darthun soll, wie selbst bei den edelsten Naturanlagen der Mangel an Mässigung in dem Selbstgefühl und einem an sich berechtigten Pathos unheilvolle Wirkungen hat, wie die Nemesis die Ueberschreitung des Maasses ahndet". Ad. Schöll, Beitr. z. Kenntn. d. tr. Poesie 1, 288. „Der Achillszorn, das Thema der Ilias, dieser edelste Kern des antiken Epos, ist, wie der Krafttheil aller Völker, Prototyp der vollkommensten Tragödie". Sagenp. 265 f. 291 f. 433. „Am tragischsten sind die Fälle und Menschen, wenn sie ihr Recht und ihre Tugend übertreiben, Maasslosig- keit in an sich berechtigten Erregungen und Strebungen üben, oder sich dahin vergreifen, dass sie durch dasselbe, wodurch sie sich Heil und Ge- winn zu schaffen meinten, ihr Verderben finden".
12) Grote S. 523. Sagenp. 292 f.

gemälde umfasst, hat bei seinen Erzählungen dazu Anlass, und
giebt dem Geschilderten die Farbe des Dichtergemüths. Es ist
nicht eitles Spiel, wenn schon alte Schriftsteller bemerken, in
Homers Mund werde Alles preiswürdig und auch das Unschein-
bare erscheine im hebenden Glanz. Sie hatten nicht Unrecht,
die schmückenden Beiwörter, wie sie der lebendigen Anschauung
angehören, aus seinem freundlichen Gemüth herzuleiten.[13]) Es
ist zum guten Theil als persönlicher Unterschied der Dichterge-
müther zu fassen, wenn die Menschenwelt Homers mit ihrem ver-
trauensvollen Glauben und naiven Verkehr mit ihren Göttern den
entschiedensten Gegensatz bildet zur Schilderung des Hesiod, wo
Anklage des ganzen Menschenalters verlautet und im Gottesdienst
ängstliche Sorglichkeit herrscht. Freilich tritt auch bei Hesiod
an die Stelle des Bildes der Heldenwelt mit ihrer zum Lied gewordenen Thatenlust die Wirklichkeit, in welcher Alles auf Arbeit und Erwerb abzielt. Verwandt mit seiner freundlichen Anschauungsweise ist der Ausdruck menschlicher Rührung, wenn
Homer gerade bei seiner Schilderung der Kriegsscenen den sich
begebenden oder geahneten Tod eines Kriegers mit einer aus
dem Leben gegriffenen Aeusserung des Mitgefühls begleitet. Der
Tod des Gefallenen ist schmerzlich hier a) für Vater und Mutter,
denen er nicht Kindesdank erweisen oder im Erbe folgen wird,
dort b) für die Gattin, die er umsonst mit reichen Brautgaben
erworben, oder die, wenn sie die Kunde vernommen, bei ihrer
durch die Nacht hinschallenden Wehklage Hausgenossen und Nachbarn nicht schlafen lässt; er ist bedauerlich, c) weil kein Reichthum, keine Kunstbegabung durch eine freundliche Gottheit, keine
Beliebtheit bei den Menschen, keine königliche Schwägerschaft
davon errettet hat.[14]) Den prophetischen Vater, der ihnen den
Tod vorausgesagt, hatten sie nicht gehört (11, 330f.). Jener
aber, dem der Vater ein Doppelgeschick verkündet, wählte den
Kriegertod vor dem daheim durch Krankheit und dazu dem ihm

---

13) Dio Chrysost. 33. II. 5. Rsk. Themist. 1. a. E.
14) a) Il. 4, 477. 5, 150—158. b) 11, 242—246. 5, 412—415.
c) 5, 612—614. 5, 51—54. 6, 14—16. 13, 172—176. S. auch z. B. 11,
330 und wie der in eigenen Worten immer humane Dichter Sieger ihre
Schläge mit Sarkasmen begleiten lässt 14, 501—505. 456f. 13, 373 bis
382. 411—416, bei der Drohung 11, 391—395.

treffenden bösen Leumund der Feigheit (13, 666 ff.). Endlich
Zeus selbst, als Hektor dem gefällten Patroklos allzukühn die
Waffen des Achill abgezogen, lässt er ihn doch gewähren, er
mag sie tragen auf dieser letzten Siegesbahn, wird doch Andromache ihm nicht bei der Heimkehr jene Waffen abnehmen
(17, 207 f.).

3. Fortsetzung. Die homerischen Frauen.

Auf dem Grunde der hiermit im Allgemeinen gezeichneten
Seelenstimmung heben sich nun zum wohl individuellsten Zeugniss die Bilder der edlen Frauen oder treuer Diener hervor;
also Andromache und Helena, Penelope und Nausikaa,
die Amme Eurykleia und der Hirt Eumäos auch der schlau-
treue Herold Medon.[15] Sehen wir, wie in diesen Charakteren
aus beiden Epopöen, und namentlich in dem beiden gemeinsamen der Helena sich ein und dieselbe gemüthreiche Bildner-
kraft erwiesen hat. Diese selbe Kraft schuf die Andromache des 6.
und des 22. Gesanges der Ilias, diese beiden lebensvollen Familien-
bilder. Die allberühmte Abschiedsscene am Thor zum Schlachtfelde nicht blos mit dem „Hektor, so bist du Vater mir jetzt
und würdige Mutter“ u. s. w., sondern mit allen und jeden Pulsen
des Gatten- und Elternherzens in Einem, und die andere 22,
437 ff., wo sie vom Fleisse am Webstuhle und der Sorge für das
Bad, wenn der Gatte aus der Schlacht komme, (seine Pferde
8, 186—188) durch ein fernes Jammergeschrei aufgeschreckt
zum Thurm eilt, von da ihn geschleift sieht und die Klage erhebt mit der unvergleichlichen Schilderung des Wittwen- und
Waisenstandes.[16]

Derselbe Kenner des Menschengemüths prägte die sich durch
die ganze Odyssee gleichen Züge der Penelope, „des treuesten
der Weiber“, aus, wie sie, nachdem ihr durch alle Zeiten
sprichwörtliches Gewebe verrathen ist, in 1, 336. dem Gesange
von der trauervollen Heimkehr wehrt und sich über den eben
mündig werdenden Sohn verwundert, 306 f., wie sie bei ihren

---

15) Anm. zu Od. 1. 677.
16) Fr. Zimmermann: Ueber den Begr. d. Epos S. 24 mit Vergleichung der Klage der Damajanti um ihren Nalus. S. Holtzmanns Ind.
Stud. Th. 3. S. 33 ff.

thränenreichen Nächten und Tagen in Sehnsucht nach dem Gatten
verlangt, wie sie, unterrichtet von dem Mordplan gegen den Sohn,
im 4. Gesang um diesen bangt, und der treuen Eurykleia die Verheimlichung der Reise vorwirft, wie sie weiter, abgesehn von ihrer
Leichtgläubigkeit, mit der sie jeden fernher Kommenden nach dem
Manne fragt (14, 126—130), als ihr der Gedanke, den Freiern zu
erscheinen, entsteht, das unübersetzbare Lächeln im Gesicht hat
(18, 163. ἀχρεῖον), von Athene durch einen Wunderschlaf er-
quickt, sich in ihrem Sehnsuchtsleid solch sanften Tod wünscht
(18, 201—205). Vor Allem köstlich aber ist sie in zwei Scenen
gezeichnet, da sie im 19. Gesange den unerkannten Gatten, der mit
seinen wie Horn und Eisen stehenden Augen ihr gegenüber-
sitzt (211), im längeren Gespräch ausfragt, und mit der Nothwendigkeit ringt eine Entscheidung herbeizuführen, sodann da sie, als der
Freiermord vollbracht ist, die Meldung der Eurykleia erst ungläubig
abweist (23, 11 ff.), dann, zum Glauben gedrängt, als das Gegenbild ihres besonnenen Mannes, noch zweifelmüthig, ob sie ihn von
fern ausfragen oder ihm um den Hals fallen soll, noch an sich
hält, so dass der Sohn sie schilt, und wie die wunderbare Scene
weiter geschildert ist. Endlich hat die Vergleichung der Heimkunft des Agamemnon mit der des Odysseus in des Dichters Behandlung besonders die Wirkung, die Treue der Penelope zum
Gegenbild der grausen Klytämnestra zu machen (11, 444—446).[17]
   Wenn nun unser wohlbegründeter Glaube mehr als geneigt
sein muss, diese beiden Frauenbilder, die Andromache und die
Penelope, gleich dem Alterthum, von einem und demselben
Dichtergeist gedacht und durchgeführt anzunehmen,[18] so zeugt der
Charakter der Helena, der in beiden Epopöen licht und lebendig
erscheint, bei gehöriger Zusammenstellung der in beiden gege-

---

17) Lasaulx die Ehe bei den Gr. in den Abhandl. d. bair. Ak. d. W. B. 7.
S. 36. Die Haupthelden beider Gedichte, sonst so verschieden, sind darin
einig, dass ohne Frauenliebe kein männliches Glück bestehe. S. 37. Die
ganze Odysse ist ein Lobgesang auf Penelope u. s. w.
18) Carriere das Wesen der Poesie. S. 147 f.: „aus Andromaches
lächelnder Thräne spricht die Innigkeit seines Gemüths uns an, wie die
Kindereinfalt seiner reinen Seele aus dem Zurückbeben des kleinen Astyanax vor dem Helmbusch des Vaters; Odysseus und Penelope offenbaren
den Empfindungsreichthum seines Geistes, die Treue seines Herzens."
S. dens. S. 174 und Lasaulx a. a. O. S. 38.

benen Züge von ihr, ganz besonders sprechend für die Einheit
des Dichters. Ganz irriger Weise bildeten sich gewisse alte Erklärer aus falschem Verständniss der Verse Il. 2, 356 und 590.
und entgegen den Anzeichen, welche andere Stellen enthalten,
das Urtheil, die Helena der Ilias sei von Paris mit Gewalt
und wider ihren Willen geraubt, die der Odyssee dagegen sei
ihm freiwillig gefolgt. Nach dem richtigen Verständniss jenes
Verses und seiner Beziehung auf Nestor und Menelaos spricht
derselbe von den sehnlichen Gedanken und Seufzern der Helena,
wie Nestor und Menelaos und selbst Hektor nur den Paris als
Schuldigen am Kriege anklagen; Helena selbst bekennt ihre
Schuld, klagt sich selbst als Verführte und den Paris als den
Verführer an, dies in beiden Situationen, in Troia, Il. 3,173 f.,
und 6, 344—358., wo sie sagt, Hektor habe Mühe wegen ihrer
Schamlosigkeit und Paris Unsal (ἄτη), in Sparta, Od. 4, 259—264.,
wo sie bei der Erzählung, wie in Troia ihre Sehnsucht nach
dem vorigen Verhältniss erwacht sei (vgl. Il. 3, 139—142), ganz
nach dem Glauben der Griechen (Il. 14, 198, 214—217.) die
Aphrodite nicht anders als Verführerin nennt, wie Il. 3, 395 bis
447 in dem Gespräch mit der Göttin selbst. Ausführlicher ist
dies Alles von Lehrs dargethan.[19])

Wie naturgetreu einfach und doch so fein ist das Bild des
unvergleichbar schönen aber sinnlichen und daher verführbaren
Weibes — verführbar vollends durch einen Paris, ihr männliches
Gegenbild! Mit welchem Geist gezeichnet ist dies Bild im Moment,
da sie den vorigen Gatten sieht, aber die Göttin des Liebreizes
ihre Lieblinge selbst kuppelt, sie aber sich ebenda zurecht findet und besonders an Hektors Freundlichkeit emporhebt. Lieb-
lich vollendet wird es in der Odyssee bei Telemachs Besuch.
Nachdem sie ganz nach Frauenart den Telemach an der Aehnlichkeit mit dem Vater erkannt hat, ist sie die anmuthige und

19) Populäre Aufs. Lpz. 1856. S. 11—15, wo auch die beiden Stellen
Il. 19, 325 und Od. 14, 68 in das gehörige Licht gestellt werden, in
welchen allein von griechischer Seite die Helena angeklagt wird. Achill
nennt sie die Entsetzliche im Aergerniss an dem um ein Weib entstandenen Krieg und in seiner durch den Verlust des Patroklos, aufgereizten
Stimmung. Eumäos aber verwünscht ihren Stamm nicht anders als Achill
nach Il. 19, 59 ff. die Briseïs, den Gegenstand seines Zwistes, lieber am
Tage, da er sie gewann, getödtet gesehen hätte.

freundliche Wirthin, wie gegen Hektor, Il. 6, 354 f., so hier gegen den Sohn des gefeierten Odysseus, und als ihre und des Mannes Erzählungen Schmerz und Thränen erregt, hat sie den allen Kummer stillenden Wundertrank (4, 220). Als dann der Jüngling Abschied nimmt, beschenkt sie ihn mit dem Gewande für die künftige Braut (15, 125). Und als bei der Abfahrt selbst ein Vorzeichen erscheint, hat sie, gegenüber dem schwerfälligen Menelaos, auf einen Schlag die Deutung (15, 169 bis 171).[20]

Es kann dem willigen Leser nicht entgehn, wie harmonisch all die Züge beider Situationen zu einem wahrsten Typus fein gedachter Weiblichkeit zusammenstimmen. Wenn er in dem Bildner dieses beseelten und stetigen Charakters besonders der homerischen Frauen den innigen, tief individuellen Genius vollends unabweislich gegeben sieht, höre er denselben geistvollen Gelehrten, der die Beweisstellen am sorgfälltigsten auslegt, was er S. 14 jener Schrift als Ergebniss ausspricht: „Zu alle dem gehörte nicht weniger als die unbefleckte sittliche und dichterische Grösse des Homer, wodurch er der gepriesene Liebling jeder Zeit, jedes Standes und jedes Alters geworden ist". Es wird der Leser sich die Kunstweise des Dichters besonders in dem Hin und Her des Lustreizes und der Scham, der Hingebung an den Liebling der Aphrodite und der treuen Erinnerung an Menelaos nebst der Vergleichung beider Männer im Gedächtniss behalten, wie es auf das feinste in dem Gespräch zuerst mit Aphrodite, dann mit Paris selbst gezeichnet ist, 3, 395—447. Und wenn er in der weiteren Litteratur der Griechen das zarte Bild der Helena in das hassenswürdigste entstellt findet (s. Lehrs' weitere Ausführungen), Homer aber in seiner lebensvollen dramatischen Darstellungsweise gerade auch in dieser Frau die Menschennatur nach ihrem Gemisch von Schwäche und Edelsinn gezeichnet und das Liebliche hervorgehoben hat, dann mag er auch eben hier an dem sprechendsten Beispiel die der Poesie darstellender Kunst eigenste Weise als die homerische bestätigt finden. Der wahre Epiker malt theils nur dasjenige und nur da aus, wovon und wo Wir-

---

20) Man vgl. auch Aug. Jacob: Ueber Entsteh. d. Il. und Od. S. 105. „Vollkommen entsprechend ihrer Darstellung in der Ilias erscheint Helena auch in der Odyssee".

kung erfolgt, theils charakterisirt er mehr durch Thatsachen der
Handlung als durch Worte,[21] theils endlich lässt er Eigenschaften
mittels Reflex der handelnden Personen erscheinen. Wie dies
die Bedeutung ist von der ganzen „Mauerschau", wie die Griechen
die Partie des 3. Gesangs der Ilias etwa von 121—244 nannten,
so hören wir in derselben die Art, wie Homer die zum Typus gewordene Schönheit der Helena preist. Es geschieht dies, abgesehn
von der einfachen Vergleichung mit der Artemis (Od. 4, 122),
mittels Anregung der Phantasie, allerdings auch durch die Zu-
neigung der Verleiherin alles Liebreizes, der Aphrodite, zu ihr
(Il. 3, 415), aber sinniger (und mit mehren Worten sonst nirgends) durch den dramatisch geschilderten Eindruck auf die troischen Greise: 3, 154—160.

Als sie Helena sah'n, die jetzt zu dem Thurme daherkam,
Raunte der Eine dem Andern ins Ohr die geflügelten Worte:
Schelte mir keiner die Troer und wohlumschienten Achäer,
Dass sie um solch ein Weib so lange sich mühen im Elend,
Gleicht sie ja doch an Gestalt unsterblichen Frauen der Götter.
Aber wie reizend sie sei, doch schiffe sie wieder nach Hause,
Ehe sie uns und den Kindern dereinst noch werde zum Unheil.

Wir erkennen hierbei auch, welche Feinheit in dem in's
Ohr raunen liegt. Die Stelle diente Lessing vor andern zum
Beleg für seine Lehre vom Unterschied der Dichtkunst und der
Malerei (Laokoon 322): „Was kann eine lebhaftere Idee von
Schönheit gewähren, als das kalte Alter sie des Krieges wohl
werth erkennen lassen, der so viel Blut und so viele Thränen
kostet"? Wir fügen mit Carrieres Worten die Theorie hinzu
(155 f.): „Der Dichter arbeitet eigentlich mit der Phantasie des
Hörers oder Lesers, sie will er anregen, dasselbe Bild zu ent-
werfen, das vor seiner eigenen Seele schwebt". „Von Helena
sagt Homer nur, dass sie schön gewesen wie eine Göttin, er
zeigt uns aber die Wirkung ihrer Schönheit" — es folgt dieselbe Auslegung.

Die Feinheit und Naturwahrheit in der Zeichnung dieser
drei Frauen finden wir unvergleichlich auch in dem Bilde der

21) Lessings Werke in 12. Th. 2. Laokoon S. 258 ff. bes. 270:
Homer malt Nichts als fortschreitende Handlungen u. s. w. Carriere, Wesen und Formen der Poesie S. 154 ff.

bräutlichen Jungfrau Nausikaa im 6. Gesange der Odyssee bewährt.
Wie bei jenen, zeigt sich das edelschöne Gemüth des Dichters hier
eng verschwistert mit seiner genialen Erfindsamkeit. Man kennt
die Aeusserung Goethes (an Schiller Br. 424) über die unübertreff-
liche Begegnung eines Fremdlings im fernen Lande mit den Eingebornen, durch welche er jedem folgenden Darsteller solchen
Hergangs das Schönste vorweggenommen erklärt. Es zählt zu
den anmuthigsten Zügen des Bildes das Ballspiel, das zugleich als
feines Motiv den Schlafenden aufzuwecken dient. Aber auch eben
Nausikaa als bräutliche Jungfrau gleich zuerst in ihrem Traum,
der die Wäsche motivirt, in der Verheimlichung bei der Bitte
an den Vater, in ihrer schämig muthvollen Haltung beim Anblick
des nackten Mannes, in ihrer Aeusserung gegen die Dienerinen,
240 ff., in ihrer Rücksicht auf das Gerede der Leute, 273 ff.; ihrer
Weisung des Fremden an die Mutter, 310, nachmals im Hause
in der Mahnung, dass er ihrer daheim gedenke, 8, 459 ff.[22])
Ihre eigene Erscheinung mit allen Reizen malen nicht eigene
Worte des Dichters, sondern die Anrede des Odysseus 6, 149.
Carriere S. 162.

Die Amme Eurykleia gehört wesentlich zur Charakteristik
der heimischen und häuslichen Verhältnisse, in die Odysseus eintreten soll und eintritt. Sie die bejahrteste, die vor allen altge-
wohnte Dienerin des Hauses, welche, einst von dem Grossvater Laertes in zartester Jugend gekauft und gleich der Gattin werth
gehalten (1, 430 ff.), den Sohn und den Enkel gewartet und aufwachsen gesehn hatte, sie war dem Odysseus wie der Penelope
und ihrem Erben die trauteste und anhänglichste Dienerin. Von
Arbeit und Amt hatte sie nur, was dem höheren Alter und dem
Vertrauen eignet, erstens die Aufsicht über die Sclavinen und
Anordnung ihrer Besorgungen (20, 145.) ausser der sesshaften
Arbeit, bei der sie die Hausfrau hier wie überall umgaben, sodann die Obhut über einen weiten Keller, in welchem ausser Me-
tallvorrath und Kleiderzeug — besonders auch wohl Mehl nebst
Oel — die verschiedenen Weine und der beste für den abwe-

---

22) Aristarch fand 244 — 246 und 275 — 285 der Jungfrau unge-
ziemend, die letzteren scheinen den bereits hinlänglich angedeuteten Gedanken in unangemessener Breite auszuführen. Doch s. Sagenp. 171.

senden Herrn bewahrt werden, 2, 237—247.[23]) Sie nun tritt nach
dieser ihrer Stellung in beiden der Haupthandlung angehörigen
Ereignissen hervor, als Telemachs Vertraute bei der Reise, die
er vor der Mutter verheimlicht, und als die treueste Dienerin des
Hauses bei der Heimkunft und dem Racheplan des Odysseus, da
sie allmählich in die Mitwissenschaft theils gezogen wird (19, 16.),
theils durch die von Odysseus selbst herbeigeführten Umstände
gelangt (19, 346. 353 f.). Die frühere Hauptscene für Eurykleia,
als Penelope des Sohnes Reise und zugleich der Freier Mordplan erfahren hat, lesen wir 4, 742 ff. Die andere, besonders
gemüthlich schöne, wo sie beim Fussbade den Odysseus an der
Narbe erkennt, 19, 469—490. Nachmals nach vollbrachtem Freiermord wird sie herbeigerufen, 22, 391, und hat sie über das Be-
tragen der Sclavinen Bescheid zu geben, 22, 417. Diese zum
Fortschaffen der Leichen und Reinigen des Saals herbeizuholen,
und der Penelope das Geschehene zu melden. Die Scene, wo
dieses geschieht, zu Anfang 23., ist, wenn vorzüglich für die bei
treuester Sehnsucht vorsichtige Penelope, doch auch für den Sinn
der Alten charakteristisch.

An Treue wie an Bedeutung für die Handlung, und so als
Erweis des gemüthreichen Dichters der Odyssee, steht neben Eurykleia der Hirt Eumäos. Jeder irgend unbefangene Leser wird
diesen in den Büchern 14—17 von selbst finden. In seiner
Hütte treffen sich Vater und Sohn, dort führt der Dichter die

23) Das ἐν δέ—ἔσκε die Form der einzeln wiederholten Handlung
und die Sache selbst sagt, dass sie nicht Tag und Nacht in dem Keller
sass, sondern als Ausgeberin dieser Vorräthe diesen Keller mit treuer
Sorgsamkeit bewaltete. Das Tag und Nacht drückt nur die Stetigkeit
der Sorge aus. Also wie Fäsi und Ameis. Telemach ruft sie ja erst zu
dem Gewölbe. Ueber ἐν δέ, dabei, daran, s. Passow 5. A. und ἐν C. —
Neben ihr, der Hochbejahrten, ist für den täglichen Dienst als Schaffnerin
die auch schon ältere Eurynome im Hause, deren spätere Erwähnung
nicht zu trennenden Folgerungen missbraucht, wer nur für planmässige
Erzählung Sinn hat. Was die Dienstleistungen betrifft, so leuchtet Eurykleia ihrem lieben Kinde ins Schlafgemach 1, 428, wird später neben der
Eurynome als Kammerfrau bezeichnet, 23, 177, 154, und richtet mit dieser
den wieder vereinten Gatten das Lager zu, doch leuchtet ihnen Eurynome
23, 289—294 und wenn die Sklavinen um die Herrin sind, wendet sich
diese mit einem Auftrag an Eurynome 18, 164—182, 19, 96; und spricht
diese vor Anderen 17, 495, Eurykleia, wo sie betheiligt ist, 4, 142.

beiden Fäden der Handlung von Ithaka und der Insel Ogygia her
in Eins, d. h. dorthin lässt er die göttliche Bewegerin der Geschichte, nachdem sie den Odysseus heimgeführt, diesen weisen,
und darauf ebendorthin den Sohn von Sparta rufen zur Verabredung des Weiteren. So hat Eumäos grosse Bedeutung in der
Haupthandlung. Es offenbart sich ihm Odysseus kurz vor dem
Beginn des Freiermords zugleich mit dem Rinderhirten Philötios,
21, 188 ff., dem auch herzlich getreuen, der wie Eumäos, als er
den Bogen sieht, tief gerührt wird, 21, 83, und vorher bei seiner
Erscheinung in seiner treuen Gesinnung und seinem offnen Auge
für den mitleidswürdigen Bettler mit Königsgestalt in kurzer Scene
geschildert ist, 20, 185—239.

Als des Eumäos nebst Philötios und der Eurykleia äusserste Ge-
genbilder erscheinen die Geschwister Melanthios und Melantho,
der Ziegenhirt des Odysseus und seine in dessen Hause dienende
Schwester. Beide hängen den Freiern und besonders dem
Eurymachos an, dessen Buhlerin die Melantho ist (17, 256 f. 18,
325). Die Erzählung 17, 197 ff., wie Odyssee nach Telemachs
Willen von Eumäos zur Stadt geführt wird, ist vom Dichter sicht-
lich darauf angelegt, jenen Gegensatz ins Licht zu setzen. Der
Ziegenhirt begegnet ihnen und fährt sie sofort mit Stachel- und
Schmähreden an, lästert aber vornehmlich den vermeintlichen
Bettler bis zum Fusstritt (233) und wünscht auch dem Telemach
den Tod (251). Er geht darauf voraus mit seinen Ziegen zum
Königshaus und nimmt dem Eurymachos gegenüber seinen Platz.
Am folgenden Tage kommt er wieder und bethätigt wieder im
Gegensatz zu Eumäos seine Frechheit, 20, 177. Nachmals beim
Bogenkampf ist er den Freiern zur Hand, 21, 181 ff., als Eumäos
dem Odysseus den Bogen, das Werkzeug des Freiermords, in die
Hände gespielt hat, und wie Philötios für den Herrn einsteht, da
trägt Melanthios den Freiern Waffen zu, 22, 152 ff. Doch wird er
dabei ertappt und auf Odysseus Geheiss von Eumäos und Philötios an Füssen und Armen geknebelt emporgehängt, später so
erbarmungslos wie kein Zweiter zu Tode gebracht (22, 474 ff.).
Seine ihm an Frechheit gleiche Schwester ist es zweimal allein,
die, als die Sclavinen im Saale zu thun haben, den vom Hause
aufgenommenen Bettler mit Spott und Hohn überhäuft, ja mit
dem Feuerbrande bedroht (18, 321 ff. 19, 66 ff.). Sie wird von

Penelope scharf getadelt; und nach der Güte, welche diese ihr als
Kind erwiesen hatte (20, 322—325), war ihre Buhlerei und hier
ihr herzloser Uebermuth um so ärger.[24]) Ihr Lohn ist, dass sie
unter den zwölf Mägden aufgeknüpft wird, 22, 465 vgl. mit 424.

Der Sinn, in welchem Homer den Melanthios auf jenem
Gange des Odysseus eintreten lässt, wird noch greller aber zugleich
aus tieferer Empfindung und für diese gezeichnet in dem alsbald
vor dem Hause getroffenen Hunde Argos. Auch der zweifel-
müthigste Leser dieser Stelle kann, wenn er ihren Verlauf wohl
beachtet, nicht verkennen, wie der Dichter seinen Odysseus mit
seiner immer besonnenen Selbstbeherrschung auch dem treuen
Thier gegenüber geschildert, aber zugleich durch den Contrast
zu dieser Treue des Thieres die in Melanthios vorher, in Andern
nachher erscheinende Schlechtigkeit der Menschen hervorgehoben hat.[25]) So gilt das Urtheil bei Gervinus Gesch. 1, 101.

---

24) Der Dolios, dessen Kinder Melanthios und Melantho genannt
werden (17, 212. 18, 322) kann er derselbe sein, den Penelope aus dem
Vaterhause mitbekommen hat (4, 735)? Wie dies in Frage steht, so auch
ob der Dolios des 24. Gesanges derselbe mit dem Sklaven der Penelope
und wiederum auch Vater jener so abtrünnigen und so gestraften Geschwister sein könne. Es sind in Homers Gedichten viele Beispiele gleicher
Namen doch zu unterscheidender Personen. Der genannte Fall ist von
J. Bekker in Monatsber. d. Berl. Ak. 1842. S. 131 neben andern, aber in
unstatthafter Weise besprochen. Dass Melanthios mit der Schwester nicht
zusammengeführt erscheint, wem kann das auffallen, der die Lage Beider
bedenkt? Und wenn sich der Dolios des 24. mit dem des 4. Gesanges ver-
einigen lässt, gehört jener doch dem unechten Theile der Odyssee an.
Der Dichter dieses unechten Schlusstheils bildete den Sklaven der Penelope weiter aus.

25) Nägelsbach. Münchener g. Anz. 1842. Nr. 41. S. 335. Unbedacht
las auch Sengebusch, N. Jahrb. f. Philol. B. 67. 3. S. 241 und, wie
er von Lachmann erzählt, auch dieser. Nicht, als Odysseus den Hund er-
blickt und einen Augenblick von Eumäos abgewandt, sich eine Thräne
abwischt, stirbt das treue Thier, sondern wie der Dichter sie langsam
durch den Hof schreiten lässt, und sie über dasselbe ein Gespräch gehabt
haben, ist erst gesagt, was zur Handlung gehört, Eumäos sei voran in
das Haus gegangen. Dann fügt der Dichter zwei Verse ein, welche besagen, gleich nachdem Argos seinen Herrn wieder erkannt, im 20. Jahre
nach dessen Auszug, sei er gestorben. Die Möglichkeit solcher Lebens-
dauer wird von Aristoteles Thierg. 6, 20, 4 nicht ganz in Abrede gestellt,
von Aelian Thierg. 4, 40 ohne so abgewogene Wissenschaft ein Dichter-
spiel Homers genannt. Uebrigens möchte auch Aristoteles die Angabe zu
den Unwahrscheinlichkeiten gezählt haben, welche bei Homer durch

**4. Die in beiden Epopöen gleiche Darstellungs- und
Redeform des Homer in der einzelnen Durchführung seiner Pläne.**

So hat sich der individuelle Dichter in dem Gemüth, das
seine Bildungen beseelt, offenbart und zwar in den sprechendsten
Beispielen, während ein humaner Sinn und Kenntniss der Menschennatur im dichterisch mannigfachen Wechsel der Gestalten
überall empfunden wird.

Zeige sich nun auch der erfindsam bildnerische Geist, und zwar
zuerst im Einzelnen, in der gleichmässigen Darstellungs- und Redeform. Wie wir immer uns zuerst empfänglich verhalten, mögen
wir auch hier zunächst diejenigen Eigenschaften vernehmen,
welche der homerischen Poesie von den alten Schriftstellern
nachgerühmt werden, ihrem Stil im Ganzen und ihren einzelnen
Darstellungsmitteln und Weisen.

Das höchste Lob und der schlagendste Beweis für das von
Grund aus nationale Wesen der homerischen Poesie ist, dass
der Dichter ganz in seinen Sagenstoff ein und seine Person darin aufgeht. Das nationale Wohlgefallen an den homerischen Gedichten bei den Vortragenden wie dem hörenden Volk beruht zum
grossen Theil auf der dramatischen Darstellung als der spezifischen
Eigenschaft, welche Aristoteles dem Homer (wohl nur zu ausschliesslich) nachrühmt (Poet. 24, 7). Und dazu kommt über seine
Form das höchste Lob, das dem Genie werden kann, dass nämlich seine Darstellung mit aller Kraft sowohl als Anmuth ihres
Inhalts den Eindruck des ohne alle Mühsamkeit Klaren und Leichten mache, im Gegensatz des Mühevollen und Errungenen bei
Antimachos.[26]) Dabei gebe Homer in einziger Weise regungsvolle,
energische Bezeichnungen.[27]) Nichts also ist müssig, wo er mit
Mehrem beschreibt. Diese Wohlbemessenheit, diese Unterscheidung nach der Bedeutung für die Handlung war der leitende
Grundsatz für die Kritik z. B. bei der Ausstattung der Götter
mit ihren Werkzeugen; Hermes braucht hier seine Schwungsohlen

tausend Vorzüge verdeckt würden, wie er Poet. 24, 8 und 10 zwei Au-
gaben beurtheilt. Summarisch etwa hat der Dichter diese 20 Jahre offenbar nicht gemeint, Od. 2, 175. 16, 206. 21, 208 u. a.

26) Plut. Timol. 36.

27) Aristot. bei Plut. de aud. poet. 4.

(Od. 5.), dort (Il. 24) seinen Schlaf bewirkenden Zauberstab; Athene ergreift wohl, Il. 5, 745 f., die männerbändigende Lanze, wo sie ihren Schützlingen beizustehn auf das Schlachtfeld zu gehn in Begriff ist, aber nicht zur Berathung des Telemach, Od. 1, 99., und ergreift dort ebenfalls die Aegis als Schild, aber 8, 385—387 ist die Beschreibung derselben auffallend.[28]) Diese Kritik war völlig begründet durch Homers sonstiges Verfahren. Er beschreibt Waffen und Bewaffnung der Personen oder ihre Gestalt oder auch innere Eigenschaften, wo sie bedeutend eintreten und wirken sollen oder wollen, so Nestor, den süssredenden dreialtrigen, Il. 1, 248—252., Agamemnon mit seinem Scepter, Il. 2, 101—109., Thersites, den Ausbund an Hässlichkeit des Leibes wie der Seele, als Sündenbock des Aufruhrs daselbst 212—222, Paris vor dem Zweikampf, 3, 328—338, aber nicht auch Menelaos, 339, des Pandaros Bogen, Il. 4, 105—112, den Vorkämpfer Diomedes, 5, 1—8, Aias, den erwünschten Gegner des Hektor und seinen Schild, 7, 206—223., Agamemnon als Vorkämpfer, 11, 15—46, Poseidon, wo er als Zeus unachtsam geworden, den Achäern zur Hilfe geht, 13, 17—31., den sich hervorthuenden Idomeneus, 13, 240 bis 245. In allen diesen und ähnlichen Fällen ist die beflissene Schilderung der Bewaffnung oder überhaupt der kommenden Erscheinung einer Person die hebende Farbe dieser Erscheinung im Fortgang und Zusammenhang mit dem Ganzen. Der betonte Anfang kündigt nicht einen für sich gemeinten Theil mit Abschluss an. Dabei entgeht keinem achtsamen Leser, wie der bewusste Dichter das Maass dieser eigenen Schilderungen nach dem Grade der Bedeutung der hervortretenden Person abstuft, und wie er dies in beiden Gedichten gleichmässig thut, immer doch mehr energisch durch die Handlung charakterisirend als mit seinen Worten. Diese Abstufung findet sich auch im Gebrauch der in gleichen Worten wiederholten Angaben wie z. B. des Ankleidens (Od. 4, 307 Menelaos, nicht auch Telemach, durch Weiteres gehoben bei Telemach, 2, 2—5. 10—13) oder der gastlichen Bewirthung, Il. 9, 206—220. Dieselbe Abstufung bethätigt der Dichter in beiden Gedichten beim Eintritt bedeutender Personen oder entscheidender Momente, in der Ilias z. B. bei Pa-

---

28) Sagenp. 151 vgl. mit 81.

troklos' und vollends Achills Hervortreten, in der Odyssee in der
Erzählung von Penelopes Gang nach dem Bogen und in der
Schilderung dieser Waffe (Ges. 21 z. A.).

Patroklos Sendung an Nestor ist das Bindeglied, wodurch
die gespaltene Handlung Achills und des Griechenheeres wieder
zusammengeht. Aber seine Rückkunft zu Achill und die von
diesem ihm gegebene Weisung, so charakteristisch für Achills
Ehrsucht (16, 1—47. 48—90), sie motivirt im voraus des Patroklos Erscheinen in seiner Bedeutung für die Haupthandlung. Die
folgenden Momente sind noch mehr hervorgehoben. Mit eingefügter Andeutung der wachsenden Gefahr und des Eindrucks, den
diese auf Achill macht (112—129), wird des Patroklos Auftreten
nicht blos durch das gewohnte Detail der Bewaffnung hervorgehoben, sondern auch durch die ausführlichste Schilderung der
aus der Unthätigkeit erlösten Myrmidonen, ihrer fünf Züge und
fünf Anführer, wie der jetzt tragisch werdende Achill sie eifrig
ordnet und vermahnt, und dann den Freund und diese seine
Leute mit feierlichster Libation und brünstigem Gebet entlässt,
233 ff. Da werden das Gespann, das sonst Patroklos (17, 427.
477. 19, 401), jetzt wie nach jenes Fall Automedon (9, 209)
führte (16, 145. 219), die drei ersten Führer (175—195), der
Becher und das Hervorlangen desselben (221—230) genau beschrieben.

So dieser Anzug, aber vollends das Hervortreten und die
Bewaffnung des Achill, nachdem dieser tragische Held die Trauer-
kunde vernommen hat (18, 20): „Unser Patroklos fiel, schon
kämpfen sie dort um den Leichnam, Nackt wie er ist; ihm
raubte die Wehr der gewaltige Hektor". Schon durch
die Reihe der vorigen Vorkämpfer, denen Achills Unthätigkeit
Raum gegeben, ist seine Erscheinung auf das Glänzendste vorbereitet. Nun aber nutzt der Dichter den Verlust der Waffen dazu,
mittels der Hilfe der göttlichen Mutter die neue Rüstung wie vor
den Augen des Hörers in ihrem Werden unter den Händen des
Gottes darzustellen. Und als der Held die so energisch geschilderten Waffen von Thetis empfängt, wird bei der lebendigen Beschreibung des Anlegens, 19, 368—383, durch drei, eigentlich
einen Vers und Zug, der wahrste, eigenste Kriegsheld gezeichnet,
nämlich der, welcher wie der echte Reiter mit seinem Pferd, und

der grosse Musiker mit seinem Instrument, so mit seiner Bewaffnung wie Ein Wesen ist, 384—386, er versuchte sich selbst in
den Waffen

Ob sie bequem anschlössen und leicht sich bewegten die Glieder.
Und gleich Fittigen waren sie ihm, sie hoben den Fürsten.

Wir werden alsbald anderer Beispiele ähnlicher Art gedenken.

Das Hervorholen des Bechers mit seinem Detail hat sein
Ebenbild in dem Holen des Bogens in der Odyssee, aber wie
dieser Bogen noch weit tiefere Bedeutung hat als jener Becher
zur Libation, so ist auch das Detail dort noch grösser und der
langsame Fortschritt als malte er die widerstrebende Stimmung
der Penelope.

Nach Maassgabe der Bedeutung für die Handlung werden
also von der echten Epopöe die Erscheinung der Helden und
ihre Werkzeuge mehr oder weniger ausführlich beschrieben, wie
es Lessing (Laokoon 2, 270—278. Berlin Ausg. in 12) an den
homerischen Beispielen zeigt. Die Helden selbst werden in ihrer
Kraft und ihrem ganzen Wesen in lebendiger Handlung gezeichnet,
oder es wird durch einen genial gefundenen Zug die Phantasie
des Hörers angeregt, sich selbst das Bild zu schaffen, und besonders fein geschieht dies mittels des Widerscheins aus dem
Gemüth und der Rede Anderer.

Achills Gestalt und Statur wird nirgends für sich in Worten
des Dichters hingestellt (nur durch den Eindruck auf Priamos
Il. 24, 624 f.), aber indem der telamonische Aias an stattlicher
Erscheinung und Thaten über alle Andern gesetzt wird nach
Achill (Il. 17, 279. Od. 11, 469.), sind damit Beide ins Licht
gesetzt, und Aias' Waffen könnten dem Achill allein passen (Il. 18,
193), die Lanze Pelias' aber kann nur Achill, kein Anderer, auch
Patroklos nicht, schwingen (16, 140 f.). Den Aias zeichnet vornehmlich das Auftreten gegen Hektor im 7. Gesange der Ilias. Wie
er, der vom Heer vor Allen gewünschte (7, 179 f. 182 f.), Lächeln
im furchtbaren Antlitz mit weiten Schritten daherschreitet den
Seinen zur Freude, den Troern zum Beben (7, 211—215) und
wie dem Hektor selbst das Herz klopft. Der hier weiter ausführlich beschriebene Schild hat im nachmaligen Kriegsgang
durch die böse Zeit hin bedeutenden Dienst (8, 267. 11, 485.
545. 17, 132) und gehört wesentlich zum Helden der widerhal-

tigen Tapferkeit dem sogenannten Haag, der mächtigen Wehr
der Achäer (Il. 3, 229. 7, 211). Wie er, wenn nicht ganz entschieden, doch nach der erregten Vermuthung als dem Hektor
in etwas überlegen erscheint, offenbart sich weiter hin dies
deutlicher (14, 412). Hektor, der erste Troerheld mit Aeneas,
wird wie zum Maassstab auch der übrigen Griechenhelden. Menelaos und Antilochos meiden den Kampf mit ihm; den ihm
schwerlich gewachsenen Agamemnon wahrt Zeus absichtlich vor
der Begegnung (11, 185), Diomedes scheut ihn zwar als Ares
neben ihm (5, 596), thut ihm aber nachher fast wie später Aias
(11, 346).

So schildert die Handlung Odysseus schon in der Ilias zwar
als klugen Vermittler mehr als durch Tapferkeit hervorragend,
nur nicht untapfer. In der Odyssee dagegen offenbart die Handlung seine noch rüstige Heldenkraft mehr und mehr in drei besonders lebendigen Scenen. Bei den Wettspielen der Phäaken
schleudert der Gekränkte einen schweren Diskos unerreichbar
weit (8, 186—192); in seinem Haus als unerkannter Bettler besteht er den langen aber nervlosen Iros im Faustkampf, wobei
seine Gestalt zumal in den Gesprächen der Freier gar lebendig
hervortritt (18, 66—76ff.); endlich im 21. Gesange, als Penelope den Wettkampf mit dem Bogen, ehedem des Eurytos, anstellt, vermag er diesen zu spannen (415—423), von den Freiern
aber keiner (253 f.).

Jene jungen Herren sind neben Odysseus ein schwächeres
Geschlecht, eben wie die gemeinen Krieger vor Troia neben ihren
Führern.[29] Den Riegel am Zeltthor des Achill vermag dieser allein
zuzuschieben, wozu sonst drei Myrmidonen erforderlich sind.
Andere Helden handhaben behend, was zwei Männer des Volks
oder zwei von Homers Zeitgenossen nicht im Stande sind. Und
selbst der greise Nestor hebt einen Becher mit Leichtigkeit, den
ein gemeiner Pylier nur mit Mühe von der Stelle bringt (11, 636f.).

Die Bauten der Menschen oder die Reize der Natur werden
gleicherweise im Gange der Handlung geschildert. Die Pracht
oder Anmuth derselben tritt in der Bewunderung der zu ihnen
Kommenden hervor. Führt der Dichter selbst auf, so ist sein

---

[29] Il. 5, 303. 12, 381. 445. 20, 285.

Bericht zur Charakteristik von Personen beseelt, oder dient als passende Folie einer lebendigen Scene. Die Pracht im Palaste des Menelaos verlautet in den Worten Telemachs Od. 4, 44. 69 f. und sie wecken dabei Gespräch; die anmuthige Grotte der Kalypso, die den Odysseus nicht fesseln kann, der nur nach der Heimath sich sehnt, sie erscheint in der Bewunderung des Hermes, 556—577; die Wunder im Palaste des Alkinoos und die offenbar den ionischen nachgebildete Phäakenstadt wird auf dem Gange des Odysseus und nach seiner Wahrnehmung gezeichnet, 7, 44 ff. 82 ff. In besonders sinnig gedachter Weise lässt der Dichter den Odysseus sein eignes Haus beschreiben, wie er in seiner Bettlerrolle, aber er, der endlich Heimgekehrte, doch zuerst es wiedersieht (17, 260—277 vgl. mit 18, 333—336). Nur eben als Folie für Hektors Begegnung und Gespräch mit der „huldreich spendenden" Mutter zeichnet die Erzählung das Königshaus des patriarchalischen Herrschers Priamos, Il. 6, 241—251 ff. Dahin, zu ihrem Haus, zu dem sie eben die Tochter herbeigeführt, gehört diese ja, wie sie denn dem allgemeinen Liebling (22, 54 ff.) und dem Hort des Reichs auch sogleich mütterliche Vorsorge erweist.[30])

Ganz inmitten lebendiger Charakteristik des treuen Eumäos ist dessen Gehöft bei der Ankunft des Odysseus zu Anfang des 14. Gesangs der Odyssee beschrieben. Und nachdem die so beseelte Schilderung auch vier gewaltige Hunde erwähnt hat, wird deren Anstürmen gegen den Ankommenden in einfacher Selbstfolge Anlass, den frommgastlichen Sinn des Hirten zu offenbaren; erst Vers 55 bei der Erklärung dieses seines Sinnes wird der Eigenname Eumäos genannt, nicht früher (13, 404 ff. 14, 3 f.).

Des Hirten frommen Sinn noch sprechender zu betonen,

---

30) Was sie dort vom Weine rühmt, 6, 261, ist neben einfachen Beiwörtern und dem schlichten Ausdruck, Il. 9, 705 f. Od. 10, 460 f., der einzige besondere Lobspruch auf den Wein, der sich in Homers Gedichten findet, bei all dem häufigen Gebrauch als des gewöhnlichen Getränks, Il. 7, 467—475. Od. 2, 340—343. 349. 352. Sträfliche Rüge des Uebermaasses im Genuss begegnet öfters, in etwas schon Il. 8, 230 ff., mehr im Schimpfwort Il. 1, 225, und vom Schwächling Elpenor, Od. 10, 552—555, und vollends im Scheltwort des Telemach, 18, 406 f., endlich in der Schimpfrede des Antinoos und der auf Odysseus angewandten Sage vom Kentauren Eurytion, 21, 293—302.

dient weiterhin die eigenthümlich variirte Erzählung von dem
dargebrachten Opfer, 14, 414—438. Anderwärts werden die un-
ausbleiblichen Opferhandlungen in stehenden Ausdrücken berichtet,
nicht so bei dem, welches Nestor der Athene zum Dank für den
Besuch bei seinem Volksfeste darbringt, 3, 418—472. Für solchen Besuch heischte der Nationalsinn, der eben auch am Homer
den beredten Sprecher hatte, jedenfalls eine recht bellissene Anerkennung. Noch dazu aber galt dieses Opfer der Göttin, welche der
Dichter der Epopöe von ihrem erklärtesten Lieblinge zur Bewegerin
der ganzen Handlung gemacht hatte. Doch auch Nestor und sein
Haus in diesem frommen Werk zu zeichnen, gehörte zu den Motiven der Dichtung, ihn, der sich dem Odysseus so eng verbunden
bekennt und von ihm ein so rühmliches Zeugniss ausspricht,
3, 120—129. 218—222.

Dies die Belege zu dem Urtheil, es giebt bei Homer nichts
Müssiges noch Unbeseeltes, auch in seinen Episoden und Bei-
werken nicht.

5. Fortsetzung. Homer, der immer neue.

Sehen wir nun, wie sich ein anderes von den Alten anerkanntes Lob ebenfalls bewährt, da er der immer neue und zu
frischer Anmuth ergiebige heisst.[31] Immer neu sind freilich
beide Epopöen hauptsächlich durch die Mannigfaltigkeit und Um-
fänglichkeit ihres Inhalts, als Weltgemälde, welche Götter- und
Menschenwelt, Nähe und Ferne, derzeitige Handlung und ältere
Sagen umfassen. Diese Mannigfaltigkeit aber wird zunächst doch
durch die in einem folgenden Abschnitt anzugebenden Weisen
der grossen Composition bewirkt, und ist in gewissem Sinne eine
innerliche, da, bei der Menge der die Handlung bewegenden Charaktere, die vorwaltend dramatische Darstellung die verschiedensten Phasen der Gemüthsregungen abbildet.

Jedoch die Erfindsamkeit, welche immer Neues zu geben
weiss, bewährt sich am unzweifelhaftesten und sichtlichsten gerade im Gebrauch der epischen Darstellung. Eine Menge Thatsachen und Begriffe haben in dieser, da ihr als Bericht eine ge-

31) Plutarch von der Geschwätzigkeit 5. „Von dem, was über den
Dichter gesagt worden, ist das Allerwahrste, dass allein Homer allem
Ueberdruss entging, er ἀεὶ καινὸς ὢν καὶ πρὸς χάριν ἀκμάζων".

wisse Ruhe und Gleichmässigkeit eignet, in Sprache und Versform
den gleichen Ausdruck. Unzählige Verse oder Versglieder kehren
oftmals unverändert oder mit nur einzelnem Tausch der Ausdrücke wieder. Wie Homers Sinn und Takt die Erwähnungen der
gemeinen Bedürfnisse oder stehenden Bräuche nach dem Obigen
nicht variirte, so überkam oder bildete er, und sanctionirte
als Muster der Gattung zahlreiche Formeln für das oft Wiederkehrende, zumal in der Erzählung der Kämpfe, also in der Ilias.
Die parodische Poesie von Margites an, und in ihrer Weiterbildung durch Hipponax u. A. trieb ihr Spiel eben mit diesen Formeln der ältest erhaltenen, und allbekannten Poesieen.[32]) Der Bildner der epischen Sprechweise gab die unausbleiblich oft gleichen
Phasen der einzelnen Kämpfe, natürlich oft ganz mit denselben
Worten, so das Anstürmen oder Weichen oder ängstliche Um-
schaun, das sich berühmende Prahlen, das „er vermochte nicht,
noch mehr zu erbeuten, denn er ward bedrängt von Geschossen",
das von bleicher Furcht Ergriffenwerden einzelner Krieger,
oder den einzelnen Stand des gesammten Kriegslooses, vollends
den Sturz eines zum Tode Getroffenen.

Daneben hatte er als Individuum auch seine beliebte Ausdrucksweise. Er sagt gern mit Verneinung aus: und nicht unfolg-
sam erwies sich, und nicht entflog ihr das Gesprochene, und nicht
unwirksam entflog das Geschoss, und er peitschte die Pferd' und
nicht unwillig sie flogen u. dgl. m. In der dramtischen Form,
wie das zu seiner beseelenden Art gehört, charakterisirt er gern vorher oder hinterher ein Gesprochenes.[33]) Wie sollte da also das:
„wohlrathend sprach er, mit freundlichen Worten trat er an, mit
zornigen Worten schalt er" — nicht in beiden Gedichten öfter
vorkommen? Wie sollte nicht oftmals Einer zu einem Gotte beten
und der Dichter die günstige oder ungünstige Wirkung des Gebets,
oder das Zusammentreffen eines solchen mit einem Vorzeichen (Il.
13, 821. Od. 17, 525) auch gleichmässig angeben? Auch im Besonderen die den Personen in den Mund gegebenen Worte wiederholen sich, wie die gleichen Anlässe, so die gleichen Aeusserungen
(Il. 16, 440 ff. 22, 178 ff.). Bei alledem erweist sich Homer als

---

32) Peltzer, de parodica Graecorum poesi et de Hipponactis, Hege-
monis, Matronis parodiarum fragmentis. Monasterii, 1855.

33) Schol. zu Il. 1, 105. Plut. de audiend. poet. 4.

der immer neue gerade bei dem stehenden Gebrauch derselben Formeln oder Verse, wenn es auch bisweilen mehre sind. Die Umstände der sich wiederholenden Thatsache, die vorher oder nachher gegebene Schilderung des einzelnen Falles bringt Mannigfaltigkeit. Wer die Umgebungen mustert, unter welchen die in der Ilias so häufige Formel: „Tosend stürzt er in Staub und über ihm dröhnte die Rüstung", oder „und schauriges Dunkel umfing ihn", wiederkehrt, der wird den immer neuen Dichter wohl finden.[34]) Wenn die Angaben der verschiedenen Verwundungen des Dichters Kenntniss des Menschenkörpers zu bewundern geben, so kommen freilich auch gleiche Fälle vor. Indessen auch, wo eine Verwundung gleicher Art zweimal in ihrem Hergang mit mehren gleichen Versen beschrieben wird, wie 4, 459—461 und 6, 9—11, dann 5, 40—43 und 11, 449 - 504 oder 13, 671 f., wie 16, 606 f., variiren doch die Umstände und Wirkungen. So wendet der Dichter auch dasselbe Gleichniss vom fallenden Baum (bei besonders hochgewachsenen Helden) zweimal an, aber mit weiterer Ausführung an der zweiten Stelle (13, 389—393. 16, 482—486.), indem er hier das „knirschend" durch ein zweites Gleichniss ins Licht setzt. Solcher Paare gleicher Stellen giebt es mehr, gleich nahe bei einander Il. 5, 316 f. und 345 ff. und 13, 371 ff. wie 396 ff. mit kleiner Variation, wo die Gleichheit an sich natürlich; dann von Hektors Erscheinung mit der elfelligen Lanze, 6, 318—320 und 8, 493—495, von der Wunderstärkung eines Gottes, 5, 122 und 13, 61; bei ganz gleichen Situationen derselben Person, wie Hektors als Oberfeldherr, 5, 494 ff. 6, 103 ff. 11, 211 ff., des Agamemnon, Il. 6, 62 f. und 7, 120 f., des Achill, 2, 772 und 7, 230 f., zweier Personen, Od. 14, 361 f. und 15, 486 f.; beim Gange zum Keller in gleicher Absicht, Il. 6, 288 ff. und Od. 15, 105 — 108. In allen diesen Stellen kann die Gleichheit, von eigenthümlicher Gestaltung umgeben, dem Leser nicht auffallen.

Und haben wir doch in all dieser Poesie die Bestimmung für den lebendigen Vortrag zu beachten. Jede Stelle musste

---

34) In mehren Stellen der Ilias kommt der Ausdruck dazu: und er sank in den Staub und griff mit der Hand nach der Erde; in beiden auch, wie unsere Sprache „in's Gras beissen" braucht, die Formel: und erfasst mit den Zähnen den Boden.

mit eigenem Leben nur in ihrem Zusammenhange passen, und, wenn sie wohl eingereihet, guten Fortgang gab, so fand eine überzählende Vergleichung mit andern nicht statt. Indess eben der Zusammenhang und Fortgang, wie ihn die homerische Dichtungsweise nach ihrer Eigenheit verlangt und giebt, liess und lässt bei achtsamer Lectüre viele Wiederholungen als Einschiebsel der Rhapsoden erkennen. Besonders ist es gar oft geschehn, dass ein nicht unpassend wiederholter Vers von der andern Stelle das sich dort Anschliessende im Gedächniss der Rhapsoden sich nachzog, bisweilen auch gegenseitig Verse gemischt wurden.[35]) Der Satz: „bei Homer nichts Müssiges" bestimmt unser Urtheil, wie er das der Alexandriner bestimmte. Es fehlt übrigens noch die rechte Achtsamkeit, um so viel als erreichbar und gehörig ist, doch wenigstens an den meisten Stellen über richtige und unrichtige Wiederholung zu entscheiden.[36]) Umfänglichere Einschiebsel lassen sich leichter nach dem Zusammenhang beurtheilen, wie dass Od. 18, 390—392 dort vorher 330—332 ungehörig sind, was Aristarch schon sah, wie Vieles dergleichen. Ganze Episoden wurden, wie der epische Stil dazu verführte, von den Rhapsoden mehrfach eingeschoben, aber an Unpasslichkeit in den Fortschritt oder Störung des Tons und Zuges auch unschwer als Einschiebsel erkannt, wovon ein späterer Abschnitt Belege geben wird. Wenn das Urtheil der heutigen Leser über die einzelnen Interpolationen zur völlig allgemeinen Uebereinstimmung nun wohl nie gebracht werden wird, so ist doch so viel gewiss, mit ganz wenigen Ausnahmen wird durch die Ausscheidung die Einheitlichkeit gewinnen und somit der individuelle Dichtergenius nur noch mehr ins Licht treten.[37])

---

35) Sagenp. 150—153.

36) Od. 13, 427 f. ganz gehörig, aber 15, 31 f. besonders deshalb ungehörig, weil Athene 33 ff. den Rath giebt, durch dessen Befolgung der Plan der Freier ohne Weiteres vereitelt wird. Od. 20, 318 f. richtig, aber 16, 108 unrichtig, denn dies Spezielle weiss Odysseus nicht einmal.

37) Gerade aber der objectivste Grund, die Abweichung von allem homerischen Sprachgebrauch, scheint einzelne Verse anstössig zu machen, welche ihrem Inhalte nach ihrer Stelle vortrefflich passen. Die Adverbien ($\pi\acute{\alpha}\lambda\iota\nu$ $\alpha\tilde{\upsilon}\tau\iota\varsigma$), welche bei Homer sonst überall zurück, wieder bedeuten, stehn Il. 2, 276 anscheinend im erst nachhomerischen Sinne nochmals wieder. Wer sie gelten lassen will, wird sie mit Il. 5, 257 und

Doch wir haben die bedeutendsten Darstellungsweisen Homers erst noch hinzu zu fügen; zunächst die bereits in der Einleitung bezeichneten Gleichnisse, wie sie aus allen Sphären der Natur oder Menschenwelt aus einem wie allgegenwärtigen Weltbewusstsein Bilder geben, aber eben ein Kunstmittel des darstellenden Dichters sind.

6. Fortsetzung. Die Gleichnisse Homers.

Die allgemeine Eigenschaft, welche in den homerischen Gleichnissen als maassgebend anerkannt wird, ist, dass sie aus der lebendigen Anschauung bekannter Erscheinungen genommen sind.[38]) Der Reichthum und die Mannigfaltigkeit derselben entsteht daher theils aus der allgegenwärtigen Dichterphantasie, theils aus der Lebendigkeit, mit welcher die verschiedenen Phasen im Leben derselben Gegenstände erfasst werden. Erweitert hat der Dichter seinen Bilderkreis und Vorrath noch dadurch, dass er Manches zum Gleichniss heranzog, was erst seine Zeit an Fertigkeit oder Werkzeugen kannte, die Trompete, das Viergespann für Wettrennen, das Reiten und Reiterkünste, da der Führer eines Viergespannes von einem Pferde auf das andere springt.[39])

Wo nun und wie der Dichter Gleichnisse anwendet, dies

Od. 16, 456 nicht hinlänglich belegen. Vielmehr müssen wir die zwei Verse als geschickten Zusatz eines Rhapsoden betrachten. Dagegen, Od. 17, 218, wird, da die gewöhnliche Bedeutung des ὡς, wie, in der zweiten Stelle allerdings nicht natürlich ist, die Lesart εἰς anzunehmen sein, wie sie Homers Sprachgebrauch sehr wohl gestattet. Spitzner Excurs 35 zur Ilias.

38) So Aristot. Topik. VIII. 1 a. E. „Zur Verdeutlichung sind Beispiele und Gleichnisse anzuwenden, aber den Dingen Eigenes und aus Bekanntem, wie Homer und nicht wie Chörilos". Aristarch im Schol. zu Il. 16, 364. „Homer bildet seine Aehnlichkeiten immer von dem sich Kundgebenden". Eustath. zu Il. 2, 87. „Die Vergleichung ist der Tag für Tag geschehenden Dinge Lehrerin, zur Anschaulichkeit wirksam und erpicht auf reiche Erfahrung. Ihr Werk ist, die vorliegenden Gegenstände recht vernehmbar aufzuweisen (τὸ διδάσκειν ἀριδήλως).

39) S. Il. 18, 219. Od. 13, 81 und Il. 22, 162. — Il. 15, 680 und Od. 5, 371 sämmtlich mit Schol. und Erklärern. — Andererseits ist Beides unecht, wo die Erzählung ausserhalb der Gleichnisse etwas Dergleichen bringt, wie das Viergespann, Il. 8, 185, und wo einem gewöhnlichen Hergang im Gleichniss ein der Sitte widerstreitender Zug eingefügt ist, wie Od. 8, 526—530, nämlich das Einsperren.

beruht auf seinem genialen Belieben und organischen Gedanken
ebenso wie die Anwendung, Mischung und der Wechsel seiner
verschiedenen Darstellungsmittel überhaupt. Ein Ueberblick lehrt,
dass die Menge der angewendeten Gleichnisse in den beiden Dichtungen und ihren einzelnen Particeen eine sehr ungleiche ist. Im
Ganzen verhält sich die Gesammtzahl der Gleichnisse in der Odyssee
zu denen in der Ilias nur wie 1 zu 5 (Bernhardy: ungef. 40 zu 200).
Gar keine finden sich in der Ilias 1 und in 9 und Od. 1—3. 11.
14. 15 und 18. Dagegen in kleiner Partie zwischen solchen, in
welchen gar keine, sehen wir mehre Gleichnisse. Auch in der
Odyssee hat der 5. Gesang, wo der Dichter nur selbst erzählt, deren
fünf: 51. 368. 394. 432. 487., von 249. abgesehn; 11. 18. in den
kleinen Zwischenstellen, welche vom fortgehenden Kriege erzählen,
doch drei: 161. 207. 219. Ueberhaupt ist im Ganzen zu erkennen,
dass die Gleichnisse bei weitem vorherrschend vom Dichter bei
eigener Erzählung angewandt werden, dagegen wo er nach seiner dramatischen Weise Personen sprechen lässt, entweder selten oder mehr nur in der schlichten Art blosser Vergleichung
erscheinen. Da heisst es: scharf wie ein Beil, zitternd wie ein
Reh, wie des Laubes Dauer, des Pardels oder Löwen oder Ebers
Wildheit nicht so gross (Il. 17, 20), zu schimpfen wie Weiber
(das. 20, 252), wie zwischen Löwen und Menschen, Wölfen und
Lämmern keine Eintracht (das. 22, 262). Wo aber Personen
in ausgeführteren Bildern sich aussprechen, wird es immer eine
Heftigkeit des Gemüths sein, welcher sie nun eben diese Form
geben, was nicht häufig vorkommt.[40])

So wird alle richtige Ansicht von des Dichters Anwendung
oder Nichtanwendung immer die einzelnen Stoffe und Stoffpar-
ticeen seiner Darstellung zu beachten haben. Es sind eben die
Stoffe der Odyssee, welche die seltnere Anwendung veranlassen.
In den ersten drei, fast vier Büchern, da das letztere erst, und nur
zwei Gleichnisse enthält (335. Menel. 791), im 14. 15. und 18. Gesang, welche gar keins haben, im 7., wo nur das kurze 36, im 8.,
wo nur 523 sich eines findet, in allen diesen Particeen hält der Gang
der Erzählung den Hörer durch sich selbst fest, und bringt die Ge-

---

40) Il. 12, 167—171. 13, 102—104. 24, 41—43. Od. 4, 335 bis
330. (17, 126). 19, 518—523. 20, 66 ff. was mehr Beispiel aus der Sage.

sprächsform das Leben, welches vom Dichtergenius kommt. In
der Erzählung von seinen Irren 9 bis 12 wie sollte da Odysseus
ausser den häufigen Maassvergleichungen (gleich einem Berge, 190,
frass wie ein Löwe, 292., lang wie ein Mastbaum, 322., süss wie Nek-
tar und Ambrosia, 359) weiter zu Bildern veranlasst erscheinen als
bei der Ausführung der List, 384. und 391? Wie nicht ebenso im
10. bei dem Drange der Wunderbegebenheiten neben den einfachen, 124. und 216, nur (gleich dem in 8, 523) das einzige
410 durch den Anlass besonders motivirt sein? Im 11. versteht
sich das Fehlen wie von selbst. Im 12. giebt die Instruction der
Kirke und die folgende Reihe der das Interesse fesselnden Todes-
gefahren dem Erzähler nur Ein seiner Seele besonders gegen-
wärtiges Bild zu heben, die wie Fische an der Angel zappelnden
Gefährten 251. Dazu die Zeitbestimmung 430. So erklärt sich
die gewöhnlich bildlose Darstellung in den zunächst folgenden
Büchern einfach aus der Dichterweise und Weisheit, welche den
Hörer durch den drängenden Fortschritt oder das dramatische
Leben der Handlung ohne weiteres Zuthun fesseln mochte. Dieselbe Beschaffenheit der selbstredenden Handlung war der Grund,
weshalb wir im ersten und neunten Gesange der Ilias Gleichnisse gar nicht angebracht sehen.

Der Ueberblick lässt überhaupt die an Gleichnissen reichen
Partieen und andere unterscheiden, wo ganz wenige oder einzelne
auf nur Einzelnes ein hebendes Licht werfen. — Es sind die
Theile der Ilias, welche den Gang des eigentlichen Kriegs schildern, in denen der Dichter Gleichnisse reichlicher eingewebt
hat, die um so häufiger erscheinen, je mehr Einzelkämpfe im
Fortschritt auftreten. Nach diesem Verhältniss häufiger oder sehr
häufig schon im 5., 8., 11., 12. Gesange, und genau gezählt
im 13. bei 837 Versen 14, im 15. bei 746 Versen 15., im 16.
bei 867, 17, im 17. bei 761, 18. Dagegen im 6. nur jenes
vom Staatsrosse 506, im 7. nur zwei, Vers 4 und 63, im 14.
bei dem vielen Bericht von Here fast nur Eins, 16, da 394
einfache Maassvergleichung und 414 vielleicht unecht ist.

Mehre in Einem Zuge gereihet oder nah bei einander, werden nicht anders bemerkt, als wo die grössere Bedeutung des
Erzählten den Dichter zur beflisseneren Hebung jedes Moments anregte, das heisst, zum Malen mit leuchtenden Far-

ben.[41]) Denn es erscheinen nach Homers Kunstart meistens so viel Bilder als Momente, indem jedes Bild in diesen Fällen eben nur Einen Zug meint. Dieser Art sind nicht wenige und zu ihnen zählen auch diejenigen, wo zwei Subjecte in einem Akte erscheinen, wie Od. 9, 384. Meister und Gesellen, Il. 11, 67. Troer und Achäer gleich zwei Mähern, 13, 198., die zwei Aianten, 22, 139. Achill und Hektor wie Habicht und Taube. Die Eigenheit der Subjecte kommt aber öfters gar nicht in Vergleichung, sondern die Lage, das Charakteristische, die Seele der Erscheinung, wie wenn Aias mit dem störrigen Esel (11, 556), Menelaos, wo er aushält mit der unabtreiblichen Fliege (17, 570), Hermes mit der Möwe (Od. 5, 51) verglichen werden, Odysseus unter einer Schütte von Laub liegt wie ein glimmender Brand unter der Asche (Od. 5, 488). Und wenn nicht blos der klagende Ton gemeint wäre, wie könnten die Herzenslaute des Odysseus und Telemach beim Wiedersehn mit dem Ton der Vögel verglichen werden, denen ihre Jungen geraubt sind? und wie würde ein Löwe Gegenbild zur Penelope sein (Od. 4, 791 f.), wenn die Aehnlichkeit nicht in der umschliessenden Gefahr und

---

41) Am gehäuftesten erscheinen sie Il. 2, 455—483, wo beim ersten Ausziehn des Griechenheeres eine Reihe von fünf Gleichnissen: den Waffenglanz, das Gedröhn der Tritte, das dichte Gedränge der Menge, das Ordnen der einzelnen Führer, den hervorragenden Feldherrn nach einander malen. S. Nägelsbach. — Der zweite Auszug: 4, 422 Griechen, 433 Troer, 452 ihr Zusammentreffen. — Des durch Zeus geschreckten Aias innerlich widerwilliges, äusserlich störrisches Weichen Il. 11, 555 f. 562. Hektor, wie er die Troer antreibt und in eigener Erscheinung, 11, 292 und 297 f. Desselben schwerer Ansturm gegen die standhaften Griechen, 15, 618. 624. 630. Das Wegtragen der Leiche des Patroklos, Il. 17, 725. Gruppe der verfolgenden Troer und des rückschlagenden Aias, das. 137. 747. 755. andere Momente. — Achills Mordbahn, um den Patroklos zu rächen, Il. 20, 490 und 495 und wiederum 21, 12 und 22, dann 21, 252 und 257, endlich 22, 22 und 26. — Der Freiermord, als Athene die Aegis hervorthut, Od. 22, 299—301 und 302—306. — Des Odysseus Fahrt nach Ithaka, 13, 81 und 86. S. Hoffmann in Lüneburg, Progr. Lüneb. 50. Prüfung des von Lachmann über den letzten Gesang der Ilias gefällten Urtheils. S. 6. „Abgesehen von der Verschiedenheit des Gegenstandes, — kommt hier noch der Umstand in Betracht, dass, wo einmal eine auffallende Menge von Gleichnissen erscheint, regelmässig ein bedeutender Abschnitt in der Erzählung gemacht wird, und dabei ein glühenderes poetisches Colorit ganz gerechtfertigt ist".

dem Sinnen auf einen Ausweg läge? Wo aber Menelaos scharf
umherblickt nach dem Antilochos wie ein Adler nach dem Hasen
(Il. 17, 674), wird ausser dem Scharfblick, der sein Ziel erreicht,
offenbar Nichts verglichen.

Wir sind hiermit in die Kunstweise der Gleichnisse eingegangen und es gilt das richtige Geschmacksurtheil über Stoff,
Fassung und Gliederung derselben. Einzelne mögen uns nicht
gefallen, ob wir schon die soeben besprochene Unterscheidung
anerkennen, wie wenn Il. 17, 389—397. Griechen und Troer
den Leichnam des Patroklos hin- und herzerren, wie die Leute
des Gerbers ein mit Fett getränktes Leder, oder Odysseus, Od.
20, 24—28, sich auf seinem Lager hin- und herwälzt, wie ein
Mann eine Magenwurst im Siedekessel hin und her umdreht,
dass sie schnell brate. Andere entzücken uns, wie jenes schon
in der Einleitung gegebene Il. 6., sodann die mehren, durch
welche wie schrittweise das Hervortreten des Haupthelden der
Ilias, des Achill zum Rachekampf wegen Patroklos, in glänzendes
Licht gesetzt wird.

Nachdem erst sein wundervoll leuchtendes Haupt, 18, 207.,
und seine entsetzliche Stimme, das. 219., dann sein rachedursti-
ges Gestöhn bei Patroklos' Leiche, das. 318 ff., in treffenden Bildern gezeichnet sind,[42]) wird seine erste Begegnung mit einem
Feinde, dem Aeneas, durch das über alle andern Löwen- und
Jagdbilder schöne Gleichniss verherrlicht, 20, 164 ff.

Jenseits drang der Peleide heran, wie der reissende Löwe,
Welchen zu tödten verlangend die ländlichen Männer, ein ganzes
Volk auszuziehen geschaart; er schreitet zuerst mit Verachtung
Trotzig daher; doch sobald mit dem Speer ihn ein rüstiger Jüngling
Traf, dann knäuelt er sich mit geöffnetem Rachen zusammen,
Triefend die Zähne von Schaum, er stöhnt aus muthigem Herzen,
Geisselt sich dann mit dem Schweife zugleich zur Rechten und Linken,
Ribben und Hüften umher, und entflammt sich selbst zu dem Kampfe,
Funkelnden Blickes fährt hin er in Wuth, dass einen der Männer
Tödt' er, oder auch selber er stürz' im Vordergetümmel.
Also drängte die Kraft und der männliche Muth den Achilleus,
Kühn sich entgegen zu werfen dem tapferen Helden Aeneas.[43])

42) Lattmann de poett. Gr. compar. Gott. 52 p. 17 hat bei seiner
spitzfindigen Deutung die parallelisirenden Ausdrücke des Dichters selbst
übersehen.
43) Hegels Aesthet. I. S. 534. Hoffmann Progr. S. 9. Sagenp. 12.

ferner das von seiner Verfolgung des Hektor 22, 139—144:

Wie im Gebirge der Falk', der behendste unter den Vögeln,
Leicht im gewaltigen Schwunge der schüchternen Taube sich nachstürzt;
Seitwärts flüchtet sie bang, dicht hinter ihr stürmt er beständig
Nach mit hellem Geschrei, und er brennt vor Begier sie zu haschen.
So flog jener im Schwung grad aus; bang flüchtete Hektor
Unter der Mauer dahin, die gelenkigen Füsse bewegend.

Nicht minder schön nach mehrstimmigem Urtheil das frühere
vom Agenor dem Achill gegenüber, 21, 573—580.

Wie wenn etwa ein Panther hervor aus tiefem Gesträuche
Wider den jagenden Mann anstürzt, und mit nichten im Herzen
Zagt, noch furchtsam entflieht, nachdem er das Bellen vernommen,
Sondern ob jener ereilend im Stoss oder Wurf ihn getroffen,
Gleichwohl, selbst von der Lanze durchbohrt schon, lässt er vom
                                    Kampf nicht,
Bis er im Streit auf ihn sich gestürzt hat oder dahinsank.
Also Antenors Sohn, des erlauchten, der edle Agenor,
Nicht kam Lust ihm zu fliehn, bis er mit Achill sich gemessen.

An diesen und noch mehren andern Beispielen gerade aus
diesen Büchern 18—22, welche den um eigenen Leides willen
hervorgetretenen Haupthelden in seinen Fahrten schildern, giebt
sich die Kunstweise Homers deutlich zu erkennen. Wie Alles
bei ihm Leben, und am liebsten concretes Leben hat, so werden die Bilder immer zu einer deutlichen Anschauung mit bestimmtem Gehalt ausgeprägt, und wird in die concrete Gestalt
gern ein beseelender Zug eingewebt. Diese letztere Eigenschaft
stellen wir mit den poetischen Angaben räumlicher Maasse oder
Tageszeiten zusammen.[44]) Besonders feine Bezeichnungen s. Il.
23, 517 und noch mehr 760. Und wie auch da die Würfe
beseelt erscheinen (z. B. Il. 16, 589), so die Bezeichnungen des
Mittags, Il. 11, 86—89., und Abends, Od. 12, 439 f. Ebenso
nun die Gleichnisse, deren Bilder zwar vielfältig ihrem Hauptinhalt nach beseelt sind, da sie selbst ein Gemüthsverhältniss
ins Licht zu setzen dienen, aber ausserdem gar oft vom Dichter
durch einen besondern Zusatz das Gefühl ansprechen. Wenn
der Glanz von Achills Schild, Il. 19, 395, in einem Gruppenbilde
mit dem Hirtenfeuer verglichen wird, welches Schiffern leuchtet,

---

44) Ausser dem Wurf des Speers oder Steines oder der Wurfscheibe
(Il. 3, 12. 15, 358. 23, 431), die allgemein gebräuchlich (auch Thuk. 5, 65).

„indem ein Orkan sie weit von den ihren hinwegtreibt", so ist das Beseelung der concreten Gestalt. So dient das Bild von der Purpurfärberin, II. 4, 141., die einen elfenbeinernen Pferdeschmuck röthet, eigentlich nur durch die Farbe, aber es wird durch den Zusatz beseelt: der Reisigen viele u. s. w.

II. 3, 10. giebt zum Staub das Bild: ein Nebel unwillkommen dem Hirten, aber dem Dieb lieber als das Dunkel der Nacht. II. 12, 433 ff. wird das Gleichniss der gleichhängenden Waagschale durch die ehrliche Wollspinnerin beseelt, die für ihre Kinder den kümmerlichen Lohn erwirbt. II. 21, 345 ff. trocknet Hephästos den Boden, wie der Wind die neugenetzte Tenne (weder Saatflur noch Garten), die eben auf dem offenen Felde angelegt wird, und es freut sich der, welcher sie zur Ernte brauchen will. Es lassen sich diesen noch manche andere Beispiele hinzufügen[45]) und dazu eine Reihe, da das durch ein Bild zu Verklärende selbst ein Gefühl ist.[46])

Wenn nun die Gleichnisse vom Dichter eine sehr verschiedene Ausführung erhalten haben, so gilt es, den Grund dieser Verschiedenheit in den poetischen Gedanken zu erkennen. Die kurzen von zwei oder drei Versen, wie 13, 62. 102. 198. 571. 587. 18, 161. 219. 600.[47]) bringen zu dem Erzählten allerdings in ihrer Knappheit ein ganz treffendes und lebendiges Licht. Andere von vier oder fünf Versen 13, 471. 703. 12, 146. 167. 15, 624. 23, 760. Od. 6, 130. zeigen sich offenbar bei gleicher Angemessenheit nur nach dem gewählten Phantasiebilde etwas mehr ausgeprägt. Noch bei sechs bis acht oder neun Versen ist das nicht sofort anders. Die Wahl der Bilder führt den Dichter

---

45) II. 4, 455. 13, 493. 18, 212. Od. 22, 306. Es wirkt hier das Dichtergemüth, was von Mehren verkannt ist, vorzüglich von Jul. Lattmann, de poet. Gr. compar. p. 14 f.

46) Es erfreut die Wiedererscheinung des Hektor wie der aufgehende Fahrwind, II. 7, 4, es umdrängen den Odysseus seine Gefährten wie die Kälber ihre Mütter, Od. 10, 410, und hat Odysseus, Od. 5, 395, solche Freude, als er die nahe Küste der Phäaken sieht, wie Kinder über den genesenen Vater. Menelaos aber ward erfreut, als er den Paris sah, wie ein hungriger Löwe, der ein grosses Wild gepackt hat, II. 3, 23, Paris dagegen fuhr entsetzt zurück, wie ein Mann, der eine Natter sieht, 33., Diomedes wich vor dem Ares zurück, wie ein Wanderer rathlos steht an dem Rande des Stroms, der reissend ins Meer stürzt, II. 5, 598.

47) Ebenso 20, 490. 495. 21, 12. 22, 22.

zu mehrer oder minderer Ausführlichkeit. Sie, aus dem bewegten Leben der Natur und der Menschenwelt in grosser Mannigfaltigkeit entnommen, sollen eigenthümlich charakteristisch sein, um der jedesmaligen Vergleichung zu dienen. Schon dies erfordert hin und wieder der Züge mehre, aber die bildnerische Vergegenwärtigung und seelische Belebung nimmt auch ein eigenes Recht in Anspruch.

Genug es ist die Poesie selbst, welche zu den wechselnden Situationen besonders der Kämpfe in den an diesen reichern Gesängen, also dem oben genannten 11., 12., 13., 16. und 17. der Ilias, neben jenen kürzeren mehre Gleichnisse von 6—9 Versen zum Theil nach ihrem eigenen Recht hervorbringt. Gerade die als die vielleicht unter allen schönsten hervorgehobenen, von des Paris Auszug und Achill dem Aeneas gegenüber (Il. 6, 503. 20, 164.) umfassen über 6, ja 9 Verse, und wie diese, so ist das gleich lange, 12, 278, eben nur durch die poetische Malerei (wie auf dem Schilde, Il. 18, 579 ff.) so ausgedehnt, und tritt aus dieser doch der Hauptzug hell hervor. Nicht anders bei denen von 8 Versen, den oben angeführten, Il. 21, 753, und den beiden Gruppenbildern, 11, 474 und 548, so wie denen von 7, 15. 630. 11, 113. 17, 61 und auch 18, 207, indem der wundervolle Glanz des Achill in hellester Farbe erscheinen sollte. Wie jene achtzeiligen Gruppenbilder, so zeichnen auch mehrfach fünf- oder sechszeilige anmuthige Hergänge mehrer Momente, besonders 17, 53 ff.[48])

In all dergleichen Ausführungen haben wir aber eben auch den Charakter des Epos zu erkennen, das nimmer für ungeduldige Hörer erzählt. Nach dem Obigen zählen wir die Menge der Gleichnisse, da sie vom Dichter gemeinhin in eigener Person eingewebt werden, in den Schilderungen der Kämpfe zu den Mitteln, durch welche der Dichter noch mehr aller Ermüdung vorgebeugt hat, als er, der immer neue, es schon durch den möglichsten Wechsel der Scenen gethan. Er hat dabei noch andere Mittel, die Schilderung der Kämpfe vor aller Einförmigkeit zu wahren, doch die Anzahl der kürzer gefassten Gleichnisse ist auch in den daran reichsten Partieen überall weit die über-

48) Il. 15, 271. 679. 17, 725. 18, 318. 257.

wiegende.[49]) Wenn nun diese kürzeren der Ilias gar wohl ein
Bild voll concreten Lebens geben können und geben,[50]) so ist es
unstatthaft diese Eigenschaft der Gleichnisse, welche sich in der
Odyssee finden, anders herzuleiten als aus dem Belieben des
bildnerischen Geistes. Wenn von den Bildern der Odyssee ausser
dem einen des unechten Zusatzes verdächtigen (8, 423.) nur 1
zu 6 (19, 518) und 3 bis 5 (5, 335. 6, 130. 12, 251) die
übrigen nur 2, 3, 4 Verse füllen, so haben wir darin doch nur
dieselbe Weise zu erkennen, die er auch in der Ilias vorherrschend
befolgt hat, und wenn er hier einzelne Bilder ganz einfach nur
nennt, welche er in der Ilias ausgeführter giebt, wie 5, 371.
„und sass wie ein Reiter zu Rosse" verglichen mit Il. 15,
679 und 7, 36. „Schnell sind jenen die Schiffe wie Fittige
oder Gedanken", vergl. mit Il. 15, 80, so hat er dergleichen
neben einander auch in der Ilias. Einfache Metaphern werden
Bilder 4, 342. 17, 737, und wir werden darin immer nur die
Wahl dessen, was für jede Stelle passte, finden müssen. Es bleiben wohl einzelne Fälle übrig, wo die Rhapsoden wie in andern
Formen so in den Gleichnissen hinzugethan haben, was der
Dichter weder zur concreten Ausprägung noch zur Beseelung
seines Bildes eingewebt hatte.[51]) Allein die Verschiedenheit,
da dem Dichter in der einen Stelle der ganz einfache Gebrauch eines Wahrgenommenen zur Vergleichung beliebt, in
der andern dasselbe in concreter Gestalt erscheint, in einer
dritten er es zum charakterisirten Bilde ausführt, diese Verschie-

---

49) Das 12. Buch hat in 471 Versen 9 Gleichnisse, von denen 4 zu 3,
1 zu 4, 1 zu 6 Versen; also nur 3 bereits erwähnte umfassen 8 oder 9
Verse; das 13. von 837 Versen mit 14 Gleichnissen hat darunter 9 zu nur
2 oder 3 Versen, von den übrigen fünf 3 zu 5, 2 zu 6 Versen; das 15. in 746
Versen mit 15 Gleichnissen, unter diesen 10 zu nur 3 oder 2, und dazu
1 zu 5, 3 zu 6, 1 zu 7; das 16. in 867 Versen 17 Gleichnisse, von denen
12 zu 1½ bis 3½, 2 zu 4, die drei übrigen zu 6, 7, 9; das 17. in 761 Versen
18 Gleichnisse, davon 12 zu nur 1 bis 4 Versen, die andern 6 zu mehr.
So enthalten die Rhapsodieen 18—22 in der Zahl von 27 Gleichnissen, deren
8 zu 2 und 10 zu 3 Versen, also nur den dritten Theil zu mehr, und unter
diesen sehen wir gerade so herrliche. S. Progr. von Lüneburg Ost. 1850.
Hoffmann, Prüfung des von Lachmann über die letzten Gesänge der
Ilias gefällten Urtheils.
50) Il. 15, 80. 362. 16, 7—9. 17, 133. 547. Od. 5, 51. 328.
51) Wie Od. 8, 526—529. Il. 15, 411 f.

denheit ist an gar vielen Beispielen aus Ilias wie Odyssee nachgewiesen.[52])

Alle nähere Betrachtung liess uns sonach die Gleichnisse
der mustergiltigen epischen Darstellung als einen besondern Erweis des plastischen Vermögens und Willens auffassen, und zwar
wie es sich im zugleich gemüthreichen Dichter kundgiebt. Da
thut sich aber zuerst und zumeist in dessen Erfindsamkeit das
hervor, was wir das Weltbewusstsein der grossen Dichter nennen,
oder sagen wir populärer, ihre aus Natur- und Menschenwelt
anschauungsreiche Phantasie. Dies bringt auch in dieses Gebiet
den Reiz des immer Neuen. Zum Beweise dient zuvörderst die
Seltenheit einer Wiederholung, trotz der so vielfältigen Anwendung von anregenden und fesselnden Bildern. Wir können kaum
drei Fälle zählen.[53]) Sodann sind dieselben Wahrnehmungen,
doch mannigfach gewendet, die um höchste Höhen sich sammeln-
den Wolken (Il. 5, 522. 16, 297 und 364), der unaufhaltsame
Strom (Il. 4, 452. 5, 87 und 11, 492), ein Waldbrand (Il. 2, 455
und 11, 155), der Löwe im Lager des Hirsches, der Hirsch in
dem des Löwen (Il. 11, 113 und Od. 4, 335), die kleinen und
die Raubvögel (Il. 16, 482. 17, 755. 22. 139. Od. 22, 302), Fisch-
fang (Il. 16, 406. Od. 10, 124. 22, 384), die Fliegen um den Milch-
eimer (Il. 2, 469. 16, 641), der Leitbock (Il. 3, 196 und 13, 492),

52) S. Remacly, de comparationibus Homer. disp. Partic. III. pag.
36 bis 41.
53) Il. 11, 548—555 und 17, 657—664, wo man erkennt, dass das
Bild zunächst für die erstere Stelle gedichtet ist, wo ein zweites Gleichniss zu dem inneren Widerstreben des Aias die äussere Bestätigung, das
schrittweise Weichen, hinzufügt, wie Beides zusammen schon durch 547
vorbedeutet ist. Il. 13, 389—391 und 16, 482—484. Hier folgt an der
zweiten Stelle ein zweites Gleichniss unmittelbar, das das „stöhnend“ ins
Licht setzt. Es scheint aber der Vers, welcher dieses enthält, von dieser
Stelle her, 13, 393, ungehörig wiederholt zu sein. — Das dritte Beispiel
ist an der zweiten Stelle kritisch verdächtig; prächtig steht Il. 6, 506 bis
511, wo die drei folgenden Verse die doppelte Beziehung auf des Paris
Erscheinung und auf seine strebende Eile so deutlich aussprechen. In der
andern Stelle, 15, 263—268, aber passt selbst der Zug der Eile nicht
recht in den Verlauf, jedoch hat Aristarch, indem er die Verse 265—268
in beredter Auslegung allein für die erstere Stelle gedichtet erklärte, die
beiden vorhergehenden hier gelassen. Ein für Hektor in diesem Zeitpunkt
passendes Gleichniss folgt weiter hin, 271—276, wo denn auch, 277 ff., die
treffende Anwendung folgt. S. Sagenp. S. 158 f.

die Schneeflocken (Il. 12, 156. 278—286. 19, 357. 3, 222), die
Wespen (Il. 12, 167. 16, 259), Mutter und Kind (Il. 4, 130. 8,
271. 16, 8), Liebe der Thiere zu ihren Jungen (Il. 16, 259 bis
265. 17, 4. 133. Od. 16, 217 f. 20, 14), wie der Kälber zu ihren
Müttern (Od. 10, 410—417). An der letztgenannter Stelle wird
die Freude der Gefährten beim Erblicken des Odysseus mit der
der Kälber verglichen, wie sie ihren Müttern entgegenspringen.
Die Liebe erscheint hier ganz als Naturgefühl, das in den Menschen dasselbe ist wie in den Thieren. Dazu kommt die sich
dort anknüpfende Weckung der Heimathsliebe. Wenn nun das
Gleichniss 5, 394, als Odysseus nach seinem mehrtägigen Umher-
schwimmen von der Welle gehoben das Ufer Phäakiens er-
blickt, lautet:

> Wie wenn herzlich erwünscht das gerettete Leben des Vaters
> Kindern erscheint, wenn dieser erlag schwer drückender Krankheit,
> Lang abzehrend an Kraft, ihn quält ein entsetzlicher Dämon.
> Doch zur herzlichen Freude erlösten ihn Götter vom Elend;
> So zur Freud' erschien dem Odysseus Ufer und Waldung,

so erkennen wir in diesem Gleichniss allerdings einen unser
Gefühl noch mehr ansprechenden Ausdruck. Aber Homer nimmt
hier das Gefühl jedweden Kindes und nicht etwa nur gewisser
wohlgearteter. In diesem und in dem Gleichniss 8, 523 liegt also
nur das überhaupt Naturgemässe der Kinder- und der Gattenliebe,
und so findet es sich ganz unläugbar bei ihm, wozu Anlass ist,
ganz gleichmässig, wenn auch nach Maassgabe der erzählten Verhältnisse verschieden ausgedrückt. In diesen Naturgefühlen ist
am allerwenigsten irgend eine Unterscheidung der Ilias und
Odyssee auch nur zu versuchen.[54]

---

54) Dies gegen Fäsi, Einleitung zur Odyssee. S. XIV. Die in jenem
Gleichniss verlautende Freude über die Rettung des Vaters von schwerer
Krankheit sollen wir sie als dem Achill selbst fremd betrachten? Er, dem
bei überhaupt lebendigem Andenken an denselben (Il. 16, 14—16), das
Denk an den Vater zurück (24. 504), das Herz so zur Sehnsucht nach
diesem und damit zur Menschlichkeit erweicht (507—511); soll er nicht
ebenso empfunden haben? In der Ilias kämpft der Streiter für das Vaterland zuerst für seine Eltern (Il. 21, 587. 6, 446), eben in ihr verlautet
wiederholt das Bedauern, dass ein im Kampf gefallener Jüngling den
Eltern den Erziehungslohn nicht habe abtragen können (1, 477 f. 17,
301 f.). Die Liebe zu den Eltern ist Maassstab der Liebe zu Andern (15,

Nach dem Dargelegten darf man nichts Anderes als die Erfindsamkeit des einigen Dichters in all der Verschiedenheit erkennen, welche wir im Gebrauch der Vergleichungen durch beide
Epopöen hindurch wahrnehmen. Ob sie eintreten oder nicht, ob
sie blos als adverbiale Beisätze, oder einfach mit Subject und Prädicat angereiht, oder zu Perioden ausgeführt erscheinen, darüber
entscheidet der dichterische Gedanke, der sie an ihrem Ort im
Wechsel mit seinen andern Mitteln verwendet. Sie sind von ihm
nicht gebraucht, wo entweder der Drang der erzählten Thatsachen
oder das beseelte Gespräch für das den Hörer bei einzelner Anschauung Festhaltende Bildern keinen Platz gab. Bei gleichartigen
Hergängen dagegen, wie bei Kampfesscenen der Ilias, wusste er
den Hörer noch durch andere Darstellungsmittel zu befriedigen.

Dass die Gründe der Anwendung oder Nichtanwendung in
der Ilias nicht anders als in der Odyssee wirkten, zeigen besonders
sprechend das 6., 7. und 14. Buch. Hier nehmen besonders
charakterisirte Akte der Handlung den meisten Raum ein, daneben aber wird der fortgehende allgemeine Kampf durch eine
Reihe einzelner Tödtungen versinnlicht. Hier halten die einzelnen Fälle durch die Mannigfaltigkeit der Wunden oder durch
Charakteristik der Gefallenen nach Herkunft oder andern Eigenheiten das Interesse fest; dazu kommen manche besonderen

___

439. 19, 322) und bei den Eltern einen betheuern, erscheint (15, 660 bis
665. 22, 339) gewiss doch nicht minder als andringlicher Anruf, als es
in der Odyssee sein würde. Soll da also in ihr ein anderes Gefühl gelten?
Soll etwa das Gefühl der Vaterlandsliebe auch erst in der Odyssee in
seiner Stärke vorhanden sein, weil ihr Held sie darstellt? Und nun die
Klage einer Frau um den gefallenen Gatten — ist denn Andromache nicht
Andromache (22, 452. 466. 483. 6, 454 f.)? Und lesen wir nicht 17, 36 f.
18, 122—124 und vollends 5, 412 ff. die böse Erwartung vom Leid der
Aegialeia, der Gattin des Diomedes? Wenn aber im Gleichniss der Odyssee,
8, 523 — 530, jener Gelehrte eine höhere Blüthe der Gattenliebe, ein
anderer eine unhomerische Weichlichkeit (Lattmann S. 14) ausgedrückt
findet, ein dritter (Ameis zur St.) zur Barbarei, mit der hier die ihren
Todten umarmende Frau mit dem Speer geschlagen und in Gefangenschaft
oder in ein Gefängniss abgeführt wird, die ähnliche in Il. 6, 58 f. vergleicht, welche das Kind im Mutterleibe nicht verschont, so erkennen wir
gewiss richtiger in den Versen 526 — 529 ein Einschiebsel, eine über-
treibende Ausmalung der Scene, wie die Rhapsoden an mehren Stellen
gethan, Sagenp. 132, wo π, 97—100 zu lesen statt ξ. Die Stellen sind
meistens schon von alten und neueren Kritikern notirt.

fesselnde Zwischenfälle, so 6, 1—65 und 14, 440—522, wie öfters
auch anderwärts 5, 38 ff. (Verwundungen) daselbst 60 ff. 69 ff.
77. (Verwundung und Beschreibung der Erlegten) 15, 338—345.
Nur eintretendes Bedeutendere wird durch Gleichnisse in diesen
Büchern betont, so in 6 durch das so schöne, der zum Kampf
strebende Paris 506, in 7 die Freude der Troer, 4 und 63 die
wogenden Schaaren der Troer, als sie vor dem Zweikampf sich
setzen. Das 14. schildert 16 ff. Nestors hin- und hergehende Erwägung bis zu einer Entscheidung durch ein Gleichniss; aber
die folgende Erzählung, vollends die von Heres Listen und Bethörung des Zeus gab dazu keinen schicklichen Anlass. Erst als
der durch Heres Botschaft angefeuerte Poseidon (362 f.) die
Griechen zum Kampf antreibt, wird (394) der Lärm der zusammen-
stossenden Heere in der Satzform gehäufter einfacher Vergleichungen (wie 17, 20 und 22, 262) hervorgehoben. Dann ist
der Fall des Hektor vom gewaltigen Wurf des Aias (409 ff.) durch
seine zwei Momente, erst das Drehen, dann den Sturz, betont.
In dem bereits besprochenen folgenden Theil nehmen wir noch
einen andern Zug der belebenden Darstellung wahr, der wiederum
auch in mannigfaltiger Gestalt vorkommt, den Wechsel sarkasti-
scher Reden bei den rächerischen Thaten (454. 471. vgl.
16, 745).

So sehn wir den Dichter seine reichen Mittel verwenden.
An andern Stellen (4, 457—539) beliebte ihm, in einer Reihe
geschilderter Einzelkämpfe auch theils einfache Vergleichungen
(462. 471), theils ein volleres Gleichniss anzubringen, 482—487.

Die rege Erfindsamkeit des immer Neuen, die Mischung
und der mannigfach gewandte Gebrauch der verschiedenen Darstellungsweisen ist am sichtlichsten in den Gleichnissen, die der
Jagd und überhaupt dem Thierleben entnommen sind. Zum
Zeichen der Zeit und des Landes begegnen wir da oft der ländlichen ihre Heerden gegen Löwen schützenden Bevölkerung.
Diese Klasse zeugt von der lebhaften Vergegenwärtigung einer
Fülle von Beobachtungen[55]) ganz vorzüglich. Von den 18 oder
17 Gleichnissen des 16. und 17. Gesanges sind je 5—6 Jagd-

---

55) Die alten Erklärer machen öfters auf die Richtigkeit aufmerksam,
Eustath zu Il. 2, 87. Sch. A. zu Il. 17, 725 vgl. 8, 340.

oder Wildbilder 16, 156. 352. 487. 752. 756. 826. 17, 61. 133. 281.
657. 725., im 12. und 15. 4: 12, 41. 146. 299. 324. 15, 271.
323. 586. 630., im 5. und 11. je 3: 5, 136. 161. 554. 11, 113.
173. 292., im 13. 2: 198. 471. Und es kommen noch einzelne
in andern Gesängen hinzu, wie das schon oben ausgezeichnete
20, 156 und 8, 338. 3, 21; aber ausser dem einen, als wiederholt bemerkten, sind sie alle eigenthümlich gestaltet, und auch, wo
die gleiche Situation zu vergleichen war, lautet das Gruppenbild
verschieden, 11, 474 —481. 15, 271. Im Einzelnen wechseln
diese Thierstücke mit den mannigfachsten Bildern aus andern
Sphären. Man sehe in 17 neben den Jagdbildern 434. 520.
570. 674. 737. 742. 747. 755. in 12, 132. 278. 421. 433. 451.,
in 11, 86. 147. 155. 269.

So wäre wohl diese glänzende Erweisung des Dichtergenius
hinlänglich belegt.[56]) Je mehr wir uns aber an ihr erfreun, um
so weniger übersehn wir die mehren einzelnen Fälle, welche
einen Anstoss geben können. Gäbe ihn die Ausführlichkeit, die
Fülle des Details, dann hätten wir erst uns zu fragen, ob wir
auch die epische Weise der Gleichnisse, ob wir die homerische
Genre-Zeichnung und concrete Beseelung genugsam erwogen.

Der heutige Leser, auch der deutsche, versteht an sich die
epische Ruhe wenig. Es ist dem Epiker theils um Anschaulichkeit, theils um concrete Beseelung des Bildes öfters mehr zu
thun, als nach dem Maasse unseres Geschmacks der Moment zu
gestalten scheint. So sind die Wölfe, denen die Führer der Myrmidonen gleichen, 16, 157—163, doch in allen sieben Versen
als die im Blut schwelgenden Thiere gemalt. Und wenn, 12, 278
bis 283, ein dichter Schneefall hinlänglich dargestellt scheinen
kann, darf man doch nicht behaupten, der Dichter habe die drei
folgenden, da er an den Anblick von Küstengegenden gewöhnt,
gehörigermaassen weglassen müssen. Wie sich ferner 12, 41 ff.
ganz natürlich ausgeführt verhält, so gilt dies auch von 12, 299
bis 306, obgleich diese Stelle einer Interpolation angehört.

---

56) C. Fr. Hermann Culturgesch. S. 93. — „Es liegt sowohl der Verknüpfung im Ganzen als den Gleichnissen so echter Dichtergeist zu
Grunde, dass auch die zahlreichen Discrepanzen im Einzelnen uns nicht
an dem dichterischen Berufe und der grossen Persönlichkeit des Mannes
irre machen dürfen".

Schon ein Anderes ist es, wo ein so Einfaches, wenn auch
nicht Unbedeutendes, die allgemeine Flucht des Troerheers, zu
vergleichen ist 16, 393: „also tosten gewaltig die fliehenden
Rosse der Troer". Wird da nicht blos das Gegenbild einer
tosenden Ueberschwemmung auf das Lebendigste ausgemalt —
das wäre ganz in der Weise der epischen Poesie — sondern
wird da vielmehr dieses Bild noch wortreich beseelt durch den
motivirten Zorn des Zeus, 386—388., dann mag man wohl meinen,
das Bild thue zu viel, so interessant der Zug an sich ist. Die
Structur der Periode, nach der das τῶν 389 auf ὕδωρ zu 385
zu beziehen ist, sie macht wahrscheinlich, diese drei Verse seien
eingeschoben.

So dürften die ausgeführten Prädicate zu beurtheilen sein.
Aber wo in einfacher Vergleichung und wie in der Art von
Metaphern einfach charakterisirte Subjecte eintreten, da giebt es
mehrfach ein Problem. An des Dichters allgegenwärtige Phantasie sind wir zwar gewöhnt, so wie an das Erfassen derselben
Prädicate bei den an sich ungleichen Subjecten. So wird, wer
in Gebirgsgegenden die mehre Tage lang feststehenden Wolken-
schichten gesehn hat, das Gleichniss zum standhaltenden Heer
5, 522 — 526 recht wohl verstehn, neben dem ihm dann wohl
12, 433. die Mannigfaltigkeit der Anschauungen zeigt. Andererseits gefällt auch die bewegte Verwendung desselben Subjects,
wenn in 16, 365. die Wolke, welche sich gern an Bergkuppen
anlehnt, beim Sturm sich aus der Höhe in die Weite verbreitet,
und zum Bilde des sich von den Schiffen verbreitenden Lautes
wird, oder die entgegengesetzte Erscheinung das. 297., dass der
Gott die bisher die Höhen verhüllenden Wolken davon wegtreibt,
so dass der lichte Aether sie alle umleuchtet. Dieser Wandel
bildet die Freude der Achäer ab, als Patroklos die Troer mit
ihren Bränden von den Schiffen verjagt hat.[57])

Doch einige Stellen sind schwerer zu deuten, ja bilden ein
kaum zu lösendes Problem. So 13, 754: „Sprach es, und
stürmte von dannen, dem schneeigen Berge vergleichbar
— und flog durch die Troer dahin". So lauten die Worte
genau wiedergegeben. Hier sind die an sich gezwungenen Er-

57) Die Verse 299 und 300 gehören nur hierher, nicht auch 8,
557 und 558.

klärungen der Alten, da Hektor wegen seiner ragenden Gestalt
(also wohl wie Polyphem) einem Berge gleichen soll, ganz unstatthaft, weil das „stürmte" voransteht. Die einzig mögliche
Erklärung scheint, dass mit den Worten eine Lawine angedeutet
wäre, deren Anschauung den Bewohnern Asiens freilich nicht
so leicht beizulegen ist.

Ein andre Schwierigkeit hat die Stelle II. 4, 75—84. Hier
wird eine Lufterscheinung des Sternenhimmels zum Gleichniss
für das Herabkommen der Athene am lichten Tage gebraucht.
Ein solches Herabkommen eines Gottes wird in andern Stellen
nach seiner Schnelligkeit natürlich verglichen; 15, 10, wie
Schnee oder Hagel, das. 237. und 19, 350 f., wie ein schneller
Vogel. Dort nun kann man auch nicht eine eigentlich nächtliche Erscheinung eben nur als Bild für die auch vom Himmel
niederfallende Göttin fassen. Wir werden belehrt und wissen
zwar von Feuerkugeln, welche am hellen Tage fielen und auch
Funken sprühten,[58] aber der genau übertragene Text spricht von
einem Stern und von Funken, welche von ihm sprühen, so
dass wir Sternschnuppen zu verstehn bewogen werden. Diese
sieht man aber nur in der Nacht, und doch heisst es hier solchem
glänzenden und Funken sprühenden Stern gleich sei Athene zur
Erde geschossen, mitten hinein, und Staunen habe Troer und
Achäer befallen. Sie deuten es als ein göttliches Vorzeichen,
gutes oder schlimmes, wie der Dichter es gleich zuerst ein
Zeichen ($\tau \epsilon \rho \alpha \varsigma$) genannt hat. Ein solches, eine ausserordentliche Erscheinung, ist demnach jedenfalls gemeint und zu ver-
stehn, und zwar ein bei Tage gesehenes Meteor. Sagt nun
unsere Naturkunde nur Feuerkugeln oder s. g. Meteorsteine
kämen bei Tage vor, so ist das Problem dieses: entweder der
Dichter hat verschiedene Meteore verwechselt, oder wir haben
seinen Ausdruck Stern, welcher Funken sprüht, da er im weiteren Sinne gebraucht, zu eng gefasst. Die letztere Erklärung
wird durch die schon viel verglichenen mehren Stellen der Alten, in denen eine solche Erscheinung bei Tage stattfindet, un-
terstützt. Dabei ist wahrzunehmen, dass das Volk nicht die

58) Gehlers Physik. Wörterb. IV. 215. 228. und Benzenberg, die
Sternschnuppen S. 45. Auch die Schol. zur St. erklären Sternschnuppen
Gr $\delta \iota \dot{\alpha} \tau \tau o \nu \tau \epsilon \varsigma$ $\dot{\alpha} \sigma \tau \dot{\epsilon} \rho \epsilon \varsigma$, wie bei Plut. Lysand. 12.

Athene, sondern das niederfallende Meteor sieht, Athene aber,
sobald sie herabgekommen, die Gestalt des Laodokos annimmt.⁵⁹)
Der unbefangene Leser erkennt übrigens in diesem Gange der
Athene, um den Pandaros zu verführen, ein Moment der Handlung,
da in Folge des treulosen Schusses der Gesammtkrieg nun wirklich beginnt.

So viel über die homerische Darstellung in ihren einzelnen
Gestalten und Eigenheiten.

7. Die homerische Darstellung in Durchführung und
Gliederung der umfassenden Anlage, und in Gestaltung der Theile, wie sie den einzelnen Partieen eine gewisse Selbständigkeit giebt, die aber
eben zur schönen epischen und für mündlichen
Vortrag gearteten Kunstform gehört. Der Epopöe eigenthümliche Formen und Weisen der Gliederung.

Wir wenden uns nun zu dem allgemeinen Charakter der
echt epischen, durch Homer für die Gattung mustergiltigen Darstellung. Nach ihrem Grundwesen als Erzählung und ihrem weitgreifenden Inhalt besteht ihre eigenste Eigenheit in der mählichen
Fortbewegung durch zwar organisch verbundene, sämmtlich aus
einander heraus wachsende Theile, aber von der Beschaffenheit,
dass der einzelne sein eignes entwickeltes Wesen hat und ein
nicht zersplittertes, sondern auf eine hervortretende Person oder
einen charakterisirten Akt bezügliches Interesse gewährt, daher
auch für sich ansprechend und im einzelnen Vortrag geniessbar
befunden ward. Anders nämlich als das gelesene, muss das gehörte Werk in jedem Theile auch für und durch sich verständ-

---

59) Hymn. a. den Pyth. Ap. 263 (441). „Jetzt entschwang sich dem
Schiffe der Fürst, Ferntreffer Apollon, gleichend dem Stern, der mitten
am Tage scheint, und es entstieben Funken die Menge von ihm". Apoll
Rhod. 3, 1377 m. Schol. vgl. Aen. 5, 527f. So ist die Auffassung bei
A. Jacob, Entst. der Ilias S. 190 ff., irrig; am unrichtigsten die Bemerkung: „Eben so wenig kann Athene hier erst als Himmelszeichen gedeutet
sein sollen, nachdem sie schon die Gestalt des Laodokos angenommen
hat". Das Staunen betrifft ausdrücklich das Himmelszeichen, welches das
Volk sieht, wie 5, 864f. Diomedes den Ares als dichte Wolke; Athene,
wie oben gesagt ist, nimmt unten angekommen die Gestalt an.

lich sein, und durch seinen Inhalt anziehn. Die kleinen Lieder der vorhomerischen Sänger sind kurz genug für Einen Vortrag zu denken. Sie hatten also zumal bei ihrer wahrscheinlich romanzenartigen Form (Abschn. 23 letzt. Th.) diese Beschaffenheit meistens schon durch ihre Gegenstände, Abenteuer Einzelner oder Nachbarfehden mit einem Hauptbelden. Die umfänglicheren Liederstoffe vom älteren Geschlecht, die Abenteuer des Herakles und die Argonautenfahrt, schieden sich entweder leicht selbst in mehre Vorträge oder mögen in Akte getheilt bei wiederholten Zusammenkünften gegeben worden sein. Homer nun hatte, wie wir sahen, in den Sängern der Völkerkämpfe des jüngeren Geschlechts Vorgänger in Dichtung umfassenderer Stoffe, und die besonders umfängliche Sage vom troischen Kriege war vor ihm in Liedern aus allen Theilen besungen. Als in Akte theilbar erkennen wir auch diese Stoffe, wie die von den beiden Heerfahrten gegen Theben[60]), so den von der troischen. Gerade die Argonautenfahrt wird als schon vor Homer viel besungen bezeichnet; sie erscheint in der Rückfahrt schon bei Hesiod umfänglich, dann kommen zu dieser und den Abenteuern des Herakles jene vieltheiligen Heerfahrten. Wir müssen also annehmen, dass schon damals die Orte und Gelegenheiten, wo die Sänger eine Gesellschaft durch ihre Lieder vergnügten, für eine Reihe von Vorträgen bei wiederholten Zusammenkünften geeignet waren, sei es bei den Gastmahlen der Edlen oder bei Versammlungen in den Sprechhallen und Gemeinhäusern. Diesen Brauch fand Homer vor; was die Sänger in den einzelnen Vorträgen absangen, war immer ein kleines Ganze, eben ein Lied und musste ein solches sein.

60) Der erste Zug der sieben Helden, obgleich auch als Ganzes nicht übergross, theilt sich etwa in folgende Particeen: die Werbungen und daneben die Abmahnungen des Amphiaraos bis die bestochene Eriphyle ihn zum Auszug nöthigte; eine andere die Sendung des Tydeus an Eteokles, nach seiner Abweisung sein Wettkampf mit sämmtlichen Gästen, nach seinem Siege über sie der Hinterhalt, dessen Ueberwältigung; weiter die Partie des Hauptkampfes mit des Kapaneus Sturz und dem tödtlichen Zweikampfe der feindlichen Brüder bis zur Flucht des Adrastos. Vom Zuge der Söhne (Epigonen) und seinem Erfolge erscheint wahrscheinlich, er sei in Homers Zeit übrigens nur in der Volkssage gewesen, ausgesungen nur die Schlacht bei Glisas (Paus. 9, 5, 13 f. 9, 9, 4). Später erst dürfte der Stoff so ausgesponnen sein, dass die nachhomerische Epopöe 7000 Verse umfassen konnte.

Jedes wurde von einem merklichen Anhub zu einem entweder
thatsächlichen Erfolge oder überhaupt einem Ruhepunkte geführt,
wenn nicht eine Hemmung (wie z. B. durch Penelope Od. 1,
340 f.) eintrat. So allein konnte es den Hörern wohlgefällig und
verständlich sein. Zum Theil mögen wir uns die Fassung der
einzelnen Lieder aus der troischen Sage vorstellen, welche wir
oben von Homer, dem liederkundigen, benutzt sahen. Des Achilles
Streifzüge mochten ein Lied geben, ebenso der erste Gesang des
Demodokos, der Wortstreit des Achilleus und Odysseus über die
zur Eroberung wirksamste Eigenschaft (Od. 8, 73 oben Buch 2
§. 12). Und wie oben a. a. O. gezeigt ist, lassen sich die auf
Hektors Tod folgenden Begebenheiten weiter in einzelne Lieder
gefasst vermuthen. Aber wie wir diese und alle ausser der Ilias
und Odyssee liegenden Partieen des troischen Kriegs aus den
einzelnen durch beide Gedichte zerstreuten Stellen zusammengestellt haben, und der Dichter sämmtliche anderweitige Liederstoffe seinen Organismen in lebensvollster Weise einverleibt hat; so
sind gerade die kleinen Lieder, die ihm zu seinen beiden
Schöpfungen das nöthige Material gaben, eben weil er sie neu
bildete und beseelte, in ihrer vorigen Gestalt nicht völlig wieder-
zukennen. Gewisse Spuren nur ihres Ursprungs sind in aller
Auffassung der nationalen Epopöe der Griechen anzuerkennen.
Die ganze Kunstweise derselben, ihre Composition wie ihre Satz-
gestaltung hat sich unter Wirkung jenes Ursprungs und ihrer
Bestimmung für mündlichen Vortrag geartet. Ihre Vorzüge, aber
auch manche Mängel sind eben daher zu erklären. Solche
Mängel sind eine geringere Umbildung als das Ganze nun verlangte, Gedächtnissfehler, ja einzelne Widersprüche. Auch schrei-
bende Verfasser umfänglicher Dichtungen haben dergleichen begangen. Immer muss uns bei der Betrachtung der Ilias und
Odyssee hinsichtlich ihrer Einheitlichkeit jener Ursprung aus bereits bekannten Gesängen und dabei die dem sie neu beseelenden Dichter offenbar eigene Anschauung und Stimmung gegenwärtig bleiben, da er mehr um innere als um äussere Einheit
bemüht, die Grundverhältnisse genau verfolgt und einhält, und
gerade dazu Eigenes einfügt, das Ueberkommene neu gestaltet,
aber nicht in allen Einzelheiten. Eben diese beseelende Motivirung
ist das ihm Eigenste, das Ueberlieferte wird bisweilen belassen,

wie es war. [61]) Sonach durfte nicht die Erkenntniss jenes Ursprungs und die Wahrnehmung jener Spuren der benutzten kleinen Lieder, namentlich die hebende Beschreibung des Eintritts
sich hervorthuender Streiter, so missverstanden und missbraucht
werden, dass man auf Herstellung jener Lieder ausging. Es erwies sich freilich die Ungehörigkeit des Verfahrens bei ihm selbst.
Das Entscheidende, den Ausgang und selbst den Gang des vor-
ausgesetzten Liedes konnte man nur durch gewaltsame Ausscheidungen und Umstellungen bewerkstelligen, und gelangte selbst
damit oftmals zu keinem Ziele. [62]) Der Meister der griechischen
Epopöe, der mittels einer durchherrschenden Idee grosse Ganze
schuf, hatte eben durch seine Neubildung jene Elemente ganz
oder zum Theil unkenntlich gemacht; bald hatte er mehr den
Ausgang, bald den Anfang umgebildet und mit neuen Gliedern in
jenes Ganze verwebt. Dies d. h. der Dichtergenius ist auch jetzt
besser erkannt und jenes Verfahren (das lachmannische) wird
bald als überwundener Standpunkt gelten. [63]) Betrachten wir
so, welchen Gebrauch Homer von den überkommenen Liedern
machte.

8. Beschaffenheit der Theile der Epopöe.

Auch Homer konnte seine neuen Gebilde nur für mündlichen Vortrag bestimmen und einrichten, als er die Partie vom
Zorn wählte und seinen umfassenden Plan entwarf. Fand er im
Gebrauch der Sänger und dem Wohlgefallen ihrer Zuhörer kleinere Vorträge mit Hauptfiguren oder Einzelakten, so sagte ihm
sein Genius, dass die Theile seiner grössern Pläne, um vorgetra-

61) S. Recens. (Weisse in Leipzig) in Blätt. f. litter. Unterh. 1841.
Nr. 129. S. 514 und 515. Gedächtnissfehler Pylämenes II. 13, 658 nach
5, 576 und Antiphos Od. 17, 68. der Sohn statt des Vaters Aegyptios genannt, 2, 15—19.

62) Bäumlein, Zeitschr. f. Alt. 1850. S. 161 und mit Bezug darauf
S. 166: „Wir hätten also hier wieder die bei den lachmannischen Liedern
wiederholt bemerkte Erscheinung, dass sie ohne schickliches Anfang,
ohne passenden Schluss, ohne eine besondere Handlung zu Ende geführt
zu haben, des Charakters selbständiger Lieder entbehren. Wie viel anders
in den Eddaliedern, die doch jedenfalls auf einer niedrigeren Kunststufe
stehn. S. die Edda übers. von Simrock. Stuttg. 1855. bes. die Gudrun-
lieder S. 226—240.

63) Der oben genannte Recens. in Blätt. f. litter. Unterh. 1841. Nr. 129.

gen und gern gehört zu werden, an unverwickelter Weise und concentrirtem Interesse den kleineren Vorträgen es gleich thun oder ihnen sich annähern müssten. Sein genialer Kunstverstand oder bildnerischer Trieb und Takt für das dem Epos und seinem Vortrag Passende hiess ihn also den auf einander folgenden Theilen der Epopöe eine gewisse Selbständigkeit verleihen, damit sie auch für sich wohlverständlich und durch ihren eigenen Inhalt annehmlich würden. Andererseits fand er für die einheitliche Gestaltung seiner reicheren Stoffe einige bildnerische Mittel und Weisen, welche die einfach grade fortgehende Handlung der Einzellieder nicht bedurft und nicht gebraucht hatte. Paralleles in der Zeit, was in verschiedenen Scenen von verschiedenen Personen geschehn, kam erst hier zu erzählen, konnte aber, da der Dichter kein Maler, das Gedicht kein Bild fürs Auge ist, nur Eins nach dem Andern (öfters im Wechsel) gegeben werden.[64])

Sodann ergab sich bei Ausführung der grossen Entwürfe eine zwiefache Klasse von Bestandtheilen nach zwiefachem Grade der Zugehörigkeit. Die einen waren wesentlich für die Verfolgung des Grundgedankens, die anderen dagegen förderten die vom gewählten Motiv her fortschreitende Handlung nicht unmittelbar, sondern fügten nur zum Nothwendigen gleichsam eine liberale Fülle, gaben den Orten, Personen und einzelnen Momenten der Handlung, kurz dem ihr anhängenden Apparat concreteres Leben, sinnlichere Breite und Anschaulichkeit oder tiefere Empfindbarkeit.

Der Epiker unterscheidet sich vom Tragiker in Verfolgung der durchzuführenden Idee. Jener verfolgt nämlich nicht minder als dieser ein Motiv, aber während der Tragiker in der Reihe seiner Akte stracks auf sein Ziel hinstrebt oder hinstreben soll, liebt der Epiker es, wie er ein Weltbild im Sinne hat, seinen Fortschritt von einem vorgesteckten Stadium zum andern auf Umwegen, oder mit Ruhepunkten, Rück- und Umschau zu vollziehn. Er flicht also in die wesentlichen Theile solche ein, welche, in natürlicher Weise mit jenen Haupttheilen verknüpft, den Inhalt des Ganzen bereichern, und seinen Reiz und seine

---

64) Die Scholien sämmtlich, A an der Spitze zum Anfang der 12. Rhaps. διαφόρους γὰρ πράξεις ἐν ἑνὶ θεῖναι καιρῷ ἀδύνατον und die Dipl. zu Vers 2. ὅτι τὰ ἅμα γενόμενα οὐ δύναται ἅμα ἐξαγγέλλειν.

Sinnigkeit mehren und heben, ohne doch die Stätigkeit des Fortschritts zu stören. Es sind dies die **Episoden**, die eben erst
der Epopöe eignen, in ihr eine grosse Rolle spielen, ja ihr Wesen erst zu einer Blüthe bringen. Ist aber ihr Gesetz von der
Theorie bestimmt genug dahin aufgestellt, dass sie, als Theile dem
Ganzen angehörig, aus ihm entsprossen sein sollen, so reicht
das doch keineswegs immer aus. Die Unterscheidung dieser
Theile von den wesentlichen bleibt in einzelnen Fällen schwan-
kend und das Urtheil über manche Episoden der homerischen
Gedichte unter den prüfenden Lesern streitig. Die Unthunlichkeit jener Unterscheidung hat ihren Grund im Dichtergeist und
seinem überkommenen Stoffe selbst. Die Theorie verfährt abstract,
wenn sie auch als das von ihm Ausgeführte ein allgemeines Verhältniss des Menschenlebens angiebt; der Sagendichter dagegen
überkam und fasste in seine Anlage ein concretes Ereigniss.
Daher ist es insofern nicht zweifelhaft, dass des Aristoteles Gebrauch des skelettirten Plans als Maassstab zur Unterscheidung
der episodischen Theile unstatthaft ist; nach Homers Entwurf
gehörte, da er Uebetkommenes d. h. Individuelles gestaltete, Mehres
zu den wesentlichen Theilen, ist also Wenigeres zu den Episoden
zu rechnen, als der Philosoph ihnen zuweist. Obgleich er den
Entwickelungsgang und das Verhältniss der beiden Hauptarten
der Sagenpoesie recht wohl kannte, wie aus den epischen Stoffen
die Tragödien hervorgingen (Poet. 4, 10 oder 13) und er der
Ilias und Odyssee nur die bei ihrer Entstehungsart mögliche Einheitlichkeit beilegt (Poet. 26 oder 27 g. E. ὡς ἐνδέχεται[65]) ἄριστα),
so war ihm doch das Dichten zu sehr eine begriffliche Geistesthätigkeit. Wir müssen urtheilen, sein für die Unterscheidung
der Episoden gegebener Maassstab dient wohl, die Einheitlichkeit
des Planes zu prüfen, aber nicht die Gliederung des von dem
Dichter angelegten Mythus nach seinen den Fortschritt bildenden
Akten zu bestimmen, welche doch für die wesentlichen Theile
der einzelnen Poesie gelten müssen. In 17, 2 oder 5 giebt Arist-
toteles die Regel: der Dichter müsse seine Entwürfe im Allgemeinen
anlegen, darnach dann sie in Episoden ausprägen und ausdehnen.

---

65) Der Ausdruck ἐνδέχεται, licet, nicht potest, führt auf diese Deutung,
so wie die Sache selbst.

Dann nach der Bemerkung, dass die Epopöe durch Episoden
ausgedehnt werde, heisst es, §. 5 oder 10: „Der Entwurf (Plan
λόγος) der Odyssee ist kurz: indem Jemand viele Jahre vom
Hause abwesend ist und von Poseidon überwacht wird, und zwar er
ohne Gefährten, während daheim es so steht, das seine Habe von
Freiern verzehrt und seinem Sohne nachgestellt wird: kommt
er selbst nach ausgehaltenen Stürmen zurück, greift, nachdem
er Gewisse erkannt, Jene an, bleibt selbst erhalten, die Feinde
aber vernichtete er. Dies also ist das Wesentliche, das Andere
sind Episoden". Aristoteles gab hiermit in bewundernswürdiger
Präzision die begrifflichen Grundzüge der Odyssee, aber nicht
ihre poetischen. Und wenn er aus der Ilias, welche ihm nach
8, 3. ebenfalls für vollkommen einheitlich gestaltet galt, 23, 3. gerade bei der Belobung der Wahl des Stoffs den Schiffskatalog als
Beispiel der Episoden nennt, welche zur Gliederung der Ilias
dienten, dann sehn wir darin seinen weiteren Begriff. Der Entwurf der Ilias, in gleicher Weise wie jener der Odyssee gefasst, würde etwa so lauten:[66]) In einem Kriege der Griechen
gegen ein blühendes Reich zieht sich der Hauptheld, vom Oberfeldherrn schwer gekränkt vom Kampfe zurück und soll von
Zeus Genugthuung erhalten. Deshalb verleitet dieser den Oberfeldherrn durch einen Traum zu der Schlacht, in welcher ihm
der Sieg verheissen ist. Aber nach kurzem Erfolge werden die
Griechen in steigende Noth versetzt und bis zu ihrem Schiffslager zurückgedrängt; der Gekränkte lässt sich nicht versöhnen
und dem Heere droht die grösste Gefahr. Da erlangt der Dienstmann und Freund des Erzürnten, dass er ihn zur Hilfe sendet. Er
treibt die Feinde zurück, erliegt aber dem feindlichen Oberfeldherrn. Nun endlich zieht der Zürnende zur Rache aus, erschlägt
Jenen, bestattet seinen Freund und giebt zuletzt des getödteten
Feindes Leiche den Seinigen zurück.

Auch dieser begriffliche Entwurf kann uns nicht als die
dichterische Anlage gelten. So wie wir nach heutiger Theorie
in der Skizze des Planes diejenigen Theile als die wesentlichen
ansehn, welche die concrete Gliederung geben und die eine

66) Vgl. Aug. Jacob, Entst. der Ilias und der Odyssee. S. 151. Seine
weiteren Folgerungen werden bei Darlegung des dichterischen Planes beurtheilt werden.

Wendung der fortschreitenden Handlung bringen, so erkennen wir für Episoden nur solche Partieen, welche einzelne Momente reich ausführen, die in dem Fortgang eintretend doch selbst die Handlung nicht weiter führen.

Diese Unterscheidung in Einzelnen zu bethätigen, wird später die geeignete Stelle sich finden. Hier ist zur weiteren Charakteristik der epischen Darstellung zunächst zu erklären, wie wir in beiden Arten, den Episoden und den wesentlichen Partieen, denselben Charakter der unverwickelten für sich geniessbaren Selbständigkeit finden. Derselbe nun allen Theilen der Epopöen gemeinsame Charakter war es auch, der den sie vortragenden Declamatoren es erleichterte, Einschiebsel einzufügen. Die Musterung der echten und unechten Episoden*) wird erforderlich sein, um die Pläne der beiden Epopöen, wie sie von Homer in der ihm eigenen Dichtungsweise durchgeführt sind, aufzuweisen. Vorerst aber wird, um die falsche Auffassung jener dem Epos eigenen Darstellungsform durch ein recht sprechendes Beispiel überzeugend zu berichtigen, es dienlich sein, die am meisten missdeuteten Erscheinungen, die Hervorhebung einzelner Streiter in den Schlachtgemälden, in das rechte Licht zu stellen; und da aus der irrigen Deutung des der Epopöe mit den kleinen Liedern gemeinsamen Verfahrens auch ein wesentlicher Irrthum über den Sinn der Ilias hervorgegangen ist, so muss auch darüber das Gehörige schon hier gezeigt werden.

9. Fortsetzung. Die Ilias in gewissem Sinne das Heldenbuch des griechischen Volks, aber ihre Bestimmung mit Verherrlichung des Achill nicht richtig bezeichnet.

Der Genius, der den Homer bei der Wahl seiner beiden Stoffe leitete, hatte ihn in der Partie vom Achillszorn auch den Sagentheil wählen lassen, der in seiner grösseren Hälfte, während der erste Held fehlte und vermisst wurde, den andern so viel Raum gab, wie kein zweiter. Insofern also die Dichtung sich bei ihrem der Gemüthswelt entnommenen Hauptgedanken

---

*) Diese schon oben Buch 3 §. 1 a. E. angekündigte Musterung der Episoden fehlt leider.   D. H.

doch zum Heldenbuch der griechischen Stämme, ja beider Völker, gestalten konnte und sollte, war dieser Stoff der geeignetste. Und so führt die Ilias allerdings in ihrer bewussten Anlage und ihrem wechselvollen Fortgange für das Nationalinteresse eine Gallerie einzelner Helden fast aus allen Stämmen auf, die in verschiedener Weise hier und da in den Vordergrund treten, da denn ihr Eintritt, wie Buch 3 §. 4 besprochen worden ist, seiner Bedeutung gemäss durch Beschreibung gehoben wird. Ueberschaun wir diese gewaltige Reihe!

Nachdem der erste Gesang die Verzürnung und Absonderung des Hauptheldeu Achill erzählt hat, und in den drei nächsten die Erregung des vollen Kriegs geschehn ist — wo in andrer Weise besonders charakterisirte Personen oder Akte auf einander folgen — sehen wir die beiden nächst Achill grössten, den Diomedes im 5., den Aias im 7. sich in ihrem Wesen offenbaren, wie dies weiter sich bewähren und zur Wirkung kommen soll. Dann im 11. den dritten unter den nächsten (7, 179 f.), den Agamemnon. Und nachdem in demselben Gesange Agamemnon, Diomedes und Odysseus jeder nach tapferem Kampfe verwundet zu ihren Zelten gefahren, im 12. des Aias widerhaltige Tapferkeit dem Hektor gegenüber zuerst recht hervorgehoben ist, so tritt im 13. der Griechengott Poseidon wie ein menschlicher Führer hervor, und es erscheinen wiederum die beiden Aianten, weiter hin Idomeneus und sein Meriones, im 15. neben dem weiteren Werk des Aias dessen Bruder Teukros, Menelaos und Antilochos. Jetzt, gegen Ende dieses Gesanges und im Anfang des 16. erreicht die Noth der Griechen schon den dritten Grad (Annäherung an die Schiffe selbst). Der vom bereits aufmerksamen Achill zu Nestor gesendete Patroklos kommt, nach Verweilen beim verwundeten Eurypylos, zum Achill zurück. Dieses Freundes (tragische) Absendung mit Achills Waffen und Leuten bildet den Anfang des zweiten Hauptheils der Epopöe (16. Ges.). Nach des Patroklos kurzen Erfolgen und allbedauertem Fall durch Hektor erscheint dann im 17. beim Kampf um seine Leiche der jetzige Oberfeldherr, Menelaos (246 ff.), und der grosse Aias — von Andern abgesehen — der wieder vor Allen gegen Hektor Stand hält. Doch dem Hektor gewährt Zeus die Vollendung seiner Siegesbahn, nur dass er (269—363) die Leiche des Patroklos ihm nicht erbeuten liess.

Menelaos und Meriones (717) nahmen sie auf ihre Schultern
und trugen sie, während die Aianten von den übrigen Achäern
fast allein die nachdrängenden Troer aufhielten, zu Achill, an
den Antilochos, sein zweiter Patroklos, mit der Trauerbotschaft
abgesandt war. Nach allen den Genannten und jetzt erst tritt
Achill hervor.

So grade sollte es erfolgen nach dem Gedanken des erfindsamen Dichters, in welchem er die überkommenen Lieder zum
Nationalepos, zum Gedicht von den Helden und der Heerfahrt
aller Stämme und von der ganzen Götterwelt gestaltete. Allerdings
leuchtet nun in den Gesängen vom 18. an Achill allein auf der
Scene hervor, alle andern Helden des Achäerheers verschwinden.
Aber diese unzweifelhafte Thatsache konte nur dann auffällig
erscheinen, wenn man die Wahl gerade des Sagentheils vom Zorn,
und damit die Wahl des Haupthelden der troischen Sage, nicht
erwogen und eben so wenig das nationale Verhältniss der Dichtung gewürdigt hatte. Alles dieses aber war nur möglich in
Folge einer vorgefassten Ansicht, welche von Haus aus den Willen
und Sinn benahm, die Idee und Gestaltung des Ganzen achtsam
zu verfolgen, und besonders in diesem Stoff (vom Zorn und
seinen Folgen) den sittlichen Geist zu erkennen.[67]) Es wirkte zu
dieser Nichtbeachtung freilich jener irrige Grundbegriff vom
Gegensatz einer Volkspoesie zur Kunstpoesie, und die wundersame
Vorstellung, die echtere und schönere Poesie sei in den vor der
Ilias gewesenen kleinern Liedern zu suchen.

10. Zur genaueren Bestimmung des Geistes der Ilias.

Aber um so mehr hat Lachmann, der Urheber dieser nega-
tiven Ansicht, zur Darlegung der wahren Beschaffenheit angeregt,
selbst bei einem sonst mehrfach einstimmigen Verfasser.[68]) Wir
werden hier ähnlich wie oben (Buch 3 §. 1) in den Aeusserungen

---

67) Lachmann, Betrachtungen über die Ilias. Nr. XXIX. pag. 59 f.
oder wiederholt von Haupt, Berlin 1847. S. 80.
68) Hoffmann, Progr. Lüneburg. Ost. 1850: „Prüfung des von
Lachmann über die letzten Gesänge der Ilias gefällten Urtheils". S. 1 f. „Der erste dieser Gründe ist das gänzliche Verschwinden aller griechischen Heroen ausser Achilles. Diesem Grunde kann ich
auch nicht die mindeste Giltigkeit einräumen" u. s. w.

Fr. Jacobsen's und Bernhardy's neben Eingehen in die wolfischen Zweifel die entschiedenste Anerkennung eines durchgeführten Planes, ja des homerischen Dichtergeistes finden. Es heisst dort: „Dürfen wir annehmen, dass dem, was wir jetzt Ilias nennen, eine umfassendere poetische Anlage zu Grunde liegt —, so kann diese offenbar nichts Anderes beabsichtigen als die Verherrlichung (?) des Haupthelden der Griechen". — „Es versteht sich von selbst, dass das ganze Gedicht nur dann grossartig werden und ergreifend wirken konnte, wenn die Grundlage desselben eine sittliche war, wenn das Gefühl des Rechts und Unrechts in Anspruch genommen, und eine solche Kränkung des Gefühls persönlichen Werthes dem Ganzen unterlegt wurde, dass es genügend gerechtfertigt erschien, wenn der grösste Held sich von der nationalen und deshalb heiligen Sache in stolzer Unbeugsamkeit zurückzog. Jene Verherrlichung aber ist einestheils so zu sagen negativ, anderntheils positiv von dem Dichter durchgeführt. Denn in den ersten siebenzehn Büchern hat der Dichter, wie Goethe treffend bemerkt, die schwierige Aufgabe gelöst, seinen Helden durch nichts Anderes als dessen Unthätigkeit in's helle Licht zu stellen; und — so viel bleibt gewiss, dass die ganze Anlage des Gedichts darauf hingehen musste, die Tapferkeit der übrigen Helden hervorzuheben, gerade um ihre Fruchtlosigkeit im Vergleiche mit Achilleus Heldenkraft um so schlagender nachzuweisen. Dabei findet denn jeder griechische Haupthel Spielraum für eine Aristeia (Auszeichnung im Vorderkampfe), und eben dadurch wird das Ganze ein nationales Gedicht, in dem fast jede griechische Landschaft einen ihrer Heroen gefeiert fand". Man sehe weiter, wie Achills Erscheinen nothwendig geworden, wie auch, wenn die Verwundungen des Agamemnon, Diomedes, Odysseus nicht statt gehabt, der Dichter sie und die andern hätte müssen verschwinden lassen. Jene Aristeien wiesen alle auf Achill hin und verhielten sich zum Auftreten des Haupthelden wie eine Menge schöner Ströme, welche einer nach dem andern ihre Gewässer einem majestätischen Hauptstrome zuführten, der auch ihre Namen hinwegnehme.

Diese Zurechtweisung giebt bei allem Recht gegen Lachmann in der Zeichnung der poetischen Anlage und der Angabe der Absicht des Dichters nicht das Treffende. Die anerkannte sitt-

liche Grundlage musste concreter verfolgt und der verderbliche Zorn des Achilleus nach den äussern Hergängen und
den Wandlungen im eigenen Gemüth eingehender dargelegt werden. Das berechtigte Selbstgefühl und der berechtigte Groll
waren abzugrenzen und die Hauptperson der Epopöe in ihrem
Wandel zu beachten. So erst würde der wahre Grund jenes Ver-
schwindens der Andern, die eigene Büssung der „stolzen Unbeugsamkeit" durch den Tod des Freundes und die nun über allen andern
Kampf gegen die frevele Stadt geltende Rache für dessen Tödtung
hervorgetreten sein. Durch Verherrlichung des Hauptthel-
den und Hervorheben der Tapferkeit der übrigen
Helden, um ihre Fruchtlosigkeit im Vergleich mit
Achilleus Heldenkraft nachzuweisen, sind der Gang des
Gedichts und vollends die sittliche Grundlage desselben nicht angemessen bezeichnet.

Der Sinn, in welchem Homer den Zorn des Achill gesungen,
ist tiefer zu fassen. „Es war dieser nicht gleich in seinem ersten Ausbruch, noch schon in seiner Verderblichkeit für das Heer
ein Gegenstand für eine Dichtung, deren tragische Schönheit alte Zeiten und Völker bewundern sollten; sondern er ward dies erst durch seine Maasslosigkeit.
Die Schilderung dieser Maasslosigkeit also, aus welcher sich nachher einfach und naturgemäss, mit der
Bestrafung des Achilleus durch den Fall des Patroklos die ganze weitere Dichtung wie aus ihrem Kerne
von selbst entwickelte, war eine der wesentlichen
Aufgaben, und ihr hat sie (zuerst) durch ihre Darstellung im neunten Gesange genügt."[69]) Denselben tragischen Achill erkannte bei so manchem Missgriff und manchem
Mangel an poetischem Verständniss doch auch Geppert an: Ursprung der homerischen Gesänge 1, 224.[70])

Die obige Berichtigung Hoffmanns giebt in soweit den so
genannten Aristeien die richtige Stellung als sie sie der Haupthandlung einfügt und dadurch die andern sich hervorthuenden
Helden dem Hauptbelden unterordnet; auch ist die eigenthüm-

[69] Worte A. Jacob's in Entst. der Ilias und der Odyssee. S. 235.
[70] Die gröbsten Versehen Geppert's hat Nägelsbach Gel. Anz. der bayer. Akad. 1842. Nr. 40. S. 321—326 auf- und abgewiesen.

23*

liche Beschaffenheit des gewählten Sagenstoffes und der ihn ausprägenden Anlage ganz richtig bemerkt, da der Hauptheld im ganzen
ersten Theile Ges. 1—16. bei seiner (zürnenden) Abwesenheit und
durch sie als solcher dargestellt wird. Die Grösse und Bedeutung eines Menschen wird, wie in allen Lebensverhältnissen, wo
ein gemeines Maass an Thatkraft oder Geist nicht ausreicht, so
in der darstellenden Poesie auch da und nicht am wenigsten
fühlbar, wo er fehlt und vermisst wird.

Aber es galt, um die poetische Anlage der Ilias nach dem
wahren Befunde zu bezeichnen, erstens die Einheit der Epopöe,
wie sie von Homer zuerst aus kleinen Liedern gestaltet und anders beseelt worden, zu beachten. Das Göttliche und das Menschliche artete sich in der Epopöe verschieden vom Früheren, wie
in Buch 2. §. 3. a. E. und §. 8. dargelegt ist. In den Liedern
einzelne Helden mit einzelner Schutzgötter Beistand, in der Epopöe Völkerkrieg mit den Führern der mehren Schaaren und über
den Kriegsparteien der Menschen und der Götter das Weltregiment des höchsten Zeus. Dort nach Gegenstand und Sängergeist
der Eine Held in der Bewährung seiner grössern oder geschick-
teren Kraft verherrlicht, hier nach der Sage zumal der troischen
die mehren Helden beider Parteien im Kampf um Fall oder Rettung eines Reichs mit seinen Bundesgenossen. Dort der Eine
Held nur eben ein starkherziger und gottbegünstigter Träger des
Menschenlooses und Retter aus Noth, hier die mehren Helden in
dem aus Frevel entstandenen Krieg, sie abgestuft in ihrer Heldenkraft, aber wie auch sie erregbar durch Leidenschaften, so
auch der grösste nicht frei von der Maasslosigkeit der Menschennatur. So geht die homerische Epopöe bei ihrem sittlichen
Geiste nicht auf Verherrlichung der Heldenkraft wie die kleinen
Lieder, sondern fasst ihre Aufgabe tiefer. Wie die Leidenschaft
des Frevlers Paris den gerechten Rachekrieg hervorgerufen, aber
der Frevel des Oberfeldherrn durch Kränkung des grössten Helden seinem Heer grosses Leid verwirkt, so hat die Epopöe vom
verderblichen Zorn Achills erst die Hergänge während des gerechten Zorns, dann die tragischen Folgen der Maasslosigkeit
dieses Zorns zu schildern. Dass wie die obige Angabe es darstellt das erregte Selbstgefühl in seinem Grund ein berechtigtes
war, ist für den Charakter des Hauptheldens nur der Ausgangspunkt.

11. Der grösste Held in seiner Menschennatur als Hauptperson der einheitlichen Epopöe.

Der geniale Dichter ist gross besonders im Verständniss der Menschennatur, und Homer dabei in Verständniss und Darstellung der Seelenart seines Volks mit seiner Ehr- und Ruhmliebe und seinem Begriff vom tüchtigen Manne, der naturwahr und stark in Liebe und Hass dem Freunde es im Wohlthun und treuen Dienst, dem Feinde in Schaden und Rache zuvorthun muss.[71]) Ein Musterbild beider Eigenschaften stellte er im Achill dar. Daher dessen Wort: 19, 98—108. Hören wir darüber eine andere Stimme:[72]) „Es muss sich ja wohl, je inniger man sich mit dem Gedichte vertraut macht um so klarer die Ueberzeugung aufdrängen, dass das Gedicht von dem „verderblichen Zorn" recht eigentlich darthun soll, wie selbst bei den edelsten Naturanlagen der Mangel an Mässigung in dem Selbstgefühl und einem an sich berechtigten Pathos unheilvolle Wirkungen hat, wie die Nemesis die Ueberschreitung des Maasses ahndet". Es folgen genauere Nachweisungen.

Dieses Selbstgefühl also wie es sich gleich nach der Kränkung im Auftrage an die göttliche Mutter, 1, 408 ff., offenbart, dann vor der Gesandtschaft, 9, 378 und 386 f. und 650 ff., und zum Patroklos, 11, 609 f., und mit Rückblick auf 9, 650 wieder 16, 52 bis 63. wiederholt, es heischt, unvermögend zu vergessen, die empfindlichste Niederlage der Griechen und dadurch thatsächliche Demüthigung des Agamemnon als allein genügende Ausgleichung der ihm angethanen Schmach. Ohne diesen Erfolg werden die reichsten Anerbietungen für Nichts geachtet und ist alle Freundlichkeit dessen, der so achtlos gekränkt hat, nur verhasst (9, 378 ff.).

Von diesem stolzen Zorngefühl erfüllt zeigt der Dichter den Helden, den er so wie er ihn als den grössten in der Sage und

---

71) Solon, Theognis, Sokrates, Xenophon: Sagenp. 77.
72) Bäumlein, Philol. XI. 3. 417 f. Derselbe über das Verschwinden der andern Helden. Ztschr. f. Alt. 1850. Nr. 22. S. 169 dass — die übrigen Helden verschwinden, rechtfertigt es sich nicht aus der Wahrnehmung, dass diese — ihre Aristeia bereits erhalten haben, und dass die einfache (vielmehr klare Bilder gebende) Kunst der Ilias überhaupt nur Einen Helden auf einmal zu feiern weiss (liebt)?

den früheren Liedern überkam, so darstellte und darstellen musste.
Nur konnte hier nicht das ungebrochen reine Licht der Verherrlichung walten. — Nach seiner Weltansicht und Erkenntniss
der Menschennatur musste, wie der Eingang ankündigt, des Begabtesten verderblicher Zorn unter dem Walten des Weltregiments erst Genugthuung, dann die aus seiner Maasslosigkeit hervorgehenden Folgen erfahren. Den in diesem Sinne gewählten Stoff bildete er zu einer Epopöe der, was das innere Grundmotiv betrifft, vollkommensten Einheitlichkeit aus. Sie findet sich
da, wo eine von einem Motiv ausgehende Bewegung mit all ihrem
wesentlichen Wandel bis zur Beruhigung — eine ganze Handlung — an Einer Person, der Hauptperson, sich ereignet. Der
Zorn, der durch den Frevelmuth (ὕβρις 1, 203. 214.) des Oberfeldherrn in der Brust des grössten Helden entstanden, erreicht
in derselben Brust seine Beruhigung. Und derselbe erweist sich
als die Grundlage der ganzen Gliederung des Gedichts. Seine
Entstehung gleich spaltet die Handlung in zwei Stätten und Ausgangspunkte, die des zürnenden Achill und die des Griechenheers. — Durch die Sendung des Patroklos beginnen sie in Eins
zu gehen (11, 599 ff.). Dazu verursacht er den über der ganzen
Handlung waltenden Rath des Zeus. Die Wirkungen aber des
Zorns bilden zwei Hälften der Handlung. Die erste geht von Gesang
1—15., da das Zorngefühl unerbittlich andauert, Zeus nach
seinem aus der Bitte der Thetis frei gebildeten Plan dem Griechenheer Leid bis zum dritten und vierten Stadium schafft, indem
er den Troern Sieg gewährt. Diese vier Stadien, welche Zeus
den zu den Schiffen hinstrebenden Hektor durchschreiten lässt,
steigern die Bedrängniss des Griechenheeres von einfachem Gegensatz der vorherigen Bangigkeit der Troer vor Achill zur äussersten Gefahr. Das erste Hektors Vordringen bis nahe der Mauer,
das zweite die Verwundung fünf bedeutender griechischer Helden
besonders des Agamemnon, Diomedes und Odysseus, dann des
Arztes Machaon und des Eurypylos, das dritte Durchbruch
der Mauer — worauf ein Intermezzo — und Herstellung des
vorigen Stands, das vierte das Vordringen zu den Schiffen und Anzünden eines Schiffes. So in Anfang des 16. Gesanges. In demselben beginnt die andere Hälfte. Hier wird das Zorn- und
Selbstgefühl tragisch, und wird es in Folge des Berichts und der

Ansprache des Patroklos, der selbst als tragische Person des Achill halbe Nachgiebigkeit in's Werk setzt und als deren Opfer fallen soll.

In Achill lebt nämlich allerdings das Gefühl der erfahrenen Kränkung noch, wie es von Anfang empfindliches Unheil zur Sühne heischte. Nun sagt er selbst im Gebet an Zeus, 237: „hast mir Ehre verliehn und die Danaer schmählich gezüchtigt", er erkennt an, dass man nicht unablässig grollen dürfe (60), und würde sich vielleicht entschlossen haben, selbst zur Hilfe zu gehn. Schon ist er auch nicht mehr ohne Besorgniss für die Schiffe — und vollends als eben eines wirklich aufleuchtet (122). Aber freilich er hat vor den Abgesandten des Agamemnon (9, 650) seiner Rückkehr zum Heer einen Termin gesetzt „wenn Hektor zu seinen Schiffen käme" — der ist noch nicht eingetreten, und ein Achill nimmt Nichts zurück.[73]) Da, in dieser zwiespältigen Stimmung, bringt ihm Patroklos (von Nestor eingegeben, 11, 796) den Vorschlag eines Mittelwegs, er möge ihm seine Waffen und Leute geben und so, wenn er selbst nicht wolle, ihn statt seiner das drohende Verderben abwehren lassen. Achill geht auf diesen Vorschlag ein, indem er der Gefahr, in welche er den Freund sendet — tragisch und charakteristisch für seine Ehrsucht zugleich — durch eine Vorschrift vorzubeugen sucht, wodurch er sich die grössere Ehre wahrt (16, 87 bis 90). Der Freund befolgt sie nicht, denn Zeus hat seinen Tod beschlossen; er fällt durch Hektor. Nun erfolgt, was für den Geist des Gedichts so sprechend ist: Der Unerbittliche tritt zuerst wieder hervor um der Leiche des Freundes willen (18, 170 f. 503 ff.). Und jetzt da er dem Theuersten ein Hort nicht

---

73) Unstreitig weist 16, 61 f. auf 9, 650 zurück, sowie ja die frühere Gesandtschaft gerade bei der Versöhnung, 19, 140 f., ausdrücklich erwähnt wird. Das ἤτοι ἔφην γε mag, wie Aristarch im Scholion διενοήθην erklärt, immerhin hier wie Il. 22, 280 nicht anders als Od. 11, 430. 14, 176. Il. 20, 348. 22, 331 zu verstehen sein: ich dachte, nicht wie Nägelsbach zu Il. 3, 215 ich sagte; da er denn zuletzt doch nicht selbst geht, und einen andern Grund, der ihn zurückhielte, nicht hat, da auch grammatisch das ἤτοι, freilich oder wiewohl den Gegensatz bildet zu doch das Geschehene lassen wir ruhn; so gilt jener Bezug unläugbar. Es wird eben daran, weil er jetzt seinen früheren Gedanken durch die That festhält, jenes als das damals Gesagte anerkannt. So urtheilt auch Bäumlein, Philol. XI. 3, 423, irrig dagegen Schömann, N. Jahrb. f. Philol. B. LXIX. 1. S. 30.

gewesen, verwünscht er allen Zorn der Welt, und den seinigen
sammt dessen Anlass, die Briseïs, und bietet mit entschieden-
ster Selbstanklage dem Agamemnon Versöhnung, 18, 107—111.
19, 56—60. 67 f. Nun hat er eigenes Leid zu rächen. Da
tritt er denn wohl in seiner Mächtigkeit hervor. — Zeus bestätigt sie, indem er das frühere Verbot aufhebend die beiderseitigen
Götter zum Schlachtfeld gehn lässt, damit dem Achill Schwierigkeiten bereitet werden, und er nicht gar wider die Schicksals-
ordnung schon jetzt Troia einnehme (20, 36 ff.). — Aber seine
Hilfe wird von Aias nicht bei Abwehr des Brandes von
den Schiffen, sondern zur Rettung der Leiche seines
Patroklos gewünscht, nur wird er, wie Menelaos meint, da
Hektor seine Waffen hat, nicht kommen können (17, 709 f.); erst
mit Götterhilfe ist es die Stimme des Gewaltigen, welche die
Leiche rettet. Der jetzt so eigene rächerische Zorn erreicht
sein Ziel, Achill erlegt den Hektor, aber hier wiederum maasslos kommt er erst durch des Priamos Ansprache und Mahnung
an den Vater zur Anerkennung des menschlichen Looses und zur
Menschlichkeit, 21, 486. 507 f.

Nach diesem Gange des Gedichts wird der grösste Held darin keineswegs im Sinne des reinen Lobpreises nach seiner Alle
überragenden Heldengrösse gedacht und wirksam gezeigt, sondern
der Dichter hat es nicht minder mit den Schwächen dieser ob
auch begabtesten Heldennatur als mit ihrer Herrlichkeit zu thun.
Ist die Menschennatur auch berechtigte Empfindungen zu übertreiben geneigt und schafft sie so Andern und sich selbst Unheil,
so hat der tiefe Kenner derselben das in der Sage und den
früheren Liedern überlieferte Beispiel, dass auch und gerade eine
solche Heldenseele in ihrem Selbstgefühl nicht Maass hielt und
dafür büsste, auf das Sinnigste ausgeprägt.

22. Fortsetzung. Die andern Helden als Neben-personen.

Ebenso ist die Unterordnung der andern Helden vom Dichter nicht einfach in dem Sinn behandelt, den Haupthelden zu
heben. Ihre Erweisung in der ganzen Handlung und ihre Stellung
zu der Hauptperson ist nach gleichfalls in den Liedern gegebenen
Verhältnissen wesentlich anders und ebenso mehrseitig ausgeprägt

wie die seinige. In dem Wandel der Handlung lässt er sie ihre
verschiedenen Charaktere bethätigen, und nicht sowohl ihre
Mangelhaftigkeit als ihre verschieden gearteten und abgestuften
Stärken, Alles unter Zeus' Walten, erweisen.

Wohl also bildet die Anerkennung der mächtigen Kraft des
Achilleus die allgemeine Grundlage und Voraussetzung im ganzen
Verlauf der Dichtung. Sie macht sich in beiden Haupttheilen in
der Lage und dem Verhalten der Besten nach ihm mittelbar
oder unmittelbar geltend; in der lebensvollen Darstellung durch
die Handlung und mittels Reflexes aus dem Bezeigen oder den
Aeusserungen Anderer wird der Haupthheld und werden die neben
ihm Aufgeführten geschildert. Aber das Thema des Gedichts ist
ja nicht die Sieghaftigkeit des die Andern Ueberragenden, sondern der Zorn, der erst dem Griechenheer dann ihm selbst verderbliche Zorn des Heldengemüths. Es ist also keine richtige
Bezeichnung, wenn man in der Stellung der Andern nur die
Unzulänglichkeit zur Abwendung der Noth hervorhebt. Allerdings
gab der glücklich gewählte Sagentheil eben zur Aufführung eines
Aias, Diomedes, Agamemnon u. a. Stammhelden Raum, da es dagegen vor dem Eintritt der Pest und der Absonderung des Achill
einen Gesammtkrieg und vor Troia selbst noch nicht gegeben
hatte. Aber Homer wusste in seiner Anlage und allmähligen
Ausdichtung dieses Stoffs das Nationalinteresse mit sittlicher und
nationalgläubiger Lebensansicht zu vermählen. In seinem grossartigen Plan thaten sich neben Achill Viele rühmlich hervor,
aber ihre ganze wechselnde Theilnahme geschah unter den
Wirkungen jenes obwaltenden Zorns, und so bewährten sie ihre
Tüchtigkeit nach der Verschiedenheit jener Wirkungen auch
verschieden. Wird doch die Noth selbst in den Gesängen vom
tragischen Achill eine ganz andere, als sie vorher in der Zeit
gewesen, da der Gekränkte sie unbeugsam wachsen liess, und ist
Hektor nachmals ein anderer, in jener ersten Zeit bis zu den
Schiffen vorzudringen und sie anzuzünden bestrebt, in der folgenden den Leichnam des Patroklos zu erbeuten. Sonach haben
die andern Helden im ersten Gauge der Handlung die Aufgabe,
dem allgemeinen Unheil des Griechenheers tapfer zu widerstehn,
im zweiten die Leiche zu vertheidigen. Es liegt vor: in der
Epoche des Zorns war der Rachekampf gegen Troia für die

Griechen langhin mehr Vertheidigungskrieg als Angriffskrieg, und von selbst sagt man sich, dass wie Charakterkraft überhaupt im Unglück, so Tapferkeit in Abwehr und Widerstand sich gar wohl und besonders erweisen kann.

Die griechische Sprache hat in Einem Wortstamm die Begriffe Aushalten und Wagen vereinigt (τλᾶναι). Sie bezeichnet den Heldencharakter im Herakles durch mehre davon gebildete Beiwörter, und Odysseus führt das eine mit Herakles gemein (πολύτλας). Homer hat in den Haupthelden seiner zwei Epopöen die zwiefache Art der Tapferkeit dargestellt, aber auch in der Ilias und in ihrem ersten Theil an den beiden grössten nach Achill, an Diomedes und Aias, Bilder der Angriffs- und der standhaltenden Tapferkeit neben einander gezeichnet, und nachdem Aias in seiner Art die widerhaltige bewiesen, tritt Achill in der angreifenden hervor.

Hierbei kommt bei der Auffassung der Ilias als Nationalgedicht ein Anderes gar sehr in Betracht, das Walten der höheren Mächte überhaupt, und hier bei dem in seiner Grundursache gerechten Rachekrieg die Darstellung des höchsten Zeus, der in dem mit seiner Bewilligung unternommenen Heerzuge jetzt den Anführer des schuldigen Volks langhin siegen lässt. So musste Homer den Zeus neben der eben zeitweiligen Begünstigung der Feinde den künftigen Sieg der Griechen berücksichtigen lassen.

Sodann ist Homers Musterepopöe in Bezug auf Haupt- und Nebenpersonen als solche zu zeigen. Das durchgehende Verhältniss der andern Helden zu Achill ist ganz deutlich als das gesetzmässige der Nebenpersonen zur Hauptperson zu erkennen; nur ist der Geist der von Homer vollends ethisch beseelten Epopöe die Voraussetzung. Die Hauptperson verursacht oder bietet den Stand und die obwaltenden Verhältnisse, unter denen die Menschenwelt sich dermalen bewegt. Die Nebenpersonen müssen in einem Gedicht einheitlicher Handlung immer unter dem Einflusse jener Verhältnisse handelnd erscheinen. Eben dadurch findet die vollkommenste Einheitlichkeit in einer Epopöe statt, dass sämmtliche Phasen des Hergangs im Verhalten, Thun und Leiden auch der mehren Nebenpersonen in Bezug zu einer Hauptperson stehn, mithin die Entwickelung des Motivs auch als Geschichte jener Person gelten kann. Diese Beschaffenheit muss im Sagentheil begründet sein; von der troischen Sage gaben sie nur die Stoffe der Ilias, der Odyssee und der von Achills letztem Lebensakt, der der Aethiopis.

Nach diesem Bezuge musste also Homer die überkommenen Lieder, welche andere einzelne Vorkämpfer besungen hatten, für sein neues Ganze verwenden und umbilden.

Im Verlauf der Handlung, die sich von der Kränkung des Achill her entwickelt, sehn wir vier auf einander folgende Phasen der Hauptperson und der nationalen Nebenpersonen. Die erste Gesang 2—7 an dem Tage, wo Zeus die Ausführung des gefassten Plans noch aufschiebt, die Kriegs- und Schutzgötter noch wirken; die zweite 8—13 nach dem Verbot Anfang 8 die drei bis vier Stadien der Noth hindurch; die dritte in 16 und 17 bei dem Hervortreten und Fall des Patroklos besonders dem Kampf um seine Leiche; die vierte 18—24, als Achill im jetzt rächerischen Zorn in den Vordergrund tritt und allein kämpft. Die Gestaltung aller dieser ist durch das Verhalten des obwaltenden Zeus bedingt und gemodelt, vornehmlich hinsichtlich der andern Helden neben Achill. Zeus mit seiner Hoheit und Macht über alle Parteien der Götter und Menschen, der Lenker aller Erfolge, hat der Thetis in der Genugthuung für ihren Sohn durch Begünstigung der Troer ein gar schwer Auszuführendes zugesagt. Die Bitte brachte ihn in Conflict mit Here, mit Athene und Poseidon, den Griechengöttern, und drängte ihn, den an Zahl und tüchtigen Streitern schwächeren Troern (8, 56f.) Uebermacht über das Griechenheer zu verleihen. Dieses an Zahl überlegen, machte, wenn auch der mächtigste Arm fehlte, auch im Einzelnen durch seine übrigen Helden, wie sie z. B. 7, 162ff. und 8, 261ff. zu nenn sich melden, dem Troischen mit seinen 12, 88—104 aufgezählten Besten den Sieg gar sehr streitig. So konnte nur entschiedene Gunst des höchsten Schaffners des Kriegs (4, 84) dem schwächeren Heer Erfolge sichern. Die Griechengötter mussten durch ein Machtgebot von ihren Schützlingen fern gehalten werden, wie 8 z. A. es ausgesprochen wird. Die aus Sage und Liedern längst ruchtbaren Helden musste der Zeus Homers durch seine Wetter schrecken oder mittels Fernwirkung ihre Waffen brechen oder ihren Muth einschüchtern und lähmen. Dies geschieht öfters in der ganzen Zeit, da des Zeus Beistand den Hektor allmählich bis in die Nähe des Achill führt, und wenn am ersten Glückstage des Hektor am meisten, doch auch später wieder und selbst dem Aias.[74]) Nur erscheinen jene nach der naturgemässen Darstellung solcher Helden und des Kriegsganges nicht stetig wie gebannt, sondern sie erweisen sich nach ihren Charakteren tüchtig auch in der schweren Zeit und in beiden Kämpfen, dem gegen das allgemeine Unheil und dem für Patroklos Leichnam; der natürliche Gang der Schlachten aber ist der, dass die Wendung zum Siege der Einen, oder die Entscheidung für Hektor erst nach einer Zeit des noch gleichstehenden Kampfes eintritt.[75]) Der Moment dieser Wendung wird bei beiden Hauptentscheidungen vom Dichter in der plastischen Form der sinkenden Waagschale erzählt (S, 69 vgl. auch die grosse Darstellung 22, 209—212).

Hierzu kommt im Verhalten des Zeus gegen das Griechenheer und dessen Helden ein Anderes noch, welches aus des Gottes Gedanken vom ganzen Rachekrieg hervorgeht, der nach seiner Ursache und allen Umständen zuletzt mit der Eroberung der Königsstadt enden muss und wird. Die vom Achillszorn charakterisirte Epoche dieses Krieges hat selber in ihrer letzten Phase ein für seinen Erfolg höchst bedeutendes Ereigniss, den Tod des Hektor, und im Hintergrund der Ilias steht ja der Untergang Troias.

Es ist als eine Erweisung des Dichtergenius anzuerkennen, dass gerade Hektor, der Hort Troias, es ist, der das „Einst wird kommen der Tag" etc. 6, 448 ausspricht. So tritt auch bei dessen Gefahr dem Priamos das grause Bild der eroberten Stadt und seines eigenen Todes vor die Seele, ja beim wirklichen Falle des Hektor erheben Vater und Mutter und alles Volk Wehklage als stände die Stadt schon in Flammen (22, 408 f.). Es ist das der Sinn und die Art dieses Dichtergenius, dass er — freilich nach der Gunst des Stoffes — die Grössen und die Verhältnisse psychologisch fein componirt. So eben wird das Bild des Kämpfers für das Vaterland durch den rührenden Zug jenes Blicks in die Zukunft eigenthümlich gehoben.

Die längst besungene Sage von diesem Ausgang des Kampfes

---

74) 8, 75—79. 133. 170. — 11, 406. 544. 556. — 17, 595 und 97, 625. — Waffen 3, 363 ff. 15, 461 f.

75) 8, 66 ff. 11, 84 ff. 336. 12, 436.

war dem Dichter und seinen Hörern bewusst. Nach allem
Glauben musste Zeus wie den ganzen Rachekrieg zugelassen, so
die endliche Zerstörung der Stadt und des Reichs gewollt haben.
Wir hören jene Bewilligung in der Verhandlung des Zeus und
der Here, im 4. Buche, wo er bei schlauen Hintergedanken mit Here
die Fortsetzung des Kriegs vereinbart, den jene zu Gunsten der
Atreiden, er zur Genugthuung für Achill will. Uebernimmt er
aber auch diese Rache, frei im Entschlusse und stellt er seine Erfüllung der nur allgemein auf Unglück der Achäer lautenden
Bitte nach Zeitdauer und Umständen fest, so berücksichtigt er
doch eben die künftige Wendung zum Siege der Achäer. Nach
aller Sage und Poesie hatte ihr Heer vom Falle Hektors an die
Oberhand behalten, und wurde, obschon auch Achill das Geschick
erreicht und, ungeachtet neuer Vorkämpfer auf beiden Seiten,
Troia zerstört.

Der höchste Gott, welcher nach dem Glauben ursprünglich
den Kriegszug bewilligt und all dessen Gang und Wandel bewaltet hatte, ist durch die lebensvolle Plastik des Nationaldichters
vollkommen deutlich in der massvollen Haltung, welche die Parteien der Götter und Menschen und die eigenthümlichen Wechsel
verlangten. Erst durch die Versuche der Griechengötter, und
namentlich der widerspänstigen Gemahlin, werden seine Erklärungen hervorgerufen und treten daher im Verlauf der Ereignisse ein, aber sie setzen der Bedrängniss der Griechen und
Hektors Erfolgen eine Grenze. Es soll der gewaltige Hektor
nicht eher rasten vom Streit, „Bis sich erhebt von den Schiffen der
flüchtige Renner Achilleus" (S. 470—473f.). Was der Streiter
für's Vaterland von Anfang wollte und durch die vier Stadien erstrebte, das lässt ihn Zeus zur Genugthuung Achills erreichen, zu
den Schiffen vorzudringen und eines in Brand stecken — das
Patroklos dann löscht. Es wird dies öfters nur Vordringen oder
Flucht der Achäer bis zu den Schiffen genannt, 11, 193. 15,
61—63:

> — Doch die Achäer
> Treib' er (Apollon) von neuem zurück unmännliche Schrecken erregend,
> Bis sie fliehenden Laufs auf die Ruderschiffe sich werfen.

Vgl. 11, 311. — denn von der interpolirten Stelle sind jene Verse doch wohl echt.[76] Dasselbe giebt der dem Apollon selbst ertheilte Auftrag sammt einer allgemeinen Andeutung der künftigen Wendung 15, 232 — 235.

Und so lange belebe die Kraft ihm bis die Achäer
Fliehend daher die Schiff' und den Hellespontos erreichen.
Fürder gedenk' ich selbst mit Wort und That es zu ordnen,
Dass sich Achaias Heer von der Arbeit wieder erhole.

Beides, was Zeus in seinem der Thetis Verlangen regelnden Plan als letztes Stadium des Hektor bestimmt hat, und das, was er dann weiter erwirken will, sagt der Dichter, als der Erfolg ganz nahe bevorsteht, mit eignen Worten, und bezeichnet dabei das löwenmuthige Vordringen der Troer als Vollzug der Aufträge des Zeus: 15, 592 — 604.

Aber das troische Volk, wie beuteverschlingende Löwen,
Stürmt an die Schiffe hinan, des Zeus Aufträge vollziehend,
Der zu mächtiger Kraft sie weckte, der Schaar der Achäer,
Denn er hatte beschlossen, dem Hektor, Priamos Sohne,
Ruhm zu verleihen, dass er in die bauchigen Schiffe gewalt'ges
Feuer hinschleudre zum Brand und ganz ausführte der Thetis
Unheilbringenden Wunsch, denn darauf harrte Kronion,
Leuchtend im Glanze der Flammen ein Schiff auflodern zu sehen.
Darauf wollte der Gott dann Rückwärtsschlag von den Schiffen
Schaffen dem troischen Heer, und Kampfglück so den Achäern.

Thetis Wunsch lautete nur allgemein auf Büssung der Achäer und damit Ehre für ihren Sohn. Zeus gab ihm thatsächliche Gestalt, indem er den Hektor bis zum Anzünden eines Schiffes gelangen liess. Eines aufleuchten zu sehen, darauf war er in jenem Zeitpunkte gespannt und alsbald geschah es so. Hektor ist von 15,

---

76) Beide Stellen, 8, 470 fl. und 15, 56 ff., erfuhren als durch Zusätze entstellt die Kritik der Alexandriner. Dass 4, 875 und 876 wie nach dem Vorhergehenden überflüssig, so nach Sprache und Inhalt unecht sind, hat Fäsi vollends dargethan. Von der andern Stelle erklärten Aristophanes und Aristarch alle die 22 Verse 56—77 für eingeschoben; Zenodot (Sch. zu 64) verwarf nach seiner Gewohnheit die 14 von 64—77 durch gänzliches Weglassen. Bekker und Fäsi behalten alle, Bäumlein davon nur 56—60, die folgenden nicht. Es dürfte weiter zu unterscheiden und nur die 64—77, vor allen 69—71, wegen des Neutrum Ilion und der unpassenden Nennung der einzigen Athene als unecht zu betrachten sein. Schicklich beschränken wir die Worte des Zeus auf das, was eben im Werke ist. Der Rhapsode hat an „auf die Ruderschiffe sich werfen" angeknüpft, aber ungehöriger und unrichtiger Weise. Nur die Einschärfung des Beabsichtigten scheint hier angemessen.

415 f. an mit seinen Troern im Strehen, die Schiffe anzuzünden gegen Aias und die Seinen; nachdem erst der Letztere einen mit Bränden nahenden Troer getödtet, dann ein allgemeiner Angriff der Troer auf die Reihe der Schiffe geschehn ist und es besonders heissen Kampf gegeben, die Achäer aber weichen müssen — auch hier Einschiebsel[77]) — geht Hektor auf ein einzelnes Schiff los und, dessen Spiegel anpackend, ruft er 716—718: „Feuer herbei! und erhebt in geschlossenen Reihen den Schlachtruf!" Aias muss auch weichen, aber wehrt ab, was er kann (Ges. 15. a. E.). Im Fortgang 16, 102 ff. kappt Hektor ihm die Lanze, dass er Nichts weiter vermag und: „da warfen sie loderndes Feuer doch in das Schiff; bald schlang sich umher unlöschbare Lohe. Also flammte die Glut um den Spiegel empor; der Peleide schlug sich dabei an die Hüften und sprach zu dem Freunde Patroklos: Auf denn! Schon ja gewahr' ich der Flammen verheerende Wuth an den Schiffen; „dass sie nicht uns so tilgen die Schiff' unwendbar es werde. Waffne Dich ohne Verzug" etc. — Wir sehn, hier in dieser drängenden Eile, mit welcher der bisher unthätig Zusehende jetzt seinen Patroklos und 207 ff. seine Myrmidonen antreibt, das Unheil abzuwenden, darin geht, was Zeus 8, 473. vorbestimmte, das ὄρϑαι sich Erheben oder Erregtwerden des Achill schon im ersten Grade in Erfüllung — solche Aufregung und vollends eines Achill musste ja erst ihre Ursache finden und Gestalt annehmen, und diese Ursache steigerte sich. Im zweiten vollen Grade tritt sie ein, da er die Leiche zu retten persönlich hervortritt. Und es ist da, 18, 148 ff., nahe daran, dass die selbstische Bedingung erfolgte, unter welcher Achill, 9, 652., wieder helfen wollte. Hektor geht in Verfolgung der Leiche wie die Träger dieser gegen die Zelte der Myrmidonen vor.[78])

---

77) Am sichtlichsten in der Sentenz des Hektor 498 und 499: „Wenn die Achäer zu Schiff heimziehn in der Väter Gefilde". Die Schiffe sollen ja eben vertilgt werden. Aber bei aller Beachtung der classischen Ruhe in der Schilderung und wie der Dichter das weitere Schlachtfeld berücksichtigt, müssen wir, um den Fortschritt zu wahren, die ganze Stelle, 514—591, ja, vielleicht auch die Worte des Aias von 501 an, für unächt halten, so dass das ganze Einschiebsel 498—591 umfasste. Bei der Musterung der interpolirten Stellen sind die Gründe genauer anzugeben.

78) Die Vermuthung des Rec. in Blätt. f. litter. Unterh. 44. Nr. 127. S. 507, die Stelle 18, 148—231 von einem Doch die Achäer zum

Wären nun die obigen Verse, 15, 69—71, statt augenscheinlich unecht von Homer selbst, so hätte der Dichter den Zeus
die künftigen Ereignisse sogar über die Ilias hinaus verkündigen
lassen. So aber giebt seine fortschreitende Handlung selbst nur
weiterhin die Siegesbahn des Achill und als Vorzeichen des künftigen Ausgangs den Fall Hektors. Doch der Gedanke an die im
Hintergrund stehende Ueberwältigung Troias hat ihn vermocht,
den obwaltenden Gott schon während der Büssungszeit durch
Hektor mit Schonung und Mässigung verfahren zu lassen.

Es wird damit eine Ausdeutung der Erzählung ausgesprochen
aber keine unbegründete. — Zeus sorgt dafür, dass das Heer
in seinem Unglück nicht untergehe, sondern Erholungszeiten eintreten und Einzelne zeitweilig glänzende Erfolge haben. Während nebst Achill auch mehre der nächsten dem Heere fehlen,
kann doch der Held der Kampflust, Diomedes, zunächst die schwäch-
lichen Friedensgedanken und allen Kleinmuth abwehren, bleibt
der Held des Widerstandes, Aias, immer wohlbehalten und erscheinen jene Kampfunfähigen bei nicht tödtlichen Wunden[79]) nach der
schlimmen Zeit alsbald wieder rüstig im Felde. Schon auf dem
ersten Stadium giebt er dem Agamemnon auf sein Gebet ein
deutliches Zeichen, dass er nicht das Aeusserste will, 8, 245 bis
252; es werden dadurch viele Helden ermuthigt und es folgen
mehre tapfere Thaten, und eine kurze Aristeia des Teukros;
doch bald verwundet Hektor den Teukros, der zu den Schiffen
getragen wird, 333 f., und schon erregt Zeus die Troer wieder.
Eine ähnliche Erhörung eines Gebets des Nestor um Rettung,
von derselben Bedeutung findet sich 15, 375—378. Doch den
—
andern wäre eingeschoben, kann mit der Rücksicht auf die Erzählung am
Ende des 17. Gesanges, auf 18, 232 und 243 nicht wohl bestehen. Woher
hätten die Troer von Achills Wiedererscheinen gewusst?

79` Agamemnon am (linken) Unterarm gleich unter dem Ellbogen,
11, 252, von durchgehendem Lanzenstich; Diomedes am rechten Plattfuss
über den Zehen, das. 377, durch einen Pfeil, der durchgeht, aber sofort
ausgezogen wird, 398; Odysseus durch einen Lanzenstich, welcher Schild
und Panzer durchdringt, aber bei Athene's Einwirkung nicht tiefer in die
Haut, das. 136—438; Machaon in die rechte Schulter, das. 507, vgl. 657
und 62, 834 f.; Eurypylos in den rechten Schenkel, das. 583 f. Die Wunden bluten, schmerzen Anfangs zum Theil sehr, aber ob sie gleich zunächst kampfunfähig machen, ist keine von ihnen gefährlich, so dass die
Verwundeten alsbald wieder auf dem Platze sind.

sprechensten Fall giebt der 11. Gesang, dessen von der Anfangspartie bis 279 entnommener Name Aristie des Agamemnon schon
eine Erzählung ankündigt, in der dieser Oberfeldherr sich hervorthut.
Ihm macht Zeus zu diesem Vorkämpfergang auf das beflissenste
Bahn durch Wegweisung Hektors auf einige Zeit. In dieser
Weisung spricht der Gott seinen wohlbedachten Willen, auch
während der Unglückszeit doch den Führer des Griechenheers
zu erhalten und zu ermuthigen sehr deutlich aus: 187—194. Sie
lautet durch Iris bestellt: „So lang als er sähe, dass Agamemnon
im Vordertreffen mordend vorgehe, solle er sich zurückziehen
und andere Troer den Feind bestehn lassen; aber sobald Jener
verwundet seinen Wagen bestiegen, dann will er ihm Stärke verleihen, bis er mit tödtendem Speer zu den stattlichen Schiffen gelangt". Hier ist die baldige Verwundung zugleich vorbestimmt, wie
sie 252 erfolgt, und kurz darauf die des Diomedes und Odysseus
und noch einiger, was wir das zweite Stadium der Noth nennen.
Für den Augenblick sind diese Verwundungen ein sehr empfindliches Unglück, aber die jetzt Kampfunfähigen erstehen bald wieder.

13. Fortsetzung. Erklärung der Aristie des Agamemnon aus seinem ganzen Charakter und der Situation.

Agamemnon ist eben an diesem Morgen als Vorkämpfer des
ganzen Heeres vorangetreten, ganz wie es der streitbare Diomedes in der Versammlung des vorhergehenden Spätabends mit allgemeiner Zustimmung für das Beste erklärt hat (9, 709—711).
Agamemnon wird zu den drei tüchtigsten nach Achill gezählt,
sowohl in der Volksstimme, 7, 179f., als in Aufzählungen der
Kampfbereiten als der Feldherr, der Erste, 7, 162, wo besonders
Anlass und 8, 261. In der Zeichnung des Dichters erscheint er
vorzüglich in der Würde und dem Amte des Anführers; besonders in
Ansprachen, 2, 371—374., bei seiner Musterung, 4, 223ff. 257ff.
336, 340 und daselbst 359ff. 370f. mit 400ff. vergl. das Wort
des Diomedes, 415ff. 8, 278. 286—291. In mehren dieser Ansprachen schon erkennen wir ein Gemüth, welches, sanguinisch
rasch aufgelegt zu Lob oder Tadel, doch alsbald sich besinnt wie
gegen Odysseus, 4, 336ff. 356ff. Ein solches beseelt die statt-
liche Königsgestalt. Eben ein solches Gemüth nur konnte einen
so argen Fehler und heillosen Missgriff begehn, durch eine solche

hochfahrende Beleidigung, wie sie Agamemnon dem Achill anthat, den anerkannt tapfersten und um das Heer und seine Sache ver- dientesten Helden zu kränken. Es war auch bei Agamemnon das Uebermaass eines berechtigten Gefühls, die Unsal ($\ddot{\alpha}\tau\eta$), was dazu verführte, es war die Eifersucht des Oberfeldherrn — „dass Du erkennest wie viel grösser ich sei“, 1, 186 und 287—291. Der Sünder bekannte diese seine Unsal nachmals nicht minder als Achill die seinige, 19, 86—91 mit leidiger Entschuldigung. und nicht erst dann, sondern schon früher, 9, 116 f. Der Fehler im Gemüth des Oberanführers und Ohmannes dieses Heerzugs war bei ihm um so grösser, da er nicht als feudaler Kriegsherr gebot, sondern freiverbundene Fürsten (1, 154—160) führte. Er fehlte somit aus der heillosesten Unbesonnenheit, und seinem Kriegsmuth war also von der andern homerischen Cardinaltugend der Klugheit Nichts beigemischt. Schon die Sage hatte nun die- sem des verständigen Beiraths so bedürftigen Charakter an Nestor und Odysseus die begabtesten Gehilfen beigegeben. Nach dem Brauch der jüngeren Heldenzeit berief der Oberfeldherr die Für- sten zur Berathung aller Maassregeln und unter den freiverbun- denen galten die persönlichen Eigenschaften. Vor Allem aber erwirkte ein erfahrungsreiches Alter mit Redegabe den edeln Geist der Scheu, „die freie Dienstbarkeit des Herzens“.[80]) Also konnte der geniale Bildner der Charaktere jene beiden Helden der beredten Klugheit und ihre Stellung zum Kriegsobmann fei- ner ausprägen. Nestor, der süssredende Pylier (1, 248 f.), stand, jetzt im dritten Menschenalter, mit Söhnen und Enkeln seiner Jugendgenossen vor Troia, Il. 1, 250 f. Od. 3, 245 f. m. Anm. In ihm, der seine Mahnung durch Berufung auf das eigene thaten- reiche Leben bekräftigen konnte, hatte sich den ihm befreunde- ten Atreiden ein Heldengreis des berechtigtsten und allgemeinsten Ansehns angeschlossen, ebenso in Odysseus ein ihnen ergebener, durch Gewandtheit und Beredtsamkeit den ganzen Krieg hindurch dienender Genosse. Beide waren gleich beim Aufruf zum Rachezug thätig geworden, (Il. 11, 766). Odysseus hatte den Menelaos vor dem Angriff nach Troia begleitet, um die Helena und die ge-

---

80) Hesiod Theog. 91:
„Wie ein Gott rings wird er geehret
Mit sanftfreundlicher Scheu“.

raubten Schätze zurückzufordern (Il. 3, 205 f.). Des allgeehrten Nestor achtsame Wohlberathenheit trat in den meisten Fällen ein, wo Anordnung erforderlich oder dienlich ward; er wirkte überhaupt gleichsam als der personificirte Verstand im Griechenheer statt des Agamemnon.[81]) Odysseus, als noch kräftigeren Alters von seiner Schutzgöttin Athene belebt, brachte mit dem Scepter, das ihm Agamemnon gab, das durch Jenes Missgriff aufgeregte Heer zur Ordnung (2, 185 ff.); er weckte bei Allen das tapfere Bewusstsein des Vorhabens (2, 298 ff.), er mass mit Hektor die Mensur ab (3, 314 f.), er, zum Hauptsprecher der Gesandtschaft an Achill von Nestor gewählt, fügte Agamemnons ungemessenen Anerbietungen die beweglichen Zusätze hinzu (9, 228—260.300—303).

Diese beiden sind mit einander immer einmüthig, Od. 3, 126 ff. Sie rufen und bewegen auch den sanguinischen Agamemnon zur Besinnung, wo er in der äussersten Verzagtheit ernstlich vom Aufgeben des ganzen Krieges spricht. Und zwar zuerst 9, 9 ff., besonders 26—28,[82]) am Abend des ersten Unglückstages, als die

---

81) Abgesehen jetzt von 2, 76 ff. und 337 ff. s. das. 314 ff. bes. 362 f. vgl. mit 4, 297—309, wo sogar die Ordnung der Schaaren und des Waffengebrauchs von Nestor ausgeht, dann 7, 191. 325 ff. 9, 66. 179—181., wo nach Rüge der Zaghaftigkeit vor Hektor, als sie gefruchtet hat, die Anordnung der Loosung, nach dem nicht unblutigen Tage die der Bestattung der Todten, weiter die der Nachtwache, die der Gesandtschaft an Achill nebst der Wahl der Gesandten und Anweisung der Gewählten Nestors Werk ist.

82) Agamemnon spricht hier, 9, 18 ff., in denselben Worten, welche er, 2, 111—118, bei seiner verstellten Versuchung des Heers brauchte, aber klagt nun den Zeus im Ernst schlimmster Täuschung an; diese Täuschung ist vorhanden und er empfindet sie eben nach seiner Erregbarkeit auf das Trostloseste. „So kann (mag) die Wahl derselben Worte von Seiten des Dichters nur darum getroffen sein, um an jene in ganz anderer Hoffnung gesprochenen Worte zu erinnern und dadurch die tiefe Demüthigung desselben hervorzuheben". Bäumlein. Zeitschr. f. Alt. 1848. S. 341 und Philolog. XI. 421 f. Die drei Verse 23—25 sind als aus 2, 116—118 wiederholt nach den alexandr. Kritikern hier unecht und sie dürften, wenn erst später von dort nach dem Anklang hier angefügt, doch auch dort und überhaupt unnütz sein. Dagegen ist die Vermuthung des Rec. in Blätt. f. litter. Unterh. 1841. Nr. 127. S. 506, die Stelle 9, 9 bis 88. sei als unecht auszuscheiden, ebenso gewaltsam, wie nach dem Zusammenhange unstatthaft. Der Grund wäre doch nur die Wiederholung. Aber eine eigene Aeusserung des Agamemnon und zwar gleich zunächst und nicht erst in dem Fürstenrath in Antwort auf Nestors Rede, 115 ff., ist durchaus zu erwarten.

24 *

griechischen Fürsten die Lage des Heeres so gefahrvoll empfanden, wie Odysseus sie vor Achill schildert, 9, 229—246. Das
andere Mal in 14, als das Leid schon über das dritte Stadium
hinaus, als Agamemnon nebst Diomedes und Odysseus verwundet
ist und Hektor nach Durchbruch der Mauer nun den Schiffen zu-
strebt, also auf der Bahn ist, das Anzünden der Schiffe auszuführen, womit er von Anfang drohete. Die beiden Aeusserungen
sind in der planmässigen Darstellung deutlich unterschieden und
durch die fortschreitende Noth motivirt. An der ersteren Stelle
hören wir nach der Klage über des Zeus Täuschung nur den
einfachen Ausdruck der verzweifelnden Stimmung, an der zweiten die bei den dermaligen Umständen, welche er schildert, von
ihm ausgedachte Weise der Flucht, 14, 74—81. Wir hören ihn
hier, wie er, unbekannt mit den Umständen Nestors, sich einbildet,
dieser habe den Kampf aus Aergerniss über die dem Achill an-
gethane Kränkung verlassen: 42. 49—51; denn Nestor hatte seine
Missbilligung ihm zuerst 1, 282—284, dann 9, 108—111 erklärt.
Da aber Agamemnon mit dieser seiner irrigen Meinung zugleich
die so bedrohlichen Umstände in äusserster Besorgniss hervorhebt, erwiedert Nestor, wie ein Antwortender von einer Mehres
enthaltenden Ansprache das Bedeutendere erfasst, nur auf jene
Besorgniss; „Wohl, dem ist so, auch Zeus könnte das Geschehene
nicht umschaffen", und beschreibt den unheilvollen Zustand in
den lebhaftesten Farben. Doch der besonnen tapfere Alte endet
mit: Da gilt es denn guten Rath zu finden, „wenn der **Verstand**
noch Etwas **vermag** (62), euch rath' ich indess nicht, wieder
in die Schlacht zu gehn; wie könnten Verwundete kämpfen"?[83])
Da Agamemnon hierauf seinen Vorschlag heimlicher Flucht ausspricht, entgegnet nun Odysseus mit seiner Rüge. Neben diesen

---

83) Er selbst hat vorher überlegt, ob er bei der Noth sofort hingehe
zum Kampfgewühl, 14, 21, und erscheint vielfältig auf dem Schlachtfelde.
Wie er aber da nirgends kämpfend dargestellt wird, sondern mahnend
oder ermunternd (6, 66 ff.) bei eigener Gefahr, 8, 80 f., und von Diomedes
gerettet, warnend (8, 137. 151 ff.), auch betend (15, 317 ff.), so giebt er
hier nach einfach ungekünsteltem Verständniss mit seinem Euch nur den
Verwundeten seinen Rath, in seinen Worten über sich selbst keine Andeutung. Dass er immer oder meistens nur als Berather da wirke, war
also die von ihm geltende Voraussetzung, welche er bei dem Rath, den
er Jenen giebt, stillschweigend auch als die ihrige andeutet.

beiden Mahnern stellt der Dichter der sanguinischen Muthlosigkeit des Agamemnon auch den Helden der Kampflust Diomedes
entgegen, dem nach Nestors Urtheil auch Klugheit nicht fehlt (9,
54 f.) und dessen Tapferkeit nicht minder standhält. Er hat den
kampfmuthigen Sinn schon in den ersten sieben Gesängen durch
That und Rath (z. B. Abwehr des troischen Antrags, 7, 400),
nachher bei dem Schrecken des Zeus (8, 91. 99 ff. 169 f.) bewährt. Jetzt antwortet (9, 31) er dem Verzagten zuerst mit Mahnung an 4, 370, wo jener ihm Verzagtheit vorgeworfen, und
tritt 14, 110 mit dem Rath hervor, wenn sie nicht im Stande
wären, selbst zu kämpfen, doch Andere anzufeuern, 125 f. [84]) Es
tritt hier Poseidon zu ihnen. Dann wird nach der Parallelerzählung von Here, 153—363, wo Poseidon auf derselben Stelle ist,
angegeben, wie die Drei gewirkt haben, 379 ff.

Wie dem sanguinisch Verzagten in beiden Momenten dieselben Charaktere entgegentreten, so erweist er beide Male auch
seine sanguinische Natur. Ist es ja deren Art, gar leicht ins
Gegentheil umzuschlagen, [85]) und nach leidenschaftlicher Uebertreibung sich zu besinnen, bei eintretender Mahnung wohl mit
der Aeusserung, man habe es selbst nicht so gemeint, (14, 105)
auf das Bessere willig einzugehn. Solchen Umschlag in den Gegensatz, die baldige Selbstverbesserung, die dann wieder ins
Unbemessene gehn kann, hat der Dichter vorzüglich im Falle
des 9. Gesanges dem Agamemnon angebildet. Dies hier in Bezug auf Beides, sowohl auf die gerügte erste leidenschaftliche
Kränkung des Achill als die Verzagtheit nach dem ersten Un-
glückstage. Eine gewisse Anerkennung seiner Leidenschaftlichkeit spricht Agamemnon gleich am nächsten Morgen in Antwort auf
Nestors Mahnung aus, 2, 375—378. „ich war Urheber des Streites".
Jetzt auf Nestors scharfen Tadel, 9, 109 f. — ausgesprochen
nach ehrerbietigstem Vorwort, 96—102. — und auf des Alten
Aufforderung, durch Gaben und freundliche Worte zu versöhnen,
erfolgte das unverholenste Bekenntniss der Schuld 116 ff. Diesem
aber schliessen sich endlich so ungemessene Anerbietungen und
Zusagen an, dass ein Mehres an Eingeständniss oder reichere Ge-

---

84) Die geschwätzige Genealogie, 115—127 oder 125, mag hier
wohl Anstoss geben oder lässt sich ausscheiden.

85) Jacob, Entsteh. der Il. 230 f.

schenke auch nur zu denken unmöglich ist, so dass das sanguinische Gemüth sich hier wieder offenbart. Doch all diese Fülle
erreicht Nichts.

Nestor wie Odysseus, Aias wie Phönix, erwarten zwar ohne
Geschenke keine Versöhnung, jedoch die gebotenen finden sie dazu
vollauf genügend und belegen ihre Abweisung bei der schon drohenden
Gefahr mit schärfstem Tadel (629 f.) — aber ein Achill hat sein
ganz eignes Maass der Ehren und der Gebühr, er weist alle
Anerbietungen und Vorstellungen zurück.

Mit tiefem Schweigen hören die Fürsten in Agamemnons
Zelt den Bericht von diesem Erfolg der Gesandtschaft, Diomedes
nur findet das Wort und er, der vor der Sendung den Verzagen-
den so scharf angelassen, dem Zeus, wie er meint, zur Herrschaft
nicht auch Wehrkraft verliehn (38 f.), er spricht jetzt 9, 698 ff.
aus, Agamemnon habe den Achill gar nicht angehn sollen; der möge
bleiben oder gehn nach Belieben; dagegen sei nun sein Rath,
jetzt sich durch Nahrung und Schlaf zu stärken; mit dem Morgen möge dann der Oberfeldherr Schaaren und Kriegswagen
vorwärts treiben und selbst Vorkämpfer sein. Dieser Rath erhält
allgemeine Zustimmung, 710 f.

Beim Aufgang dieses Morgens, 11, 4 f., da Zeus durch die
Göttin der Kampfbegier, Eris, das Heer aufregen lässt, thut Agamemnon genau nach jenem Beschluss. Er ruft seinerseits auf
und waffnet sich. Reisige mit Kriegswagen und Fussgänger
gehn geordnet vorwärts, 47—52. Als nach dem eine Zeit lang
gleichen Kampfe die Griechen die geschlossene Reihe der Troer
durchbrachen, begann der Einzelkampf und er hatte jene seine
Siegesbahn, wo ihm Hektor nicht begegnen darf. Die Schilderung dieser bedarf mehrfach der Auslegung.

Mancher Irrthum voreiliger Deutung dieser Aristie ist schon
in den obigen Erörterungen beseitigt; die den Vorkämpfer auszeichnende Beschreibung seiner Bewaffnung erkennen wir als der
Epopöe nicht minder gerecht als dem Einzelliede, die Anrufung
der Musen in der Mehrzahl geschieht nicht am Eingang des Einzelliedes, sondern in Fällen, da der Sänger der alten Sagen der
Stärke oder Genauigkeit des Gedächtnisses besonders bedarf
mitten im Verlauf der Erzählung. Aber der Hauptpunkt für
die richtige Auffassung ist der Gegensatz, welchen der Agamem-

non dieser Aristie zu jenem verzagten, ganz verzweifelnden bildet. Da ist nun freilich zuerst in derselben Person der Oberfeldherr mit seiner Sorge von dem einzelnen Streiter zu unterscheiden. Die vor der Gesandtschaft bezeigte Niedergeschlagenheit und der spätere Fluchtplan gehn die persönliche Tapferkeit unmittelbar nicht an. Agamemnon hat in Helenas Munde, 3, 179. beide persönliche Eigenschaften als vortrefflicher König zugleich und auch tapfrer Kämpfer. Dazu nannte ihn jene Volksstimme neben Aias und Diomedes als dritten der erwünschtesten Gegner Hektors. Beides zeigt uns mit der Nennung in den Aufzählungen der Kampfbereitesten (7, 167. 8, 261.) seinen altüberlieferten Leumund. Es ist also auch in dieser Hinsicht aus der vorher seltenen und kurzen Erwähnung seiner im persönlichen Kampfe (5, 38. 6, 33.) kein Schluss zu ziehen. Es ist genug, dass sie nicht fehlt, da der Dichter jedem Helden nach seiner vorherrschenden Eigenthümlichkeit seine Rolle giebt, den Agamemnon aber im Uebrigen hauptsächlich in der des Oberfeldherrn auftreten lässt. Und was zweifeln wir? einen feigen Fürsten giebt es überhaupt bei Homer nicht, auch Paris ist kein Feigling überhaupt,[86]) und die Tapferkeit erscheint nur nach den individuellen Gemüthsarten verschieden abgestuft und gemodelt. Agamemnon ist, wenn es ihn befällt, muthlos in dem Gedanken an das Gelingen des ganzen Kriegs, nicht einem Gegner gegenüber untapfer. Seiner erregbaren Natur nach haben die Verhältnisse grossen Einfluss auf seine Stimmung und seine Willenskraft. Aus ihr erklärt es sich gewiss ganz folgerecht, wenn er am nächsten Morgen nach der Ablehnung seines Versöhnungsantrags in solcher Ritterlichkeit auftritt.[87]) Er hatte an Beweisen seiner Geneigtheit, die Beleidigung zu sühnen und den Beleidigten sich zu befreunden (142 bis 148.), das Aeusserste gethan, und mit der Bestellung seiner Anerbietungen die von Achill selbst geschätztesten Männer beauf-

---

86) Gervinus Shakespeare 4. S. 317. „Dies, dass bei Shakespeare selbst der Weichling im Vergleich mit flauen Rollen der neuen Dichter ein starker Charakter wird, lässt sich in aller Dichtung nur mit Homers Charakteren vergleichen, bei dem auch Paris ein Held ist".

87) Bäumlein, Philol. XI. 426. „Der ritterliche Muth, den Agamemnon im elften Gesang beweist, ist nach der missglückten Gesandtschaft psychologisch zu erklären".

tragt. Dass sie dennoch abgewiesen worden, musste ihm in eben
dem Grade empfindlich sein, als er in dieser Abweisung nur die
fortgrollende Schadenfreude erkennen konnte, welche abwarten
wollte bis er und sein Heer bei steigender Noth den Beistand
seines stärksten Armes noch schmerzlicher vermissten. Dies Urtheil erzeugt die Thatsache der Ablehnung von selbst, obschon der
kluge Sprecher der Botschaft die Drohung nicht vollständig bestellt. Agamemnon — so deuten wir psychologisch — hörte in
der besagten Stimmung des Diomedes Aeusserung, und wurde
durch die in der Abweisung liegende Kränkung zusammen mit
den drängenden Umständen gestachelt, nun mit aller Kraft zu
versuchen, was er ohne den Hochmüthigen vermöge. Bei dieser
Auffassung des Hergangs meinen wir, Homer habe dem sanguinischen Helden eben weder früher noch später, sondern gerade
in Folge dieser demüthigenden Erfahrung diese Aristie zugetheilt.
Dabei konnte er jenen zwiefachen Plan des Zeus einwirken lassen. Während der Siegesbahn des Hektor konnten doch die
Helden des jetzt gezüchtigten Heers im Sinne des Gottes und der
Sage für die künftige Wendung am Leben erhalten werden. Aber
es konnten so auch in der Neudichtung der früheren Lieder von
ihnen ihre den Hörern bewussten Charaktere behalten werden.
Die Anerkenntniss solcher früheren Lieder giebt hiernach mit der
Anerkennung des sie neugestaltenden, fortschreitenden Dichtergeistes zusammen, allein den richtigen Standpunkt für die Auffassung. Wir finden in der so mannigfach bedeutenden Erzählung
der vom Anfangstheil benannten elften Rhapsodie die sprechendsten
Beweise für die Zusammenfügung, aber wir erkennen hier auch,
wie schwer es ist, von der Geschichte des uns jetzt vorliegenden
Ganzen uns eine Vorstellung zu verschaffen. Zu einer solchen
Geschichte gehört aber auch die Dichtung von Episoden und die
spätere Einfügung solcher in das schon vorher vorhandene Gedicht.

An keiner zweiten Stelle der Ilias ist das irregehende Bemühn,
das zusammengefügte Gedicht und die vorherigen Einzellieder
wieder aufzulösen thätiger gewesen, als an dieser, an keiner aber
auch eigenwilliger und gewaltsamer.*) Die Gewaltsamkeit lag

---

88) Die gerechte und umsichtige Würdigung dieses Verfahrens voll-
zog Bäumlein in Zeitschr. f. Alterth. 1850. Nr. 19. S. 145—148. Ruhigere

besonders darin, dass die poetische Erfindung, durch welche der Dichter den Anfang der Annäherung des Haupthelden zum Griechenheer geschehen liess, dass der Anlass, wodurch diese Annäherung vermittelt wird, die Sendung des Patroklos und die Wegführung des Arztes Machaon durch Nestor, dass, sagen wir, diese allerdings in ihrer Absichtlichkeit unverkennbare Erfindung verkannt und verkehrt ward. Es ward damit eine Auflösung des Organismus in einzelne Stücke versucht, welche in der äussern Geschichte der Gedichte die Rücksicht auf das Bezeugte, in der innern Prüfung die Willigkeit zu empfänglichem Eingehn versäumt und ein Belieben eigener Voraussetzungen dafür geltend macht.[89]) Später erst können wir die Angemessenheit der organischen Erfindung nachweisen, welche durch die Verwundung des Machaon die Sendung des Patroklos an Nestor und damit jene Annäherung vermittelt. Betrachten wir zunächst das Verhältniss der Aristie des Agamemnon im Verlauf der Handlung und die Beschaffenheit der Partie des Gedichts, wie sie vorliegt.

Wir empfinden, meine ich, bei dem thatsächlichen Anschluss des Morgens, wo Agamemnon hervortritt, an den vorhergehenden Abend, wo Diomedes angerathen hat, was Jener ausführt, also den des elften Gesanges an den neunten, einen Vermiss an deutlicher Motivirung. Nach der homerischen Darstellungsweise muss man bei diesem so grossen und bedeutenden Umschwung erwarten, dass der Dichter den Agamemnon seinen erregbaren Charakter nicht blos durch seine Ermannung im thatsächlichen Erfolg bewährend dargestellt habe, sondern auch den Wandel erzählt und an ihm selbst habe erscheinen lassen. Wie die zum Gegentheil umschlagende Natur in jenen beiden Scenen diesen Umschlag selbst ausspricht, so erwarten wir, dass hier der Eindruck, den die Abweisung auf dieses Gemüth macht, durch die fortgehende Handlung mit eigener Aeusserung anschaulich ge-

---

Betrachtung, die aber bei der unabweislichen Anerkennung des Dichtergenius doch Anstössen zu viel Raum giebt, s. bei A. Jacob: Ueber Entsteh. der Ilias und Odyssee. Berl. 1856. S. 247—252.

89) Wie der mehrbezeichnete Bernhardy II., 1. 134 erkennt: „Es ist unmöglich, so weit auseinander gelegte Stücke, wie manche versuchten (z. B. 8, 1—51 mit B. zu Anf. Herm. S. 63 oder wie Lachmann 11, 557 mit 14, 402), zu verkitten".

macht worden sei. Naturgemäss erfolgten da zwei Stufen; erst
vermuthlich Niedergeschlagenheit mit Aergerniss gemischt, dann
in Beachtung des vernommenen Rathes und der Lage des Heers
Ermannung und nicht stumme. Die jetzt dazwischen folgende
Erzählung zeigt den Agamemnon in der Nacht, wie er schlaflos
nach der entsetzlichsten Aufregung sich aufmacht, den Nestor zu
suchen, und wie ebenso Menelaos in Sorgen ihm entgegen kommt
und man ausser mit Nestor mit andern zusammengerufenen Helden bei den ausgestellten Wächtern eine Berathung hält, was zu
thun sei. — In dieser allerdings sehr lebendigen Erzählung hören
wir auch Etwas, was wir im Sinne des Dichters verlangten, Agamemnon spricht seine Besorgnisse um das Heer gegen Nestor
— nur freilich wieder zu stark — aus, 93—95., Nestor aber erwiedert zwar ganz in seinem bewährten Charakter mit seinem
besonnenen Vertrauen, Zeus werde dem Hektor gewiss nicht alle
seine Gedanken erfüllen, sondern dieser werde gewiss noch in
Leid verfallen, zumal wenn Achill seinen Groll aufgebe.
Mit dem Letzteren aber spricht er ein Vertrauen aus, zu dem die
jüngste Erfahrung nicht im Entferntesten stimmt, und ebenso
wenig wirkt auf die Lage des Heers oder Stimmung des Agamemnon
das, was nun weiter nach dem jetzigen Texte geschieht, und (in
Episode) durch das nächtliche Abenteuer des Diomedes im Bunde
Odysseus erzielt wird. Da ergiebt sich denn das von Vielen ausgesprochene Urtheil als richtig, dass die Episode ein späteres Einschiebsel, und die Einfügung, welche auch erst den Redactoren des
Peisistratos zugeschrieben wird, eine ungeschickte sei.[90]) Dass dem

90) Bernhardy, Gr. Litter. II., 1. 133 unten. Ritschl Alex. Bibl.
S. 62. A. Jacob, Ueber die Entsteh. der Ilias. S. 143f. 147. G. Cur-
tius, Andeut. über den Stand der homer. Frage. Wien. 1854. S. 28.
Düntzer in Philol. XII. 41—59, der auch die von Bäumlein versuchte
Vertheidigung (Zeitschr. f. Alterth. 48. S. 341—343. vgl. Philol. XI. 3.
426) widerlegt und überhaupt die Unmöglichkeit der Echtheit auf das
Eingehendste darthut. Er macht dabei auch vom Urtheil des Verfassers,
Sagenp. 224f., Gebrauch, indem er den 10. Gesang ohne Weiteres aus-
scheidet; aber was er der hier wiederholten Erwartung mehrer Motivirung
entgegensetzt, halte ich nicht für richtig, nämlich: „Anzudeuten, wie
diese Reden auf Agamemnons Gemüth gewirkt, liegt nicht in homerischer
Weise; es gnügt diesem kurz anzugeben, wie eine Rede die Versammlung
ergreift; dass Agamemnon Nichts zu erwiedern hat, deutet auf dessen Zustimmung, die 9, 710 und 711 in der allgemeinen Bezeichnung mit ein-

Feinde durch den Ueberfall des thrakischen Lagers Schaden geschehn und ein Paar sehr vorzüglicher Pferde erbeutet war, also
das Abenteuer in so weit einen glücklichen Erfolg hatte, dies
bedeutete für den Stand des Heeres gegen Hektor Nichts, und
die moralische Wirkung, welche nicht einmal ins Licht tritt,
kann die Nichtübereinstimmung mit dem Fortgang der Erzählung
nicht übertragen. Auch wenn man das Gesetz, welches der
Dichter bei seinen Episoden befolgte, bis zum losesten Zusammenhang lockert, wie es Zimmermann Begr. d. Epos 119. zulässig zu finden scheint, oder die Aufnahme vorhandener Einzellieder sich so unbemessen vorstellt, wie Bäumlein thut: immer
überwiegt die Nichtsnutzigkeit des Erfolgs und die Verwirrung der
Umstände in der Erzählung. Eher kann man den Mangel der
Motivirung nach der bei andern Stellen gemachten Bemerkung
erklären (Jacob 100): „Der epische Dichter habe, wie der dramatische, nicht überall die Verpflichtung, die Beweggründe oder
die Folgen der Handlungen seiner Personen ausdrücklich anzugeben, sondern ihm genüge eine solche Darstellung derselben,
dass sich aus ihr jene von selbst unzweifelhaft erkennen lasse".
Im vorliegenden Falle hätte der Dichter diese Weisung blos durch
die Stelle gegeben, wo er die sich hervorthuende Tapferkeit gerade
des Oberfeldherrn eintreten lässt. Bei der unmittelbaren Folge
der Ausführung auf den Rath durfte der Hörer, um den Beweggrund hinzuzudenken, sich nur den sanguinischen Charakter des
Agamemnon und die ihn aufregenden Umstände vergegenwärtigen.
Aber man denke sich die 10. Rhapsodie auch ganz weg; es
dürfte doch dieser so bedeutende Umschwung und Charakter
nach Homers Art eine Offenbarung in Worten erwarten lassen;
sie ist also wohl durch das Einschiebsel verdrängt.

geschlossen zu denken ist". Es ist nur zu erinnern: die möglichen Recht-
fertigungsgründe, wie, dass diese Thraker nach 434 und 558 kürzlich
erst angekommen und die früheren Führer, welche, 2, 882, freilich allein
genannt werden, Peiroos, 4, 527—536, Akamas, 6, 8, schon vorher gefallen sind, von den neuen Rhesos, hier 10, 495 und 559, getödtet wird,
so dass nur Hippoloon übrig bleibt; dass ferner das 436 f. 550 f. so ge-
rühmte Gespann doch dem göttlicher Abkunft eben so nachgestanden
habe, wie andere von Diomedes erbeutete, sie sind an sich schwach,
wiegen aber die wesentlichen Verwerfungsgründe gewiss nicht auf.

14. Fortsetzung. Die Verwebung der Aristeien, und die Benennung der Rhapsodieen.

Der sich hervorthuende Agamemnon wird, wie es Zeus dem Hektor nach seinem Plan ausdrücklich veraussagt (191 f.), bald verwundet. · Dieser nur zeitweilige Erfolg konnte als eine Aristeia benannt werden. Wie das Zeitwort ($\dot{\alpha}\varrho\iota\sigma\tau\varepsilon\dot{\upsilon}\varepsilon\iota\nu$) nur den Sinn persönlicher Auszeichnung hat, da vielfältig ein so sich Hervorthuender, während dessen getödtet wird, so findet der Begriff des Hauptworts seine Anwendung ebensowohl auf eine dem Falle vorhergegangene kürzere Bewährung, als auf eine vom hervorleuchtenden Helden vollständig ausgeführte Grossthat.[91]) Im ersteren Sinne haben die Griechen drei Partieen der Ilias als Aristeien ausdrücklich bezeichnet; des Diomedes, des Agamemnon, das Menelaos Aristie sind die Benennungen des 5., 11. und 17. Gesanges. Gerade an ihnen erkennen wir aber Beides, sowohl dass dergleichen Hervortreten Einzelner der Partie der Erzählung zwar ein concentrirtes Interesse und die oben besprochene Selbstständigkeit giebt, als dass sie dabei so in den Fortgang der Handlung rückwärts und vorwärts verwebt sind, dass es sich ganz unthunlich erweist, sie jetzt noch als blos eingereihte Einzellieder zu betrachten, welche man wieder abheben und ohne Willkür aus ihrem Zusammenhang lösen könnte. Es sind ja hier Heere, sind wechselnde Phasen des Völkerkriegs. Der Kriegsbrauch der Heldenzeit brachte schon an sich viel Einzelkämpfe mit sich, Massenkämpfe entbehren der Klarheit. Daher erscheint Homers bildnerische Kunst eben in der Anschaulichkeit und Durchsichtigkeit der Kriegsscenen wie er, wenn die Heere einander entgegen rücken und der allgemeine Kampf sich erhebt, zuerst dieses Allgemeine mit lichten Zügen schildert, dann beim Zusammenstoss eine Anzahl von Helden in Einzelkämpfe so zu sagen in mannig-

---

91) Das Zeitwort: Il. 7, 90. 11, 506. 15, 460. und nach den Inhalten der nachhomerischen Epopöen wurde bei solcher Erweisung Penthesileia von Achill, Eurypylos von Neoptolemos erlegt. Das Hauptwort im zweiten Sinn fand statt bei den Kämpfen des älteren Heldengeschlechts, und wo sonst in Poesie und Geschichte Kriegshelden dergleichen nachzurühmen war. So werden Aristeien der Lyder, des Pittakos, des Scipio genannt und sind preiswürdige Thaten. Die erste Bedeutung, welche gerade für Homer gilt, verabsäumte der Verfasser ehedem. Präf. Melet. II. XIV.

fache Scene setzt und erst aus deren Mitte den Einen sich Hervorthuenden hervortreten lässt. Am Ende verläuft dann die besondere
Partie in den allgemeinen Fortschritt oder es geht der eine Zeit
lang Hervorragende in die andere Menge zurück. Auch giebt es
leicht andere Uebergänge, auch Parallelhandlungen etwa olympischer und irdischer Geschichte, was Alles zu jener Verwebung
gehört. Ueber dem Ganzen aber schwebt die Idee, welche die
Handlung beherrscht. Jedoch fragt es sich auch in solchen Partieen, ob nicht Einschiebsel geschehn sind, so wie in der Aristie
sich wohl Spuren älterer Darstellungsweise finden können, als
die eigentlich homerische.

a. Die Aristie des Agamemnon.

Die Aristie des Agamemnon hat, als zweitweiliger Vorkämpfergang eines einzelnen Helden betrachtet, einen so glänzenden
Eingang wie keine andere, abgesehn natürlich von dem Hervortreten des Patroklos und vollends des Achill, welches ja Beides
als dem tragischen Zorn und der Annäherung des Achill angehörig nicht in Vergleichung kommt. Allein dieser einzelne Held
ist eben der Oberfeldherr, und ist damit und durch die Lage der
Dinge der Vordermann des ganzen an diesem Morgen neu und
mit besondrer Heftigkeit ausbrechenden Krieges. Eben daher
wird sie durch die Maassregel des Zeus eingeleitet, wie er die
Heere durch den Dämon des Streits selbst mit Kampfbegier erfüllen lässt — die Verse 13 und 14 aus 2, 453f. Das ganze
Heer der Achäer wird von dem Feldherrn in die streitbare Bewegung gesetzt, Zeus aber giebt das Vorzeichen eines blutigen
Tages.[92] So erkennt der unbefangene Leser auch in der so
reichen Schilderung der Waffen und der Bewaffnung jenen oben
erläuterten Gebrauch Homers, das Mehr oder Weniger der Beschreibung nach der Bedeutung für die Handlung abzumessen.
Er hat diese seine Weise hier in der Verwendung der älteren

---

[92] 11, 53, sowie 16, 459 Blutregen, „mit dem hier Zeus die Ereignisse der zweiten grossen Schlacht schreckenvoll vorbedeutet". Nägelsbach, Hom. Theol. 149. Die Bemerkung bei Jacob S. 243. Zeus lässt —
obenein, ohne dass Jemand Etwas davon merkt oder sagt — Blut regnen,
sie darf man unbegründet nennen; die Erzählung will in manchen Zügen
nicht materiell, sondern deutsam verstanden sein.

kleineren Lieder befolgt. Diese Aristeien tragen die Spuren ihrer
früheren Existenz als Einzellied noch an sich; der Anfang, die
ausführliche Beschreibung, erscheint herübergenommen. So
gewiss nun als diese hebende Färbung des Auftretenden als solche
hier ganz an ihrer Stelle ist, so hat sie doch einen andern Ton
und Geschmack, in den gehäuften Zahlen der Metallstreifen und
der Mannigfaltigkeit dieser ein grobsinnlicheres Streben als dem
Homer beizumessen richtig scheint. Sind aber selbst die Verse vom
Panzer, dem gewiss prächtigen Gehenk, doch wohl nicht später
erst eingeschoben, geschweige die vom Schilde, so hat der Dichter diese Schilderung eben beibehalten.[93]) Nach der Angabe des
beiderseitigen Vorrückens, 47—66, und des anfänglich gleich
stehenden Kampfes, 84 ff., dann der von den Achäern durchbroche-
nen Schlachtordnung der Troer, 90, also einer dermalen für die
Achäer glückliche Wendung folgt, 91—180, das Vorgehen des
Oberfeldherrn. Da folgt erst eine Reihe gar lebensvoll gezeichneter
einzelner Erfolge, worauf mit kurzer Bezeichnung des allgemeinen
Kampfes, 148—157, als Gesammtwirkung des sieghaften Helden
die Flucht der Troer gegen die Stadt hin erzählt wird. Dies ist
der Gang der wirklichen Aristie, es ist ihre Höhe erreicht, das
Weitere wird in eigener Weise gestaltet von 181 an. Die fliehenden Troer, zwei Haufen, deren einer sich schon weiter gerettet
hat und sich jetzt ordnet, der andre hinter diesem noch vom
Agamemnon gejagt, sie sind noch etwas von der Stadtmauer entfernt, die Letztern fliehen ihr noch erst zu. Da könnte nun eine
Wendung und in der Sprache eine Satzform eintreten, wie wir
sie 11, 310. 6, 73 ff. 8, 217, 5, 679 f. und öfter finden. Der Sieges-
lauf des Agamemnon konnte, da ihm die Schaaren folgten, wenn
nicht wie der des Patroklos die Gefahr der wirklichen Einnahme

93) Den Schild des Agamemnon s. auf dem Kasten des Kypselos,
Paus. 5, 19, 4. - - Das Urtheil, welches Jacob S. 242 f. vgl. mit S. 205
fällt, ist aus zu wenig Umsicht und Beachtung der hier in Betracht
kommenden Momente hervorgegangen. Der Schild des Achilles im 18. Gesange steht und entsteht unter gänzlich verschiedenen Umständen der
Handlung und der Darstellung. Es hat dieser Verfasser sogar die Bedeutung der ausführlichen Beschreibungen nicht erkannt, die Anrufung der
Musen, welche auf Treue des Gedächtnisses geschieht: „wer zuerst",
ungenau gelesen, überhaupt vorschnell geurtheilt.

(16, 698), doch die bringen, dass die Troer wieder wie vordem
in die Mauern eingepfercht wurden und die Stadt mit Hungersnoth heimgesucht (18, 286—292). Der Hort der Stadt und
Führer ihres Heers, Hektor, stand da dem Dichter und seinen
Hörern vor der Seele als der, welcher diese Gefahr wahrnehmen
und dem Agamemnon entgegentreten müsse, und seinem Sinne
nach werde er also herbeieilen, da er vorher von Zeus weggeführt ist, 11, 163,[94]) durch Fernwirkung (?). Aber es kommt
eben in diesem Moment Zeus (182f.) auf die Höhen des Ida und
sendet eben jetzt das Geheiss an Hektor, sich so lange fern zu
halten, wie Agamemnon im Vorderkampfe sei. Wie der gestachelte
Agamemnon jetzt so gewaltig ist, will Zeus nach seiner Absicht
dem Hektor weiteren Erfolg zu geben, ihn nicht gefährden, so
wenig als beim Vorbehalt für die Zukunft den Agamemnon. Also
nach der Parallelangabe von Zeus, 182—210, thut Hektor dasselbe wie 5, 399 ff. und 6, 103 ff., er waltet anregend umher —
dann, wie wir zu verstehen haben, geht er eine Weile abseits
(bis 284). Die beiderseitigen Heere jedes sammelt und dichtet
sich wieder, und wieder tritt Agamemnon aus dem achäischen
hervor, ihm aus dem troischen entgegen zuerst Iphidamas, 216
bis 221.

In der Nähe der Stadt ist dieser zweite, kurze Akt der Aristie. Der Dichter ruft die Musen an, wie öfters, weil es besonders treuen Gedächtnisses bedarf, um etwas ganz Bestimmtes
genau anzugeben.[95]) Der Kampf mit dem in diesem Akt zuerst

---

94) Die Verse 163 und 164 sind eigener, wohl Bedenken erregender
Beschaffenheit; wie und wohin hat Zeus seinen Schützling geführt? Was
der Schol. B. zu diesen Versen bemerkt: „Geschickt erzählt ist dies, dass
er dem Agamemnon erläge, würde der Dichtung (dem Plan des Gedichts),
dass er selbst ihn miede, der Kühnheit des Hektor entgegen sein; schön
also sagt er, Zeus habe ihn weggeführt, da er, war er dabei, von dem
Gewaltigen Etwas erlitten hätte". — Dies passt erst auf die ausdrückliche
Wegweisung, und es fragt sich, wie diese zur Wegführung jener Verse
sich verhält. Fäsi fasst beide als eins; wie dies? Ich möchte die Verse
für unecht halten. Der Diaskeuast wollte die Wundermacht des rettenden
Zeus recht beredt und stark zeichnen.

95) Wie auch 14, 508. 16, 112. In allen drei Stellen geht die Anrufung
ausdrücklich auf ein: wer zuerst, und ebenso auf bestimmte Einzelne, 2,
761. Hier ist also die Treue der Grund, anderwärts, wo es eine grosse

begegnenden Iphidamas giebt den Anlass zu der Verwundung des Agamemnon, welche ihn nöthigt, vom Kampfplatz zu seinen Zelten zu fahren. Iphidamas wird von ihm getödtet und geplündert. Dessen Bruder Koon aber trifft ihn am Unterarm, und die besonders schmerzhafte Wunde macht seiner Ruhmesbahn für jetzt ein Ende. Doch zuvor fällt auch Koon noch von seiner Hand.

Durch die so baldige, für den Augenblick lähmende, aber nicht schwere Verwundung des Agamemnon ist des Zeus Bestimmung erfüllt. Hektor nimmt es sofort wahr, und erhebt wieder seine anfeuernde Stimme, 281 f. Dann fällt er an und tödtet zehn kurz genannte Führer und eine Menge Volks, die ein Gleichniss beschreibt.

Hier treten Odysseus und Diomedes ein, im Fortgang erfolgen dann die Verwundungen dieser Beiden mitten im tapfersten Kampfe. Es ist aber hier zunächst von den andern beiden ausdrücklich benannten Aristieen zu handeln.

b. Aristie des Diomedes.

Diomedes thut sich nach naturgemässem Kriegsgang im Verlaufe des ganzen Kampfes hervor, welcher am ersten Tage nach der Musterung beginnt, 4, 449 ff. An den Ausgang dieser Musterung vom Dichter gestellt, giebt er so zu sagen das Vorzeichen des beginnenden Kampfes durch seinen Sprung vom Wagen. Nach der lebendigen Schilderung des Zusammenrückens der Heere, 422—456, erscheinen, Jeder mit einigen Zügen, welche besonders die Besiegten charakterisiren, gezeichnet, Antilochos,

---

Vielheit gilt, die Stärke, 2, 484—493. Eine rhetorische Formel der Andeutung einer grossen Menge ist: wen zuerst, wen zuletzt, 11, 299. 430. 5, 703. 16, 692, aber auch eben den Ersten nur mochte der Dichter nicht immer mit Anrufung der Musen finden, 8, 273. Jene Anrufungen um der Treue willen erfolgen immer inmitten einer Erzählung, und es war eine irrige Meinung, als wären diese Anrufungen noch zu erkennende Anfänge einzelner Lieder, Osann Anecd. Rom. p. 265. Und ebenso wenig richtig urtheilt Fäsi zu unserer Stelle, und noch weniger Jacob, Entsteh. der Ilias, 242. „Darauf werden die Musen angerufen, um die von Agamemnon Erschlagenen zu nennen, und doch sind dies nachher nur zwei". Nicht um die Erschlagenen, sondern den Einen Ersten, und wenn gezählt sein soll, kommen die zwei zu den vorigen.

der telamonische Aias, Odysseus während Apollon und Athene
beiderseitig einwirken, auch Thoas gegen Peiroos, 518—538.
Jetzt — nach der grammatischen Abtheilung zu Anfange des 5.
Gesanges — 5, 1—8, die glänzende Erscheinung des Diomedes,
worin wir den Eingang eines früheren Einzellieds erkennen. Er,
von 4, 419 her zu Fuss, 13 ff., besiegt ein Brüderpaar zum
Schmerz der Troer, 27 f. Schlau und im Interesse der Griechen
und besonders des Diomedes beredet Athene den Ares, ruhig
zuzusehen,[96]) wie ihn, 355, Aphrodite findet, während ihn erst Apollon, 454, aus dieser Ruhe aufregt. Hierauf wird in Ankündigung
der Wirkung des Folgenden gesagt, die Troer seien den Achäern
gewichen, 37. Dies wird erklärt durch eine Reihe einzelner Thaten, 38—42, des Agamemnon, 43—48, des Idomeneus, 49—58,
des Menelaos, 59—68, des Meriones, 69—75, des Meges, 76 bis
83, des Eurypylos, d. i. der meistens auch sonst genannten Streit-
barsten. Doch wo ist Diomedes? Ihn heisst es, 85, konnte man
überall sehn, wie ein Waldstrom warf er Alles nieder. Auf den
Daherwüthenden schiesst jener Pandaros seinen Pfeil ab und
trifft ihn an der Schulter nicht ganz leicht, so dass er sich den
Pfeil ausziehn lässt und seine Athene anruft. Von ihr gestärkt
und ermuthigt hat er dreifachen Muth und erlegt nun, 144—165
vier Paare, je zwei Kämpfer und Wagenführer. Jetzt gesellen
sich Aeneas und Pandaros und fahren ihm entgegen, eine
Scene voll dramatischen Lebens, 166—273. Prahlend wirft
Pandaros seinen Speer auf Diomedes: doch der prallt vom Panzer ab. Dafür schleudert Diomedes sein Geschoss auf ihn, und
dieselbe Athene, welche, 4, 92 ff., den Mann zum treulosen
Schuss auf Menelaos verführt hatte, sie lenkt den Wurf (290)

---

96) Diese Angabe ist allerdings eigenthümlich. Ares und Athene, die
beiderseitigen Kriegsgötter, hatten sie nur die erste Anregung geben sollen,
4, 439? Aber Athene erscheint schon 125—132 dem Diomedes persönlich; stärkt ihn und giebt ihm Anweisung für die nächste Begegnung mit
Aeneas und Aphrodite. Diomedes verwundet etwas weiter hin die Aphrodite, 335 f. Und als sie dies im Olymp klagt, sagt Zeus, der Krieg sei
des Ares und der Athene, nicht ihre Sache. Genug, wir müssen jene
Ueberredung als eine List der Athene erkennen und zwar vornehmlich zu
Gunsten ihres Diomedes. Einleuchtend aber ist das Verhältniss der beiden
Kriegsgötter in der nachmaligen Erzählung, wie Athene den Ares bewältigt, und später im 15. Gesang ihn zurückhält.

dass Pandaros stürzt und das Gespann scheuet, 294, welches nach nachgebrachter Parallele Kapaneus Sohn erfasst, 319, wie ihn Diomedes geheissen, 263 ff. Aeneas, bemüht den Leichnam zu retten, wird von Diomedes mit einem gewaltigen Steine an dem Hüftgelenk getroffen, und wie er in's Knie sank, hätte Diomedes oder ein anderer ihm den Garaus gemacht, wenn die Mutter Aphrodite ihn nicht gedeckt hätte, 315—317.

Jetzt verfolgt Diomedes die den Sohn wegtragende Göttin, die er nach der ihm von Athene gewordenen Weisung (127 bis 131 f.) sich nicht scheut zu verwunden. Beim Stich in den Arm lässt sie den Sohn fallen; Apollon zieht ihn empor. Die hier eintretende Parallelerzählung von der Aphrodite Rückkehr in den Olymp, ihrer Klage im Schoosse ihrer Mutter und was von Spott der andern Götter und sonst folgt, 352—431, sie unterbricht allerdings einen sehr prägnanten Moment. Apollon hat den Aeneas aufgerichtet und hält ihn, indem er ihn unsichtbar macht, in seinen Händen. In diesem Augenblicke stürmt Diomedes gegen den Aeneas an, und wohl erkennt er den schirmenden Gott; aber in der Heftigkeit, mit der er immer erscheint, namentlich den Donnern des Zeus, 8, 170 f., so schwer weicht, stösst er ihn hier, wo ihm der Schutzgott den schon Geschlagenen entreissen will, so lange als hinter einander drei Stösse dauern fort und scheuet diesen Augenblick lang den grossen Gott nicht; da ruft ihn Apollon heftig an und nun geht er zurück.[97]) In der prägnanten Handlung versetzt Apollon den wahren Aeneas in seinen Tempel, wo er von Artemis und Leto gepflegt wird, auf dem Schlachtfelde schafft er ein Schattenbild des Entrückten, um das nun Troer und Achäer streiten.

Jetzt nach der Begegnung mit dem heftigen Diomedes ruft Apollon, der Stadtgott, den Ares aus seiner Ruhe auf, dass er jenen hemme, er selbst nimmt auf der Burg Platz, 454—460. Ares, der in Thrakien heimische (13, 301), ruft in Gestalt des thrakischen Akamas (6, 7) die Söhne des Priamos zur tapferen Abwehr (5, 464 ff.), zunächst zur Rettung des Aeneas auf als

---

97) Er vergriff sich zwar nicht an Apollon selbst, liess sich aber durch dessen Nähe auch (diesen Augenblick lang) nicht von weiteren Angriffen abhalten; handelte also der Vorschrift der Athene, 130 f., (insoweit) nicht entgegen". Fäsi.

wäre er schon gefallen — nach den Scholion nicht in Unwissenheit, sondern um noch mehr anzufeuern.

So weit sehn wir guten Fortgang. Aber statt dass nun die aufgerufenen Söhne des Priamos sich sofort zeigen sollten, und zwar in Folge jenes Aufrufs des Ares, erscheint in unserm Text Sarpedon und spricht gegen Hektor eine Mahnung ganz ähnlichen Inhalts aus, wie die vorliegende des Gottes. Das kann nicht vom verständigen Dichter kommen. Eine genauere Prüfung lehrt, dass in Homers Anlage mehrfache Einschiebsel zu Ehren des Sarpedon geschehn sind, und zwei solcher eben in diesem Gesang hier, 470—492, dann 628—698.[9a]) Wir haben nur 493 in den Anfang des Verses statt Sarpedon Akamas oder Ares gesetzt zu denken, sonst geht die Erzählung gleichmässig fort. Der durch die Ausscheidung der beiden Stellen gewonnene Gang zeigt den Hektor von Ares angeregt, wie er und neben ihm der Gott und der zur Freude der Troer frisch und gesund wieder erscheinende Aeneas den Kampf erneuen, während andererseits (519) mehre achäische Helden, mit denen Diomedes nur genannt wird, und vorzüglich Agamemnon (528) die Ihrigen antreiben. So folgt nun ein Bild des allgemeinen Kampfes anschaulich und belebt durch Thaten Einzelner, von denen auf jeder Seite wieder Einzelne mehr hervorgehoben sind, als Andere. Weiterhin hat dem gefährdeten Menelaos Antilochos sich zugesellt; vor ihnen weicht Aeneas, 751 f. Sie aber erlegen das Heldenpaar eines Wagens. Diesen Fall erschaut Hektor und führt mit Kriegsruf die Schaaren auf sie zu, und Ares ist wieder in rührigster Thätigkeit um ihn (593—595). So sieht ihn Diomedes und weicht vor dem Mann, dem immer ein Gott zur Seite steht (603), eben dieses Begleiters wegen und gebietet so auch seinen Leuten. Hektor dringt heran und tödtet zwei. Aias rächt sie und will den von ihm Gefällten auch plündern (621 ff.); doch ein Regen von Pfeilen treibt ihn zurück, so gewaltig er ist. Gerade dieselbe Lage ist hinter der hier eingeschobenen Episode vom Sarpedon und Tlepolemos, die Achäer müssen weichen vor Ares und Hektor (699), die jetzt eine grössere Zahl nieder-

---

98) Genauer im Progr. von Giseke: Quaeritur, num quas belli Trojani partes Homerus non ad veritatem narrasse videatur. Meiningen, 1854. S. 5 f. A. Jacob, Entsteh. d. H. 203. Fr. Vieles dabei nicht zu billigendes.

strecken. Dadurch schmerzlich betroffen (711), machen Here
und Athene sich auf, dem rasenden Ares Einhalt zu thun. Beide
— nach des Dichters Brauch durch Beschreibung gehoben — Here
mit ihrem Wagen, Athene in voller Rüstung — sie fahren zunächst
zu Zeus, um dessen Genehmigung ihres Vorhabens (755f.) ein-
zuholen. So autorisirt, den Ares zu zähmen, fahren sie schnell
wie der Gedanke zum troischen Felde (773 — 777). Hier ent-
eilen sie im Schwunge des Taubenfluges zu der Stelle des Griechenheeres, wo eine Anzahl der Besten um Diomedes versammelt ist
(781). Here lässt ihre Stimme gleich der des Stentor erschallen zur
allgemeinen Anfeuerung, die sie durch die Hinweisung verschärft,
wie anders jetzt die Troer sich vorwagten, als in der Zeit, da
sie noch des Achill schreckliche Lanze gefürchtet. Athene dagegen eilt sofort zu ihrem Diomedes hin (793). Sie findet ihn
jetzt an der Wunde des Pandaros, welche ihre vorige Stärkung
ihm unfühlbar gemacht hatte, wieder mehr leidend; das Schild-
gehenk drückt heiss auf die verwundete Schulter, eben hob er
den Riemen und wischte sich das Blut ab (798). Die Göttin
muthet ihm auch so allen Kampfmuth zu und mahnet ihn so an
seinen Vater.[99] Er erwiedert, gerade aus Gehorsam gegen ihr
Gebot keinem Gott entgegen zu treten ausser der Aphrodite,
er weiche vor Ares zurück. Da heisst ihn die jetzt wider den
wüthigen Gott Aufgebrachte im Gegentheil, auf Ares das Gespann
zu lenken und loszustossen. Schon bei diesen Worten zog sie
den Wagenlenker Kapaneus herab, stieg auf neben dem Diomedes, erfasste Zügel und Peitsche und hielt auf Ares. Der Helm
des Aides macht sie auch dem Gott unsichtbar[100] Ares wird mit thä-
tigster Hilfe der Athene von Diomedes verwundet und schreit wie
neun- oder zehntausend Krieger. Dieses Schreien wird ebenso dem

---

99) Dass hier die Göttin, in 4, 370 Agamemnon den Diomedes, wo sie
ihm Mangel an Kampfmuth Schuld geben, ihn durch Mahnung an seinen
Vater aufrufen, ist, zumal bei ganz verschiedenen Wendungen, nur natürlich. Eher wäre zu bemerken, wie die Göttin nur kurz an die Hauptthat
mit dem Gegensatz ihrer Warnung erinnert.

100) Ohne irgend weitere Untersuchung über diese Tarnkappe der
griechischen Sage ist nur gegen A. Jacob, Entsteh. der Ilias 206 zu bemerken: Die Vorstellung, „Athene habe über ihren grossen Helm sich
den noch grösseren des Hades aufgesetzt", giebt eine unstatthafte Ausdeutung. Dieser Helm will nicht so materiell verstanden sein.

Poseidon, 14, 148, beigelegt, wo die Hyperbel minder schicklich
ist, für den Aufruf zum Kriegsmuth als hier, wo es Schrecken
erregt. Denn Züge einer riesigen Natur finden wir in der Darstellung der Götter öfters.[101]) Der verwundete Gott fährt zum
Olymp und hört von Zeus, wie widerwärtig er dem höchsten Gott
mit seinem wilden Charakter ist. Athene und Here kehren,
nachdem sie ihre Absicht erreicht haben, eben dahin zurück.
So ist die zwiefache Siegesbahn des Diomedes zu Ende.

Insofern nun, wenn wir eben nur seine eigentlichen Thaten
rechnen, er in zwei Aristeien nach einander geschildert ist, kann
eine getrennte Behandlung dieser in vorhomerischen Liedern für
möglich gelten. Allein in der vorliegenden Folge steht die zweite
im natürlichsten Zusammenhang mit der ersten. Ares, den Hektor umgebend und um ihn her schaltend, wird Ursache zum Gange
der Göttinen und zum Eifer der Athene, indem sie mit ihrem
Diomedes den wilden Gott selbst angreift. Dieser eigenthümlich
mittelbare Kampf der achäischen Kriegsgöttin gegen den troischen
Gott wird unstreitig schon älter sein; aber fälschlich fand man
in dem offenen Verfahren der Göttin gegen ihren Betrauten etwas Abweichendes.[102]) Es hat die ganze Erzählung ihren motivirten Fortgang und dies, wie beim ersten Hervortreten des Vorkämpfers, so nach desselben Zurückweichen vor Apollon (443f,) u.
s. w. Der Einzelkampf gegen den Troergott, Ares, ist geendigt
und er vertrieben, und auch Here sammt Athene haben die bei-

101) Einzelnes der Art gehört unechten Stellen an; so 21, 407 Ares,
was mit Od. 11, 570 nicht zu rechtfertigen ist, denn die enormen Gestalten der Urwelt wurden vom verständigen Dichter nicht auf die Götter
übertragen. S. Herm. Op. IV. 296. Die Stimme oder die Schritte der
Götter, wie sie sich fortschwingen (13, 20f. vgl. 14, 227—230), sind
ein Anderes als die Gestalt und die Glieder. Bei 11, 272, wo die schwö-
rende Here den Erdboden mit der einen, das Meer mit der andern Hand
berühren soll, kann der Stand auf der Insel gedacht sein. Ueber das Hundert 5, 744 s. Herm. a. a. O. 291 und Fäsi. Anm. zu dieser wie zur vorhergehenden Stelle.

102) Das Genauere weiterhin. Die Götter offenbaren sich nämlich nur
nach ihrem Willen meistens ihren Schützlingen, aber zuweilen und im Zorn
auch den Gegnern. Sie sind an sich weder unsichtbar noch sichtbar, nur
verhüllen sie sich gewöhnlich. Die Vertrautheit der Athene mit Diomedes,
wie die derselben mit Odysseus in Od. 13 ist mit der der Aphrodite und
Helena in Il. 3 zu vergleichen.

den Heere wieder sich selbst überlassen (6, 1). Jetzt aber, wo
Hektor und seine Troer göttliche Hilfe nicht mehr haben, bricht
zuerst Aias die troische Reihe durch Erlegung des tapfersten
Thrakers Akamas (7); Diomedes (12) und eine Reihe Anderer
(20. 29 f. 37 ff.) tödten gleicher Weise Viele. Da sind die Troer
in Bedrängniss. Obgleich die mehren andern Helden zu dieser
Bedrängniss mitgewirkt haben, Diomedes, der heute so vor Allen
gewüthet, so Namhafte erlegt oder schwer verwundet hat, er
ist es, gegen den es gilt, göttlichen Beistand zu suchen,
und eben seine Schutzgöttin wird auch in Troia verehrt. So
tritt hier der Seher Helenos ein, dem es nach seiner Begabung besonders nahe liegt, Gottesdienst anzuordnen, wie er
es nur sein konnte, der, 7, 44, das Gespräch der beiden Götter
vernahm. Er also fordert seinen Bruder Hektor und den Aeneas
auf, ihre Schaaren zum Schutze der Stadt zu ordnen und anzuregen, dann möge, während die Zurückbleibenden Stand hielten,
Hektor, der troische Befehlshaber, zu seiner Mutter, der
Königin, hineingehn und ihr einen Bittgang zu Athene mit Weihgeschenk und Gelübde auftragen, dass die Göttin den Diomedes
von Ilios zurückhalte. Der Seher bezeichnet die Furchtbarkeit
des Diomedes in Vergleichung; selbst den Achill hätten sie ehedem (ποτέ 6, 99. nicht so gefürchtet. Helenos meint nämlich
die Zeit, da die Troer sich aus Furcht vor Achill in den Mauern hielten und sich nur verstohlen und einzeln herauswagten.[103]
Es ist seine persönliche Sprache, dass er den Grad der damaligen Furcht durch diese Vergleichung misst. Achill ist der Typus der Heldenkraft für den troischen Seher wie für Agamemnon
7, 113, wo er den Menelaos vom Kampf mit Hektor abmahnt.
Den Hektor brachte Diomedes und brachte Aias in Todesgefahr
(11, 351—360. 14, 409—41S.), und in der ganzen Ilias herrscht
neben dem Gedanken an den mächtigen Achill der, dass die
Troer mit all ihren Helden nachstehn, und einst werden unter-
liegen müssen. Nur Zeus' Gunst für Hektor und sein jetziger Plan[104]

---

103) 5, 788 f. 9, 352 f. 15, 721. Einzelne gefasst oder verfolgt:
11, 104—106. 21, 34—37. 20, 89—91. — Daneben die Furcht vor
seinem Wiedererscheinen 18, 261—265.

104) Schol. 13. zu 11 Anf.; „Durch die Geschicke, nicht durch die
Gesinnungen geschah es, dass die Griechen nachstanden".

brachte dem Hektor solchen Erfolg und den Griechen das
Verlangen nach Achills Beistand. So darf man nicht sagen
jenes Wort, das den Diomedes ja über Achill selbst erhebe,
könne nicht vom Dichter des Zorns kommen. Dieser hat unverkennbar die von Diomedes erregte Furcht als Motiv gebraucht,
den Hektor nach der Stadt gehen zu lassen, Hektors Tod ist es
vor Allem, was den Sagentheil vom Zorn als Theil der Sage
vom ganzen Kriege charakterisirt,[105] und wie er in der ersten Partie
als Vorkämpfer und Oberfeldherr[105]) geschildert wird, sollte er bei
jenem Besuch sich recht als der Streiter für's Vaterland kundgeben
als der er in der weiteren Handlung nach all ihrem sittlichen
und nationalen Geist erscheint.

In dieser Weise geht die Aristie des Diomedes in den Gang
des Hektor aus, den wir wohl ganz als des Dichters Erfindung
zu achten haben. Nach dem Citat des Herodot 2, 116, welcher
die Verse 6, 289—293 unter dem Titel Aristie des Diomedes
anführt, mochte vor der Abtheilung in 24 Rhapsodieen jener Titel
vermuthlich bis 311 bemessen werden.

c. Aristie des Menelaos.

Der 17. Gesang, welcher als die Aristie des Menelaos
betitelt ist, erzählt, nachdem Patroklos im 16. von Hektor unter
Mitwirkung des Euphorbos und des Apollon niedergeworfen ist,
den Kampf um die Leiche dieses Helden. Sein Ende erreicht
dieser Kampf aber erst, wie schon bemerkt, durch Achills Hervortreten, seine Erscheinung und wundervoll verstärkte Stimme
scheucht erst die Troer und rettet den Leichnam. Hier nun
musste die Botschaft vom Fall des Freundes an Achill gelangt sein.
So sehn wir im 17. Gesange die verschlungene Parallelerzählung
vom Kampfe für die Leiche und von der Sorge für Achills Benachrichtigung. Diese Parallele gilt auch in dem Anfangstheil
des 18., aber die Ankunft des Boten bei Achill, der hier zum
büssenden und rächerischen wird, bildet aus diesem tiefen Grunde
einen neuen Abschnitt.

Jene Benennung Aristie zeigt sich hier, wie sie auf den
ganzen Verlauf des Gesanges ausgedehnt ist, besonders augen-

105) 3, 76. 86. 324. 6, 101 f. 8, 502—525. Im Verhältniss zu Pulydamas 12, 230 ff. 18, 285 ff. 13, 802. 14, 389 f. 15, 269 f. 306. 485 ff. 718.

fällig so zu sagen als blosse Titelvignette, denn buchstäblich
trifft sie nur den Anfangstheil, 1—69. Es tritt Menelaos sofort
nach Patroklos' Fall für die Leiche ein und dem Euphorbos entgegen. Er besteht diesen siegreich, aber als er ihn plündern
will, sieht er den Hektor mit seinen Schaaren herausstürmen.
Da zieht er sich vor dem „von der Gottheit Begünstigten" unter
Worten der Rechtfertigung langsam zurück, und ruft in die
Ferne nach Aias. Die Waffen des Gefallenen hat Hektor schon
erbeutet, 17, 130 f. Die Leiche aber deckt nun Aias mit seinem
Schilde bewehrt, und neben ihm Menelaos. Hektor, der zuerst
vor Aias gewichen, wie des Glaukos Vorwurf (166 f.) und das
eigene Geständniss lehrt, ermannt sich, ruft gewaltig die Seinen
auf, holt die weggeschickte Rüstung des Patroklos zurück, und
thut sie an (119. 210.). So männiglich Andere auffordernd
geht er dem Aias entgegen, und Aias, obwohl zunächst bestürzt,
so dass er Hilfe herbei zu rufen auffordert, er ist und bleibt es
weit mehr als irgend ein Anderer, der Widerstand leistet; seine
Aristie könnte dieser Theil mit fast grösserem Recht heissen.
Menelaos vollbringt zwar, von Athene gestärkt, auch noch einen
Kampf (553 ff. 578.), aber mehr doch besorgt er auf des Aias
Anregung die Benachrichtigung des Achill und hebt mit Meriones
die Leiche auf, sie zu Achill zu tragen.

d. Die Namen der Partieen.

So also verhält es sich mit den drei benannten Aristeien
nach der bedingten Bedeutung des Ausdrucks und ihrer Verwebung
in die Handlung. Ebendaher hätte dieselbe Benennung mehren
Partieen mit gleichem Rechte gegeben werden können. Der
Scholiast B. zum Anfang der Aristie des Agamemnon bezeichnet
die letzte Kampfbahn des Diomedes, etwa von 316 an bis 400,
wo er auch zu den Zelten muss, und die kurze des Odysseus
ebenfalls als Aristeien. Also nennen wir nicht unpassend so
auch den Zweikampf des Aias, 7, 206—312, die Erweisung des
Teukros, 8, 278—334, den Kampf des Idomeneus, 13, 361 bis
517, und die sich anschliessenden des Meriones, des Antilochos,
des Menelaos, bis 650, obgleich immer dabei mehre Streiter im
Wechsel eingeführt werden. Weiterhin folgt, nachdem die Erzählung zu Hektor übergegangen ist, 674 f., der Kampf (809)

des Hektor und Aias und wieder, 14, 402, wo Aias den Hektor ohnmächtig macht. Alle die Einzelkämpfe des 13. Gesanges stehn unter dem allgemeinen Titel: Der Kampf bei den Schiffen. Das ist denn einer der Titel, an denen wir den eigenthümlich nationalen Gesichtspunkt erkennen, aus dem eine Reihe dieser Titel gewählt wurden. Die Gesänge 8, 12, 13, 20 und 21 sind als Erzählungen von Kämpfen bezeichnet, der abgebrochene Kampf, der Mauerkampf, der bei den Schiffen, der Götterkampf, der beim Flusse. Wie diese Namen in dem Sinn gewählt sind, nach welchem man die Ilias als Kriegsgedicht betrachtete (Arist. Frösche 1035f.) und sie von der Odyssee als Friedens oder Mussegedicht, oder von dem Werke des Hesiod von Hausgeschäften unterschied, so erscheinen auch die Aristeien in gleichem Gedanken benannt. Neben diesen Namen sehn wir einige Bezeichnungen, Patrokleia und Doloneia, von summarischer Bedeutung. Doloneia wechselte mit Nachtwache als Name des 10. Gesanges, jener Episode von des Diomedes und Odysseus nächtlichem Abenteuer gegen das thrakische Lager, wobei sie den Späher Dolon fingen. Den Namen Patrokleia hat bei den Grammatikern nur das 16. Buch, aber unstreitig gehörte das 17. auch dazu, und wenn der Kampf um die Leiche des Patroklos erst im 18. endet, so gebot, wie schon bemerkt, die eintretende Ankunft der Nachricht bei und Wirkung auf Achill, hier einen neuen Abschnitt zu machen.

Jenem nationalen Gesichtspunkt mag es zuzuschreiben sein, dass kein Theil der Ilias, auch kein kürzerer, vom Erfolg eines troischen Helden den üblichen Namen hat, da doch Hektor und Sarpedon sich ihrerseits ebenfalls hervorthun und ihr Eintritt zum Theil ausdrücklich durch Beschreibung gehoben wird. Hektors erster Siegestag im 8. Gesange gab dem Dichter freilich Anlass, viel Parallelhandlung aus dem Olymp zu erzählen, aber heisst dessen einer Titel die Götterversammlung (θεῶν ἀγορά) so wäre als zweiter Hektors Drohung treffender gewesen, als der abgebrochene Kampf.[106] Den 12. Gesang bezeichnete die poetische Ueberschrift am besten:

12 hat den Kampf um die Mauer, es sprengt sie der glänzende Hektor.

---

106) 8, 489ff. Abgebrochen zwar wird er wirklich durch das eintretende Dunkel 500, aber auf das Weitere weist 526—541. Uebrigens

Doch es wird dienlich sein, überhaupt genauer nachzuweisen, wie es sich mit der Abtheilung in so genannten Rhapsodieen und mit den einzelnen Benennungen dieser nach dem Zeugniss der Geschichte verhält.

Abschnitt II.

Homers Bedeutung für die Geschichte der Rhapsodie.

15. Fortsetzung. Weder ist die Bezeichnung der kleinen Lieder als Rhapsodieen geschichtlich, noch können die vom Inhalt entnommenen Namen der Particeen als Kennzeichen selbständiger Lieder gelten.

Wenn heutige Schriftsteller die Einzellieder der vorhomerischen Periode Rhapsodieen nennen,[107] so ist dies ein ganz moderner Sprachgebrauch. Er lässt sich mit kurzem Wort als eigentlich ungeschichtlich darthun. Erst die Grammatiker unter den Ptolemäern — schon Zenodot, nicht erst Aristarch — theilten die beiden Epopöen nach dem Zahlenalphabet in je 24 Bücher, und nannten diese nach blosser Analogie der für die einzelnen Vorträge geeigneten Particeen Rhapsodieen. In der ganzen Vorzeit des freien Griechenlands und der Blüthe des lebendigen Vortrags der homerischen und andern älteren Epopöen wurde eben nur die epische Poesie vom Standpunkt der Hörer aus nach der Vortragsart im Ganzen Rhapsodie genannt.[108] Dagegen sind wir nicht im Stande, in jener älteren Zeit eine festbegrenzte Abtheilung der Ilias und Odyssee, ein anerkanntes System ihrer einzelnen Theile

---

bedeutet κόλος die μάχη nicht wie Eust. erklärt, als die kurz beschriebene im Vergleich mit dem vorhergehenden Tage in Gesang 4—7 und dem späteren, der sich von 11—18 ausdehnt.

107) Goethe, Briefw. zw. Sch. u. G. 3. S. 184: „Die unzähligen Rhapsodieen, aus denen nachher die beiden Gedichte so glücklich zusammengestellt wurden". Fr. Zimmermann, Begr. d. Epos 13. „Zuerst pflegen eine Reihe volksthümlicher Rhapsodieen aus dem Sagenkreise voranzugehen". Ebenso S. 19. Vischer, Aesthet. 111, 2, 1287.

108) Eustath. zur Ilias S. 6, 23. Plat. Gesetze II. 658 B. und D. VI. 764 E. Staat II., 373 B. Strabo 1. 18. ἀφ' οὗ δὴ ῥαψῳδίαν τ' ἔλεγον καὶ τραγῳδίαν καὶ κωμῳδίαν. Der allgemeine Begriff Declamation von Versen, Plato Tim. 21 B.

mit bewusstem Anfang und Schluss zu entdecken. Freilich konnte Homer selbst seine grossen Epopöen nicht auf einmal hintereinander dichten, sondern nur allmählig seine Entwürfe ausführen und theilweise mittheilen, worüber unten das Nähere (§§. 26 und 27). Und freilich werden Rhapsoden, wie Leser, vor der alexandrinischen Theilung die viele tausend Verse grossen Gedichte in handlicher Weise in Particen gefasst und diese Particen zur Orientirung bezeichnet haben. Dies eine, Bezeichnung zur Orientirung, ist uns auch sicher bezeugt. Schon älterher sind beide Epopöen in ihren auf einander folgenden Particen oder kürzeren Stellen durch Benennungen unterschieden worden, die ihren Inhalt andeuteten. Dies ersehn wir aus einer Anzahl derselben, unter welchen Herodot, Platon und Aristoteles Verse oder längere Theile citiren. Eine Reihe anderer werden von den Scholien, welche uns aus den alexandrinischen Commentaren berichten, so aufgeführt, dass sie als aus früherer Zeit überkommen und beibehalten erscheinen; [109] die fehlenden ergänzt Eustathius.

Dergleichen Titel also haben die Grammatiker den so genannten Rhapsodieen beigesetzt, aber mit Auswahl. Ueberblicken wir sie in ihrer sehr ungleichen Beschaffenheit, so erkennen wir, dass mehre allgemein und an sich ohne Bezug auf gerade die Ilias oder Odyssee lauten, wie Od. 3, das in Pylos, 4, das in Lakedämon, 24, das auf dem Lande (Vorgehende,

---

109) Der bereits angeführte Herodot, 2, 116, die besprochene Aristie des Diomedes, ausgedehnt bis 6, 289—293. Plato zweimal die Bitten d. i. Ges. 9, da die Gesandtschaft an Achill wohl besonders wegen 502—512 so benannt wird. Er also citirt Kl. Hipp. 364 E. die Verse 308 bis 314. Kratyl. 428 C. die Verse 611 und 645. Derselbe Jon 593 A. unter: der Mauerkampf die Stelle Il. 12, 200—207, das. 537 A. unter: das Pferderennen zu Ehren des Patroklos Il. 23, 335. Aus der Odyssee: Plato Staat X. 614 B. der Apolog bei Alkinoos d. i. Gesang 9- 12 die Erzählung der Irren des Odysseus. Denselben Titel braucht in seiner Ausdehnung Aristot. Rhet. 3, 16, 7 und Poet. 16, 5 oder 8, wo er schon 8, 521 ff. dazu rechnet. Die Stelle Poet. 16, 3 oder 5 nennt das Fussbad d. i. Gesang 19 (24, 9 ist wahrscheinlich unecht). Der Titel (νίπτρα) mit vielen andern bei Aelian Verm. Gesch. 13, 14. Vgl. die Scholien zur Ilias zu den ersten Versen der Gesänge 5, 8, 9, 10, 12. Ausserdem bei Verweisung von einer Stelle auf die andere, wie zu 1, 177, wo, da auf 5, 891 verwiesen wird, Aristeia statt Odysseia zu lesen ist. Dann zu 5, 231 u. a.

andere nur die Anfangstheile andeuten, oder ein darin vorkom-
mendes Bedeutenderes, wie Il. 17, jene Aristie des Menelaos,
14, Täuschung des Zeus, 15, die Fluchtumkehr, 20, den Götterkampf, noch andere jetzige Rhapsodieen zwei oder noch mehr
Titel haben. So sehn wir, die meisten sind von Solchen gewählt
und für Solche nur verständlich, denen der Verlauf der ganzen
Gedichte nicht unbekannt ist. Daher erscheinen sie eigentlich
alle eben nur zur Orientirung angebracht, zumal bei der Kürze
der Stellen, auf welche mehre hindeuten.[110]) Aber auch die
umfänglicheren lassen nie einen bestimmt bemessenen Theil erkennen; wie weit sie reichen, ist öfters, von der grammatischen
Rhapsodieenzählung abgesehn, nicht zu wissen.

Sonach können sie uns an sich über die Einzelvorträge der
Rhapsoden nicht genügend belehren, sondern wir müssen uns
über diese, ihren Anfang, wie über den zum Ausheben passenden
Inhalt, endlich über die Motiven der Wahl eine Vorstellung selbst
bilden. Die richtige Ansicht hierüber ist für die ganze homerische Frage von entscheidender Bedeutung.

Es leuchtet dem Achtsamen bei der Uebersicht der Titel
ein, dass es irrig ist, in ihnen ursprünglich für sich gedichtete
Theile finden oder auch die vor der Sammlung des Peisistratos
und der attischen Redaction vereinzelten Partieen als ursprünglich suchen und mit ihrer Benutzung herstellen zu wollen. Die
denkbare Vorstellung von den vereinzelten Partieen ist nur die
solcher, welche die Rhapsoden zum Einzelvortrag geeignet fanden, und vorzutragen pflegten. Dabei war, wie wir sehn werden,

110) Ein Verzeichniss der den Rhapsodieen der Ilias beigesetzten s.
b. Heyne Th. 8. 787 f. Dies ist aber mehrfach unvollständig und ebenso
die von den Herausgebern der Texte vorgesetzten. Aber namentlich ist,
um sie als der Orientirung dienend zu erkennen, die gleiche Gewohnheit
beim Citiren kurzer Stellen zu beachten: Thucyd. 1, 9, 3 „in der Vererbung des Scepters" d. i. Il. 2, 102 — 108, wegen 108. Aristot.
Thiergesch. 9, 22: „im Ausgang des Priamos" mit Il. 24. 316.
Strabo 1, 17: „in der Versuchung" nach Il. 2, 73. Die Stelle 2,
110 ff. bes. wegen 246 ff. und 284 ff. Ders. dort: „in der Gesandtschaft" mit Citat der Verse Il. 3, 221—223, also die Stelle 3, 205—224.
Paus. 8, 37, 5: „im Eidschwur der Here" mit Verw. auf Il. 14, 278
und 279. Ders. 7, 25, 12: „in der Rede der Here" aus 8, 201 bis
207. Vers 203.

ihre Fassung, sowie ihr Bereich ein verschiedener, und nur zum Theil passten die inhaltlichen Titel zur Bezeichnung der Einzelvorträge, sowie mehre auch längere Stellen nur im Gesammtvortrag vorkommen konnten. Die richtige Meinung, welche in der Geschichte der epischen Poesie den Homer als den Schöpfer der von einem Grundmotiv durchherrschten Epopöe sieht, kann nicht umhin, von Anbeginn beide Formen des Vortrags neben einander bräuchlich zu denken, den Vortrag der ganzen Gedichte in der Folge ihrer Haupttheile, und den der einzelnen Theile.

16. Die Einzelvorträge und die Sammlung des Peisistratos zur Berichtigung.

In den Zeugnissen, welche diese zwiefache Art der Rhapsodie berichten und als Inhalt der Einzelvorträge eine bunte Reihe jener Titel aufzählen, haben wir unabweislich mehrfache Unrichtigkeit und besonders in der Angabe von der Sammlung des Peisistratos eine einseitige, der historischen Uebersicht baare Beschränktheit anzuerkennen. Alle diese Zeugnisse, ihrer Zeit nach sehr spät und jung, geben ihre Berichte in einer Fassung, welche sie nach der Ueberlieferung schon durch viele Hände endlich erhalten hatte. Die oben in Buch 2 §§. 15—17 angeführten Beweise von der längst vor Peisistratos anerkannten Auszeichnung des Dichtergenius und seiner einheitlichen Ilias lassen uns an der schon früheren doppelten Rhapsodie nicht zweifeln. Und dass die alexandrinischen Kritiker, indem sie nirgends eine attische Ausgabe erwähnen, eben aus dem Grunde so verfahren wären, weil sie jene als die allgemeine Grundlage betrachtet hätten, es ist wohl behauptet worden, aber nach irrthümlicher Deutung der „gemeinen" oder „nachlässigern" Ausgaben, da diese vielmehr nur zu den kritisch genauen und namentlich aristarchischen den allgemeinen Gegensatz bilden.[111])

Hierin ist also kein Beweis eines den Kritikern bewussten

111) Jene Annahme bei Ritschl, Alexandr. Bibliothek 1838. S. 60 f. und W. Ribbeck, Philol. 8, 470. Das wahre Verhältniss ist vom Verfasser ausführlich in Melet. de hist. Hom. 11, 4 de Pisistrato Homericorum carminum instauratore. Kiel 1839. p. 26—31 dargelegt; kürzer Anm. zur Od. Th. 3. S. 337—339.

Gemeintextes von der attischen Ausgabe her gegeben. Wir können nach dem, was uns vorliegt, nur so annehmen, dass Jene die Ausgaben, welche von dort her stammten, von andern nicht mehr zu unterscheiden vermochten. Und gewiss ist es wenig glaublich, dass die Ausgaben von Chios, Argos, Massilia, von Kypros, von Sinope, deren in den Scholien Erwähnung geschieht, sämmtlich eben nur von Athen ihren Ursprung gehabt.[112] Da uns alle die Kennzeichen des einigen Dichters, welche im Obigen angegeben sind, den Glauben an den Schöpfer der umfänglichen Compositionen bestätigen, können wir das, was durch die Beauftragten des Peisistratos geschehn, nicht für so wesentlich, ihre Herstellung der rechten Folge nicht für eine Leistung dichterischer Erfindsamkeit halten. Was von Einschiebseln und Erweiterungen der Partieen im Fortgange die Rhapsoden sich erlaubt hatten, es war geschehn. Man sammelte eben Alles, was Homers Namen trug, und es fügte sich im Ganzen wie von selbst in die zwei Werke. War es doch ein Unternehmen für die Bibliothek des Peisistratos. Die für die organische Anlage und Gliederung wesentlichen Theile hatten in ihrem nicht kleinen Umfang schon ihre eben vom Dichter ihnen gegebene Fassung. In der Ilias sah man zum Beispiel aus der Sendung und Verhandlung des Patroklos mit Nestor, dass die Verwundung der drei bedeutenden Helden vorhergegangen; der Kampf der Heere, das war klar, war neben Patroklos' Verhalten fortgegangen, der Mauerkampf gab sich bei all seiner Abrundung doch offenbar als ein eben hier folgendes Stück zu erkennen, und wie der Durchbruch der Mauer und der für Hektor damit gebahnte Weg zu den Schiffen selbst zu dessen von Anfang ausgesprochener Absicht, die Schiffe anzuzünden, gehörte, so wies er auch vorwärts. In der Odyssee hatte der Dichter dem Odysseus die Erzählung von seinen vor-

112) Bemerkenswerth sind besonders folgende Angaben: die argolische erscheint ausdrücklich allein zu den empfohlensten (χαριεστάταις) gezählt, zu 3, 51, wie Aristarch ihrer rein ionischen Lesart mehrfach folgte. Dieselbe gab, 13, 363, einen ganz ihr eigenthümlichen Halbvers; sie hatte das Verzeichniss der Nereiden, 18, 39—49, welches die Kritiker wegen des hesiodischen Charakters für unecht erklärten, ganz weggelassen. Die massilische und chiische stimmten mehrfach mit einander überein, so Il. 19, 76 und 77 in der eigenthümlichen Fassung und 24, 109. Die chiische hatte die Verse 17, 134—136 nicht, so wie Zenodot.

hergegangenen Irrfahrten in den Mund gegeben, und der Held
sprach sie im Palaste des Alkinoos.

Die Folge der Partieen war in beiden Epopöen unschwer
zu erkennen.[113]) Die einzelnen umfänglichen müssen aber gewiss
als nicht blos aus dem Munde, sondern öfters nur aus den Händen
der Rhapsoden zusammengebracht gedacht werden, als schon
früher aufgezeichnet. Kann doch des Hesiod bei den Alten so
vorwiegend genanntes Werk, der Katalog der Heldenmütter, da
es die Heldengeschlechter von ganz Hellas umfasste,[114]) nicht durch
Umfrage, sondern mittels Sammlung aufgeschriebener Genealogieen
erzielt sein, muss vielmehr von ihm selbst als Sammler mehr
denn als Dichter aufgezeichnet gelten. Und ist es doch nicht
verständig, wenn Homers Geist durch Gedächtnisskraft ausge-
zeichnet vorgestellt wird, dieselbe Gedächtnissstärke auch den
dem Homer zunächst folgenden Epikern und sämmtlichen Rhapsoden zuzuschreiben. Findet doch Niemand mehr zwischen auf-
geschriebenen Gedichten und mündlichem Vortrag einen Widerspruch und ist hinlänglich bewusst, dass der für mündlichen
Vortrag passende Sprechstil erst ganz spät in der Poesie dem
Schreibstil wich, der zum Vorlesen bestimmt war.[115])

---

113) S. Welcker, Ep. Cycl. 1, 383 f. In den Schol. findet sich meines
Wissens nur bei der Episode von Glaukos und Diomedes, 6, 119, die
Anmerkung Aristarchs: „Diese Zusammenkunft versetzen Einige anders-
hin". Ist mit dem Versetzen das der ganzen Erzählung an eine andere
Stelle des Gedichts gemeint? Heyne verstand so, gab aber auch keine
Stelle an. — In unsern Tagen haben wir den sehr ernstlich gemeinten
Einfall gelesen, die Verse, 1, 488 bis 604, seien mit Tilgung der Stelle
7, 443 — 464 nach 7, 242 hin zu versetzen: Die Fürbitte der Thetis.
Mainz. 1856.

114) Marckscheffel, Hesiodi etc. Fragm. p. 120 — ita ut catalogi
genealogiae non unius aut alterius terrae rationem haberent, sed totius
Graeciae stemma fuisse videantur. Nam reliquiae pertinent ad diversissi-
mas gentes u. s. w. Die als viertes Buch oder viertes und fünftes
den dreien des Katalogs nachmals angefügten Eöen eines jüngeren Dichters
enthielten auch mehr als Geschlechter aus Nordgriechenland. Dagegen die
echten Theile des in Odyssee 11 aufgenommenen Verzeichnisses von Hel-
denfrauen mit ihren Söhnen sind nur daher. Unecht: 298—304 und 323
bis 325. S. die Anm.

115) Die Rhapsoden und Schauspieler mochten lieber den Sprechstil; natürlich. Aristot. Rhet. 3, 12, 2, der über beide Stile ausführlich handelt.

a. Die kürzlich bekannt gewordenen Zeugnisse von der Sammlung.

Als völlig beseitigt können wir also die irrige Vorstellung ansehen, dass die wieder geordneten Gedichte Homers auf Peisistratos Veranlassung zuerst niedergeschrieben worden seien.[116]) Auch das in einem späten lateinischen Scholion verlautende Lob jener Veranstaltung, da es ein opus divinum heisst, kann uns nicht bewegen, den von Peisistratos Beauftragten, dem Onomakritos, Zopyros und Orpheus von Kroton, weil sie Verse machen konnten, eine geniale Umgestaltung der homerischen Gedichte beizumessen. Es war ein erst den Tzetzes (im Ausgang des 12. Jahrhunderts) benutzender Italiener, der dort spricht,[117]) und es scheint das stolze Prädicat eben von ihm nur zu kommen. Was wir sonst aus den jüngst erst entdeckten Scholien gelernt haben, zeigt uns die Fertigung einer vollständigen Ausgabe für die Bibliothek des Peisistratos, die im Vergleich mit der vorherigen Gestalt viel besser zu lesen ist. Hiernach mögen wir dann auch die Angabe des Suidas verstehn: Homer habe die Ilias nicht auf Einmal noch hintereinander, sondern in einzelnen Theilen verfasst, die er umherziehend vorgetragen. Nachmals seien sie zusammengesetzt und geordnet worden von Vielen, vornehmlich aber von Pisistratus. Dieses von Vielen auf vorherige ähnliche Zusammenordnungen, wie die in Athen, zu deuten, ist keine unstatthafte Auslegung.[118])

---

116) Ritschl, Alexandr. Bibl. 70. Hoffmann in Allg. Monatsschr. f. Wiss. u. K. 1852. April. 288, „eine Ansicht, die jetzt wohl nur von Wenigen getheilt wird".

117) Heinr. Keil, Rh. Mus. 1848. N. F. 6, 127 f. Die früher schon bekannten Zeugnisse, alle aus verhältnissmässig später Zeit, sie rühmen, ohne der gestifteten Bibliothek zu gedenken und die Zeitumstände zu berücksichtigen, welche durch bequemeres Material dies damals erst möglich machten, den Peisistratos als den Sammler, und unter ihnen spricht Cicero doch unläugbar im rhetorisirenden Ton sein Lob unbedacht aus, als hätte des Peisistratos gelehrte Einsicht die Sache gemacht und ist namentlich sein primus von Welcker Cycl. 1, 386 richtig beurtheilt. Welcher Zeit die Inschrift auf Peisistratos und das Bild (? εἰκών) angehöre, weiss Niemand zu sagen, auch Welcker dort nicht; nicht einmal das ist entschieden, ob das Ganze nicht ein Erzeugniss der Schulübung sei.

118) S. Welcker, Ep. Cycl. 1, 382.

b. Die zwei Zeitalter der homerischen Poesie.

Es ist dies eine wohlbegründete Folgerung, wohlbegründet
theils durch die von der Geschichte und Analogie gegebene Idee
von Homer als dem Meister der wirklichen Epopöe, theils durch
die Beschaffenheit der Theile der Ilias und Odyssee. Da die
eigene Betrachtung der beiden Epopöen den persönlichen einigen
Dichtergeist sowohl in dem beseelenden Gemüth, als in der
dichtenden Erfindsamkeit unzweifelhaft anerkennt, die Geschichte
ebenso in ihnen den Höhepunkt der epischen Poesie aufweist
und alle Zeichen des nationalen Bildes von Homer nur den Dichter grosser Compositionen geben: so ist zunächst die Voraussetzung solcher Werke nach ihrer ursprünglichen Form bestens begründet. Mit der attischen Zusammenordnung ist die Polemik des
Xenophanes, der in Homer den Hauptsprecher und Vertreter der
vermenschlichenden Darstellung der Götter bekämpft, gleichzeitig.
Er bildet mit Theagenes von Rhegion, welcher den Homer
in einem prosaischen Werke mittels Allegorie rechtfertigt, ebenso
den Uebergang von der Periode der naiven Blüthe des allgefeier-
ten Nationaldichters, wie zu der gelehrten und affectirenden Betrachtung jene attische Redaction. Indem diese alle für homerisch
geltenden Particeen zu den zwei Epopöen verband und herstellte,
und damit von der einheitlichen Beschaffenheit der überkommenen Theile einen sprechenden Beweiss liefert, brachte sie
den Beginn des Zeitalters, wo diese Epopöen, im Athenäischen
im stricteren Zusammenhang vorgetragen wurden, und daneben
durch Abschriften in den gewöhnlichen Unterricht und eine Lesewelt kamen. Bei diesem Verhältniss der beiden Zeitalter haben
wir nun darnach auch den Rhapsodenvortrag der vorhergehenden
und der nachfolgenden Zeit nach natürlicher Deutung der verschiedenen oben besprochenen inhaltlichen Titel zu unterscheiden.

'Wie selbst die rechten Dichter, indem sie einen Theil der
Sage zur Behandlung herausgriffen, so rechneten die Rhapsoden
auf das ihren Zuhörern innewohnende Sagenbewusstsein, und rechneten bei der Wahl ihres besonderen Vortrags auf eine allgemeine
Kenntniss des ganzen Gedichts, dem das gewählte Stück angehörte.

Doch diese Voraussetzung hatte ihre verschiedenen Grade
in den verschiedenen Zeiten und Orten. Wann und wo die
homerischen Gedichte schon auch von der Jugend in den Schu-

len gelernt und aufgeschrieben verbreitet waren, konnten die
Rhapsoden fast jedweden auch kürzeren Theil herausgreifen, er
wurde doch verstanden, und konnten auf Verlangen aus den
mannigfachsten Theilen auch im Wechsel je das Gewünschte vortragen. So in Athen in der Zeit nach Peisistratos. Denn dass
ein gehörig befähigter Rhapsode die Ilias und die Odyssee vollständig auswendig wusste, und sie mittels der schriftlichen
Exemplare gelernt hatte, die er vermöge seines Berufs vor An-
dern in ihren mehren Rollen vollständig besass, dies sagen uns
zwei Stellen des Xenophon.[119]) Also mochte dort und damals ein
Rhapsode Jon immer in seinen Einzelvorträgen solche affectvolle
Partieen vortragen, wie er dafür die besondere Vorliebe hatte
(Plat. Jon 535 B.): Achill gegen Hektor anstürmend (22, 312 ff.),
Andromaches Wehklage (das. 475 ff.), Odysseus' Auftreten zum
Freiermord (Od. 22 Anf.). Auch in Kolophon zur Zeit des
Xenophanes konnten die Rhapsoden wahrscheinlich in ähnlicher
Weise auf allgemeine Bekanntschaft mit den Gedichten rechnen.

Doch nur dunkele Kunde haben wir über die Rhapsodie der
weiter zurückliegenden Zeit, in deren Verlauf Homer zu der Geltung als Nationaldichter und dem für Glauben und ältere Verhältnisse kanonischen Ansehn gelangte, welches Xenophanes zuerst angriff. Indessen da dieses Ansehn nicht allein in diesem
Widerstreit, sondern auch in einigen andern uns bezeugten Fällen
als bereits feststehend und als vollendete Thatsache vorliegt, so
gewährt uns dies einen sicheren Rückschluss auf die Blüthe und
Verbreitung der homerischen Rhapsodie, da ohne diese jene
Geltung gar nicht hätte erfolgen können. Dieser Schluss ist so
bündig, dass wir speziellerer Zeugnisse zur Beglaubigung gar
nicht bedürfen. Ein solches käme durch eine Anekdote hinzu,
nach der Fürst Hiero zu Xenophanes gesagt haben soll: Aber
Homer, den Du verhöhnst, giebt Unzähligen Unterhalt (Rhapsoden
und Lehren). [120]) Jedoch es bedarf solchen Zeugnisses nicht.
Nur der viel und weit umher rhapsodirte Dichter konnte zu solcher bevorzugten Bedeutung gelangen, dass Xenophanes ihn, den

119) Gastm. 3, 6. und Denkwürdigk. 1, 2, 10 vgl. mit §. 1. Sagenpoesie 350.
120) Plut. Sprüche der Könige; Hiero's 4. 11. 8 Tchn.

er als den älteren kannte (Gell. 3, 11, 2), als den Urheber oder
Hauptbildner der vermenschlichenden Theologie bekämpfte, und
dass zu Solons, wie Peisistratos' Zeit die Streitigkeiten über Salamis und über das Gebiet am Vorgebirge Sigeion durch Homers
Zeugnisse geschlichtet wurden.[121]) Ueberhaupt also sehn wir,
dass Alles, was in Athen durch Solon und Peisistratos und dessen
Sohn auf die homerischen Gesänge Bezügliches geschah, schon die
Wahrzeichen ihres zweiten Zeitalters an sich trägt. Die ganz
ausnahmlos naive Freude an ihnen bei allem Volk liegt rückwärts. Am harmlosesten treibt noch die Parodie mit den viel-
gehörten epischen Formeln ihr Spiel (Xenophanes und Hipponax).
Mit dem Zwiespalt zwischen den ersten philosophischen (physio-
logischen) Systemen und der Poesie (den Plato einen alten nennt
Staat. 10. 607 B), mit der Vertheidigung des gerügten Götterkampfes (Il. 20, 67), mit der Schrift des Theagenes von Rhegion
beginnt die gelehrte Erklärung und die sächliche Grammatik.[122])
Diese Vertheidigung dient uns zugleich zum doppelten Anzeichen
einer spätern Zeit, sie verfährt mit Allegorie, also nicht mehr
naiv gläubig, und ist damit um eine Stelle bemüht — Il. 20, 54—74
und dazu 21, 385—514 — die bei achtsamer Lesung als entschieden unecht erkannt wird,[123]) so dass also das Beispiel, zu
dem noch andere kommen, auch von den Einschiebseln der Rhapsoden in der vorhergegangenen Zeit ein sprechendes Zeugniss
giebt. Wie nun alle diese Zeichen der Zeit eine sehr thätige
Rhapsodie mit Sicherheit voraussetzen lassen, so verlautet vom
Heraklit, dem mit Homer gleichfalls hadernden Philosophen ein
Wort, welches den häufigen Vortrag in den rhapsodischen Festspielen
ausdrücklich besagt. Er verlangte, man solle die den Homer, d. h.
die Ilias oder Odyssee Vortragenden durch die Diener der Fest-
polizei mit Streichen aus den Festspielen vertreiben.[124]) Die

121) Aristot. Rhet. 1, 15, 13. Herod. 5, 94 und 95. Schol. B. zu
Il. 2, 496. p. 80. Bekk.
122) Die Grammatik, welche von Theagenes bis zu Praxiphanes und
Aristoteles datirt wird.
123) S. Sagenp. 128. Nägelsbach, Nachhomer. Theologie S. 128.
Il. φ. 385—514: „offenbar ein der Ilias unorganisch eingefügter Be-
standtheil".
124) Diog. v. La. 9, 2, 1. ἐκ τῶν ἀγώνων ἐκβάλλεσθαι καὶ ῥα-
πίζεσθαι. Sagenp. 304.

Festspiele hatte also Heraklit, aber hatten auch schon Xenophanes und Hipponax in ihren Heimathen Ephesos, Klazomenä, Kolophon, doch unstreitig als von früher bestehend gesehn und Niemand kann glaublich finden, dass in den Festen die Gedichte lediglich in vereinzelten Partieen und wesentlich anderer Gestalt vorgetragen worden wären, als es nach Solons Anordnung in den Festen Attika's geschah, und als die war, welche des Peisistratos Gehilfen gaben.

Es wird von allen Seiten klar: die Geschichte der älteren Rhapsodie ist die Geschichte der homerischen Poesie und Homers selbst, nur dass man dabei die hervorleuchtende Trefflichkeit und Annehmlichkeit für lebendigen Vortrag, wie sie an der Ilias und Odyssee oben charakterisirt worden ist, anerkennen muss. Wir verstehn und ersehn aus dem Erfolge, erstens dass in der Zeit, als die vorhomerischen Einzellieder neben den neuen Schöpfungen noch bestanden, der Vorzug, den die Vortragenden den letzteren wegen ihrer sprechsamen und charaktervollen Art gaben, jene älteren Lieder allmählich in Vergessenheit brachte, zum andern, dass ehe dies geschehen war, die Rhapsoden aus einzelnen jener Lieder von der älteren Heldenzeit manche grösseren Stellen eingeschoben hatten und zum dritten, dass solche Einschiebsel und überhaupt alle, jedes immer an einer dafür geeigneten Stelle dieser poetischen Ganzen, eingewebt oder eben aus ihr heraus gedacht und gedichtet ist. So unterstützen mehre sprechende Anzeichen den Glauben an Ueberlieferung der organischen Ganzen aus der Entstehungszeit, wie er zuerst aus der Wahrnehmung der individuellen Eigenheit des Dichtergeistes im empfänglichen Leser entstanden ist.

17. Das Verfahren der Sammler des Peisistratos.

Die Sammler des Peisistratos haben, soviel wir erkennen, das, was als homerisch umging, ohne Prüfung der Echtheit in die beiden Werke geordnet, Eingeschobenes nicht unterschieden. Dass später noch ein Einschiebsel geschehn, davon ist, von ganz einzelnen Versen abgesehn, uns Nichts ersichtlich. Dagegen von der Episode des zehnten Gesanges der Ilias, jenem nächtlichen Abenteuer des Diomedes und Odysseus, heisst es, sie sei erst von des Peisistratos Gehilfen eingefügt. Von einigen Stellen, wie

mehren von Theseus und jenen von Minos, die ganz im attischen
Sinne gedichtet sind, und von einer von des Herakles Vergötterung
(Od. 11, 602 ff.) muss dasselbe gelten. Sie sind, die letztere nach
ausdrücklichem Zeugniss, die andern nach nahliegender Folgerung von jenen so genannten orphischen Männern bei Beschaffung
der Handschriften von Homer und Hesiod und vielleicht noch
anderer Dichter, in den Text gekommen. Da wir das Verhältniss
der attischen Ausgabe zu den über zweihundert Jahre späteren
Arbeiten der Alexandriner, wie gezeigt ist, nicht zu beurtheilen
im Stande sind, können wir darüber uns nur subjective Ansichten bilden. Die attische für eine Bibliothek und in der Zeit der
entstehenden Lesewelt verfasst[125]) mag durch hier und da einge-
legte Bindeverse geschlosseneren Fortschritt und engere Verkettung
der Theile erzielt haben, wie das Auge des Lesers es verlangt.
Die Alexandriner wiederum mögen erst in den zahlreichen
Exemplaren, welche ihnen vorlagen, namentlich die Doppelformen
einer und derselben Stelle erkannt haben.

Was uns jetzt näher angeht, die so genannten Orphiker,
welche selbst ihre von der homerischen abweichende Religions-
und Götterlehre in Gedichte fassten, sie wurden offenbar eben
als Männer, welche mit Poesie und alten Sagen umgingen, zu
dem Geschäft gewählt. Sie nun haben das, was sie als homerische Dichtung überkamen, in seinem Inhalt und seiner gleichmässigen Sprache bewahrt, wie es die nationale Geltung gebot.
Sie haben also weder selbst erst die Einzellieder, welche in Homers Neubildungen aufgegangen waren, für eine von ihnen er-
sonnene Gestaltung zerlegt, wie unbedachte Herstellungsversuche
in unsern Tagen annahmen, noch von den Rhapsoden irgend
Particeen empfangen, welche nicht ihre Beziehung und Zugehörigkeit zu einer der beiden Kunstepopöen deutlich genug an sich
getragen hätten.

---

125) Der uns übrige speziellste Berichterstatter Tzetzes wusste nur
von stückweisen Abschriften, welche in Athen vorerst zusammen geschrieben, nun Bücher gaben, und ähnlich sein lateinischer Nebenmann, nach dem
die homerischen Gedichte, die vorher nur stückweise und mit Beschwerde
gelesen wurden, in die beiden Werke gebracht worden seien. Von den
Rhapsoden wissen Beide Nichts.

18. Das Richtige von der Rhapsodie vor Solon und Peisistratos.

So gilt es denn hier, die von Wolf her vielfach verdrehte und missbrauchte, schon selbst nur halbwahre Angabe des Aelian von den Einzelvorträgen der inhaltlichen Titel in das rechte Licht umzustellen. Es war nämlich die wundersame Annahme Wolfs (Proleg. CXLI), vor der solonischen Anordnung der nach dem Fortschritt auf einander folgenden Vorträge habe man bei Einem und demselben Fest die verschiedenen Titelpartieen in beliebiger Folge vortragen gehört z. B. aus der Ilias zuerst die Leichenspiele, 23, dann die Waffenbereitung, 18, hierauf die Bitten, 9, zuletzt die Pest, 1; oder aus der Odyssee zuerst das Fussbad, 19, darauf den Freiermord, 22, dann das Bild der Unterwelt, 11, nach diesen das, was in Pylos und das, was in Lakedämon (bei Telemachs Reise) geschehn, 3 und 4. In solcher beliebigen Reihenfolge also, wie Aelian 13, 14 andere willkürliche Folgen giebt, sollen die Einzelvorträge immer stattgefunden haben, bis Peisistratos die einzelnen Stücke in Ordnungen zusammengesetzt habe. Wer dergleichen Angaben für geschichtlich hält, muss bei den gedachten Hörern das Bewusstsein von der nicht blos in der Sage, sondern im Verlauf der Gedichte gegebenen Folge des Erzählten voraussetzen. Und wenn weder Wolf, noch Aelian angeben, ob einzelne Rhapsoden oder die mehren, welche doch bei Festrhapsodieen gewiss sich zusammenfanden, so bunte Reihen gegeben haben sollen, erscheint uns dies selbst unter jener Voraussetzung seltsam.[126] Allerdings hörte man das schon Bekannte gern wieder, aber selbst die Mehren haben sich doch selbst wohl lieber nach der den Stücken inwohnenden Reihe geordnet, statt ihren Hörern ein solches Umspringen ihres Sagenbewusstseins zuzumuthen. Man vergegenwärtige sich nur den Hergang einer solchen Rhapsodie, und man wird das Selt-

---

126) Unbegreifliche Annahme der wolfischen Vorstellung giebt es allerdings noch in unsern Tagen, aber freilich bei einem Verfasser, der nur der wolfisch-lachmannschen Tradition ohne Weiteres folgt, und dem das Prädicat vorurtheilsfrei nicht zukommen kann; Hennings über die Telemachie. Lpz. Teubner. 1858. S. 136. Was S. 141 gesagt ist: Lachmann habe 18 ältere, einzeln gesungene Lieder bewiesen, welche von verschiedenen Verfassern herrührten, charakterisirt den Verf. hinreichend.

same selbst empfinden: Die Leichenspiele zuerst, die Pest und
die Verzürnung zuletzt! Das Fussbad, wo der unerkannte Odysseus mit Penelope spricht und von der Amme beim Fussbad an
der Narbe erkannt wird zuerst, dann später erst aus den Irrfahrten der Besuch in der Unterwelt und dann von Telemachs
Reise, die mit ihrem Bezuge auf den vermissten Odysseus freilich annehmliche Bilder verbindet, aber in ihrer ganzen Gestalt
und Färbung die Grundsituation des Gedichts an sich trägt.

Die wahrscheinliche, die gesunde Vorstellung von den Einzelvorträgen und die Deutung dessen, was bei der Sammlung
in Athen geschah, sie stehen in Wechselwirkung eine zu der andern. Die Rhapsoden als die Träger und jedenfalls vorzüglich-
sten Inhaber dessen, was Homers Namen trug, sie lieferten den
Sammlern das, woraus diese die Ilias und Odyssee zusammenstellten. Was sie lieferten, mussten ja doch die Partieen sein, so gefasst, wie sie sie vorzutragen pflegten. Das einzelne Vorgetragene muss um geeignet
zu erscheinen eine merkbare Selbständigkeit d. h.
einen verständlichen Anhub und einen Schluss durch
den Ausgang eines Aktes gehabt haben. Eine nicht
geringe Anzahl so beschaffener Theile lassen sich in unsern
Texten aufweisen, und zwar grossentheils unter jenen beigesetzten Titeln und theils genauer, theils anders als in den
Rhapsodieen der Grammatiker bemessen. Doch es treten Stücke
ein, welche zu sehr den Charakter von nur Anfängen, Vorbereitungen oder Uebergängen an sich tragen, also nur dem ganzen
Zusammenhange dienen, daher übrig bleiben. Aber diese müssen, weil sie sonst gar nicht in die Redaction gekommen und weil
sie nicht vorhanden gewesen wären, hätten sie nicht schon
früher ihre Anwendung gefunden, ebenfalls von Rhapsoden,
welche Gesammtvorträgen gedient, beigebracht worden sein, und
dies nicht blos mündlich.

Von jener ersteren Art sind folgende: Aus der Ilias das
erste Buch, die Pest und die Verzürnung mit der Bitte
der Thetis; der griechische Schiffskatalog, 2, 484—779;
die Musterung des Agamemnon, 4, 223—432; die Aristie des Diomedes, 5, 1 — (nach Herodot) — 6, 115, oder
verlängert bis 236, wenn eben nur der persönliche Held beach-

tet wurde, oder bis 311; im kürzeren Vortrag die Episode von Glaukos und Diomedes, 6, 119—236; Hektors Gang in die Stadt, 6, 237—7, 1; Hektors und Aias' Zweikampf, 7, 17—312; die Bitten, die Gesandtschaft an Achill, 9, 96 bis ans Ende des Buchs; die Doloneia, 10, 203 bis zu Ende; die Aristie des Agamemnon, genau bemessen 11, 1—283. oder der Rhapsode gab nach einigem Ausruhn dazu auch die Verwundungen des Diomedes, Odysseus, Machaon und Eurypylos, also bis 595; die Sendung des Patroklos an Nestor, 11, 597 bis zu Ende; der Mauerkampf, das 12. Buch; des Poseidon Hilfe, 13, 1—239; des Idomeneus und Meriones Aristie 13, 240—539; des Zeus Täuschung, 14, 154—360; die Fluchtumkehr d. h. Zeus' Herstellung des vorigen Standes, 15, 143 — bis zu Ende 746; die Patrokleia, entweder das 16. Buch mit schon über 800 Versen oder dazu auch der Kampf um seine Leiche.

Freilich mochte der Dichter zunächst das Verhalten der Kampfgenossen erzählen und damit die so genannte Aristie des Menelaos 17, 1 — eigentlich nur bis 69. Jedoch die Erzählung dieses Kampfes hat den zwiefachen Bezug auf die Vertheidigung der Leiche und auf die Benachrichtigung des Achill. Sie ist auch mit dem Vorhergehenden dadurch verwebt, dass Hektor gleich nach dem Fall des Patroklos dessen Wagenführer verfolgt, 16, 864, in 17, 71—81 aber von Apollon in Gestalt eines Bundesgenossen von diesem Eifer, Achills Gespann zu erbeuten, zur Vertheidigung des gefallenen Euphorbos abgerufen wird. Darauf erst entbrennt jener Kampf um die Leiche heisser. Noch mehr rückwärts weist auch des Glaukos Rede, 17, 150—165., auf Sarpedons Fall, 16, 482. 502, und Plünderung, 663., in dem Glauben, dessen Leichnam sei in der Gewalt der Griechen, weil ihm, dem Sterblichen, das, was Zeus und Apollon für diese gethan, unbewusst ist (16, 666 ff.). Doch es gehört nicht blos auch der Kampf um die Leiche des Helden mit der Aristie und dem Falle des Patroklos zusammen, jener Kampf geht, wie erst Achills Erscheinen ihn endigt, in das 18. Buch hinein und hinaus über dessen Anfang, wo die Nachricht vom Falle und der Plünderung seines Patroklos den Achill in Reue und grösstes Leid versetzt. Genug die Patrokleia musste bei irgend sinnigeren Rhapsoden und

Hörern die ganze Partie von 16, 1 — 18, 355. umfassen. Da bei ihrem Anfang die Wendung des Zorns zum Tragischen eintritt, war auch nicht sowohl der Erfolg, den der hervorgesandte Freund erwirkte, als der Tod desselben des Dichters Hauptgedanke und umfasst die Patroklie den ganzen Hergang von jener tragischen Veranlassung des Auszugs bis zur Wirkung auf den Absender und seiner Klage um den Freund.[127]

Zum kürzeren Vortrag eignete sich die Waffenbereitung, 18, 369 — 617; sie enthält in 442—456 die erklärteste Beziehung auf die vorherige Handlung, hat aber ihren eigenen Abschluss; Achills Entsagung alles Zorns nebst Klage um Patroklos, 19, 1—356. Die andere Hälfte dieses Gesanges bis 424, die Bewaffnung des Achill und des andern Heers, und die Götterversammlung zu Anfang des 20., welche zu jener die olympische Parallele bildet, sie konnten schicklich nur im Sinne des Ganzen und, wenn das Weitere folgen sollte, hinzugenommen werden. Doch wir übergehn die hier folgende Partie, da sie durch Interpolation zu sehr verwirrt ist. Aus demselben und anderen Gründen lässt sich nach dem Gesichtspunkt der Einzelvorträge auch über Ges. 21 in der Kürze nicht sprechen.

Es folgt die Erlegung des Hektor, das 22. Buch, in welchem der tragische Hektor bei dem tiefpoetischen Selbstgespräch, 99—102, auf die Scene mit Polydamas zurückblickt, 18, 243—313; die Leichenspiele zu Ehren des Patroklos, oder die ganze Bestattung (τάφος) des Patroklos, 23, 59 bis zu Ende 897. Die Partie von 826 an wurde wegen „zu magerer Kürze" für unechten Zusatz erklärt; aber es hat die Stelle nicht erst von 874, sondern der ganze Bogenkampf von 850 an bis 883 die belobte Lebendigkeit, und es giebt auch für die anderen Kämpfe mit dem Diskos, 826—849, und den letzten mit dem Wurfspiess, 884—897, die Vollzähligkeit der Kampfarten den Rechtfertigungsgrund ab, sowie die Mannigfaltigkeit der Darstellung

---

127) Denselben Umfang der Patroklie nehmen Bäumlein in Z. f. A. 1850. S. 166 und Schütz an de Patrocleae compositione. Progr. Anklam. 1854. S. 4f. Dagegen sind die Leichenspiele nicht dazu zu nehmen, sie sind des Achill Sache, der hier mit seiner Treue auch seine freundliche Milde gegen die Kampfgenossen in dem Akte offenbarte, den die Volkssitte mit sich brachte.

auch diesen kurz gefassten nicht fehlt. — Die Auslösung des
Hektor, welche der letzte Gesang erzählt, ging von der Entscheidung des Zeus aus, der selbst an der Misshandlung der Leiche
grossen Anstoss nahm. Sie musste im Einzelvortrag den ganzen
Gesang umfassen, nur könnte der Dichter selbst seine Erzählung
mit des Hermes Rückkehr zum Olymp geschlossen haben, also
mit 694.

Die in diesem Verzeichniss nicht begriffenen Stücke, wie die
Versuchung, 2, 1—483, das sich dieser, indem über die Troer
ursprünglich nur 786—818 hinzukam, anschliessende dritte Buch
mit der Herausforderung des Paris, dem Eidvertrag, dem unent-
schiedenen Zweikampf des Paris und Menelaos und der
Mauerschau dazwischen, dann die olympische Parallele zu Anfang
des vierten Buchs mit ihrer irdischen Folge der Verletzung
des Vertrags, sie gehören dem angelegten Plane so an, dass
sie nur für den Vortrag entweder des ganzen Gedichts oder doch
eines die ganzen vier ersten Gesänge umfassenden brauchbar
gewesen sein dürften. Ebenso verhält es sich mit der zweiten
Hälfte des 7. Buchs, welches die auf Nestors Rath erfolgte Bestattung der Todten und den Mauerbau nebst der Verhandlung
mit den Troern enthält. Auch das 8. Buch gehört zu dieser
Kategorie, da es gleichfalls durch die Verschlingung wechseln-
der theils olympischer, theils irdische Scenen in sich untheilbar
und für das Ganze von grösster Bedeutung ist. Diese Partie von
7, 313 bis zu Ende des 8. Buchs wurde wohl von einem Rhapsoden geliefert, der sie mit dem vorhergehenden Zweikampfe
des Hektor und Aias zusammenfasste und so das erste Stadium
der Noth vortrug mit dem Schluss durch den so genannten ab-
gebrochenen Kampf, dessen Erzählung bis 9, 8 reichen konnte.
Es sind dieses Particeen, wie die der Patrokleia. Wir werden
hier besonders erinnert, wie doch die rhapsodischen Vorträge
nicht die Kürze mancher lachmannischer Lieder, sondern grössern
Umfang haben mussten.

19. Die Particeen der Odyssee.

Da die Sammler nicht selbst die Erfinder der Pläne waren,
auch nicht viel umgesetzt, noch mehr als einzelne Bindeverse
hinzugethan haben können, kurz da nicht ein Onomakritos erst

eine Ilias gestaltet hat,[128]) so haben wir uns solche grössere
Particeen, wie die Patrokleia, mehrfach von den Rhapsoden gebracht zu denken. Darauf führt vollends die Beschaffenheit der
die Odyssee bildenden Particeen. Ihre Einheitlichkeit ist gleich
durch die Stellung des Eingangs auf die Heimkunft des Helden
und durch die Gestaltung der früheren Irren zur Episode erzielt.
Auch in den einzelnen Theilen musste sie einfacheren Fortgang
und nähere Zugehörigkeit zum Ganzen bringen. Wohl hat die
Handlung zwei Ausgangspunkte, die Heimath Ithaka und die Insel der Kalypso, wo Odysseus bis dahin festgehalten ist. Aber der
enge Bezug aller Theile auf den Helden giebt doch nur die Abschnitte 1. den Gesang vom abwesenden, vermissten und gesuch-
ten 2. den vom heimkehrenden 3. den vom Rache sinnenden und
4. den vom Rache übenden und mit seinem Volke versöhnten
Odysseus. Diese auf einander folgenden Phasen des Helden und
damit einer Hauptperson im vollesten Sinne bilden eben so viele
Hauptakte der epischen Handlung. Jeder derselben verläuft im
Fortschritt mannigfacher Scenen, aber obwohl diese Scenen dem
Hörer für sich ein episch klares und ansprechendes Bild vor-
führen, so macht doch dabei jede immer die Phase des Helden
und Stelle der Handlung wohl bemerklich.

Vorzüglich geschieht dies im ersten Hauptakt durch die zahlreichsten Erinnerungen an den lang abwesenden König. Zu
diesen gehört wesentlich ja die Charakteristik der die treue Gattin
und den Sohn hülflos bedrängenden, für ihn selbst bedrohlichen
Umstände, welche ihn bei seiner hier angekündigten Heimkunft
erwarten. Diese Heimkunft wird in den vier Büchern der Exposition durch die Schilderung der heimischen Verhältnisse und
die Erkundigungsreise des Sohns vorbereitet, die Person des
Haupthelden durch die Sehnsucht der Seinigen, durch den Lobpreis Befreundeter (Mentes, Halitherses und Mentor), und der

---

128) Susemihl, N. J.-B. B. LXXIII. H. 9. S. 599: „Oder soll uns
wirklich die Thorheit aufgebürdet werden, dass Onomakritos und seine
Genossen sie ganz nach eigenem Gutdünken in diese beiden grossen Werke
zusammenfügten und also den Begriff einer Ilias und Odyssee erst schufen?
Das verlangt die wolf-lachmannische Ansicht nicht einmal. Bernhardy,
II, 1. 122. gegen Lachmann: „Denn der Einfall, dass wir jenes Wunder dem
Peisistratos und seiner Sammlung verdanken, war kaum ernstlich gemeint".

Kampfgenossen vor Troia (Nestor und Menelaos nebst Helena)
verherrlicht. Wie im Plane der Ilias der in seinem Groll un-
thätige, langhin fehlende Achill so bedeutend ist, ebenso in der
Odyssee der vermisste Odysseus. Mögen neuere Leser diese Beschaffenheit der einleitenden Bücher nicht sehen wollen, dem
Unbefangenen sind sie handgreiflich oder ganz leicht nachweis-
bar.[129] Der empfängliche Leser, der gestimmt ist, einen hier
angelegten und im Folgenden fortgeführten Plan anzuerkennen
und zu verfolgen, sieht in der Schutzgöttin des Helden, Athene,
wie sie in der olympischen Eingangsscene des Zeus Verwilligung
der Heimkunft (das Motiv der ganzen Handlung) erwirkt, und
darauf nach Ithaka geht, weiter gleich von der Anregung des
Telemach an die Bewegerin und Bewalterin der ganzen Handlung in allen bedeutenden Momenten, dabei auch in manchen
kleineren Hilfen. Zeus entscheidet zwischen der Schutzgöttin
und dem mächtigen Poseidon hier gleich, wie in der Ilias zwischen Thetis und seiner Gemahlin. Die Reise des Telemach,
welche die Göttin ihm eingiebt, hat neben der Absicht, in den
anmuthigen Scenen in Pylos und Sparta das Lob des Helden
laut werden zu lassen, einen doppelten für die Handlung wesentlichen Zweck. Einmal hat sie den Mordplan gegen den Königssohn zur Folge, sodann und hauptsächlich soll der Sohn bei seiner Rückkehr mit dem endlich heimgelangten Vater in der Hütte
des treuen Eumäos zusammentreffen und mit ihm das Einverständ-
niss stiften, wie es zur Ausführung der Rache erforderlich ist.
Sonach kann man gewiss nach all solcher Wahrnehmung des Inhalts der vier Bücher darin nicht irgend ein besonderes Lied
von Telemach finden. Es ist nur eine Partie, welche einerseits in Sohn und Mutter die heimischen Umstände offenbart,
andererseits den Vermissten verherrlicht. Der Mordplan gegen
Telemach, welcher die schon ohnedies gewaltthätige Werbung
um Penelope vollends zum frevelhaften Attentat auf das König-

---

129) S. 1, 115—117. 162—168. 195—220. 253—270. 2, 58—61.
163—176. 225 f., in 3 bei Nestor 83—88. 120—129. 162 f. 219 f., in 1
Helena 240—258., Menelaos 269 ff. — einige Verse unecht — 333 ff. Auch
die Vergleichung zwischen Odysseus' Gefahr und Agamemnons Heimkunft,
welche durch das ganze Gedicht sich durchzieht, gehört hierzu; 1, 298
bis 302. 3, 232—235. 11, 444—446. 13, 183—185.

thum stempelt, er gehört als sprechendster Zug zur Zeichnung der
heimischen Missstände, und die Erzählung von ihm tritt eben
so natürlich hier ein als die Reise ihn hervorruft. · Da diese
Reise Telemachs ohne Wissen der Mutter und der Freier geschehn
ist, wird sie auf die natürlichste Weise eben jetzt in Ithaka durch
den Noëmon bekannt, der dem Telemach sein Schiff geliehen
hat; er bedarf jetzt des Schiffes und kommt gegen die Hauptmahlzeit des vierten Tages nach der nächtlichen Abfahrt, um sich
nach der Rückkehr des Telemach zu erkundigen (4, 632 f.).
So tritt der Uebergang zu den Freiern in Ithaka (625) ein, nachdem
Telemach von Menelaos Alles und Jedes vernommen hat, was er
von ihm erfahren konnte, und nun bei allem Behagen doch an
den Heimweg denkt, nur dass er abwarten muss, bis er mit dem
verheissenen Gastgeschenk entlassen werde.

In dieser Weise war von Telemachs Unterhaltung mit Menelaos
hier durchaus Nichts weiter zu · sagen. Auch der Uebergang
nach Ithaka, der durch die Freier vor Odysseus' Hause und ihr
gewöhnliches Vormittagsspiel in einfachster Deutlichkeit geschieht,
bringt in den Mordplan, der so natürlich aus der Reise hervorgeht und sammt dieser der Penelope hinterbracht wird, einen
wesentlichen Charakterzug des Attentats gegen das Königthum,
wie er immer als arge Zuthat erwähnt wird (gleich 5, 18). Sonach war aller Anstoss an diesem Uebergange unbedacht. [130])

Der so abgeschlossene einleitende Theil leistet die Vorfüh-
rung des Helden und der Grundsituation mit den in der Handlung geltenden Umständen, wie Personen in lebensvoller Darstellung so angemessen und in solchem Maasse, dass nichts künftig
Bedeutendes unerwähnt bleibt, dagegen alle hier zuerst aufgewiesenen Verhältnisse oder Charaktere im weiteren Gange der
Erzählung ihre Anwendung und Fortbildung finden. Zu Anfang
wird der Held für das Sagenbewusstsein [131]) kennbar aufgeführt,

130) Die Verse, 621—624, welche die Tageszeit auch für Sparta genauer anzeigen sollen — mittels der Ankunft der gewöhnlichen Tisch-
genossen — können echt sein, sind aber entbehrlich.
131) Daher nicht mit seinem Namen, sondern durch die eigensten
Prädicate bezeichnet; durch das ἔνθα wird nicht blos die Situation des
Odysseus, von der das Gedicht ausgeht, sondern zugleich das Verhältniss
zur Gesammtrückkehr angedeutet.

wie er jetzt nach Verlust aller Gefährten und nachdem alle Andern von Troia heimgelangt sind, noch immer fern von der Heimath ist. Darauf zeigt die olympische Eingangsscene die beiden wirkenden Götter, den im erklärten Zorn der Heimkunft widrigen Poseidon (1, 69—79) und die durch ihre Fürsprache die ganze Handlung anregende Athene. Diese Fürsprache und gleichfolgende Erklärung (1, 84—88) der Göttin geben die beiden Ausgangspunkte der Bewegung kund, Ithaka und die Insel der Kalypso, nebst den zwei Hauptträgern derselben, Telemach in Ithaka und Odysseus, der von den unlieben Aufenthalt zu erlösen ist. Odysseus wird schon hier mit seiner heissen Sehnsucht nach der Heimath und den Seinigen hingestellt (57—59), und von seiner Göttin, der idealen Trägerin und Geberin seiner Tugenden (13, 294—299), auch die Sendung an die Kalypso dem Götterrath aufgegeben, während sie zunächst nach Ithaka gehn werde, um den Sohn zu kräftigen und anzuregen, dass er den im Königshause von dessen Heerden zehrenden Freiern vor einer Volksversammlung dies verbiete, selbst aber zur Erkundigung nach seinem Vater nach Pylos und Sparta gehe.

Sie bezeichnet hier dasselbe als ihre nächste Angelegenheit, was für die poetische Anlage der Erzählung das Nächste war. Und wenn es auch denkbar ist, der Dichter hätte gleichzeitig mit ihrem Abgange nach Ithaka den Zeus schon hier den Hermes ihrem Rath gemäss zur Kalypso entsenden lassen, so haben wir doch seine Wahl als die schönere zu betrachten, da er diese Ausführung erst nachher, erst nach der Schilderung der heimischen Verhältnisse, eintreten lässt. Einestheils und hauptsächlich ist sie in Anerkennung des Gesetzes epischer Darstellung gutzuheissen, welches ein mehrfaches Hin und Her durch Scenenwechsel in Rücksicht auf den Vortrag und die Hörer gern meidet; sodann mögen wir auch ein Säumen des Zeus annehmbar finden, da es hier in der Odyssee der in der Götterfamilie auch hochstehende Poseidon ist, dem entgegenzuwirken er eine gewisse Scheu trägt.[132]) In-

---

[132) Zeus erklärt in Abwesenheit des Poseidon seine Theilnahme für den frommen Odysseus; und wie er vorher ihn hat seinen, vom Helden verwirkten Zorn bethätigen lassen, so behandelt er ihn auch nachmals rücksichtsvoll, 13, 125 ff. 140 ff. 154 ff., wo, da Poseidon nach diesem nur das Schiff versteinert, 158 statt μέγα mit Aristoph. v. Byz. im Schol.

dem wir also dem Zeus eine säumige Ausführung beimessen, hat die durch eine Reihe engverketteter Scenen vollständige Charakteristik der heimischen Zustände mit allem Recht unsern Beifall.

Die Athene thut in Ithaka, was sie im Olymp angekündigt hat, und Telemach führt in dem Fortgang nach ihrem jetzt erst die Göttin verrathenden Abschiede ihre Rathschläge aus; im zweiten Gesange die Ansprache und Anklage der Freier vor dem versammelten Volk, in Buch 3 und 4 die Erkundigungsreise. Aber wie jene Ansprache und diese Besuche in der sprechendsten Weise an den Langabwesenden mahnen, ja seine Person weit mehr als seinen Sohn betonen, so ist von den seine Heimkunft heischenden Umständen seines Hauses erstlich und vorzüglich in der Versammlung, doch gar wohl auch in Pylos und Sparta die Rede. Als Nestor seinen redseligen Bericht von dem Ausgang des troischen Kriegs und der Heimfahrt beendet und erklärt hat, dass er von dem ihm so betrauten Odysseus Nichts wisse, bespricht er mit Telemach das Treiben der Freier und Odysseus' Heimkunft dazu, 3, 212 ff., und ebenso geschieht es in Sparta, 4, 164 — 167. und 318 — 346. Telemach nun wird von Nestor zwar gemahnt (3, 312 — 322), nicht lange von seinem Haus und dessen übermüthigen Gästen fern zu bleiben, aber zugleich auch aufgefordert, erst zu Menelaos zu reisen, der zuletzt und nach vielen Irrwegen heimgekommen sei. Schon am zweiten Tage seines Aufenthalts bei Menelaos denkt er, wie gesagt, in Erinnrung an die Gefährten in Pylos an die Heimkehr. Aber der Plan des Gedichts und der künftige Verlauf der Sage oder der homerischen Erzählung liess ihn erst nach der Heimkunft des Vaters wirklich zurückreisen. Hiernach war also der Fortgang zu gestalten. Es musste nun erst der zweite Hauptakt folgen, Odysseus musste von Kalypso entlassen zu den Phäaken und durch diese nach Ithaka geführt werden. Dauerte dies viele Tage hindurch, so zählte Homer und zählten die Hörer diese

---

μή herzustellen ist. Muss doch Zeus nach seinem „Wie es mir das Beste bedünkt", in Poseidons Absicht Etwas geändert haben. Das μέγα ist also irrig wiederholt. Die Erklärung: „Poseidon habe den zweiten Theil der Strafe nicht gleichzeitig auszuführen gebraucht", ist unstatthaft und gar nicht homerisch.

nicht in Anschluss an Telemachs Aufenthalt in Sparta. Wie es
Parallelen zu erzählen gab und Gleichzeitiges nur Eines nach dem
Andern darzustellen war, so brachte ein Uebergang von einer
Scene zur andern mit andern Personen auch eine neue Zeitrechnung. So hat gewiss kein Hörer Homers oder der Rhapsoden die 23 Tage und Nächte, welche nachgezählt die Heimkehr des Odysseus von Ogygia nach Ithaka beträgt, mit der Zeit
der Abwesenheit des Telemach zusammengerechnet, so dass sie
35 Nächte und 34 Tage gedauert hätte. Odysseus treibt 20 Tage
auf dem Meer zwischen Ogygia und Scheria, 4 Tage hat vorher
sein Schiffsbau gekostet, und der letzte Tag bei den Phäaken ist
ebenfalls nur mit der Sehnsucht nach der Abfahrt ausgefüllt:
so sind es jene 25 Tage ohne andere epische Bedeutsamkeit als
dass sie die Ausdauer des Odysseus charakterisiren, welche die
unerwartet lange Abwesenheit des Telemach zu Wege brachten.
Der Hörer behielt nur die Verfassung im Gedächtniss, in welcher er den Jüngling mit seinem Behagen im gastlichen Hause
verlassen hatte und was ihm der Schlusstheil des einleitenden
Aktes vom Mordplan der Freier und Penelope's Sorgen erzählt
hatte.[133]) Telemach in Sparta und die gegen ihn auf der Lauer
Liegenden, Antinoos mit Genossen, weisen in die Zukunft. Nachdem aber die geängstete Mutter einstweilen beruhigt war und da
in der fortgehenden Erzählung jene beiden Umstände, der Mord-
anschlag öfters, Telemach seiner Zeit berücksichtigt wurden, so
geschah den Zuhörern Genüge.

Was die einleitende Scenenreihe an Umständen oder bedeutenden Charakteren aufgewiesen hat, sind eben die im Fortgang
wirkenden. Zuerst Penelope und Telemach. Beide sind zu Anfang der Handlung in dem treffenden Zeitpunkt gefasst. Jene in
ihrer thränenreichen Sehnsucht wird jetzt, nachdem ihre verzö-
gernde List verrathen ist (2, 93 ff. 106 — 110), von den Freiern
zur Entscheidung gedrängt. Der bisher übersehene Sohn, erscheint eben zum Mannesbewusstsein erweckt, und wenn zuerst
durch Athenes Ermuthigung zuversichtlicher, doch sonst noch
schüchtern und sorgenvoll, dabei in unerfahrner Jünglingsart auf
Neues und Prächtiges aufmerksam (4, 71) und durch Erzäh-

133) Anm. zu Odyssee 5. S. 1—3.

lungen ergötzt (4, 596).[134]) Wenn einem Hörer der Epopöe in
ihrem Zusammenhange der Gedanke kam, als er den Aufbruch
des Telemach zu Anfange des 15. Gesanges vernahm, es wären
doch seit dem Gespräch, 4, 593 ff., viele Tage vergangen, dann
konnte und mochte er sich den Aufschub der Abreise sowohl
aus des Jünglings noch nicht festem Charakter und geäussertem
Behagen gegenüber den heimischen Missständen erklären. Nachmals aber neben dem Vater nach dem getroffenen Einverständ-
niss in den Büchern vom 17. an haben wir die feine Schilderung
im Verhalten des noch unfertigen Mannes zu erkennen. Die
treue Penelope ist, wie sie im erste Gesang und im 4. erschien,
nachmals immer dieselbe. Ihre schmerzensreiche Sehnsucht ist
in den gleichen Zügen gezeichnet (16, 850), ihre Lage schon
die, welche nach der Heimkunft des Odysseus und Verabredung
mit Telemach sich zu der Höhe steigert, welche im Gespräch
mit Odysseus von ihr bezeichnet, Od. 19, 524 ff. 571 ff., den Bogenkampf hervorruft, „den Anfang des Mordes", 21, 4.

So erscheinen die Götter wie die Menschen ferner nach den
zuerst angegebenen Zügen. Der zürnende Poseidon erkennt, 5,
286 ff., den Beschluss der Götter, thut aber noch, was er kann,
und wahrt sein Ansehn, nachdem die Phäaken den Umgetriebenen
nun doch so ganz geruhig heimgebracht haben (13, 125 ff.). Die
Erregerin des ganzen Hergangs, Athene, mahnt, 5, 5 ff., den säu-
migen Zeus, indem sie jetzt ihr Anliegen durch Angabe jenes
Mordplans verstärkt, wahrt ihren Schützling beim Sturme des
Poseidon, 5, 382. 437., macht ihm die Phäaken auf alle Weise
geneigt, 6, 2. 13. 24. u. s. w. 8, 7. 193. vgl. 13, 302., empfängt
ihn nach der Landung auf Ithaka, 13, 221 f. 287 ff., beräth ihn
wegen der Freier, 376 ff., beruhigt ihn wegen des Sohnes, 421 bis
427., und verwandelt ihn Behufs des Racheplans mit Versicherung
ihres Beistandes, 393., heisst ihn zu Eumäos gehn und holt, hier
die Doppelerzählung in Eins führend, den Telemach von Sparta,
15, 1., fördert nach Wegsendung des Eumäos (15, 40 f. 16,
130) die Erkennung und Verabredung zwischen Vater und Sohn,

---

134) 4, 155 ff. nimmt Peisistratos, der wohl dem Menelaos bereits
bekannt war, für Telemach das Wort, und erklärt dessen Schüchternheit
bei diesem ersten Besuche.

(16, 155. 168—171), bethört nach Götterart den einmal ver-
hassten Sinn der Freier und selbst der Besseren. 18, 155 und
158, giebt der Penelope den Bogenkampf ein, 21. 1., und leistet
Beistand beim Freiermord. 22, 205. 224. 256. 297.

Aus der dargelegten Beschaffenheit der ersten vier Gesänge
ergiebt sich ein Verhältniss zum einheitlichen Ganzen, welches
sie bei all ihren wechselnden Scenen eigentlich für den Gesammtvortrag als Vorwort bestimmt zeigt. Insofern sie jedoch die
Schilderung der den Odysseus bei seiner Heimkunft bedrohenden
oder ihn beischenden Umstände zu einem gewissen Abschluss
bringen, und durch die Zusage, welche Penelope über ihren
Sohn erhält, 4, 805—807. 825—829., hier auch eine gemüthliche Beruhigung stattfindet, konnte die Partie recht wohl einen
längeren Einzelvortrag geben. Die kürzeren Theile aber, wie sie
die inhaltlichen Titel angeben, sind einer mit dem andern in so
engem Anschluss verknüpft, dass ihr Einzelvortrag nur bei einer
Vorkenntniss wahrscheinlich ist, welche auch Ausgehobenes verständlich machte.

Ebenso umfassen die andern Hauptakte jeder eine Reihe von
jetzigen Büchern, wobei sie indess bei ihrer Ausdehnung auch
mehrfach in für den besonderen Vortrag passende Abschnitte sich
eintheilen liessen, welche eine Phase der Handlung darstellen.

Der zweite, der heimkehrende Odysseus oder die wirklich
vollzogene Heimkehr, reicht, durch die Episode von den früheren
Irren so ausgedehnt, von 5, 1—13, 92, zerfällt aber eben
durch jene Episode, den so genannten Apolog bei Alkinoos,
für den Einzelvortrag in zwei Partieen, 5, 1—8, 520 und 8,
521—13, 92. Indem wir den Schluss mit diesem Verse annehmen, stellen wir uns vor, dass die Rhapsoden ihren Vortrag
gern in die Verse ausgehn liessen, 13, 83—92:

> So hineilend im Flug durchschnitt es die Wogen des Meeres,
> Tragend den Mann, der ähnlich unsterblichen Göttern an Weisheit,
> So viel Leiden zuvor mit bekümmertem Herzen erduldet,
> Während er Schlachten der Männer bestand und das Grauen der Wogen,
> Jetzt, sein Leiden vergessend, in ruhigem Schlummer versenkt lag,

oder in der Folge des Textes nach Voss:

> Und nun schlief er so ruhig und all sein Leiden vergessend.

Das Folgende, wie sie ihn auf das Ufer bringen, gehört selbst schon einer neuen Situation an, vorzüglich aber liessen sich die Verse bis 125 nicht wohl trennen von dem, was über Poseidon folgt, und dieses hätte doch wohl keinen guten Schluss abgegeben. Nach der angenommenen Theilung enthielt die erste Partie 1681, die zweite 2398 Verse. Aus der letztern konnte des Odysseus Ueberlistung des Kyklopen, 9, 105—564. (*Κυκλωπεία*), und wieder Odysseus' Besuch der Unterwelt, 11, 1—635. (*νεκυία*) zum kürzern Vortrag dienen.

Der dritte Hauptakt, der rachesinnende Odysseus oder die Vorbereitung zur Rache, geht von 13, 93 bis zu Ende des 19. Buches. Theilen liess er sich in die Particen von seinem Anfang bis zu Ende des 16. Buchs mit 1917 Versen und die Bücher 17—19 mit 1635. Diese beiden Particen stellen jede eine unterschiedene Phase der werdenden Rache dar, beide der Gesammthandlung noch angehörig. In der ersten der Heimgelangte von Athene empfangen und berathen und bei Eumäos mit dem zurückgerufenen Sohn zusammengeführt, dem er, nachdem er von ihm speziell über die Zahl der Freier unterrichtet ist, das geeignete Verhalten einprägt. Dabei wird der Hirt zur Stadt geschickt, wo die Freier, nachdem der erste Anschlag gegen den Königssohn von Athene vereitelt ist, einen zweiten fassen, der wie der erste von demselben Antinoos erdacht, von demselben heimlich treuen Medon der Penelope verrathen wird (16, 412. wie 4, 677). In einem Gespräch mit Penelope wird der beiden Rottenführer, Antinoos' und Eurymachos' Charakter in neuen Erweisen offenbar, wie er sich gleich im ersten Buche im Bezug auf das Königthum (383—420), im zweiten in ihrer damaligen Stellung im Volke kundgab und schon dort kundgeben sollte.

In der andern Partie kommt erst Telemach, dann der Langabwesende in sein Haus und unter die Freier. Hier erfährt der Harrende nun an sich und dem treuen Eumäos und dem gastlich aufgenommenen Seher die frevele Art der nach einander auftretenden Freier und ihrer Anhänger in der Steigerung, welche Athene selbst fördert. Am Abend, nachdem Vater und Sohn bei Athenes Leuchte die Waffen geborgen, findet das schon 17, 582 f. vorbestimmte Gespräch des Unerkannten mit der Penelope statt, und dazwischen das Fussbad, wo dieselbe Amme Euryklea ihren Herrn an der Narbe erkennt, die uns zuerst 1, 428 bis

435, dann 2, 345 — 380, dann 4, 742 — 757. als die betrauteste
Dienerin des Hauses schon von Laertes her vorgeführt ist, und
welche den Telemach, 17, 31., zuerst bemerkt hat. Penelope
denkt schon auf den Bogenkampf.

Der vierte Hauptakt hat wiederum zwei Theile, 20, 1 bis
23. 296.: den Freiermord und die Erkennung durch Penelope,
dann den jedenfalls stark interpolirten, von 23, 296 und 24 bis
zum Schluss, Erkennung durch Laertes, Kampf mit den Angehörigen der Freier und Friedensschluss, den wir hier nicht genauer besprechen können.

Der 20. Gesang leitet den Freiermord, zu welchem nach
Athenes Eingebung der Bogenkampf des 21. die unmittelbare
Gelegenheit bringt, von allen Seiten ein; er bringt alle Zustände
auf die Spitze; zuerst des Odysseus Ingrimm und Rachetrieb und
dabei Bangen vor der Menge der Freier, dann der Penelope
Schmerz bei der unabweislichen Entscheidung, dann der Freier
Uebermuth gegen Odysseus, den Athene verstärkt, endlich auch
des Telemach Muth ihnen gegenüber, worauf ein Vernünftigerer,
indem er Telemachs Recht anerkennt, die Umstände hervorhebt,
wonach er die Mutter zu einer Wahl anhalten solle. Darauf
treten Wunderzeichen ein, welche der Seher, Telemachs Gast,
deutet, der aber von Eurymachos ausgetrieben wird, so dass auch
der heilige Mann ihren Uebermuth erfährt. Schon Athenes Ansprache und zwei auf seine Anrufung von Zeus erwirkte Vorzeichen haben gleich anfangs den Odysseus ermuthigt, und er har-
ret auf die verheissene Gelegenheit. In Erwartung dieser hat
er, wie dem Eumäos so dem Rinderhirt Philötios, der auch seine
Treue ausgesprochen, mit Eidschwur (226 ff.) die nahe Erscheinung ihres Herrn versichert. Diese Hirten sind sammt dem argen
Melanthios mit vielem Vieh für die Freier gekommen zu dem Feste
(156) des Apollon, welches daneben das Volk im Haine begeht
(276 ff.). Unter diesen Umständen und während Telemach still
auf den Vater blickt, wann er denn die Hände gegen die Freier
erheben werde (385), regt Athene die Penelope an, den Bogenkampf anzustellen (21, 1). Als dieser im Gange ist, Alle vergeblich sich versucht haben, nur Antinoos und Eurymachos noch
übrig sind, gehn die beiden treuen Hirten hinaus, Odysseus folgt
ihnen, giebt sich ihnen zu erkennen und instruirt sie (21, 188 ff. 234

bis 241). Alsbald versucht sich auch Eurymachos vergebens, Antinoos aber findet, heute könne es kein Glück im Bogenschuss geben, da des Bogengottes Fest gefeiert werde. Sie werden einig, den Bogenkampf auf den folgenden Tag zu verschieben, und da nach dargebrachtem Opfer den Kampf zu erneuern. Während sie sich zum Schmause wenden, bittet Odysseus, ihn einmal den Bogen versuchen zu lassen. Da diese Bitte den Antinoos zur schmählichsten Erwiederung reizt, mischt sich Penelope ein, und, nachdem sie von Telemachos in Ahndung des Bevorstehenden veranlasst ist, sich zu entfernen, überbringt Eumäos nach des jungen Hausherrn kräftiger Entscheidung den Bogen dem Odysseus. Nach stiller Wahrung der Thüren fasst der Rächer mit allbewundertem Geschick den Bogen und thut den Meisterschuss zum bittersten Weh und Schrecken der Freier. Mit heiterem Muthe mahnt er sie jetzt, es sei Zeit zum Nachtessen mit Saitenspiel und Tanz; aber dem Telemach mit den Augen winkend, sich zu waffnen, wirft er seine Lumpen ab, und mit dem Schuss, der den Antingos niederstreckt, beginnt er den Freiermord, der im 22. Buche geschildert wird. Als er vollbracht ist, wird Eurykleia gerufen, um die schuldigen Mägde zu nennen, und sie alle zu rufen. Jetzt werden die Leichname in den Hof getragen, der Saal gesäubert, die schuldigen Sclavinen aufgehenkt, Melanthios verstümmelt, und während Odysseus Haus und Hof mit Schwefeldampf von Unheil reinigt, wird Eurykleia zur so fest wie nie schlafenden Penelope gesandt, um ihr des Gatten Ankunft und das an den Freiern vollzogene Strafgericht zu melden. Es folgen zu Anfang 23 die zwei unvergleichbaren Scenen, die Eurykleia und die schwergläubige Penelope, und Penelope, die besonnen zärtliche, dem Gatten und dem Sohn gegenüber, bis Odysseus durch Beschreibung seines kunstreichen Schlafgemachs ein unabweisliches Erkennungszeichen giebt und die Getreue ihm um den Hals fällt, worauf „die Gatten Wandten sich herzlich erfreut zu des Ehebetts alter Gemeinschaft", 296.

Hier, wo die Grammatiker die echte Odyssee geendigt annahmen, sehn wir, wenn auch der Dichter wahrscheinlich noch die Erkennung des Laertes berichtet und Beruhigung wegen der getödteten Fürsten hinzugefügt haben mag, doch die so eng verwebte Partie vom Freiermord und der Wiedervereinigung mit

Penelope geschlossen. Sie zu vereinzeln, war wohl auch vor Zuhörern, die ihren Homer kannten, nicht üblich.

Die somit vollzogene Musterung der Odyssee hat im Verlaufe der Erzählung fast nur umfassendere Particen gefunden. Die einzelnen Scenen dieser sind eng verknüpft. Wenn daher eine gehörige Rhapsodie immer ein kleines Ganze zu gegeben hatte, so ist es hier eine natürliche Folgerung, dass die Rhapsoden eben altersher gemeinhin jene umfassenderen Particen vorgetragen haben, dass sie solche besessen und gewusst und also auch den Sammlern des Peisistratos solche mitgetheilt haben. Um diese Folgerung richtig zu finden, hat man sich nur zu vergegenwärtigen, was ein Hörer an den vereinzelten Scenen überhaupt, aber besonders, was er an den Anfangsscenen der verschiedenen Hauptakte gehört hatte, wenn der Vortrag abbrach. Es gab ohne die Fortsetzung ja doch nur Lieblingsstücke, Scenen oder Charaktere, welche die Liebhaber schon kannten und nicht oft genug hören konnten, wie etwa die pylische Scene und den alten Nestor, einmal vielleicht auch nur die Beschreibung seines Opfers, 3, 404—476, oder die Kyklopenmär, oder die Wäsche der Nausikaa, auch wohl um der Helena willen, nach 4 bis Vers 619, gleich Telemachs wirkliche Entlassung, 15, 86—183. — Die Beschreibung des Bechers fiel hier oder dort weg.

Weiter nun hat dieselbe Musterung jene mehre Bücher umfassenden Particen als Stufen und Akte einer fortschreitenden Handlung wahrnehmen und eine diese beseelende sittliche Idee inne werden lassen. Diese Motivirung wohnt nicht von selbst in der Sage, [135]) welche nur Personen und Thatsachen überliefert, die Beseelung kommt von den Dichtern; gerade in der durch jede der beiden Poesieen Homers gehenden Beseelung des Ganzen, wie der einzelnen Scenen, offenbart sich die Persönlichkeit, das eigenthümliche Dichtergemüth. Alles dieses, wie es in der Odyssee sich noch fühlbarer macht, führt auf den Bildner der

---

135) O. Müller Proleg. S. 108 f. „Den Dichtern von Homer an war durchaus das psychologische Motiviren der Begebenheiten überlassen. Was Agamemnon und Achill gedacht, sagte die Tradition nicht, es war genug, wenn sie vom Zorn der Fürsten, und wie dadurch Verderben über die Griechen kam, meldete. Jene Motivirung ist daher auch bei verschiedenen verschieden".

grossen Compositionen und drängt zu der Voraussetzung, dass
er für diese grossen Ganzen eine geeignete Weise des lebendigen Vortrags zu finden und ins Werk zu setzen gewusst habe.
In der Odyssee also und in den Epopöen, welche nach dem
Vorgange der beiden homerischen Gebilde ähnliche grösseren
Umfangs darstellten, liegt uns guter Grund vor, es als unzweifel-
haftes Postulat anzuerkennen, dass die immer für den lebendigen
Vortrag bestimmten nationalen Kunstepopöen der Griechen, von
Homer bis Lesches und vielleicht auch Pisander von Rhodos, in
der zwiefachen Weise vorgetragen worden seien, theils als Ganze
in ihrem Fortgange vollständig, theils vereinzelt ($\sigma\pi o\varrho\acute{a}\delta\eta\nu$) in
ausgewählten Particeen.

20. Begründung und genauere Erörterung des Vortrags der wirklichen Epopöen.

Indem wir beide Arten der Rhapsodie, die theilweise und
die ganzer Epopöen als vor Solon und Peisistratos schon lange
üblich darthun wollen, sehn wir vorläufig aus später ersichtli-
chem Grunde ab von der Frage über die Möglichkeit der Dichtung und Ueberlieferung so grosser Gedichte für Homer selbst.
Aber wir vergegenwärtigen uns alle die im Vorigen gegebenen
geschichtlichen oder logischen Sätze, welche die Existenz
grosser epischer Ganzen bewahrheiten. Der stärkste und unmit-
telbarste liegt in der Odyssee, welche so wenig als die Gudrun
anders für kleinere Vorträge theilbar ist, als in solche Akte
oder Scenen, welche ihren Bezug auf den Plan der Epopöe und
seinen Fortschritt deutlich an sich tragen. Wer die Ilias ihr an
Einheitlichkeit auch ganz und gar unähnlich fände, wer ihr auch
in solcher Verkennung wie W. Wackernagel, weil Zeus die Genugthuung für den Gekränkten in die Hand nimmt, die einheitliche Durchführung ihres Motivs abspräche, [136] er müsste doch
durch die Odyssee sich gedrungen fühlen, eine Form der Rhapsodie älterher vorauszusetzen und in der Ueberlieferung aufzu-
suchen, durch welche eine Epopöe von vielen tausend Versen
zum Vortrag habe kommen können.
Was die Form dafür betrifft, so haben wir schon bei zwei Lie-

---

136) Schweiz. Mus. 2. 83.

derstoffen des älteren Heldengeschlechts, der Argonautenfahrt und den Arbeiten des Herakles, die Durchführung mittels mehrer Zusammenkünfte ≅ auf einander folgenden Tagen erforderlich erkannt und dieselbe Weise, umfängliche Gedichte durchzuführen, zeigt Welcker als ganz natürliche, wie schon für Homers Vorgänger, Demodokos und Phemios, so für die Ilias und Odyssee: Ep. Cycl. 1, 371, wo er aus dem Schol. zu Od. 3, 261. die Angabe mehrtägiger Vorträge beibringt.

Diese Weise der nicht in Einer, sondern in wiederholten Zusammenkünften vollzogenen Rhapsodie der ganzen Epopöen, sie erscheint als Brauch der ersten Zeit am glaubhaftesten. Dies zumal, wenn der Dichter in seiner allmähligen Ausdichtung der entworfenen Pläne zunächst nur die Hauptmomente ausgeprägt hatte. Die Hörer, für die er dichtete, erkannten auch ohne Schritt für Schritt gegebene Uebergänge doch den Fortschritt von einem Moment zum andern.[137]

Doch eine Form der vollständigen Rhapsodie der Ilias und Odyssee wird uns in drei mit einander wohl übereinstimmenden Zeugnissen dahin angegeben, dass eine Anzahl von Rhapsoden die ganzen Epopöen durchdeclamirten, so dass jedem sein Stück so zu sagen seine epische Rolle zugewiesen war, indem der Folgende, wenn er den Stab empfing,[138] da fortfuhr, wo der Vorgänger geendigt hatte. Wie Alles, was von gymnastischen oder poetischen und musikalischen Fertigkeiten Theil einer Festfeier wurde, sich alsbald nach dem Ehrtriebe des griechischen Volksgeistes zum Wettstreit, zum Agon, gestaltete, so auch diese vertheilte Rhapsodie, daher denn jeder alte Schriftsteller diese agonistische Vortragsweise versteht, wenn er von dem Vor-

137) Der sinnige Recens. in den Bl. f. litter. Unterh.1844 sagt Nr. 29. S. 515.: „gar wohl könne ein Cyclus geist- und inhaltvoller Lieder, wie die vom Zorn des Achill — auch wenn sie sich nicht vollständig zu einem künstlerischen Ganzen zusammenfügen wollten, doch von einem und demselben Dichter herrühren". Und wenn wir dies auf das Fehlen der überführenden Verbindungen ermässigen, gilt das Obige um so mehr.

138) Die intonirende Zitter war nach Welckers Erörterung Cykl. 1. 358 f. und Bergks Untersuchung über das älteste Versmaass gegen den Stab vertauscht, den die Declamirenden wie die Sänger der Skolien, Tischlieder, gleich dem Sprecher in der Versammlung führten, und den einer dem andern überreichte. Welcker, Proleg. zu Theogn. XCVII.

ṭrag ganzer Gedichte spricht, ihm also der Einzelne ein Ago-
nist heisst.

Der eine Zeuge, der Scholiast des Pindar (zu Nem. 2, Auf.),
belehrt uns ohne allen speziellen Bezug ganz im Allgemeinen
über beide Arten der Rhapsodie. Die eine Art sei gewesen
(die vereinzelnde) da die Absingenden (Declamatoren) je nach Belieben irgend einen Theil vorgetragen hätten, die andere, wenn
eine der beiden Epopöen (vom Festordner) in den Agon eingc-
führt worden und dann die Agonisten die Theile zusammengereiht und so die ganze Dichtung durchrecitirt hätten. Die
beiden Andern sprechen von den Festen Attikas, und hier wieder
der eine von einem allgemeinen Gesetz des Gesetzgebers Solon
ohne Angabe bestimmter Feste, der andere von dem Hauptfeste
des Staates, den Panathenäen: Von Solon heisst es:[139]) er gab
das Gesetz, man solle die homerischen Gedichte n a c h A n w e i s u n g
vortragen lassen, so dass, wo der Erste aufgehört, von da der
Folgende beginne. Der Ausdruck „nach Anweisung“ bildet eben
den Gegensatz zu der beliebigen Wahl, nach der man ausser den
Festen auf den Plätzen oder in den so genannten Sprechhallen
(Leschen Buch 1, Anm. 53) selbstgewählte Stücke hörte. Die
Anweisung, welche das Gesetz vorschrieb, hatten die Festordner
bei eintretenden Festfeiern zu vollziehen, wie wir im dritten Zeugniss einen solchen finden werden. Da zu jedem Fest immer
mehre Rhapsoden sich einfanden, war diesen erstlich die Ilias
oder die Odyssee, und dann jedem einzeln seine Partie aufzugeben. Die im Zeugniss hinzugefügte Erklärung: „nämlich wo
der Eine aufgehört, sollte der Andere anfangen“, hat das Seltsame, dass sie, wie im Sprung, die mittelbare Folge des Gesetzes,
die beabsichtigte Wirkung der Anweisung angiebt, aber sie giebt
das der Sache Gemässe.

Solon musste schon bestimmte Feste vor Augen haben, und
er konnte das der brauronischen Artemis, vielleicht auch Dionysien älterer Form meinen.[140]) Dagegen hatten die Panathenäen

---

139) Diog. v. Laert. 1, 57 und Suidas: ὑποβολή. Beide aus derselben älteren Quelle: Σόλων τὰ Ὁμήρου ἐξ ὑποβολῆς ἔγραψε ῥαψῳ-
δεῖσθαι. οἶον, ὅπου ὁ πρῶτος ἔληξεν ἐκεῖθεν ἄρχεσθαι τὸν ἀρχόμενον.
Ueber die Formel ἐξ ὑποβολῆς s. Sagenp. 413—418.

140) S. Meyer, Panathenäen S. 285 in Allgem. Hall. Encycl. 111, 10:

zur Zeit seiner Gesetzgebung die nachmals so hochgelobte Rhapsodie des Homer noch nicht. Während er auf seine 10 Jahre von Athen abwesend war, 571 — 561,[111]) geschah es noch erst, so viel wir sehn, dass (566) unter dem Archon Hippokleides den früheren Pferderennen zunächst nur gymnastische Wettkämpfe hinzugefügt wurden, woran vielleicht Peisistratos Verdienst hatte, der aber erst 560 zum ersten Mal die Herrschaft gewann. Hätte er schon während dieser, überhaupt vor der dritten, neben anderem Schmuck der Panathenäen auch die Rhapsodie eingeführt, so wäre dies vor der Gründung seiner Bibliothek und vor seiner Sammlung der homerischen Gedichte geschehn. Dies anzunehmen, haben wir keinen sicheren Anhalt. Dagegen gilt uns das dritte Zeugniss aus dem wenn auch sehr rhetorisirenden Pseudo-Platon. Hipparch, 228 B., so viel als es von diesem Sohne des Peisistratos sagt: „Er hielt die Rhapsoden an, homerische Gedichte mittels Uebernahme von Vorgänger — in Aufeinanderfolge — nach der Reihe durchzugehn, durchzudeclamiren". Der hier gebrauchte Ausdruck verhält sich zu dem des solonischen Gesetzes sprachlich wie ein bezügliches Verhalten oder sich Aeussern zu einem Massgebenden, concret sachlich wie Ausführung und spezielle Anwendung zu einer Vorschrift. Hipparch handelte als Festordner wie er später in gleicher Thätigkeit seinen Tod fand (Thuk. 1, 20, 3. 6, 57. 2.).[142]) Wenn man vielfältig geneigt ist dem Vater Peisistratos, an dieser Einführung in die Panathenäen einen Antheil zuzuschreiben, so steht dem das Zeugniss von Solon entgegen, wo nach der gewiss richtigen

Die Declamirübungen an den Apaturien bei Plato Tim. 21 B. passen jedoch nicht. An den Brauronien wurde nach Hesych. die Ilias vorgetragen, von der früheren Rhapsodie der Dionysien giebt Athen. VII. z. A. Zeugniss; sie machte vermuthlich durch Peisistratos den dramatischen Gattungen Platz.

141) Westermann hinter Plut. Solon: de aetate Solonis p. 87. Die Panathenäenrhapsodie: Lykurg geg. Leokr. c. 26. S. 209 Rsk. Isokrates Panegyric. 42. Platons Jon z. A. Sie bezeugen: nach altem Brauch würden Homers Gedichte und sie allein bei den grossen Panathenäen recitirt, kein irgend anderer Epiker, und zwar im Wettkampf, so dass die Preise gewonnen würden. Dass sie Redner von dem berichten, was noch in ihren Tagen statt fand, ist nicht zu zweifeln.

142) Es heisst: ἠνάγκασε τοὺς ῥαψῳδοὺς Παναθηναίοις ἐξ ὑπολήψεως ἐφεξῆς αὐτὰ διείναι, ὥσπερ νῦν ἔτι οἵδε ποιοῦσι. Der ganz gleichbedeutende Ausdruck κατά τινα περίοδον ἐξ ὑποδοχῆς wird vom Gesang der Skolien gebraucht: Melet. 2. 135.

Herstellung Ritschls[143]) gesagt ist, dem Solon sei wohl eher ein
Verdienst um die Verbreitung der Bekanntschaft und des Ruhmes der homerischen Gedichte beizumessen, als dem Peisistratos,
der dessen Gedichte nur gesammelt und einige Stellen habe
einschieben lassen. Also Solon ordnete Recitation bei öffentlichen
Festen an, Peisistratos schuf nur Exemplare zu Abschriften und
dies nicht ohne Fälschung. Und wenn Solons Regel die auf
einander folgenden Partieen nur in ihren Fortschritt brachte,
mochte Hipparch die Rhapsoden auf Abschriften der redigirten
Ausgabe verweisen, da denn der Anschluss des Einen an den
Andern nie enger war.

So also geschah die Einführung der vollständigen Rhapsodie der Ilias und Odyssee in die Feste Attikas und namentlich
in die grossen Panathenäen, welche in jedem dritten Olympiaden-
jahr vier Tage hindurch begangen wurden (Meier S. 279.). Eine solche Festrhapsodie war etwas Besonderes und Neues, vor dessen
Stiftung die homerischen Gedichte, wie anderwärts, so in Attika
schon längst durch Einzelvorträge bekannt waren. Die obige
Darlegung der in den Gedichten selbst gegebenen Fassung dieser Einzelvorträge lässt einsehn, dass die Rhapsoden nicht etwa
viel umzulernen hatten, als sie die redigirten Exemplare bekamen.
Sie hatten ja eben geliefert, was die Sammler redigirten. Eben
dieser Umstand und diese Beschaffenheit des in Attika bis dahin vereinzelt Vorgetragenen beseitigt jede Vorstellung von einem
wesentlich Andern, was durch die Veranstaltung des Peisistratos
erwirkt sei. Kein besonnenes Urtheil kann anders hierüber lauten als das Schömanns:[144]) „Dass jene Composition (der Ilias) vor
Peisistratos gar nicht vorhanden gewesen sei, ist — zuletzt von
Grote — mit so schlagenden Argumenten widerlegt, dass unseres
Erachtens diese Meinung für immer abgethan ist. Alles stimmt
vielmehr dafür, dass eine Ilias als Ganzes schon vor den ältesten
Cyclikern, also vor dem Anfang der Olympiaden, vorhanden ge-

---

143) Ritschl Alex. Bibl. 65. Das φωτίσαι bedeutet aber illustrare,
in luce et celebritate ponere, oder mindestens evulgare, was von den bereits vorhandenen Gedichten gilt und ist nicht mit Aelians ἀπέφηνε τὴν
Ἰλιάδα zu vergleichen, was ihre Gestaltung bezeichnet; exhibuit.

144) Rec. m. Sagenp. in N. Jahrb. f. Phil. u. Pädag. B. 69. S. 30.

wesen, und es ist gar kein Grund, anzunehmen, dass dieses wesentlich von der unsrigen verschieden gewesen".

**21. Das Allgemeine von den nächsthomerischen
Epopöen als rhapsodirt neben den homerischen.**

Indem die Anordnungen des Solon und des Peisistratos, wie
seines Sohnes, uns Beides als bereits aus langer Vorzeit vorhanden und üblich annehmen heissen, sowohl die von dem Bildner
der wahren Epopöe gedichteten Ganzen, als die zur Darstellung
dieser Ganzen geeignete Rhapsodie, so gemahnen sie uns an alle
Anzeichen, welche uns die Geschichte der nationalen Geltung dieser Gedichte gewährt. Zuerst daran, dass mit des Peisistratos
Unternehmen, woneben Xenophanes und Theagenes stehen, die
zweite Periode jener nationalen Geltung der homerischen Gedichte
beginnt, die nicht mehr naive, sondern reflectirende neben der
fortwährend volksthümlichen. Vor Allem aber gedenken wir der
Epopöen, welche sich an Ilias und Odyssee anreihen. In ihren
Verfassern Arktinos, Stasinos, Kreophylos, Agias, Lesches, haben
wir, insofern keiner von ihnen den Sagentheil der Ilias oder
Odyssee berührt, selbst Zeugen für die ihnen bereits bewusste
Behandlung jener beiden Sagentheile erkannt. Mehre von ihnen,
namentlich Arktinos, Stasinos und Agias lassen nach den uns vorliegenden Inhaltsanzeigen nicht undeutliche Bezüge auf die beiden Musterepopöen erkennen. Waren sie doch wahrscheinlich
von deren Vortrage zur eigenen Dichtung der andern Sagentheile fortgeschritten. Mehr und einfachen Beweis giebt die
Vergleichung der Religion jener Nachfolger mit der des Homer.
Die religiöse Sühne des Mörders, die Apotheose der Heroen, die
prophetische Begeisterung, die Erscheinung Verstorbener bei
ihren Gräbern bilden eben so viele sprechende Anzeichen eines
veränderten religiösen Glaubens. Mancher Wandel in der Volkssage, den die Aethiopis des Arktinos, die Kyprien des Stasinos
und die Nosten des Agias enthalten, kommt nur zum Ueberfluss
hinzu. Die schon bei ihnen giltige Unterscheidung der religiösen Vorstellungen von den homerischen giebt bei den Sammlern
des Peisistratos wiederum Zeugniss wie von ihrem Verfahren, so
von ihrer Gebundenheit hinsichtlich des Ueberlieferten.

Es zählen zu den nächsthomerischen noch die zwei namen-

losen aus der thebanischen Sage, die Thebais und die Epigonen,
welche wir einerseits — wohl durch die rhapsodirenden Homeriden — dem Homer zugeschrieben sahen, andererseits als ausdrücklich bemessen mit je 7000 Versen kennen. Sonach verstärken diese ursprünglichen Epopöen, 8 an Zahl, das Postulat
einer Rhapsodie, welche für den Vortrag der schon vor ihnen
gedichteten beiden um ein Bedeutendes länger erforderlich
war.[145]) Mögen diese, die Ilias und Odyssee, seit Arktinos, Kreophylos u. s. w. noch ansehnlich durch Einschiebsel ausgedehnt
sein; die in Attika erst spät eingeführte vollständige Rhapsodie
mit vertheilten Particeen halten wir jedenfalls als alther und ganz
natürlich gefunden fest, mögen wir auch nicht wissen, wann und
wo dieselbe zuerst als Akt eines Festes eingerichtet worden. Es
geschah wohl so, wie Volkssitten unter ähnlichen Bedingungen an
mehren Örten zugleich sich bilden. Der Charakter und die Art
der Festtage als Volkszusammenkünfte (Panegyren), bei Feiern der
Stammgemeinschaften (Amphiktyonien) oder überhaupt geweihten
Freudentagen, führte sehr natürlich auch die epischen Erzähler
dahin, und eine Mehrzahl derselben zur geordneten Rhapsodie.
Es ist da nur zu bemerken, dass nicht der Charakter des Gottes entschied. Das Fest des Asklepios in Epidaurus hatte auch
die agonistische Rhapsodie (Plat. Jon z. A.), wenn es auch das
apollinische Gesammtfest auf Delos die Delia sind, bei welchem
uns nach dem Hymnus an Apoll, 165 ff., angeblich Homer selbst
seinen und seiner Gedichte Ruhm verkündet, und wo also diese
Chorgedichte auch vorgetragen wurden. Wie hier der persönliche Dichter statt der seine Gedichte vortragenden Homeriden
genannt ist, so hat sich vielfältig in der Sage das Leben der
Gedichte d. h. ihr Vortrag durch Rhapsoden zum Leben des Homer selbst gestaltet. So nahmen wir schon oben wie von Chios
so von Kolophon, von Samos, von Kypros und andern Orten an.
Freilich um allen diesen Orten Etwas, was eine Rhapsodenschule

---

145) Das viel zu summarische Urtheil Bernhardy's, 2, 1. 188—190,
das diese Epiker fast nur als den Cyklos bildend auffasst, kann uns nicht
abhalten, ihre Epopöen als für öffentlichen Vortrag bestimmt und gebraucht zu nehmen. Gedichtet dafür haben sie jedenfalls, in wie weit
ihnen dies gelungen, oder im andern Falle sie nur gelesen worden, darüber
fehlen die Nachrichten.

heissen darf, muthmaasslich beizulegen, muss man einmal den
Vorzug anerkennen, welchen die homerischen beiden Epopöen
vor allen andern, besonders in der sprechsamen Form behauptet
haben; sodann darf man nicht nach Welckers Annahme mit seinem appellativen Verständniss des Namens Homeros, der homerischen Poesie die ganze Reihe von Epopöen beizählen, durch
deren Zusammenfügen der epische Cyclus gebildet wurde. [146])
Vielmehr ist unter jener vorleuchtenden Idee vom Dichtergenius
Homer das volksthümliche Leben seiner beiden Schöpfungen in
der sich verbreitenden Rhapsodie zu erkennen. In den einen
Orten wurden selbst dichterische Geister durch Vortrag und geistige Befreundung mit jenen Mustern zu eigenen Dichtungen,
wenn auch keineswegs ohne heimathliche Anregungen, geführt,
an andern standen eben nur die homerischen Werke in besonderer Anerkennung und Blüthe. Die überlieferte Mannigfaltigkeit der Sagen sowohl von Homers Heimathen oder bleiben-
deren Aufenthaltsorten, als von den ihm als drittes oder viertes
hier und da zugeschriebenen Gedichten, kann so allein richtig
gedeutet werden. Das, was durch innere und äussere Gründe
als das Unveräusserlichste zu gelten hat, der Vorzug und die
Geltung der Ilias und Odyssee und ihres Dichters bleibt vor allen
gewahrt, und man vermeidet den Widerspruch, der zwischen

---

146) Welckers Annahme beruhete auf falsch gedeuteten Citaten,
welche er als Belege für den appellativen Gebrauch des Namens Homer auf
andere Epopöen bezog, die aber alle statt dessen auf die Ilias oder Odyssee
verwiesen. S. besonders Sagenp. 336 — 341, dann S. 349 Kap. X. und
S. 352 Kap. XI., S. 355 und 369 Kap. XV. Der sonst verdiente Verfasser
einer historia critica Homeri, welche der 4. Ausgabe des Teubnerschen
Homer beigegeben ist, Sengebusch, hat ohne Prüfung die Welckersche
Hypothese wiederholt, und die Berichtigungen der Sagenpoesie nicht beachtet, bes. Sagenp. 398. So sagt er Diss. 2. 14.: Aeschylus universa
carmina cyclica (ad Homerum retulit). Dass nämlich Aeschylos einst seine
Tragödien Stücke (zerlegte) vom grossen Mahle des Homer genannt haben
soll, deutete Welcker Gr. Tr. 1. S. 4. dahin, Aeschylos habe den ganzen
epischen Cyclus in seiner Poesie erschöpft. Aber Aeschylos meinte sein
Wort gar nicht so, und konnte es nicht so meinen. Dass er einen Cyclus
von Epopöen gekannt und homerisch genannt, davon haben wir kein Zeugniss, und seine Trilogien konnten gar nicht die Epopöen alle so verwenden.
Aber wohl hat er aus der Ilias und Odyssee eine Trilogie gestaltet. Ob
er nun hierauf anspielte oder mit Homer nur die epische Gattung als mit
ihrem Haupt bezeichnete, das lässt sich nicht entscheiden. S. Sagenp. 541 f.

dem genialen Dichter der neuen Gattung und neuen Periode
stattfindet, welcher die neben ihm fortbestehenden früheren Lieder in Vergessenheit bringt, und der verflachenden Verallgemeinerung seines Namens, nach der jeder Nachbildner auch Homer
genannt worden sein soll. [147])

Es wäre dieses Beides, jene hervortretende epochemachende
Auszeichnung und diese Verflachung seines Namens nur denkbar,
wenn die Vorzüge und Reize der homerischen Poesie erst spät
empfunden und anerkannt worden wären. Dass dem aber nicht
so gewesen sei, dass dieselben schon frühzeitig gewirkt haben,
ist durch zwei thatsächliche Erfolge von der Geschichte bezeugt.

Während bei der Entstehung vieler jener Gedichte einzelne
Lieder bestanden und neben ihnen fortbestanden, was zum Theil
durch aus diesen geschehene Einschiebsel sich auch ausdrücklich
kundgiebt, sind sie schon in älterer Zeit durch ihre Vorzüge
die vorhandenen ältesten erst geworden. Später dann, wo
ihre nationale Geltung durch des Xenophanes Tadel und des
Theagenes allegorische Vertheidigung, wie durch Anwendung in
politischen Streitfällen ruchtbar wird, erkennen wir aus der Wirkung, aus dem bestehenden Ansehn der Gedichte, dass
eine grosse Verbreitung und Blüthe durch eine sehr beflissene Rhapsodie hervorgegangen ist.

Zu diesen nur summarischen Beweisen blühender Rhapsodie
und zwar auch Gesammtrhapsodie vor der Sammlung des Peisistratos, welche das Gesetz des Solon schon voraussetzen heisst,
kommt auch das spezielle Zeugniss des Herodot, 5, 67, wo der
Tyrann Klisthenes von Sikyon, der Schwiegervater des Peisistratos, die festlichen Vorträge der Rhapsoden untersagt „der homerischen Epen wegen". Sein Grund, weil sie die Argeier so viel
und all überall priesen, kann nicht ohne Bezug auf die Ilias gemeint sein; die Thebais, die Epopöe von dem ersten unheilvollen

---

147) Sagenp. 371. „Welcker hatte, indem er den Namen Homer
attributiv als den Zusammenfüger gedeutet, mit der Ilias oder mit Homer
ein zweites Zeitalter epischer Poesie, d. h grosser Combinationen beginnen lassen; so musste er allein mit der letzteren Vorstellung und Annahme verfahren, was er aber weder in jener Erklärung noch überhaupt nachmals befolgt, vielmehr weiterhin die erstere Annahme allein
walten lässt".

Zuge gegen Theben zu verstehn, hat weder von Seiten des Inhalts noch nach des Herodot Persönlichkeit Wahrscheinlichkeit,
der die homerischen Epen schwerlich so genannt hat.[148])

Derselbe Grund, der den Klisthenes (um 558 vor Chr.) gegen Homer missstimmte, machte diesen den geschichtlichen Argeiern theuer wie das Epigramm der Statue angiebt, welche ihm in
Argos mit heroischen Ehren gewidmet war.[149]) Hierzu kommt
eine andere Nachricht zwar aus späten Schriftstellern, doch
eben beglaubigt durch die Uebereinstimmung mit den eigenthümlichen Bräuchen. Die Argeier sollen den Homer über alle
andern Dichter geschätzt, ihn bei ihren (besonders den Dorern
und dem Apollon eigenen) Theoxenien, mit Apollon zusammen-
geehrt und zu seinem fünfjährigen Opferfest auf Chios eine so
genannte Theorie gesandt haben.[150]) Die einer solchen Schätzung
entsprechende Rhapsodie werden wir doch weder erst nach Athens
Vorgange, noch erst spät zur vollständigen eingerichtet zu
denken haben. Einen dem Homer nachdichtenden Epiker kennen wir in dortiger Umgegend im Verfasser der nachhomerischen
Nosten, dem Agias von Trözen. So wie wir nun die in den ionischen Städten alther übliche agonistische Rhapsodie des Homer aus
jener strafenden Aeusserung des Heraklit anzunehmen hatten,
und sie uns als die der Feste gilt, so konnte sie auch allein die
Epopöen jener, dem Vorgang des Homer folgenden Epiker zum
vollständigen Vortrag bringen.

Aber auch bei diesen haben wir die zwiefache Rhapsodie,
Einzelvorträge und Gesammtvorträge anzunehmen. Jene in der

148) Grote verstand diese. Aber weder ist dem Herodot bei seinen
Aeusserungen über die Meinungen von den Epigonen und den Kyprien
die schlichte Annahme von der Thebais als homerischem Gedicht so leicht
beizumessen, noch trifft jener Grund auf diese mehr als auf die Ilias; im
Gegentheil das Gedicht vom unglücklichen Kriegszug mit dem fliehenden
Adrast am Ende eignet sich wenig, während die Ilias bei dem Vollsinn
der Namen Argeier und Argos, der Stellung des Agamemnon, den Erfolgen
und der ganzen Bedeutung des Diomedes gewiss reich ist an Verherrlichung
der Argeier, Eustath. zu Il. 2, 568 S. 288, 44. Sagenp. 305 und 316. Was
aber Klisthenes dort gegen den Heros Adrastos thut, ist ausdrücklich als
ein von jener Maassregel Verschiedenes bezeichnet.

149) Bruncks Anal. III. 265. Jacobs Deduct. S. 84 Nr. 15 aus dem
Agon des Homer und Hesiod §. 18.

150) Aelian V. G. 9, 15. Agon des Homer und Hesiod §. 18.

Ilias so viel bemerkte Darstellungsweise, da theils hervortretende
Vorkämpfer und Einzelkämpfe, theils andere Akte eigenthümlichen
Charakters den auf einander folgenden Paticen ein selbständiges
Interesse geben, und diese dadurch zum Einzelvortrag eignen,
dieselbe können wir in den Inhaltsanzeigen der Nachfolger nachweisen.[151] Es ist hier nur der Unterschied in ihrer Einheitlichkeit zu beachten, der durch die Beschaffenheit des Sagenstoffs
selbst bedingt war. In dem Maasse als die Handlung ihre einheitliche Entwickelung hatte, und diese an einer Hauptperson
vorging, bewog die Epopöe selbst zum Gesammtvortrage, wobei
immer die unverwickelte Folge von Einzelakten daneben Einzelvorträgen dienen konnte. Zumeist die über alle andern sowohl einheitliche, als an den schönsten Motiven reiche und der Ilias beziehent-
lich ähnlichste Aethiopis des Arktinos.[152] Die Einheitlichkeit der
Handlung, welche vom Anfang bis zum Schluss den Achill zum
Mittelpunkt hat, eignete diese Epopöe gar sehr zum Gesammtvortrag, und sie gab eben deswegen dem Aeschylos eine Trilogie
mit vollständigen drei Tragödien.[153] Diese zum Gesammtvortrag
führende Einheitlichkeit machte sich um so fühlbarer, als es innere
seelische Motiven sind, welche mit einander verkettet den einen
Theil mit dem andern verweben, wie oben genauer nachgewiesen ist.

151) Von vielen, welche Welcker aufführte, ist wegen zu dürftiger
Kunde abzusehen. Er räumte der Combination und Muthmaassung zu viel
ein. Von der Danais, der Oedipodee, auch der Titanomachie wissen wir
zu wenig; Sagenp. 20—35. Die Deutung zweier Titel auf Eine Epopöe
ist bei einigen hinlänglich begründet, die Nosten und der Atreiden Rückkehr sind dasselbe, die Thebais und des Amphiaraos Ausfahrt, Oechalias
Einnahme und Heraklee ebenso; dagegen dass mit Alkmäonis die Epigonen, mit Minyas die Phokais, mit Amazonia die Atthis, als Erzählung
von des Theseus Kampf mit den Amazonen, benannt sei, beruht auf gewaltsamen Deutungen und Combinationen; Sagenp. 22 f. Bernhardy, Gr.
Litter. II., 1. 2. A. S. 205. 206. 209. 213. Die nach der Zeit des blühenden Epos gedichtete Telegonie, die Fortsetzung der Odyssee, liegt uns
zwar auch in dem Inhalte vor, aber eben als an sich reizloses Gedicht,
welches schwerlich je die Rhapsoden beschäftigt hat; Bernhardy 214.

152) S. Sagenp. 614 ff. bes. §§. 146 und 148, und oben Buch 2 §. 19.
Auch hat den Gang der Epopöe Aethiopis, die ihren Namen von einem
Haupttheil hat, der Verf. in Meletem. 2, 49 —51 angegeben.

153) Wie schon früher gesagt ist, gaben eben nur die drei Epopöen, welche in ihrem Fortschritt an einer Hauptperson hielten, zu allen
drei Acten einer Trilogie den Stoff.

22. Fortsetzung. Die Einnahme Oechalias des Kreophylos und die Thebais.

Dieselbe Eigenschaft persönlicher Einheitlichkeit, welche die Aethiopis mit der Ilias und der Odyssee gemein hatte, empfahl auch die Epopöe des Kreophylos zum Gesammtvortrag durch sich ablösende Rhapsoden. Man könnte zwar meinen, ein Lied von des Herakles Fehde gegen Eurytos in Oechalia auf Euböa (s. Buch 2, Anm. 3, sei wohl nur des mässigen Umfangs gewesen wie die vorhomerischen; aber die Sagen von dem Kreophylos auf Samos oder Ios,[154]) wie er den Homer einst gastlich aufgenommen und zum Dank jene Epopöe zum Eigenthum erhalten habe — sie machen den Kreophylos zum Epiker homerischer Art und lassen nur ein Werk annehmen, das die Ausdehnung und Entwickelung einer wirklichen Epopöe gehabt hat.[155]) Auch ist es undenkbar, dass darin nicht auch mehrfache Einwirkung der Götter dargestellt worden wäre. War es kein Völkerkampf, an dem die Götter sich wie die Streiter in Parteien theilten, und Zeus entschied, so ward dieser erstlich doch gewiss von seinem Sohn angerufen als Rächer gegen den wortbrüchigen Eurytos, und ausser ihm konnte der Bogengott Apollon kaum unbetheiligt bleiben, den Eurytos wohl erzürnt hatte, und der dem Herakles daher beistand.[156]) Endlich wird Aphrodite bei der Liebe des Herakles zur Iole nicht unerwähnt geblieben sein.

Es war ein Heerzug mit gesammelten Schaaren (Soph. Trach. 258 f.) zur Eroberung der Stadt, nicht ein Einzelkampf, und zwar ein von Anfang auf die Vernichtung des Treubrüchigen abgesehener. Eurytos hatte früher um die Hand seiner schönen Tochter Iole einen Bogenkampf ausrufen lassen, wer ihn und seine (2) Söhne darin übertroffen, der sollte sie heim-

---

154) Da wohnt Kreophylos nach dem Agon §. 49 g. E. S. 45. Westerm. und Proklos, S. 25 das. Sonst wird er und sein Geschlecht nach Samos gesetzt, wo Lykurg von seinen Nachkommen die homerischen Gedichte empfängt.

155) So auch Welcker Cycl. 2, 481 f. Derselbe handelt ausführlich über das Gedicht im 1. Bande, wo er jedoch 219 den Namen Kreophylos unrichtig deutete, indem er auch Plato missverstand. Sagenp. 62—64 und das. die weitere Auslegung der Nachrichten vom Verhältniss dieses Epikers und seines Geschlechts zu den homerischen Gedichten.

156) Od. 8, 226—228. O. Müller, Dor. 1, 413 f.

führen. Herakles war dem Rufe gefolgt und hatte über Alle den
Sieg gewonnen, aber Eurytos dann nicht Wort gehalten, ja den
Sieger mit Schimpf aus seinem Hause gewiesen (Trachin. 263).
So sammelte Herakles, nachdem er inzwischen Anderes bestanden, in der thessalischen Trachis eine Schaar theils Malier,
epiknemidische Lokrer aus der Umgegend und Andere ferner her,
theils einzelne betraute Genossen, den Hippasos, Sohn des Kёyx,
bei dem Herakles jetzt wohnte, und die Vettern Argeios und
Melos. So geschahen mehrfach Einzelkämpfe in der Schlacht,
in welcher jene drei Genossen fielen, die Herakles nachmals bestattete. Diese, eine epische Erzählung verrathenden Einzelheiten
giebt Apollodor, 2, 7, 7., aus älteren Sagenschreibern, vermuthlich
von der Epopöe des Kreophylos her.[157]) Weiter geben sie nur den
Erfolg, „dass Herakles Oechalia 'erobert, den Eurytos und
seine Söhne getödtet, die schöne Iole gefangen abgeführt". Sie
kam mit mehren (Trach. 283. 299.) — wie die Frauen einer
eroberten Stadt dies Loos hatten, während die Männer gefallen
waren (Od. 14, 264 f.) — und kam in stets thränender Trauer
(Trach. 325 f.); Herakles aber war, wenn zur Rache, doch auch
aus Verlangen nach Iole gegen Eurytos ausgezogen (Trach. nicht
blos 352 ff., sondern 475). Gerade eine Scene zwischen Herakles und Iole bezeugt uns der einzige wörtlich erhaltene Vers
der Epopöe.[158]) Und dass Ioles Stellung und Antheil an der
ganzen Handlung ein bedeutender war, sagt uns das Epigramm
des Kallimachos bei Strabo:[159])

---

157) Herodoros (wahrscheinlich um 510 vor Chr.) im Schol. zu
Eur. Hipp. 545. Pherekydes Schol. zu Od. 21, 23 und zu Soph. Trach.

158) Welcker 2, 557 f. — Die übrigen Citate aus Kreophylos liefern
nichts für Kenntniss des Inhalts Bezeichnenderes. In Nr. 4 bezieht sich
das γάρ, nämlich, zwar nach häufigem Gebrauch auf das vorher ankün-
digende οὕτως (Matth. §. 630 f.), aber aus Kreophylos kann das nicht
alles sein. Noch weniger lässt sich über das Citat unter dem Namen
Kinäthon entscheiden; Welcker 1. 232 f.

159) 14, 638 a. E., wo er die Sage von Homer als Verfasser mit der
Berichtigung des Kallimachos anführt. Im letzten Verse: γράμμα Κρεω-
φύλω, Ζεῦ φίλε, τοῦτο μέγα, ist offenbar reine Verwunderung, und
somit das Urtheil deutlich angedeutet, dass ihm eine Vergleichung mit
den Vorzügen Homers um Beträchtliches zu viel scheine. In dem zweiten
Verse lesen wir statt κλαίω, ich klage, κλείω, künde, singe, nach der
unabweislichen Herstellung Meinecke's Vindiciae 21, was auch allein als

28 *

Werk des Samiers bin ich, der einst den göttlichen Sänger
Aufnahm; Eurytos Loos sing' ich, was Alles er litt
Und Ioleia die Blonde. Homerisch nennet der Ruf mich
Traun, von Kreophylos ward damit Grosses besagt.

Gegenliebe der Iole für Herakles ist sonst nirgends her
kennbar, nur bei Euripides im Chorgesang auf die Macht des
Eros und der Aphrodite (Hippol. 545 — 554) könnte sie gefunden
werden; [160]) doch bleibt die Stelle, abgesehn auch von ihrer
Verderbniss und kritischen Unsicherheit immer deshalb dunkel,
weil wir sonst nirgends her ein Bild haben, wie sich Iole dem
Herakles persönlich gegenüber verhalten habe. Dagegen ist, dass
Herakles sie für sich erstrebte, weit mehr bezeugt, als dass er von
Anfang in ihr eine Gattin für seinen Sohn Hyllos gesucht habe.[161])
Die Ausgangspartie der Epopöe kann in zwei einzelnen Punkten aus der Nachbildung des Sophokles und aus der Sage überhaupt
vermuthet werden. Der kenäische Zeus, auch von Aeschylos erwähnt, war auf dem Vorgebirge Euböas Kenäon von Herakles geweiht.
Dieser hatte dort seinem Stammgott, indem er für den gewonnenen Sieg dankte, einen Altar und Opfer gestiftet (Trach. 237. 750
bis 754). Dieser Akt war unstreitig in der euböischen Sage, welche Kreophylos ausdichtete, mit enthalten. Sodann nehmen wir
wohlbegründeter Weise an, dass auf den Zug gegen Oechalia als
der letzten That des Herakles die Apotheose des Helden folgte,
und eben diese nach der Weise anderer nächsthomerischen Epopöen (Aethiopis u. a.) den Schluss der Heldenbahn bildete. Der
Fortgang vom Dankopfer am Kenäon zum Scheiterhaufen auf dem
Oeta ist in Dunkel gehüllt.[162]) Wie viel also von den tragischen
Begebnissen, welche der Entrückung vom Scheiterhaufen zunächst

allgemeiner Ausdruck vom Epiker passt. Anders Welcker Cycl. 1, 229
und früher ich selbst, Sagenp. 63.
160) Die Stelle besagt, Aphrodite habe die Iole mitten unter den
Gräueln der Eroberung dem Sohne der Alkmene zugeführt. Ob sie nun
etwa, nachdem sie Vater und Brüder von Herakles hatte getödtet gesehn,
ihm doch freiwillig folgte? Bei Hygin 35. animo pertinacior parentes suos
ante (coram) se necari est perpessa.
161) Welcker 1. 233f. Scheidewin, Einleit. zu S. Trachin. 11.
162) Ein Ort auf dem Oeta hiess nach der Sage Pyra, Teophr.
Pflanzengesch. 9, 10, 2. Liv. 36, 30. Preller, Gr. Myth. 2, 177. Die Lage
des Oeta im Ursitz der Dorier scheint Antheil zu haben auch an

vorhergingen, schon in jener Epopöe gewesen, lässt sich kaum
irgend ermessen. Deianeira war zwar in aller Sage bei jenem
Zuge des Herakles Weib. Aber dass diese ihm schon bei Kreophylos das mit dem Blut des Nessos getränkte Gewand gesandt
habe, lässt sich wenigstens nicht bestimmt nachweisen. Im Frag-
ment des Aeschylos bei Strabo (447. 9.) schwimmt Glaukos „am
Ufer Euböas längs des kenäischen Zeus Gestaden unterm Grab
des unseligen (ἀθλίου) Lichas hin"; da denn das Beiwort des
Lichas, des auf Euböa sehr ruchtbaren (Str. 426), auf dessen Tod
durch den erzürnten Herakles hinzuweisen scheint, weil der Herold Lichas das verderbliche Gewand überbracht hatte (Trachin.
777 -780). Zwischen Aeschylos und Kreophylos lag freilich
eine lange Zeit der webenden Sage und der die epischen Sagenstoffe neugestaltenden Lyriker. Die Heirath des dadurch auch
den Aetolern zugeeigneten Herakles mit Deianeira sammt dem
Abenteuer mit Nessos hatte Archilochos schon lebensvoll dargestellt.[163] Ein anderer Tod des Herakles verlautet aber nirgends,
als der auf dem Oeta. In Hesiods Theogonie, 950 — 955, ist
eben nur die Apotheose bezeichnet.[164]

23. Fortsetzung. Die Thebais.

Soviel von der einheitlichen Epopöe des Kreophylos, deren
einzelne Particeen, wie nicht zu zweifeln ist, beim Einzelvortrag
als dem grösseren Ganzen angehörig erkannt wurden. Ebenso
verhielt es sich mit der Thebais, auch die Ausfahrt des Amphiaraos genannt. Diese Epopöe vom Zuge der Sieben gegen Theben, den wir Buch 2 §. 9 in vorhomerischen Liedern schon
reichlich besungen fanden, umfasste, im homerischen Stil ausge-

dieser Sage. Ob der Scheiterhaufen vom phönikischen Herakles auf den
thebischen übertragen ist (Welcker Cycl. 1, 235), weiss ich nicht zu entscheiden. Ein Fest wurde ihm allerdings in Tyros gewidmet: Dio Chrys
33. S. 23 Rsk. oder 467 Emp.

163) Fr. 146 (p. 569) Brgk. Schneidew. Philol. 1. 148ff. bes. 150.

164) In der Wortfolge hat Voss gewiss richtig das wohnt mit bei
den Göttern verbunden, das ναίει, wohnt, erfordert, wie es den Aufenthalt bezeichnet, diese Verbindung. Das ἐν ἀθανάτοισι mit μέγα ἔργον
zusammengefasst, könnte keinen andern Sinn haben als bei, unter, vor
den Göttern vollbracht, und müsste auf die Vermählung mit der Hebe
gehen. Dies ist für Hesiod unwahrscheinlich, der eher in seiner Wort-
stellung die zwei Momente scheidet.

führt, in runder Zahl 7000 Verse. Der im andern Titel als Hauptperson bezeichnete Amphiaraos ist dies dem schwersinnigen Geiste der Handlung gemäss. Wie sein Name auf Gebet lautet, ist er der weise Seher und starke Held in Einem, vor dem vom fluchtragenden Polyneikes angeregten unter wiederholten bösen Vorzeichen vollführten, unheilvollen Heerzuge, während desselben und bei seinem Ausgange; er ist der von Zeus und Apollon begabte Träger und Sprecher des Götterwillens, der auf allen Hauptstadien des Unternehmens seine Abmahnung erneuert, doch auch in der abgenöthigten Theilnahme ein bewährter Streiter im Waffenspiel wie in heissester Schlacht, und wird bei dem von ihm vorhergesagten Ausgange des Zugs, wie in dem eigenen Fall vor Theben allein von Allen durch Zeus verherrlicht, von dem anderen Anführer Adrastos durch den anerkennendsten Nachruf gefeiert.

Eben dieser Lobpreis, uns in Pindars Nachbildung aus der Thebais überliefert, ist uns das sprechendste Beispiel, wie eine nicht erhaltene Epopöe aus nachfolgenden Dichtungen oder Stellen anderer Dichter als ihre Quelle erkannt wird. In den eigenen Versen sind nur die Flüche des Vaters Oedipus, also das die Handlung beseelende Motiv, und die Flucht des allein entkommenen Adrastos auf dem wunderschnellen Pferde, auf uns gekommen; ausserdem bestätigen vereinzelte Citate einzelne Züge unmittelbar. Hierbei aber zeigt sich gerade an dieser nicht selbst vorliegenden Epopöe das ganze Verhältniss der Sagenpoesie nach ihrer Vorgeschichte und ihrer Fortwirkung. Wie die homerischen und nächsthomerischen Epopöen mittels Neubildung aus älteren Liedern stammen, geben hier die Buch 2 §. 9 aufgewiesenen Lieder vom Zuge der Sieben den bereits gestalteten und beseelten Sagenstoff, den die nachhomerische Thebais zur Kunstepopöe ausgeführt und neugebildet hat. Ihre Darstellungen aber ersehn wir aus den lyrischen und tragischen Poesieen, auch Kunstbildern, welche sie das maassgebende Vorbild war. Die prosaischen Sagenschreiber belehren uns dann nur über den Verlauf des ganzen Zuges im Zusammenhange und über die Folge der Ereignisse, ob sie gleich in einzelnen Angaben die neuernde Volkssage geben statt der durch die Dichtung bestätigten. [165]

[165) Paus. 9, 18, 6 vgl. mit Apollod.

Die beseelten Grundzüge und hervortretenden Hauptbeweger der Handlung nebst den völlig gleich geschilderten Charakteren sämmtlicher Helden geben Pindar in mehren Oden, besonders in Ol. 6 und Nem. 9, Aeschylos in den Sieben, Euripides in den Phönissen, Sophokles im Oed. a. Kol.,[166]) dazu die Lyriker Mimnermos und Bakchylides, und der Epiker Antimachos, endlich Kunstbilder Einzelnes. Indem wir auf Welckers ausführliche Besprechung der Zeugnisse und weiteren Ausflüsse der alten Dichtung verweisen, genügt es für unsern Zweck mit Andeutung der bereits Buch 2 §. 9 gegebenen Vorgeschichte, den dadurch bedingten Anlauf der Epopöe, dann nur die bedeutendsten Vorgänge zu verzeichnen, welche die Stadien der unheilvollen Handlung bilden. Sie eben boten neben dem durch den einheitlichsten Fortschritt empfohlenen festlichen Gesammtvortrag, einzelne Partieen für die ausserfestliche Rhapsodie.

Die epische Gestalt der Sachlage, von welcher die Handlung ausging, war also folgende: die beiden Söhne des Oedipus von der Eurigancia, der ältere Eteokles und der jüngere Polyneikes (der haderreiche), sind bereits entzweit. Polyneikes zum zweiten Mal nach Argos gekommen, hat von Adrastos, der ihm schon bei der ersten Aufnahme als Flüchtling seine Tochter Argeia zum Weibe gegeben, die Zusage, ihn und zwar zuerst in seine Heimath und seine Rechte zurückzuführen. Ihnen schliesst sich zunächst Tydeus an, der aus Aetolien flüchtig, mit Polyneikes von Adrastos aufgenommen, das gleiche Versprechen erhalten

166) Pindar Nem. 9, 16 oder 30 ff. singt, wie nachdem der vorher vom übermächtigen Amphiaraos vertriebene Adrastos jenem zur Versöhnung seine Schwester Eriphyle, die Mannbezwingerin, als Bundespfand zum Weibe gegeben, sie nachmals ein Heer zur siebenthorigen Thebä geführt, nicht die Bahn glückbringender Vögel und nicht Zeus mit seinem Blitze die von Haus Fortrasenden zum Zuge antrieb, vielmehr abstehen hiess vom Streben. Wie in sichtliches Unheil zu gerathen, die Schaar eiferte mit ehernen Waffen und Rossgeschirr. Doch an den Ufern des Ismenos verwirkten sie die süsse Heimkehr und verdampften ihre Leiber. Sieben Scheiterhaufen verzehrten die jugendkräftigen Männer, dem Amphiaraos aber spaltete Zeus mit seinem Donnerkeil den Erdgrund und barg ihn sammt seinem Gespann, ehe noch des Periklymenos Lanze, des Fliehenden Rücken treffend, seinen streitbaren Muth beschimpfte. Aesch. 358 und 377 Tydeus, 404 Kapaneus, 439 Eteokles, 468 Hippomedon, 528 Parthenopäos, 550 Amphiaraos, 622 Polyneikes.

hatte, aber zuvor gegen Theben mitzuziehn mit all seiner Kampfeslust bereit war. Aus Argos selbst rüsteten sich Kapaneus, dessen Schwager Eteokles und Hipponedon. Die andern Theilnehmer warben Polyneikes und Tydeus (II. 4. 476 ff.).

All dieser Rüstung und Kampflust, vornehmlich des Tydeus, trat also der Seher und Held Amphiaraos entgegen. Unstreitig waren die Opfer, die man angesichts des baldigen Auszuges darbrachte, schon in Argos ungünstig wie nachmals (Aesch. 360 oder 79), und es eiferte der wilde Tydeus schon da vor Allen gegen die Abmahnungen des Sehers. Alsbald aber nöthigte die eigene Gattin Eriphyle den Propheten trotz seinen Vorhersagungen wider Willen selbst mitzuziehn. Sie war bei der Versöhnung des Amphiaraos mit Adrastos für Streitfälle zur Schiedsrichterin bestimmt. So gab Iphis, der Vater des Eteoklos und der Gattin des Kapaneus dem Polyneikes den Gedanken ein, die Eriphyle durch das goldene Halsband zu gewinnen, so dass sie für Adrastos' Plan entschied. Dies die Grundverhältnisse der Epopöe, des Amphiaraos Ausfahrt geheissen.

Der erhaltene Anfangsvers kündigt ein Lied vom unheilvollen Kriegszuge an, der von Argos ausging. Wie die ersten Verse der Ilias das Lied vom verderblichen Zorn, die der Odyssee das von Odysseus allgemein ankündigen, so wurde hier das Thema durch das vielgeschlagene (πολυδίψιον) Argos angekündigt. Diese Stellung und Bedeutung des Beiworts als Ankündigung lässt keinen Zweifel, dass die Form ursprünglich ohne δ πολυΐψιον lautete, wie dies die alten Erklärer auslegen zu der einzigen Stelle, wo es in der Ilias und überhaupt noch vorkommt. Er kam ohne Zweifel in jene einzige Stelle aus dem vorhomerischen Liede von demselben Kriegszuge, und hatte da dieselbe Form ohne das δ und denselben Sinn.[167] Das Beiwort vieldurstig ist selbst auffal-

---

167) Es hat diese Deutung des πολυδίψιον als πολυΐψιον (πολυβλαβὲς διὰ τὴν ἧτταν, Schol. zu II. 4, 171) freilich das Bedenken, dass es mehre Composita giebt, mit πολυ und einem ι ohne δ dazwischen. Dies lässt aber nur schliessen, es muss jene Aussprache mit δ aus einer Umdeutung hervorgegangen sein. Nun aber ist diese das durstige, wasserlose Argos aus der zuerst positiven Volkssage mittels Rückdichtung hervorgegangen, die den Wasser- und Quellenreichthum des Landes Argos von Danaos und den Danaiden herleitete. Da sollte denn natürlich vorher dieser Landstrich wasserlos gewesen sein, und ein

lend als Ausdruck und wasserlos hat das Land Argos in der Zeit
des blühenden Epos schwerlich nach verbreiteterem Gebrauch
geheissen. Man hat also zu übersetzen: Argos singe mir, Göttin, das
unheilvolle (vielgeschlagene) woher einst zogen die Fürsten. —
Weiter wird das Proömion den Ort und den Krieg, in den man
auszog, allgemein charakterisirt, besonders aber und schon durch
die nächsten Verse das böse Beiwort erklärt haben „nicht fol-
gend den vielen Warnungen des gottvollen Sehers. Denn es
wehrte Zeus, viel unheildrohende Zeichen sendend, nicht zu
ziehn mit den Fluchttragenden. Doch sie folgten nicht und gingen unter durch die eigene Thorheit".

Nach solcher Ankündigung wird die Exposition des ersten
Buches nach der Vorgeschichte episch die schon versammelten
Helden haben auftreten lassen, und die Entscheidung des dem
Auszug vorhergehenden Streites, in welchem Amphiaraos allein
allen den Uebrigen gegenüberstand, am heftigsten und nicht ohne
Schmähung von Tydeus überschrien wurde, in lebendigster Scene
geschildert haben. Während nun sprechende Fragmente aus der
Thebais des Antimachos ein von Adrastos angestelltes Gastmahl
als auch vom älteren Dichter gewählte Form erkennen lassen, um
die versammelten Helden charakteristisch aufzuführen,[168]) hat die
Auslegung einer Stoschischen Gemme[169]) die aus der Thebais herzuleitende Scene dahin ermittelt, dass Amphiaraos im Hause

---

späterer angeblich hesiodischer Vers nannte das Land so. Nach alledem
hatte Strabo mit seiner Beurtheilung des Beiworts 8. 370, 7. nicht ganz
Unrecht.

168) Antimachos umfasste in seiner Thebais erstens beide Heerzüge
gegen Theben (Stoll. Antim. rel. p. 8 f.), sodann hatte er die Begebenheiten mit sammt der Vorgeschichte in der maasslosesten Weitschweifig-
keit erzählt. In dieser Weise hatte er, wie die Forschung lehrt, in den
ersten vier Büchern die erste Ankunft des Polyneikes und Tydeus bei
Adrastos geschildert und Beide den Hergang ihrer Vertreibung von den
ersten Ursachen her erzählen lassen. Dann erst im fünften erschienen die
Vorbereitungen zum Zuge der Sieben, und hier beschrieb er das Gastmahl,
das er, der nirgends selbst erfinderisch erscheint, ganz unstreitig der
älteren Thebais entnahm: Stoll, Antimachi reliqu. p. 10. Welcker Cycl.
2. 327. Die Urtheile über den Dichter Beruh. 2, 1. 285 — 288, der aber
hyperkritisch verfährt.

169) Welcker Cycl. 2. 332. Anm. 25, bes. aber Overbeck Gallerie
1. 81 f. und Tafel 3, 2.

des Adrastos vor diesem und Polyneikes im Beisein auch des
Tydeus und des Parthenopäos, seine drohend abmahnende Wahr-
sagung ausspricht, welche dermalen auf jene beiden Angeredeten
eine niederschlagende Wirkung ausübt. Beide werden alsbald ihren
streitbaren Zorn gegen den Seher ausgelassen haben, namentlich ist
dies von Tydeus anzunehmen. Ueber dem in der Geberde des
Nachdenklichen sitzenden Polyneikes steht Tydeus, Lanze und Schild
wie kriegsbereit haltend, mit dem Blicke nach Amphiaraos, Parthenopäos gleichfalls aufrecht mit Speer und Schild sieht scharf
nach Adrastos hin. Hierauf folgte dann wohl die weitere Gegenwir-
kung durch Iphis und seinen Anhang, zumal Kapaneus, den auch
besonders wüthigen; Polyneikes bestach die Eriphyle, und diese
entschied den Auszug auch ihres Gatten. Wer die Flüche des
Oedipus erzählt und wo, ist nicht zu entscheiden, nur mussten
sie in der Exposition verlauten.[170] Die Scene des Aufbruchs,
da Amphiaraos vor seinem Hause den Kriegswagen besteigt, war,
ohne Zweifel nach der Thebais, an dem Kasten des Kypselos,
Paus. 5, 17, 7, zu sehn, wovon es heisst: Dann ist das Haus
des Amphiaraos gebildet, davor steht eine Alte mit dem kleinen
Amphilochos auf dem Arm, daneben Eriphyle mit dem Halsbande
und neben der Mutter die Töchter Eurydike und Demonassa, auch
der nackte Knabe Alkmäon. Baton, des Amphiaraos Wagenlenker, hält in der einen Hand die Zügel, in der andern eine
Lanze. Amphiaraos, mit dem einen Fuss schon auf dem Wagen,
ist mit gezücktem Schwert gegen die Eriphyle gewandt, indem
er vor Zorn sich kaum enthalten kann, sie niederzustossen,
doch enthält er sich.[171])

Das erste bedeutende Ereigniss und folgenreiche Abenteuer
auf dem Zuge begab sich bei Nemea. Die Sagenschreiber[172]
erzählen den Hergang so: Nach Nemea gekommen, wo Lykurgos
König war, suchten sie Wasser. Hypsipyle, welche den Opheltes, den kleinen Sohn des Lykurgos und der Eurydike war-

---

170) Vgl. Welcker 2, 331.
171) Overb. Gall. 92, wo darauf mehre Bilder vom Auszug des
Amphiaraos mit nur variirter Darstellung aufgewiesen werden, wogegen
das Bild des Kypseloskastens als das echtere erscheint.
172) Apollod. 3, 6, 4. Paus. 2, 15, 2 und 3. Vgl. Welcker 2, 350.
Overb. Gallerie 107 f. Preller Gr. Myth. 2, 247.

tete.[173]) legte das Kind ins Gras und führte sie zu einer Quelle. Während dessen wird das Kind von einer Schlange getödtet. Die herbeikommenden Helden erlegten die Schlange und bestatteten das Kind. Da verkündet Amphiaraos, dies Ereigniss sei ein Vorzeichen des kommenden Geschickes, und nannte das Kind Archemoros d. i. Beginner des Todesgeschicks. Die Helden stifteten nun zu seinem Andenken die nemeischen Wettkämpfe (Pind. Nem. 10, 28. 8. a. E.). Es siegten damals Adrastos mit seinem Ross, Eteokles im Stadion, Tydeus im Faustkampf, Amphiaraos im Wagenrennen und Diskoswurf, Laodokos mit dem Wurfspiess, Polyneikes im Ringen, Parthenopäos im Bogenschuss.

Dieser schlichten Erzählung wird durch die zahlreichen Kunstbilder, welche die Phasen des den Archemoros treffenden Geschicks darstellen, manches einzelne Moment hinzugefügt, das schon der alten Epopöe angehören kann.[174]) Wahrscheinliche Ausschmückung ist es, wenn Opheltes nicht als Kind, das die Wärterin ins Gras gelegt, sondern sei es als ein Knabe, der Blumen sucht, oder gar jünglingshaft erscheint; nur das Kind war in der echten Dichtung. Dass ein Schrei des umschlungenen Kindes die Hypsipyle und die Helden herbeiruft, dass sie es, da es von Einem Biss getödtet war, todt aber umschlungen fanden, und der mehrfach erkannte Kapaneus oder ausser ihm Hippomedon die kleine Leiche nur von den Ringeln des Drachen befreien und diesen so tödten, dies wären Züge einfach genug, und die sich gut an das Bild des Kastens anschlössen; mögen also aus der Thebais sein. Nachdem das Unglück geschehn, war natürlich die Hypsipyle vom Schmerz und Zorn der Eltern des Kindes bedroht. Von mehren Gestaltungen auch dieses Moments wählen wir wiederum die einfach lebensvollere. Auf einem Bilde am amykläischen Thron, Paus. 3, 18, 7, (12), sah man den Adrastos und Amphiaraos, wie sie die in einem Kampfe begriffenen Tydeus und Lykurgos zur Ruhe bringen. Der Vater des Kindes, Lykurgos, wollte nämlich in der Wuth des Schmerzes die Hypsipyle um-

---

173) Sie war von den männermordenden Frauen auf Lemnos, weil sie ihren Vater gerettet, vertrieben: Apollon. Rh. 1, 620. Apollodor. 1, 9, 17 und 3, 6, 4. Sagenp. 657 f.
174) Overb. Gallerie 107—113. Welcker 2. S. 351 f.

bringen; da stürmte Tydeus auf ihn ein, doch Adrastos und Amphiaraos hielten ihn durch kräftige Mahnung zurück.[175])

Eine andere Scene, wo vor der Mutter Eurydike, die ihr „süsses Kind" beweint, Hypsipyle in demüthigster Stellung steht, während Amphiaraos auch hier Trost spricht, erhält durch eine auf sie lautende Stelle des Simonides Fr. 52 eine gewisse Gewähr, dass auch sie der Thebaïs entnommen sei.[176])

Die nächste selbständige Partie beschrieb die Sendung des Tydeus vom Asopos her an den Eteokles nach Theben mit Vergleichsverträgen, wie sie drei Stellen der Ilias erzählen, sie also in einem vorhomerischen Liede besungen war. Nach dem, was Buch 1 § 9 davon berichtet ist, mag nur zur Charakteristik der Epopöe hier bemerkt sein, einerseits dass bei dieser Grossthat des Tydeus sich der trotz des gegen Geschick unternommenen Zuges präsente Beistand der Athene zuerst recht sichtlich hervorthat, andererseits dass die Sendung dem Dichter Gelegenheit gab, die Verhältnisse in Theben und die Charaktere der thebanischen Helden im Voraus zu zeichnen. Speziellere Züge dieser Partie in poetisch lebendigen Bildern aus der Thebaïs vorzuführen, ist nirgendsher möglich. Doch auf Grund der homerischen Stellen, ja der Natur der Sache lässt sich voraussetzen, dass die Verhandlung mit Eteokles dramatisch dargestellt war, und die Schilderung der Wettkämpfe des Tydeus mit den bei Eteokles versammelten thebanischen Helden in homerischer Weise eine Beschreibung dieser Helden durch Handlung gab.

Das indess weiter gezogene Heer gelangt an den Fluss Ismenos, welcher nahe vor Thebens Nordseite vom Osten nach Westen die Ebene durchströmte. Als der Uebergang über den Fluss bevorstand, da opferte der Seher Amphiaraos, und, da hier wieder unheilkündende Zeichen erschienen, mahnte er zum dritten Mal von dem Vorhaben ab (Aesch. 359 f. oder 78 f.. Stürmisch eiferte Tydeus dagegen und mit Schimpfreden, als spräche der Seher aus Feigheit. Die Verbündeten hielten jedoch alle in Kampflust zusammen und verpflichteten sich heilig, die Stadt zu er-

175) Dies die epische Gestalt des Vorfalls, die uns jetzt nur in Statius Thebais 5, 660 ff. vorliegt. Man erkennt daraus vollends, dass Pausanias die Namen Tydeus und Amphiaraos irrthümlich umstellte.
176) Overbeck S. 114 f. Nr. 26.

obern, oder die Erde mit ihrem Blute zu tränken.[177] So kam
es zur Schlacht, und die Streiter von Argos jagten die Thebäer
in ihre Mauern. Die nun beginnende Belagerung verstanden sie
wenig wirksam zu machen, vielmehr tödteten die Thebäer Viele
der belagernden Schaar durch Würfe von den Mauern herab
(Paus. 9, 9, 2 und 3). An die sieben Thore waren sieben der
angreifenden Haupthelden mit ihren Leuten getreten, denen Eteokles
sieben seiner Mitkämpfer mit je Begleitern entgegenstellte, woher
überhaupt eben die Siebenzahl ruchtbar wurde. Die epische
Erzählung hiervon mochte die Bilder der Helden, namentlich
ihrer Schilde und Waffen geben, wie Aeschylos und Euripides sie
dem Epos nachdichteten. In einer ruhigeren Zeit war die Schwester
der feindlichen Brüder, Ismene, aus der Stadt zu einer Quelle
gegangen, um Wasser zu holen. Da stand sie im Gespräch mit
einem Theoklymenes, als Tydeus sie fand, und, wie Mimnermos[178])
erzählte, sie auf Antrieb der Athene tödtete, wonach die Quelle
Ismenes Namen erhielt.

Es wurde an allen Thoren gekämpft, und überall ward von
den Belagerten mit Pfeilen und geworfenen Steinmassen den Feinden viel Leid angethan. Da rufen (nach Euripides) Tydeus und
Polyneikes: O Danaer! — Was zaudert ihr zu stürmen in die
Thore ein? (Phön. 1145). Da stürmt man denn, und Viele von
beiden Seiten fallen. Parthenopäos seines Orts stürmt gar
drohend mit Doppelhacke zum Niederreissen und Feuer wie ein
Sturmwind an, aber Periklymenos — so die Thebais Paus. 9,
18, 6 — wälzt von der Brustwehr ein Felsstück herab und zer-
malmt ihn; von Tydeus und seiner Leute Speeren werden die
Vertheidiger von der Mauer weggetrieben, da denn Eteokles sie
zum Posten zurückführt. Doch das Bedrohlichste, aber durch
Zeus selbst auch zur Rettung Mächtigste geschieht beim elek-
trischen Thor von und an Kapaneus. Auf von ihm erfundener

---

177) Dies nach Aesch. 43—51 im feierlichsten Brauch, indem sie
ihre Hände in Opferblut tauchten, dabei auch Andenken für die Ihrigen
daheim auf des Anführers Adrastos Wagen legten.

178) Argum. der Antig. d. Soph. u. Pherek. im Schol. zu Eur. Phö-
niss. 53. Die Kunstbilder der Scene Overb. Gallerie 122—124. Wird Theoklymenes von Welcker andersher als aus der Odyssee 15, 256 u. a. als
ein Seher argivischer Herkunft bezeichnet?

Sturmleiter steigt dieser Riesengrosse mit tollstem Prahlen, wieder-
holend die schon frühere Drohung, er werde die Stadt verderben,
ob die Gottheit wolle oder nicht, und auch Zeus' Blitze und
Donnerkeile möchten fallen, sie seien nur Mittagsschwüle — so
steigt er zur Mauer empor unter allen Steinwürfen; an der Zinne
aber trifft ihn des Zeus Blitz beim Krachen des Donners, und
mit zerrissenen Gliedern und brennend stürzt er hernieder.[179]

Als Adrastos an diesem Gericht des Zeus dessen Abgunst
so deutlich erkannte, führte er das Argeierheer aus dem Graben
(Phön. 1157 f.), und die Thebäer dringen vor. Doch Eteokles ruft
von der Mauer, man solle nun die Entscheidung einem Zweikampf der Brüder anheimgeben (das. 1236—1241).[180] So beginnen die feindlichen Brüder wuthentbrannt den Kampf, dessen
Gang Euripides freilich nach den Künsten und Gewandtheiten
seiner Zeit, nicht nach der heroischen schildert, aber ihre Gebete, des Polyneikes an die Here, des Eteokles an die Pallas,
und der Fortgang erst mit der Lanze, dann mit dem Schwert,
haben ihre Vorbilder gewiss im alten Epos gehabt.[181] Auch der
spezielle Gang und namentlich der Ausgang mag insoweit daher entnommen sein, wie Beide zuerst zwar mit schlauen Lanzenstössen
es versucht, aber alsbald Beide ohne Lanze sind, dann zu den
Schwertern greifen, Eteokles den Bruder tödtlich trifft und schon
siegsgewiss die Waffe wegwirft, doch Polyneikes mit letzter Kraft
gegen Eteokles den Todesstoss führt. So liegen Beide und unentschieden ist der Sieg (Phön. 1424).

---

179) Am elektr. Thor Aesch. 404 oder 422 Eur. Ph. 1129. Seine
frühere Drohung Aesch. 407 ff., die jetzige Prahlerei und sein Sturz, Eur.
Phön. 1172—1186 und ders. Schutzflch. 496 ff.: „Dass der Leib des Kapaneus vom Blitz verdampft, auf hoher Leiter stehend, stürzt, der an das
Thor anstürmend, auszutilgen schwur die Veste, woll' es nun die Gottheit
oder nicht". Kunstbilder Overb. Gallerie 126—128, auch Welcker 2, 360.
180) Die epische Sage wusste, da Iokaste wie Oedipus schon vorher
gestorben sind, Nichts von Iokastes Versuch, die Söhne zu versöhnen in
der Stadt, noch von ihrem, der Mutter Gange zum Kampf der Söhne. Es
sind dies Erfindungen des Euripides, so wie der von Teiresias verlangte
Opfertod des Menökeus. Dagegen mag die Eurygameia als gegenwärtig
bei dem Wechselmord ihrer Söhne auf dem Bilde des Onasias (nicht Ona-
tas) bei Paus. 9, 5, 11 vgl. mit 4, 2, wohl der Thebais nachgebildet sein.
181) Il. 16. 335 - 341. 20, 283. 21, 169 und 73. 22, 289 f. 306
und 311 f.

Die Heere geriethen in Hader, ob einer und wer der Sieger sei: alsbald aber entbrannte auch der Krieg von neuem (Phön. 1460 ff.)', wobei die Thebäer die noch nicht Gerüsteten überfallen (1466 f.). Jetzt fielen von den Argeiern alle die, welche nicht schon früher gefallen, so dass nur Adrastos sich rettete. Von einzelnen Siegern und Besiegten giebt sonst nur Apollodor eine Reihe;[182] hervor hebt sich die Hauptscene von Amphiaraos und Tydeus' Untergang, die Apollodor nach Pherekydes[183] ausführlich erzählt und sie, wie der ganze Ausgang, hat an mehren Stellen des Pindar lebendiges Zeugniss und zwar nicht ohne Angabe der Thebais als Quelle in den Scholien.

Beim neu entbrannten Kampf thun sich auf thebanischer Seite die Söhne des Abakos hervor: Ismaros (nicht Ismeros, Welcker) erlegt den Hippomedon, Leades den Eteoklos, Melanippos aber tödtete erst den Menestheus, dann aber verwundet er den Tydeus tödtlich. Da eilt Athene zum Zeus und verlangt von ihm ein Heilkraut, um ihn unsterblich zu machen.[184] Auf dem Schlachtfelde wird unterdessen Melanippos von Amphiaraos gefällt, und es schlägt dieser dem Gefallenen das Haupt ab und reicht es dem Tydeus.[185] Ob nun Amphiaraos durch den Sieg über Melanippos mächtiger als Tydeus erschien, und das Abschneiden des Kopfes wie im Sinne desselben wilden Helden geschehn aussieht, des Sehers Empfindung ist beim Letzteren nicht klar. Tydeus nun spaltet den empfangenen Schädel und schlürft das blutige Hirn.[186] Bei diesem Anblick hielt Athene ihr Geschenk zurück und liess den Wüthigen sterben (Il. 14, 114).

182) Apollod. 3, 6, 8.

183) Pherek. im Schol. zu Il. 5, 126.

184) Bakchylides Fr. 54 b. Sch. zu Ar. Vög. 1536. Er scheint ein anderes Symbol der Unsterblichkeit bezeichnet zu haben statt des Heilkrautes, welches Apollodor angiebt.

185) Amphiaraos tödtet zuerst den Melanippos nach Pherek. dort und Paus. 9, 18, 1. Nach Apollod. aus eigenem Antriebe und eigentlich aus Ingrimm wohl zur Anfreizung; nach dem Schol. zu Pind. 12, 10, 12. that er Beides auf Bitten des Tydeus, der, über die Wunde ergrimmt, zu Beidem aufforderte.

186) Das Schlürfen des Hirns bezeugen ausser den Sagenschreibern Sophokles unb. Fr. 726, 5 f. S. 242 Nek. und Eur. Meleagr. bei Schol. zu Pind. N. 10, 12. Vgl. bei Welcker Cycl. II, 361. Parallelen. — Kunstbilder Overb. 129 ff.

Dass der Sterbende die Göttin gebeten, statt seiner seinem Diomedes künftig ihre Gabe zu verleihen, erscheint als Combination.

Alsbald ward auch Amphiaraos in die Flucht gescheucht von Periklymenos — „denn beim Schrecken des Dämon fliehen der Gottheit Söhne auch" — aber ehe noch der geworfene Speer seinen Rücken erreichte, spaltete Zeus mit seinem Blitz den Boden, dass er den Helden mit Zwiegespann und Wagenführer verschlag, da er hinfort denn als prophetischer Heros waltete.[187])

Mit dieser Entraffung des Amphiaraos bezeichnete der höchste Zeus selbst den Ausgang des unheilvollen Krieges, und erfüllte sich des Sehers eigene Vorhersagung (Aesch. Sieben, 68—70), dass ihn Thebens Boden bergen werde. Nun ist uns die Stelle selbst erhalten, da der allein überlebende Adrastos auf dem wunderschnellen Ross Areion entkommt bei Pausanias S. 25, 8, „in der Thebais wie Adrastos aus Theben floh. Er im Trauergewand mit Areion, dem dunkelbemähnten"; und ebenso des Antimachos, Fr. 33: „Ihn, Adrastos, allein errettet das Ross noch Areion", und des Pindar, Isthm. 6 (7), 10. „Oder da den Adrastos Du aus dem gewaltigen Schlachtruf entsandtest, entblösst der unzähligen Genossen zum reisigen Argos."[188])

Hierneben giebt es einen ungelösten Zweifel. Adrastos ist althier als Typus der gewinnenden Rede ruchtbar, schon bei Tyrtäos.[189]) Wenn nun Pindar in einer dritten Stelle sagt: nach Amphiaraos Verschwinden, als sieben Scheiterhaufen[190]) erbaut wurden, habe Adrastos ein Lob des Amphiaraos gesprochen (Ol. 6, 13 ff.):- „Ich vermisse den Augstern unsers Heers, Beides, den Mann wohlkundig der Zukunft, wohl des Speerkampfs" — so mögen wir damit eine Bestattung der aus der sieben Führer Schaaren Gefallenen verstehn und in der Thebais, aus welcher Pindar

187) Pind. N. 9, 23 f. 10, 8 f. Kunstbilder Overb. 114 ff. Es geschah dies und befand sich das frühere Orakel in der Nähe von Theben in Knopia, Paus. 1, 34, 2. Strabo 9, 399 und 404. mit den unb. Fr. des Soph. 870 Nck., später ward das Orakel in Oropos berühmt. S. Preller, Ber. d. sächs. G. d. W. 1852. S. 166 ff.
188) Dass das Ross Areion bei Pindar, Pyth. 8, 48 ff., nicht weissage, ja gar nicht genannt sei, ist schon Anm. 175 nachgewiesen worden.
189) Tyrt. 12, 8. γλῶσσαν δ' Ἀδρήστου μειλιχόγηρυν ἔχοι, Hätt' er des Adrastos freundlich gewinnenden Mund.
190) Sieben Scheiterhaufen dort auch Nem. 9, 24.

nach Zeugniss schöpfte, eine längere Rede zur Feier der Ge-
fallenen annehmen, wobei Amphiaraos vor Allen hervorgehoben
wurde, immer fehlt uns der natürliche Fortschritt zur Flucht
des Adrastos und immer bleibt hier die Frage, ob im Epos
Adrastos seine Wohlredenheit nicht in einer Verhandlung mit den
Thebäern über die Bestattung seiner Genossen, überhaupt als
Kraft der Ueberredung bewährt habe. In der neueren tragischen
Gestalt der Sage nimmt Adrasos die Athenäer und den Theseus
dazu zu Hilfe, und dessen Beredtsamkeit bewirkte das Gewünschte
(Plut. Thes. 29).[191] Anzunehmen ist nach allen Vorstellungen
und Bräuchen der Griechen und ihres Nationalepos, dass die
Bestattung der Todten in der Erzählung nicht unerledigt blieb,
und vor Allem die der im Wechselmord gefallenen Brüder. Auch
über Polyneikes musste entschieden werden und Antigone mag
schon in der Epopöe ihre Rolle gehabt haben, wie in Aeschylos
Sieben und in Sophokles Antigone, nur eine einfachere, da Ismene gar nicht mehr am Leben war.

Die andere Epopöe aus der thebanischen Sage, die Epigonoi,
war zwar schon durch ihren Stoff einheitlich und lässt sich nach
ihrem allgemeinen Verlauf und ihren Hauptpartieen wohl erkennen;[192] allein wie sie als eine in unglaublicher Weise schwache
wiederholende, gewiss viel spätere Nachbildung der Thebais erscheint, kann man nicht geneigt sein, sie in Rechnung zu bringen,
wenn von dem nationalen Leben der Epopöen durch Rhapsodie
die Rede ist. Sie wird meistens nur gelesen und als Quelle benutzt worden sein; zu Kunstbildern soviel kenntlich auf uns gekommen, wenig.[193]

24. Die Hauptstätten der Rhapsodie und die Rhaps-
odenzünfte an mehren Orten. Nach §. 21. das Genauere.

Es sind in den nächstvorhergehenden Paragraphen den beiden homerischen Musterepopöen, deren einheitliche Partieen
durch die Rhapsoden, wie sie dieselben vorzutragen pflegten,

---

191) Die Vermittelung Welckers, Cycl. 2, 369, wo auf jene Trauer-
cäremonie unmittelbar die Flucht des Adrastos im Trauergewande folgt,
erscheint mir unzulässig.

192) Welcker Cycl. 2, 380—388 ff.

193) Overbeck Gallerie 158—163.

den Sammlern des Peisistratos zukamen, noch drei vor andern
einheitliche hinzugefügt. Diese ihre umfängliche Einheit ward
hier geflissentlich hervorgehoben, um es recht zu betonen,
in wie natürlicher und gebietender Wechselwirkung die epische Darstellungsweise und ganze poetische Oekonomie mit
dem lebendigen Vortrag der Rhapsoden standen. Sie eben,
die Aethiopis, die Einnahme Oechalias und die Thebais zeigten
sich in gleicher Weise wie die Ilias und die Odyssee für beiderlei Art und Gelegenheit des Vortrags, den ausserfestlichen Ein-
zel- und den festlichen Gesammtvortrag, geeignet und gedichtet.

Hiernächst ist aber vorzüglich der Gesammtvortrag der beiden homerischen umfänglichen Epopöen zu ermitteln wie er von
sich ablösenden Rhapsoden nach den obigen drei übereinstimmenden Zeugnissen vor sich ging und üblich war. Da die Zeugnisse nur die formale Beschreibung geben und nur auf Attika
nach Peisistratos zu lauten scheinen, so gilt es nun, für die
frühere Zeit ihn in seiner thatsächlichen Ausführung und als
gerade älterher von Homer selbst ausgehenden Brauch aus den
geschichtlichen Anzeigen darzulegen.

Zu diesem Zweck sind die bekannten Stätten der Rhapsodie
zu unterscheiden und die Orte zu beachten, wo die sagenhaften
Angaben Homers Heimath oder bleibendere Wirksamkeit hin-
setzen. Wie wir aber dabei das Wesen der Sage überall erkennen,
ist es uns ein maassgebendes Gesetz bei der Vielheit dieser Angaben Verschiedenes zu beachten. Erstens kommt der Fortgang
der Zeit, der Lauf der Jahrhunderte von Homers Lebens- und
Dichtungszeit bis zu Lesches, dem letzten organischen Epiker, in
Betracht, dann ist die andere Entwickelung besonders wichtig,
wo vor Peisistratos die andern Gattungen der nationalen Poesie,
die iambische, elegische, die mannigfache lyrische sowohl das nationale Interesse, als auch den Raum für die Vorträge neben der
Rhapsodie in Anspruch nahmen. Wo so viele andere Poesieen
zu den Agonen der Feste gebracht wurden, musste dieser Umstand, wie sich von selbst ergiebt, theils die Rhapsodie aus manchen Festen ganz verdrängen, theils den Raum für epische
Gesammtvorträge benehmen, ja mitunter nur Einzelvorträge,
selbst in Festakte bringen. Dies also wirkte gerade zu der
rhapsodischen Vereinzelung der Partieen und dies wieder gab

Veranlassung zur Sammlung, welche mit unschwerer Mühe, wie oben gezeigt, den Zusammenhang herstellte, nur mittels einzelner Zubildung oder durch Bindeverse, möglicherweise in einzelnen Fällen mittels Entscheidung zwischen verschiedener Form einzelner Stellen.

Wie nun überhaupt die Ueberlieferung über die vorpeisistratische Zeit das Wichtigste in der Geschichte der homerischen Poesie ist, so handelt es sich wiederum mehr um die ältere Hälfte, die Blüthezeit der Kunstepopöe bis Lesches und um die Form der nationalen Ueberlieferung dieser von Homer, dem Stifter und Meister, selbst an. Die Urfrage, ob und wie der Stifter und Bildner umfänglicher Epopöen, und so umfänglicher, zumal Beider nach einander, solche geschaffen habe, und habe denkbarer Weise schaffen und überliefern können und mögen, steht ja zuerst zu beantworten. Sie ist ein schwieriges, aber ein von aller Geschichte nicht blos des Homer bei den Griechen, sondern der Epopöe der Griechen gegebenes und der Forschung aufgegebenes Problem. Noch hat es Niemand eingehend genug besprochen, auch Welcker nicht, noch ein Anderer der Vielen, die wir in der Anerkennung einheitlicher Gestaltung beider Werke einstimmig gehört haben. Die beiden Muster der Gattung haben gerade einen so grossen Umfang, wie keine zweite nationale Epopöe der Griechen, denn von den uns durch die freilich sehr dürftige Kundgebung genannten Verszahlen sind die höchsten 9100, dann 7000, während die Ilias und Odyssee, wenn auch im Fortgang durch die verschiedenen Einschiebsel je um einige Tausend gewachsen, doch ursprünglich nach ihrem ausgeführten Plane zu der mehr als doppelten Länge in Vergleich mit jenen Zahlen anzunehmen sind.[194] Dieser grosse Umfang wird freilich nicht blos von dem des indischen Epos, sondern auch von dem iranischen des Firdusi noch weit übertroffen. Sein Schahname umfasst 60000 Doppelverse. Doch einmal hatte er, der im 10. Jahrhundert der christlichen Zeitrechnung dichtete, den vollen Gebrauch der Schrift, so wie die in der Handlung selbst vorkommenden mehren Briefe auch den Personen diesen Gebrauch

194) Nach dem überlieferten Texte umfasst die Ilias über fünfzehn, die Odyssee über zwölf Tausende von Versen: 15599. 12396.

beilegen. Sodann kann, wenn denn das Schahname mit dem griechischen Epos nach Anlage und Umfang soll verglichen werden, dieser Vergleich nicht mit der Ilias zulässig erscheinen, sondern allenfalls nur mit der ganzen epischen Poesie der troischen Sage. Nur mit einzelnen Partieen kann die Ilias verglichen werden. Die in dem Schahname herrschende Einheit ist die umfassendere eines durch viele Menschenalter und Jahrhunderte fortwirkenden Kampfes, des Kampfes des iranischen Heldenthums gegen die Mächte der Finsterniss; „in ihm hat sich das ganze reiche Leben der Begebenheiten von Jahrhunderten concentrirt".[195])

25. Homers grosse Compositionen ein Problem von der Geschichte gestellt, durch Anerkennung des Dichtergenius zu lösen.

Ganz anders der Meister der griechischen Epopöe. Er traf zuerst eine Auswahl aus dem umfassenderen Sagenkreise vom troischen Kriege. Er wählte von den sechs Partieen, in welche der Stoff sich selbst scheidet, diejenigen zwei, welche ebensowohl für persönliche Einheit als für Durchbildung zum Weltgemälde die günstigsten waren. Die Empfehlung und der Kunstwerth, den die Einheitlichkeit hat, der des beseelten und übersehbaren Organismus, ist ja keineswegs blos durch die geniale Dichterkraft, sondern gar sehr durch die Beschaffenheit des Sagenstoffs bedingt. Hierbei ist aber auch die Vorstellung zu verwerfen, als habe die wachsende troische Sage sich um Achill und Odysseus gruppirt. Der Stoff war immer ein überkommener, nicht neugedichteter. Für seine Ausprägung ist die von dem Grundmotiv beherrschte Ausführlichkeit an sich eben das Gehörige, das Schöne. Der epische Stil selbst führt auf umfängliche Dichtungen. Allerdings ist es eine viel verbreitete Ansicht,

---

195) S. Fr. v. Schack, Heldensagen von Firdusi, Berl. 1851. S. 74 bis 76, wo es heisst; „Eine grössere Gewalt erhält die Grundaction ferner dadurch, dass der Streit des iranischen Heldenthums mit den Mächten der Finsterniss zugleich als Streit des guten Weltprinzips mit dem bösen dargestellt wird" u. s. w. Eine Art von Recapitulation des Ganzen d. h. der Reihe der Hauptkämpfe geben die Partieen im andern Werk von Schack: Epische Dichtungen aus dem Persischen des Firdusi, Berl. 1853. B. 2. S. 375—379 und S. 389.

dass der Dichtergeist das Maass der Ausführung seines Plans,
den Zorn des Achill zu besingen, von den für den Vortrag gegebenen Umständen habe abhängig machen müssen. Dem widersprechen aber sowohl die Geschichte anderer Dichtungsarten und
der Dichter-Agonen selbst, als auch die maassgebenden Begriffe selbst.

Die Ungehörigkeit der Schlussfolgerung aus den Vorträgen
bei den Fürstenmahlen in der Odyssee ist schon oben mit Lehrs'
und Andrer Worten bemerkt. Bedurften die Sänger oder Rhapsoden der Zeit und der Gelegenheiten zu ihren Vorträgen, so ist
es doch voreilig, zu urtheilen wie nach Wolf G. Hermann und
andere Stimmen wiederholen. Da heisst es „eine Unglaublichkeit
ist es, dass man in Zeiten, wo die Poesie durch mündlichen Vortrag mit dem Leben verwebt war, und wo man nicht Bücher
las, den Gedanken gefasst habe, Gedichte von einem Umfange
zu verfertigen, der für den Gebrauch ganz zwecklos gewesen wäre“, oder: „Wo keine Gelegenheit für das Publikum
der Dichter vorhanden war, so grosse Ganze zu geniessen, da
war auch für den Dichter selbst, so scheint es, kein Anlass, dieselben zu schaffen.[196]) Dieser Einwand ist in seinem Vordersatz
irrig, so wie nach der Geschichte, wie gesagt, unrichtig. In dem
Verhältniss der dichterischen Schöpfungen zu den Gelegenheiten
des Vortrags sind jene für diese das Maassgebende gewesen, nicht
umgekehrt. Die Geister haben die Umstände beherrscht und die
erforderlichen Institute erwirkt. Wenn Terpandros uns als der
erste Sieger bei den in der 26. Ol. gestifteten Karneien in Sparta
bezeugt ist, so erkennen wir, dass seine bereiten Poesieen den
Anlass zu der Stiftung des musischen Agon gaben. Bei aller
Dürftigkeit und Zufälligkeit der Nachrichten leuchtet uns ferner
ein, dass in Athen die vier Tage hinter einander, wo der Schauspieler Polos, obschon 70 Jahre alt, in acht Rollen spielte (Plut.
an seni c. 3 a. E.), erst für tragische Aufführung bestimmt wurden, als die reiche Zahl der Tragiker mit ihren Tetralogieen

196) G. Hermann Op. VI. 81. Susemihl, Rec. in N. Jahrb. f. Philol.
und Päd. Bd. LXXIII. H. 9. S. 600 f. (Dieser Recensent befleissigt sich
des umsichtigen Urtheils, ist aber weder von falschen Angaben oder Miss-
verständnissen noch von Widersprüchen frei.) Wohlem. Ribbeck in Phil.
8. S. 465.

zusammenkamen, um das Publikum zu vergnügen. Maassgebend war dem freien Dichtergeist nur das Sagenbewusstsein und nationale Interesse seiner Zuhörer. Die Zeit und der Ort für die Vorträge fand sich. Wie die wahre Epopöe der Griechen nirgends anders hergeleitet werden kann, als von Homer und seinen beiden Mustern, nicht von Arktinos oder sonst Jemand, so hat jener Dichtergenius von allen Seiten her geistige Anregung gehabt, die Sagentheile von den beiden ausgezeichnetsten Helden des Troerkriegs mittels Neudichtung und verknüpfender Ergänzung zu den grossen Weltgemälden auszuprägen.

Der Sagentheil vom Zorn des Achill gehörte ja dem nationalsten Völkerkampfe an, und gab damit einerseits Gelegenheit, das Götterregiment darzustellen, anders als Lieder vom älteren Heldengeschlecht mit den nur einzelnen Schutzgöttern. Eben dadurch ward Homer der Hauptzeuge für die Theologie der Griechen. In jenem Theile traten die Parteien der Götter, die griechische und troische so lebendig wie in keinem andern sich entgegen; aber besonders gab andererseits kein zweiter solche Anregung und Gelegenheit, den höchsten Zeus in seinem Walten über den Parteien der Götter und der Menschen zu schildern und zu verherrlichen. Schon dies führte also auf Darstellung des Verlaufs der Wirkungen und Folgen des Zorns.

Aber dieser selbe Stoff gab auch wie kein anderer den Raum, für das allgemeinere Interesse die andern grossen Helden in gut epischer Weise hervortreten zu lassen. Dass aber der schöpferische Neubildner damit nicht blos ältere Lieder von den einzelnen Vorkämpfern zusammengereiht habe, ist durch die obige Nachweisung, wie die Aristeien mit dem Ganzen verwebt sind, dargethan. Vornehmlich aber ist es an den vielen Partieen erkennbar, welche, wie sie noch weniger für blos gesonderten Vortrag geartet sind, entschieden dem Fortschritt des Ganzen dienen und ohne Frage eben erst vom Schöpfer dieses ganz neu gebildet sind.

Hieran schliesst sich das für die Persönlichkeit Sprechendste, weil Eigenste, das Gemüthliche, womit und wie der Dichter die Handlung seiner Gedichte durch Motiven und die' sie tragenden Charaktere der Menschen und Götter beseelt hat. Hierdurch, durch die Seele, die er seinen Gedichten eingeflösst, und besonders hierdurch hat Homer die neue Periode der epischen Poesie geschaffen.

Ueberhaupt ist zu erkennen, dass es nicht die Eigenschaften des Einzelliedes allein sind, welche das Wohlgefallen und die Werthschätzung des Nationaldichters erzeugt haben. Das dramatische Leben, und die immer frische und wie anschaulich durchsichtige so nirgends Mühe verrathende Darstellung, diese Eigenschaften zeugen für den einigen Dichtergenius nur, insofern sie durchgehend vorhanden sind. Wo sie fehlen, erkennen wir spätere Entstellung des Ursprünglichen. Was den Ruhm und die hohe Würdigung dieses einzigen Nationaldichters hervorrief, waren stofflich Gesammteigenschaften, seelisch die inneren das grössere Ganze durchdringenden und wie verbindenden so bemessenden Eigenschaften. Als stoffliche Gesammteigenschaften bewähren sich die fast alle Stämme umfassenden Heldenbilder und die Mannigfaltigkeit der theils aus den älteren Liedern meistens als Redestoff eingewebten Sagen, theils (in den Gleichnissen) die aus allen Sphären der Natur und des Menschenlebens angebrachten Bilder, endlich in der Erzählung selbst der Wandel und Wechsel derselben, da in grösserem Maasse in der Odyssee aber auch in der Ilias der Wechsel der Scenen, der Personen, der Lebens- und Weltbilder den grössten Reiz übt. Als innere Eigenschaft haben wir erstens die durchherrschende Gleichheit der Charaktere zu zählen, wo ausser ihrer Haltung in der Ilias besonders die Gleichheit derer in Betracht kommt, welche beiden Epopöen gemeinsam sind, indem weder bei Helena, noch bei Odysseus, geschweige bei Menelaos und Nestor eine Ungleichheit, vielmehr nur die sinnigste Durchführung gefunden wird. Aber noch entscheidender ist ein anderes Moment innerer Eigenthümlichkeit für die gemüthreiche Sinnigkeit und die schöpferische Erfindsamkeit des seltenen Genius. Wir meinen die gewählten und durchgeführten Motive des Zorns in seinen Wirkungen und der Heimkunft und Rache des Odysseus.

Dass ein solcher einheitlicher Gedanke von einem Dichter habe gefasst, ein solcher Plan ausgeführt werden können, wird von den Gegnern der antiken einheitlichen Auffassung aus mehr als Einem Grunde noch heute geläugnet. Den ersten Einwurf, den man von den fehlenden Gelegenheiten entnahm, wies Welcker Cycl. 1, 348) selbst in seiner ersten Instanz als unzureichend nach.

Der zweite Einwurf ist der, dass ein so fein angelegter Plan
wie vollends der der Odyssee nur die spätere Frucht allmähli-
ger dichterischer Uebung und auf einander folgender Beispiele
sein könne. Das Aeusserste dieses Urtheils in der Beziehung auf
die Dichtergabe als Naturgabe war, dass man den Homer, wie
Wood (Originalgen. S. 11 ff.), als Naturdichter fasste. Diese Auffassung hat sich zu der Anerkenntniss berichtigt, dass das Genie
die Einheit von Natur und Kunst nach seinem Wesen darstelle,
indem eben sein Wirken unmittelbar das Kunstverfahren zuerst
vorbilde (Nägelsb. Hom. Theol. 1 ff.). In der Sprache der Theorie
drückte man das so aus, dass den Griechen und ihnen allein in
ihrem Homer das Glück geworden, ihr National-Epos zu vollenden in dem Momente, da eben die naive Poesie die Vortheile
der Kunst in sich aufnimmt und die Kunstpoesie den ganzen
Vortheil der Naivetät geniesst (Vischer Aesthet. 3, 2. 1287 vgl.
oben mit Buch 2 Anm. 98).[197]

Die Geschichte des griechischen-Epos lässt uns diesen Hergang zumal bei dem Lichte der Vergleichung des Epos anderer
Völker genugsam erkennen. Beides wird uns klar, sowohl, was
es war und wie es geschah, dass die naive Posie in das Werk
und Wesen der Kunst überging, als das Andere, wodurch das
griechische Epos zu seinem Vorzug vor den grossen Compositionen anderer Völkerstämme gelangte.

Es ist schon Buch 1 §. 13 der Gegensatz von Volks- und
Kunstdichtung in gewisser Beziehung als unrichtig bezeichnet.
Die jedenfalls zum Dichten erforderliche besondere Begabung,
die nur Einzelne auszeichnende Stärke des erfindsam bildnerischen
Vermögens ist kein Gemeingut, sondern immer Vorzug besonders
begabter Sänger. Bei keinem Volke hat Jedweder vermocht, wo
Anlass gewesen, nicht blos sein Gefühl von Freud' oder Leid,
sondern die Sagen der Vorzeit seines Stamms zu singen. Wenn
die Sänger alle als Behälter und Bewahrer des Sagenschatzes
erschienen, zeichneten sich Einzelne als annehmliche Erzähler
besonders aus (gleich dem Phemios der Odyssee, 22, 347). Es

---

197) Inwiefern weder das indische, noch das iranische grosse Epos
diese glückliche Vereinigung erreicht habe, zeigt Vischer das. von jenem
S. 1286, von diesem S. 1293.

war die Gabe der lebendigen Vergegenwärtigung des früher Geschehenen, der handelnden Personen sammt der Scene, durch welche die vor andern berufenen Erzähler gefielen. Nun machten aber die Liederstoffe selbst verschiedene Anforderungen an das Talent des Sängers. Die meisten früheren Lieder hatten nur eine einfache einzelne Handlung erzählt. Sie also, wie sie Buch 2 §§. 4 und 5 einzeln verzeichnet sind, hatten von den vorhomerischen Aöden nur das Talent anschaulicher Erzählung und Beschreibung verlangt, auch die Gemüthserregungen waren einfachen Wesens. Und selbst die vorhomerischen Einzellieder aus den Sagen des jüngeren Heldengeschlechts, die vom Heerzuge gegen Theben und die aus dem Troerkriege, hatten zum Theil denselben einfacheren Charakter, wie das von Tydeus Sendung vor der Ankunft des Heeres in Theben und das von den Streifzügen des Achill vor der Zeit des Zorns. Gab es hier auch umfänglichere Stoffe, wie wir sie in der Odyssee dem Phemios und dem Demodokos beigelegt gefunden haben, und hatten diese auch die Buch 2 §. 8 charakterisirten tieferen Motive, so bildeten sie doch nur auch hierin den Uebergang zu den Schöpfungen des Homer, indem sie und selbst jene Einzellieder nicht umhin konnten, die ihrem Ganzen innewohnenden tieferen Motive zu berühren.

Es ist aber das Neue beim Beginn der zweiten Periode der epischen Dichtkunst, dass darin alle bewegenden Ursachen ethischer Natur sind, und dass die Handlungen unter dem das Thun der Menschenwelt überwaltenden Götterregiment stehn. Im tieferen Sinne ethischer Natur sind sie, als auch die Lieder und kleineren Ganzen der ersten Periode, nach dem griechischen Sprachgebrauch des Worts, ethisch bewegt d. h. eine Strebung schildernd, welche bei der Heldenkraft durch Kampf ihr Ziel erreicht. Das giebt überhaupt nur ein durchgeführtes Motiv, wie alles Epos die thatlebendigen Menschen schildert und jedes epische Ganze durch eine entstandene und durchgeführte Strebung darstellt.

Gegen diese ältere, auch ethische Motivirung ist es etwas Neues, wenn die handelnde Menschenwelt unter die nationalen Sittengesetze gestellt erscheint, wenn ganze Völker und grosse Verhältnisse, durch die Leidenschaften der Menschenbrust in Kampf und Conflicte gebracht, dargestellt werden, wenn Kriegsparteien der

Menschen und Götter einerseits von Beiden eine zahlreiche Reihe
verschiedener Charaktere zu schildern geben, wenn andererseits
das Menschengemüth auch in den Tüchtigsten seine der Leidenschaft ausgesetzte Natur erwiesen hat, und wenn der Glaube,
den die Sänger mit ihrem Volke theilen, über aller dieser Bewegung den höchsten Gott waltend denkt. Um ein solches Weltbild zu gestalten, da muss wohl ein grosser Geist eintreten.

Homer, der es war, hatte eine liederreiche Vorzeit. Die
spezielle Sage vom troischen Kriege war in vielen Liedern besungen und ihm also bekannt. Die von ihm getroffene Auswahl der
zwei Theile dieser Sage und vornehmlich die des Achillszorns
mag wohl auch den Grund gehabt haben, dass dieser Theil mit
dem Kampfe der beiderseitig grössten Helden den Hauptakt des
gesammten Krieges bildete; allein so gewiss auch die Erzählungen
vom Zorn von ihm als ein Stück der Erzählung vom Kampfe
um Troia behandelt ist und behandelt werden musste, der Inhalt
des Stoffes, die Handlung selbst und alle ihre Ausführung ist eine
so charaktervolle, von Erregungen und mannigfachen Aeusserungen
der Menschenseele so durchdrungene, dass diese Eigenheit, d. h.
die Fähigkeit dazu, an welcher kein anderer Sagentheil ihr
gleichkommt, der besonders anziehende Grund der Wahl gewesen zu sein scheint. Der Centralpunkt dieser Anschauung war
die Seele des Achill mit seinem Selbstbewusstsein und seinem
in allen Affecten gewaltigen Gemüth, wie der Dichter es auffasste.

Die Wahl eines Sagenstoffs und der ihm angehörigen älteren
Lieder war immer Wahl des ihnen innewohnenden Motivs, der
sie beseelenden Idee. Nun ist es eben das Wesen eines Kunstwerks, dass es eine Idee ausprägt und durchführt (s. oben Buch
1 §§. 11 und 13). Sonach übte Homer Kunst, indem er die
Idee des Achillszorns zur Seele seiner Epopöe machte, und, da
dieser Sagentheil der bezeichneten seelenvollen Art war, eben
diesen Charakter des Stoffs in schöner Entwickelung ausführte.
Es hatten die von Homer vorgebildeten Epopöen durch ihren
ethisch religiösen Geist eben sämmtlich Motive, welche das Ganze
tiefer durchdrangen.

Homers Poesie hatte und bewahrte dabei das Wesen der
Naivetät. Er stand eben noch ganz auf dem Standpunkte, wo,
wie es in der Einleitung dieser Schrift gezeichnet ist, die Phan-

tasie in den Geistern über alle anderen Kräfte obherrschte, und
wo daher beim Dichter Dichten und Denken, bei seinen Hörern
Wissen und Glauben noch ununterschieden waren. Wenn der
Dichter das Erzählte vergegenwärtigte, als sei er selbst bei Allem
gewesen, so galt die poetische Wahrheit der Wirklichkeit gleich.
Als von der Muse gelehrt, hatte er nicht blos nach dem Glauben
seiner Zuhörer Beruf und Befähigung, von den Göttern, von der
Unterwelt, von den fernen Phantasiegebieten zu erzählen,
sondern er selbst dichtete in dem Glauben, das Leben und Wesen der Götter sei so und ihre Thaten seien so erfolgt, wie er
es sich vorstellte.

Ebenso nun und vollends bei der Darstellung der Helden-
charaktere. Das Verhältniss des Dichtergeistes zu den vom Volksgeist überlieferten Personen und Vorgängen war längst nicht
mehr das uranfängliche. Mochte eine Heldengestalt ursprünglich
mittels einer Personification erdacht sein oder den wirklichen
Ahn eines Fürstengeschlechts darstellen, unzählige solche Reihen [198]) lebten längst im Bewusstsein der Stämme und eine Fülle
von Liedern hatte jenen Gestalten bereits die individuellen Züge
angeeignet, welche, dem hörenden Volke bewusst, auch in aller
Neudichtung gewahrt werden mussten. Kein Epiker that anders,
aber durch Homers seelenvolle und namentlich dramatische Darstellungsweise wurde das persönliche Wesen der ihm zugekom-
menen Helden und Götter vollends so durchgebildet, dass sie
nach seinen Bildern im Glauben fortlebten und als Typen des
Menschenlebens gebraucht wurden.

In dieser Weise wirkten Naivetät und geniales Kunstvermögen bei Homer zusammen. Sein bildnerischer Kunstgedanke
hatte eben schon den Stoff ergriffen, der ihm neben den reicheren Anlässen zur Seelenmalerei die schöne Gelegenheit bot, seine

198\) S. oben Buch 1, §§. 12 und 13. Höchst verwunderlich ist es,
dass der Gedanke, noch in Homers Nekyia lasse sich Odysseus als ursprünglich agrarischer Gott erkennen, auch bei gewiegten Forschern entstehen konnte; Sengebusch, Rec. in N. Jahrb. B. 67. H. 6. S. 631. Da
wird der Etymologie Alles geopfert, und nachdem alles individuelle Leben
von den Sagengestalten abgestreift ist, die übrig bleibenden dürren
Skelette eigenmächtig gedeutet. Es kommt auf die ganze Sage an und
auf das allmählige Werden der vorliegenden Gestalt; davon ist Nichts erklärt. Denn dies ist durch die Hinweisung auf die Kephallenen nicht gethan.

über den Parteien stehende Humanität zu offenbaren. Eine wirkliche Epopöe nationalen (Sagen-) Stoffs konnte nur zur Vortrefflichkeit gedeihn, wenn ein vortrefflicher Stoff, und eine vortreffliche Dichterkraft in Eins wirkten. Der Vorzug, den die Ilias und Odyssee vor den grossen Compositionen anderer Völker haben, beruht ebensowohl auf den concentrirenden Stoffen, als auch den mannigfachen Erweisungen der Dichterkraft.

Die Wahl des Stoffs ist immer auch heute das erste Werk der Erfindsamkeit und speziellen Erfindung. Aber der antike Nationalepiker war gewiesen, nur aus überkommenen Sagenkreisen, und Theile von diesen zu wählen. Nothwendig waren es Lieder, in welchen dem Homer die verschiedenen Akte des Troerkriegs überliefert vorlagen, sonst wären es nur einzelne Data gewesen.[199])

––––––

199) Dieser Umstand wurde von manchen Beurtheilern der Gedichte nicht beachtet, und irriger Weise die Verschmelzung kleinerer Lieder zu einem umfänglicheren Ganzen als eine unschwere, kaum mehr als die Uebung in Versbildung verlangende Leistung bezeichnet. Oder aber es ward in so weit treffend geurtheilt, da alle Kunst in ihrer Jugendzeit stets etwas Traditionelles sei, und nur dadurch sichere und rasche Fortschritte mache, so müsse die epische schon bedeutend ausgebildet gewesen sein, ehe ein Homer habe auftreten können. Dieses Letztere setze nun eine Schule voraus, und wenn Homer seine Schule vorzugsweise auf den Kreis der Ilias hingewiesen habe, so müsse auch vor ihm schon in diesem Kreise gedichtet sein.*) Der vortreffliche Verfasser dieser Betrachtung ist bei lachmannischer Grundansicht doch dahin vorgeschritten: „in der Ilias, selbst in der jetzigen Gestalt, einen im grossen Ganzen echt künstlerisch angelegten Plan zu erkennen, S. 277., dem er nur (im Lüneb. Progr.), unrichtig grade hier, die Verherrlichung des Achill zur Seele gab, wie oben gezeigt ist. — Aber er geht dann noch weiter; er legt nun eben im lachmannischen Sinne einerseits dem Volksgeiste die Bildung der schon gestalteten Sage bei (278 f.), statt dass auch hier ältere Sänger genannt sein sollten. Indem er die Motivirung, die Beseelung übersieht, findet er darnach Homers Thätigkeit nicht so bedeutend, dass sie nur ein einziger Dichter besessen haben konnte; er übersetzt andererseits die Vorstellung von der Unentbehrlichkeit der Schule für die epische Kunst in die Annahme von Sängerinnungen, wie die der Homeriden. Endlich nimmt er, 287, mehre solcher Jenen ähnlicher an, und schon von dieser Annahme aus, bei der die Sage und die ganze dichterische Production der epischen Zeit ihre Giltigkeit behalte, erscheint ihm die künstlerische
  *) Hoffmanns umfassende Abhandl., der gegenwärtige Stand der Unters. über die Einheit der Ilias in der Allg. Monatsschr. f. W. u. K. Halle 1852. April. S. 279.

Aber Homers Genius hatte doch gewiss nicht blos zusam-
menzureihen. Er überkam freilich in den Liedern vielleicht
schon folgendes Alles, die Entstehung des Zorns und Absonderung des grössten Helden von der Sache seines Volks und —
wie jede Sagengestaltung ihm gegeben haben muss — den dennoch erfolgten Ausbruch des Kriegs in Troias Nähe, einzelne
Aristeien, langhin fortdauerndes Grollen des gekränkten Helden,
wachsende Noth der Griechen, bis Patroklos von ihr gerührt
den zürnenden Freund anging und von ihm mit den Myrmidonen
und den geliehenen Waffen entsandt wurde, Hektors Kampf mit
dem Freunde Achills und Sieg über ihn bis zur Erbeutung der

Abrundung der Ilias und Odyssee völlig unerklärlich. In allen diesen
hoffmannschen Sätzen dürfte gerade das Wesen der Dichtergabe nicht
richtig erwogen sein.

Zuerst fehlt hier die Unterscheidung dessen, was der Volksgeist gedichtet, von der Ausdichtung zu Liedern durch die von den Musen begabten Sänger. Wer aber diese durch alle Erfahrung an der Menschennatur
gebotene Unterscheidung anerkannt hat, wird solchen Innungen oder Geschlechtern, wie die Homeriden ein Geschlecht heissen, nicht als gemeinsame Eigenschaft die Sängergabe beilegen. Nennt er sie Schulen, so kann
er damit nichts Anderes meinen, als das Lernen und Vortragen fertiger
Gedichte und die damit gegebene Uebung zum Versbilden, durch welche
Beschäftigung einzelne Begabtere zu eigener Dichtung angeregt wurden.
Es erheben sich nämlich hier Zweifel und Fragen, wie schon bei
Grote's ähnlicher Hypothese (Abschn. 32): Die Vermuthenden bekennen
sich zu einem uns undenkbaren Hergang, als könne ein Gedicht durch
Mehre nach Eines Begabtern Plane, wie ein Bau durch Meister und Ge-
söllen, zu Stande gekommen sein. Uns gemahnt das nur an eine andere
schiefe Parallele und Deutung, wenn Mancher mehre Dichter der einheit-
lichen Ganzen, die Homeriden statt des Einen Homer, mit Dädalos und den
Dädaliden vergleichen mag. Die Bildner in Holz brachten in der rohen
Kunst, die des Dädalos Namen trägt, jeder immer Ein Holzbild hervor,
und ein Holzbild schnitzen ist ein Anderes als eine homerische Epopöe
dichten. Und keines der patronymisch benannten Geschlechter mit einem
geglaubten Urvater und Namengeber an ihrer Spitze giebt zu den als
Werkmeister der Ilias und Odyssee gedachten Homeriden eine treffende
Analogie, auch die Euneiden in Attika nicht, die bei den Opferhandlungen
verschiedene Dienste leisteten (Meletem. I. 128. 172).
Dagegen im richtigen Verstande und in ihrer bezeugten Thätigkeit
gefasst, haben die Homeriden allerdings an den Euneiden ein vergleich-
bares Beispiel. Wie jene, indem sie die Gedichte Homers vortrugen, zu
ihren Vorträgen sogenannte Proömien dichteten, so gab es unter den
Euneiden welche, die bei den Opfern, ausser andern Diensten, auch die

Waffen, Kampf um des Patroklos Leiche und den bitteren Umstand, dass der durch alle Noth der Seinen nicht zur Versöhnung
Bewogene, nun zuerst wieder hervortreten musste oder hervor-
trat, um des Freundes Leichnam aus der Troer Händen zu retten;
ferner gewiss den Kampf des zur Rache gespornten Helden mit
dem Hort Troias, und dessen Fall, die Misshandlung seiner Leiche,
die Leichenspiele, bei fortgehender Misshandlung der Leiche des
Hektor der Streit der Götter darüber bis Zeus entscheidet, und
den Priamos beauftragen lässt, den Leichnam auszulösen und
nun Achill und die Handlung endlich zur Ruhe kommt.

Mögen alle diese Momente schon in der Sage gelegen und
mehre derselben, schon ganz lebendig in den Liedern ausgeprägt,

---

Hymnen zur Laute absangen, auch deren Einzelne, welche selbst dergleichen dichteten, was Kratinos bezeugt. *)

Der Versuch nun, zwei verschiedenen so genannten Sängerinnungen
oder Schulen der einen die Ilias, der andern die Odyssee als Erzeugniss zu-
zutheilen, er ist wohl gemacht worden, aber ganz misslungen. Da sollten
die Homeriden auf Chios die Ilias, das Geschlecht des Kreophylos auf
Samos die Odyssee gedichtet haben, was durch die sprechendsten Gründe
als verfehlt erwiesen ist. **) Und wenn die Ueberlieferung der homerischen
Gedichte durch das Geschlecht der Kreophylier unzweifelhaft bezeugt ist,
so hatte ja doch Kreophylos selbst die Einnahme Oechalias gedichtet.
Sollte etwa die Fabrikarbeit Vieler an Einer Epopöe sich auf Samos gar
zweimal begeben haben?

Wir haben das Wahrscheinliche schon Abschn. 35—37 des breiteren
charakterisirt. Hier mögen um der bedeutenden Gegner willen nur die
Hauptmomente des Problems noch prägnanter gefasst werden.

Die Gestaltung der Ilias aus früheren kleineren Liedern darf ebenso
wenig wie es ein statthaftes Beginnen war, sie in der früheren, eben vorhomerische Fassung wiederherstellen zu wollen, in ihrer vorliegenden
Verbindung als eine wenig Poesie und individuelle Genialität verlangende

*) Sein Vers aus der nach ihnen benannten Komödie: Meinecke I.
S. 19 oder II. S. 57. τέκτονες εὐπαλάμων ὕμνων bezeichnet sie als Dichter, während sie sonst bei dem Glossogr. nur κιθαρῳδοί, πρὸς τὰς
ἱερουργίας παρέχοντες τὴν χρείαν, also Sänger zur Laute heissen, welche
die den sagenhaften oder sicher bekannten Dichtern zugeschriebenen Hymnen
absangen, wie von den drei Hauptarten der Dichtkunst jede ihre vortragenden Gehilfen hatte; Plato Staat. 11. 373B. Ges. VI. 164CD.

**) Lauer, Gesch. d. homerischen Poesie. Berl. 1851. S. 242. Eine
Hauptstelle war zu corrigiren (Sagenp. 358), denn obgleich sie selbst in
der historia critica von Sengebusch. Diss. 1. 93. ohne Anstoss aufgeführt
wird, das: „die von Homer geschilderten μάχας singen, beginnend von
der Odyssee" ist doch Unsinn. Aber wie die nationale Beziehung für
Samos gerade viel eher die Ilias wahrscheinlich hätte machen können, in
der die samische Hauptgöttin, Here, eine solche Rolle spielt u. s. w., dies
hat Sengebusch in der Rec. X. Jahrb. B. 67. II. 6 S. 642ff. dargethan.

dem Homer gedient haben, so dass namentlich in den Momenten der letzten Bücher eine ursprüngliche Verkettung stattfand: immer blieb dem Dichtergenius Viel in dem Gegebenen der Anlage oder des Reizes oder aber der vollen Freiheit zu eigenthümlicher Bethätigung seiner Darstellungsgaben und Mittel. Es genügt an dieser Stelle nur auf die Bedeutendsten für die Oekonomie hinzuweisen.

Die Ilias erhielt gleich durch die Entstehung des Zorns zwei Ausgangspunkte, Achill in seinen Zelten und das Achäerheer unter Agamemnon. Da nun der Sage nach der gekränkte erste Held nicht eher und nicht durch andern Grund zur Rückkehr zum Kampf seines Volkes bewogen war, als durch des Freundes Tod und den Kampf um dessen Leiche, so musste Patroklos ohne Achill vorgegangen sein, musste es also geschehn sein, dass die Niederlage des Heers der Griechen einen hohen Grad erreichte, und sie so den Patroklos ohne Achill zum Kampfe zog, in Folge dessen der Freund fiel. Dieser so verkettete Hergang, die gesteigerte Noth, des Patroklos alleiniges Eintreten zu ihrer Abwehr, sein Fall und in Folge dessen der Kampf des Achill, des grössten Helden der Achäer, mit dem grössten der Troer, diese unlösbare Kette zeigt sich unverkennbar als alther überliefert. Die Patrokleia mit ihren beiden Theilen, da er, nachdem er die Troer zurückgescheucht, durch Hektor fällt, und der Kampf um seine Leiche zeigte sich uns schon als ein grösseres Lied. Aber dieses in seiner engsten Zusammengehörigkeit mit dem Rachekampf zwischen Achill und Hektor nöthigt nun, hier ein umfänglicheres Ganze als schon vorhomerisch anzunehmen; und es war hier die Motivirung und Charakteristik der Helden und der Führung des Zeus, welche die Neudichtung brachte. Diese führte

Geistesarbeit geschätzt werden. Das Beseelen des Sagenstoffs, das Motiviren der fortschreitenden Handlung ist das Werk des den erkorenen Stoff ausführenden Dichtergeistes. Je nachdem diesem Ueberkommenen selbst schon eine für die thätige oder leidendliche Bewegung drastischere Beschaffenheit innewohnt — was eben durch die Wahl desselben bedingt ist — wird der ausdichtende Geist mehr oder minder der beseelenden Darstellung selbst zu leisten haben. Da der zur Ilias gewählte und ausgeführte Stoff jener zwiefach drastischen Art war, so lag allerdings in ihm schon ein gutes Theil der beseelten Eigenheit des von Homer ausgeführten Gedichts.

aber zu zwei andern Maassnahmen der Verkettung und Gestaltung eines grössern Ganzen, und damit zur Dichtung von Partieen, welche vorher als Einzellieder zu denken bei ihrer ausdrücklichen Berechnung auf den Zusammenhang unstatthaft ist. Diese Partieen gilt es hauptsächlich wahrzunehmen.

Hier also kommt die Erfindung und Motivirung zu beachten, durch welche Homer die vorher in zwei Ausgangspunkte getrennte Handlung in feinstem Fortschritt allmählig zusammengehen lässt. Zugleich werden aber mittels Parallelhandlung die vier Stadien der Noth ins Licht gesetzt, an welchen die schadenfrohe Widerhaltigkeit des gekränkten Ehrgefühls im Achill sich offenbart. Wie scheinbar unbedeutend noch wird erst, 11, 510, Nestor angeregt, den verwundeten Arzt Machaon vom Kampfplatze wegzufahren, und erscheint darauf, das 599 f., Achill auf einer Warte neugierig und schadenfroh nach dem Gange des Kampfes ausschauend. Hier wird Patroklos unter des Dichters Vorhersagung, 604, „der Anfang seines Verderbens" — durch die Sendung an Nestor der Vermittler der vorher getrennten Handlung, der Wiederannäherung des Achill an den Kampf des Heeres.[200] Man hätte die schmerzvolle Aeusserung des Patroklos bei seiner Rückkunft zu Achill nicht falsch auffassen sollen (16. z. A.), welche, zuerst durch Nestors Mittheilung und ganze Auslassung angeregt (11, 660. 790), während er bei der Heilung des Eurypylos (12. z. A.) dem weiteren Gange des Kampfes zusieht, dahin gesteigert ist. Sie würde auch nicht verkannt worden sein, wenn man nicht in zweifelnder und verneinender Stimmung unterlassen hätte, den erfinderischen Dichtergenius im Einzelnen und die von seinem ethischen Geiste durchgeführte Handlung im Ganzen zu verfolgen.

Eben der 11. Gesang war in seiner feinen Motivirung zu erkennen; sodann der 16., wie da der Zorn des Achill tragisch wird, was dem Unbefangenen so deutlich entgegentritt.

Als die wesentlichen Maassnahmen des Dichters zur beseelten Gestaltung der Epopöe erkennen wir also: jene Sendung des

---

200) Die Vermuthung, welche Bergk als Thesis aufstellt, Philol. XII. 597. Nr. 25, erst durch Homer sei Nestor in die troische Sage gekommen, bedarf des Beweises in hohem Maasse, namentlich wegen seiner ganzen Stellung zu Agamemnon

Patroklos, die vier Stadien der Noth, die Motivirung des Ueber-
gangs des Achill aus berechtigtem Zorn und gerechtfertigter Entfremdung von der Griechensache in das selbstische Uebermaass,
vor allem Andern aber die das Ganze verbindende Führung des Zeus
und die Charakteristik derselben. Von Heldencharakteren zeugen
die des Achill, des Hektor und des sanguinischen Agamemnon
in ihrer völlig harmonischen Haltung am sprechendsten für die
organische Dichtung.

Alle diese die ganze Handlung durchziehenden und bemessenden Charaktere mit ihrer ethisch beseelten Eigenheit werden in
den Expositionsgesängen d. h. im Anschluss an die im ersten
erwähnte Grundursache nebst der Trennung in zwei Stätten der
ferneren Bewegung, in den Gesängen 2—7, welche nur Einen
Tag enthalten, mit epischer Breite nach dem Stand des bisherigen
Kriegs vollständiger gezeichnet. Es ist eben hier des Dichters
ganze Eigenthümlichkeit in der Fassung und Beseelung seines
Werks in seinem nationalen, aber dabei humanen Sinne anzuerkennen. Er dachte den Sagentheil vom Achillszorn mit seinen
Wirkungen als besonders charakterisirten Theil der Sage vom
Völkerkampfe um das troische Reich, und legte ihn so an. Er
erzielte dies durch eine Neubildung gerade in den die Folgen der
Verzürnung vorbereitenden Theilen, für die er auch grössere Partieen selbst erst einfügte. Die Exposition, welche im Epos immer
die Grundverhältnisse zu zeichnen hat, von welchen die Handlung ausgeht,[201]) und zwar die göttlichen und menschlichen, sie
schildert hauptsächlich den Alles bewegenden höchsten Gott in
seinen schlauen Maassregeln.

Er war, nachdem er der Mutter Achills eine seiner Gattin
Here widrige Zusage gegeben, darüber mit der letzteren in heftigen Zwist gerathen, der aber durch den naiven Hephästos in
olympische Heiterkeit ausging. Auf diese olympische Ausgangs-
scene konnte der Dichter, das ist klar, unmöglich sofort die
im Eingang des 8. Gesanges folgen lassen, wo Zeus den beider-

201) Schiller an Goethe im Briefwechsel 3. Br. 298. S. 85 und 86
unterscheidet zu scharf zwischen dem Epos und dem Drama. Die Bestimmung der Exposition ist die obige in beiden, nur giebt es im Epos
breitere Grundlage der zugleich göttlichen und menschlichen Verhältnisse
mit ihren Trägern aufzustellen.

seitigen Schutzgöttern — unparteiisch beiden — alle persönliche
Hilfe mit den heftigsten Bedrohungen untersagt. Nein, vielmehr
was er dem Vorwurf der Here bei jenem Zwist entgegnet hatte,
sie dürfe nicht alle seine Gedanken wissen wollen (1, 545—550),
und der ihm wohlbekannte Sinn dieser heissblütigen Griechen-
freundin (1, 520 f.) bewogen ihn zur schlauen Verheimlichung
des zur Verwirklichung seiner Zusage an Thetis erst von ihm
gefassten Planes.

Wohl bedurfte es zu dessen Ausführung ebenso des vollen
Kriegs von Heer gegen Heer, wie ihn Here als Patronin der
Atreiden auf Troias Untergang hin schon längst heischte, des
Kriegs um den Königssitz selbst. Seit Kurzem waren die Streifzüge, wobei Chryseïs und Briseïs gefangen wurden, beendet, und
waren die Achäer im Schiffslager beisammen. Da hatte sie, während die Troer aus Furcht vor Achill sich in ihren Mauern hielten, in Folge der Abweisung des Chryses die Pest heimgesucht,
und war die Kränkung des Achill erfolgt. Die Entfremdung und
Abwesenheit dieses grössten Helden wird nun in diesen Gesängen
2—7 oftmals erwähnt, ja sie gilt im ganzen Gange des jetzt angeregten vollen Krieges als Voraussetzung, so dass so gut wie
Nichts von dem was wirklich geschieht, erfolgen könnte, wenn
Achill beim Griechenheere wäre.[202] Die Troer nun haben im
jetzigen Text einen Späher sitzen, der aussehen muss, ob das

202) Bäumlein über Grote Philol. XI. 3. S. 412 und 413. Sagenp. 193
bis 195. S. die Stellen 2, 239 f. 375—378, im Schiffskatalog 689—694.
769—779. Achill ist auch nicht unter den Geronten, 2, 404—408, nicht
unter den Helden, welche sich 7, 161—169 melden, „wo er gewiss zu erwarten war", vom Oberfeldherrn bei seiner Runde, 4, 231 ff., natürlich nicht getroffen, noch in der Mauerschau, 3, 161 ff., gesehen. Ferner als abwesend
vom Heer ausdrücklich bezeichnet von Apoll, 4, 512 f., von Here, 5, 512,
von Aias, 7, 229, von Helenos, 6, 99, als ehedem gefürchtet verglichen,
sowie andererseits, 7, 113, Achill vor Hektor sicherlich nur bei erster
Begegnung in der Landungsschlacht erschrocken war, wie solcher erste
Eindruck auch die Tapfersten im Laufe der Erzählung mehrfach trifft.
Welcker Cycl. 2, 125. Also giebt diese Stelle, zumal da dort der be-
sorgte Bruder abmahnt d. h. es einer starken Instanz bedarf, keinen richtigen Einwand, Schömann, Rec. der Sagenp. in N. Jahrb. Bd. 69. H. 1.
S. 16, und wenn jene so zu sagen rhetorische Beschaffenheit der Rede
vom Rec. selbst anerkannt wird, er aber andere Stellen anführt, welche
schon frühere Schlachten der Gesammtheere bewiesen, so werden wir
alsbald die geringe Beweiskraft ersehen.

Griechenheer etwa vom Schiffslager gegen die Stadt heranzieht. Dessen Gestalt nimmt die Botin des Zeus, Iris, jetzt an, da sie von Zeus ohne wörtlichen Auftrag nach des Dichters Ausdruck mit (für die Troer, wie sie zur Zeit empfanden) trauriger Meldung des Anzugs der Griechen abgesendet wird (2, 786—795). Sie meldet ganz natürlich das und nur das, was der Späher gesehen hat und wissen konnte — von Achill konnte der Späher weder Etwas gesehen haben, noch Etwas melden. — Die Beschreibung, wo und wie sie die Troer gefunden, musste gegeben werden. Priamos verhandelt eben vor seinem Palaste mit seinem versammelten Volke wie im tiefen Frieden, also ganz im Gegensatze zu den wirklichen Umständen. Diese, des Griechenheeres Anzug, möchte nun Iris als Späher in den lebhaftesten Ausdrücken schildern, aber sie, als Sohn des Priamos, tadelt den Vater wegen der unzeitigen Sorglosigkeit — und allerdings in unehrerbietigem Ausdruck — und ruft den Bruder Hektor, den Oberanführer, auf, sofort zu waffnen. Dies gab dem Aristarch Anstoss, und wohl nicht ohne Grund,[203] nur ist's mit Verwerfung der fünf, von der angenommenen Gestalt sprechenden Verse 791—795 nicht gethan; die Erinnerung an früher gesehene Heere, 798—799, passt schwerlich für Iris, die Botin des Zeus.

203) Nach Schol. A. verwarf er die fünf Verse erstens aus dem Grunde: „Galt es die Vorankündigung des Anzugs der Griechen, dann war Polites hinreichend, sollten aber die Troer, die vorher zu gehen, nicht den Muth gehabt, dazu angeregt und ermuthigt werden, dann musste Iris in eigener Gestalt eintreten. Denn Homers Brauch ist, dass die Götter, wo sie eine fremde Gestalt angenommen haben, beim Weggehen ein Zeichen der Erkennung hinterlassen. (Sodann) auch die Reden sind nicht gestaltet als die des Polites zu seinem Vater, sondern zornerregt und vorwurfsvoll. Endlich das: „Hektor Dich vor Allen beauftrage ich", ist für Polites unpassend, für Iris vielmehr passt das Beauftragen". Hiervon ist das von den Göttern Gesagte richtig, sie werden in der angenommenen Gestalt immer an etwas Sichtlichem erkannt. Il. 13, 66 ff. 3, 396 ff. Od. 1, 322 f. 3, 372 ff. Hier soll Hektor aus den Reden die Gottheit merken 807, wo Aristarch das ἠγνοίησεν als vom Diaskeuasten missverstanden durch ἀπίθησεν erklärt. Vgl. 1, 537. 13, 28. Od. 5, 78, liess nicht unbemerkt nicht sich entgehen. Aber der Anstoss an den Reden ist durch die Auffassung des Gegners im Schol. B. zu 796 nicht zu beseitigen, der gerade in dem Tadel des Vaters den Polites erkennt, indem er das Prädicat der Reden, ἄκριτοι, für unzählig versteht, obwohl die Erklärung auch von Thersites' Schwatzen, 2, 246, ungemessen lautet.

Man mag vermuthen, die ganze Stelle habe Umbildung erfahren, da alsbald der entschieden unechte und jüngere Katalog
der Troer folgt. Vertheidigen lässt sich die jetzige Gestalt durch
die Annahme, dass der Sohn des schwachen Priamos eben solcher
Sprache sich erkühnt, und den Bruder Hektor eben nur auf sein
Beiden bewusstes Amt hingewiesen habe, Hektor aber mag immer
im ungewöhnlichen Falle ohne sichtliches Kennzeichen eine göttliche Stimme empfunden haben.

Wie der Dichter hier das Verfahren des Zeus bei Ausführung
des gefassten Plans gedacht und geschildert habe, das verstehen
wir gut und mit Befriedigung. Nachdem er das Feindesheer zum
Angriff auf die Stadt angeregt hat und es anrückt, sorgt er dafür, dass die Troer ebenfalls waffnen und ausziehn, damit es
eben den erforderlichen Krieg gebe.

Den obwaltenden Beweggrund der Ermuthigung, weil Achill
jetzt nicht mehr zu fürchten sei, hat er der Iris bei ihrer Absendung nicht aufgetragen, dergleichen geschieht nur an Einzelne.
Wie er aber in der besungenen Sage war, d. h. im Bewusstsein
der Hörer, und den erzählten Ereignissen zu Grund liegt,[204]) so
liess der Dichter erst, als die Heere zusammengetroffen waren, nachdem die Kriegsgötter, Athene und Ares u. a., den Krieg entflammt
hatten (4, 439 ff.), den Stadtgott Apollon jenen Umstand zur Anfeuerung aussprechen (4, 512), wie er Alles dergleichen energisch

---

204) Es mag wegen sich wiederholenden Widerspruchs hier nach
dem Buch 2 §. 14 Angeführten noch bestimmter dargethan werden, dass
bisher die Troer sich in den Mauern gehalten hatten, und entweder nur
verstohlen einzeln sich herausgewagt hatten (20, 91), oder Hektor, der
Kühne, einen Versuch machte (9, 351—353), es ist in einer Reihe
Stellen als der vorherige Stand bezeichnet. Mit Nennung des Achill von Here
(5, 787—791), mit Vorwurf für Agamemnon von Poseidon (13, 100 ff.),
und der Umstand kommt bei den verschiedenen Stadien der Noth des
Griechenheeres zur Sprache, beim ersten, wie oben, und beim späteren,
beidemal aus Achills eigenem Munde, 16, 69 f. Dass nun dagegen, nachdem Achill zürnend in seinen Zelten sitzt, jetzt am ersten Tage für beide
Theile ein neuer Zustand eingetreten, besagen die vorhin in der Anmerkung bezeichneten Stellen von Achills Abwesenheit. Dies sieht man erkannt, aber sehr hastig beurtheilt von Köchly de Iliadis carminibus diss.
III. p. 7. Die vom Verfasser schon früher vorgetragene Meinung ward
getheilt von Bäumlein commentat. de compos. Il. et Od. pg. 11 und Philol.
XI. p. 415. vgl. auch Fäsi, Einl. zu Il. 18.

im Verlauf der Handlung erwähnt. Das griechische Heer, als es nach seinen Streifzügen im Schiffslager zusammen war, war auch während der Pest von den Troern gar nicht angegriffen worden, und die ganze Kriegsmannschaft der Troer hatte sich in der Stadt befunden, so dass sie auch Tags zuvor nicht im freien Felde gekämpft hatten. Der Erfolg des Hektor am ersten Tage des ihm von Zeus gewährten Sieges wird daher besonders als Gegensatz zum vorherigen Stande des Kriegs charakterisirt. Hektor ist im ersten Stadium ganz nahe bis zu der Mauer gedrungen und hat da ausserhalb der Stadt sein Lager (8, 541 ff.). Eben dieser Gegensatz lässt die Griechen jenen Erfolg so schmerzlich empfinden, wie des Odysseus Worte zu Achill, 9. 229 ff., es beschreiben, während Achills Erwiderung darauf, das. 352, die Thatsache aus seiner Abwesenheit erklärt. Kommen daneben Stellen vor, welche von vorherigen Kämpfen beider Heere zu sprechen scheinen, so stellen diese allerdings ein Problem, aber kein der Erklärung unlösbares.[205]

Die Stellen sind in jedem Verständniss nur allgemeinen Inhalts ohne jeden speziellen Bezug. Einzelne Thatsachen aus Schlachten

---

205) Schömann, Rec. der Sagenp. in N. Jahrb. 1859. II. 1. S. 16 f. stellt sie entgegen. Aber 1, 341 bezeichnet „bei den Schiffen" eben nur das Schiffslager und das Schlachtfeld überhaupt, wie 2, 725. 16, 272. (17, 165.) 22, 89 nicht ganz concret die Nähe wie 13, 123 u. a. — 1. 520 kann, ja muss, was Zeus sagt, Here beschuldige ihn so immer, „er helfe den Troern im Kampfe", von der ganzen bisherigen Leitung verstanden werden, da Here die Eroberung und Zerstörung der Stadt heischt; er hat die Troer begünstigt, indem er die Griechen ab und gegen die Umgegend gewandt, denn wo verlautete sonst irgend etwas von vorherigen Erfolgen der Troer? Beim Auszuge gegen die Stadt hin erwarten die Griechen freilich wohl, dass die darin eingeschlossenen ihnen entgegentreten werden, aber jeder solcher Angriff geschah in der Absicht der Eroberung, sowie Hektor bei allem Vordringen die Absicht hatte, die Schiffe in Brand zu stecken. Es kommt nur auf den vorhin besprochenen Muth der Troer an und auf die Erregung des Krieges durch Zeus. — 2, 132 sagt Agamemnon in seiner verstellten Anrede an sein Heer, nachdem er die Ueberzahl und Macht desselben über die weit wenigeren Troer witzig dargethan hat, „aber die Bundesgenossen, die aus vielen Städten dabei wären, (nach den Krit. ist zu lesen ἄνδρες ἔνεισιν, auch war über den Ort, ob in oder ausser der Stadt, gar nichts bestimmt) μέγα πλάζουσι καὶ οὐκ εἰῶς ἐθέλοντα, sie lenkten ihn von seinem Plane ab und verstatteten ihm nicht, seinem Verlangen gemäss, Troia zu zerstören". Ohne

beider Heere vor dem verführerischen Traum finden sich nirgends, und die Annahme uns verlorner Partieen, welche davon
erzählt hätten, worauf kann sie sich stützen? Wie alle Beute-
stücke vor der Zeit des Zorns aus den Streifzügen, so sind alle
erwähnten früheren Todesfälle aus der Landungsschlacht; überhaupt giebt es keine Spur eines vorhomerischen Liedes über
andere angenommene Kämpfe vor der Stadt; endlich das Bedeutendste, die Kypria, die Epopöe von dem Ursprung und der dem
Zorn vorhergehenden Periode des Troerkriegs, sie weiss Nichts
von andern Kämpfen; nur dass Stasinos die seit Homer entstandene Volkssage von der verfehlten Fahrt und dem Kampf in
Mysien eingewebt hat. Obgleich sein Grundmotiv, die Absicht
des Zeus, das Menschengeschlecht durch diesen Krieg zu decimi-

---

Weiteres verstanden, geben diese Worte nur eine Willenserklärung aus
Reflexion über die beiderseitigen Streitmächte, durchaus nichts concret
Thatsächliches. Er sagt: Obwohl die für sich so viel geringere Heeres-
macht der Troer von seinem Heer zu überwältigen sein würde, die Stärke,
welche dasselbe durch die Bundesgenossen erlange, bewege ihn, von seinem
Wunsche und Plane abzustehen. Ein solches Gewicht konnte aber Agamemnon, wenn er im Ernst und mit Kunde sprach, die er doch als Oberfeldherr haben musste, auf die Bundesgenossen und ihre Zahl nicht in
Wahrheit legen. Es kann nicht auf die Zahl überhaupt, sondern auf die
Vorkämpfer an, und deren meiste und tüchtigste waren im Feindesheer.
Die Troischen, 12, 88 f., Hektor selbst redet, 17, 220, zwar die „unzähligen Stämme" benachbarter Bundesgenossen an, bedeutet sie aber,
„nicht die Menge suchend noch ihrer bedürftig", habe er sie gesammelt, sondern damit sie ihm die Frauen und Kinder der Troer retten,
d. h. durch tapferen Muth, also zur grösseren Sicherheit des Gelingens. Wir
sehn, Agamemnon macht seinen Antrag in Verstellung, er will des Heeres
Stimmung prüfen (Bäumlein, Philol. 7, 232 f.), wie er dem Rath der Alten
angekündigt hat. .
    Wenn nun Agamemnon in den beiden ganz gleichlautenden Stellen,
2, 110—118 und 9, 17—25, sagt: „nachdem viel Volks ich verloren", da
kommt es erstens auf das Urtheil über diese Wiederholung an. Gehn wir
nämlich auf den Zweifel des Zenodot ein, und sind die Verse 111—118
in der ersten Stelle zu tilgen, was das γάρ nach Homers Brauch die
Gründe voranzustellen (Classen Beob. 1) erlaubt, dann umfasst die
Aeusserung seines Verlustes in der zweiten Stelle die Niederlage des vorhergegangenen Tages. Umgekehrt die zweite Stelle für unecht zu nehmen,
ist schon früher als unstatthaft besprochen. Indessen, wenn auch Agamemnon schon im früheren Moment über Verluste geklagt hat, sie concret
anzugeben sind wir nicht im Stande, nur dass auch die Streifzüge und
überhaupt die 10 Jahre deren gebracht haben müssen.

ren, gerade besonders darauf ausging, jeden Akt verderblichen Zusammenstosses hervorzuheben, so erzählte er doch nach der Landungsschlacht, wo Protesilaos und dazu ein dem Homer unbekannter Kyknos gewiss auch Troilus und Mestor fielen, nur des Achilleus Begegnungen mit Einzelnen, die er in Gärten oder bei den Heerden traf oder bei den unter seiner Führung stattfindenden Streifzügen.

Auf Grund dieses ihm in aller Sage angegebenen Standes des Kriegs[206]) vor der Pest und Entzweiung der ersten Helden entwarf und gestaltete der Dichter der Ilias die Expositionsgesänge vom 2—7, welche sich, wie wir gesehn haben, durch viele Erinnerungen an den gekränkten Achill eng an den ersten Gesang anschliessen. Er gestaltete sie in mehrfacher Hinsicht so, als käme es überhaupt erst jetzt zum Kriege zwischen den beiden Heeren. Wenn nun Beides klar ist, einerseits, dass im jetzigen Zeitpunkt Etwas kommen musste, was einen Uebergang von der heiteren olympischen Scene am Schlusse des ersten Gesanges zu der zu Anfang des 8. vermittelte, und irgend wie der von Zeus so feierlich gegebenen Zusage Folge gäbe, sodann dass diese Gesänge, für sich betrachtet, in keiner Weise selbständig erscheinen können, so findet der achtsame Leser oder Hörer in ihrem Inhalt und Gange nicht blos die Bindemittel, welche jenen Uebergang passend gewähren, sondern des Zeus Verhalten und überhaupt die im Fortgang bedeutenden Verhältnisse und Charactere der Menschen oder Götter in ihrer Eigenheit vorgeführt, besonders aber die seelischen Motiven der künftigen Handlung für ihre Wirkung im Hörer vorbereitet und in diesem Allen den Dichtergeist offenbart, wie er mit seinem Volke empfindet, aber dabei human und sinnig über den Kriegsparteien waltet.

Allerdings ist es eine eigenthümliche Darstellung, wenn man sie ohne Weiteres und vereinzelt empfindet, dass erst im 10. Kriegsjahr das Heer der Griechen beschrieben wird im Katalog des 2. Gesanges, und ebenso Priamos in der Mauerschau erst

---

206) Der Grieche Protesilaos, 15, 705. 2, 698—702. Die Söhne des Priamos, Mestor und Troilos, 24, 257. — Andere: Demokoon fällt gleich, 4, 499, aber Lykaon, 21, 35—37. 106, Isos und Antiphos, 11, 101—106, die im Lauf der Ilias getödtet werden, hatte Achill in der ersten Schreckenszeit einzeln in der Flur abgefangen gehabt.

sich von Helena die Heerführer beschreiben lässt. Aber der Schiffskatalog ist in seiner ganz unpoetischen Gestalt und Einschiebung als ein für sich, wenn auch auf dem Standpunkt der Zeit des Zorns gedichtetes Einzellied anerkannt, das dem Dichter der Ilias nicht angehört.[207] Die Erklärung der Mauerschau aber ist in die gesammte Rechtfertigung der Expositionsscenen zu fassen, wie sie von demselben Gelehrten vollzogen ist, der Grote's Scheidung der Ilias in eine Achilleis und in eine Ilias widerlegte.[208] In seinem Sinne, glauben wir, ist des Dichters Gedanken und seine Vorbereitung des mit dem 8. Buch beginnenden Ganges aufzufassen, wenn auch die fruchtlosen 10 Jahre uns wohl ein nicht ganz erklärtes Problem bleiben, aber dies nur ebenso wie schon den Alten nach des Thukydides versuchter Erklärung, 1, 11. Es fehlten von jeher die Lieder zur vollständigen Aufklärung. . . . .

---

207) Wenn von Lachmann (V. a. E.) in seinem Sinne, so auch von Vielen der mehr oder minder einheitlichen Ansicht als ein für sich gedichtetes Stück anerkannt; Schömann, Gr. Alterth. 1, 22. A. Jacob, Entsteh. d. Ilias 184.

208) Bäumlein, Recens. der lachmannischen Betracht. Z. f. A. 1848. S. 333 f., wo er Lachmanns Urtheil über die Mauerschau als allein unter der Voraussetzung kleiner Lieder richtig erklärt, und in Philol. XI. Grote über die Ilias S. 409—413, endlich auch Philol. VII. 225 ff. über die Composition der zweiten Rhapsodie der Ilias mit Bezug auf Köchly. Auch Bernhardys Urtheil über die fraglichen Bücher zeigt die Unthunlichkeit der Trennung, obwohl mit widerstrebender Stimmung für Grote 2, 1. S. 114. „Dagegen sind in die Mitte zwischen Eingang und die Akte der Achilleis mehre Bücher, 2—7 10., eingeschoben, reich an Erfindung und hohen Schönheiten, welche mit dem ursprünglichen Plan weder zusammenhängen, noch den Verlauf der Erzählung in seinem Sinne fördern, aber selten eine Spur hinterlassen, die auf jüngere Zeiten oder verschiedene Kunstschulen deutet.

www.ingramcontent.com/pod-product-compliance
Lightning Source LLC
Chambersburg PA
CBHW031348290326
41932CB00044B/409